Paris, Orléan, Bourges, Tours, Angers, Nantes, Giverny, Rouen, Étretat, Le Havre, Honfleur, Deauville, Trouville, Alençon, Cean, Bayeux, Rennes, Mont St. Michel, St. Malo, Dinard, Vanne, Carnac, Quimper, Amiens, Lille, Reims, Colmar, Strasbourg, Nancy, Metz, Dijon, Sens, Auxerre, Semur en Auxoir, Vézelay, Beaune, Nevers, Autun, Mâcon, Besançon, Morvan, Bibracte, Lyon, Perouges, Vienne, Annecy, Chamonix, Grenoble, Hauterives, Clermont Ferrand, Vichy, Avignon, Orange, Nîmes, Arles, Camargue, Stes. Maries de la Mer, Aix en Provence, Marsaille, Villeneuve les Avignon, St. Tropez, Cannes, Vallauris, Antibes, Grasse, Nice, Vence, Tourrettes sur Loup, Eze, Villefranche sur Mer, Principauté de Monaco, Menton, Corse, Bordeaux, St. Emilion, Poitiers, La Rochelle, Périgueux, Montignac, Grottes de Lascaux, Limoges, Toulouse, Cordes sur Ciel, Albi, Carcassonne, Setes, Montpellier, Perpignan, Lourdes, Biarritz, Bayonne, Les Pyrénées, Andorra

自由行
乐游全球 ……… 4

# 法国

第2版

从洋溢着艺术气息的都市到
恬静的小镇……
尽显千姿百态的法兰西

实业之日本社海外版编辑部 ◎ 编著
周洁　郭攀霞　赵丽 ◎ 译

北京·旅游教育出版社

## 乐游全球 4 — 法国 France

### 目 CONTENTS

- MAP 欧洲中心地区 …… 6
- MAP 法国 …… 8

#### 你好！法国
- 法国基本资讯 …… 10
- 法国最新资讯 …… 14
- 法国美景概略 …… 16
- 魅力四射的法国 …… 18
- 法国主要城市始发的短途旅行 …… 20

#### 进一步享受法国的乐趣之九大关键
- 品尝12欧元以下的佳肴 …… 22
- 透彻分析葡萄酒的魅力 …… 24
- 边逛边吃外卖 …… 26
- 画家钟爱的法国 …… 28
- 法国的世界遗产 …… 30
- 法国各地的节日 …… 32
- 悠然自得地享受海洋疗法 …… 34
- 法国历史 …… 36
- 法国建筑的世界 …… 38

### 巴黎和巴黎大区

- 巴黎和巴黎大区概况 …… 42
- 巴黎徒步旅行的基础知识 …… 46
- 巴黎名胜分布 …… 48
- 巴黎旅游常规路线 …… 50
- MAP 巴黎中心地区索引图 …… 52
- MAP 香榭丽舍大街 …… 54
- MAP 歌剧院/罗浮宫 …… 56
- MAP 斯德岛/雷阿勒/马莱 …… 58
- MAP 圣日耳曼德佩区/拉丁区 …… 60
- MAP 埃菲尔铁塔/荣军院 …… 62
- 巴黎市内交通 …… 64
  - 巴黎地铁·RER·有轨电车线路图 …… 68
  - 巴黎主要的公交线路图 …… 72
- 两小时信步畅游罗浮宫 …… 76

#### 巴黎精彩之处
- 香榭丽舍大街 …… 78
- 歌剧院/罗浮宫 …… 81
- 斯德岛/雷阿勒/马莱 …… 85
- 圣日耳曼德佩区/拉丁区 …… 89
- 埃菲尔铁塔/荣军院 …… 93
- 其他地区
  - 蒙马特尔 …… 96
  - 蒙巴纳斯 …… 98
- 巴黎购物 …… 100

**逛街便携版**
# 超大剪切图
## 巴黎（正面）
## 普罗旺斯/蓝色海岸（反面）

| | |
|---|---|
| 巴黎购物街 | 110 |
| 巴黎餐厅 | 112 |
| 巴黎娱乐资讯 | 126 |
| 巴黎娱乐 | 128 |
| 巴黎酒店 | 132 |
| 从巴黎到郊外 | 143 |
| 凡尔赛 | 144 |
| 朗布依埃 | 148 |
| 沙特尔 | 149 |
| 枫丹白露/巴比松 | 150 |
| 维孔特 | 152 |
| 巴黎迪斯尼乐园 | 153 |
| 尚蒂伊 | 154 |
| 普罗万 | 156 |
| 欧韦 | 157 |
| 圣日耳曼昂莱 | 158 |
| 吕埃-马尔迈松 | 160 |

## 卢瓦尔河地区

| | |
|---|---|
| 卢瓦尔河地区概况 | 162 |
| 信步漫游卢瓦尔古城 | 166 |
| 奥尔良 | 172 |
| 布尔日 | 174 |
| 图尔 | 176 |
| 昂热 | 178 |
| 南特 | 180 |

## 诺曼底/布列塔尼/北部-加来海峡/皮卡第

| | |
|---|---|
| 诺曼底/布列塔尼/北部-加来海峡/皮卡第概况 | 184 |
| 吉维尼 | 188 |
| 鲁昂 | 190 |
| 埃特勒塔 | 193 |
| 勒阿弗尔 | 194 |
| 翁弗勒尔 | 196 |
| 多维尔/滨海特鲁维尔 | 198 |
| 卡昂 | 200 |
| 巴约 | 202 |
| 格朗维尔 | 204 |
| 雷恩 | 205 |
| 圣米歇尔山 | 206 |
| 圣马洛/迪纳尔 | 209 |

| | |
|---|---|
| 瓦讷/卡纳克 | 212 |
| 坎佩尔 | 213 |
| 贡比涅 | 216 |
| 亚眠 | 217 |
| 里尔 | 218 |

## 阿尔萨斯/洛林/香槟-阿登

| | |
|---|---|
| 阿尔萨斯/洛林/香槟-阿登概况 | 222 |
| 兰斯 | 226 |
| 科尔马尔 | 228 |
| 斯特拉斯堡 | 230 |
| 梅斯 | 232 |
| 南锡 | 234 |

## 勃艮第/弗朗什-孔泰

| | |
|---|---|
| 勃艮第/弗朗什-孔泰概况 | 236 |
| 丰收的美酒装饰秋日的红酒产地 | 240 |
| 第戎 | 242 |
| 桑斯 | 246 |
| 欧塞尔 | 247 |
| 瑟米尔-昂诺克西奥 | 248 |
| 韦兹莱 | 249 |
| 博讷 | 250 |
| 讷韦尔 | 252 |
| 欧坦 | 253 |
| 马孔 | 254 |
| 贝桑松 | 256 |
| 莫尔旺自然保护区 | 258 |

## 罗讷-阿尔卑斯

| | |
|---|---|
| 罗讷-阿尔卑斯概况 | 260 |
| 里昂 | 264 |
| 佩鲁日 | 268 |
| 维埃纳 | 269 |
| 阿讷西 | 270 |
| 沙莫尼 | 272 |
| 格勒诺布尔 | 274 |
| 欧特里沃 | 276 |

## 普罗旺斯-阿尔卑斯-蓝岸

| | |
|---|---|
| 普罗旺斯-阿尔卑斯-蓝岸概况 | 278 |
| 画家钟爱的南法 | 282 |
| 玩转南法的经典旅游攻略 | 284 |
| 阿维尼翁 | 286 |
| 奥朗日 | 289 |
| 尼姆 | 290 |
| 阿尔勒 | 292 |
| 卡马格 | 295 |
| 滨海圣玛丽 | 296 |
| 普罗旺斯地区艾克斯 | 298 |
| 马赛 | 301 |
| 南法小城 | 304 |
| 戛纳 | 314 |
| 瓦洛瑞斯 | 316 |
| 昂蒂布 | 317 |
| 格拉斯 | 318 |
| 尼斯 | 319 |
| 旺斯 | 322 |
| 卢普 | 323 |
| 埃兹 | 324 |
| 滨海自由城 | 325 |
| 摩纳哥 | 326 |
| 芒通 | 328 |
| 科西嘉岛 | 330 |

## 大西洋沿岸/南部-比利牛斯/朗格多克/奥弗涅/利穆赞

| | |
|---|---|
| 大西洋沿岸/南部-比利牛斯/朗格多克/奥弗涅/利穆赞概况 | 334 |
| 波尔多葡萄酒之旅 | 338 |
| 波尔多 | 340 |
| 圣埃米利永 | 344 |
| 普瓦捷 | 346 |
| 拉罗谢尔 | 348 |
| 佩里格 | 349 |
| 蒙蒂尼亚克及拉斯科岩洞 | 350 |
| 利摩日 | 351 |
| 克莱蒙费朗 | 352 |
| 维希 | 354 |
| 勒皮 | 355 |
| 图卢兹 | 356 |
| 科尔德 | 359 |
| 阿尔比 | 360 |
| 卡尔卡松 | 362 |
| 赛特 | 363 |
| 蒙波利埃 | 364 |
| 佩皮尼昂 | 366 |
| 卢尔德 | 368 |
| 比亚里茨 | 369 |
| 巴约讷 | 370 |
| 比利牛斯山脉/安道尔 | 372 |

## 旅行信息 [中国篇]

| | |
|---|---|
| 出发日程安排 | 374 |
| 酒店预订 | 376 |
| 旅行必备品 | 378 |
| 旅行费用 | 380 |
| 旅行所带服装及物品 | 381 |
| 信息收集 | 382 |
| 机场指南 | 384 |

## 旅行信息 [法国篇]

| | |
|---|---|
| 航空入境指南 | 390 |
| 回国指南 | 392 |
| 机场指南 | 394 |
| 法国国内交通 | 398 |
| 法国的通用货币·通信 | 406 |
| 美食大搜索 | 408 |
| 购物的乐趣 | 410 |
| 酒店轻松住 | 412 |
| 突发事件的应对措施 | 414 |
| 旅行会话 | 416 |
| 主要景点索引 | 426 |

## 为您 导航

| | |
|---|---|
| 巴黎的桥 | 80 |
| 巴黎的公园 | 80 |
| 巡游塞纳河 | 95 |
| 巴黎精彩继续上映 | 99 |
| 巴黎的市场 | 111 |
| 博物馆的咖啡馆 | 123 |
| 前往圣米歇尔山的路线 | 207 |
| 布列塔尼文化小讲座 | 214 |
| 畅游童话世界：阿尔萨斯生产葡萄酒的各村落 | 233 |
| 能带来好运的猫头鹰 | 244 |
| 西多会最古老的修道院——丰特奈 | 245 |
| 葡萄酒主题公园 | 255 |
| 里昂的特色小酒馆——Bouchon | 267 |
| 尼姆的象征——椰树和鳄鱼 | 291 |

| | |
|---|---|
| 地中海的小海湾美景 | 312 |
| 前往圣地亚哥—德孔波斯特拉的朝圣之路 | 343 |
| 圣萨万教堂的36幅经典壁画 | 347 |
| 清洁派 | 361 |
| 体验加泰罗尼亚文化之旅 | 367 |
| 火热的巴斯克文化 | 371 |

## 重要资讯

| | |
|---|---|
| 在巴黎的民族特色街道品尝美味 | 118 |
| 尽情享受古老城堡的酒店生活 | 182 |
| 一起来参与户外运动 | 220 |

## 本书的使用方法

### ●货币符号

€代表欧元　1欧元≈6.95元人民币（2015年6月底）

### ●地图符号

| | | | |
|---|---|---|---|
| H | 酒店 | ✚ | 医院 |
| R | 餐厅 | ⛪ | 基督教教堂 |
| S | 商店 | 卍 | 佛教寺院 |
| N | 酒吧等 | ☪ | 伊斯兰教教堂 |
| | 咖啡馆 | ✡ | 犹太教教堂 |
| | 邮局 | ⓘ | 旅游信息服务中心 |
| Taxi | 出租车搭乘处 | ▲ | 山峰 |
| | | ......... | 地铁 |
| | 学校 | -------- | RER |
| ✈ | 机场 | ———— | 国铁 |

### 地图中的颜色说明

● 此颜色的建筑表示酒店
● 此颜色的建筑表示购物中心
● 此颜色的建筑表示旅游景点

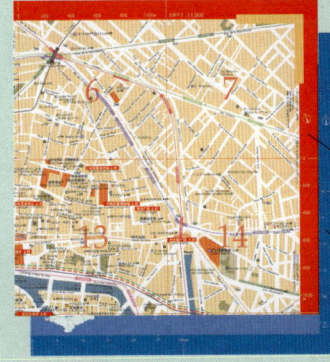

### 卷首剪切地图的使用方法

地图正面为红色，边框用红色标注（如巴黎）
地图反面为蓝色，边框用蓝色标注（如普罗旺斯）

　　地图上对一些旅游景点和购物商店的具体位置进行了标注。见如下说明。

● 剪切地图-14、p.59-H
　　表示此景点或商店在正面地图的14区域内标注了位置。此外，在内文第59页的地图H区也有标注。

● 剪切地图-55、p.305-B
　　表示此景点或商店在反面地图的55区域内标注了位置。此外，在内文第305页的地图B区也有标注。

◎ 本书中涉及的酒店入住费用，一般指旅游旺季时除套房等特殊房间外的客房费用（含税）。
◎ 本书中餐厅数据栏里的消费预算，一般指单样点拼盘、主菜、餐后甜点（不包括饮料）的价位标准。
◎ 本书中景点门票、餐厅、酒店等费用数据后的"~"，表示"……起"，如"€30~"表示"30欧元起"。
◎ 内文中相关符号的说明如下：
　　🚇 交通　📍 地址　🕐 营业时间　€ 费用　🛌 休息时间　☎ 电话
　　HP 网址　F 传真　✉ 电子邮箱　🛏 客房　ACCESS…如何抵达
◎ 鉴于本书中提供的相关费用、营业时间、休息时间、电话号码、交通工具运行时刻表等信息资料，时有变动，建议使用本书的读者，行前不妨再加以确认。
◎ "ACCESS"处标记的交通工具，其运行数量会因季节有所变动，具体可咨询相关部门。

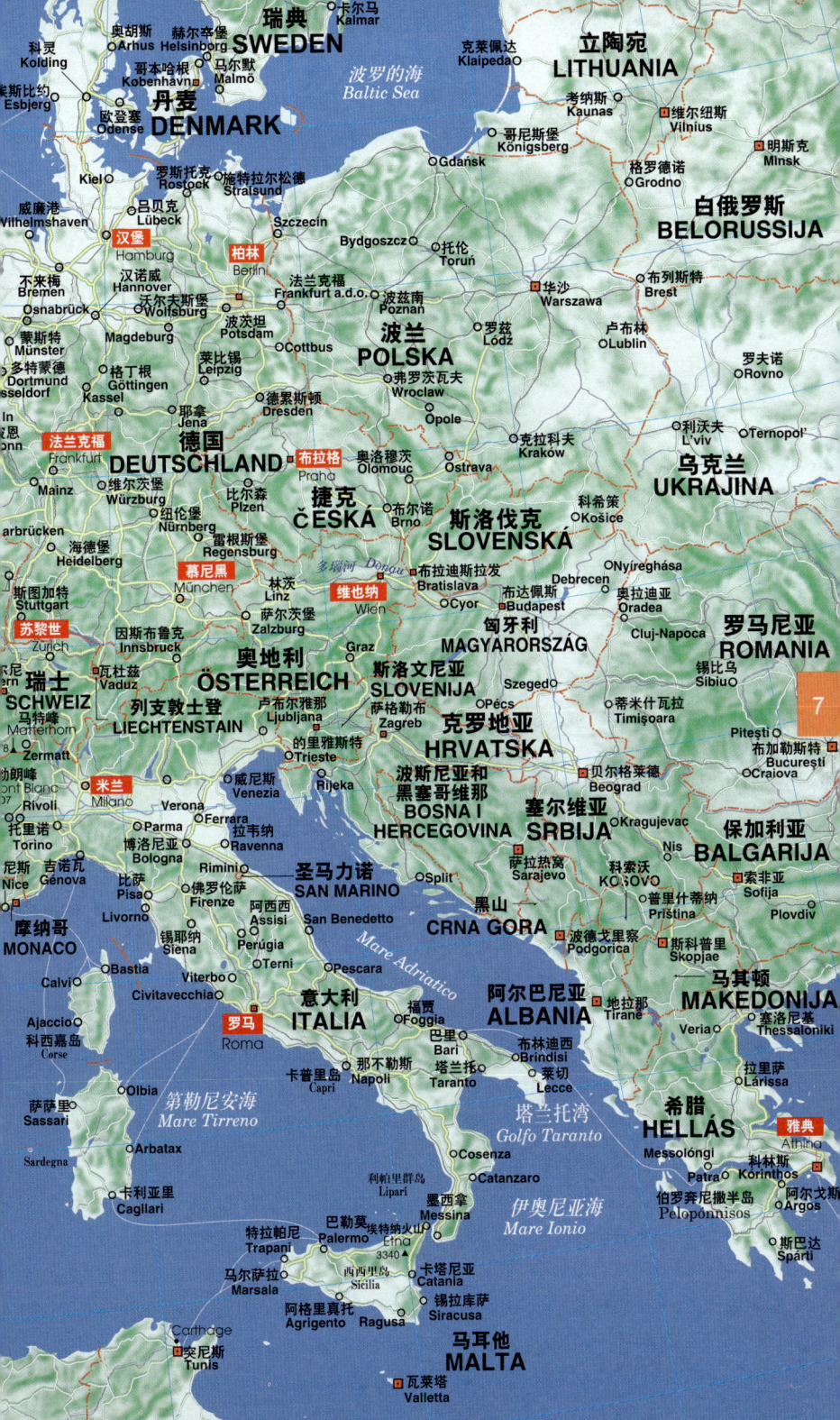

你好！法国
# 法国基本资讯

## 法国国旗

法国国旗为蓝、白、红三色旗，三色分别代表"自由、平等、博爱"。1789年法国大革命时期，国民自卫队最初使用这种旗帜，之后被正式定为国旗。

### 法国的基本信息

| | |
|---|---|
| 正式国名 | 法兰西共和国 |
| 国　歌 | 《马赛曲》 |
| 面　积 | 约55万平方公里 |
| 人　口 | 约6400万人（包括海外省） |
| 首　都 | 巴黎 |
| 元　首 | 弗朗索瓦·奥朗德总统 |
| 宗　教 | 法国80%的人口信奉天主教，其余的人信奉伊斯兰教、基督教新教、犹太教等 |
| 语　言 | 法国的通用语是法语。此外，布列塔尼地区通用布列塔尼语，阿尔萨斯地区通用阿尔萨斯语 |
| 气　候 | 海洋性气候（西部）<br>地中海气候（南部）<br>大陆性气候（中部以及东部） |
| 地　理 | 法国本土有22个大区，每个区有1~7个省，共计96个省 |

5euro　　10euro

20euro　　50euro

100euro　　200euro

500euro

1cent　　2cent　　5cent

10cent　　20cent　　50cent

1euro　　2euro

### 换算率

1欧元≈6.95元人民币（以2015年6月底的汇率为参考点）。

### 货币

　　法国采用的货币是欧盟通用的欧元（用€、euro、eur来表示）。欧元以下的单位是分（cent，或者用带小数点的欧元来表示）。流通货币的种类有500、200、100、50、20、10、5欧元的纸币和2、1欧元的硬币，以及50、20、10、5、2、1分的硬币。有关货币的介绍请参见p.406。

## 打电话的方法

法国的国际代码是33（中国的国际代码是86）。法国电话无论是手机还是普通电话都是10位，手机开头一律为"06"，境内电话和中国一样，依地区不同，区域代码也不同。

下面以往巴黎打国际长途为例：
- 打一般市话
  00（国际冠码）+33（法国国家代码）+1（大巴黎地区）+ 电话号码（8位）
- 打法国手机
  00+33+ 06（法国手机起码）+ 手机号码（8位）

## 生活资讯

**时差**

法国也有夏令时间和冬令时间之分。夏令时间是3月至10月，此时法国当地时间比北京时间慢6小时，也就是说，北京时间是中午12点，而法国才是凌晨6点。冬令时间，法国当地时间比北京时间慢7小时。

北京和巴黎的时差（图标为夏令时间，北京比巴黎早6个小时）

| 北京 | 0 | 1 | 2 | 3 | 4 | 5 | 6 | 7 | 8 | 9 | 10 | 11 | 12 | 13 | 14 | 15 | 16 | 17 | 18 | 19 | 20 | 21 | 22 | 23 |
| --- | --- | --- | --- | --- | --- | --- | --- | --- | --- | --- | --- | --- | --- | --- | --- | --- | --- | --- | --- | --- | --- | --- | --- | --- |
| 巴黎 | 18 | 19 | 20 | 21 | 22 | 23 | 0 | 1 | 2 | 3 | 4 | 5 | 6 | 7 | 8 | 9 | 10 | 11 | 12 | 13 | 14 | 15 | 16 | 17 |

**商务时间**

商店和公共服务机构的营业时间大体如下。但是，也有些商店午休时间很长，或者有些餐厅在夏季休一个月长假，所以需要提前确认。
- 银行 9:00 ～ 16:00，周六、周日、节假日休息
- 邮局 8:00 ～ 18:00，周六至12:00，周日、节假日休息
- 兑换商 9:00 ～ 18:00，周末、节假日休息
- 一般商店 10:00 ～ 19:00
- 百货商店 9:30 ～ 19:00
- 餐厅 12:00 ～ 14:30、19:00 ～ 23:00
- 餐馆 8:00 ～ 24:00
- 美术馆、旅游景点 10:00 ～ 17:00

## 打国际长途省钱秘诀

如果预备在法国停留的时间较久，就需要考虑往国内拨打长途电话如何省钱了。这里介绍以下几种方法：

1. 购买法国当地的电话卡

除了在法国电信局的服务网点买数打国际长途的电话卡之外，还可以到私营电信公司购买专门针对亚洲国家的电话卡。不过，这些卡一般只有在中国城或者亚洲商店才有。使用方法和国内的电话卡差不多，卡背后还有说明。

2. 利用网络

大家都知道，利用网络可随时和世界连线。利用MSN、Skype等网络即时联络工具，也能很方便地和国内的家人亲戚朋友联系，不过这要取决于使用网络是否方便。法国网络很发达，几乎家家都能上网，而一些公共场合如咖啡厅或者图书馆都可以免费无线上网。

## 旅游景点开放时间

本书记载了美术馆、旅游景点从开馆到闭馆的时间。根据设施不同，规定闭馆前1小时至15分钟禁止入馆，所以需要提早发。

装饰得美轮美奂的电话亭

### 水品牌

- 依云 (Evian)：所含矿物成分少且几乎无味。
- 巴黎水 (Perrier)：是最具代表性的有气矿泉水。
- 法维多 (Vittel)：适于进餐时饮用。
- 波多 (Badoit)：含气量大，但是相对于巴黎水更加柔和，适于饮用。
- 矿翠 (Contrex)：含有大量的矿物成分，作为"纤体水"受到广大女性的青睐。

巴黎水

### 组装式公共厕所的使用方法

（1）确认显示为绿色的"LIBRE（无人）"。
（2）按下按钮门自动开启，厕所内亮灯，锁上门之后可以使用。
（3）无须冲水，厕所具有自动冲洗便桶以及杀菌的功效。

### DVD使用方法

法国DVD的区域编码是"2"。它的影像变换方式是"PAL"，在一般的播放机上不能重放（在带有DVD-ROM的电脑上可以重放）。在当地购买软件时，请确认。

### 水

法国自来水管中的水石灰成分含量过多，不宜饮用（煮沸后可以饮用）。旅居期间，尽量从超市或者食品店购买。水的种类大体分为矿泉水（Eau mineral）和泉水（Eau de Source），前者包括带气的水（Gazeuse）和纯天然的水（Naturelle）。

### 气候

具有大陆性气候倾向的海洋性气候，一年四季的气温均比北京稍低。与气候相适宜的着装介绍，请参见p.381。年平均气温和降水量的详细介绍，请参见pp.374～375。

### 电压和插头

电压220V、频率50Hz，同中国一样。但是电源插头却不同，法国为圆形双孔。使用中国国内的家用电器时，须配备欧标插头转换器。

### 厕所

游览中想去厕所时，可以利用餐馆、火车站、百货商店附近的厕所。这些设施大多是免费的，但是也有需要投币的单间，或者有些地方在入口处收取小费，一般需要0.25～0.50欧元。另外，街上到处都有组装式的公共厕所，免费供您使用。

### 小费

虽然饮食店的账单中包括了服务费用，但是为了对服务表示满意，给服务员小费是约定俗成的。各种场合小费的金额大致如下。
- 餐厅：高级餐厅为消费金额的10%～15%，普通小店留下找回的零钱即可。
- 酒店：门童、客房服务每次1～2欧元。
- 出租车：费用的10%～15%。
- 剧院、电影院：给领座员0.50～1欧元。但是，有些地方已经废除了小费制度，在当地需要确认一下。

### 香烟

法国法令全面禁止在公共场合吸烟，违反者会被处以大额罚款，旅行者当然也不例外。主要的禁烟区如下：
- 公共交通（公共汽车、火车、地铁、RER、飞机等）。
- 公共建筑物内（旅游设施、商店、车站、机场、医院、剧院、学校、公司、行政机关、运动设施等）。
- 餐厅、酒店、迪斯科厅、赌场等。

※餐馆和酒店露天阳台上的座位可以吸烟，有些酒店还设置了专供吸烟的场所。

### 酒精

禁止在公共场所酩酊大醉。另外，在巴黎的繁华街道、火车站周边，夜间禁止出售含酒精的饮料以及在路上饮酒。

## 节假日

|  |  |
|---|---|
| 1月1日 | 元旦（Jour de l'An） |
| 4月5日※ | 复活节（Pâques） |
| | 春分过后第一个满月之后的星期日，连同接下来的星期一（Lundi de Pâques）连休。 |
| 5月1日 | 五一劳动节（Fête de Travail） |
| | 习惯上互赠铃兰花。 |
| 5月8日 | 第二次世界大战胜利纪念日（Victoire 1945） |
| 5月14日※ | 耶稣升天节（Ascension） |
| | 复活节后第四十天的星期四 |
| 5月24日※ | 圣灵降临节（Pentecôte） |
| | 复活节后第五十天的星期日，连同接下来的星期一（Lundi de Pentecôte）连休。 |
| 7月14日 | 国庆日（Fête Nationale） |
| | 国庆日是法国全国性的节日。这天，在巴黎香榭丽舍大街上举行的阅兵式，举世闻名。 |
| 8月15日 | 圣母升天节（Assomption） |
| 11月1日 | 诸圣瞻礼节（Toussaint） |
| 11月11日 | 第一次世界大战停战纪念日（Armistice 1918） |
| 12月25日 | 圣诞节（Nöel） |

※表示日期不固定的节假日。上述节日是按照2015年的日历所写的，确切信息需要向法国旅游发展署等部门确认（参见p.382）。

## 住址表示

巴黎所有的街道都有名称，每个建筑物都有门牌号。所以，只要知道地址，寻找目的地就变得轻而易举。

下面以 15bis Bd.Victor 75015 来举例说明。

15bis 就是门牌号，"bis" 是在同一个建筑物内有两个相同的门牌号时附加在第二个上的标示。如果出现第三个的话，加 "ter"。Bd. 是 boulevard 的简称，表示街道。75015 是邮政编码，巴黎的邮编号前两位是 "75"，后两位用 1～20 的区域号码表示。也就是说，上面例子中所举的地址是，"巴黎15区维克多街15号"。

## 楼层表示

| | |
|---|---|
| 3e étage | 4层 |
| 2e étage | 3层 |
| 1er égage | 2层 |
| rez de chausséss | 1层 |

## 逛街的基本用语

旅游时，在街上经常会见到一些法语词汇。有疑问时，可以对比下面的一览表进行确认。

| | | | |
|---|---|---|---|
| autobus | 公共汽车 | homme | 男性 |
| métro | 地铁 | femme | 女性 |
| taxi | 出租车 | église | 教会 |
| gare | 火车站 | monument | 名胜古迹 |
| quai | 站台 | musée | 美术馆、博物馆 |
| entrée | 入口 | parc | 公园 |
| sortie | 出口 | jardin | 花园 |
| ouvert | 营业中 | police | 警察 |
| fermé | 准备中 | hôpital | 医院 |
| poussez | 压、按 | défense de fumer | 禁止吸烟 |
| tirez | 拉 | sens interdit | 禁止进入 |
| guichet | 售票处 | soldes | 大甩卖 |
| correspondance | 换乘 | rue | （一般）道路 |
| caisse | 结账 | avenue (Av.) | 通往住宅的林荫大道 |
| aéroport | 机场 | boulevard (Bd.) | 通往广场的大道 |
| douane | 海关 | place (pl.) | 广场 |
| change | 兑换处 | quai | 河岸 |
| poste | 邮局 | arrondissement (Arr.) | 行政区 |
| toilettes | 厕所 | | |

圣诞前夜可以参加教堂的弥撒

你好！法国

# 你好！法国
## 法国最新资讯

无论是初次旅行还是再次前往，出发前，首先要了解一下法国的最新旅游资讯，以便更好地饱享魅力四射、交通便捷的法国。

### 亲近艺术的新名胜
### 从巴黎出发可进行一日游
#### 地区城市的新兴美术馆极具人气

地区城市的新兴美术馆是人们争相讨论的旅游胜地。其中，最受关注的是里尔近郊的里尔现代美术馆和梅斯的蓬皮杜文化艺术中心分馆。从巴黎出发乘坐火车1小时至1小时30分钟就可以到达，可以进行一日游。

里尔现代艺术博物馆（简称LaM）除了欧洲近代、现代艺术作品之外，还大量收藏了原生艺术（Art Brut）作品。此外，还有4500件波尔坦斯基、奥本海姆、韦尔夫利、季内里等的作品。美术馆由女建筑家马尼尔·格特兰负责改造（详情请参见p.219）。

梅斯蓬皮杜文化艺术中心是巴黎蓬皮杜文化艺术中心（p.87）的分馆。由于空间限制，巴黎的文化艺术中心无法展出大型的现代雕塑装置。在此，你可以一饱眼福。此建筑出自日本建筑家坂茂和法国建筑家让·德加斯蒂纳之手。木架屋顶宛如一顶帽子，充满情趣。空间设计给人一种解放感，体现了文化艺术中心艺术性与创造性兼具的理念（详情请参见p.233）。

展示了从6万件近代、现代艺术作品中精心挑选出的作品（梅斯蓬皮杜文化艺术中心）
© Shigeru Ban Architects Europe et Jean de Gastines Architectes, avec Philip Gumuchdjian Architects pour la conception du projet lauréat du concours/Metz Métropole/Centre Pompidou-Metz/Photo Roland Halbe

## 置身巴黎
### 使用互联网

巴黎随处可以使用无线网络

旅行者携带电子记事簿或笔记本电脑前往海外旅行的时代到来了。世界第一的旅游都市巴黎安装了无线网络（在法国称为Wi-Fi），供公众自由使用。现在，巴黎市区的公园、区政府、市立图书馆、市立美术馆等400处场所都有无线接入点。在这些地方的营业时间内，可以使用无线网络，每次不超过两小时。进入无线区域（显示ZONE Wi-Fi）后，在终端画面上选择Wi-Fi ORANGE网络，登录后设定密码，然后输入姓名和邮箱后就可以使用了。如果旅客携带可以连接无线网络的电子记事簿或笔记本电脑的话，一定要试一试哦。

## Chambre d'Hôte（家庭客房）
### 渐具人气

现今，法式家庭旅馆、简易旅馆、供应住宿和早餐的家庭客房（chambre d'hôte）（p.376，p.413）处于人气上升阶段。并且，巴黎、里昂等城市的住宿设施也在不断增加。再次来法国的旅行者，如果已经厌烦了酒店生活，推荐入住家庭旅馆。沉浸在法式家庭的氛围中，零距离体验当地生活环境，或许你会发现一个崭新的充满魅力的法国。

介绍家庭旅馆的主要网站（均为英语、法语）
- Hôtes Qualité Paris (www.hotesqualiteparis.fr)
- Bed and Breakfast France (www.bed-break.com)
- Une Chambre en Ville (www.chambre-ville.com)
- Les Clés d'Or (www.clesdor.com)
- Samedi Midi (www.thebestbedandbreakfastfrance.com)

## 世界遗产——阿尔比
### 法国美食成为非物质文化遗产

2010年，法国西南部的小城阿尔比（p.360）被联合国教科文组织评为世界遗产。阿尔比是劳特累克的故乡，深受国内外游客的喜爱。现今旧市区的中世纪建筑和留存的木结构房屋的街景，广受好评。

同样，印度洋西南侧的法国海外省留尼旺岛，凭借独特的自然景观、保存完好的生态环境被联合国教科文组织评为世界自然遗产。

另一方面，法国引以为豪的美食文化也得到联合国教科文组织的好评。法国美食既富有艺术性，又协调了人类和自然产品的关系，由此登上了"人类非物质文化遗产"的宝座。美食成为非物质文化遗产，在世界上尚属首次。

从塔恩河对岸眺望阿尔比的旧市区

圣塞西尔大教堂华丽的大殿

你好！法国

# 法国美景概略

地域辽阔的法国，值得看的地方数不胜数，如何在有限的时间内观光旅游呢？参考此页你就可以找到答案，从而制定出一份满意的日程表。

## ● 诺曼底／布列塔尼／北部－加来海峡／皮卡第

圣米歇尔山

诺曼底、布列塔尼、北部－加来海峡和皮卡第位于法国六角形国土的左上角，举世闻名的世界文化遗产圣米歇尔山（p.206）就坐落在这里。诺曼底地区拥有众多的高级度假村，布列塔尼地区留存着浓厚的凯尔特文化，北部－加来海峡和皮卡第深受比利时文化的影响，各具特色。从巴黎出发乘坐火车或者公共汽车只需要2～4个小时。可以的话，在每个地方花上1天的时间，尽情畅游，岂不妙哉！

## ● 卢瓦尔河地区

卢瓦尔河谷周边以风景秀美著称，拥有"法国花园"的美誉。卢瓦尔河畔有100多座有名的城堡。夏季，在城堡里举办音乐会等各种艺术活动，精彩无限，不容错过。城堡周围的交通不太便利，以巴黎和图尔（p.176）为据点旅游时，利用旅游巴士或者出租比较便利。

卢瓦尔城堡

诺曼底／布列塔尼／北部－加来海峡／皮卡第

巴黎和巴黎大区

阿尔萨斯／洛林／香槟－阿登

卢瓦尔河地区

勃艮第／弗朗什－孔泰

大西洋沿岸／南部－比利牛斯／朗格多克／奥弗涅／利穆赞

罗讷－阿尔卑斯

普罗旺斯－阿尔卑斯－蓝岸

## ● 大西洋沿岸／南部－比利牛斯／朗格多克／奥弗涅／利穆赞

广阔的大西洋沿岸、南部－比利牛斯、朗格多克、奥弗涅和利穆赞位于法国西南部，盛产葡萄酒、鹅肝、蘑菇、海产品等，是一座名符其实的美食宝库。拉斯科（p.350）拥有史前时代的遗迹，神奇之地卢尔德（p.368）深受巴斯克和加泰罗尼亚的影响。游览此处可以波尔多（p.340）、克莱蒙费朗（p.352）、图卢兹（p.356）、蒙波利埃（p.364）为据点。

拉斯科岩洞壁画

巴黎的象征——埃菲尔铁塔

## 🔴 巴黎和巴黎大区

法国的首都巴黎（p.52）是其政治、经济、艺术的中心，也是世界上最受欢迎的旅游城市之一。巴黎大区是以巴黎为中心，半径100公里的地域，教堂、宫殿、城堡等历史建筑物随处可见。从巴黎去往巴黎大区的任何一个城镇旅游，都可以当天往返。

## 🟣 阿尔萨斯／洛林／香槟－阿登

广阔的葡萄田

位于德国边界的阿尔萨斯，盛产白葡萄酒，是白葡萄酒爱好者的理想去处。香槟区盛产香槟。从巴黎去往香槟－阿登当天可以往返。然而，前往阿尔萨斯和洛林单程就需要3～4小时，这样就不得不在斯特拉斯堡（p.230）或者南锡（p.234）住上1天了。

## 🟪 勃艮第／弗朗什－孔泰

勃艮第盛产著名的勃艮第红酒，是葡萄酒爱好者向往的胜地。14～15世纪，勃艮第公国正值鼎盛时期，罗马风格的宗教建筑众多，闻名内外。从巴黎乘坐TGV高速列车只需要2个小时。如果想要游遍葡萄酒销售地区，从第戎或者博讷出发，乘坐旅游巴士即可。

一望无际的葡萄园

## 🟢 罗讷－阿尔卑斯

古都里昂

罗讷－阿尔卑斯位于阿尔卑斯山脉西侧，罗讷和索恩两大河流流经此处，自然环境雄伟瑰丽。这里夏季可以郊游、垂钓，冬季可以滑雪。堪称美食之都的中心城市里昂（p.264），是美食家旅游的最佳选择。从巴黎出发乘坐TGV高速列车到里昂只需要2个小时，到格勒诺布尔（p.274）需要3个小时。

## 🟠 普罗旺斯－阿尔卑斯－蓝岸

普罗旺斯－阿尔卑斯－蓝岸面朝地中海，是极受欢迎的旅游地。气候温暖宜人，自古就备受作家和艺术家的钟爱。在此可以遍览古代罗马遗迹，在海滨度假村享受美好的时光。从巴黎出发乘坐飞机到尼斯（p.319）或者马赛（p.301）需要1个多小时，乘火车到阿维尼翁（p.286）需要2个多小时。另外，还可以乘坐公交或者出租车游访各个小村落。

昔日景象留存的法国南部城市阿尔勒

你好！法国

法国美景概略

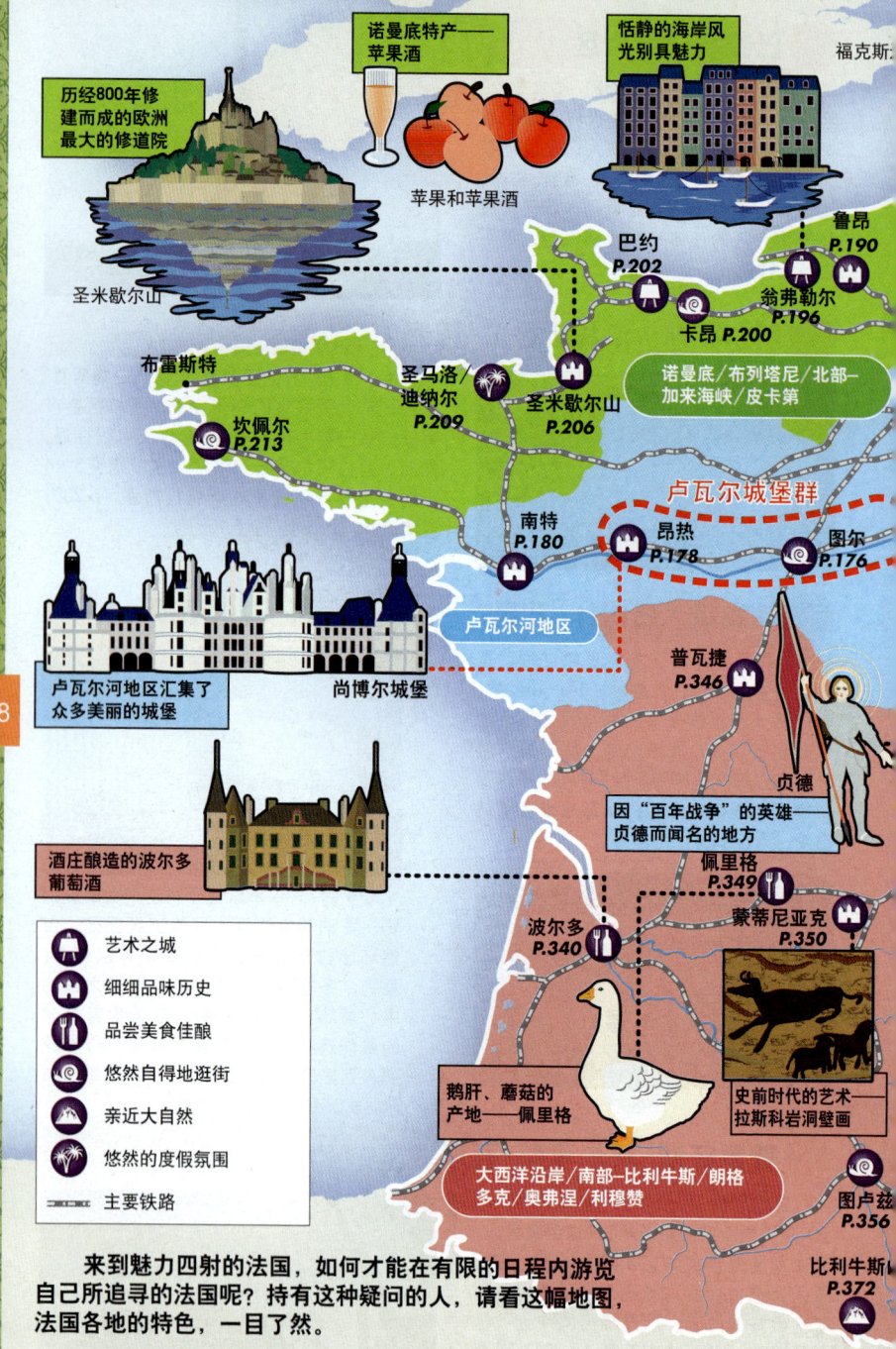

# 法国地图

**尽显路易十四时代辉煌的壮丽宫殿**
凡尔赛宫

**具有德国风情的街道**
因为临近德国边境，这里散发着德国文化的气息

敦刻尔克

里尔 P.218

巴黎和巴黎大区

尚蒂伊 P.154

兰斯大教堂 P.226

"加冕典礼之城"
兰斯圣母大教堂

埃菲尔铁塔

★巴黎 P.52
凡尔赛 P.144

枫丹白露/巴比松 P.150

奥尔良 P.172

布尔日 P.174

阿尔萨斯/洛林/香槟—阿登

**鹅肝的发源地**

斯特拉斯堡 P.230

勃艮第代表性食品——食用蜗牛

科尔马 P.228

**白葡萄酒的产区**

葡萄酒的生产得益于优越的自然条件

第戎 P.242

贝桑松 P.256

葡萄田和气球

博讷 P.250

勃艮第/弗朗什—孔泰

**寻觅勃艮第公国奢华的宫殿**

**红葡萄酒的产区**

马孔 P.254

克莱蒙费朗 P.352

里昂 P.264

沙莫尼 P.272

阿讷西 P.270

**一级滑雪度假村聚集之地**

**汇集了整个欧洲食材的美食之都**

格勒诺布尔 P.274

罗讷—阿尔卑斯

**蓝色海岸尽收眼底，充满梦幻色彩的小城（埃兹）**

尼姆 P.290

阿维尼翁 P.286

普罗旺斯地区艾克斯 P.298

埃兹 P.324

摩纳哥 P.326

**普罗旺斯—阿尔卑斯—蓝岸**

凡·高晚年居住之地

阿尔比 P.360

阿尔勒 P.292

蒙波利埃 P.364

马赛 P.301

戛纳 P.314

尼斯 P.319

卡尔卡松 P.362

**随处可见魅力无限的小镇**

卡尔卡松

**欧洲最大的城堡——兰亭**

科西嘉岛（阿雅克肖） P.330

你好！法国
魅力四射的法国

你好！法国
# 法国主要城市始发的短途旅行

从法国主要城市出发进行一日游或者两日游可以游览哪里呢？参考下面的出游建议，制定一份适合自己的游览日程表。

## 从波尔多 出发

**1日游**

波尔多盛产葡萄酒，在这里可以参观葡萄酒的主要销售地。另外，还可以参观以旧石器时代壁画而闻名的**拉斯科岩洞**（p.350），留存着巴斯克文化的**巴约讷**（p.370）、普瓦捷会战的战场——**普瓦捷**（p.346）。

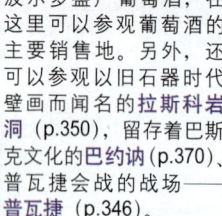

**2~3日游**

游览圣地**卢尔德**（p.368）、城堡之都**卡尔卡松**（p.362）、大学城**蒙波利埃**（p.364）。

城堡之都——卡尔卡松

**2~4日游** 游览**卢瓦尔古城**（p.166）、**诺曼底**（p.184）、**白葡萄酒产区**（p.222）。

卢瓦尔古城堡中尤为秀美的尚博尔城堡

## 从阿维尼翁 出发

**1日游**

尼姆的圆形竞技场

可以参观因凡·高而闻名的**阿尔勒**（p.292），留存着古代罗马遗迹的**尼姆**（p.290）和**奥朗日**（p.289）。

**2~3日游** 可以游览因保罗·塞尚而闻名的**普罗旺斯地区艾克斯**（p.298）、历史悠久的港城**马赛**（p.301）。

马赛旧港

## 从巴黎出发

### 1日游

可以参观**凡尔赛宫**（p.144）和因彩色玻璃而闻名的**沙特尔大教堂**（p.149）。乘坐旅游巴士前往**圣米歇尔山**（p.206）和莫奈的家乡——**吉维尼**（p.188），都可以当天往返。

凡尔赛宫的镜厅

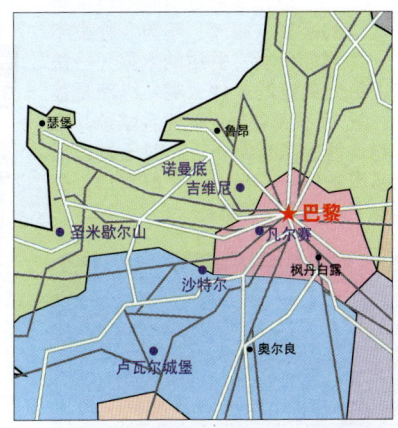

## 从里昂出发

### 1日游

到散发着中世纪气息的**佩鲁日**（p.268）或者是保存着罗马遗迹的**维埃纳**（p.269）旅游，均可以当天往返。

维埃纳的奥古斯特神殿

### 3~4日游

隆冬季节，推荐阿尔卑斯的**沙莫尼**（p.272），还可以顺便去周边的滑雪场游玩。

沙莫尼

## 从尼斯出发

### 1日游

乘坐旅游巴士，可以游览因电影节而闻名的**戛纳**（p.314）、位于陡峭岩壁上的**埃兹**（p.324）以及旅游胜地**摩纳哥**（p.326）的蒙特卡洛，都能够当天往返。

### 3~4日游

可以周游**蓝色海岸**（p.278）的沿海城镇。

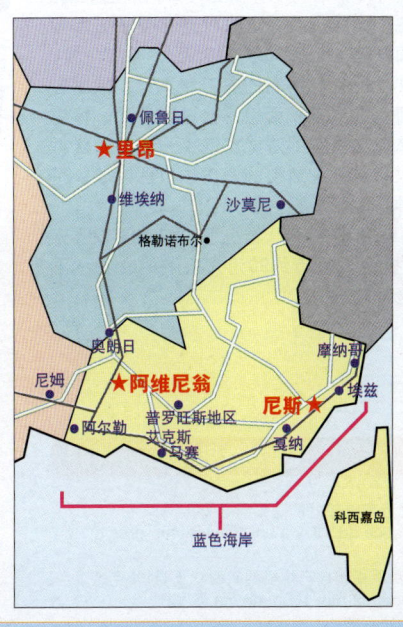

你好！法国

法国主要城市始发的短途旅行

# 进一步享受法国的乐趣之 九大关键

逛市场可以看到新鲜美味的蔬菜、猪肉、鸡肉，种类丰富的鱼类，香甜的水果……法国人每天究竟吃些什么呢？纵然是美食之国，每餐都在餐厅吃也会腻烦。"想要吃普通的家常菜……"对于发出如此感慨的你——祝你有个好胃口，品尝一下法国的家常菜！

## 品尝 12 欧元 以下的佳肴

### 尼姆佳肴

据说，最近在法国流行西班牙的海鲜饭。你可以买一份刚做好的热气腾腾的海鲜饭。

| | |
|---|---|
| 炒肉末蒸南瓜 Courge farcie | €1.60 |
| 奶酪烤青椒 Poivron farci | €2.40 |
| 西班牙式什锦饭 Paella | €4.30 |
| 山羊奶酪 Chevre | €2.00 |
| 奶子葡萄 Raisin Blanc | €1.25 |
| 长面包（一半）Baguette | €0.40 |
| 合计 | €11.95 |

法国大部分城市都有熟食店(Traiteur/Charcuterie)。搭配各式各样、色拉、肉类等冷却后再吃亦美味可口，加上烧鸡、炖牛肉等主食，还可以搭配餐后甜点和葡萄酒。商家负责用电磁炉加热主食，并且配备塑料制的餐刀和叉子。最后去面包店买来长面包，就可以享受一餐简单而又便宜的法式家庭菜。当然，既可以只买几种清淡的肉类，也可以准备两种味道浓厚的主食。

我们来实际看一下如何购买12欧元（折合人民币约90元）以下的食物（不含饮料）。

### 阿维尼翁佳肴

尼斯风味的色拉和番茄酿肉是法国南部的代表性菜品。

| | |
|---|---|
| 火腿色拉 Salade de Jambon | €3.05 |
| 尼斯风味色拉 Salade Niçoise | €2.95 |
| 番茄酿肉 Tomate Farcie | €2.40 |
| 千层酥（牛奶蛋糊）Millefeuille | €2.10 |
| 长面包（一半）Baguette | €0.40 |
| 合计 | €10.90 |

### 菜市场常用法语

附近有比较好的蔬菜商店吗？
Est-ce qu'il y a un bon traiteur près d'ici?

（用手指着自己想要的东西）我要100克这个。
Donnez-moi 100g de ça, S.V.P.

（用手指着自己想要的东西）我要两个这个。
Donnez m'en deux, S.V.P.

请帮我把这个加热一下。
Voulez-vous le chauffer?

※饮料费用基准：中等葡萄酒1瓶€6～8.50、1罐€2～

## 格勒诺布尔佳肴

阿尔卑斯地区有洛林风味的奶油火腿馅饼,还有切成细丝的胡萝卜色拉,清淡而美味。

| | |
|---|---|
| 培根<br>Quiche Lorraine | €2.10 |
| 切成细丝的胡萝卜色拉<br>Carotte Rapées | €1.10 |
| 烤全鸡<br>Poulet Rotî | €3.20 |
| 苹果派<br>Tare aux Pommes | €2.20 |
| 合计 | **€8.60** |

## 芒通佳肴

橄榄、蔬菜杂烩而成的法国南部菜品搭配奶酪,奶油新鲜且味道清淡。

| | |
|---|---|
| 腌绿橄榄<br>Olives Verts | €1.35 |
| 龙蒿风味烤鸡和蔬菜杂烩<br>Poulet à l'Estragon et Ratatouille | €5.10 |
| 鲜奶油奶酪<br>Carré President | €1.30 |
| 梨果冻<br>Gelée de Poire | €1.80 |
| 长面包(一半)<br>Baguette | €0.40 |
| 合计 | **€9.95** |

## 鲁昂佳肴

奶汁烤苦苣和煮扁豆,是典型的家常菜。

| | |
|---|---|
| (意大利风味的)腊肠<br>Salami | €1.60 |
| 火腿卷奶汁烤苦苣<br>Gratin d'Endive au Jambon | €4.65 |
| 煮扁豆<br>Haricots | €1.60 |
| 餐后甜点<br>Dessert | €2.20 |
| 长面包(一半)<br>Baguette | €0.40 |
| 合计 | **€10.45** |

## 波尔多的中国佳肴

怀念酱油的味道时,能够找到做中国佳肴的地方一定很开心。

| | |
|---|---|
| 炒菜<br>Légumes Saute | €3.80 |
| 小虾蒸饺<br>Ravioli aux Crevettes | €2.40 |
| 猪肉烧卖<br>Boules au Porc | €2.40 |
| 炒饭<br>Riz Cantonais | €3.00 |
| 西红柿<br>Tomate | €0.40 |
| 合计 | **€12.00** |

进一步享受法国的乐趣之九大关键

品尝12欧元以下的佳肴

---

有半瓶葡萄酒吗?
Avez-vous une demie bouteille de vin?

请给我一副刀叉。
Donnez-moi un couteau et une fourchette, S.V.P.

请给我半个长面包。
Donnez-moi une demie baguette, S.V.P.

请加点酱油。
Donnez-moi un peu de sauce de soja, S.V.P.

# 透彻分析 葡萄酒的魅力

早在公元前3000年左右，古埃及人就开始酿造葡萄酒。据说，法国从公元3世纪开始生产葡萄酒。在法国，葡萄酒被称为"Vin"。法国拥有以波尔多和勃艮第为代表的一流葡萄酒产地，产的葡萄酒独具魅力。我们没有必要掌握死板的礼节、高深的知识，只要了解最基本的常识，进而品尝一下美酒的香醇即可。那么，让我们干杯吧！

## 葡萄的品种

用于酿造葡萄酒的葡萄品种称为"cepage"。通常，葡萄的品种并不记在标签上，阿尔萨斯地区和地区餐酒，直接采用酿酒所用的葡萄品种作为酒名。主要的葡萄品种及其特点如下：

- 黑比诺(Pinot Noir)：主要用于酿造勃艮第的红葡萄酒。特点是具有醇厚绵和的酸涩味，尚未成熟时有山莓果味。
- 赤霞珠(Cabernet Sauvignon)：主要用于酿造波尔多地区的梅多克和格拉夫的红葡萄酒。含有大量丹宁，具有黑加仑的芳香。
- 霞多丽(Chardonnay)：酿造勃艮第白葡萄酒和香槟。即将成熟时，酸甜均衡，味道鲜美。
- 长相思(Sauvignon Blanc)：酿造波尔多和卢瓦尔的白葡萄酒。未成熟时，具有新鲜的酸味和香草的芳香。
- 佳美(Gamay)：酿造不宜贮藏的博若莱葡萄酒，具有浆果芳香。
- 西拉(Syrah)：用于酿造罗讷河谷地区的葡萄酒。具有类似黑胡椒的辛辣味。
- 雷司令(Riesling)：酿造阿尔萨斯的白葡萄酒，具有淡淡的清香和上等果实的味道。

## 葡萄酒的等级

法国的葡萄酒分为四个等级，要旨均记在标签上。下面就从上等酒开始介绍。

- 原产地通称葡萄酒(Appellation d'origine contrôlée，简称AOC)：高等酒都标明产地、品种、土壤、产量、种法、酿造法等明细规制。标示得越详细，表示酒的等级越高。例如，AOC葡萄酒按照以下顺序标示：地区名（波尔多、勃艮第等）、地域名［尼伊（Côte de Nuits）、圣埃米利永等］、村名（尼伊圣乔治、马尔戈等）、田地名（罗曼尼·康帝等）。
- 优良地区葡萄酒(Vin délimité de qualité supérieure，简称VDQS)：检验合格的优良葡萄酒。
- 地区餐酒（Vin de pays，简称VDP）：指定产地的葡萄酒。
- 日常餐酒（Vin de table，简称VDT）：在欧盟范围内，添加咖啡、鸡蛋等饮用的葡萄酒，以及没有标记收获年份(Millesime)的香槟。

## 葡萄酒搭配奶酪

葡萄酒和奶酪的组合称为"Mariage"。搭配的原则是，"当地的葡萄酒搭配当地的奶酪"。桑塞尔的白葡萄酒和邻村产的山羊乳酪，是具有代表性的最佳搭配。另一方面，味道清淡的卡芒贝尔奶酪和布里干酪是可以搭配任何葡萄酒的万能乳酪。

### 酒标

- 法国产
- 葡萄园内装瓶
- 葡萄酒名
- 价格、等级
- 容量
- 原产地通称
- 葡萄园主名及所在地
- 葡萄酒年份
- 酒精含量

### 葡萄酒杯的不同之处
为了使葡萄酒的温度不上升,拿酒杯时应该拿杯脚。

用于波尔多　用于勃艮第　用于阿尔萨斯　用于香槟

阿尔萨斯　波尔多

香槟区　勃艮第　普罗旺斯

### 葡萄酒瓶的不同之处
通过酒瓶的形状,就可以确认葡萄酒的产地。但是,也会有例外。

## 试饮

法语中把试饮称为"dégustation"。在中等以上的餐厅点瓶装的葡萄酒,饮料主管或者服务员会往酒杯里斟少量的酒送过来,得到顾客认可之后,才为所有围坐在餐桌旁的顾客倒酒。

餐厅试饮最主要的目的是,检查葡萄酒是否变质。确认色、香、味没有异常之后,就说"没问题"(C'est bon)。但是,明显感觉异常时,可以毫不客气地说"味道似乎有点奇怪"(Je crois que ce vin est bouchoné)。另外,酒的温度不适宜时,也可以告诉餐厅经理或者服务员。顺便说一下,葡萄酒的适宜温度如下:带甜味的白葡萄酒5~6℃,辣味白葡萄酒6~11℃,玫瑰红葡萄酒9~11℃,红葡萄酒12℃,勃艮第红葡萄酒15~16℃,波尔多红葡萄酒15~18℃。白葡萄酒稍微冰镇一下,红葡萄酒常温即可。

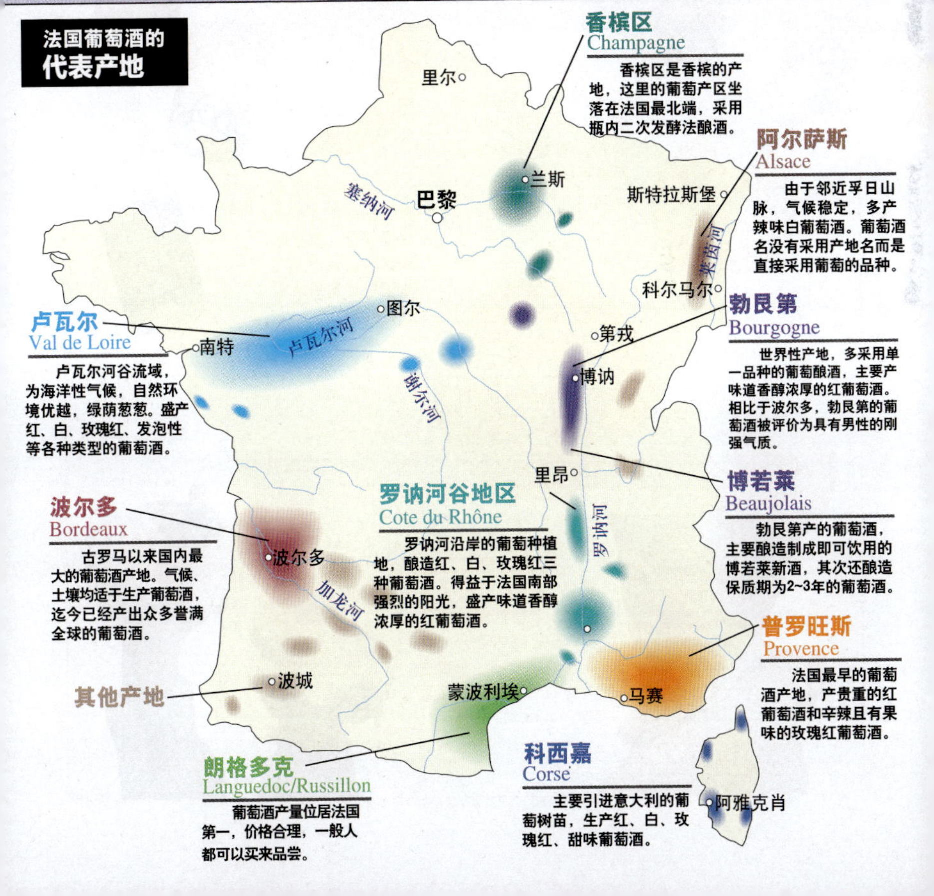

## 法国葡萄酒的代表产地

**香槟区 Champagne**
香槟区是香槟的产地,这里的葡萄产区坐落在法国最北端,采用瓶内二次发酵法酿造。

**阿尔萨斯 Alsace**
由于邻近乎日山脉,气候稳定,多产辣味白葡萄酒。葡萄酒名没有采用产地名而是直接采用葡萄的品种。

**勃艮第 Bourgogne**
世界性产地,多采用单一品种的葡萄酿造,主要产味道香醇浓厚的红葡萄酒。相比于波尔多,勃艮第的葡萄酒被评价为具有男性的刚强气质。

**卢瓦尔 Val de Loire**
卢瓦尔河谷流域,为海洋性气候,自然环境优越,绿荫葱葱。盛产红、白、玫瑰红、发泡性等各种类型的葡萄酒。

**罗讷河谷地区 Cote du Rhône**
罗讷河沿岸的葡萄种植地,酿造红、白、玫瑰红三种葡萄酒。得益于法国南部强烈的阳光,盛产味道香醇浓厚的红葡萄酒。

**博若莱 Beaujolais**
勃艮第产的葡萄酒,主要酿造制成即可饮用的博若莱新酒,其次还酿造保质期为2~3年的葡萄酒。

**波尔多 Bordeaux**
古罗马以来国内最大的葡萄酒产地。气候、土壤均适于生产葡萄酒,迄今已经产出众多誉满全球的葡萄酒。

**普罗旺斯 Provence**
法国最早的葡萄酒产地,产贵重的红葡萄酒和辛辣且有果味的玫瑰红葡萄酒。

**其他产地**

**朗格多克 Languedoc/Russillon**
葡萄酒产量位居法国第一,价格合理,一般人都可以买来品尝。

**科西嘉 Corse**
主要引进意大利的葡萄树苗,生产红、白、玫瑰红、甜味葡萄酒。

地名:里尔、巴黎、塞纳河、兰斯、斯特拉斯堡、科尔马、图尔、南特、卢瓦尔河、第戎、博讷、卢瓦尔河、里昂、罗讷河、波尔多、加龙河、波城、蒙波利埃、马赛、阿雅克肖

# 边逛边吃
## 外卖

从巴黎美味的冰激凌店,到街上随处可见的面包店、饮食售货车、蔬菜等,法国到处是美食。在这里,我们可以享受一边大口品尝美食一边逛街的乐趣。

### 点心 篇

**小杏仁饼**
(€1.50~)

小杏仁饼适于作为可以随意大口品尝的外卖。照片中,分别是玫瑰、巧克力、开心果味的杏仁饼。

**果酱煎饼**
(€2左右)

健康的果酱煎饼多采用荞麦面制作而成,有时也可以用小麦粉。有甜味和咸味两种可供选择。

**各种饮料**
(€2左右)

超市里的水等饮品基本上都是常温保存。想要喝冷饮的话,不妨在冰箱里常备思慕雪或者酸奶。

**冰激凌**
(€3左右)

左边是巴黎圣路易岛上的老店贝利永(Berthillon)制作的冰激凌;右边宛如盛开的花瓣状的冰激凌,来自意大利的冰激凌店阿莫里诺(Amorino)。

# 快餐篇

## 口袋三明治 (€4~7)

那填得都要露出来的食材，令人大吃一惊。除了照片中的烤肉三明治，炸豆丸子三明治也很受欢迎。

## 长面包三明治 (€2~4)

长约30厘米，内填食材丰富多样并且分量十足，可在街上的面包房购买。

## 三明治 (€4~5)

从食用面包到照片中的北欧夹菜面包，多种多样。虽然价格有点贵，但是值得品尝。

## 奶油火腿馅饼 (€3~4)

采用松脆的酥皮饼发面、蘑菇和菠菜等食材，混合奶酪的鲜奶油味，味道极佳，可在熟食店购买。

## 帕尼尼 (€3~5)

因为预订后才开始挤压烧制，所以热气腾腾且又酥又脆。令人开心的是，它的价格很合理。

## 热狗 (€3左右)

因为添加了乳酪，所以特别美味。法语发音为"hot dog"，可在面包房购买。

## 煎饼 (€2左右)

虽然其名为果酱煎饼，但是除了甜味的，还有添加火腿、奶酪等的咸味煎饼，且分量充足，可以代替饭菜。

进一步享受法国的乐趣之九大关键 边逛边吃外卖

进一步享受法国的乐趣之九大关键

# 画家钟爱的法国

在法国提到美术鉴赏，人们自然而然就会想到罗浮宫和奥赛美术馆。

但是，游访有特色的地方美术馆以及和画家有渊源的地区，进行一次名画之旅，也别有一番乐趣。

※与画家有渊源的法国南部城市的介绍，请参见p.282"画家钟爱的南法"。

## 巴比松 p.151
### Barbizon

19世纪中叶，巴比松派画家让·弗朗索瓦·米勒、柯罗、西奥多·卢梭等齐聚巴比松村内的旅店，他们钟爱枫丹白露的森林，擅长描绘农民的生活场景。现在，这座建筑物成为巴比松派美术馆，并且对外开放，是全世界绘画爱好者争相游访的胜地。

《拾穗者》米勒 1857 奥赛美术馆

## p.157 欧韦
### Auvers sur Oise

《欧韦的教堂》凡·高 1890 奥赛美术馆

凡·高为了医治心病，居住于此。仅仅两个月的时间，他像着魔了似的创作了72幅作品。但是，有天他突然拿起猎枪射向自己，并于两天后气绝身亡。游访凡·高晚年生活过的地方，探寻天才画家的人生轨迹及其心灵世界。凡·高描绘了这里的镇政府和邮局。仿制的油画悬挂其中，我们可以边走边看，对比一下油画和实物有何不同。

## 圣日耳曼昂莱 p.158
### Saint Germain en Laye

19世纪末，就读于巴黎美术名校——朱利安美术学院的保罗·塞吕西耶、莫里斯·德尼和皮埃尔·勃纳尔结成了纳比派。"纳比"意指"先知"，具有"受到神的启示之人创作新绘画"的含义。与莫里斯·德尼美术馆同时建立的小礼堂内，装饰有德尼自己的作品，伫立堂内，可以感受其中蕴含的世界观。

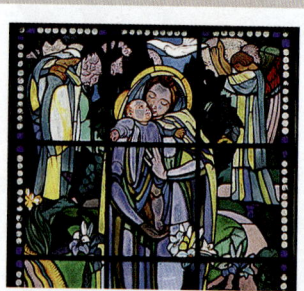

《莫里斯·德尼的彩色玻璃画》
莫里斯·德尼美术馆

## 埃特勒塔 p.193
### Etretat

1870年，年过半百、正值创作巅峰的写实主义画家古斯塔夫·库尔贝，选择诺曼底的奇观——埃特勒塔海岸的断崖作为主题，创作了两幅名画。其中一幅名为《暴风雨后的埃特勒塔断崖》，收藏于罗浮宫（p.76），画中描绘了洒落海面的阳光以及奇形怪状的岩石，整幅画面动人心弦，极具感染力。如果亲身游览埃特勒塔海岸之后再来欣赏这幅画，更能切身感受到它的写实性。

《暴风雨后的埃特勒塔的断崖》 库贝尔　1870　罗浮宫

## p.194 勒阿弗尔
### Le Havre

《日出·印象》莫奈　1874
莫奈美术馆

莫奈在勒阿弗尔创作的《日出·印象》（收藏于莫奈美术馆，参见p.95），并不被当时的人们所理解。但是，画中描绘了随时间变幻的光与色，这种表现手法对以后的艺术产生了深远的影响。遗憾的是，现今的勒阿弗尔港已经无法看到莫奈画中所描绘的泛舟岸边的景致了。不过，展示有众多印象派作品的马尔罗美术馆值得一看。

## 翁弗勒尔 p.196
### Honfleur

不论过去还是现在，翁弗勒尔旧港一直能够激起画家的创作热情。印象派的先驱者欧仁·布丹，出生在翁弗勒尔的水手之家，他创作的描绘此处景色的作品不计其数。库贝尔、柯罗、莫奈等巨匠也都被翁弗勒尔所吸引。漫步在这满是风情的街道，即便不是画家也会产生创作的激情。

《翁弗勒尔近郊》布丹　1864
奥赛美术馆

## 鲁昂 p.190 / 吉维尼 p.188
### Rouen / Giverny

巨匠莫奈后期创作了33幅有关鲁昂大教堂的组画。据说，这些画乍看起来似乎描绘了同样的外观，实际上是为了追寻照射到各个角落的光而创作的。莫奈在吉维尼创作出其名作——《睡莲》，从而使这里成为莫奈爱好者必访的胜地。

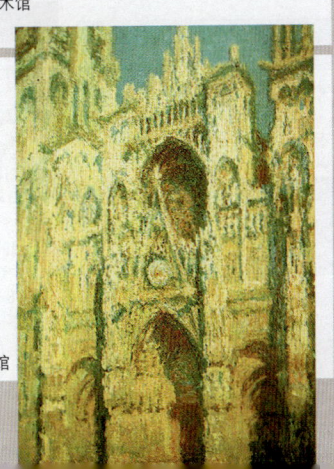

《夕阳下的鲁昂大教堂》莫奈　1894　奥赛美术馆

## 法国的世界遗产

进一步享受法国的乐趣之九大关键

## 巴黎和巴黎大区

❶ 巴黎塞纳河岸 (p.78~) ★
巴黎圣母院、罗浮宫、埃菲尔铁塔等标志性建筑坐落在塞纳河畔，以此为中心的区域展示了巴黎的综合之美及其历史价值，广受好评。

❷ 凡尔赛宫及其庭院 (p.144) ★
18世纪太阳王路易十四下令建造了凡尔赛宫。宏大的凡尔赛宫是一座极尽奢华的巴洛克式建筑。凡尔赛宫及其带有人工运河的庭院，象征了法国的绝对君主专制制度。

波旁王朝极尽奢华的象征——凡尔赛宫

❸ 枫丹白露宫及其庭院 (p.150) ★
16世纪，弗朗索瓦一世专门从意大利聘请艺术家对枫丹白露宫及其庭院进行改造，使其成为法国首屈一指的真正意义上的文艺复兴式宫殿。

❹ 沙特尔大教堂 (p.149) ★
沙特尔大教堂建于11世纪，罗马风格和哥特式的尖顶，精心雕刻的外观，彩色玻璃展示出的沙特尔蓝色之美，堪称法国首屈一指的大教堂。

❺ 普罗万 (p.156) ★
中世纪，归属于香槟伯爵的普罗万是一座要塞，当年的面貌保存至今。香槟定期集市是国际贸易交易的场所，保存了许多与集市相关的建筑和传统。

## 卢瓦尔河地区

❻ 布尔日圣埃蒂安大教堂 (p.174) ★
圣埃蒂安大教堂内部空间极大，外部有雕刻精美的5座大门，以及15世纪建造的醒目的窗户等，是法国具有代表性的哥特式建筑。

❼ 卢瓦尔河畔的城堡 (p.166) ★
卢瓦尔河谷土地富饶，农业兴盛，随处可见历代国王居住过的古城，因风景秀美而被誉为"法国的花园"。

## 诺曼底/布列塔尼/北部-加来海峡/皮卡第

❽ 圣米歇尔山及其海湾 (p.206) ★
11~13世纪建造的圣米歇尔山修道院，汇集了众多的钟楼和塔楼，岛上富有幻想性的神秘景观层出不穷，引人入胜。

❾ 勒阿弗尔 (p.194) ★
勒阿弗尔在第二次世界大战期间遭到破坏，建筑家奥古斯特·佩雷采用混凝土建造了新式建筑物，搭配别具一格的街道景观，使这座城市焕然一新。

❿ 亚眠圣母大教堂 (p.217) ★
亚眠圣母大教堂，是哥特式建筑鼎盛时期的代表作，以高度著称，雄伟壮丽。教堂内外精致的雕刻，美轮美奂，获得了很高的评价。

⓫ 佛兰德文化圈的钟楼 ★
从法国北部到比利时的佛兰德文化圈，散落着11~17世纪建造的钟楼和塔楼。

## 阿尔萨斯/洛林/香槟-阿登

⓬ 兰斯圣母大教堂、圣雷米大教堂、十字宫 (p.227) ★
法国最为壮丽的哥特式建筑——兰斯圣母大教堂、17世纪建造的奢华的十字宫，以及罗马建筑的杰作——圣雷米大教堂，均为世界文化遗产。

兰斯圣母大教堂

⓭ 南锡的斯坦尼斯拉斯广场、卡里耶尔广场、阿利扬斯广场 (p.234) ★
18世纪，洛林亲王斯坦尼斯拉斯下令建造了3座广场，其装饰豪华绚丽，是欧洲具有代表性的洛可可样式的广场。

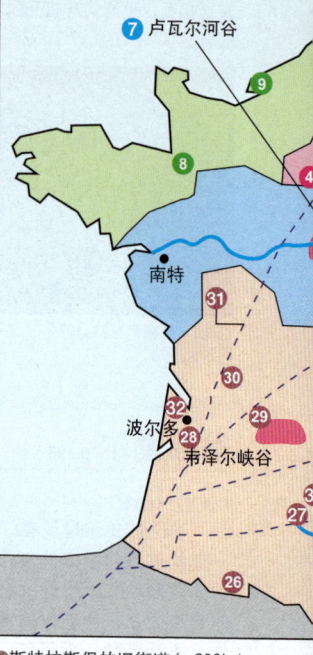

⓮ 斯特拉斯堡的旧街道 (p.230) ★
小法兰西保存着阿尔萨斯的旧民房以及哥特式的大教堂等，独树一帜的城镇景观，融合了法国和德国两国的文化特色。

## 勃艮第/弗朗什-孔泰

⓯ 丰特奈的西多会修道院 (p.245) ★
12世纪，以禁欲为宗旨的西多会建造了丰特奈修道院。院内仅仅装饰了作为圣坛的玛利亚像，纯粹的罗马式建筑，构造匀整。

⓰ 阿尔克-赛南皇家盐场遗址 ★
路易十六规划建设了以盐场为中心的产业城市，但是计划中途停止，只留有盐场、管理楼等独一无二、构造奇特的建筑物。

雄伟壮观的尚博尔城堡

1972年，联合国教科文组织通过了《世界文化及自然遗产保护公约》，以此为依据申报人类宝贵的遗产。到2014年6月为止，法国共拥有39项世界遗产。（标题旁的★表示文化遗产，☆表示自然遗产。）

## 罗讷－阿尔卑斯

⑲ 里昂古城（p.264）★

公元前1世纪的罗马遗迹、哥特式大教堂、罗马式民房、19世纪绚丽的教堂……里昂古城以拥有2000年的历史而引以为傲，堪称建筑博物馆。

里昂古城洋溢着美好时代的情趣

## 普罗旺斯－阿尔卑斯－蓝岸

⑳ 奥朗日古罗马剧场及其周边、凯旋门（p.289）★

奥朗日古罗马剧场和凯旋门都建于公元前1世纪，至今保留完好，剧场的舞台背景精美绝伦，凯旋门上的雕刻栩栩如生。

㉑ 阿维尼翁古城（p.286）★

14世纪，法国国王强制罗马教皇搬迁到阿维尼翁。环绕小镇的古城墙保留至今，另外还有罗讷河上的圣贝内泽大桥以及小皇宫等景观。

罗马教皇居住地遗址——阿维尼翁古城

㉒ 阿尔勒的罗马式的建筑群（p.292）★

1世纪建造的剧场、圆形竞技场等，是普罗旺斯具有代表性的罗马遗迹。12世纪建造的罗马式的圣特罗菲姆教堂，以秀美的走廊著称。

㉓ 科西嘉吉罗拉塔湾、波尔托湾、斯康多拉自然保护区及皮亚纳－卡兰切斯（p.330）☆

红色花岗岩构造的吉罗拉塔湾、拥有粉红色断崖的波尔托湾、野鸟的胜地斯康多拉海岸自然保护区等自然风景尚未遭到人类的破坏，保留着原生态。

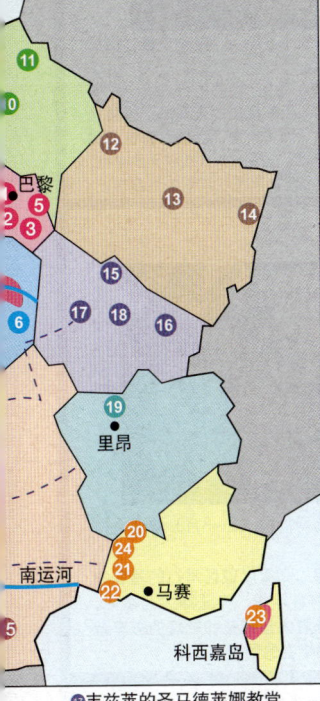

㉔ 加尔桥（p.308）★

加尔桥建于公元40年左右，为三层石灰岩构造，高49米，最初用于引水。

## 大西洋沿岸/南部·比利牛斯/朗格多克/奥弗涅/利穆赞

㉕ 城堡之都——卡尔卡松（p.362）★

6世纪和13世纪建造的军事要塞，附带60多座碉楼。城内散落着城堡、罗马和哥特式的教堂等，保留了中世纪的面貌。

宛如出现在童话故事里的卡尔卡松城堡

㉖ 比利牛斯山脉·佩尔迪多山（p.372）★☆

欧洲最高的石灰岩山峰——佩尔迪多山，海拔3352米，冰川形成的山谷、大小瀑布以及高山植等等，勾勒出一幅雄伟壮丽的画卷。

㉗ 南运河（p.358）★

南运河（17世纪）从地中海到图卢兹，流经加龙河，注入大西洋。以高超的土木技术和沿途秀美的风景著称。

㉘ 圣埃米利永（p.344）★

静谧的的石头小镇——圣埃米利永是波尔多葡萄酒产地之一，历史悠久，散落在葡萄园的海洋之中，以优美的综合景观获得好评。

㉙ 韦泽尔峡谷中带有壁画的岩洞（p.350）★

佩里格尔地区的拉斯科岩洞窟举世闻名，现今已经发现200余幅壁画，出自约1.6万年前的早期人类——克罗马农人之手。

㉚ 圣萨万教堂（p.347）★

圣萨万教堂是一座罗马式建筑，其天花板上布满了12世纪的绘画，均以《旧约圣经》为题材。

㉛ 圣地亚哥——德孔波斯特拉朝圣之路（p.343）★

天主教徒前往西班牙西北部的朝圣地的4条路线。

㉜ 月亮港——波尔多（p.340）★

波尔多保留了许多18世纪的建筑物。整座城市规划协调，整洁优美。遗迹面积达1810公顷，占据了城市的一半，范围之广堪称世界遗产之最。

㉝ 主教城——阿尔比（p.360）★

除了留存着中世纪建筑和木结构房屋的街景外，还有圣塞西尔大教堂、劳特累克美术馆等。

⑰ 韦兹莱的圣马德莱娜教堂（p.249）★

法国最大的罗马式建筑——圣马德莱娜教堂，雄伟壮丽，坐落在小丘之上，广阔的葡萄园尽收眼底，视野极佳。

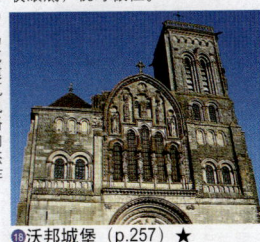

⑱ 沃邦城堡（p.257）★

17世纪的天才军事家沃邦建造的城堡——沃邦城堡，分布在贝桑松的12个地方。

# 法国各地的节日

## LES FÊTES

法国各地有各种各样的节日,当地的人们都很期待节日的来临。节日当天,他们会邀请旅游者品尝葡萄酒,旅游者也可以同身着民族服装的人合影留念。平时旅游者无法如此近距离地接触当地的民众,也许这就是节日本身的魅力所在吧。

法国的节日带有各地的文化特色。节日名称右侧的标志请参考以下说明。
- ✥…体验基督教文化
- ◆…试饮葡萄酒,体验饮食售货车的乐趣
- ♠…感受法国悠久的历史
- ♣…接触形形色色的"异文化"
- ♥…观看娱乐表演
- ★…了解最新的法国

## 光荣三日　◆

酒骑士团的入团仪式拉开了光荣三日的序幕

● 11月的第三个星期六、星期日 ● 勃艮第地区博讷

15世纪,博讷建造了免费的疗养院,它拥有独立的葡萄园,生产优良的葡萄酒,以独立核算为目标。除了拍卖新酒,还拥有销售乡间美食和葡萄酒的售货车,以此来庆祝秋天的丰收。节日期间,整个小城都沉浸在欢乐的气氛里。

## 尼斯的嘉年华　✥

盛装游行的尼斯嘉年华

● 四旬节的两周前(2~3月)● 蓝色海岸尼斯

在法国南部的高级度假区举行的基督教节日——尼斯的嘉年华,在法国尤为著名。节日期间,装饰着大量鲜花和彩灯的彩车游行,标志着南国早春的到来。

## 圣文森节　✥◆

农业守护者的节日——圣文森节

● 1月最后一个周末 ● 勃艮第地区,举办地每年不同

在法国有为圣人祈福的风俗,圣人负责守护各行各业和城镇。圣文森是农业的守护者。冬天农闲时,农民就抬着圣人像列队游行,此时酿酒厂也会向旅游者开放。

## 阿维尼翁戏剧节　♥

教皇宫成为舞台的一部分

© Christophe Raynaud de Lage / Festival d'Avignon

● 7月 ● 阿维尼翁

该戏剧节开始于1947年,是世界知名的艺术节之一,有很多国外艺术家前来参加。老教皇厅的前厅是主会场。艺术节期间,小镇上举行近数十场的邀请演出及数百场的自发演出。

## 忏悔节 ♦ ♣

一边唱布列塔尼语圣歌一边列队行进

● 5~9月 ● 布列塔尼地区的各个村落

忏悔节是天主教徒乞求上帝宽恕的节日。各村的教堂举行弥撒仪式之后，人们身着民族服装，一边唱着布列塔尼语的圣歌一边在村中游行，这是体验布列塔尼文化的一个好机会。

## 古典音乐节 ♥

又被称为「狂热之日」音乐节

©marc Roger

● 2月 ● 南特

作为最初的古典音乐节被人们所熟知。按照当年的音乐主题，5天内在5个会场共举办300多场公演。门票便宜，且有众多的儿童表演。

## 吉卜赛人的朝圣节 ♦ ♣

吉卜赛人的节日将全法国的目光吸引到了这座海滨小城

● 5月24、25日 ● 滨海圣玛丽

小镇的教堂是为了纪念圣母撒拉而建的。撒拉是黑人，正因为如此，饱受歧视的吉卜赛人把她作为自己的守护圣人。节日当天，全国各地的吉卜赛人聚集到滨海圣玛丽，把撒拉圣母像抬到海边。

## 圣诞节市场 ♠

丰富多样的圣诞商品

● 11月下旬至圣诞节 ● 阿尔萨斯地区的各个城镇

圣诞节装饰枞树的习俗，起源于阿尔萨斯地区。这里原本只是销售枞树的集市，现在除了枞树，还经营圣诞树装饰品等各种物品。集市开业时，邻近的人们聚集而来，热闹非凡。

## 音乐节 ★

众多的演奏家齐聚一堂

● 夏至 ● 法国全国

从20世纪80年代开始，法国规定一年中白昼最长的夏至为音乐节。不论是专业人士还是业余爱好者，也不管何种风格，任何人都可以成为音乐家在街头表演，这与实力无关。在这一天，互不相识的人们可以轻松地享受节日带来的乐趣。

## 其他主要的节日

|  |  |
|---|---|
| 1月 | 国际动漫节（昂古莱姆）★ |
| 2月 | 柠檬节（芒通）♦ |
| 3月 | 紫罗兰节（卢普）♣ |
| 4月 | 巴黎马拉松 ★ |
| 5月 | 戛纳电影节 |
|  | 圣女贞德节（5~6月 鲁昂、奥尔良、兰斯）♥ |
| 6月 | 兰斯音乐节 ♣ |
|  | 勒芒24小时耐力赛 ♥ |
| 7月 | 阿尔勒斗牛节 |
|  | 露天歌剧节（7~8月 奥朗日）♣ |
|  | 阿尔勒国际摄影节（7~9月 阿尔勒）★ |
|  | 中世纪节（巴约） |
| 8月 | 圣母玛利亚的圣体游行日（勒皮）♥ |
| 10月 | 葡萄丰收节（各个葡萄酒产地）♦ |
| 12月 | 灯光节（里昂）★ |

# 悠然自得地享受 海洋疗法

进一步享受法国的乐趣之 九大关键

1867年诞生于法国的海洋疗法，在世界各地很受欢迎。海洋疗法是用希腊语的"海洋"和"疗法"组合起来创造的新词。海水和海藻具有调养身体和放松身心的功效，从而让旅途的疲劳一扫而光。

##  体验地道的海洋疗法

### 步骤1：去哪里

海洋疗养中心聚集在诺曼底、布列塔尼和大西洋沿岸等地。有些疗养中心同时提供住宿，或者附近建有宾馆。通过旅行社安排比较困难，一般都是自己至少提前2天发邮件或者传真预约。

### 步骤2：决定居住期限

一般是居住1～2周；对于无法长期旅居在此的游客，推荐周末游或者体验游（半天～两天）。

### 步骤3：接受何种疗法

咨询专业医生后（大部分中心可以用英语），一天可以接受3～4种疗法。但是，如果是短期停留的话，在电话或者传真预约时，就需要确定治疗的种类。每次治疗需要约20分钟，其他时间可以在放松室休息、游泳，或者在餐厅吃健康的美食，轻松舒适的氛围有助于提高海洋疗法的效果。另外，治疗时，既可以穿泳衣也可以全裸。

##  按疗效推荐疗法

### 具有放松和恢复精神双重功效的抗压力疗法(Anti-stress)

"不知道为什么总觉得浑身发懒"，海水疗法对有这样想法的人很有疗效。使用温海水的喷水式浴室（Bain Hydro-massant），利用喷出的气泡产生按摩效果。搭配精油的芳香疗法，既能产生充实感，又有适度的疲劳感。喷气式海水浴（Douche à jet），利用喷气产生的强水压淋浴，能够促进血液循环，对寒症和浮肿均有疗效。注水冲浴（Douche à affusion），水压较为缓和，放松效果显著。

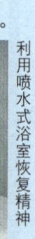
利用喷水式浴室恢复精神

### 具有减肥效果的瘦身疗法 (Cure Minceur)

推荐给担心自己身体曲线的人。淋巴导液（Drainage Lymphatique）可以放松脖子和脚上的淋巴腺，从而排泄出久积体内的废物。身体出现浮肿时，把淋巴导液和上述的海水疗法相结合即可。按压疗法（Pressothérapie）是压迫脚和腰围等下半身的疗法。进行瘦身疗法（Soins Amincissement）或者指压按摩时，

根据个人状况安排饮食

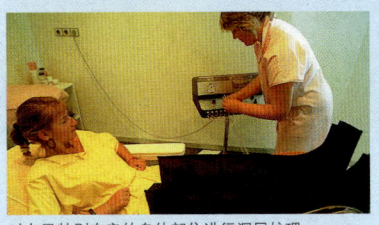
对自己特别在意的身体部位进行深层护理

可以把自己特别在意的身体部位告诉美容师。在专业人士的指导下，可以通过水中体操（Aquagym）活动身体。

### 具有美容效果的美容疗法
### (Cure Beauté)

面向关注面部和身体肌肤的人群。面部护理（Soin Visage）使用富含海洋矿物质的产品。除此之外，足疗（Beauté des pieds）和身体磨砂（Gommage corps）也很受欢迎。海藻面膜（Enveloppement d'Algues）是一种膏状的海藻面膜剂，将之涂遍全身，然后加热，从而促使全身排汗。这些护肤品均可以自行购买，在家中使用。

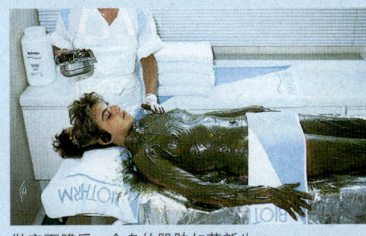
做完面膜后，全身的肌肤如获新生

悠然自得地游泳

 **水疗法**

所谓的水疗法，就是使用天然水（类似温泉）代替海洋疗法中的海水的一种疗法。体质弱的人可以长期居住在此，进行水疗和饮用。维希、依云等地有疗养中心。

## 主要的疗养中心和住宿地

### 迪纳尔 (p.209)

达拉萨·迪纳尔海洋中心　MAP p.210外
Thalassa Dinard
✉ 1, Ave. Château Hébert, Dinard
☎ 02 99 16 78 10　📠 02 99 16 78 29
🌐 www.thalassa.com
💰 周末体验游（在宾馆留宿两日）单人间€490～、双人间€776～（这是旺季时的费用，其随季节而改变）

### 多维尔(p.198) MAP p.198-A
阿尔戈泰姆海洋疗养中心
Centre de Thalassothérapie Argotherm
✉ 3, rue Sem, Deauville
☎ 02 31 87 72 00　📠 02 31 87 72 13
🌐 thalasso-deauville.com
💰 半日体验游（3种护理）101欧元，两日排毒疗养（Care Detox）(6种护理、两次水疗养) 317欧元，双重疗养（Duo）(3种护理、两人同屋) 240欧元

### 卡纳克(p.212)
卡纳克海洋疗养中心
Carnac Thalassothérapie
✉ Ave. de l'Atlantique, Carnac
☎ 02 97 52 53 54　📠 02 97 52 53 70
🌐 www.thalasso-carnac.com
💰 两日体验游（3种护理、在宜必思酒店留宿两日、附带一餐）双人间两人652欧元

※ 疗养中心需要预约，可以通过传真咨询，预约时可用法语或者英语。
　为了防止发生纠纷，请务必确认好费用和约定的日期等。

# 法国历史

## 拉斯科的壁画

在比利牛斯山脉、多尔多涅省发现了最古老的早期人类——克罗马农人，距今约两万年前，他们开始了使用石器进行狩猎的生活，留存着壁画的拉斯科洞窟证明了克罗马农人已经开始使用巫术。从新石器时代到青铜器时代（公元前3500至公元前1800年），各地建造了许多巨石建筑物。公元前2000年左右，凯尔特人从多瑙河以东移居到此。公元前600年，希腊人在南法建立了马赛城。

## 高卢-罗马

罗马人把凯尔特人居住的地方叫做高卢。恺撒平定了分散在各处的小部族凯尔特人（公元前52年），由此，罗马人支配下的高卢地区就被称为高卢-罗马。罗马人在里昂、波尔多和兰建造了都城，此外还统治着其他广大的地域，普罗旺斯的主要城镇至今保留了许多当时的遗迹。

坐落在尼姆的罗马圆形竞技场

## 法兰克王国

4世纪末，罗马帝国分为东西两部分，统治高卢的西罗马帝国在此后的一百多年间逐渐衰落直至灭亡。伴随着罗马帝国的衰落，日耳曼诸民族开始向罗马领地移动，其中进入高卢的法兰克民族，势力尤为强大。5世纪末，法兰克族的克洛维统一了北高卢，建立了墨洛温王朝，选定巴黎为首都，势力一直延伸到高卢中部。克洛维和罗马人都信仰基督教，他把势力范围扩展到基督教的信仰地——南高卢，最终成为西欧势力范围最广的王朝。

## 查理曼大帝

8世纪，法兰克王国的君主丕平创建了加洛林王朝，统一了广大的地区。公元800年，丕平之子查理接受罗马教皇加冕，得到皇帝的称号，史称"查理曼大帝"。但是，在他死后的843年，王国被分成三部分，分别是以后的法国、意大利和德国。10世纪末，法国建立了卡佩王朝，之后封建制度逐渐被加强。

阿维尼翁的教皇宫

## 十字军

在封建制度建立的同时，罗马天主教在整个西欧布教成功，拥有了广大的领地。从11世纪末开始的两百年间，在教皇的号召下，十字军屡次远征，最初的宗教目的是从伊斯兰教徒手中夺回圣地——耶路撒冷，然而随着远征次数的增加，此目的慢慢被遗忘，变成一味地聚敛东方的财富。14世纪，法国王权逐渐强大，导致罗马教皇和国王的对立日益激化。1309年，菲利普四世把教皇所在地搬到阿维尼翁，开始了对教皇长达70年的操控。

## 百年战争

14世纪，黑死病夺走了法国1/3的人口，法国国力开始衰退。在此紧要关头，英国趁机争夺法国王位继承权，成为英法两国"百年战争"（1337~1453）的导火索。起初，英国处于优势，但在圣女贞德的带领下，最终法国走向胜利，查理七世加冕。查理七世平定了和英军联盟的勃艮第，收复了除加来以外的全部领土，此外还合并了普罗旺斯和布列塔尼，大体形成了现在法国领土的轮廓。

## 南特诏书

1572年,圣巴托罗谬大屠杀事件,导致法国新教徒和天主教徒长达20多年的对立与冲突。1598年,波旁家族的亨利四世继位,发布承认新教徒的《南特诏书》,保障新教徒的宗教信仰自由,从而平息了战乱。以此为契机,法国在欧洲首次提出了个人信仰自由的主张。

## 太阳王

17世纪时,路易十四拥有强大的军队,他在确保财政的同时修建了凡尔赛宫。此时,法国的政治、经济、文化在欧洲首屈一指。声称"朕即是国家"的路易十四,被称为"太阳王",他统治的时期法国君主专制达到顶峰。

全盛时期的路易十四的肖像

安放在巴黎荣军院的拿破仑的棺材

## 拿破仑

主张处决国王的激进共和主义——雅各宾派紧逼温和共和主义——吉伦特派,提倡政策革新,实际上开启了统率公安委员会的罗伯斯庇尔独裁统治的帷幕,由此法国迎来了短期的恐怖统治时代。1794年,热月政变后罗伯斯庇尔被处决,但是,政局并没有因此好转,依然动荡不安。与此同时,拿破仑在对外战争中屡次取得胜利,声望越来越高。1804年,拿破仑称帝,然而,他统治时期专制主义色彩更加浓厚。1814年,反法联军攻陷巴黎,拿破仑被流放到厄尔巴岛。

## 共和制

拿破仑之后,法国政局持续动荡,经过波旁王朝复辟、七月王朝、法兰西第二共和国、法兰西第二帝国,终于在1875年制定了共和国宪法,从此法国的共和制才得以稳定下来。

## 法国大革命

18世纪伴随着专制主义的衰落,启蒙主义兴起,并成为法国革命的精神支柱。面对窘迫的财政状况,贵族和平民联合起来,围绕重新制定财政法案举行了宪法制定会议。与此同时,路易十六召集军队压制议会,导致巴黎民众起义,攻占了巴士底监狱。以此为导火索,全国范围内暴动频发,最终议会通过了《人权宣言》,主张主权在民,随后国王被处决,王政被废除。1792年,法国建立了共和制。

## 世界大战

无论是1914~1918年的第一次世界大战,还是1939~1945年的第二次世界大战,法国都站在获胜方一边,同时也付出了巨大的牺牲。第一次世界大战期间,法国国内的马恩河、凡尔登等地成为主战场,战死者多达130万。在1940年6月14日巴黎沦陷,22日维希政府向德国投降后,戴高乐在英国发起"自由法国"(后改为"战斗法国")运动。1944年6月6日,盟军登陆诺曼底,8月25日,巴黎解放。

## EU(欧洲联盟)

战后的法国再次成为欧洲政治、经济、文化的中心,长期繁荣昌盛。1957年,法国加入欧洲经济共同体(EEC),之后又加入欧盟(EU),现在的法国已经成为大欧洲的中心地区。

# 法国建筑的世界

提到法国城镇之美,就不能错过各个建筑物的个性美以及整体的协调美。了解其中的历史背景,这样会使观赏变得更为有趣。我们并不是旁观者,而是美的共鸣者,唯有如此才能体会城镇美的真谛。

## 高卢人都市和高卢-罗马时代　　公元前56年~5世纪

公元前1世纪前后,高卢的艾杜依人在勃艮第地区的比布拉克特(今伯夫雷山)建设了一座都城。现在已经发掘出一部分保存完好的城墙,其采用小石头堆积而成,这是罗马时代之前大规模建筑常用的手法。

罗马从公元前50年左右开始统治高卢,其建设的都市,大型娱乐设施必不可少,包括圆形竞技场、剧院、公共浴池等。这些遗迹散落在法国各地,并且保存完好,大部分音乐会的会场使用至今,规模之大、造型之美,充分显示了当时建筑水平的高超。遭到严重破坏的场所,之后多被用作建筑材料。正如书中所述,在里昂以南以及普罗旺斯地区,至今仍然可以看到众多的大型遗迹。

勃艮第大区伯夫雷山发掘的高卢人的城墙

普罗旺斯地区奥朗日的罗马剧场

## 初期基督教建筑和罗马式建筑　　4~12世纪

3世纪以后伴随着基督教的传播,兴建了许多教堂,但是之后多被破坏或改建,所以基督教初期的建筑物都没有保存下来。4世纪在普瓦捷建造的圣让洗礼堂是法国国内留存的最古老的基督教建筑物。10世纪,建筑技术有了飞跃性进展,创造了罗马式建筑。罗马式的教堂采用拱门施工方法,注重纵向垂直。当我们了解了之后的哥特式建筑,再回过头来看这些建筑物或许觉得稍显笨重,但是在当时的人们看来,越是高大的教堂,越显得庄严肃穆,越能体现人们信教的虔诚之心。钟塔、繁复的圣坛首次被应用于罗马式建筑。罗马式教堂的特色之一是,柱顶雕刻着精美的图案,这种特色越往南越显著,普罗旺斯的壁画就是其中一个例子。

奥弗涅大区克莱蒙弗朗的港口圣母大教堂的钟塔

普瓦捷圣母大教堂的雕刻装饰

## 哥特式建筑　　　　　　　　　　12～15世纪

　　12世纪，罗马式建筑已经达到成熟期，与此同时，哥特式建筑把墙壁变薄，窗户加大。1135～1168年，勃艮第大区的北部城市桑斯建造了首座哥特式教堂——圣埃蒂安大教堂。伴随着哥特式建筑时代的到来，教堂变得愈发高大、华丽。

　　现在法国城镇里的大教堂（每个主教区内最大的教堂）大多采用哥特式建筑。

　　哥特式教堂的外部是直指天空的尖塔，内部是高耸的圆形屋顶。透过彩色玻璃窗洒落的色彩斑斓的光线交相辉映，营造一种梦幻般的景象。众多的圆柱构成的拱门支撑着圆形天花板，直线排开的列柱加强了视觉上的垂直效果，雄伟壮观。在这样的空间祷告，不难想象人们对上帝抱有多么敬畏的心情。

　　13世纪哥特式建筑到达顶峰，14世纪外观设计开始变得烦琐。

（图片兹的雅各宾修道院）哥特式建筑采用柱子支撑高耸的圆形天花板

奥尔良的圣十字大教堂

## 文艺复兴建筑　　　　　　　　　　16世纪

　　15世纪兴起于意大利的文艺复兴建筑，16世纪传入法国，此时法国各地已经建造了众多的哥特式教堂。文艺复兴建筑富有装饰性，国王、贵族的住所多采用此样式。相比防卫要素，文艺复兴建筑更注重豪华性，装饰有林立的烟囱和高塔，适于居住以及庆祝宴会等。

　　文艺复兴样式的布卢瓦城堡、尚博尔城堡、阿宰勒里多城堡等，坐落在卢瓦尔河流域。另外，在城市地区随处可见贵族和富裕阶层的公馆、广场、喷水等优美的意大利式的文艺复兴建筑。巴黎市中心塞纳河上最古老的新桥，也是文艺复兴建筑之一。

勃艮第地区的讷韦尔以公爵宫为首，拥有众多的文艺复兴建筑

## 形形色色的教堂

　　在信仰天主教的区域，以主教区为单位划分各个地区，各个主教区内最大的教堂叫做大教堂（Cathedrale）。与此相对应，一般的教堂叫做教堂（Eglise）。这既表示教堂建筑本身，也表示信徒以及附属于教堂的圣职者组成的教会组织。

　　大规模的教堂称为Basilique，翻译为大教堂。梵蒂冈的圣彼得大教堂就被称为Basilique。

　　Chapelle是附属于学校等的小教堂。另外，大型教堂的侧廊，或者教堂后侧的半圆形空间内放置的圣坛也称为Chapelle。

## 古典主义建筑和巴洛克　　　　　17～18世纪

17世纪，华丽的文艺复兴建筑被古典主义建筑所代替。古典主义建筑吸收了希腊、罗马的古代文化，构造严谨、装饰简单，追求对称美。基于城市发展的需要，古典主义初期建设了许多广场和住宅，例如孚日广场（1605～1612）和多菲纳广场（1607）等。之后芒萨尔（Jules Hardouin Mansart）、勒沃、勒梅西埃等建筑家登上历史舞台，给古典主义建筑注入了被称为"巴洛克"的新要素。

古典主义的代表性建筑有索邦教堂［勒梅西埃（1635～1642）］、法国美术学院［勒沃（1661～1670）］、荣军院［芒萨尔（1680～1706）］等。路易十四十分推崇古典主义建筑，下令建造了凡尔赛宫，由芒萨尔和勒沃负责设计外观。凡尔赛宫彰显出古典主义雄伟、典雅的特色，内部装饰体现了巴洛克的光辉、绚丽之美。

## 新素材和新艺术　　　　　　　　19世纪

南锡的新艺术装饰

19世纪，迎来了建筑的新时代，这就是有关素材的变化。此时建造了许多以玻璃、铁、混凝土为主要材料的简约的建筑物。埃菲尔铁塔（1887～1889）是这一时期的杰出代表。与其称之为建筑物，不如说成是挑战建筑技术的革新性构造物。然而，埃菲尔铁塔建成初期并没有得到人们的好评，市民戏称之为"巨大的铁块"。宛如花边的透明造型和典雅的巴黎相结合，现在的它已成为巴黎不可或缺的一部分。

另外，巴黎留了许多后期添加的作为装饰物的"新艺术"。其中，最为著名的是赫克托·吉马德（Hector Guimard）设计的地铁入口，其大量运用植物设计的精致装饰，被充满浪漫主义情怀的巴黎人所钟爱。

## 新世纪的建筑　　　　　　　　　20世纪

只要去过一次巴黎，就会自然而然地坚信它是世界上最美丽的城市。高卢-罗马的遗迹，罗马式、哥特式建筑……令人目不暇接的建筑奇观，使巴黎成为世界上最大的美术馆。

谈到巴黎的妙趣所在，不可不提的是20世纪最后25年建造的现代式建筑。从蓬皮杜文化艺术中心（1977）到1989年法国大革命200周年，巴黎建造了一系列纪念性建筑，如罗浮宫中庭的透明玻璃金字塔、拉维列特公园的建筑群、西郊拉德芳斯的凯旋门、阿拉伯文化中心等。

法国人在生活中既珍惜旧事物，也不断吸收新事物。昔日的埃菲尔铁塔，现今的蓬皮杜文化艺术中心，在短期内便与城市融为一体，被人们所接受，这种进取精神是法国人及法国文化最大的特点。步入21世纪，拥有如此优秀品质的法国人民将带领法国走向何处，我们拭目以待。

蓬皮杜文化艺术中心色彩鲜艳的管道裸露在外

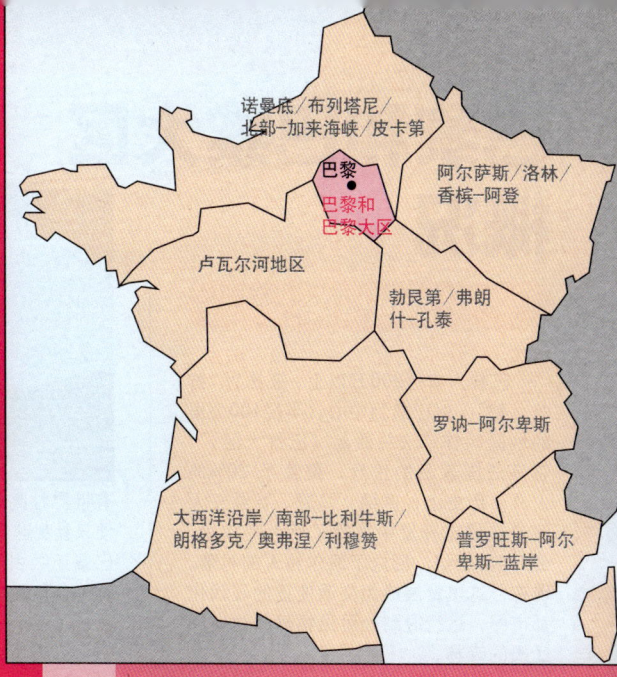

诺曼底／布列塔尼／北部-加来海峡／皮卡第
巴黎
巴黎和巴黎大区
阿尔萨斯／洛林／香槟-阿登
卢瓦尔河地区
勃艮第／弗朗什-孔泰
罗讷-阿尔卑斯
大西洋沿岸／南部-比利牛斯／朗格多克／奥弗涅／利穆赞
普罗旺斯-阿尔卑斯-蓝岸

## 巴黎和巴黎大区

巴黎　46
凡尔赛　144
朗布依埃　148
沙特尔　149
枫丹白露/巴比松　150
维孔特　152
巴黎迪斯尼乐园　153
尚蒂伊　154
普罗万　156
欧韦　157
圣日耳曼昂莱　158
吕埃-马尔迈松　160

# 巴黎和巴黎大区概况

## 地域概要

● **法兰西岛**

巴黎人口达200万以上，被誉为"鲜花之都"。以巴黎为中心，半径100公里的地区叫作"法兰西岛（巴黎大区）"，它是法国著名的粮仓，聚集了20%的人口。历史上，塞纳、马恩、瓦兹三大河流在城市开发中发挥了巨大的作用。公元前6世纪，形成了凯尔特人的村落。现在，这里发展成为交通便捷的现代化都市圈。远行时到处可见恬静的村庄和辽阔的森林。

● **首都巴黎**

如今的巴黎，既是法国的首都，又是欧洲文化和商业的中心，备受瞩目。拥有大量历史性建筑和值得一看的地方，可谓世界顶级的旅游胜地。罗浮宫以拥有世界性高级藏品而引以为傲，游客即便只参观这里也需要好几天的时间。另外，巴黎还吸引了众多的美食家和女性，堪称美食和时尚之都。

● **趣味盎然的巴黎周边**

巴黎周边拥有许多城堡和宫殿，它们是许多重大历史事件的发生地，其中，以自称"朕即是国家"的"太阳王"路易十四下令建造的凡尔赛宫、兴建凡尔赛宫的灵感——维孔特城堡、拿破仑和约瑟芬皇后钟爱的马尔迈松城堡最为

森林环绕的朗布依埃城堡，其墙壁上布满了爬山虎

著名。宗教建筑中也不乏值得一看的地方，因彩色玻璃著称的沙特尔大教堂等，充分显示了宗教信仰在过去居民心中根深蒂固。巴黎北边的圣德尼大教堂，长眠着法国历代国王，加之优美的建筑，吸引了众多的旅游者。另外，从巴黎乘坐电车只需要几十分钟就可以欣赏到令人神清气爽的美景。历代国王狩猎的森林坐落在枫丹白露宫和尚蒂伊，法国总统至今还会在朗布依埃举行狩猎会。

欧韦的教堂因凡·高的绘画闻名内外

## 重要景点

旅行的目的因人而异，但是不管怎样人们总是喜欢追求"别处无法体会的感动"。例如，以参观拿破仑一世辉煌的一生为例，在**巴黎**(p.46)的凯旋门感受拿破仑的辉煌战绩之后，前往**枫丹白露宫**(p.150)、**朗布依埃**(p.148)和**吕埃-马尔迈松**(p.160)寻访其生活的印迹。如果是美术爱好者，可以前往吸引米勒、柯罗等风景画家的村落和**巴比松**(p.150)。穿过枫丹白露森林东南部，西斯莱晚年所描绘的美丽的村庄映入眼帘。巴黎西北部的塞纳河和瓦兹河周边散落着许多村落，印象派画家曾经居住于此。其中，凡·高晚年居住的**欧韦**(p.157)是美术爱好者反复游访的胜地。

## 交通出行建议

●巴黎市区，共有14条地铁线，40多条公交线路，A～E线高速郊外铁路（RER），四通八达，交通便利（参见pp.64～75）。尤其是地铁站，大部分位于距离旅游地步行5分钟范围之内，便于利用。但是，有些地区治安不太好，晚上出行最好乘坐出租车。另外，因为不能确保到处都有停车场，所以不推荐租车旅游。

●在巴黎大区，可以利用国铁（SNCF）和高速郊外铁路（RER）参观书中介绍的大部分旅游地。但是，交通线路从巴黎市中心呈放射状向外发散，如果游访不同线路上的两个城镇的话，有可能不知道如何返回市区，所以需要特别注意。

●巴黎市区有6个火车站，根据目的地不同始发和终点站也不尽相同。去往朗布依埃、沙特尔是巴黎蒙巴纳斯站，枫丹白露宫、维孔特城堡是巴黎里昂站，欧韦是巴黎圣拉扎尔站，尚蒂伊是北站，普罗万是东站。前往凡尔赛、维孔特城堡、巴黎迪斯尼乐园、圣日耳曼昂莱、吕埃-马尔迈松，相对于国铁，利用RER更方便。

## 经典旅游线路

●初到巴黎的游客，可以花两天时间参观大型美术馆，一天游览埃菲尔铁塔、塞纳河等，一天参观小美术馆或是随便走走，再逛一天街，这样至少要行5天。罗浮宫等大型美术馆远比想象的要大得多，制定旅行计划时需要充分考虑休息时间。

●再次来访的游客，可以在刚到法国或者回国前几天游览巴黎，因为从国内到法国长时间乘坐飞机，旅途劳顿，所以推荐前者。但是，法国公共罢工频发，可能会导致无法按计划返回巴黎，所以单人旅行者最好在安排日程时预留一天的时间。出发前，请务必确认是否有罢工。

●从巴黎前往巴黎大区的旅游地，乘坐火车均可以在两日内到达，当然也可以进行一日游，但是，为了能够安心旅游，最好留宿一日。如果想要参观多个景点，可以乘坐旅游巴士，主要的旅游巴士公司有Cityrama、Paris Vision、Mybus等。

✉ 18,rue des Pyramides,1区
☎ 01 42 44 14 30　📠 01 40 20 05 79
🖥 www.mybus-france.com（参见p.143）

## 美味和特产

### ● 野生动物和蘑菇

纵观全国，巴黎大区绝不是最具有代表性的农业地带。然而，塞纳、马恩、瓦兹三大河流流经于此，大片的森林环绕着尚蒂伊、枫丹白露宫、朗布依埃等，面积达80%。这些森林，自古就是王侯贵族狩猎的场所。狩猎捕获的野生动物称为野禽（Gibier），是巴黎大区的美味。从秋天解除狩猎禁令开始一直到春天，可以捕捉鹌鹑、野鸭、野兔、狍子、野猪、山鸡等，以此为食材可以做一餐美味的野禽大餐。

另外，秋冬季节可在森林采摘种类丰富的蘑菇。巴黎蘑菇被称为"巴黎的香槟"，大多数法国人直接将其切成薄片拌色拉吃。游客在城镇或者酒店的餐厅，都可以品尝到用时令食材制作的美食。

### ● 尚蒂伊的奶油

法国各地都有独特的乡土糕点，巴黎大区自然也不例外。除了菜肴，奢华的王侯贵族对糕点也特别讲究。城堡和宫殿的周边城市有王室御用糕

## 推荐美食

### 巴黎的咖啡馆　　　　　　Cafés parisiens

好不容易来到电影场景中所熟识的巴黎，可以尽情享受在咖啡馆的露天座位上就餐的美妙感觉了。这里是品尝巴黎地道美食的最佳场所。中午时分，在附近工作的人们聚集到各自经常光顾的咖啡馆，一般是点"本日推荐"，常规菜单有烤鸡肉、煎牛排等，配菜多为炸薯条和土豆泥等。

### 尚蒂伊奶油　　　　Creme Chantilly

尚蒂伊奶油，就是所谓的搅拌奶油，详细介绍请参见上述"美味和特产"部分。鸡肉餐搭配法式栗子蛋糕、果酱煎饼、冰激凌等餐后甜点。

### 野禽类菜肴　　　　　　Gibier

参见上述"美味和特产"部分。从秋季到春季，在餐厅可以品尝到炖野兔（用红葡萄酒熬制而成）、野猪排骨、肉冻凉拌山鸡等。

### 布里奶酪　　　　　　Brie

参见上述"美味和特产"部分。19世纪，布里地区的生产者和巴黎周边的食品从业者开始分工制作。现在布里奶酪已经受到全法国的餐厅和商店的欢迎。

### 奶油糕点　　　　　　Brioche

关于它还有一段逸事。法国王后玛丽·安托瓦内特曾经说过，"没有面包，吃奶油糕点不就好了"。这一趣闻广为流传。所谓奶油糕点，就是使用奶油和鸡蛋制作的松软的面包。

点房，著名糕点多诞生于此，其中最有名的是尚蒂伊的奶油。据说，亲王在城内举办宴会时使用的奶油受到大家的一致好评，此后就把这种搅拌起泡的奶油统称为"尚蒂伊奶油"。

● 传说中的针织品

1768年，路易十六从西班牙进口了美利奴羊。朗布依埃的国家牧羊场至今还从西班牙进口这种羊，并且销售羊毛制毛衣、开衫、手套等针织品，以及羊绒玩偶。

● 奶酪之王——布里奶酪

距离巴黎东部50公里的布里地区，生产被称为"奶酪之王"的布里奶酪。高3厘米、直径约35厘米的圆形牛奶奶酪，表面覆盖着白皮，里面是微黄的米色奶油。当地人多喜欢把尚未完全成熟的有着白心的奶酪，除去白皮后食用。气味清香、味道醇厚的上等奶酪，经过8周即可制成。莫城（Meaux）布里奶酪尤为著名，默伦布里奶酪味道比较浓厚，库洛米埃布里奶酪，直径只有13～15厘米，堪称最小的奶酪。

## 礼品推荐

### 巴黎歌剧院的蜂蜜　　Midl de l'opera-Garnier

巴黎市区到处都有养蜂场，然而，歌剧院的阁楼里竟然也酿造蜂蜜，着实令人大吃一惊！大概因为混合了多种花蜜，这里的蜂蜜颜色深且味道好。

歌剧院（p.81）内部商店
☎ 01 40 01 24 08
🕐 10:00～18:00（演出日延长）

### 芥末　　Moutarde

莫城因生产芥末而闻名。芥末生产始于13世纪。盛在厚重的陶制器皿内，盖着软木制的塞子，让人自然而然地感受到其悠久的历史。从中世纪起，芥末就是皇室指定的御用食材，如今它的制作工艺已经成为企业内部机密。

### 美利奴羊毛制品　Merinos

参见上述"美味和特产"部分以及p.148。

### 玫瑰酱　　Contiture de Rose

巴黎东南城郊的普罗万（Provins），有12世纪的城堡，这里保留了制作玫瑰酱的传统。据说，玫瑰是由参加十字军东征的香槟伯爵从大马士革带回的。使用5月末到7月初盛开的玫瑰花瓣制作成玫瑰酱。一般高级食材店是手工制作玫瑰酱，而超市是工厂生产的。

### 蒙马特尔葡萄酒　　Vins de Montmartre

蒙马特尔葡萄园（Clos de Montmartre）年产800瓶葡萄酒（50厘升，2007年产€40）。但是，据有关人士介绍，"作为纪念用酒，酒的味道无足轻重"。因为生产瓶数有限，所以难于购买，是值得收藏的珍品。
→购买、咨询：蒙马特尔拉柯玛利庄园（La Commanderie du Clos Montmartre）✉ 9, bis. rue Norvins, 18区 ☎ 01 44 92 35 34 📠 01 42 62 96 88 🌐 www.commanderie-montmartre.com）。

# 徒步旅行的基础知识

## 徒步参观巴黎的标志

徒步参观巴黎的话，随处可见下图中的牌子，它是历史遗迹的标志。巴黎共有767处这样的标志牌，用法语和英语向旅游者说明历史遗迹的由来。由著名设计师菲利普·斯塔克设计而成，形状犹如一把铁锹，因此被称为"斯塔克之铁锹"（Pelle Starck）。有标志牌的地方就有历史遗迹，我们可以以它为向导游览巴黎。

找到铁锹形状的标志牌就可以参观历史遗迹

## 街道概况

在巴黎逛街前，首先了解一下街道的构造和特征。巴黎东西长12公里，南北长9公里。塞纳河穿过巴黎中心，把整个巴黎一分为二，北侧为右岸（Rive Droite），南侧为左岸（Rive Gauche）。巴黎共由20个区组成，从中心沿顺时针方向向外延伸呈旋涡状（参见左下图）。由于布局宛如蜗牛的外壳，人们经常把巴黎比喻为"蜗牛"。各区分别拥有自己的特色，因此巴黎人对各区的爱憎十分分明。从古至今，右岸是商业区，左岸是文化区。然而，近年新兴事物不断兴起，现如今也不能如此区分了。以前景点集中在中心地带，现在周边地区不断涌现新的娱乐场所，旅行者的需求也变得多样化，巴黎的旅游范围相应变得越来越大。如何利用有限的时间最大限度地游览景点，对于到访巴黎的旅行者来说，以下内容不容错过。

## 使用何种交通工具

巴黎的街道小且内容丰富，腿脚强健的旅行者可以徒步游览。远远地就可以望见埃菲尔铁塔、蒙巴纳斯塔、圣心大教堂等陆上标志，使用地图沿着林荫大道（avenue、boulevard）行进，一般不会迷路（参见p.47"住址表示"）。近年，在巴黎人和游客之间流行骑出租自行车（p.74）出行，骑车游览也是不错的选择。走累了或者天气不好的时候，可以利用覆盖全市的地铁（Metro）（pp.64~69）和公交（Autobus）（p.71）。

只要掌握了使用交通工具的方法，出行变得无比方便。走出巴黎市区前往郊外（pp.144~160）的话，乘坐郊外高速铁路（RER）（p.70）、SNCF铁路（pp.400~401）的近郊线路，十分便利。

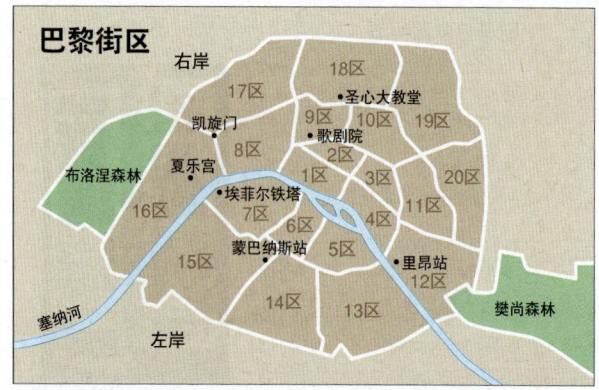

另外，时间比较紧自己无法制定出行计划时，可以利用巴士旅游公司（p.127、p.143）。除了本书介绍的郊外旅游、夜间游览之外，还可以参观市内主要的景点。利用巴士不仅便于流动，乘坐双层旅游巴士、缆车本身也是一种乐趣。塞纳河上有渡轮和游览船（p.74、p.95）。巴黎的交通工具真可谓丰富多样。

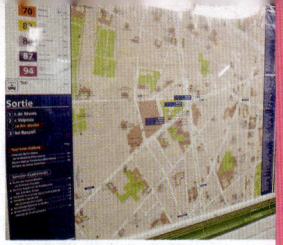

徒步游览时可以参考地铁站张贴的周边地图

## 徒步旅行注意事项

首先，需要注意的是防范对策。游客容易遭遇盗窃、抢劫、掉包等，所以需要格外小心。步行、乘车、参观景点、在咖啡馆或者公园小憩的时候，都不能掉以轻心，必须随时看管好自己的行李。贵重物品和大额现金最好预存到酒店的财物保管处，护照和钱包放到跨肩的背包或者专放贵重物品的袋内。尤其在巴黎北部（皮卡尔、蒙马特尔等），火车站，机场大厅，地铁6、8、14号线，RER站内，主要的景点（凯旋门、埃菲尔铁塔、歌剧院等）周边，此类犯罪事件多发。旅游者不必提心吊胆，但要谨记不做好防范措施的话，会使犯罪分子有机可乘。另外，过人行横道以及骑出租自行车时也要遵守交通规则；在自行车道内骑车，没有自行车道时在汽车道（在人行道骑车的话会被处以罚金）骑行。道路的交通标志和中国国内大致相同。有关"突发事件的应对措施"请参见pp.414~415。

### 旅游景点的闭馆时间

本书记载的各个景点的闭馆时间，是工作人员锁门回家的时间。大部分景点规定，闭馆前30分钟至1小时停止出售门票，所以，最好不要在快要闭馆时前去参观，以免因停止售票而无法进入。

### 住址表示

巴黎所有的街道都有名称，每一栋建筑都有门牌号，号码按照从塞纳河上游到下游的顺序排列，越靠近下游号码越大。另外，背对着塞纳河的建筑，右侧为偶数，左侧为奇数。

巴黎所有的街道都有名称，每个建筑物都有门牌号。所以，只要知道地址寻找目的地，就变得轻而易举。

下面以15bis Bd.Victor 75015来举例说明。

15bis就是门牌号，"bis"是在同一个建筑物内有两个相同的门牌号时附加在第二个上的标示。如果出现第三个的话，加"ter"，Bd.是boulevard的简称，表示街道。另外，还有林荫道（avenue）、广场（place）、河岸（quai）等。75015是邮政编码，巴黎的邮编号前两位是"75"，后两位用1~20的区域号码表示，上面例子中所举的是巴黎15区。

### 提前预约入场券

部分美术馆、博物馆、历史遗迹等可以提前在网上预约门票。特别是罗浮宫、埃菲尔铁塔等人气景点，在规定时期举办的规划展等，这些地方的售票口经常大排长龙，提前预约的话可以节省很多时间。预约主页就在相关景点的公共网站上，一般通过信用卡付款，把预约确认函打印出来即可。或者到达景点后（p.126），直接到旅游咨询处打印。如果购买巴黎博物馆通票（p.92）等免费入场券的话，在可以使用免票的场所不需要预约。

## 巴黎旅游信息服务中心

巴黎共有6处旅游信息服务中心（不包括旺季开设的临时信息服务中心），旅客徒步游览前可以在这里领取地图和线路图，还能申请团体游览。夏天旅游旺季的时候，香榭丽舍大街、圣母大教堂、巴士底广场、巴黎市政厅等处，会开设临时信息服务中心。

主要的信息服务中心如下。

金字塔（Pyramides）MAP●剪切图-11、p.56-J ✉25, rue des Pyramides, 1区 ⏰10:00~19:00，周日、节假日11:00~19:00 休常年营业

里昂站（Gare de Lyon）MAP●剪切图-21、p.59-L ✉20, Bd. Didrot, 12区 ⏰8:00~18:00 休周日、节假日

安特卫普（Anvers）MAP p.97-B ✉72, Bd. Rochechouart, 9区 ⏰10:00~18:00 休常年营业

个别旅游信息服务中心只在4~9月份的旅游旺季开放

# 巴黎名胜分布

巴黎究竟是如何布局的？如何前往旅游地？
为了有效地游览巴黎，有必要预先了解这些常识。
本书把巴黎分为五大地区，请牢牢地记住各地的特色。

## 香榭丽舍大街　　MAP pp.54~55

巴黎首屈一指的华丽街道——香榭丽舍大街从凯旋门延伸到协和广场，其中，蒙田大道集聚了众多的高级女装店和饭店，一流名品店鳞次栉比。这里经常挤满了旅游者，热闹非凡，巴黎人也常到此购物、看电影、吃饭等。这一地区洋溢着大都市的气息，令人印象深刻。另外，自北向东还有一片广阔的绿地。

人行道旁咖啡馆林立

在香榭丽舍大街眺望凯旋门

## 埃菲尔铁塔/荣军院 MAP pp.62~63

埃菲尔铁塔是巴黎的陆上标志，附近是闲静的住宅区和政府机关。另外，以西部塞纳河沿岸新落成的布朗利码头博物馆为首，众多值得一看的美术馆、博物馆齐聚一堂。豪华的餐厅和酒店大多位于这一地区，在此还可以近距离眺望昼夜变幻的埃菲尔铁塔，视野极佳。

荣军院北侧入口

圣路易教堂大殿

巴黎的象征——埃菲尔铁塔

## 歌剧院/罗浮宫　　MAP pp.56~57

罗浮宫、歌剧院、马德莱娜教堂、橘园美术馆等名胜均坐落在此。连接歌剧院和罗浮宫的歌剧院大道周边，有许多餐厅、商店，个别商店店员会说汉语，思乡之人可以到此排解愁绪。但是，这一地区以外国旅游者为目标的犯罪多发，所以需要多加小心。中、高级酒店云集，地铁、公交便捷，推荐在此住宿。

歌剧院天花板上装饰着夏加尔的作品《梦的花束》

坐落在协和广场的八女神像喷泉

## 斯德岛/雷阿勒/马莱　MAP pp.58~59

这里是最新的时尚发源地，聚集了众多别具一格的女装店和日用品店，喜欢购物的话，逛一天也意犹未尽。还可以参观各式各样独树一帜的建筑，耸立在斯德岛上的圣母大教堂，16~18世纪散落在马莱地区的贵族公馆，以及现代式建筑——蓬皮杜文化艺术中心等，新旧建筑齐聚一堂。另外，这里还有舒适的酒店和雅致的餐厅。

哥特式建筑的巅峰之作——圣母大教堂

## 圣日耳曼德佩区/拉丁区
MAP pp.60~61

天文台喷泉

雄伟的卢森堡宫

大学等教育机关、书店、画廊等云集，洋溢着文化艺术的气息。世界各地的年轻人都到此求学，在卢森堡公园以及附近的咖啡馆，经常可以看见学生谈笑风生的身影。作家、艺术家经常光顾圣日耳曼德佩地区的咖啡馆，使得圣日耳曼德佩地区声名鹊起。另外，这一地区有许多内部装饰讲究的小型宾馆。

# 巴黎旅游 常规 路线

"初到巴黎,想要游览所有知名的景点!"对于有此想法的人,本书介绍了最基本的旅游线路,参观了这些地方,你就能成为巴黎通。(在当地待3天,第一天下午2点左右到达,第三天晚上9点左右返程。)

## 根据旅行天数安排日程

**停留1天**

如果在巴黎只留宿1天,不妨参观一下巴黎三大名胜,即凯旋门、罗浮宫和埃菲尔铁塔。也就是把下面介绍的线路中第一天参观的奥赛美术馆改为罗浮宫即可。

**停留3天**

在巴黎停留3天,第二天或者第三天可以选择远游,乘坐去往巴黎郊外的旅游巴士(p.143),游览地铁难以到达的卢瓦尔河畔的古城堡(pp.166~171)、圣米歇尔山(pp.206~208)等。

## 第一天

**凯旋门** (p.78) 30分钟

步行5分钟

在**勒富凯兹**(p.122)休息30分钟

边走边逛,需要10分钟

**香榭丽舍大街**(p.78)

先乘坐地铁6号线,然后步行,共需10分钟

步行穿过**协和广场**(p.82),需要5分钟

**埃菲尔铁塔的夜景** (p.93) 30分钟

**橘园美术馆** (p.84) 1小时

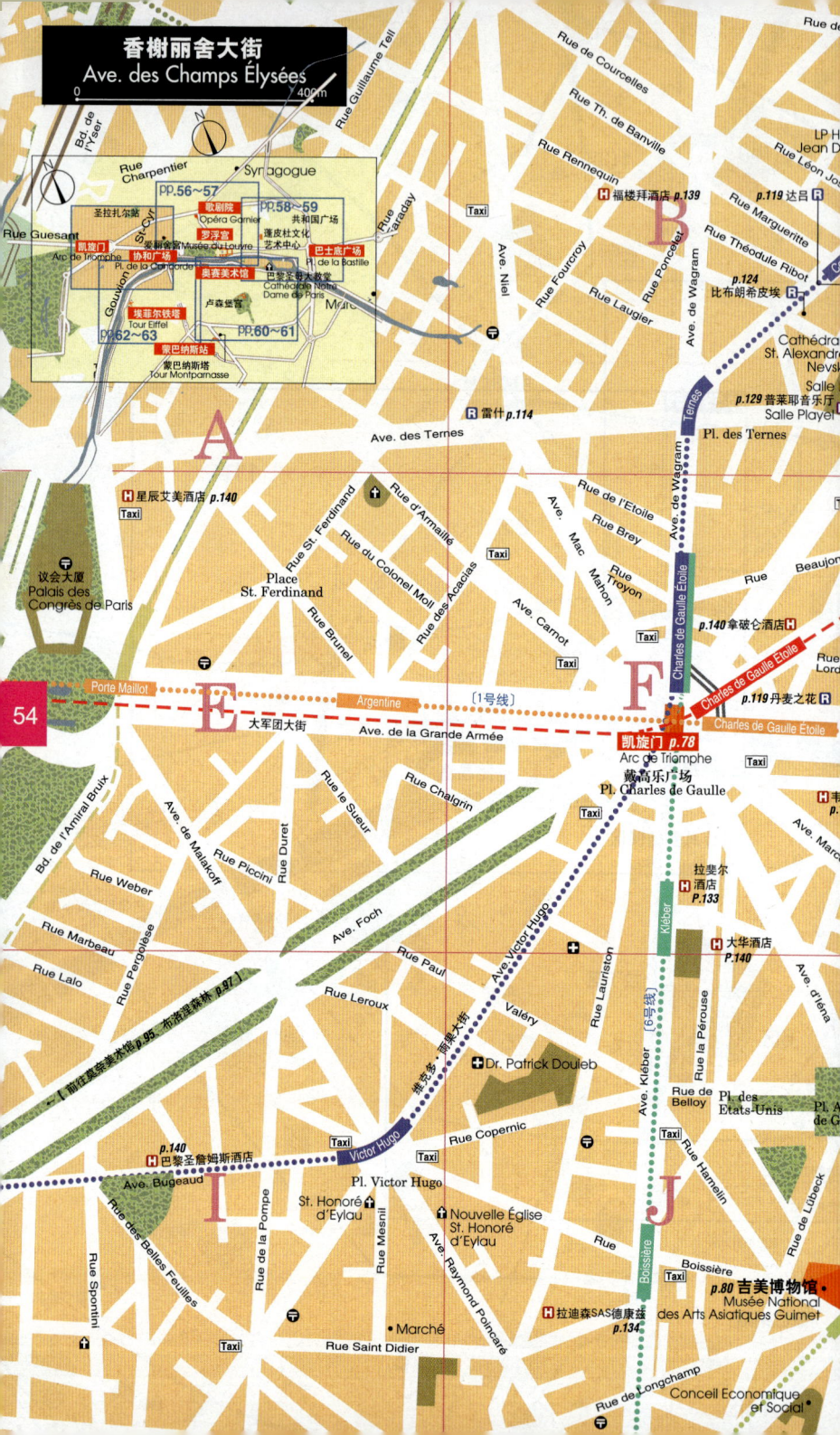

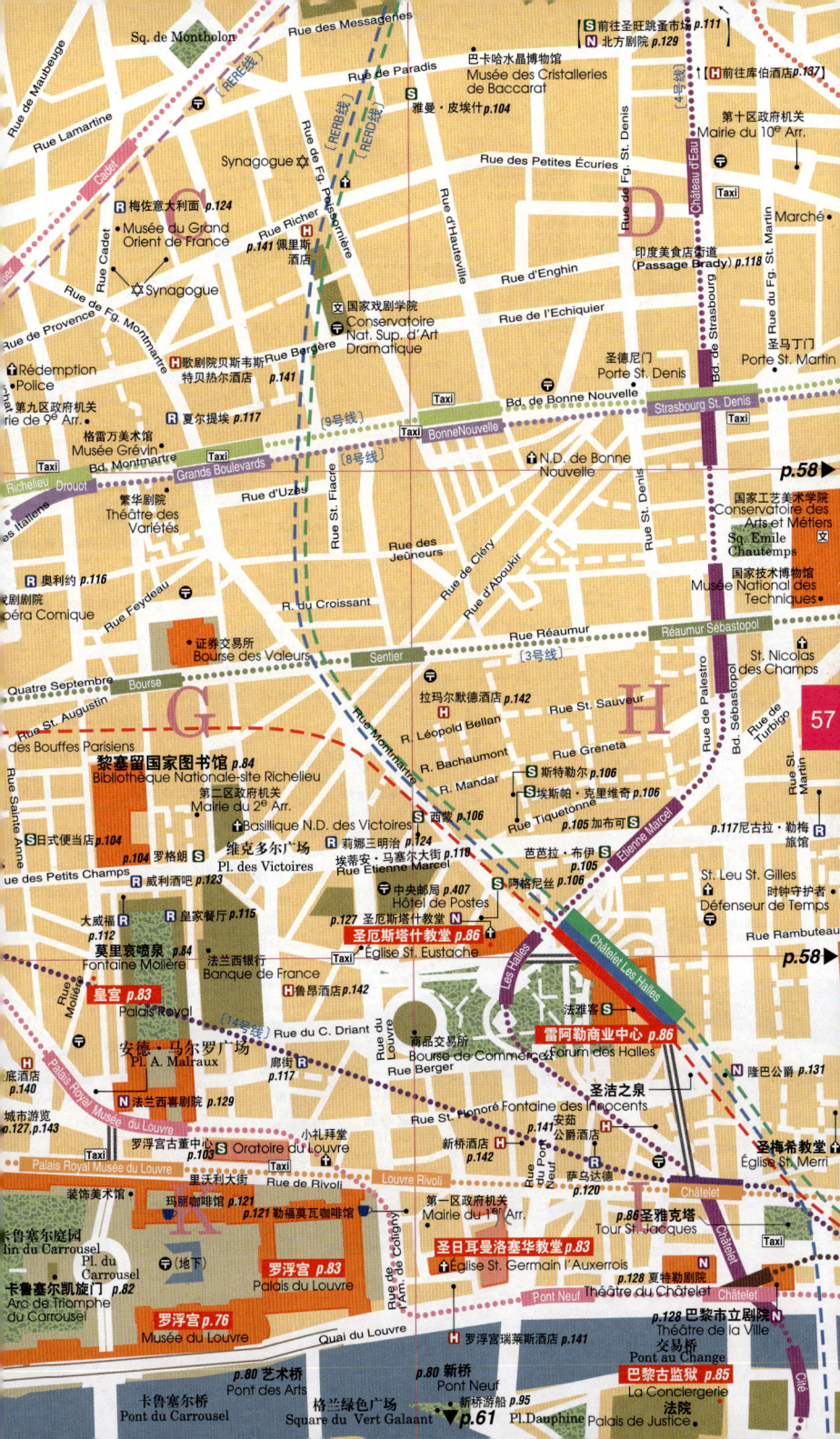

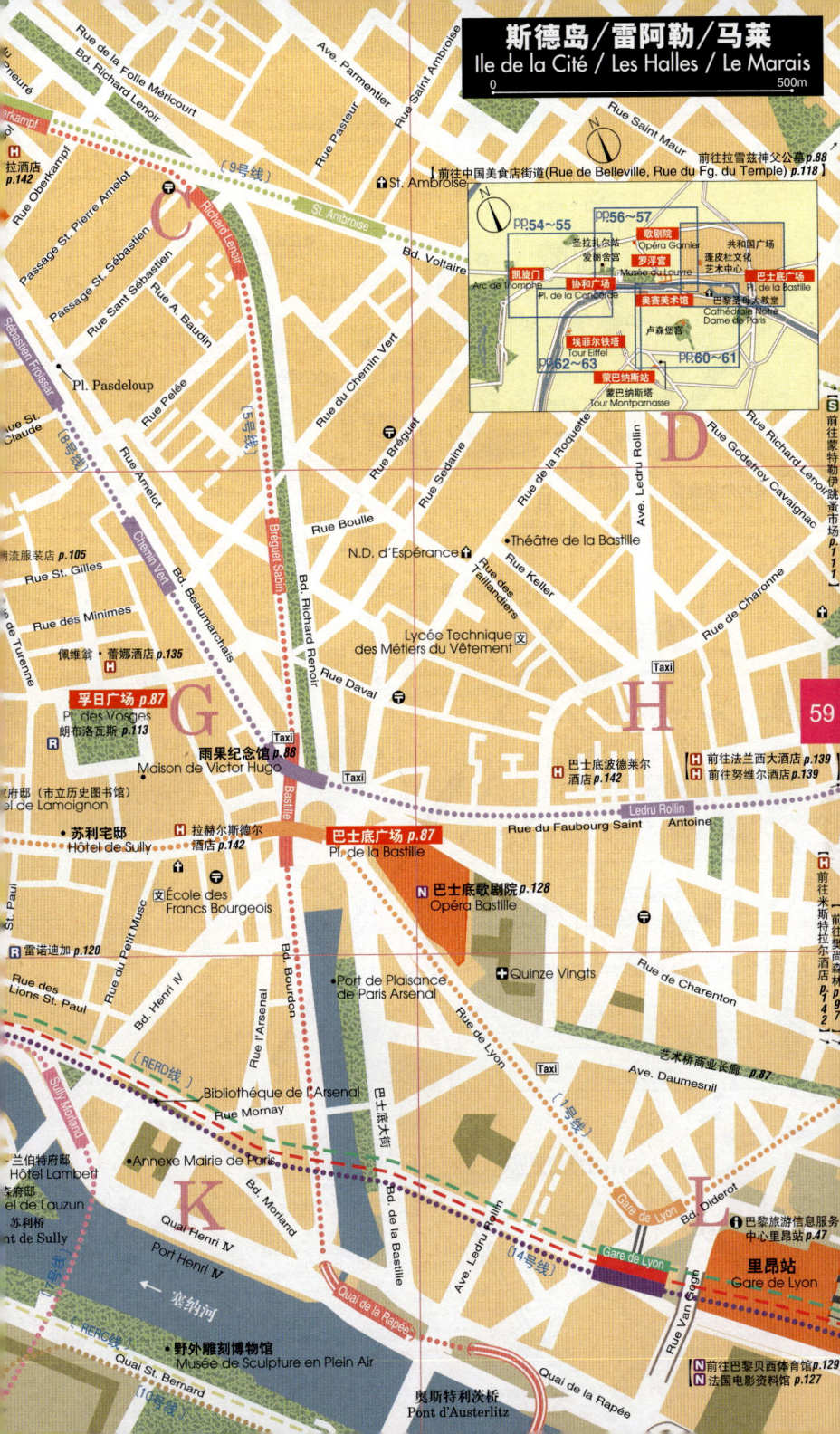

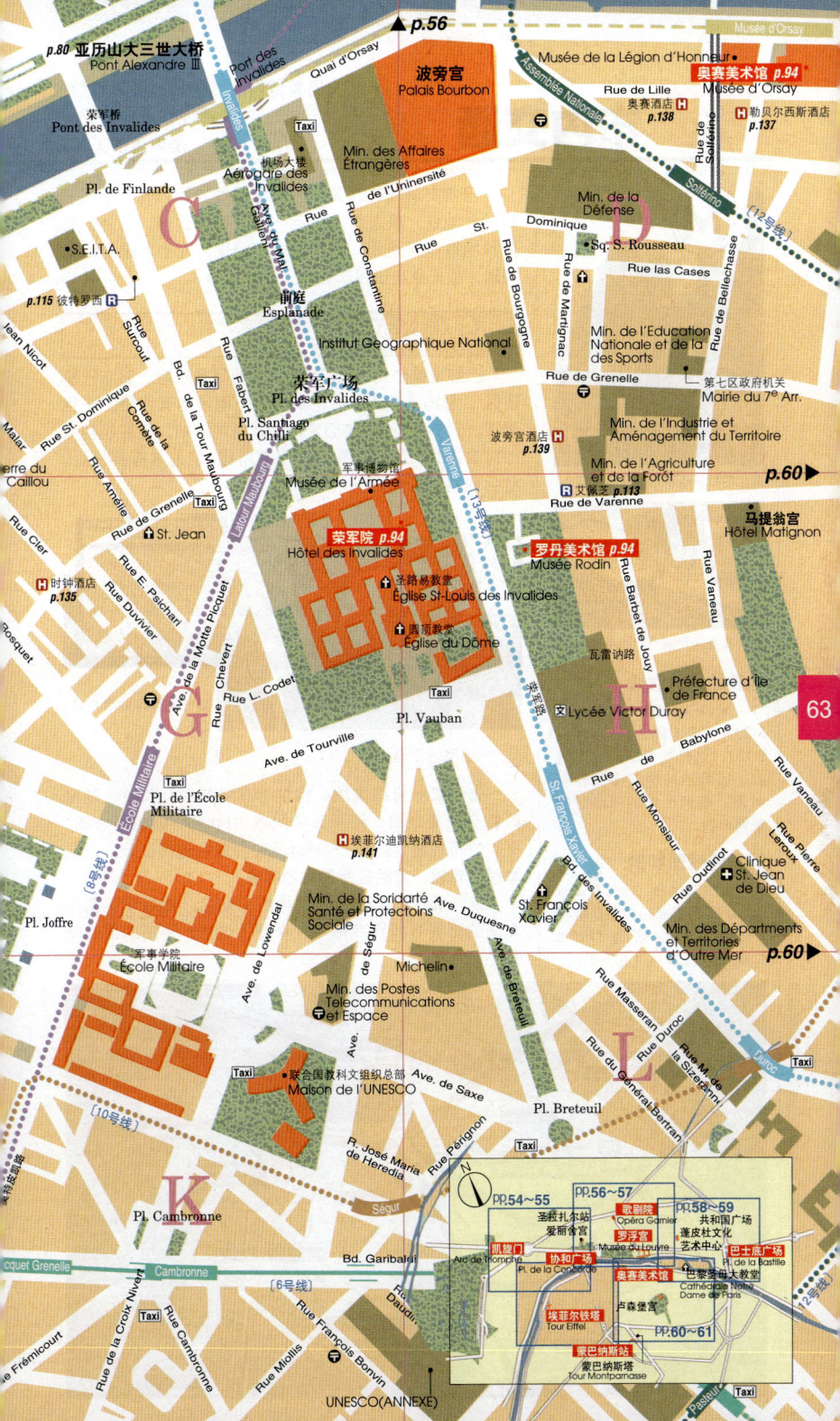

# 巴黎 市内交通

巴黎值得欣赏的地方数不胜数，灵活地利用交通工具是旅游的关键。

巴黎交通发达，无论去哪里都很方便，其中最便利的就是地铁。旅游胜地附近一般都有地铁站。另外，公交和地铁车票通用，利用便捷。但是，晚上考虑到治安问题，最好乘坐出租车。

黄色的M是地铁站的标志

地铁车身采用简约的绿色和白色

## 地铁 métro

巴黎地铁公司（RATP）运营的14条线路，遍布巴黎市区，尤其在旅游景点密集的中心地带均有线路。一旦迷路，只要步行5分钟必定能够找到地铁站。游客起初可能对法语的表示和换乘方法不知所措，但是掌握要领后，就会变得信心十足。

地铁入口附近有路线图

新艺术装饰的漂亮的入口

### 地铁的运行时间

地铁运行时间基本上是5:30～0:30（周五、周六至2:15），这是首发站的发车时间，因地铁站位置不同会有时差。每两个站的间隔时间是两分钟。

### 阅读路线图实例

从"Ternes"到"Victor Hugo"，只需要记住乘坐地铁2号线，终点站为"Porte Dauphine"即可（见下图）。

### 1. 阅读路线图

先领取一份路线图，旅游信息服务中心和地铁站窗口都会免费发放，还可以参见本书pp.68～69的路线图。不同的路线通过数字1～14以及各种颜色进行区分，只要掌握了要领，就能轻而易举地看懂。

首先确认出发地和目的地的车站名，然后牢记两点之间的路线号和终点站名，掌握了这些，迷路的困扰就完全不存在了。

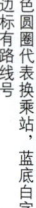

白色圆圈代表换乘站，旁边标有路线号，蓝底白字表示终点站。

游客出行时,一般多乘坐地铁1号线,但1号线上偷窃、抢劫事件频发,所以请务必保管好随身携带的物品。盗窃者常用的手段有以下几种:在车内悄无声息地偷走敞口手袋内的钱包;车门开闭时,夺走车门附近乘客的物品随即下车;在电动扶梯上,两个小偷相互配合,左右夹攻,趁人失去平衡时实施偷窃。

另外,请仔细阅读本书pp.414~415的"突发事件的应对措施"。

## 2. 买票

可以在窗口或者自动售票机上购买车票以及各种月票(参见pp.66~67),车费一律相同,所以没有必要说明目的地。自动售票机上只能使用硬币和信用卡,不能使用纸币。基本的操作方法如下:

### 自动售票机的使用方法

边看边向下滚动画面,选择备选项目,绿色按钮表示选择,红色按钮表示取消。

(1)选择"一次票(Ticket à l'unité)"或者"多次票(Carnet de 10)"。

(2)选择购买的张数。

(3)确认费用(Montant à payer),插入零钱,如有找零,屏幕上会出现"找您的钱"(Cet appareil rend la monnaie)。

张贴着费用表的窗口

可在挂RATP广告牌的烟草店购买车票

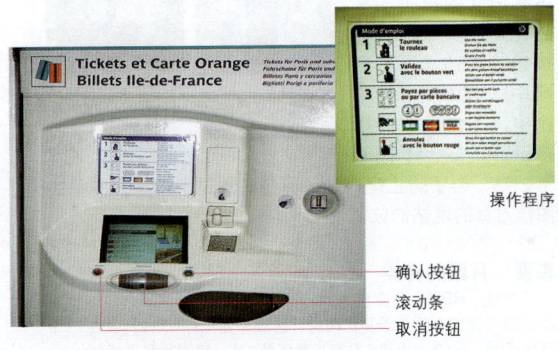
操作程序
确认按钮
滚动条
取消按钮

## 3. 通过检票口

检票口是无人自动检票,把票放入闸口,票面被识别后,门自动开启。还有三辊闸式的入口,插入车票后,用手或者腰将横杆向前转动半圈即可通过。

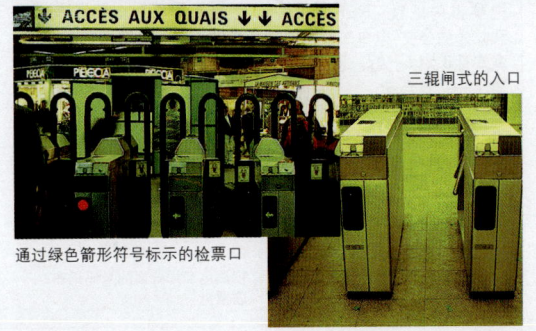
三辊闸式的入口
通过绿色箭形符号标示的检票口

### 窗口常用法语

我要一张票。
Un billet, s'il vous plaît.

我要一张多次票。
Un carnet, s'il vous plaît.

请给我一份地铁路线图。
Puis-jeavoir le plan de métro?

### 地铁行车时间表

白天每隔2~4分钟,早晚每隔5~8分钟发一次车。

### 地铁内的设施

地铁内有以下设施供乘客使用,但是具体情况因车站而异。

地铁路线图以及周边地区地图、报摊、销售饮料和糕点的自动售货机、公用电话、快餐店、洗照片处、数码快照亭、名片现场制作机等。

值得一提的是,地铁内不设公共厕所,这一点和中国国内不同。

 地铁站台上展示着艺术作品、历史资料、个性装饰等,置身其中犹如来到艺术的长廊,等车时欣赏一下别有一番趣味。

站台上的标示:
"6号线前往Nation"

**地铁内常用法语**

检票口
Accés aux quais

终点站
Direction

换乘
Correspondance

禁止进入
Passage interdit

出口
Sortie

罢工
grève

事故
accident

**地铁内的规矩**

● 站在自动扶梯或者传送带的右侧,留出左侧空隙以便乘客行走。
● 车门附近有折叠式座位,车内不拥挤时可以使用,拥挤时出于礼貌应该站着。
● 下车时,如果车内特别拥挤,需要别人让道时应该说,"不好意思(Pardon)"。请别人打开手动车门时需要说,"请帮我开一下车门(La porte s'il vous plait)"。
● 通过地铁出入口时,礼貌上应该为后面的乘客按住门,同样前面的人为我们按住门时需要向对方说,"谢谢(Merci)"。

### 4. 去往站台

从检票口到站台的指示板上标有所有的路线号和终点站名。这时,p.64的"1.阅读路线图"就派上了用场。按照箭形符号的指示到达站台,途中的指示板标了所有的停车站,确认是否有自己要去的目的地站后再前往站台。

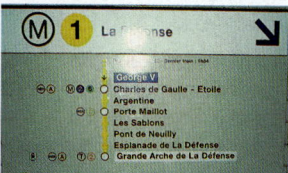

站台前的指示板上标有"1号线前往La Défense",可以在此确认目的地站

### 5. 乘车

车门除了自动门,还有旧式的把手式车门(见左侧照片)和按钮式车门(见右侧照片)。发车前和行车途中,车内没有广播提示,车站也不标明下一站,为了防止坐过站,请务必通过车门上方的路线图核对目的地站的位置。

把左侧把手向左上方旋转,门特别重时需要拉住右侧把手

7、8号线是按钮式车门

**车票、月票的种类**

地铁、RER、公交票通用。月票在不同的地域有效范围也不尽相同(详细介绍请参见p.70的"区域介绍"),地铁月票在1~2环内有效。另外,未满4岁的儿童免费,4~10岁儿童半价。

| 联票(Ticket t+) | 巴黎旅游卡(Paris Visite) |
|---|---|
| ● 一次票(A l'unité):€1.70<br>● 10张1组的多次票(Carnet de 10 billets):€12<br>巴黎市内地铁、RER、市区和郊外的公交、电车车票通用,乘车达8次以上时,使用多次票比一次票合算。 | 一日票€9.00、两日票€14.70、三日票€20.00、五日票€28.90(1~3环)<br>一票在手就可以随意乘坐巴黎市区以及郊外的公共交通,旅游、购物时还有打折和优惠,购票时需要出示护照。 |

把黑色卡片背面的号码记在联票上

1号线Louvre有罗浮宫藏品的仿制品、3号线Parmentier有对普及马铃薯作出贡献的农学家的相关资料、5号线Bastille有巴士底监狱遗迹、11号线Arts et Metiers有尖端技术的相关资料、12号线Pasteur有细菌学者的相关资料、13号线Varenne有罗丹雕刻的复制品。

## 6. 换乘

通过车内的路线图确认到达换乘站后下车。站台的指示板上标有"换乘指南（Correspondance）"，确认前往目的地的路线号和终点站名，然后按照箭形符号指示行走即可。另外，夏特勒（Châtelet）、蒙巴纳斯（Montparnasse）等大站，有多条换乘线路，需要特别注意，以防乘错。

蒙巴纳斯和夏特勒站有长长的传送带

红色标示为"禁止进入"

橘黄色标示为换乘的路线号和终点站名，蓝色标线号和终点站名为出口

## 7. 通过出口

朝标有"出口（Sortie）"的方向行走。有些车站有多个出口，这时就需要参照指示板上的街道名，或者利用周边地图等选择离目的地最近的出口。出口处无人看管，车票也不回收。但是，在车内会频繁地查票，遗失的话会被处以40欧元以上的罚金，所以，出站前请务必保管好您的车票。

文字大意为"曼恩大街偶数地区号出口"，奇数地区号出口的标示为"Cote des Nos Impairs"

免票出口

按下手形符号，门自动开启

旋转门出口

**一日票（Mobilis）**
€6.10（1～2环）

当天可以随意乘坐巴黎市区和郊外的公共交通。乘车达4次以上时，使用一日票比普通票合算。在联票的"valable le"一栏，按照"日/月/年"的顺序填写日期，NOM栏写姓，Prenom栏写名字。

**储值卡（Navigo Découverte）**

持有储值卡，1周或者1个月内可以随意乘坐巴黎市区和郊外的公共交通，适用于非居住者。近年，储值卡开始替代联票式的周票。首先用5欧元购买一张IC卡（见照片上），在记名卡（Carte Nominative）（见照片下）上填上姓名，贴上免冠照片。检票口附近有专用缴费机。卡片可置于专用的塑料卡套内，便于携带。使用方法和中国国内的公交IC卡相差无几，卡片触碰到读取机就可以通过检票口。

● 一星期（星期一至星期日有效，从上一周的星期五到当周的星期三出售）€18.35
（1～2环）
● 一个月（1日至月末有效，从上一个月20日开始出售）€55.10（1～2环）

蓝底白字表示RER站

### 区域介绍

RER车费在不同区域不尽相同。以巴黎为基点的同心圆向外扩展，划分了1~8环。1~2环的车票、月票最便宜，地铁几乎覆盖了这一区域，详情请参见车站窗口张贴的区域表。郊外区域分布如下：
● 1~3环：拉德芳斯（一次券、本票仅限于乘坐地铁）；
● 1~4环：奥利机场、凡尔赛宫；
● 1~5环：戴高乐机场、巴黎迪斯尼乐园。

郊外的RER行驶在陆地上，乘车期间可以欣赏沿途的风景，趣味盎然

RER车门为红色，窗户为蓝色

夜间，RER车内以及站内偶尔会发生抢劫、强奸等恶性犯罪事件，所以晚上9点之后最好不要乘坐RER。

## 郊外高速铁路 RER

巴黎地铁公司（RATP）负责运营地铁，此外它还与法国国铁（SNCF）共同运营铁路。铁路连接了巴黎市区和郊外，市区铺设在地下，郊外铺设在地面。

铁路共有A~E 5条线路，每条线路根据不同的终点站派生出分支，用A2、B4等符号表示。从检票口到站台距离比较远，线路没有地铁多，相对来说不太方便，但是卢森堡（Luxembourg）等地没有地铁，此时铁路就具有较高的利用价值。另外，去往郊外的机场、凡尔赛宫等也必须乘坐RER，乘坐方法和地铁大同小异。

### 1. 买票

可以从窗口或者自动售票机上买票。地铁票在巴黎市区均有效，但是，去往郊外需要购买3环以外的公交票或者到达目的地的车票。法国没有补票处，持地铁票前往郊外，查到会被处以罚金。所以，在乘车站，请务必购买到达目的地的车票。

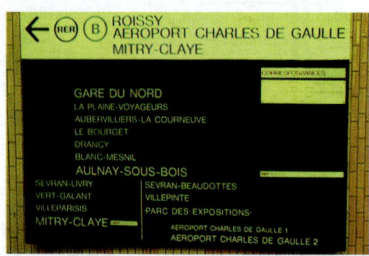

B线去往戴高乐机场和Mitry-Claye

### 2. 从站台到出口

和地铁基本相同，RER站台有告知出发和到达时刻的显示器，还有标示停车站的电子显示板，十分便利。但是，出口与地铁不同，必须持票通过自动检票机。所以，请务必保管好车票，以防丢失或者弯折。

站台上的电子显示板，右下表示在亮灯的车站停车

按钮式手动车门

公交车前方的玻璃上标有路线号,如果其上带斜线,表示因交通事故变更了路线或者是周末、节假日缩短了运行路线。因此,乘车时需要向司机确认是否经过前往的目的地。

## 公交 autobus

巴黎市内行驶的公交路线约有60条,线路错综复杂,因此,旅行者一般不选择公交。但是,公交车比较机动灵活,有时比地铁更为快捷。另外,乘坐公交时,可以欣赏巴黎美丽的街景,这一点地铁望尘莫及。

公交车前方的玻璃上标有路线号和目的地

非露天式车站,车站设有公用电话和长椅

### 1. 买票

公交车票和地铁通用(参见pp.66~67)。车内只销售一次券,只要持有一次券就可以随意乘坐巴黎市区和郊外的公交。但是,乘坐机场大巴、299、350、351路公交,需要另行买票(两张以上的一次券,或者乘坐3环以外的公交)。

### 2. 领取路线图

巴黎地铁公司(RATP)发行的公交路线图上,标有巴黎市内所有的公交路线以及公共汽车站。线路图可以在旅游信息服务中心或者地铁窗口领取。

### 公交的运行时间

通常7:00~20:30,每隔5~15分钟发一趟车。个别公交运行到夜里12点,周末、节假日照常行驶。

### 3. 公共汽车站

公共汽车站标有路线号和线路图,"所在地(Vous ête ici)"表示现在所处的位置,公交由此开往红色方框标出的地方。请仔细确认,以免错乘相反方向的公交。

38路公交线路图,标记目的地、停车站、首发和末班时刻、周末是否运行等

紫色的仪器为读卡器,黄色为开关按钮

### 4. 上车

在车站,要乘坐的公交到达时需要举手示意,然后从前门上车,双联式公交前后门均可。上车后把车插入门旁的打卡机里打卡,月票等无须打卡,向司机出示即可。

双联式公交后面是手动车门,按下绿色按钮车门随即开启

### 5. 下车

广播基本上采用法语,对照车内张贴的线路图和公交站名,确认所在的位置。即将下车时,按一下扶手上的红色按钮,从后门下车。车门分为自动开闭式和按钮手动式。

车票打卡机,月票无须打卡

按下扶手上的红色按钮,司机就知道有人要下车

# 巴黎主要的公交线路图

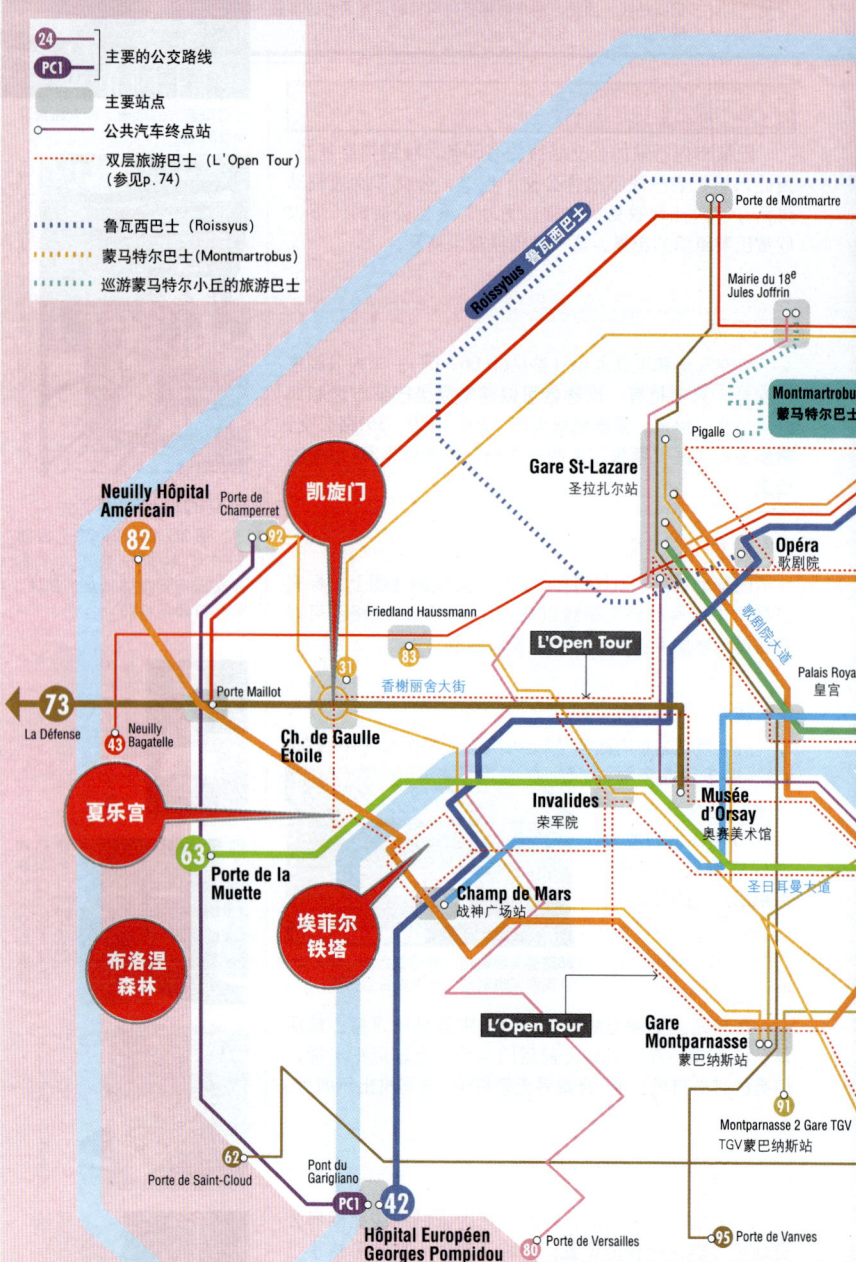

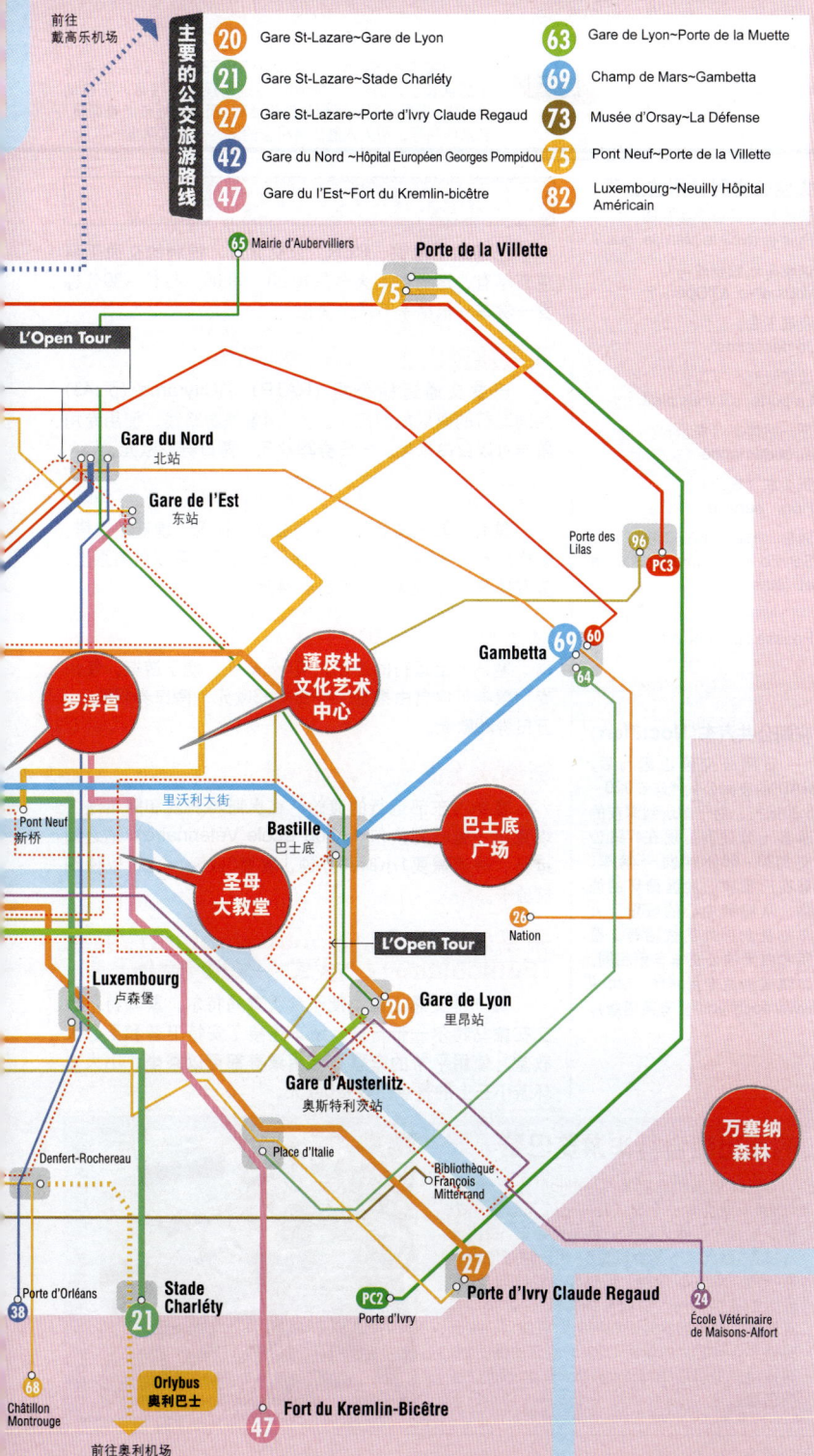

巴黎正在运行的有轨电车有T1~T3号线,现在各条线路都延长了。另外,T5~T8号线是新规划的线路,正在铺设当中。巴黎的交通不但越来越便利,而且沿线装点着绿地、艺术作品等,引人入胜。有机会的话,一定要乘坐一下。

## 便于游览的其他交通工具

### 乘坐公交时使用的法语

请给我一份公交线路图。
Puis-je avoir le plan de bus ?

这辆车到歌剧院吗?
Vous allez à l'Opéra ?

我要下车。
Je descends.

请帮我开一下门。
La porte, s'il vous plaît.

下一站停车(提示)
arrêt demandé

调头车(提示)
Hors service

周日、节假日停运(提示)
Service non assuré dimanches et fêtes

开门按钮(提示)
Poussez pour ouvrir

### 夜间公共汽车(Noctilien)

日间公交停止运行后,RATP的夜间公共汽车在0:30~5:30运行,对于游玩到深夜的游客十分便利。现在47路公交每20~60分钟发一辆车,有在巴黎中心地区循环的线路,从巴黎中心的城堡、火车站驶向郊外的线路等,费用和白天的公交车车票相同。详情请浏览专用网站(http://www.noctilien.fr)(有英语版)。

巴黎除了地铁、RER、公交之外,便利的交通工具应有尽有,运行时间大多是10:00~19:00,每10~30分钟发一次车(根据季节发生变化)。

### 双层旅游巴士(L'open Tour)

巴黎交通运输公司(RATP)和Cityrama(p.143)共同运行的双层旅游巴士。共有4条旅游路线,使用专用票券可以自由乘坐。一日券29欧元,两日券32欧元。

### 双层公共汽车(Cars Rouges)

具有伦敦风情的红色双层公交,往返于埃菲尔铁塔、凯旋门等巴黎9处主要景点。使用专用票券可以自由乘坐,备有外语语音导游机。两日券24欧元。

### 水上巴士(Batobus)

塞纳河上运行的渡轮,有8处码头,便于游览。使用专用票券可以自由乘坐。一日券13欧元,两日券17欧元,五日券20欧元。

### 新型水上巴士(Voguéo)

塞纳河东部运行的渡轮,在奥斯特利茨和阿尔法·埃克尔·维特利奈尔(Alfort École Vétérinaire)站之间运行。往返需要1小时20分钟,收费3欧元,也可以使用储值卡。

### 蒙马特尔公交(Montmartrobus)/缆车(Funiculaire)/小火车(Petit Train)

每一种交通工具都便于参观蒙马特尔。蒙马特尔公交在蒙马特尔一带行驶,缆车连接了安特卫普和圣心大教堂。使用平常的车票和专用票券都可以乘坐。小火车环游小丘上的景点,收费6欧元。

### 利用出租自行车游览巴黎

巴黎的出租自行车"Veblib"十分便利。每300米就会有一个无人租车处,可以在一个租车处租车,然后到下一租车处还车;费用为一日券1欧元,一周券5欧元;租用期间使用次数不限,每次30分钟,超过30分钟收取1欧元以上的追加费用。可以在终端机(borne)购买票券,输入票券号码和密码即可使用。注册时需要含有芯片的信用卡和150欧元的保证金。详情请浏览网站(http://www.velib.paris.fr)(有英语版)。

巴黎的出租自行车深受旅行者的喜爱

 偶见一些司机诓骗不擅长法语的乘客,所以,乘车时请务必确认车费以及找回的零钱。晚上在繁华地带,尤其在著名的酒吧门前,个别出租车司机会非法收取外国乘客的费用。因此,乘坐旅游巴士公司的夜班车更为安全。

## 出租车 taxi

行李较多或者夜间乘车时,利用出租车比较方便。一般从巴黎市区外开到市中心,车费最多不过20欧元,搭乘方便。司机多为法国人、非洲人、中东人等。乘车时,出于礼貌应向司机说声"你好(Bonsoir)"。

上方白灯亮表示空车,下方某个小灯亮表示有人乘坐

蓝底白字的「TAXI」广告牌是乘车处的标志

### 1. 打车

车顶写有"TAXI PARISIEN"的灯亮,表示空车;下方某个小灯亮,表示有人乘坐。小灯分为A～C三盏,根据时间段以及行驶距离亮不同的灯(参见下述的收费体系)。可以拦截行驶中的出租车,其乘车处大多位于地铁站周边和大道旁(本书的地图中用Taxi表示);有时即便附近有乘车处,个别出租车也会拒绝搭载乘客。

### 2. 乘车

出租车门是手动式的,需要自行开启。副驾驶的位置禁止乘坐,最多可搭载3人。和司机商量一下有时也可以乘坐4人,但是需要增加费用。无法用法语说出目的地时,可以把名称和住所写下来递给司机。

### 3. 支付费用

出租车的收费体系如下。计程表上不显示追加费用,但是司机会自行收取。如有收费不明确的地方,请务必仔细确认,一般按照车费的5%～10%付小费。

**出租车收费体系**
最低费用 6.10欧元,基本费用2.20欧元
时间制(每小时)A 28.67欧元、B 33.13欧元、C 30.30欧元
距离制(每公里)A 0.91欧元、B 1.15欧元、C 1.40欧元
※标准时速A 31.51公里、B 28.81公里、C 21.64公里,时速在此之下按时间制收费,超过标准时速按距离制收费。
A:巴黎市区周一至周六10:00～17:00
B:巴黎市区周一至周六17:00～10:00、周日7:00～24:00、节假日全天、巴黎郊外(包括机场)7:00～19:00
C:巴黎市区周日24:00～7:00、巴黎郊外19:00～7:00、除此之外的地域
追加费用:4人乘车时、2.95欧元
2个以上的旅行箱、体积大的行李 1.00欧元

### 出租车常用法语

(递上便条)我要去这里。
Jusque-là, s'il vous plaît.

在这里下车。
Je descends ici.

请给我发票。
Un reçu, s'il vous plaît.

找您的钱。
Gardez la monnaie.

(在宾馆前台)请帮我叫辆出租车。
Pouvez-vous appeler un taxi?

请～点来接我。
Venez me chercher ici à～, S.V.P.

### 主要的出租车公司

因为天气或者行李原因寸步难移时,可以打电话叫车。
● G7出租车公司 (Taxis G7)
☎ 01 47 39 47 39
● Bleus出租车公司 (Taxis Bleus)
☎ 08 91 70 10 10
● Alpha出租车公司 (Alpha Taxis)
☎ 01 45 85 85 85

### 收费基准(白天～夜间)

里昂站～北站　　　8～17欧元
巴黎～CDG机场　　35～60欧元
巴黎～奥利机场　　27～50欧元
奥利机场～CDG机场 55～80欧元

## Musée du Louvre
### 两小时 信步畅游罗浮宫

MAP ●剪切图-11、p.57-K

罗浮宫为世界三大博物馆之一。东西长约1公里，南北长约300米，馆内藏品多达30余万。欣赏完所有藏品至少需要3～5天，这对于时间有限的旅行者来说难以实现，参考此页能够掌握短时间尽览优秀藏品的技巧。

## 中二楼 Entresol 需要约15分钟

入口位于玻璃金字塔内的拿破仑大厅。买票时可以免费领取馆内地图。馆内设有衣帽寄存处（收费）、商店、出租音频导览机（备有外语的导览机，收费6欧元）。拿破仑大厅通往三大翼馆［黎塞留馆（Richelieu）］、［德农馆（Denon）］、［苏利馆（Sully）］。近年改造罗浮宫时发掘的中世纪罗浮宫遗迹（苏利馆）不容错过。

### 圣路易洗礼盆
**Baptistère de St. Louis**

13～14世纪初期，繁荣的马穆鲁克王朝领土从埃及延伸到叙利亚，创造了装饰性陶器——圣路易洗礼盆，其上人物描绘丰富多彩。

### 中世纪罗浮宫遗迹
**Le Vieux Louvre de Philippe Auguste et de Charles V**

从菲利普二世到查理五世（12～14世纪）时期，在坚固的堡垒之上建造了优美的宫殿，从而造就了今日的中世纪罗浮宫遗迹。

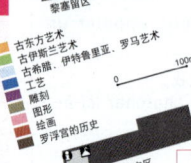

### 汉穆拉比法典
**Code des lois de Hammourabi**

公元前18世纪，巴比伦第一王朝的第六代国王汉穆拉比下令编纂法典，用楔形文字进行记载，石碑右侧是正义之神沙马什，左侧是汉穆拉比国王。

### 米罗的维纳斯
**Vénus de Milo**

1820年，在爱琴海米洛斯岛发现了《米罗的维纳斯》。被认为创作于公元前1世纪，发现时已丢失的双臂究竟是何动作至今还是一个谜。现收藏于罗浮宫美术馆。

### 拉姆西斯二世坐像
**Ramses II**

拉姆西斯二世是古埃及第十九王朝的国王。他与对立国——赫梯缔结和约，为埃及带来了长达46年的和平。其统治期间建造了众多纪念性建筑物和雕像。

## 一楼 Rez de chaussée 需要约35分钟

埃及、东方、希腊、罗马等古代艺术杰作汇聚一堂。这里不太拥挤，展品陈列分散，抓紧时间参观的话，每处仅需十几分钟。

# 二楼 1er étage　　需要约35分钟

二楼是馆内最拥挤的楼层，汇集了古埃及、希腊的雕刻（苏利馆），法国、欧洲的绘画（德农馆）、美术工艺品（黎塞留馆）等。不可不看的佳品有以下4件。

### 蒙娜丽莎
### La Joconde
列奥纳多·达·芬奇创作的《蒙娜丽莎》是罗浮宫首屈一指的名作，对其神秘的微笑众说纷纭。

### 拿破仑一世加冕大典
### Le Sacré de Napoléon 1er
新古典主义画家大卫创作的《拿破仑一世加冕大典》，忠实记录了1804年在巴黎圣母大教堂举行的国王加冕仪式。

### 自由引导人民
### La Liberté guidant le peuple
德拉克洛瓦的巨作——《自由引导人民》再现了1830年的七月革命。画中自由女神左手持枪，右手高举象征"自由、平等、博爱"的三色旗。

### 双翼胜利女神
### Victoire de Samothrace
1863年在爱琴海的萨莫色雷斯岛发现的。当时其头部和双臂已经不见，但是其强大的表现力和栩栩如生的跃动感尽显希腊精神，堪称雕刻杰作。

### 织花边的少女
### La Dentellière
荷兰画家维米尔是一位少产的艺术家。其代表作《织花边的少女》，用色浓重，构图巧妙，可谓巧夺天工的室内画。此外，还有一幅他的名作——《天文学者》。

### 德维拉尔公爵夫人和伽布丽爱勒·德斯特蕾
### Gabrielle d'Estrées au bain avec une de ses Soeurs
《德维拉尔公爵夫人和伽布丽爱勒·德斯特蕾》是16世纪枫丹白露派的作品。右侧为亨利四世的情妇伽布丽爱勒·德斯特蕾，左侧是她的妹妹德维拉尔公爵夫人。一说手捏乳房的动作暗指怀孕，但事实是否如此，不得而知。

### 木匠圣约瑟夫
### St. Joseph Charpentier
17世纪法国画家乔治·德拉图尔创作了《木匠圣约瑟夫》，采用强烈的写实主义和明暗表现手法，震撼心灵。

### 玛丽·美第奇的一生
### Vie de Marie de Medicis
《玛丽·美第奇的一生》出自大家鲁本斯之手，他用21幅作品生动形象地再现了亨利四世的王后玛丽·美第奇的生平。

# 三楼 2ème étage　　需要约35分钟

三楼云集了罗浮宫的核心绘画作品，苏利馆和黎塞留馆的小部分展示法国绘画，黎塞留馆大部分展示德国、法国和荷兰的绘画作品。或许因为这里是最后的景点，所以上午不太拥挤，绘画爱好者由此开始参观不失为上策。

🕘 9:00～18:00（周三、周五至22:00）　💶 €9.50德拉克洛瓦美术馆（p.92）通用（周三、周五18:00以后€6，未满26岁周三18:00以后免费，第一个周日免费），可以使用巴黎博物馆通票（请参见p.92）　休 周二、1/1、5/1、12/25

巴黎和巴黎大区　　两小时信步畅游罗浮宫

# 巴黎精彩之处 世界遗产

## 香榭丽舍大街
Ave. des Champs Elysées

香榭丽舍大街是购物、品尝美食的胜地，是鲜花之都——巴黎的象征。巴黎西北侧的凯旋门呈放射状延伸出12条大街，香榭丽舍就是其中之一，它因《香榭丽舍大街》这一歌曲而被人们所熟知。这条林荫大道全长2公里，一直延伸至协和广场。街道两旁女装店、餐厅、美术馆、电影院、银行等鳞次栉比，值得一游。

从凯旋门延伸出的巴黎大动脉 香榭丽舍大街

提到巴黎自然而然地想到这条繁华的街道

### 香榭丽舍大街
Ave. des Champs Elysées

从M1、2、6 RER-A Charles de Gaulle Etoile、M1 George V、M1、9 Franklin D Roosevelt出发即到
MAP● 剪切图-9、p.55-G

映衬在蓝天下的白色大理石凯旋门

这片土地原本是原野和沼泽地带。17世纪初期，修建了玛丽·美第奇王妃散步小径，之后，因建造凡尔赛宫而闻名内外的勒诺特又设计出环形岛以及街道树，根据希腊神话命名为"田园乐土（香榭丽舍）"。道路两旁种有法国梧桐和欧洲七叶树，全长约2公里，宽约70米，以被称为"香榭丽舍伦普万"的环形岛为界，西北侧为商店街，南北侧是绿地。漫步香榭丽舍，可以到女装店购物，到勒福凯兹（Le Fouquet's）(p.122) 喝咖啡，在拉多蕾（Laduree）(p.122) 小憩，不知不觉便走到街道尽头的协和广场。

### 象征巴黎的白色大门
### 凯旋门
Arc de Triomphe

从M1、2、6 RER-A Charles de Gaule Etoile出发即到
MAP● 剪切图-8、p.54-F

为了歌颂法军在奥斯特利茨战争中取得的胜利，拿破仑一世下令建造了位于戴高乐广场（又称星形广场）的凯旋门。1806年开始动工，后经历皇帝下台、王政复辟、七月革命等激变，终于于1836年完工。

凯旋门上雕刻着拿破仑一世的丰功伟绩。从香榭丽舍大街远远望去，右侧吕德所创的《1792年志愿军出征远发》（通称《马赛曲》）尤为出名。门下是在第一次世界大战中战死的无名烈士之墓，每到傍晚时分都会点燃火焰，以表哀思。晴天登上门顶的观景台（收费），巴黎全景一览无余。观景台下设有博物馆，展示和凯旋门相关的资料。

⏰ 10:00～23:00（10月至次年3月开放到22:30）
休 部分节假日
€ 参观观景台€9，10月至次年3月的第一个星期日免费（PMP可用，有关PMP的介绍请参见p.92）

人行道旁露天咖啡馆林立

厚重的街门引人注目，现为总统官邸
### 爱丽舍宫
Palais de l'Elysée

从M1、13 Champs Elysées Clémenceau出发步行5分钟
MAP ● 剪切图-10、p.55-H、p.56-I

始建于1718年，原为艾弗瑞伯爵建造的宫殿，路易十五的情妇蓬帕杜夫人、拿破仑的皇后约瑟芬等都曾在此居住。1815年，拿破仑滑铁卢战役大败之后曾在此签订降书第二次逊位。现在这座历史渊源颇深的建筑物成为总统府，遗憾的是我们无法入内参观。

现为总统官邸

树隙间散落的遗迹
### 蒙索公园
Parc de Monceau

从 M2 Monceau出来即到
MAP ● 剪切图-2、p.55-C

蒙索公园位于静谧的住宅街，面积约9公顷。原本是奥尔良公爵的宫殿用地，邀请画家兼作家卡蒙特勒设计建造而成的。其内散落着古罗马风格的神殿、希腊圆柱、金字塔、瑞士农家等，宛如涵盖世界名胜的主题公园。

1862年，公园被改造成意大利式的庭园，以树木种类繁多著称，其中法国梧桐和银杏尤为美丽。公园旁边有两座美术馆，分别是收集中国美术作品的赛努斯基美术馆（Musée Cernuschi）和展示18世纪美术工艺品的卡蒙多·尼西美术馆（Musée Nissim de Camondo）。

开 7:00～22:00（11月至次年3月开放到20:00）
休 常年开放  参观免费

西侧墙壁的浮雕宏伟壮丽

墙上装饰着精美的雕刻
### 大皇宫
Grand Palais

从M1、13 Champs Elysées Clémenceau出发步行2分钟
MAP ● 剪切图-10、p.55-H

为了迎接1900年巴黎的国际博览会建立了大皇宫，其位于丘吉尔大街一侧的列柱以及雕刻最为精彩。内部规划展览馆——大皇宫国家画廊（Galeries nationales du Grand Palais）和科学技术博物馆——探索宫（Palais de la Découverte），对外开放。近年规划展览馆的中间走廊刚刚改建，巨大的圆形屋顶有一种让人窒息的压迫感。

● 大皇宫国家画廊10:00～20:00（周三至22:00）
休周二、部分节假日  不同的展会费用也不尽相同
● 探索宫9:30～18:00（周日、节假日10:00～19:00）
休周一、部分节假日  参观大皇宫€7.00，同时参观天象仪€10.50

收藏法国艺术杰作的博物馆
### 小皇宫
Petit Palais

从M1、13 Champs Elysées Clémenceau出发步行2分钟
MAP ● 剪切图-10、p.55-H、p.56-I

小皇宫是1900年巴黎国际博览会的美术展会场，现在是巴黎市立的博物馆，对外开放。藏品从绘画、雕刻到陶瓷器、家具、壁毯、景泰蓝等，种类繁多。此外还收集了柯罗、库尔贝、马奈、莫奈等18～19世纪法国绘画巨匠的作品。

开10:00～18:00  休周一、节假日  免费参观（规划展收费）

画廊的装饰画和雕刻引人入胜

### 西方首屈一指的大规模东方博物馆
## 吉美博物馆
**Musée National des Arts Asiatiques Guimet**

从M9 Iéna出发即到
MAP ●剪切图-15、p.54-J、p.62-A

兼为工业家和东方研究者的爱米尔·吉美建立了吉美博物馆。共分三层，从最初只收集他的个人藏品，发展到如今分别展出东南亚艺术，印度教艺术，希腊艺术，中国、朝鲜、日本艺术等。另有展示博物馆创建初期藏品的佛教诸尊画廊（Panthéon Bouddhique）。

开10:00～18:00 休周二 €6.50［包括语音导游机，（含外语），周日€4.50，第一个周日免费］（PMP可用）

### 建筑物本身就是一件美术品
## 安德烈博物馆
**Musée Jacquemart André**

从M9 St. Phillipe du Roule出发步行5分钟
MAP ●剪切图-2、p.55-C

19世纪，银行家爱德华·安德烈夫妇改造自己的住所，创办了博物馆。馆内装饰兼具路易十六和第二帝国时期的样式，别具一格。博物馆主要展出其私人藏品，包括17～18世纪宫廷画家的绘画，以及二层波提切利、提齐安诺等意大利画家的名画。备有外语语音导游机，另设有茶餐厅。

开10:00～18:00 休常年开放 €10.00（包括语音导游机），茶餐厅11:45～17:30（免费）

## 为您导航

# 巴黎的桥

流经巴黎东西的塞纳河上架设着37座桥梁，各具特色。下面介绍其中最知名的几座桥。

### 新桥 Pont Neuf
MAP ●剪切图-12、p.57-L

新桥于1607年完工，是现存最古老的桥梁，建造之初以新颖的设计备受瞩目。第一，桥梁两端没有建筑物；第二，分设行车道和人行道；第三，首次在公共场所放置雕像，即1818年完成的亨利四世的骑马像。

### 亚历山大三世大桥 Pont Alexandre III
MAP ●剪切图-10、p.55-L

亚历山大三世大桥是为了迎接1900年巴黎国际博览会而建的，堪称巴黎最美丽的桥梁。它见证了1893年的法俄联盟，因此被冠以俄国皇帝的名称。其采用典型的19世纪末建筑样式，钢筋桥基搭配狮子、女神等雕刻，近年又被镀上黄金，越发豪华、绚丽。

### 艺术桥 Pont des Arts
MAP ●剪切图-11、p.57-K

1801年建造的艺术桥，供上流阶层散步，建成之初在桥上通行收取费用。1982年拓宽了桥身。黄昏时分，坐在桥上的长椅上，眺望斯德岛，景色绝佳。

# 巴黎的公园

巴黎这座大都市内绿树成荫的公园众多，杜伊勒里公园（p.82）、卢森堡公园(p.90)之美自不必说，在此介绍一下展现巴黎本色美的公园。

### 柏特休蒙公园 Parc des Buttes Chaumont
在M7b Buttes Chaumont附近

1867年，拿破仑三世下令建设了柏特休蒙公园。园内石山、瀑布、湖泊、洞窟应有尽有。从观景台可以欣赏蒙马特尔的全景立体画。由19世纪的宅邸改造而成的咖啡馆人气极高。

### 雪铁龙公园 Parc André Citroën
从M10 Javel André Citroën出发步行5分钟

1992年，在雪铁龙汽车工厂遗址上建成了雪铁龙公园。广阔的草坪上点缀着喷泉、花坛，景色优美。园内设有可升至150米高空的气球，乘坐其中巴黎景色尽收眼底。

### 蒙苏里公园 Parc Montsouri
从M4 Porte d'Orléans出发步行5分钟

蒙苏里公园是一座英式庭院，由拿破仑三世下令建造而成。园内树木茂盛，生机勃勃，附近的大学生们常在大树下休憩。

# 歌剧院/罗浮宫
Opéra / Louvre

深受历史文化熏陶的巴黎中心地区，值得观看之处数不胜数，例如歌剧院、罗浮宫、皇宫等历史性建筑物。剧院极多，几乎每晚演出歌剧、芭蕾、古典剧、现代剧直至深夜。另外，巴黎作为购物区久负盛名，聚集了众多高级女装店、百货商店和免税店等。

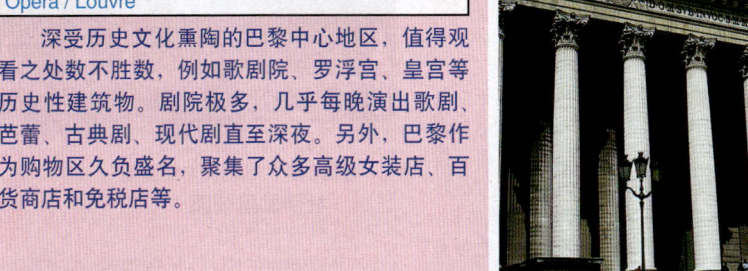

马德莱娜教堂高大的科林斯式柱子

### 世界知名的歌剧院
## 加尼叶歌剧院
Opéra Garnier

从M3、7、8 Opéra出发即到
MAP ●剪切图-4、p.56-F

拿破仑三世时期，塞纳的行政官奥斯曼制定了巴黎改造计划，加尼叶歌剧院应运而生。剧院长173米，宽125米，总面积达1.1万平方米，堪称世界之最。通过设计比赛筛选设计者，名不见经传的建筑家夏尔·加尼叶从171名应征者中脱颖而出。加尼叶打破当时流行的希腊古典主义，完美结合古典主义和巴洛克等多种建筑形式，建造了这一奢华的建筑物。

建筑物的外侧装饰以壮丽的雕刻，内部正面右侧是卡尔波的作品《跳舞》（仿制品，真品收藏于奥赛美术馆）。可入内参观。院内高大的台阶、大厅（大型休息室）以及天花板上夏加尔的作品——《梦的花束》，均值得一看。

开剧院开放时间10:00～17:00 休1/1、5/1、日场演出日 ⑤8欧元 ☏08 92 89 90 90（公演咨询电话）

### 精美绝伦的教堂
## 马德莱娜教堂
Église de la Madeleine

从M8、12、14 Madeleine出发即到
MAP ●剪切图-10、p.56-E

马德莱娜教堂周围环绕着52根科林斯式柱子，采用古希腊建筑风格，建成以后分别被用作会议场地、图书馆、法院、教堂、驿馆等。1842年作为教堂，以"马德莱娜"的称呼被人们所熟知。正面山墙上的雕刻——《最后的审判》（勒迈尔作）、内部雕刻群中路德的《基督洗礼像》、普拉迪埃工作室创作的《圣母玛利亚婚礼像》等，尤为出色。

开9:30～19:00 休部分节假日 ⑤免费参观

### 权力的象征——尖顶圆柱的纪念碑
## 旺多姆广场
Pl. Vendôme

从M3、7、8 Opéra出发步行5分钟
MAP ●剪切图-11、p.56-J

芒萨尔设计建造了旺多姆广场，用于放置路易十四的骑马像，但是大革命时被拆除，之后拿破仑一世下令建造了圆柱及其骑马像。圆柱的主题随着时代变迁不断被更换，分别为亨利四世、皇家徽章百合花、下士打扮的拿破仑等。

1874年复原的拿破仑骑马像的复制品，矗立于广场之上。周围一流酒店、高级珠宝店、名品店等，鳞次栉比。

从全长约700米的歌剧院大街遥望歌剧院

### 巴黎著名的宗教艺术宝库
## 圣罗克教堂
Église St. Roch

从M7、14 Pyramides出发步行3分钟
MAP ● 剪切图-11，p.56-J

14世纪，挽救了众多意大利黑死病患者的圣人圣罗克，捐献了一座以其名字命名的教堂，长125米，堪称巴黎首屈一指的大规模教堂。建设经历了相当长的时间，礼拜堂呈重合的纵长形，因地形原因，教堂布局与一般的教堂建筑相反，圣坛设于北侧。内部装饰着芒萨尔设计的《圣母玛利亚的礼拜堂》（位于最前方），圆形天花板上是昂克里兄弟所作的《圣母玛利亚的胜利》。

开 9:00~19:00　休 部分节假日
€ 免费参观

正面的入口略显狭小，内部却宽阔得出人意料

### 见证法国历史的广场
## 协和广场
Pl. de la Concorde

从M1、8、12 Concorde出发即到
MAP ● 剪切图-10，p.56-I

1775年完工的协和广场，位于连接凯旋门和罗浮宫的直线上，以景致优美著称。广场最初用于放置路易十五的骑马像，因而被命名为"路易十五广场"。大革命爆发后，这里建了断头台，路易十六、玛丽·安托瓦内特等1343人都在此命送黄泉。之后，改名为"协和广场"。

现今，埃及赠送的卢克索神殿的方尖碑矗立在广场中央，其左右的八女神像喷泉，分别象征法国的八大城市。

喷泉、雕像装点的协和广场

雕像、花坛、池塘点缀的公园

### 以面积之广阔而闻名的公园
## 杜伊勒里公园
Jardin des Tuileries

从M1 Tuileries、M1、8、12 Concorde 出发即到
MAP ● 剪切图-11，p.56-J

1563年，亨利二世的遗孀卡特琳·德·美第奇下令建造了杜伊勒里宫殿及其庭院。杜伊勒里公园位于协和广场和罗浮宫之间，面积广阔，之后因设计建造凡尔赛宫而闻名内外的勒诺特，将其改建为兼具对称美及几何美的法式庭园。1871年，巴黎公社烧毁了宫殿，杜伊勒里公园幸存了下来。

开 7:30~19:00（4~5月7:00~21:00、6~8月7:00~23:00）　休 常年开放　€ 免费参观

### 又一座装饰优美的凯旋门
## 卡鲁塞尔凯旋门
Arc de Triomphe du Carrousel

从M1、7 Palais Royal Musée du Louvre出发步行3分钟
MAP ● 剪切图-11，p.57-K

为了纪念奥斯特利茨战争的胜利，1805年，以罗马的君士坦丁凯旋门作为模型，拿破仑一世下令建造了卡鲁塞尔凯旋门。然而，建成之后因其规模太小令拿破仑倍感失望，这才建造了位于戴高乐广场上巨大的凯旋门。卡鲁塞尔凯旋门上8根玫瑰色圆柱组成了6面墙壁，分别雕刻着拿破仑军队的作战场景。

记载路易十六和玛丽·安托瓦内特受刑的碑文

和戴高乐广场（又称星形广场）的凯旋门相比，卡鲁塞尔凯旋门更具女性阴柔美

## 名符其实的世界最大的博物馆
### 罗浮宫
Palais du Louvre

从M1、7 Palais Royal Musée du Louvre出发步行1分钟
MAP ●剪切图-11, p.57-K

现今，罗浮宫以拥有世界最多的藏品而著称。13世纪，菲利普二世下令建造了一座城池。16世纪，这座城池被改造为供君主居住的宫殿，之后历代君主不断扩大宫殿的面积，从而形成了今日的罗浮宫。然而，路易十五时把宫殿搬迁至凡尔赛宫，从此罗浮宫被冷落。

拿破仑一世时罗浮宫再次受到重视，他把从敌国掠夺来的战利品收藏于此，为罗浮宫奠定了坚实的基础。之后藏品不断得到扩充，拿破仑三世时达到现今的规模。

1989年法国大革命200周年时，依照密特朗总统生前提出的罗浮宫改造计划，在中庭建造了玻璃金字塔。罗浮宫内除了罗浮宫博物馆（参见p.76），还有装饰馆（Musee des Arts Decoratifs）、时装和纺织馆（Musee de la Mode et Textile）、广告馆（Musee de la Publicite）等。

装饰馆、时装和纺织馆、广告馆 开11:00~18:00（周四至21:00） 休周一 €3馆共需8欧元（PMP可用）

从拿破仑中庭眺望充满梦幻色彩的罗浮宫夜景

## 现代艺术的纪念碑矗立于中庭
### 皇宫
Palais Royal

从M1、7 Palais Royal Musée du Louvre出发即到
MAP ●剪切图-11, p.57-K

皇宫原本是路易十三的权臣——黎塞留红衣主教的宅第。黎塞留死后把它赠与皇家，路易十四入住其中，因而被称为皇宫。1648年市民暴动后，皇家搬至凡尔赛宫，这里归到奥尔良家名下。1784年，皇宫内的房间作为公寓、店铺等出租。

从此，这一带成为巴黎首屈一指的欢乐谷，大革命时市民常在此聚会。现在一层的走廊上有女装店、餐厅等，文化部也搬至其中。20世纪80年代，中庭被改造为公园，并建造了色彩斑斓的纪念碑。

广场上的现代化喷泉

## 多种建筑样式完美结合
### 圣日耳曼洛塞华教堂
Église St. Germain l'Auxerrois

从M1 Louvre Rivoli 出发步行1分钟
MAP ●剪切图-12, p.57-L

7世纪圣日耳曼洛塞华教堂建成后，遭到日耳曼人的破坏，之后的500年间不断被扩大改建，从而形成了如今错综复杂的建筑样式。罗马风格的正面钟楼，哥特样式的正殿和后方，火焰式哥特式的入口门廊和内部走廊，丰富多样。据说1572年8月24日，以此教堂的钟声为信号，旧教徒发动了圣巴托罗谬大屠杀。

开8:00~17:00 休部分节假日 €免费参观

15世纪哥特式的门廊，别具一格

因莫奈的《睡莲》而闻名的现代绘画美术馆
### 橘园美术馆
Musée de l'Orangerie

从M1、8 Concorde出发步行4分钟
MAP ●剪切图-10、p.56-J

亨利四世下令建造了一片橘园，在此遗迹上兴建的橘园美术馆，位于杜伊勒里庭园内，坐落在塞纳河沿岸，主要展出画商保罗·克约姆和实业家沃尔特的私人收藏，汇集了雷诺阿、塞尚、马蒂斯、卢梭、洛朗桑、于特里约等印象派画家的作品，堪称法国近代绘画的宝库。另外，还有毕加索、莫迪利亚尼、苏蒂纳等外国画家的作品。美术馆中最引人注目的是莫奈的系列作品——《睡莲》(Nymphéas)。近年刚刚改建的展览室内，灵活地利用自然光线，两间房间的墙壁上挂满了《睡莲》，令观赏者身临其境。

开9:00～18:00 休周二、5/1、12/25 ￥7.5欧元（带语音导游机）、第一个周日免费（PMP可用）

《睡莲》展览室内灵活运用了自然光线

藏书达1200万册，为世界之最
### 黎塞留国家图书馆
Bibliothéque Nationale-site Richelieu

从M7、14 Pyramides出发步行5分钟
MAP ●剪切图-4、p.57-G

1661年，路易十四的财政大臣科尔贝尔把枫丹白露皇家图书馆的馆藏移至自己家中，这便是黎塞留国立图书馆的开端。大革命时期，图书馆被收为国有，向普通市民开放。1996年底，贝西地区兴建了密特朗国家图书馆（参见p.99），黎塞留国家图书馆内的印刷出版物和视听资料都被运至此。馆内尚存的版画和照片收藏量仍为世界之最。遗憾的是，一般游客禁止进入阅览室（持有介绍信的研究者可以入内），只能在定期举行的规划展上一饱眼福。

开规划展10:00～19:00（周日12:00～19:00）休周一、节假日 ￥7欧元

以收藏象征主义画家莫罗的作品而闻名
### 莫罗美术馆
Musée Gustave Moreau

从M12 Trinité d'Estienne d'Orves出发步行5分钟
MAP ●剪切图-3外、p.56-B

1903年，莫罗的宅第被改建为国家美术馆并对外开放。因莫罗的生前作品多已卖出，主要展出他的习作和画稿，收回的《宙斯与塞墨勒》(Jupiter et Semele) 以及未完成的《亚历山大大帝的胜利》(Le Triomphe d'Alexandre le Grand) 等都是享誉世界的名作。

开10:00～12:45、14:00～17:15 休周二、1/1、5/1、12/25 ￥平时5欧元，周日5欧元（PMP可用）

画室内摆满了梦幻般的绘画作品

皇室成员钟爱的喷泉
### 莫里哀喷泉
Fontaine Molière

从M7、14 Pyramides出发步行5分钟
MAP ●剪切图-11、p.57-G

剧作家莫里哀因《吝啬鬼》、《愤世嫉俗》等喜剧作品而闻名世界。普拉迪埃设计的《莫里哀雕像》，位于黎塞留大街和莫里哀大街交叉的拐角处，之后维斯康提在雕像基础上建造了喷泉。1673年2月17日，莫里哀在演出《无病呻吟》后，于黎塞留大街的家中病逝，年仅51岁。

# 斯德岛/雷阿勒/马莱
Ile de la Cité / Les Halles / Le Marais

这一地区位于巴黎中心，景致丰富多彩。塞纳河上的斯德岛是历史性建筑物的宝库；旁边的圣路易岛则截然不同，到处是静谧的住宅街；北侧马莱区位于塞纳河右岸，既是16～17世纪贵族住宅区，又是年轻人聚集的场所；西侧的雷阿勒区则较平民化，温馨舒适。

按年代描绘了圣经中的113个场景

## 见证巴黎800年历史的大教堂

### 巴黎圣母大教堂
Cathédrale Notre Dame de Paris

从M4 Cité 出发步行2分钟
MAP ●剪切图-13、p.58-J、p.61-C

1163年，巴黎大教主苏利下令兴建了巴黎圣母大教堂，于1320年建成，是哥特式建筑的巅峰之作。这里是上演恢复圣女贞德名誉的裁判、亨利四世和玛格丽特女王的婚礼以及拿破仑一世的加冕仪式等历史事件的舞台。

教堂正面雕刻着圣经中的大量故事，其中28座雕像——《诸王走廊》栩栩如生，充满腾空而起的跃动感。教堂上方矗立着两座高69米的塔楼，南塔上伫立着13吨重的大钟，其内部被称为玫瑰窗的3块彩色玻璃，尤为引人注目。

- 教堂（Cathédrale）开 8:00～18:45（周六、周日至19:15）休 常年开放 ￡免费参观
- 塔（Tour）开 10:00～18:30（冬季至17:30 周六、周日至23:00）休 部分节假日 ￡8.0欧元（第一个周日免费）
- 地下礼拜堂（Crypte）开 10:00～18:00 休 周一、部分节假日 ￡免费参观
- 宝物殿（Trésor）开 9:30～18:00（周六至18:30，周日13:00～17:30）休 部分节假日 ￡3欧元（PMP可用）

## 巴黎最古老的装饰彩色玻璃的礼拜堂

### 圣礼拜堂
Église Ste. Chapelle

从M4 Cité 出发徒步1分钟
MAP ●剪切图-12、p.58-I、p.61-C

为了收纳圣人的遗物，1248年路易九世下令在裁判所中庭建造了圣礼拜堂。分为上下两层，一层供佣人住宿，二层为皇家和特权阶层专用。二层的礼拜堂仿佛宝石箱般美轮美奂。13世纪制作的巴黎最古老的玻璃，总面积达600平方米，斑斓的色彩和精致的做工可谓彩色玻璃的巅峰之作，其上描绘的是《旧约圣经》和《新约圣经》中的故事场景。

开 9:30～18:00（11月至次年2月 9:00～17:00）休 部分节假日 ￡8.0欧元，圣礼拜堂和巴黎古监狱共计11欧元（PMP可用）

从塞纳河对岸眺望四座高塔环绕而成的别致外观

## 关押玛丽·安托瓦内特的旧监狱

### 巴黎古监狱
La Conciergerie

从M4 Cité 出发步行1分钟
MAP ●剪切图-12、p.57-L、p.58-I、p.61-C

14世纪，王室管理处被改建为裁判所附属监狱，即巴黎古监狱，玛丽·安托瓦内特、罗伯斯庇尔等曾被关押于此。王妃的单间牢房，展出她的遗物，卫兵的房间和监狱时代的资料也被公诸于世。

开 9:30～18:00（11月～次年2月 9:00～17:00）休 部分节假日 ￡7.0欧元，圣礼拜堂和巴黎古监狱共计11欧元（PMP可用）

雨果的名著《巴黎圣母院》的原型

虽然是市政厅，却拥有宫殿般华丽的外观

### 华丽的政府机关
## 巴黎市政厅
Hôtel de Ville

从M1、11 Hôtel de Ville出发即到
MAP ●剪切图-12、p.58-F

巴黎市政厅建筑外的大时钟下悬挂着"自由、平等、博爱"几个大字，窗前飘扬着法国国旗——三色旗。1357年市政厅从夏特勒广场搬到此处，1871年被巴黎公社烧毁，1882年又重新建造。内部构造结合了文艺复兴样式和美好时代的风格，雄伟壮丽。

开 周一到周六仅限导游带团入内观光（需要提前两个月预约）☎01 42 76 54 04

### 肉业守护者之塔
## 圣雅克塔
Tour St. Jacques

从M1、4、7、11、14 Châtelet出发即到
MAP ●剪切图-12、p.57-L、p.58-E

圣雅克塔原本是教堂的钟楼，教堂曾用来祭祀肉业的守护者，大革命时期遭到破坏。1648年，帕斯卡在高52米的钟楼顶层进行了气压试验。这座钟楼保存至今，外部装饰着16世纪精致的雕刻，内部是气象台的监测站，禁止入内参观。

保留了钟楼的圣雅克塔

### 巴黎最优美的大教堂
## 圣厄斯塔什教堂
Église St. Eustache

从M4 Les Halles或者RER-ABC Châtelet Les Halles出发，徒步2分钟
MAP ●剪切图-12、p.57-H

16世纪历经100多年建成的圣厄斯塔什教堂，采用哥特式构造、文艺复兴样式的内部装饰。17世纪的彩色玻璃和配有7000根管线的风琴引人注目。莫里哀、黎塞留、蓬帕杜侯爵夫人等人，曾在此接受洗礼。

开 9:00～19:00（周日9:15～19:00） 休 部分节假日
€ 免费参观

圣厄斯塔什教堂雄伟壮丽的外观

### 以开放式的玻璃和钢铁外观引人注目
## 雷阿勒商业中心
Forum des Halles

从M4 Les Halles或者RER-ABC Châtelet Les Halles出发即到
MAP ●剪切图-12、p.57-L、p.58-E

1983年，在旧中央市场的遗迹上建造了一座综合购物中心，分为地上一层和地下四层，露天开采式向下挖掘，呈倒金字塔形状。中庭的设计别出心裁，太阳光能够照射到最底层。

● 商店 开 10:00～20:00 休 周日
● 电影院 开 9:00～24:00 休 常年营业
● 餐厅 开 10:00～22:00左右 休 常年营业

玻璃和钢铁构筑的新式建筑

巴黎艺术的枢纽
## 蓬皮杜文化艺术中心
Centre Georges Pompidou

从M11 Rambuteau 出发即到
MAP ●剪切图-12、p.58-E

　　蓬皮杜文化艺术中心正式名称为乔治·蓬皮杜国家文化艺术中心。1969年，总统蓬皮杜提出再次开发巴黎中心的计划，蓬皮杜文化艺术中心应运而生。通过国际设计比赛，从681人中选出意大利建筑家皮亚诺和英国的罗杰斯等人，组成团队负责设计。绚丽多彩的管线和玻璃构成了宛如施工现场的奇妙外观，引人注目。文化艺术中心分为地上六层，地下两层，收藏了众多20世纪的美术作品，堪称世界最大的国家现代美术馆。另外，还有图书馆（BPI）、现代音乐研究所（IRCAM）、电影院和创造工学中心。美术馆内展出马蒂斯、毕加索、莱热、贾科梅蒂等作品。

开 10:00～20:00　休 周二、5/1　€ 常设、规划展共计10欧元（夏季12欧元），第一个周日免费（PMP可用）

裸露的外观令人印象深刻

昔日王侯贵族休息的场所
## 孚日广场
Pl. des Vosges

从M1、5、8 Bastille 出发步行3分钟
MAP ●剪切图-13、p.59-G

　　1605年，亨利四世下令兴建法国巴黎最古老的广场——孚日广场。广场于1612年建成，最初供贵族休息，还曾作为举办马术、决斗的会场。广场周边围绕着36栋砖砌的建筑物。广场上的人来人往，在这里能感受到最地道的巴黎风情。

17世纪建成之初被称为『皇家广场』

集结了法国引以为豪的能工巧匠
## 艺术桥商业长廊
Viaduc des Arts

从M1 Gare de Lyon 出发步行2分钟
MAP ●剪切图-14、p.59-L

　　艺术桥商业长廊建于1859年，坐落在巴士底广场东侧，连接着多梅尼大道，原本只是一座旧天桥，现在50多位工匠在这里建立了工作室，由此成为"艺术之桥"。除了进行作品创作、销售外，还不时举办展会、集会活动，天桥成了充满鲜花和绿意的散步小径。

开 10:00～18:00（各个工作室不尽相同）
休 多数工作室周日、节假日休息

从巴士底广场步行即可到达『艺术之桥』

革命者长眠的监狱遗迹
## 巴士底广场
Pl. de la Bastille

从M1、5、8 Bastille 出发即到
MAP ●剪切图-14、p.59-G

　　1789年7月14日，巴黎市民攻打巴士底监狱，揭开了法国大革命的序幕。臭名远扬的巴士底监狱诞生于路易十三时代，曾经关押过伏尔泰、米拉波等。如今为了纪念七月革命中牺牲的巴黎市民，在广场中央竖起了"七月柱"，下面安葬着七月革命和二月革命牺牲的烈士。1989年，为了纪念大革命200周年，在广场的一角建造了巴士底歌剧院（新歌剧院，参见p.128）。

圆柱上耸立着象征新生法国的自由天使像

见证巴黎的全部历史
## 卡纳瓦莱博物馆
Musée Carnavalet

从M1 St. Paul 出发步行5分钟
MAP ●剪切图-13、p.58-F

卡纳瓦莱博物馆，也称巴黎历史博物馆，是一座收藏并展示巴黎历史资料的市立博物馆。博物馆位于两座贵族府邸内，其古老建筑的外部结构和内部装饰都得以保留。博物馆内的藏品约达60万件，包括法国大革命时期的重要文献、绘画作品以及其他艺术品和家具等。

开10:00~18:00 休周一、节假日 €免费参观（规划展收费）

大量的资料让人亲历法国历史

追寻毕加索变幻莫测的画风
## 毕加索美术馆
Musée National Picasso

从M1 St. Paul 出发步行7分钟
MAP ●剪切图-13、p.58-F

毕加索生于西班牙，在众多领域发挥了才能。17世纪的撒勒宫，被改建为以毕加索命名的美术馆，展出其200余幅绘画、约150座雕刻、80件陶器等，成为世界上收藏毕加索作品最多的美术馆。按照年代分别展出毕加索蓝色时期、粉红色时期、立体主义时期、古典主义时期、超现实主义以及抽象主义时期的作品。

开9:30~18:00（10/1~3/31到17:30）休周二、1/1、12/25 €8.50欧元，第一个周日免费（PMP可用）

置身于花坛、长椅点缀的后院露天咖啡馆，十分惬意

现代摄影艺术的宝库
## 欧洲摄影博物馆
Maison Européenne de la Photographie

从M1 St Paul 出发步行1分钟
MAP ●剪切图-13、p.58-F

欧洲摄影博物馆由18世纪的贵族宅邸改建而成，大量收藏了20世纪50年代以来的现代摄影艺术作品，在常设展上向公众展示。图书馆内收藏着有关摄影的书籍、资料，以及许多有关摄影家及其作品的影像资料。每年举办4次规划展，人气极高。

开11:00~20:00 休周一、周二、节假日 €7欧元

因《悲惨世界》而闻名内外的文豪的住所
## 雨果纪念馆
Maison de Victor Hugo

从M1 St. Paul 出发步行5分钟
MAP ●剪切图-13、p.59-G

维克多·雨果的住所遗址，被作为纪念馆对外开放，展出其家族肖像画以及书信等遗物。

开10:00~18:00 休周一、节假日 €免费参观（规划展收费）

巴尔扎克、肖邦等名人的安眠之地
## 拉雪兹神父公墓
Cimetière du Père Lachaise

从M2、3 Père Lachaise 出发步行1分钟
MAP ●剪切图-7外、p.59-D外

拉雪兹神父公墓是巴黎最大的墓地。1803年，巴黎市购买了耶稣会的疗养地作为墓地。1871年遭到巴黎公社的争夺，巴黎公社社员墙记录着这一历史。剧作家莫里哀、作家普鲁斯特、音乐家比才、画家德拉克洛瓦、莫迪利亚尼等都长眠于此。

开8:00~18:00（周六8:30~18:00，周日、节假日9:00~18:00，11/6至3/15开放到17:30）休常年开放 €免费参观

白色的墓碑上工整地写着『肖邦之墓』

# 圣日耳曼德佩区/拉丁区
## St. Germain des Prés / Quartier Latin

圣日耳曼德佩和拉丁区是巴黎最富有智慧的地区。20世纪50年代，圣日耳曼德佩地区汇集了众多的哲学家、作家和音乐家，由此而闻名；如今，它又成为引领时尚潮流的前沿地带。拥有800年历史的拉丁区，以索邦大学为中心，遍布着教育设施，随处可见朝气蓬勃的学生身影。

校园建筑上的浮雕以及沿墙排列的雕像

法国现存最古老的钟楼
### 圣日耳曼德佩教堂
Église St. Germain des Prés

从M4 St. Germain des Prés 出发即到
MAP ●剪切图-19、p.60-B

　　圣日耳曼德佩教堂是罗马式初期建筑，高高耸立的钟楼兴建于11世纪，是法国最古老的钟楼之一。542年，为了收藏圣物，希尔德贝尔特一世下令兴建了修道院附属教堂。576年，巴黎主教圣日耳曼被埋葬于此，之后教堂被称为"圣日耳曼德佩（圣日耳曼草原）"。

　　后来，教堂遭到日耳曼人的破坏，12世纪的正殿和后方的走廊保留了下来，之后教堂被反复重建。走廊柱顶独特的罗马样式雕刻是复制品，实物保存于中世纪博物馆（p.92）。拱门上的壁画出自安格尔的弟子弗朗德兰之手。

开9:00~19:00（周日至20:00）　休部分节假日
免费参观

法国最著名的美术学院之一
### 巴黎国立高等美术学院
École Nationale Supérieure des Beaux Arts

从M4 St. Germain des Prés 出发步行3分钟
MAP ●剪切图-11、p.60-B

　　巴黎国立高等美术学院，是一所培养画家、雕刻家、版画家和建筑家等的艺术殿堂。之前被作为修道院、博物馆，1816年创立了美术学院，分两期建造而成，定期举行展览。德加、德拉克洛瓦、莫奈、雷诺阿等都毕业于这所学院。

开13:00~19:00　休周一　由展会决定

因《达·芬奇密码》一举成名
### 圣叙尔皮斯教堂
Église St. Sulpice

从M4 St. Sulpice 出发步行3分钟
MAP ●剪切图-19、p.60-F

　　为了教区内的农民，圣日耳曼德佩教堂为6世纪的大主教——圣叙尔皮斯建造的教堂。从16世纪开始历经100多年的大整修，终于建成如今的面貌，相对而立的两座钟楼的右侧至今仍未完成。法国最大的管风琴，《讨伐恶魔的大天使米迦勒》等德拉克洛瓦的3幅宗教画，不容错过。

开7:30~19:30　休部分节假日　免费参观

从巴黎最古老的钟楼俯瞰巴黎左岸街景

维斯康提创作的《四人红衣教主喷泉》伫立在教堂前的广场上

雕刻精致、装饰优美的建筑物

### 绿树成荫的美丽公园
## 卢森堡公园与宫殿
Jardin et Palais du Luxembourg

从M4 St. Sulpice 出发步行5分钟
MAP ●剪切图-19、p.60-F

17世纪，亨利四世的王后玛丽·美第奇下令在卢森堡宫殿的前院兴建公园，被称为卢森堡公园。位于拉丁区，约25公顷。宫殿曾被作为议会、裁判所，现在是参议院和卢森堡博物馆所在地。可以边走边欣赏钟乳石装饰的《美第奇喷泉》、达勒创作的《德拉克洛瓦纪念碑》等。

- 公园开门7:15～8:15，闭门14:45～21:30（因季节而变化）
- 美术馆（只举办展览）开馆时间和费用根据展览而定

美丽的开放式公园，巴黎市民心中的绿洲

### 巴黎子午线穿过此处
## 天文台喷泉
Fontaine de l'Observatoire

从M4、6 Raspail 出发步行5分钟
MAP ●剪切图-26、p.61-K、p.99-B

东经2°20′17″的巴黎子午线穿过连接喷泉和巴黎天文台的大道。著名雕刻家卡尔波创作的雕刻——《天文台喷泉》是法国最著名的雕刻之一。为了实现对称美，他大胆地将五大洲设计为四大洲。喷泉上的雕刻是复制品，实物收藏于奥赛美术馆。

栩栩如生的马和鱼的雕刻点缀着喷泉

### 名人辈出的法国著名大学
## 索邦大学
La Sorbonne

从M10 Cluny la Sorbonne 出发步行2分钟
MAP ●剪切图-19、p.61-G

索邦大学自1253年创办以来，备受历代君王和贵族的拥护。17世纪，路易十三的权臣黎塞留担任校长。索邦大学是巴黎大学的旧文学系和人文科学系的总称，现在包括巴黎大学13个分支中的第三大学和第四大学。礼堂、正对学院大道的大门、阶梯教室等建筑，新颖别致。1642年，校园内设立了附属于学校的耶稣会样式的建筑物——索邦教堂。

### 法国伟人长眠之地
## 先贤祠
Panthéon

从M10 Cardinal Lemoine 出发步行5分钟
MAP ●剪切图-19、p.61-G

先贤祠（古罗马的万神殿）内安葬着作家雨果、哲学家伏尔泰、思想家卢梭、科学家居里夫妇等。自建成以来，分别被作为教堂、王室的灵堂、礼拜堂等，1885年达到如今的规模。1849年，物理学家傅科为了证明地球自转，在先贤祠的圆形屋顶进行了摆试验。内部装饰画皮埃尔·皮维·德夏凡纳的系列作品——《圣热纳维耶芙的一生》，十分有名。

开 10:00～18:30（10月至次年3月开放到18:00）
休 1/1、5/1、12/25　€8.00欧元（PMP可用）

远眺拥有巨大圆形屋顶的建筑物全景

## 守护巴黎的圣女教堂
### 圣艾蒂安·迪蒙教堂
Église St. Etienne du Mont

从M10 Cardinal Lemoine 出发步行3分钟
MAP ●剪切图-20、p.61-H

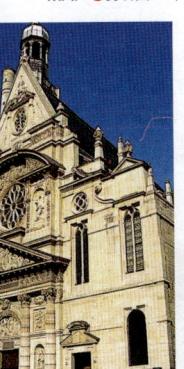

圣热纳维耶芙从匈奴的袭击中拯救了巴黎，为纪念她建造了圣艾蒂安·迪蒙教堂。15世纪到17世纪又进行了扩建改造。在巴黎众多的教堂中，圣艾蒂安·迪蒙教堂是唯一一座保留中世纪教会特征——围屏（隔开走廊和内部的高墙）的教堂。哲学家帕斯卡等安葬于此。

开8:45～19:30（周六、周日8:45～12:00、14:30～19:45）
休部分节假日 免费参观

## 精美的几何图案引人入胜
### 阿拉伯文化中心
IMA (Institut du Monde Arabe)

从M10 Cardinal Lemoine 出发步行5分钟
MAP ●剪切图-20、p.58-J、p.61-D

几何图案装饰的玻璃结构建筑——阿拉伯文化中心，出自建筑家让·努维尔之手。中心设有展览馆和美术馆，介绍从创世到现今的伊斯兰文化和艺术。在此还举行音乐、舞蹈公演。顶层的餐厅视野极佳。

开10:00～18:00 休周一、5/1 美术馆4欧元（PMP可用）

可把屋顶的露台作为观景台

## 因圣牌而知名的教堂
### 奇迹圣牌教堂
Chapelle Notre-Dame de la Médaille Miraculeuse

从M10、12 Sevres Babylone出发步行2分钟
MAP ●剪切图-18、p.60-E

1830年，圣女加大利纳·拉布莱受到圣母玛利亚的启示，制作了拥有神奇力量的圣牌。为了纪念她建造了奇迹圣牌教堂。据说，她的遗体经过几十年也没有腐烂。佩戴这枚圣牌的人无论得什么病都可以痊愈，因此，教堂内出售的仿制圣牌极具人气。因为这里是世界各地的朝拜者到访的圣地，所以一定要安静地参观，以免打扰信徒祷告。

开7:00～13:00、14:30～19:00（周二7:45～19:00，周日7:45～13:00、14:30～19:00，节假日8:15～12:30、14:30～19:00）

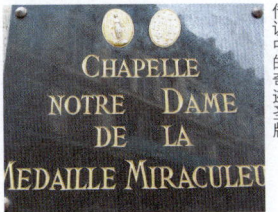

传说中的奇迹圣牌

内部安放着存有圣热纳维耶芙遗物的金箔箱

## 几乎汇集了全世界的植物的博物馆
### 国家自然历史博物馆
Muséum National d'Histoire Naturelle

从M7 Censier Daubenton出发步行3分钟
MAP ●剪切图-20、p.61-H

原本是路易十三时期开辟的皇家草药园，17世纪时开设了博物学、药学学校。现在广阔的园内有展示馆、植物园、动物园等，宛如一座主题公园，置身其中游玩一天也不尽兴。拥有各种各样植物的植物园（Jardin des Plantes）、陈列着长毛象、长颈鹿标本的大型进化馆（Grande Galerie d'Evolution）等，人气极高。

开植物园8:00～19:00，大型进化馆10:00～18:00
休周二、5/1 植物园免费（温室5欧元），大型进化馆7欧元

## 尽显优雅的东方美
### 巴黎清真寺
Mosquée de Paris

从M7 Place Monge 出发步行3分钟
MAP ●剪切图-20、p.61-H

巴黎清真寺是一座西班牙摩尔风格的伊斯兰建筑，院内耸立着高33米的四角尖塔。为了纪念第一次世界大战中援助法军的伊斯兰教徒，1926年在慈善医院的占地上建设了巴黎清真寺。伊斯兰教规禁止偶像崇拜，寺内既无雕像也无画像，仅装饰以优美的图案，同时设有咖啡馆和浴室。

开9:00～12:00、14:00～19:00（冬季至18:00）休周五、伊斯兰的节假日 导游带领参观3欧元

天花板的壁画精美绝伦

## 恩典谷教堂
Val de Grâce

从MRER-B Port Royal出发步行2分钟
MAP ●剪切图-27、p.61-K

　　路易十三的王后奥地利的安娜下令兴建了法国最大的罗马式风格的教堂——恩典谷教堂。由芒萨尔负责设计，有着17世纪耶稣会的样式，内部装饰丰富多彩，巴洛克样式的华盖、米涅阿创作的绘有200余人的天花板画，十分精彩。现在作为军用医院博物馆(Musée des Services de Santé des Armées)对外开放。

开12:00～18:00　休周一、周四、周五、部分节假日　€5欧元

圆形屋顶的高度仅次于巴黎先贤祠和荣军院

中世纪艺术品和遗迹的宝库

## 中世纪博物馆
Musée National du Moyen Age

从M10 Cluny la Sorbonne出发即到
MAP ●剪切图-19、p.61-C

　　中世纪博物馆由15世纪克吕尼修道院院长的宅邸和3世纪高卢-罗马时代的公共浴池改建而成，展出中世纪的艺术品和发掘出土的遗迹，俗称为克吕尼博物馆。馆内一层介绍以巴黎圣母大教堂的雕刻为主的教堂装饰，浴池遗址上有巴黎最古老的遗迹《乘船柱》。二层悬挂着6幅壁毯组成的系列作品——《贵妇人与独角兽》，非常著名。

开9:15～17:45　休周二、1/1、5/1、12/25　€7.5欧元（包括语音导游机），第一个周日免费（PMP可用）

展出巴黎圣母大教堂的古老的教堂装饰

德拉克洛瓦晚年住所改建而成的美术馆

## 德拉克洛瓦美术馆
Musée National Eugène Delacroix

从M4 St. Germain des Prés出发步行2分钟
MAP ●剪切图-19、p.60-B

　　德拉克洛瓦为了描绘圣叙尔皮斯教堂(p.89)的装饰画，从巴黎北部搬到此处，美术馆是他晚年的住所兼工作室。

开9:30～17:00（6～8月的周末至17:30）　休周二、部分节假日　€5欧元，第一个周日、7/14免费，出示罗浮宫美术馆当天门票可免费（PMP可用）

静静地矗立在圣日耳曼德佩教堂后侧

坐落在布沙东创作的《四季喷泉》旁边

## 马约尔博物馆
Musée Maillol

从M12 Rue du Bac 出发步行2分钟
MAP ●剪切图-18、p.60-E

　　马约尔是法国著名雕刻家，因创作了《地中海》而闻名内外。马约尔博物馆主要展出其创作的雕刻、绘画、素描以及陶器等作品。此外，还可以欣赏博物馆的创立者——季娜·维埃尼的私人收藏，包括马蒂斯、高更、罗丹、德加和杜菲等的作品。

开10:30～19:00（周日至21:30）　休周二、节假日　€9欧元

## 巴黎博物馆通票（PMP）

　　游访多处名胜的人，可以购买巴黎博物馆通票（Paris Museum Pass）。拥有该通票，可以在有效期内自由出入巴黎市区、近郊的60多所美术馆、博物馆、旅游胜地。

　　2日用35欧元、4日用50欧元、6日用65欧元。旅游信息服务中心、美术馆、地铁站均有销售。本书中凡是可以使用PMP的场所都标有"PMP可用"字样。

# 埃菲尔铁塔/荣军院
## Tour Eiffel / Hôtel des Invalides

埃菲尔铁塔和荣军院位于巴黎第七区，这里曾经是一条贵族街道，被称为"高贵之城"，现在是中央各部聚集的官厅街，但是此处并不那么嘈杂，而是洋溢着静谧气息的住宅街。值得欣赏的有巴黎的象征——埃菲尔铁塔、安葬拿破仑一世的荣军院、印象派美术的宝库——奥赛美术馆等。

夏乐宫门前的雕塑——《阿波罗群像》

夜晚的彩灯变幻莫测

从观景台可以眺望巴黎全景

### 埃菲尔铁塔
Tour Eiffel

从RER-B Port Royal出发即到
MAP●剪切图-16、p.62-F

1889年，为了纪念法国大革命100周年，以及迎接巴黎的国际博览会，桥梁工程师居斯塔夫·埃菲尔设计建造了位于战神广场公园的埃菲尔铁塔。塔高301米，建成之初堪称世界之最，总重量达9700吨。建设中曾被谴责为损坏巴黎景观的铁块，完成后作为新艺术的杰出代表，受到人们的称赞。原本预定20年后拆毁，后作为天线塔保留了下来，如今已是巴黎的象征。埃菲尔铁塔共分三层，每层都有观景台。第三层的观景台上蒙着铁纱，可以360度欣赏立体的巴黎全景。可乘电梯到达观景台，到第二观景台也可以走台阶。

开9:30～23:00（6月中旬到8月末9:00～24:00）休常年开放 E第一观景台4.80欧元、第二观景台8.10欧元、第三观景台13.10欧元，走台阶登顶4.50欧元

视野极佳的宫殿，别具一格的博物馆齐聚于此
### 夏乐宫
Palais de Chaillot

从M6、9 Trocadéro 出发即到
MAP●剪切图-15、p.62-E

1937年，为了迎接巴黎的国际博览会，建造了夏乐宫，其外观宛如鸟儿张开的双翼。现在众多博物馆和国家剧院都坐落于此。从埃菲尔铁塔可以眺望右翼，它是展览历史性建筑实物模型的建筑与文化艺术博物馆（Cité de l'Architecture et du Patrimoine），左翼则为介绍航海历史和造船技术的海洋博物馆（Musée de la Marine）以及展出世界各民族相关资料的人类博物馆（Musée de l'Homme）。

●建筑与文化艺术博物馆 开11:00～19:00（周四至21:00）休周二、1/1、5/1、8/15、12/25 E 8欧元
●海洋博物馆 开10:00～18:00 休周二、部分节假日 E 7.00欧元（PMP可用）

巴黎市民的散步道
### 天鹅小径
Allée des Cygnes

从 M6 Bir Hakeim 出发步行3分钟
MAP●剪切图-22、p.62-I

天鹅小径是一条散步小道，位于塞纳河正中央，全长约1公里。19世纪初在塞纳河畔建造了一道堤坝，后来被改建为散步道，道旁有街道树、石阶和长椅等。为了答谢法国赠送礼物给美国，在法国人捐赠了一座自由女神像，高11.5米，大小约为纽约自由女神像的1/7，矗立在格勒纳勒桥头。

塞纳河右岸是法兰西电台，左岸是新开发区的高楼大厦

南面是眺望高107米的黄金圆顶的绝佳之处

### 拿破仑一世长眠之地
## 荣军院
Hôtel des Invalides

从RER-C、M8、13 Invalides 出发步行3分钟
MAP ● 剪切图-17, p.63-G

1670年,路易十四为军队兴建了一座医院,即荣军院。现在仍是疗养所,内部的军事博物馆、立体地图博物馆、抵抗运动解放博物馆和戴高乐纪念馆等对外开放(费用通用)。其中,军事博物馆里拿破仑的遗物不容错过。

为了纪念圣路易王,芒萨尔设计建造了圆顶教堂,它完美地结合了法国古典样式和巴洛克样式,是宗教艺术的杰作。拿破仑的遗体就安葬在此。墓地入口雕刻着拿破仑的遗言:"我希望将我的遗体安葬在塞纳河畔,在我如此热爱的法兰西人民中间安息。"

开 10:00～18:00(周二至21:00、10月至次年3月至17:00),仅限圆顶教堂7、8月至19:00)
休 第一个周一(括7～9月除外)、部分节假日
€ 9欧元 [(包括语音导览机), PMP可用]

### 昔日的车站,今日的现代美术殿堂
## 奥赛美术馆
Musée d'Orsay

从M12 Solférino 出发步行5分钟
MAP ● 剪切图-11, p.60-A、p.63-D

奥赛美术馆收藏了2万多幅1848年到1914年的美术作品。1939年前,这里一直是火车站,由国立高等美术学院的教授维克多·拉卢设计而成,装饰着精美的雕刻和彩色的石膏,建筑豪华。伴随着机械化的发展,车站被关闭。之后几经辗转,

1979年改建美术馆的计划被提上日程,1986年开馆。

美术馆内印象派作品十分丰富,深受旅游者的喜爱。展区共分三层,地上一层展出安格尔、德拉克洛瓦和米勒等古典派、罗马派和巴比松派的作品,中层展出自然主义、象征主义和新艺术作品,上层展出雷诺阿、塞尚、凡·高、劳特累克等印象派、后期印象派的作品。

开 9:30～18:00(周四至21:45) 休 周一、5/1、12/25
€ 8欧元(16:15后以及周六18:00后为5.50欧元)(PMP可用),第一个周日免费,备有语音导游机5欧元

美术馆充分利用了车站的圆顶和站台

### 近代雕刻巨匠宅邸改建而成的美术馆
## 罗丹美术馆
Musée Rodin

从M13 Varenne 出发即到
MAP ● 剪切图-17, p.63-H

奥古斯特·罗丹是近代雕刻的先驱者,拥有大量的传世名作。18世纪建造的贵族宅邸——比隆馆(Hôtel de Biron)被改建为以罗丹名字命名的美术馆。教皇特使、沙皇曾经居住在比隆馆,晚年的罗丹买下此馆,作为住所,并在这儿创作了大量的作品。

美术馆展出了罗丹的代表作品《吻》、《巴尔扎克》等。另外,还有罗丹的弟子兼情人——卡米尔·克洛代尔的作品。大规模的雕刻遍布美丽的英式花园,如《思想者》、《地狱之门》、《加来义民》等。

开 9:30～17:45 休 周一、1/1、5/1、12/25 € 6欧元,庭园1欧元(第一个周日免费)(PMP可用)

花园面积达3公顷,由此可以眺望美术馆

收藏着印象派大师莫奈的代表作
## 莫奈美术馆
Musée Marmottan Monet

从 M9 La Muette 出发步行5分钟
MAP ● 剪切图-8外、54-I外

美术史专家马蒙丹以其私人藏品为基础创办了莫奈美术馆。1932年创办之初，主要展出文艺复兴和拿破仑一世时代的美术作品。1950年，德诺·蒙西夫人捐赠了大量印象派作品，使得美术馆的藏品焕然一新。如果是印象派爱好者，一定不要错过印象派的代表作——莫奈的《日出·印象》。

开 11:00～18:00（周二至21:00） 休 周一、1/1、5/1
€ 9欧元

印象派名称的由来《日出·印象》

展出大量20世纪的美术杰作
## 巴黎市立现代美术馆
Musée d'Art Moderne de la Ville de Paris

从 M9 Alma Marceau 出发步行3分钟
MAP ● 剪切图-16、p.55-K、p.62-B

1937年，巴黎国际博览会时建造了日本馆。1961年，日本馆东翼被改建成巴黎市立现代美术馆，馆内展示了毕加索、马蒂斯、费尔南·莱热等20世纪前半期的巨匠以及路易斯·布尔乔亚、波尔坦斯基等20世纪后半期活跃的艺术家的作品。杜菲创作的巨幅壁画（10米×60米）——《电的精灵》也收藏于此。

开 11:00～18:00（周四至22:00） 休 周一、部分节假日 € 免费参观（PMP可用）

收藏着30多万件非西洋文明圈的作品
## 布朗利码头博物馆
Musée du Quai Branly

从 M9 Alma Marceau 出发步行5分钟
MAP ● 剪切图-16、p.62-B

布朗利码头博物馆是一座国立博物馆，坐落在埃菲尔铁塔附近的塞纳河沿岸。收藏着30多万件非西洋文明圈（亚洲、非洲、大洋洲、美洲）的艺术作品，每次展出3500件作品。让·努维尔等自然派设计的环保建筑，广受好评。

开 11:00～19:00（周四到周六开放到21:00）
休 周一、5/1、12/25 € 8.5欧元（PMP可用）

## 为您导航

### 巡游塞纳河

徜徉在东西流经巴黎中心的塞纳河上，悠然自得地欣赏周边的风景。以下介绍的各个公司，都拥有提供午餐和晚餐的豪华游艇。

#### 塞纳河游船（Bateaux Mouches）
从M9 Alma Marceau出发，步行1分钟 MAP● 剪切图-16、p.55-K、p.62-B Pont de l'Alma右岸
☎ 01 42 25 96 10
每日10:15～23:00每隔20～45分钟来一艘游船（冬季11:00～21:00，每45分钟来一艘游船），10欧元，巡游需要1小时。提供午餐的游船周六、周日、节假日13:00开始发船，50欧元，巡游需要1小时45分钟；提供晚餐的游船每天20:30开始发船，95欧元以上，巡游约需2小时15分钟。需要预约，要求穿着得体。

#### 巴黎游船公司（Bateaux Parisiens）
从M6、9 Trocadéro出发，步行4分钟 MAP● 剪切图-16、p.62-E Pont de la Bourdonnais 左岸
☎ 08 25 01 01 01

新桥附近的游船

每天11:00～23:30大约每小时来一艘游船（冬季13:30～18:10），12欧元，巡游需要1小时。提供午餐的巡游每天12:30发船，54欧元以上，巡游约需2小时，需要预约；提供晚餐的巡游每天20:30发船，69.63欧元以上，巡游约需3小时。

#### 新桥游船（Vedettes du Pont Neuf）
从M7 Pont-Neuf 出发，步行2分钟 MAP● 剪切图-12、p.57-L、p.60-B Sq. du Vert-Galant
☎ 01 46 33 98 38
每日10:30～22:30每隔30分钟至1小时来一艘游船（11月至次年2月10:30～22:00，周六、周日到22:30），12欧元，巡游约需1小时。

## 其他地区

远离巴黎繁华区的地域，也有许多引人入胜的景点，毕加索、于特里约等现代艺术家所钟爱的蒙马特尔、洋溢着美好时期景象的蒙巴纳斯、巴黎附近两片广阔的森林等，各具特色。乘地铁到各个景点只需几十分钟，不容错过。

弗朗索瓦·特吕弗之墓

## 蒙马特尔
Montmartre

### 从蒙马特尔的山丘俯瞰巴黎
#### 圣心大教堂
Basilique du Sacré Cœur

从M2 Anvers 出发步行10分钟
MAP p.97-B

蒙马特尔位于巴黎北侧，因为特里约、劳特累克等创作的绘画而闻名。为了悼念1870年普法战争和1871年巴黎公社中牺牲的士兵，以及安抚天主教徒建造了蒙马特尔地区的象征——圣心大教堂。它是一座罗马-拜占庭式的基督教堂，拥有纯白的正面、高耸的圆形屋顶。

从动工到完成历时40年，耗资4000万法郎，均来自民间捐赠。天花板的镶嵌画和供奉宝物的地下室都不容错过。登上高80米的圆形屋顶，可以眺望巴黎全景。

开 6:00～23:00　休 常年开放　€ 免费参观

巴黎罕见的拥有异国风情的建筑

### 安葬画家德加、电影人特吕弗的墓地
#### 蒙马特尔公墓
Cimetière de Montmartre

从M2 Place de Clichy 出发步行1分钟
MAP p.97-A

蒙马特尔公墓位于蒙马特尔山丘的采石场遗址上，这里安葬着活跃在各个领域的名人，可以到此参拜音乐家奥芬巴赫、柏辽兹，文学者左拉、司汤达，舞蹈家尼琴斯基等。

开 8:00～18:00（周六8:30～18:00，周日、节假日9:00～18:00，11/6至次年3/15开放到17:30）

### 聚满素描家和游客的广场，热闹非凡
#### 画家广场
Pl. du Tertre

从M12 Abbesses出发，步行5分钟
MAP p.97-B

画家广场是蒙马特尔地区最繁华的广场，居住在附近的画家靠出售画作以及为游客肖像画等为生。广场周边有舒适的小餐馆和咖啡馆，氛围极好，但是也有抢夺物品的小偷、强行为游人画画的不道德画家，需要提高警惕。

### 展出和蒙马特尔渊源颇深的艺术家的作品
#### 蒙马特尔美术馆
Musée de Montmartre

从12 Lamark Caulaincourt 出发步行5分钟
MAP p.97-B

蒙马特尔美术馆原是风景画画家的宅邸，收藏着劳特累克的宣传画、高更的素描等。

开 11:00～18:00（7、8月的周末至19:00）　休 周一、部分节假日　€ 8欧元

典雅的建筑矗立于蒙马特尔山坡上

租自行车畅游森林

## 巴黎的森林

巴黎东西部，有近1000公顷的广大森林，是市民休息的场所。在此可以游览花园、湖泊、博物馆、游乐园和赛马场等。

### 布洛涅森林 Bois de Boulogne
从M2 Porte Dauphine 或者从M1 Porte Maillot 出发即到
MAP ●剪切图-8外，p.54-I外

布洛涅森林位于巴黎西部，原为皇家狩猎场，拿破仑三世将其转让给巴黎市，塞纳的行政长官欧斯曼将其改建为供市民休息的公园。全长12公里和4.7公里的两条郊游路线，供巴黎人在炎炎夏日纳凉的两片湖泊，巴加泰勒美丽的玫瑰园，两处赛马场等，景致无处不在，逛一天也不会腻烦。北部的博物馆、动物园和游乐场等也很受欢迎。晚间治安不好，请尽量白天前往。

### 樊尚森林 Bois de Vincennes
从M1 Chateau de Vincennes 或者从M8 Porte Dorée 出发即到
MAP ●剪切图-14外，p.59-L外

樊尚森林位于巴黎东部。森林内11世纪建造的樊尚城堡尤为著名，其原本用于狩猎，之后先后作为监狱、陶瓷器工作室、武器库等，在此可以参观皇家礼拜堂、主塔、护城河等。另外，法国规模最大的巴黎动物园、高70米的人工石、百花齐放的巴黎花园等也坐落于此。4到5月，西部多梅尼湖畔（Lac Daumesnil）的市立流动游乐园开放，全家人一同前往，热闹非凡。森林周围还有热带园、樊尚赛马场等。

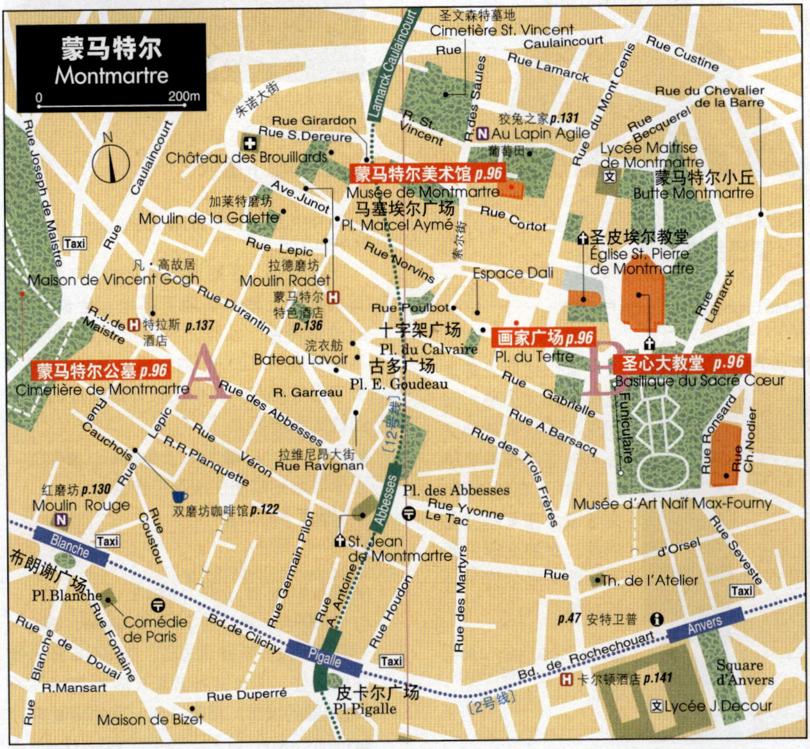

### 蒙马特尔 Montmartre

（地图）

# 蒙巴纳斯
## Montparnasse

### 蒙巴纳斯地区的标志性建筑
#### 蒙巴纳斯塔
#### Tour Montparnasse

从M4、6、12、13 Montparnasse Bienvenüe 出发步行1分钟
MAP ●剪切图-25、p.60-I、p.99-A

19世纪末20世纪初,夏加尔、萨蒂、藤田嗣治等出入繁华街道——蒙巴纳斯,如今这里是静谧的办公街。作为蓬皮杜总统主张的巴黎改造计划的一个环节,1973年在蒙巴纳斯大道上建成了高209米的大厦——蒙巴纳斯塔。大厦的56层和59层有观景台,从南侧可以饱览巴黎全景。

开 9:30~23:30（10月至次年3月开放到22:30,周五、周六开放到23:00） 休 常年开放 € 11欧元

乘坐电梯到56层仅需40秒

### 蒙巴纳斯地区与众不同的墓地
#### 蒙巴纳斯公墓
#### Cimetière du Montparnasse

从M6 Edgar Quinet 出发步行1分钟
MAP ●剪切图-26、p.60-J、p.99-B

蒙巴纳斯公墓是巴黎第二大公墓,面积仅次于拉雪兹神父公墓。这里安葬着雕刻家撒丁、布朗库西、文学家波德莱尔、莫泊桑、女演员珍·茜宝、歌手塞尔日·甘斯布等。

开 8:00~18:00（周六8:30~18:00,周日、节假日9:00~18:00,11/6~3/15至17:30）

诗人波德莱尔之墓

### 为近代雕刻带来新气象的艺术家
#### 布德尔美术馆
#### Musée Bourdelle

从M4、6、12、13 Montparnasse Bienvenüe 出发步行5分钟
MAP ●剪切图-25、p.60-I、p.99-A

雕刻家布德尔是贾科梅蒂的老师,曾做过罗丹的助手,他的住所和工作室被改建为美术馆并对外开放。布德尔的代表作有《拉弓的赫拉克勒斯》、《贝多芬》系列作品、《阿维尔将军纪念碑》等。布德尔美术馆展出了800余件雕刻,200多幅绘画,1000多幅素描作品。

开 10:00~18:00 休 周一、节假日 € 免费参观（企划展7欧元）

庭园和大厅里陈列着几百件雕刻作品

### 人骨装饰的地下墓地
#### 巴黎地下墓穴
#### Catacombes

从M4 RER-B Denfert Rochereau 出发步行1分钟
MAP p.99-B

1785年,在高卢-罗马时代广阔的采石场遗址上建设了地下墓地。全长800米的过道两侧,从无主坟地运来的600多万具骸骨堆积成山,有的还用头骨摆成心形、十字形等形状,其中用骸骨堆积成的巨大圆柱尤为著名。

开 10:00~17:00 休 周一、部分节假日 € 8欧元

### 立体派雕刻家的住所兼工作室
#### 撒丁美术馆
#### Musée Zadkine

从M4 Vavin 出发步行3分钟
MAP ●剪切图-26、p.60-J、p.99-B

1909年,撒丁（Ossip Zadkine,1890—1967）从俄罗斯搬到法国。自1928年开始就在此居住。美术馆展出其代表作鹿特丹的《被摧毁的城市》模型、凡·高的胸像等。

开 10:00~18:00 休 周一、节假日 € 免费参观（企画展4欧元）

## 为您导航

### 巴黎精彩继续上映

历史悠久的巴黎，历史性建筑物和博物馆数不胜数，但是巴黎并非只有古迹引人入胜，游览新兴城市也是旅游不可或缺的日程之一。下面介绍20世纪80年代后期开发的最具活力的地区。

### 拉德芳斯（La Défense）
从M1、RER-A La Défense Grande Arche出发即到

拉德芳斯是巴黎西北部的副都心。1989年，为了纪念法国大革命200周年，建造了这一地区的标志——新凯旋门。丹麦建筑家冯施普雷克尔森（Johan Otto Von Spreckelsen）设计建造的高110米的立方体拱门，坐落在连接星形凯旋门和罗浮宫的中轴线上。周边的高层大厦毫不逊色于纽约、东京的；大厦之间散落着60余件考尔德、米罗等现代艺术家的作品。

### 拉维莱特（La Villette）
从M7 Porte de la Villete或者从M5 Porte de Pantin出发即到

1986年，巴黎东北部建造了一座集结尖端技术的科学产业都市。它被作为未来主题公园，引进天象仪、水族馆、银幕为360度的球幕影院、虚拟影院等，无论大人还是小孩都可以畅游其中，备受欢迎。此外，音乐之城（p.129）、拉维莱特公园等人气也很高。

### 贝西（Bercy）
从M6、14 Bercy出发即到

贝西是巴黎最新开发的地区，人气直线上升。1994年，贝西公园开园，园内遍布花坛、溪谷、水池、散步道等，面积达13公顷。1996年建设的密特朗国家图书馆就矗立在塞纳河对岸，圣埃米利永站附近的19世纪的葡萄酒仓库遗址上建造的贝西购物商城已开业，高级的咖啡馆、商店和酒吧鳞次栉比。

巴黎和巴黎大区

99

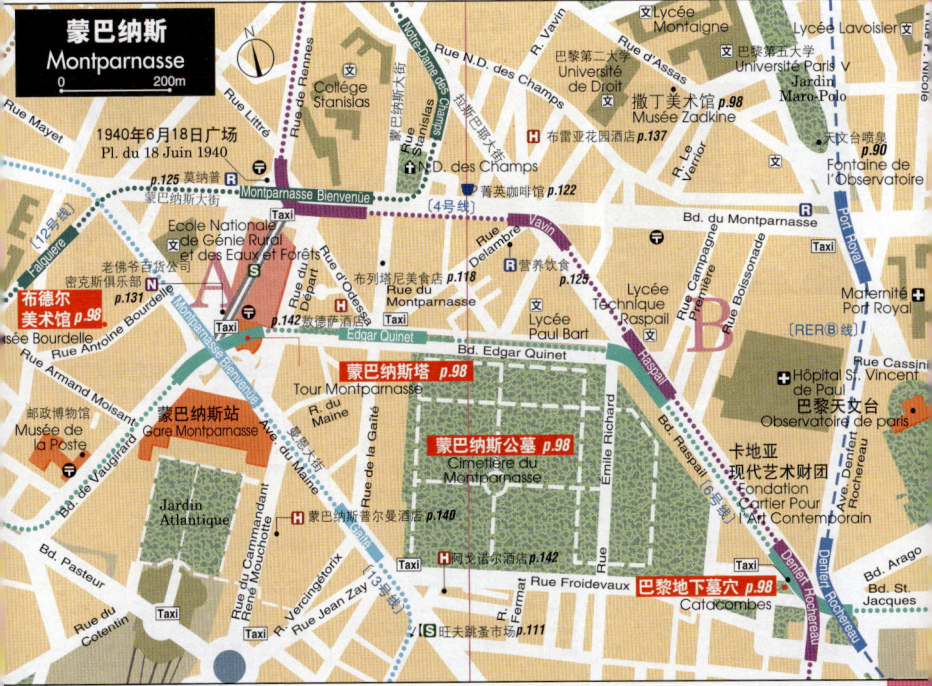

# 巴黎购物

## 香榭丽舍大街

巴黎最高级的地区，由老字号名品店林立的蒙田大道和乔治五世大道所环绕，被称为"金三角地带"，是全球时尚界瞩目的焦点。

### 时装
### 香奈儿
### Chanel
MAP ● 剪切图-9、p.55-H

### 堪称世界第一的时装店

香奈儿是所有人梦寐以求的品牌，号称时装界帝王的卡尔·拉格菲尔德担任设计师，不断推出畅销作品。从常规商品苏格兰花衬衫到一些小物件，各具特色。

- 交 从M19 Franklin D.Roosevelt出发步行3分钟
- 地 42, Ave. Montaigne, 8区
- 电 01 47 23 74 12
- 开 10:00～19:00
- 休 周日、节假日

### 时装
### 迪奥
### Dior
MAP ● 剪切图-9、p.55-K

### 俘获了所有女性的芳心 迪奥

迪奥创立50周年时，启用约翰·加利亚诺为设计师，同时总店进行改装，充满了现代主义气息。女士内衣、日用纺织品和儿童装一应俱全。

- 交 从M19 Franklin D.Roosevelt出发步行3分钟
- 地 30, Ave. Montaigne, 8区
- 电 01 40 73 73 73
- 开 10:00～19:00
- 休 周日、节假日

### 时装
### 普拉达
### Prada
MAP ● 剪切图-16、p.55-K

### 年轻女性经常光顾

普拉达是意大利品牌，无论在中国还是巴黎都很受欢迎。继左岸的圣日耳曼地区之后，右岸的蒙田大道上也开设了专卖店，服装、小物品和女士内衣等一应俱全。

- 交 从M9 Alma Marceau出发步行1分钟
- 地 10, Ave. Montaigne, 8区
- 电 01 53 23 99 40
- 开 10:00～19:00（周一11:00～）
- 休 周日、节假日

### 皮革制品
### 路易·威登
### Louis Vuitton
MAP ● 剪切图-9、p.55-K

### 香榭丽舍大街、圣日耳曼德佩区均有分店

伴随着崭露头角的设计师马克·雅各布斯上任，追随者不断增加。路易·威登致力于设计交织字母、穗状花序等不朽款式的新作。另外，还有手表、珠宝饰品和高级成品服装等。

- 交 从M19 Franklin D. Roosevelt出发步行1分钟
- 地 22, Ave. Montaigne, 8区
- 电 01 45 62 47 00
- 开 10:00～19:00(8/2至8/31到20:00)
- 休 周日、节假日

### 时装
### 巴黎世家
### Balenciaga
MAP ● 剪切图-16、p.55-K

### 奢华的时尚名品店

曾由尼古拉·盖斯基埃担任设计师。在此，顾客能够体会到搭配服饰的乐趣。自创业以来，总店的内部装饰和现代艺术气息完美结合，氛围独特。

- 交 从M9 Alma Marceau出发步行2分钟
- 地 10, Ave. George V, 8区
- 电 01 47 20 21 11
- 开 10:00～19:00（周一11:00～）
- 休 周日、部分节假日

## 时装
### 赛琳
Céline
MAP ● 剪切图-9、p.55-H

**启用迈克·克尔斯后，品牌形象得到改善**

赛琳被公认为是典雅的高级成衣品牌。橱窗内巧妙搭配的各季服装不容错过。店内宽敞舒适，购物便利。

- 交 从M19 Franklin D. Roosevelt 出发步行3分钟
- 信 24, rue François 1er, 8区
- 电 01 56 89 07 92
- 开 10:00~19:00
- 休 周日、部分节假日

## 时装
### 莲娜·丽姿
Nina Ricci
MAP ● 剪切图-9、p.55-K

**1932年创业，女士时装第一人**

莲娜·丽姿鲜艳的配色和精细的裁剪，充分展现了各个时代女性的魅力。利用毛纱和丝绸制作的裙子，轻柔舒适，让人产生试穿的冲动。

- 交 从M19 Franklin D. Roosevelt 出发步行3分钟
- 信 39, Ave. Montaigne, 8区
- 电 01 40 88 64 51
- 开 10:00~19:00
- 休 周日、节假日

## 时装
### 纪梵希
Givenchy
MAP ● 剪切图-16、p.55-K

**奥黛丽·赫本在《珠光宝气》中穿着的服饰**

该品牌是休伯特·纪梵希(Hubert de Givenchy)于1952年创立的，深受奥黛丽·赫本、肯尼迪家族等名人的喜爱。此外，纪梵希的皮包和化妆品也很受欢迎。

- 交 从M9. Alma Marceau出发步行3分钟
- 信 3, Ave. George V, 8区
- 电 01 44 31 51 09
- 开 10:30~19:00
- 休 周日、部分节假日

## CD·书籍
### 法雅客
FNAC
MAP ● 剪切图-9、p.55-G

**极具利用价值的大型媒体店**

法雅客连锁店遍布全国，分店的音乐软件丰富多样，另销售摄像机、电脑软件等。此外，店内有售票设施，持票可以品尝精致的咖啡、观看文娱表演。

- 交 从M1 George V出发步行1分钟
- 信 74, Ave. des Champs Elysées, 8区
- 电 08 25 020 020
- 开 10:00~24:00（周日12:00~）
- 休 常年营业

## 甜点
### 乐美颂
Maison du chocolat
MAP ● 剪切图-9、p.55-G

**适于用做礼品的什锦可可**

该店创建于1977年。香醇的可可在舌尖溶化，宛如魔术师变戏法一般。喜爱可可的巴黎人都会推荐乐美颂，买份包装精美的什锦可可作为礼物吧。

- 交 从M1 George V出发步行3分钟
- 信 52, rue François 1er, 8区
- 电 01 47 23 38 25
- 开 10:00~19:30
- 休 周日、部分节假日

## 化妆品·香水
### 丝芙兰
Sephora
MAP ● 剪切图-9、p.55-G

**商品齐全，化妆品第一人**

丝芙兰是一家大型化妆品店，化妆品和香水一应俱全。按字母顺序排列的男女士香水，数量之多，种类之全，令人瞠目结舌。配备电脑和荧光屏的新式装饰，别具一格。

- 交 从M1 9 Franklin D. Roosevelt 出发步行3分钟
- 信 72, Ave. des Champs Elysées, 8区
- 电 01 53 93 22 50
- 开 10:00~24:00（周五、周六到1:00）
- 休 常年营业

## 歌剧院／罗浮宫

右岸的购物中心，一流名品店鳞次栉比的圣奥诺雷街，以及珠宝饰品总店汇集的旺多姆广场都在这附近。歌剧院大道周边百货商店、免税店云集。有需要的商品，可以到此集中购买。

吸引全世界买家的商品应有尽有

名牌商品齐备的水吧

### 精品店
**柯莱特**
Colette
MAP ● 剪切图-11、p.56-J

**引领时尚潮流的精品店**

柯莱特拥有崭新的阵容，富有独创性的摆设，是人们热衷的著名精品店。还销售有关流行时尚的书刊，地下水吧极受名流欢迎。

- 交 从M1 Tuileries出发步行2分钟
- ✉ 213, rue St. Honoré,1区
- ☎ 01 55 35 33 90
- 开 11:00～19:00
- 休 周日

### 箱包
**爱马仕**
Hermès
MAP ● 剪切图-10、p.56-I

**人人憧憬的凯莉手袋**

爱马仕是历史悠久的高级皮革品牌，除了手提包、靴子外，其设计的系列手册、手表和餐具也很受欢迎。凯莉手袋、宝金手袋经常处于缺货状态。如果喜欢高级革制品的话，可以到此购买。

- 交 从M1、8、12 Concorde出发步行3分钟
- ✉ 24, rue du Fg. St. Honoré,8区
- ☎ 01 40 17 47 17
- 开 10:30～18:30
- 休 周日、节假日

### 时装
**伊夫·圣罗兰**
Yves Saint Laurent Rive Gauche
MAP ● 剪切图-10、p.56-E

**用高雅一词形容伊夫·圣罗兰再合适不过**

伊夫·圣罗兰的现任负责人是斯特凡诺·皮拉蒂。伊夫·圣罗兰对于喜爱创新的青年人极具魅力，近年再次成为公众瞩目的焦点。精美的裁剪和生动的色彩搭配，令人爱不释手。

- 交 从M1、8、12 Concorde出发步行4分钟
- ✉ 38, rue du Fg. St. Honoré,8区
- ☎ 01 42 65 74 59
- 开 10:30～19:00（周一11:00～）
- 休 周日、部分节假日

### 精品店
**玛利亚·露易莎女装**
Maria Luisa Femme
MAP ● 剪切图-11、p.56-J

**女性喜爱者每季必去的商店**

玛利亚·露易莎女装是老字号精品店中的佼佼者。商店采用圆形屋顶结构，内部雅致，精心筛选出的一流名品陈列其中。附近有它的姊妹店舒适的"混搭"、男士专区"男人装"、饰品专营店等。

- 交 从M1、8、12 Concorde出发步行2分钟
- ✉ 7, rue Rouget de l'Isle,1区
- ☎ 01 47 63 96 15
- 开 10:30～19:00
- 休 周日、节假日

| 百货商店 | 珠宝饰品 | 珠宝饰品 |
|---|---|---|

## 老佛爷百货商店
Galerie Lafayette
MAP● 剪切图-4，p.56-F

## 尚美
Chaumet
MAP● 剪切图-11，p.56-J

## 梵克雅宝
Van Cleef & Arpels
MAP● 剪切图-11，p.56-F

 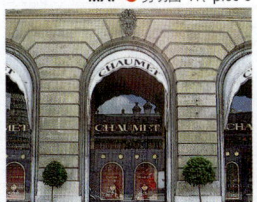 

### 1895年创立的巴黎最大的百货商店
百货商店一层销售化妆品、饰品和手提包，二、三层销售具有人气的名牌服装。附近有供应各种美食的美食馆，以及销售进口商品的梅森馆，旁边巴黎春天百货等百货商店云集。

交 从M7、9 Chaussée d'Antin出发步行1分钟
✉ 40, bd. Haussmann,8区
☎ 01 42 82 34 56
开 9:30~20:00（周四至22:00）
休 周日、部分节假日

### 各国皇室御用品牌
尚美是1780年创办的老字号珠宝店，拿破仑一世加冕仪式上使用的王冠和宝剑，就是在这家店定做的。搭配"羁绊"服装主题的利昂，珠宝钟表凯西斯，柔和的阿诺等系列人气极高。

交 从M3、7、8 Opéra出发步行5分钟
✉ 12, place Vendôme,8区
☎ 01 44 77 26 26
开 10:30~18:30
休 周日、节假日

### 设计可爱的高品质珠宝
五大珠宝饰品店之一，伊朗王妃加冕典礼上佩戴的王冠就是在这里制作的，由此而闻名。擅长运用花、蝴蝶、蜻蜓等女性化的自然物作为主题进行设计，其中以四叶草为主题的阿罕布拉系列极具人气。

交 从M3、7、8 Opéra出发步行5分钟
✉ 24, place Vendôme,8区
☎ 01 53 45 35 50
开 10:30~20:00
休 周日、节假日

| 古玩 | 时装 | 银制品 |
|---|---|---|

## 罗浮宫古董中心
Le Louvre des Antiquaires
MAP● 剪切图-11，p.57-K

## 蔻依
Chloé
MAP● 剪切图-10，p.56-I

## 昆廷家居
Christofle
MAP● 剪切图-10，p.56-I

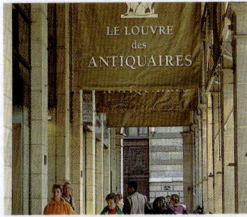 

### 各式高级古玩令人眼花缭乱
正对罗浮宫的古董中心位于里沃利大街两侧，广阔的建筑物内有250家高级古玩店，陈列着世界各国的古代艺术品、绘画、家具和宝石，到此逛逛大饱眼福。

交 从M1、7 Palais Royal Musée du Louvre出发步行1分钟
✉ 2, place du Palais Royal,1区
☎ 01 42 97 27 27
开 11:00~19:00
休 周一、7、8月的周日

### 帕丁顿手袋和饰品备受女性喜爱
蔻依是1952年加比·阿格依奥创立的品牌，斯特拉·麦卡特尼、菲比·菲罗先后担任创作总监，现在的创作团队设计的作品令人爱不释手，其中蔻依的帕丁顿手袋十分有名。

交 从M1、8、12 Concorde出发步行5分钟
✉ 54-56, rue du Fg. St. Honoré,8区
☎ 01 44 94 33 00
开 10:30~19:00
休 周日、部分节假日

### 令人产生把一辈子的银制餐具都买到手的冲动
昆廷家居是1830年创办的银器名品店，除了餐具外，陶瓷器和日用织品也一应俱全，可以综合搭配。和各界精英合作创造的商品被人们所熟知。近年，昆廷家居和皮埃尔·赫姆共同设计的餐叉人气极高。

交 从M1、8、12 Concorde出发步行3分钟
✉ 9, rue Royale,8区
☎ 01 55 27 99 13
开 10:00~19:00
休 周日、部分节假日

| 室内装饰 |
| --- |

## 哈比塔特
### Habitat
**MAP** ● 剪切图-3、p.56-F

**餐具和杂货齐备的
室内用品店**

　　1964年创办的老字号室内装饰店。店内商品价格合理，搭配讲究，惹人喜爱的小物品可以作为礼品带回去。商店分为家居和人气商品两部分，巴黎现有7家店铺。

- 交 从M8、12、14 Madeleine出发步行3分钟
- 信 30, bd. des Capucines, 9区
- 电 01 42 68 12 76
- 开 10:00～19:30
- 休 周日、部分节假日

| 食材 |
| --- |

## 馥颂
### Fauchon
**MAP** ● 剪切图-3、p.56-E

**法国最有名的
高级食材店**

　　馥颂从世界各地挑选优质食材，宛如一家食品博物馆。人们所熟识的金色包装的红茶、葡萄酒、果子酱和甜点类礼物应有尽有，另外还设有外卖专柜和茶餐厅。

- 交 从M8、12、14 Madeleine出发步行1分钟
- 信 24-30, place de la Madeleine, 8区
- 电 01 70 39 38 00
- 开 9:00～20:00（出售面包8:00～21:00）
- 休 周日

| 箱包 |
| --- |

## 雅曼·皮埃什
### Jamin Puech
**MAP** ● 剪切图-5外、p.57-D

**夫妻搭档设计的
手制手袋**

　　雅曼·皮埃什是贝努瓦和伊莎贝尔夫妇亲手设计的富有独创性的手袋，采用布匹、稻草、椰叶纤维、串珠和花边等让人倍感亲切的素材，不拘泥于流行，经久不衰。

- 交 从M7 Poissonière出发步行3分钟
- 信 61, rue de Hauteville, 10区
- 电 01 40 22 08 32
- 开 11:00～19:00（周二12:00～）
- 休 周日、节假日

| 食材 |
| --- |

## 松露之家餐厅
### Maison de la Truffe
**MAP** ● 剪切图-10、p.56-E

**现场品尝新鲜的
松露**

　　松露之家餐厅是巴黎唯一一家松露专营店。10月到次年3月松露尚未成熟，其他时节可以买到酒腌的松露。店内设有餐厅，可以品尝用松露制作的菜肴。

- 交 从M8、12、14 Madeleine出发步行2分钟
- 信 19, place de la Madeleine, 8区
- 电 01 42 65 53 22
- 开 10:00～22:30
- 休 周日、部分节假日

| 日本食品 |
| --- |

## 日式便当店
### Juji-ya
**MAP** ● 剪切图-4、p.57-G

**怀念日本美食的
味道时飞奔前往**

　　日式便当店位于歌剧院地区，24小时营业，常年不休。日本食品、便当、家常菜、报纸一应俱全，住在巴黎的日本人以及日本迷的法国人经常光顾。白天前来购买炸鸡块便当和寿司的顾客，络绎不绝。

- 交 从M7 14 Pyramides出发步行3分钟
- 信 46, rue Ste. Anne, 2区
- 电 01 42 86 02 22
- 开 10:00～22:00（周日、节假日至21:00）
- 休 常年营业

| 葡萄酒 |
| --- |

## 罗格朗
### Legrand
**MAP** ● 剪切图-11、p.57-G

**设有酒吧的老字号
葡萄酒和食材店**

　　罗格朗是1919年创办的老字号食品店，从稀缺葡萄酒到意大利风味的腊肠和糖果，全法国的特产应有尽有，购买的商品可以办理另寄品寄送手续（可以到付）。

- 交 从M3 Bourse出发步行3分钟
- 信 1, rue de la Banque, 2区
- 电 01 42 60 07 12
- 开 10:00～19:30（酒吧12:00～19:00，周六、周一11:00～）
- 休 周日、节假日、7、8月的周一

### 斯德岛/雷阿勒/马莱

巴黎众多购物地区中氛围最轻松、价格最适中的地区，云集了许多令人赏心悦目的商品，如年轻设计师设计的个性商品，富有美感的小物件等，喜欢的话，不妨花点时间去逛逛。

---

精品店

## 潮流服装店
**L'Eclaireur**
MAP ● 剪切图-13，p.59-G

### 时尚和艺术完美融合

阿尔蒙·阿迪德既是经营者又是消费者，她拥有一双慧眼，不断发掘出有才能的设计师，使得服装店走在世界的前沿。她和设计师阿奈·克伊兹合作，把位于马莱的总店改装成了一家新型概念商店。

- 交 从M8 Chemin Vert 出发步行3分钟
- 40, rue de Sévigné, 3区
- 01 55 35 33 90
- 开 11:00~19:00
- 休 周日

鞋子·精品店

## 加布可
**Kabuki**
MAP ● 剪切图-12，p.57-H

### 鞋子爱好者不容错过的精品店

加布可是贵妇钟爱的鞋子精品店，另外还陈列着布鲁诺·弗里索尼、马克·雅各布斯等漂亮的鞋子，附近有时装和运动服装的系列商店。

- 交 从M4 Etienne Marcel 出发步行1分钟
- 13, rue de Turbigo, 1区
- 01 42 36 44 34
- 开 11:00~19:00（周一13:00~，周五、周六至19:30）
- 休 周日、节假日

---

精品店

## 芭芭拉·布伊
**Barbara Bui**
MAP ● 剪切图-12，p.57-H

### 白领女性关注的法国名牌

店内按照不同风格摆设商品，易于选择。沿着西裤和裙子的线条添加饰物，新颖别致，适于所有人群。另有样式繁多的小物品，可以综合搭配。

- 交 从M4 Etienne Marcel 出发步行3分钟
- 23, rue Etienne Marcel, 1区
- 01 40 26 43 65
- 开 11:00~19:30
- 休 周日、部分节假日

时装

## 扎迪格和伏尔泰
**Zadig & Voltaire**
MAP ● 剪切图-13，p.58-F

### 世界名流钟爱的成人休闲服饰

扎迪格和伏尔泰是法国设计师蒂埃里·吉利耶（Thierry Gillier）创立的品牌，以"大众奢华"为理念，主打成人休闲，棉布衬衫、丝绸和皮革等天然素材制作的服装广受欢迎。

- 交 从M1 Saint Paul 出发步行8分钟
- 42, rue de Francs Bourgeois, 3区
- 01 44 54 00 60
- 开 11:00~14:00，14:30~19:30（周日14:00~19:30）
- 休 常年营业

### 时装
## 阿格尼丝
### Agnès b
**MAP** ●剪切图-12、p.57-H

**世界各国人士所钟爱的
休闲服饰名品店**

　　阿格尼丝的设计简约，但是每件商品都能让人领略到法式休闲服饰的精髓，极受欢迎。色彩变化多样的开衫，折纹加工的衬衫，黑色棉制西裤等是店内的传统商品。

- 交 从M4 Les Halles出发步行2分钟
- ✉ 6, rue du Jour,1区
- ☎ 01 45 08 56 56
- 开 10:00~19:00（夏季至19:30）
- 休 周日、部分节假日

### 百货商店
## 市政厅百货公司
### BHV
**MAP** ●剪切图-12、p.58-F

**业余木匠用品
一应俱全**

　　市政厅百货公司的法文全称为Bazar de l'Hôtel de Ville。地下是业余木匠用品，地上是家用电器制品。以情侣和男性顾客居多。二层销售书籍、CD、画具等。

- 交 从M1、11 Hôtel de Ville出发步行1分钟
- ✉ 14, rue du Temple,4区
- ☎ 01 42 74 90 00
- 开 9:30~19:30（周三至21:00）
- 休 周日

### 二手服装
## 埃斯帕·克里维奇
### Espace Killiwatch
**MAP** ●剪切图-5、p.57-H

**青年流行时尚的
发源地**

　　埃斯帕·克里维奇销售二手服装、精选商品和富有创新性的物品等。店内空间宽敞，按照不同风格进行摆设，易于购买。物美价廉，十分畅销。

- 交 从M4 Etienne Marcel出发步行3分钟
- ✉ 64, rue Tiquetonne, 2区
- ☎ 01 42 21 17 37
- 开 11:00~19:30（周一~14:00~）
- 休 周日、部分节假日

### 甜点
## 斯特勒尔
### Stohrer
**MAP** ●剪切图-5、p.57-H

**1970年创办的巴黎最古老的
高级法式蛋糕店**

　　路易十五的私人糕点师，即第一代糕点师设计出的"巴巴·欧罗姆"别出心裁。把乳蛋奶油加入到酥皮饼的生面里制作而成的"爱之泉"，广受欢迎。另外，还配备蔬菜和冰激凌。

- 交 从M4 Etienne Marcel出发步行4分钟
- ✉ 51, rue Montorgueil,2区
- ☎ 01 42 33 38 20
- 开 7:30~20:30
- 休 8月上旬的两周

### 餐具
## 西蒙
### A Simon
**MAP** ●剪切图-5、p.57-H

**专家推荐的
耐用餐具**

　　西蒙的店铺在街道两侧相对而开，销售专用的烹饪用具，在法国人的日常生活中不可或缺。巴黎各大餐厅、咖啡馆等均在西蒙批售大型烹饪器具和餐具，个人也可以零买。

- 交 从M4 Les Halles出发步行4分钟
- ✉ 48-52, rue Montmartre,2区
- ☎ 01 42 33 71 65
- 开 9:00~18:30（周一13:30~，周六9:30~）
- 休 周日、部分节假日

### 红茶
## 马里亚热·弗雷尔
### Mariage Frères
**MAP** ●剪切图-13、p.58-F

**颇具异域风格的内部装饰，
典雅的红茶专营店**

　　该店是法国最先引进红茶的老店，销售500多种红茶，不断创造出新型混合茶，并提出愉悦品味新茶的理念。另售甜点、茶器，设有茶餐厅。

- 交 从M1 11 Hôtel de Ville 出发步行3分钟
- ✉ 30, rue du Bourg Tibourg,4区
- ☎ 01 42 72 28 11
- 开 10:30~19:30
- 休 1/1、1/5、12/25

## 圣日耳曼德佩区／拉丁区

塞纳河左岸首屈一指的购物天堂，是其他地区望尘莫及的流行时尚发源地。圣日耳曼德佩广场、夏勒约·米迪大街周边众多设计师的临街店面，不容错过。

### 鞋

#### 布鲁诺·弗里索尼
Bruno Frisoni
MAP ● 剪切图-18，p.60-A

**设计大胆，令双脚显得纤细无比**

曾担任拉库洛尔、温加罗等著名公司的饰品设计师的弗利索尔，创办了布鲁诺·弗利索尔。前卫的亮色高跟鞋可以和各式裙子百搭。

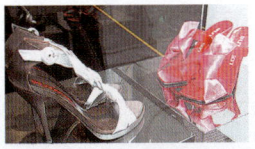

- 交 从M10、12 Sèvres Babylone出发步行3分钟
- 信 34, rue de Grenelle, 7区
- 电 01 42 84 12 30
- 开 10:30～14:30，15:30～19:00
- 休 周日、周一、部分节假日

### 珠宝饰品

#### 卡地亚
Cartier
MAP ● 剪切图-19，p.60-B

**传统的珠宝店，首次在巴黎左岸开设分店**

于1847年创办的老字号高级钟表、珠宝饰品店。3个金环相互环绕的卡地亚三环戒指、世界上首只戴在手腕的腕表——卡地亚山度士腕表，适于作为礼物的碧斯手镯等，是其经典商品。巴黎市区有8家直属的店铺（包括两家百货商店）。

- 交 从M4 St. Germain des Prés出发步行1分钟
- 信 41, rue de Rennes, 6区
- 电 01 45 49 65 80
- 开 10:30～19:00
- 休 周日、部分节假日

### 鞋

#### 罗伯特·克莱热里
Robert Clergerie
MAP ● 剪切图-18，p.60-E

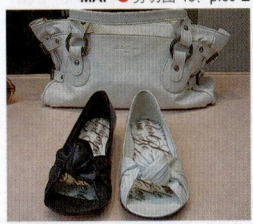

**广受钟爱鞋子的女性的喜爱**

罗伯特·克莱热里以"简单至上"为宗旨，设计出众多时尚典雅、穿着舒适的鞋子。伸缩性皮革制的长筒靴、浅口无带的皮鞋、凉鞋等经久不衰。

- 交 从M4 Saint Sulpice出发步行3分钟
- 信 5, rue du Cherche Midi, 6区
- 电 01 45 48 75 47
- 开 10:00～19:00
- 休 周日、部分节假日

### 香水

#### 娇兰
Guerlain
MAP ● 剪切图-18，p.60-E

**世界知名品牌，高级香水的代名词**

号称拥有180多年历史的巴黎香水品牌——娇兰，利用天然香料制作香水，堪称一件艺术作品，散发着持久、柔和的清香。"东瀛之花"、"长夜飞逝"等尤为著名。近年，娇兰大受欢迎，人气暴涨。

- 交 从M10 Sèvres Babylone 出发步行2分钟
- 信 29, rue de Sèvres, 6区
- 电 01 42 22 46 60
- 开 10:00～19:00

### 精品店

#### 约瑟夫
Joseph
MAP ● 剪切图-18，p.60-B

**备受国内外时尚人士的钟爱**

著名精品店"前进"改名为约瑟夫后，重新营业。以约瑟夫品牌为首，还经营意大利品牌玛尼，比利时品牌安·迪穆拉米斯特、安特卫普品牌德赖斯·范诺顿等。

- 交 从M4 St. Germain des Prés 出发步行1分钟
- 信 147, bd. St. Germain, 6区
- 电 01 55 42 77 55
- 开 10:30～19:00（周六、周一11:00～）
- 休 周日、节假日

巴黎和巴黎大区　巴黎购物

### 百货商店
## 马尔什百货商店
Bon Marché

**MAP** 剪切图-18、p.60-E

**法国历史最悠久的百货商店**

1852年创办的马尔什百货商店，是法国历史最悠久的百货商店。与歌剧院地区的其他百货商店相比，马尔什给人别具一格的印象。分馆的食品卖场聘有专业厨师长，不容错过。

- 交 从M10、12 Sèvres Babylone 出发步行1分钟
- 24, rue de Sèvres, 7区
- 01 44 39 80 00
- 开 10:00~20:00（周四至21:00，周六至20:00）
- 休 周日、部分节假日

### 箱包
## 埃尔韦·沙普利耶
Hervé Chapelier

**MAP** 剪切图-18、p.60-F

**法国高校大型手提袋的承办商**

埃尔韦·沙普利耶设计的大手提袋在法国掀起一股热潮，其中尼龙制的双色手袋尤为著名。尼龙制的帆布包、条纹布料的旅行袋也很受欢迎，每季推出的新品备受青睐。

- 交 从M4 St. Sulpice出发步行 2分钟
- 1bis, rue de Vieux Colombier, 6区
- 01 44 07 06 50
- 开 10:00~19:00
- 休 周日、部分节假日

### 箱包
## 印花购物袋
La Bagagerie

**MAP** 剪切图-18、p.60-F

**商品齐全，丰富百搭**

印花购物袋主打时尚前卫的实用手提包，从日常使用的休闲包到正式场合的手袋，一应俱全，其中绚丽多彩的小型手袋是店内的传统商品。

- 交 从M4 St. Germain des Prés出发步行2分钟
- 41, rue du Four, 6区
- 01 45 48 86 48
- 开 10:15~19:00
- 休 周日、部分节假日

### 鞋
## 帕特里克·考克斯
Patrik Cox

**MAP** 剪切图-18、p.60-E

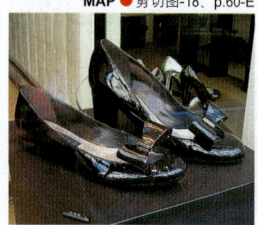

**除了鞋子，百合图案的杂货、饰品也极受欢迎**

考克斯大受薇薇恩·韦斯特伍德、约翰·加里阿诺等的赏识。考克斯作为鞋子设计师，开创了以自己名字命名的品牌——帕特里克·考克斯，之后和朗雯、娜芙等多个著名品牌合作，活跃在时尚前沿，前卫的设计广受好评。

- 交 从M10、12 Sèvres Babylone 出发步行3分钟
- 21, rue de Grenelle, 7区
- 01 45 49 24 28
- 开 10:00~19:00
- 休 周日、周一、部分节假日

### 时装
## 索尼亚·里基尼
Sonia Rykiel

**MAP** 剪切图-18、p.60-A

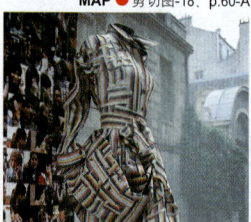

**女性崇尚的典雅针织品**

针织界女王索尼亚开创了以其名字命名的品牌——索尼亚·里基尼。该品牌一贯主张我穿我喜欢。典雅的西装、女士连衣裙极为畅销。店内装饰品位高雅，橱窗摆设散发着智慧的光芒。

- 交 从M4 St. Germain des Prés出发步行3分钟
- 175, bd. St. Germain, 6区
- 01 49 54 60 60
- 开 10:30~19:00
- 休 周日、节假日

### 精品店
## 阿加莎
Agatha

**MAP** 剪切图-18、p.60-F

**百搭精品**

备受青睐的主题、色彩斑斓的宝石，让人深切体味到法国服饰的精髓。阿加莎的品种丰富多彩，从正装到衬衫可以百搭，物美价廉，以猎犬为主题的饰品也大受欢迎。

- 交 从M4 St. Sulpice出发步行1分钟
- 97, rue de Rennes, 6区
- 01 45 48 92 57
- 开 10:15~19:00
- 休 周日、部分节假日

| 甜点 |
|---|

## 法式梦幻糕点店
Pierre Hermé

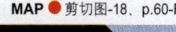MAP ● 剪切图-18、p.60-F

**诱惑无限的
糕点专营店**

　　法式梦幻糕点店是一位明星糕点师开办的商店，平时挤满了慕名而来的巴黎顾客。木莓的小杏仁饼等是不可不尝的佳品。保存期长的甜点搭配惹人喜爱的包装，是极佳的礼品。

- 从M4 St. Sulpice出发步行3分钟
- 72, rue Bonaparte,6区
- 01 43 54 47 77
- 10:00~19:00（周六至19:30）
- 常年营业

| 室内装饰 |
|---|

## 科伦家饰
The Conran Shop

MAP ● 剪切图-18、p.60-E

**设计精美绝伦的
室内装饰品**

　　科伦家饰是巴黎著名的室内设计师科伦开办的家具、杂货店，在巴黎备受好评。厨房用品、生活百货和文具等一应俱全，摆设着新式家具的卖场宛如一间艺术长廊。

- 从M10、12 Sèvres Babylone出发步行3分钟
- 117, rue du Bac,7区
- 01 42 84 10 01
- 10:00~19:00（周六至19:30）
- 周日、部分节假日

| 甜点 |
|---|

## 热拉尔·缪洛甜品店
Gérard Mulot

MAP ● 剪切图-19、p.60-B

**甜食爱好者喜爱的
商店**

　　勒诺特的弟子开创的甜品店，受到众多知识分子的青睐。小杏仁饼、巧克力蛋糕和水果馅饼等，百吃不厌，提供的蔬菜和月牙形面包也备受好评。

- 从M4 10 Odéon出发步行2分钟
- 76, rue de Seine,6区
- 01 43 26 85 77
- 6:45~20:00
- 周一、7/14~8/15

| 面包 |
|---|

## 莱昂内尔·保兰面包店
Lionel Poilâne

MAP ● 剪切图-18、p.60-E

**传统工艺制作而成的
田园面包**

　　延续传统方法制作而成的大个面包——Poilane Miche，又圆又重，举世闻名。如果觉得一个太大，可以买1/2或者1/4。其中，添加苹果酱的面包特别美味。

- 从M4 St. Sulpice出发步行3分钟
- 8, rue du Cherche Midi,6区
- 01 45 48 42 59
- 7:15~20:15
- 周日

| 二手名品 |
|---|

## 马尔谢精品店
Les 3 Marches

MAP ● 剪切图-19、p.60-F

**汇集了众多的
二手名品**

　　爱马仕的围巾、香奈儿的饰品和钟表、凯莉的手袋等名品齐聚一堂。该店是二手精品店，如果有喜欢的物品最好当场买下，否则可能后悔莫及。

- 从M10 Mabillon出发步行2分钟
- 1, rue Guisarde,6区
- 01 43 54 74 18
- 10:30~19:00
- 周日、节假日

# 巴黎
# 购物街

## 蒙田大道
### Ave. Montaigne

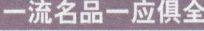

### 一流名品一应俱全
从M9 Alma Marceau出发步行1~3分钟　MAP●剪切图-9、p.55-G/H

■女性憧憬的一流名品店汇聚一堂，曾经是法国权威性公司聚集的街道，现在开设了许多休闲名品店和英式时装店，不容错过。

■主要的商店
香奈儿（Chanel）、路易·威登（Louis Vuitton）、古驰（Gucci）、迪奥（Dior）、普拉达（Prada）、赛琳（Céline）、莲娜·丽姿（Nina Ricci）、罗意威（Loewe）等。

## 埃蒂安·马塞尔大街
### Rue Etienne Marcel

### 尽显巴黎最新时尚
从M4 Etienne Marcel出发步行1分钟　MAP●剪切图-12、p.57-G/H

■从维克多尔广场向东笔直延伸的埃蒂安·马塞尔大街上，女装名品店、年轻人创办的精品店鳞次栉比。个性张扬的新新人类不拘于雷阿勒区周边的大众品牌，经常光顾此地。

■主要的商店
加布可（Kabuki）、芭芭拉·布伊（Barbara Bui）、玛丽特·弗朗索瓦·吉尔伯（Marithé Francois Girbaud）、里维斯克（Levi Streusse & Co.）、迪塞尔（Diesel）等。

## 圣奥诺雷街
### Rue du Faubourg Saint Honoré

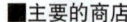

### 汇集了巴黎首屈一指的名牌
从 M1、18、12 Concorde出发步行3~5分钟　MAP●剪切图-10、p.56-I

■圣奥诺雷街和蒙田大道平分秋色，汇集了巴黎的一流名品店，边行边欣赏橱窗内的摆设别有一番趣味。在此可以买到引领时尚的最新名品。

■主要的商店
爱马仕（Hermès）（皮革制品）、伊夫·圣罗兰（Yves Saint Laurent Rive Gauche）、蔻依（Chloé）、古驰（Gucci）、莱昂纳德（Leonard）、普拉达（Prada）。

## 自由法兰克人街
### Rue des Francs Bourgeois

### 巴黎杂货一应俱全
从M1 St. Paul出发步行3~4分钟　MAP● 剪切图-13、p.58-F

■自由法兰克人街东西横贯马莱地区，精致的杂货、零物件小店鳞次栉比，只是逛逛也乐趣无穷。值得一提的是，不同于其他地区，这里的商店周日、节假日照常营业。

■主要的商店
阿蒂仙之香（L'Artisan Parfumeur）（香水）、Art du Bureau（文具）、La Chaise Longue（杂货）、Monic（饰品）等。

## 格勒内勒大街
### Rue de Grenelle

### 穿戴讲究的巴黎人
从M10、12 Sèvres Babylone出发步行3~5分钟　MAP● 剪切图-18、p.60-E

■巴黎最新时尚的发源地——格勒内勒大街，是圣日耳曼地区最具人气的街道之一。这里是购买每季新款鞋子的最佳选择。巴黎人特别在意自己的鞋子，穿上一款中意的鞋子，你会有种跻身上流社会的感觉。

■主要的商店
帕特里克·考克斯（Patrick Cox）、Tod's、塞尔吉奥·罗西（Sergio Rossi）、L. K. 贝内（L. K. Bennett）、布鲁诺·弗里索尼（Bruno Frisoni）。

## 为您导航

### 巴黎的市场

Marché是法语"市场"的意思。巴黎有跳蚤市场、食品市场、旧书市场等，每周在70多处地方开设形形色色的市场。大部分清晨开市，去得越早物品越齐全。让我们也早起体验一下这里的早市文化吧。

### ■跳蚤市场 Marché aux Puces

● 圣旺跳蚤市场
Marché aux puces Saint Ouen
MAP● 剪切图-5外、p.57-D外
❖从M4 Porte de Clignancourt出发步行1分钟
✉ rue des Rosiers
🕒 周六、周日、周一9:30左右~18:00左右

● 旺夫跳蚤市场
Marché aux puces Vanves
MAP● 剪切图-25外、p.99-A外
❖从M13 Porte de Vanves出发步行1分钟
✉ Ave. Marc Sangnier 🕒 周六、周日7:00~19:30

● 蒙特勒伊跳蚤市场
Marché aux puces Montreuil
MAP● 剪切图-7外、p.59-D外
❖从M9 Porte de Montreuil出发步行1分钟
✉ Ave. de la Porte de Montreuil 🕒 周六、周日、周一7:00左右~19:00左右

■ 斯德岛花市　MAP● 剪切图-12、p.58-I
Marché aux Fleurs Cité
❖从M4 Cité出发步行1分钟　✉ Place Louis Epine, 4区 🕒 周一至周六 8:00左右~19:00左右
休 周日

■ 穆菲塔尔食品市场　MAP● 剪切图-20、p.61-H
Marché de Mouffetard
❖从M7 Place Monge出发步行1分钟 ✉ rue Mouffetard, 5区 🕒 9:00左右~13:00左右、16:00左右~19:00左右　休 周日下午、周一

# 巴黎餐厅

## 高级餐厅

巴黎是美食之都，法国餐饮界的烹饪名厨们，为了做出让众多美食家赞不绝口的美食而竞相创新。与其叫作厨师，不如把他们称为艺术家。品尝着大厨们精心制作的美食，令人宛如置身梦中，回味无穷。

### 歌剧院/罗浮宫

#### 大威福
Le Grand Véfour
MAP ● 剪切图-11、p.57-G

**真正无可挑剔的一流法国美食**

大威福位于皇宫一角，是19世纪创办的中级餐厅。之后，升级为二星级餐厅。现任厨师长盖伊·马丁不断创造出富有智慧和创新性的美食，好评连连，让·科克托、西多妮·科莱特等名人经常光顾。传统风味和英式风味完美结合，堪称世界一流的拼盘，美食家可以到此大饱口福。

浓郁的传统英式风味

洋蓟酥皮饼搭配杏仁牛奶冰激凌

从M1、7Palais Royal出发步行3分钟 17, rue de Beaujolais,1区 01 42 96 56 27 12:00~14:00, 19:00~22:00 周五晚上、周六、周日、复活节前后、8月、年底 88欧元（仅限白天），268欧元、预算184欧元～

### 歌剧院/罗浮宫

#### 勒穆利斯
Le Meurice
MAP ● 剪切图-11、p.56-J

**保罗·博古斯银奖得主为传统美食带来了新气象**

早年得到极高评价的耶尼克·阿莱诺，掌管着被称为"皇家酒店"的厨房勒穆利斯，他在古典美食中添加现代元素，营养全面均衡，服务一流。

从M1 Tuileries出发步行3分钟 228, rue de Rivoli,1区 01 44 58 10 55 12:30~14:00, 19:30~22:00 周六、周日、部分节假日、2月末~3月左右 90欧元（仅限白天）、220欧元、预算189欧元～

### 香榭丽舍大街

#### 阿兰·杜卡斯雅典广场
Alain Ducasse au Plaza Athénée
MAP ● 剪切图-9、p.55-K

**把传统餐饮发挥到极致的天才厨师**

杜卡斯是法国餐饮界的权威，阿兰·杜卡斯雅典广场饭店把他的餐饮精髓发挥到了极致，从餐具、刀叉到服务员的服装、照明和插画，全部协调搭配。饭店的主厨是曾在勒桑巴萨图尔担任二把手的克里斯特福·桑塔尔。

从M9 Alma Marceau出发步行2分钟 25, Ave. Montaigne,8区 01 53 67 65 00 12:45~14:45, 19:45~23:15 周六、周日、周一~周三的白天，7月中旬~8月中旬，12月中旬~12/30 260~360欧元、预算172欧元～

### 香榭丽舍大街

#### 皮埃尔·加涅尔
Pierre Gagnaire
MAP ● 剪切图-9、p.55-G

**不断创造出新颖美食的天才厨师**

在众多的一流餐厅中，皮埃尔·加涅尔餐馆制作的美食最具哲学意味、最富有诗情画意。近年，餐馆和物理学家赫维合作，根据美食学提出制作下一代美食的想法，尝试未知的味觉体验。

从M1 George V出发步行2分钟 6, rue Balzac,8区 01 58 36 12 50 12:00~13:30, 19:30~22:00 节假日、周六、周日的白天、8月、年底、年初 95欧元（仅限白天）、250欧元、350欧元、预算230欧元～

※ 餐厅介绍中有关费用的部分，首先是套餐价格，然后以"预算~"的形式表示单样点菜合计的总额（不包括饮料）。

| 埃菲尔铁塔/荣军院 |
|---|

## 艾佩芝
### Arpège
MAP ● 剪切图-17，p.63-H

**蔬菜美食
备受瞩目**

　　餐厅内部装饰简约精致，有效利用自家菜园种植的新鲜蔬菜，独创出前卫时尚的美食。使用香橙、山葵酱等食材，协调搭配，营养均衡。

🚇从M13 Varenne出发步行5分钟
📍84, rue de Varenne, 7区
☎01 47 05 09 06　🕛12:30~14:30，20:00~22:30　休周六、周日
💴140欧元（仅限白天）、340欧元、预算170欧元~

| 香榭丽舍大街 |
|---|

## 泰尔旺
### Taillevent
MAP ● 剪切图-9，p.55-G

**以丰富的葡萄酒收藏
而闻名国内外**

　　泰尔旺是号称有100多年历史的一流餐厅，现在由第二代的布尼亚负责经营。摩纳哥路易十五餐厅出身的阿兰·索立布莱斯，再现了14世纪的烹饪方法，制作出别具一格的美食。

🚇从M1 George V出发步行5分钟
📍15, rue Lamennais, 8区　☎01 44 95 15 01　🕛12:15~14:30，19:15~22:30　休周六，节假日，7月下旬~8月下旬　💴70欧元（仅限白天）、190欧元、预算120欧元~

| 香榭丽舍大街 |
|---|

## 勒布里斯托尔
### Le Bristol
MAP ● 剪切图-10，p.55-D

**位于一流酒店内，由青年才俊任厨师**

　　餐饮界的权威、基督教徒埃里克·弗莱约就任厨师长后，饭店备受瞩目。店内装饰之奢华令人叹为观止，美味的餐饮令人回味无穷。

🚇从M9 13 Miromesnil出发步行3分钟　📍Hôtel le Bristol, 112, rue du Fg. Saint Honoré, 8区　☎01 53 43 43 00　🕛12:30~14:00，19:30~22:00　休常年营业　💴95欧元（仅限白天）、220欧元、预算144欧元~

| 歌剧院/罗浮宫 |
|---|

## 大使
### Les Ambassadeurs
MAP ● 剪切图-10，p.56-I

**路易十五时代奢华的内部装饰，置身其中品尝美食**

　　大理石、水晶枝形吊灯、带壁画的天花板装点着餐厅。无数有名的厨师长都曾在此工作，现在餐厅由第20代厨师长——克里斯特福·阿让掌管。作为巴黎首屈一指的餐厅，不断为餐饮界带来新风气。

🚇从M1、8、12 Concorde出发步行1分钟　📍Hôtel Crillon, 10 pl. de la Concorde, 8区　☎01 44 71 16 16
🕛12:30~14:00, 19:30~22:00
休周日、周一的白天，1/1~1/8，8月
💴88欧元（仅限白天）、预算200欧元~

| 圣日耳曼德佩区/拉丁区 |
|---|

## 银色图尔
### Tour d'Argent
MAP ● 剪切图-20，p.61-D

**高级餐厅的
代名词**

　　世界知名的餐厅，窗外景色怡人，店内香橙调味汁腌制的鸭肉尤为著名。原经营者逝世后，由他的儿子昂德莱·迪拉约接管，新制作的美食备受好评。

🚇从M10 Maubert Mutualité出发步行5分钟　📍15, quai de la Tournelle, 5区　☎01 43 54 23 31
🕛12:00~13:30，19:30~21:00
休周一，2月下旬的两周，8月
💴65欧元（仅限白天）、预算164欧元~

| 斯德岛/雷阿勒/马莱 |
|---|

## 朗布洛瓦斯
### L'Ambroisie
MAP ● 剪切图-13，p.59-G

**令专业人士自叹不如的
极致美味**

　　现任厨师长贝纳尔·巴克以令人敬佩的专业精神和坦率的人品而闻名。他有效地利用严格筛选出的素材，制作出营养均衡的法式美食，令人垂涎三尺。

🚇从M1 Saint Paul出发步行5分钟　📍9, place des Vosges, 4区
☎01 42 78 51 45
🕛12:00~13:30，20:00~21:00
休周日、周一、2月、8月
💴预算300欧元~

## 中等餐厅

中等餐厅不拘泥于形式，价格也比较合理，但这里的美食毫不逊色于一流餐厅。下面我们就来介绍巴黎人经常光顾的精致且味美的中等餐厅。

### 香榭丽舍大街

## 白宫
Maison Blanche
MAP ● 剪切图-16、p.55-K

### 从香榭丽舍剧院最上层眺望荣军院

白宫餐厅位于走在巴黎时尚最前沿的蒙田大道，是一家十分精致的餐厅。不出巴黎就可以品尝到南法蒙波利埃的名店——"嘉鲁达酒店"的美食、出自双胞胎厨师——普鲁赛尔兄弟之手。西鲁本·勒弗纳克从纽约三星级餐厅学成归来开始掌管白宫餐厅。餐厅从朗克多克－鲁西永地区采购食材，置身巴黎就能品尝到味美色鲜的美食。塞纳河对岸的巴黎全景立体画引人入胜，夏天坐在露天的座位上，令人心旷神怡。

🚇 从M9 Alma Marceau出发步行1分钟 📍 15, Ave. Montaigne, 8区 ☎ 01 47 23 55 99 🕐 12:00～14:00、20:00～23:00 休 周六、周日的白天、节假日、8月中间的两个星期 💶 55欧元（仅限白天）、69欧元、110欧元、预算75欧元～

### 圣日耳曼德佩区/拉丁区

## 楼外楼
L'Atelier de Joël Robuchon
MAP ● 剪切图-18、p.60-A

### 三星厨师构想的柜台餐厅

巨匠罗伯森创办的人气餐厅，提供法式下酒菜，个别美食可以选择小盘，这样能够品尝多种美食。

🚇 从M12 Rue du Bac出发步行2分钟 📍 5, rue de Montalembert, 7区 ☎ 01 42 22 56 56 🕐 11:30～15:30、18:30～24:00（预约时间11:30、12:30、14:00、15:30、18:30）休 常年营业 💶 150欧元、预算52欧元～

### 香榭丽舍大街

## 雷什
Rech
MAP ● 剪切图-8、p.54-B

### 杜卡斯经营的老字号鱼贝类餐厅

1925年，阿兰·杜卡斯开办了雷什餐厅。创办之初的店名和经营理念保留至今，如今美食中添加了现代元素。餐厅由20世纪80年代风靡一时的杰克·马克西姆掌管。

🚇 从M2 Ternes出发步行5分钟 📍 62, Ave. des Ternes, 17区 ☎ 01 45 72 29 47 🕐 12:00～13:30、19:30～22:00 休 周日、周一、7/27～8/31 💶 34欧元（仅限白天）、53欧元（仅限晚上）、预算50欧元～

### 埃菲尔铁塔/荣军院

## 儒勒·凡尔纳
Jules Verne
MAP ● 剪切图-16、p.62-F

### 在125米高空一边欣赏巴黎街景，一边优雅地就餐

近年，阿兰·杜卡斯在埃菲尔铁塔上开设了儒勒·凡尔纳餐厅，帕斯卡·菲洛担任主厨，他严格挑选食材，制作出纯正的法式美食。餐厅的玻璃采用特殊材料，不会反光，因此在这里可以一边就餐，一边欣赏美丽的夜景。

🚇 RER-C Champs de Mars Tours Eiffel 附近 📍 Tour Eiffel Pilier Sud（南侧）, Ave. Gustave Eiffel, 7区 ☎ 01 45 55 61 44 🕐 12:15～13:30、19:00～21:30 休 常年营业 💶 85欧元（仅限周末之外的白天）、165欧元（周末和节假日的白天）、200欧元（仅限晚上）、预算143欧元～

| 歌剧院/罗浮宫 |
### 皇家餐厅
Restaurant du Palais Royal
**MAP** ● 剪切图-11，p.57-G

**时尚人士喜爱的餐厅，座无虚席**

　　皇家餐厅正对着路易十三的权臣黎塞留的住所——皇宫的中庭。夏天会设立露天座位，在此用餐令人心旷神怡。清淡的前卫美食正适合追赶潮流的时尚人士。

🚇 从M1、7 Palais Royal出发步行2分钟 📍 Jardin du Palais Royal, 110, galerie de Valois, 1区 ☎ 01 40 20 00 27 🕐 12:00～14:30，15:30～18:00，19:00～22:30 休 周日，12月中旬至次年1月中旬 € 没有套餐，预算38欧元～

| 斯德岛/雷阿勒/马莱 |
### 芬蓝美食
Le Fin Gourmet
**MAP** ● 剪切图-13，p.58-J

**位于圣路易岛一角的舒适雅致的餐厅**

　　芬蓝美食餐厅特选传统的时令素材，制作时下盛行的美食。位于圣路易岛上，是巴黎历史最悠久的小店，地下留着16世纪的弯道，可供就餐。

🚇 从M7 Pont Marie出发步行5分钟 📍 42, rue Saint Louis en l'Ile, 4区 ☎ 01 43 26 79 27 🕐 12:00～14:00，19:00～22:30 休 周一、周二白天 € 25欧元、33欧元，预算48欧元～

| 香榭丽舍大街 |
### 勒萨尔·弗洛拉
Les Saveurs de Flora
**MAP** ● 剪切图-9，p.55-K

**朝气蓬勃的厨师长独创的美食**

　　这是厨师长弗洛拉·米库勒开办的餐厅，获得旅游指南的一致好评。她周游了世界，制作的美食被评为具有全球性。以粉红色为基调的店内装饰，深受女性顾客的喜爱。

🚇 从M1 George V出发步行3分钟 📍 36, Ave. George V, 8区 ☎ 01 40 70 10 49 🕐 12:00～14:30，19:00～23:00 休 周六白天，周日，8月白天 € 25.50欧元、29欧元（仅限白天），34欧元，52欧元（附带三种葡萄酒72欧元），78欧元（附带3种葡萄酒98欧元），预算57欧元～

| 香榭丽舍大街 |
### 拉布雷谢尔
La Braisière
**MAP** ● 剪切图-2，p.55-C外

**融合情有独钟的乡土素材的美食**

　　拉布雷谢尔位于静谧的住宅街，人气极高。餐厅主厨对家乡热尔的传统时令素材情有独钟。到此可以品尝法国鹅肝、洋李子、白兰地等。

🚇 从M3 Malesherbes出发步行1分钟 📍 54, rue Cardinat, 17区 ☎ 01 47 63 40 37 🕐 12:00～14:30，19:30～22:30 休 周六，周日，8月，12/25，年初一周 € 39欧元（仅限白天），预算50欧元～ 备有外文版菜单

| 埃菲尔铁塔/荣军院 |
### 隆布尔
L'Ombre
**MAP** ● 剪切图-16，p.62-B

**可以眺望埃菲尔铁塔的别具一格的餐厅**

　　隆布尔是一家潮流餐厅，位于布朗利码头博物馆（p.95）五层的露台，巴黎的象征埃菲尔铁塔高耸窗外，视野极佳。该店的阿鲁诺·德斯凯做的美食广受好评。需要提前预约。

🚇 从M9 Alma Marceau出发步行3分钟 📍 27, Quai Branly, 7区 ☎ 01 53 68 00 00 🕐 12:00～14:30，19:30～23:00 休 常年营业 € 35欧元（仅限白天），98欧元，预算71欧元～

| 埃菲尔铁塔/荣军院 |
### 彼特罗西
Pétrossian
**MAP** ● 剪切图-17，p.63-C

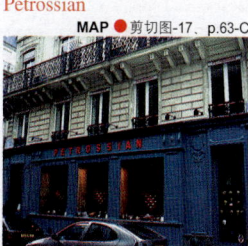

**现今最红的女主厨制作的顶级鱼贝类美食**

　　1920年开办的彼特罗西，是一家鱼贝类餐饮专营店。在此工作多年的塞内加尔裔法国女主厨鲁尔·迪阿，积累了丰富的经验。鱼子酱、熏鲑鱼等是店内的传统美食，冬天的松露味道也极佳。

🚇 从M8、13 Invalides出发步行2分钟 📍 114, rue de l'Université, 7区 ☎ 01 44 11 32 32 🕐 12:15～14:30，19:30～22:30 休 周日，周一，8月 € 35欧元（仅限白天），45欧元，90欧元，预算60欧元～

## 小餐馆和啤酒店

小餐馆和啤酒店价格合理，分量十足。在此可以品尝到法国的家常菜、乡土菜等，感受法国的饮食文化。每家小店都保留着昔日的风味，到此光顾的巴黎人络绎不绝，热闹非凡。

### 歌剧院/罗浮宫
#### 奥利约
**Aux Lyonnais**
MAP ● 剪切图-4，p.57-G

19世纪开办的风味小餐馆，置身其中宛如穿越时空

奥利约是1890年开办的小餐馆，后被阿兰·杜卡斯买下经营。店名"Aux Lyonnais"是里昂风味的意思。在美食之都——里昂的传统餐饮中添加了现代元素。以河鳟鱼、大头虾、青蛙和鸭等新鲜食材制作出的精致美食，深受巴黎人喜爱。开办之初的外观、招牌等保存至今，忠实再现了当时的氛围，广受好评。

店内精致的复古装饰令人叹为观止

从M8、9 Richelieu Drouot出发步行3分钟 32, rue St. Marc, 2区 01 42 96 65 04 12:00～13:45、19:30～22:45 周六白天、周日、周一、8月、年底年初 30欧元～（仅限白天）、34欧元～、预算38.50欧元～

### 圣日耳曼德佩区/拉丁区
#### 小马车
**La Petite Chaise**
MAP ● 剪切图-18，p.60-A

1680年由葡萄酒商开办的巴黎最古老的餐厅之一

乔治·桑、夏多布里昂以及前总统密特朗经常光顾的餐馆，有洋葱汤、勃艮第的食用蜗牛、烤羊肉等传统美食。

从M10、12 Sèvres Babylone出发步行4分钟 36, rue de Grenelle, 7区 01 42 22 13 35 12:00～14:00、19:00～23:00 常年营业 20欧元～、26欧元（周末除外）、31欧元、预算35欧元～

### 圣日耳曼德佩区/拉丁区
#### 利普
**Brasserie Lipp**
MAP ● 剪切图-18，p.60-A

1880年开办，名流、政治家光顾的老字号酒馆

利普啤酒馆坐落在圣日耳曼佩教堂旁边，迈尔士·戴维斯、萨特、朱丽叶·格雷科等响当当的人物经常光顾。这里曾是海明威经常光顾的地方，伊夫·蒙当主演的电影《服务员》在此取景。排列满满的餐桌、身着传统制服的服务员、怀旧的内部装饰，都能令你饱享别样的气氛。食用蜗牛、奶油馅点心等，酒馆常规菜肴应有尽有。

从M4 St. Germain des Prés出发步行1分钟 151, Bd. St. Germain, 6区 01 45 48 53 91 11:45～1:00am 12/24～12/25 预算36.50欧元～

开办时的新艺术主义的内部装饰保存至今

### 香榭丽舍大街
#### 安德烈
**Chez André**
P ● 剪切图-9，p.55-K

24小时营业，随时欢迎光临

安德烈是1936年开办的老字号啤酒店，24小时营业，白天没有赶上也不必担心。三层叠加的鸭肉和马铃薯、涂上奶酪烘焙而成的佳肴，美味可口。

从M9 Alma Marceau出发步行5分钟 12, rue Marbeuf, 8区 01 47 20 59 57 12:00～1:00am 常年营业 32欧元～、预算28.40欧元～

### 歌剧院/罗浮宫
## 夏尔提埃
**Chartier**
MAP ● 剪切图-4，p.57-C

### 巴黎人众所周知的
### 老字号餐厅

　　大众餐厅夏尔提埃即将迎来开办100周年。餐厅至今保留着19世纪的遗风，采用新艺术内部装饰、纸质桌布、由男侍者负责结账，备受当地人喜爱。

交 从M8、9 Grands Boulevards 出发步行2分钟 ✉ 7, rue de Fg. Montmartre,9区 ☎ 01 47 70 86 29
开 11:30～15:00、18:00～22:00
休 常年营业 € 预算11.90欧元～

### 歌剧院/罗浮宫
## 廊街
**Véro Dodat**
MAP ● 剪切图-11，p.57-K

### 吉勒和丹尼尔经营的小店，
### 宛如沙漠绿洲

　　廊街位于19世纪的商店街中部，恬静雅致，置身其中时间仿佛静止了一般。吉勒的美食毫不逊色于一流餐厅，丹尼尔的服务恰到好处，所以小店拥有许多老顾客。

交 从M1 Louvre Rivoli出发步行2分钟 ✉ 19, galerie Vero Dodat,1区 ☎ 01 45 08 92 06 开 12:00～14:30、19:00～21:45 休 周日、8月
€ 16.50欧元（仅限白天）、预算22.50欧元～

### 圣日耳曼德佩区/拉丁区
## 布科尼斯特
**Les Bookinistes**
MAP ● 剪切图-19，p.60-B

### 一流厨师经营的
### 典雅的餐厅

　　一流店"科·萨维奥"的第二家店，在巴黎市区拥有数家分店，备受欢迎。新颖的食材搭配、恰到好处的火候，物美价廉。

交 从M4 Saint Michel出发步行3分钟 ✉ 53, quai des Grands Augustins,6区 ☎ 01 43 25 45 94
开 12:00～14:30、19:00～23:00
休 周日、周六白天、年底、年初
€ 26欧元、29欧元（仅限白天）、75欧元、预算59欧元～

### 斯德岛/雷阿勒/马莱
## 尼古拉·勒梅旅馆
**Auberge Nicolas Flamel**
MAP ● 剪切图-5，p.58-A

### 旅馆通往《达·芬奇密码》
### 中出场的炼金师的家

　　据说，旅馆所在的建筑物是1407年炼金术大师尼可·勒梅建造的住所，它是巴黎最古老的建筑物。旅馆的厨师阿兰·吉阿姆擅长地中海餐饮，他制作的烤鸭胸肉、焖牛腿等是店内的招牌菜。

交 从M3、11 Arts et Métiers出发步行2分钟 ✉ 51, rue de Montmorency,3区 ☎ 01 42 71 77 78
开 12:00～14:30、20:00～22:30
休 周日、8月中间的三周 € 18.50欧元（仅限白天）、31欧元、46欧元、55欧元、69欧元、预算31欧元～

### 圣日耳曼德佩区/拉丁区
## 勒孔图瓦尔
**Le Comptoir du Relais**
MAP ● 剪切图-19，p.60-B

### 剧院地区最具人气的
### 新建啤酒店

　　勒孔图瓦尔引领着巴黎的新兴小餐馆与啤酒店，厨师长制作的上乘美食，在一流餐厅也数一数二。从白天到傍晚不间断营业，无须预约，晚上需要预约。

交 从M4、10 Odéon出发步行1分钟 ✉ 9, Carrefour de l'Odéon,6区 ☎ 01 44 27 07 97
开 12:00～18:00（周六、周日至23:00）、周一至周五晚上20:00需要预约
休 常年营业 € 50欧元（仅限晚上）、预算35欧元～

### 圣日耳曼德佩区/拉丁区
## 勒尔·迪潘
**L'Epi Dupin**
MAP ● 剪切图-18，p.60-E

### 名家推荐的
### 法式便餐

　　勒尔·迪潘物美价廉，34欧元就可以品尝从拼盘、主食、奶酪到餐后甜点。店内经常座无虚席，所以最好提前预约。

交 从M10、12 Sèvres Babylone出发步行3分钟 ✉ 11, rue Dupin,6区 ☎ 01 42 22 64 56
开 12:00～14:30、19:00～22:30
休 周一白天、周六、周日、8月
€ 26欧元（节假日除外、仅限白天）、34欧元、预算34欧元～

| 圣日耳曼德佩区/拉丁区 | 圣日耳曼德佩区/拉丁区 | 香榭丽舍大街 |

## 基格
J'Go

MAP ● 剪切图-19，p.60-B

### 小店的美食拥有
### 妈妈的味道

　　基格位于南法图卢兹，巴黎市内有2家分店。比利牛斯的比科尔猪和血橙乳猪平分秋色，还有加斯科涅的福尔米埃鸡等都是美食家垂青的食材，采用简单的烹饪方法，保留素材的原汁原味。

交 从M10 Mabillon出发步行2分钟
地 Marché SAINT GERMAIN, rue Clément, 6区　电 01 43 26 19 02
开 11:45~24:00（进餐时间12:00~24:00）　休 常年营业　€ 35欧元，预算28欧元~

## 波利多
Polidor

MAP ● 剪切图-19，p.61-G

### 保尔·魏尔伦、海明威
### 曾经常光顾

　　19世纪开办的波利多初期为学生、贫困画家等提供廉价的经济餐，之后成为慰藉流浪者思乡之情的场所，开办时的原则——价廉量足保留至今。

交 从M4、10 Odéon出发步行3分钟
地 41, rue Monsieur le Prince, 6区
电 01 43 26 95 34　开 12:00~14:30, 19:00~24:30（周日至23:00）　休 常年营业　€ 22欧元（周一至周五白天）、32欧元，预算16.50欧元

## 小马吕斯
La Petite Marius

MAP ● 剪切图-16，p.55-K

### 冬季生鲜贝类
### 种类丰富

　　紧邻着海鲜食品专营店，是玛丽斯·加奈特的第二家店。店内木质地板搭配橙白相间的餐桌，是南法特有的景象，其出售的海鲜，物美价廉。

交 从M9 Alma Marceau出发即到
地 6, Ave. Georges V, 8区
电 01 40 70 11 76
开 12:00~14:30, 19:00~23:00
休 常年营业
€ 预算47欧元~

118

## ○ 重要 资讯 ○

### 在巴黎的民族特色街道品尝美味

　　和北京、纽约等大城市一样，巴黎也有众多提供各国特色美食的餐厅。并且在巴黎，同一地区有许多相同类型的餐厅，如果突然想吃某种美食，可以任选一家，十分便利。当地的美食家为了寻求地道的美味经常出入这些地方，下面就来介绍一下具有民族特色的街道。

圣米歇尔的希腊美食店

中国的陈氏百货商店

● 希腊美食　交 从M4 Saint Michel下车　地 rue de la Huchette　MAP ● 剪切图-19，p.61-C
　交 从M7 Place Monge下车　地 rue Mouffetard　MAP ● 剪切图-20，p.61-H
● 犹太美食　交 从M1 Saint Paul下车　地 rue des Rosiers　MAP ● 剪切图-13，p.58-F
● 印度美食　交 从M4 Château d'Eau下车　地 passage Brady　MAP ● 剪切图-5，p.57-D
● 日本美食　交 从M1、7 Palais Royal Musée du Louvre下车　地 rue Sainte Anne　MAP ● 剪切图-4，p.57-G
● 布列塔尼美食（果酱煎饼）　交 从M4、6、12、13 Montparnasse下车　地 rue du Montparnasse　MAP ● 剪切图-25，p.60-J、p.99-A
● 中国美食　交 从M7 Tolbiac下车　地 ave. deChoisy、ave. d'Ivry　MAP ● 剪切图-28外，p.61-L外　交 从M2、11 Belleville下车　地 rue de Belleville、rue du Fg. du Temple　MAP ● 剪切图-7外，p.59-D外

## 各国美食

在巴黎不仅仅能品尝法国美食，欧洲各国、中国和印度美食自不必说，黎巴嫩、希腊、犹太等在中国国内少见的民族风味也十分丰富。吃腻了法国美食的话，品尝一下这些美食也不错。

### 香榭丽舍大街

### 丹麦之花
Flora Danica

MAP ● 剪切图-9、p.54-F

### 歌剧院/罗浮宫

### 惠比寿
Ebisu

MAP ● 剪切图-11、p.56-J

#### 担担面等地道的中国面条应有尽有

地道的中国四川、广东美食很受巴黎人的喜爱。厨师长是中国人，太太是日本人。店内有四川风味的炸鸡块、炒龙虾，使用时令贻贝、鲍鱼制作的美食等，还设有布告栏，写着当天的推荐美食，供顾客参考。午餐时间，价格便宜且分量充足的拉面，套餐种类丰富。

从M7、14 Pyramides出发步行3分钟
19, rue St. Roch, 1区 ☎01 42 61 05 90 開 12:30~14:30、19:30~22:30 休 周日、1/1、12/25 € 12欧元、12.50欧元、13.50欧元（全部仅限白天），多数为26欧元~100欧元、预算20欧元~

#### 以"丹麦植物"命名的北欧餐厅

丹麦之花是一家具有斯堪的纳维亚半岛风味的海鲜美食店。烤大马哈鱼片是其开办以来的招牌菜。熏制的鳗鱼、鲱鱼、大马哈鱼等，以及泡鱼都很有人气。另设有咖啡馆"布提克"，提供北欧三明治。

从M1 Charles de Gaulle Etoile出发步行2分钟 142, Ave. des Champs Elysées,8区 ☎01 44 13 86 26 開 12:00~14:30（周日至16:30）、19:15~22:30 休 常年营业 € 34欧元、预算41欧元~

### 斯德岛/雷阿勒/马莱

### 拉塔弗恩尼尔
La Taverne du Nil

MAP ● 剪切图-13、p.58-J

#### 使用当地食材和香料制作地道的黎巴嫩美食

黎巴嫩美食和法国关系密切，它是巴黎人身边的民族风味美食。然而，在中国几乎没有机会品尝，所以一定要趁此机会大饱口福。大多使用香草、橄榄油、酸奶等制作的健康食品十分可口。蔬菜拼盘的开胃菜、有脆皮的烘烤菜肴、土耳其烤羊肉等是店里的特色菜。

黎巴嫩风味拼盘"Mezze"

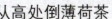
从高处倒薄荷茶

从M7 Pont Marie出发步行7分钟
16-18, rue le Regrattier,4区
☎01 40 46 09 02
開 12:00~14:30、19:00~23:00（周一19:00~） 休 常年营业
€ 15.50欧元、38欧元、预算27欧元~

### 香榭丽舍大街

### 达吕
Daru

MAP ● 剪切图-2、p.54-B

#### 巴黎最古老的俄罗斯美食

达吕是1918年开办的美食店。拼盘有俄式炸包子以及荞麦面制的俄式薄煎饼，饼上涂有鱼子酱、腌鱼卵等，主食有俄式牛柳丝、西伯利亚风味的馄饨等，另设有食材店。

从M2 Courcelles出发步行3分钟
19, rue Daru,8区 ☎01 42 27 23 60
開 12:00~14:30、20:00~22:00
休 周六白天、周日、节假日、8月
€ 28欧元、34欧元（仅限白天）预算45欧元~

巴黎和巴黎大区 巴黎餐厅

| 斯德岛/雷阿勒/马莱 |
|---|

## 雷诺迪加
### L'Enoteca
**MAP** ● 剪切图-13、p.59-G

**巴黎少有的意大利美食店，慕名而来的顾客排成长队**

　　由17世纪的宅邸改建而成的餐厅，粗大的横梁、石壁、20世纪30年代的家具等装饰，别具一格。餐厅制作意大利面、香煎鲷鱼饭等地道的意大利美食，菜单每两周更换一次，还有杯装的意大利葡萄酒。

🚇从M1 Saint Paul出发步行3分钟
✉ 25, rue Charles V,4区
☎ 01 42 78 91 44  🕐 12:00～14:30（周日12:30～15:00），19:30～23:30  休 8月  € 28欧元（附带葡萄酒43欧元），预算30.50欧元～

| 圣日耳曼德佩区/拉丁区 |
|---|

## 拉萨
### Lhassa
**MAP** ● 剪切图-20、p.61-C

**巴黎人气极高的中国藏式美食**

　　拉萨聘请中国西藏人制作地道的藏式美食。藏式风味饺子、豆腐和炒菜、大麦丸子等清淡的健康美食适合许多人的口味，另外还有许多蔬菜美食。

🚇从M10 Maubert Mutualité出发步行3分钟　✉ 13, rue de la Montagne Ste. Geneviève,5区　☎ 01 43 26 22 19　🕐 12:00～14:00，19:00～22:30  € 11欧元、12.95欧元、15.21欧元（周末除外且仅限白天）、18欧元、21欧元，预算22欧元～

| 埃菲尔铁塔/荣军院 |
|---|

## 阿拉湾
### Erawan
**MAP** ● 剪切图-23、p.62-J

**地道的泰国美食**

　　店门口张贴了无数的美食指南，由此证明这里的美食绝对不会令你失望。店内有冬阴功汤、罗勒炒牛肉、竹笋、蕉叶蒸蘑菇等，喜欢亚洲风味的顾客，一定能够大饱口福。

🚇从M6、8、10 La Motte Picquet Grenelle出发步行5分钟　✉ 76, rue Fédération,15区　☎ 01 47 83 55 67  🕐 12:00～14:15，19:00～22:30  休 周日，8月中间的三周　€ 12欧元（仅限白天）、20欧元、24欧元、26欧元、28.50欧元、21欧元（2人以上），预算19欧元～

| 圣日耳曼德佩区/拉丁区 |
|---|

## 尤戈拉斯
### Yugaraj
**MAP** ● 剪切图-19、p.60-B

**完美结合法国上等美食的印度宫廷美食**

　　业内人士对尤戈拉斯的民族特色美食赞不绝口，颇受民众欢迎，许多名人经常光顾。泥炉烤鸡等味道清淡，十分讲究。

🚇从M4、10 Odéon出发步行4分钟　✉ 14, rue Dauphine,6区　☎ 01 43 26 44 91  🕐 12:00～14:00，19:00～22:30  休 周日、周四白天、年初、8月　€ 19欧元（周末除外且仅限白天），31欧元、66欧元，预算40欧元～

| 斯德岛/雷阿勒/马莱 |
|---|

## 奥马尔
### Chez Omar
**MAP** ● 剪切图-6、p.58-B

**摩纳哥的传统美食，品尝古斯古斯的招牌店**

　　奥马尔的外观简约素雅。粗粒小麦粉制作的古斯古斯（couscous），是店内的招牌菜。知名电影演员也慕名而来。另有顶级北非美食炖羊肉蔬菜、牛肉蔬菜等，人气极高。

🚇从M3、11 Arts et Métiers出发步行5分钟
✉ 47, rue de Bretagne,3区
☎ 01 42 72 36 26  🕐 12:00～14:30，19:00～23:30  休 周日白天
€ 没有套餐，预算21欧元～

| 斯德岛/雷阿勒/马莱 |
|---|

## 索达德
### Saudade
**MAP** ● 剪切图-12、p.58-E

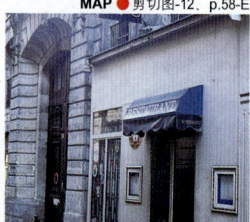

**清淡的葡萄牙鱼贝类美食**

　　索达德是葡萄牙语"思乡"的意思。店内由陶制瓷砖装饰，别具一格。以鱼贝类海鲜美食为主，一边欣赏葡萄牙民谣——法多，一边品尝以甜红葡萄酒为主的葡萄牙葡萄酒，趣味盎然。

🚇从M1、4、7、11、14 Châtelet出发步行2分钟　✉ 34, rue des Bourdonais,1区　☎ 01 42 36 30 71  🕐 12:00～14:00，19:00～22:30  休 周日、1/1、8月、12/25  € 23欧元（周末除外、仅限白天），预算28.50欧元～

## 咖啡馆/茶餐厅/酒吧

游览中休息片刻或者饥肠辘辘时，去咖啡馆或者茶餐厅也是不错的选择。既然来到了法国，自然要选历史悠久、茶点美味的小店。当然，在咖啡馆也可以品尝到葡萄酒，但是终归没有酒吧的品种齐全。

### 歌剧院/荣军院
### 安杰莉娜（茶餐厅）
### Angélina
MAP ● 剪切图-11、p.56-J

从"本日推荐"中挑选自己喜欢的蛋糕

**特制法式栗子蛋糕，搭配上好的茶水**

安杰莉娜是1903年开办的巴黎历史最悠久的茶餐厅，每天的茶歇时间当地的绅士淑女云集到此，加上各国的游客，每日座无虚席。专业人员用栗子泥特制的法式栗子蛋糕以及宛如天鹅绒般醇厚细腻的非洲可可茶（一种热可可奶），味道极佳。此外，还有各式蛋糕、红茶和色拉等。

- 交 从M1 Tuileries出发步行2分钟
- 226, rue de Rivoli, 1区
- ☎ 01 42 60 82 00
- 开 8:00~19:00（周末、节假日9:00开）
- 休 7、8月之间一个月的时间
- € 可可6.90欧元、预算10欧元~

### 歌剧院/罗浮宫
### 玛丽咖啡馆
### Café Marly
MAP ● 剪切图-11、p.57-K

**欣赏美术作品的间歇来杯咖啡**

玛丽咖啡馆位于罗浮宫一角，由吉尔伯特·克斯特设计，崭露头角的奥利维尔·加尼尔负责内部装饰。拿破仑三世样式的室内构造别具一格，走廊的座位可以望见玻璃金字塔，一边喝茶一边欣赏特色建筑，别有一番趣味。除了咖啡和红茶，还有小吃、早餐、葡萄酒和蛋糕等。

位于长廊的座位人气极高，其上是高耸的开放式天井

- 交 从M1、7 Palais Royal出发步行1分钟
- 93, rue de Rivoli, 1区
- ☎ 01 49 26 06 60
- 开 8:00~2:00am 常年营业
- € 咖啡3欧元、预算14欧元~

### 歌剧院/罗浮宫
### 勒福莫瓦咖啡馆
### Le Fumoir
MAP ● 剪切图-12、p.57-K

**仿佛学者的书斋般恬静的咖啡馆**

勒福莫瓦咖啡馆是法国著名的雅致的咖啡馆。倚在厚重的革制沙发上欣赏着古典爵士乐，惬意无比。店内摆设着英文报纸、杂志，可以一边翻阅一边品尝咖啡。

- 交 从M1 Louvre Rivoli出发步行1分钟
- 6, rue de l'Amiral Coligny, 1区
- ☎ 01 42 92 00 24
- 开 11:00~2:00am
- 休 8月中间的三周
- € 咖啡2.40欧元、预算8.50欧元~

### 斯德岛/雷阿勒/马莱
### 勒弗洛尔昂里尔（茶餐厅）
### Le Flore en l'Ile
MAP ● 剪切图-13、p.58-J

**号称拥有巴黎最美味的红茶和冰激凌**

在勒弗洛尔昂里尔的露天座位上，可以看见巴黎圣母大教堂。置身艺术氛围中，品尝着自制的餐后甜点，再来一杯红茶，趣味盎然。咖啡和松露巧克力套餐仅需3.5欧元。

- 交 从M7 Pont Marie出发步行5分钟
- 42, quei d'Orléans, 4区
- ☎ 01 43 29 88 27
- 开 8:00~2:00am
- 休 12/25
- € 红茶5.90欧元、预算10.90欧元~

| 香榭丽舍大街 | 香榭丽舍大街 | 蒙马特 |

### 拉多蕾（茶餐厅）
**Ladurée**
MAP ● 剪切图-9，p.55-G

**在优美的天花板画下品味下午茶**

　　1862年开办的拉多蕾，是一家老字号茶餐厅，分店位于香榭丽舍大街的马德莱娜教堂附近，厚重的内部装饰值得一看，茶点中的通心粉可以带外卖，值得一尝。

🚇 从M1 George V出发步行2分钟
✉ 75, Ave. des Champs Elysées,8区
☎ 01 40 75 08 75　⌚ 7:30～23:30（周六8:30～24:30、周日8:30～23:30）　休 常年营业　€ 红茶6.30欧元、预算11.20欧元～

### 勒富凯兹（咖啡馆）
**Le Fouquet's**
MAP ● 剪切图-9，p.55-G

**香榭丽舍大街上巴黎最有名的咖啡馆**

　　勒富凯兹是1899年路易·富凯开办的咖啡馆，如今已经成为巴黎咖啡馆的代名词，政治家、电影工作者经常光顾，许多电影都曾在此取景。在这里可以品尝一流厨师制作的顶级美食。

🚇 从M1 George V出发步行1分钟
✉ 99, Ave. des Champs Elysées,8区　☎ 01 47 23 50 00　⌚ 8:00～2:00am（餐厅12:00～19:00）
休 常年营业　€ 咖啡7欧元、预算22欧元～

### 双磨坊咖啡馆
**Les Deux Moulins**
MAP p.97-A

**电影《天使爱美丽》爱好者的胜地，奶油布丁十分出名**

　　双磨坊咖啡馆是电影《天使爱美丽》的拍摄场地，原本名不见经传的小咖啡馆因电影一举成名，世界各国爱好者慕名而来，大家到此都有一种想模仿爱美丽用汤匙敲破烤布丁表面脆皮的冲动。

🚇 从M2 Blanche出发步行2分钟
✉ 15, rue Lepic,18区
☎ 01 42 54 90 50
⌚ 7:00～2:00am
休 常年营业
€ 咖啡2欧元、预算6.80欧元～

| 圣日耳曼德佩区/拉丁区 | 蒙巴纳斯 | 歌剧院/罗浮宫 |

### 花神咖啡馆
**Flore**
MAP ● 剪切图-18，p.60-B

**和隔壁的双叟同称为文学咖啡馆**

　　花神咖啡馆是圣日耳曼佩地区的知识分子经常光顾的两大咖啡馆之一，作家、新闻工作者等经常坐在二层，到处洋溢着文学气息。玛格丽特·杜拉斯生前也经常来这里坐坐。

🚇 从M4 Saint Germain des Prés出发步行1分钟
✉ 172, bd. Saint Germain,6区
☎ 01 45 48 55 26
⌚ 7:00～1:30am　休 常年营业
€ 咖啡4.10欧元、预算12.60欧元～

### 菁英咖啡馆
**Le Select**
MAP ● 剪切图-25，p.60-J、p.99-B

**海明威小说中的艺术咖啡馆**

　　20世纪初，蒙巴纳斯成为巴黎的文化艺术中心，菁英咖啡馆就是在这一时期开办的。装潢以绿色为主，采取美式吧台的设计，深受艺术家的青睐，海明威和菲茨杰拉德曾是这里的常客。

🚇 从M4 Vavin出发步行1分钟
✉ 99, bd. du Montparnasse,6区
☎ 01 45 48 38 24
⌚ 7:00～3:00am（周六至4:00am）
休 常年营业
€ 咖啡2.60欧元、预算11.60欧元～

### 天天面包（茶餐厅）
**Pain Quotidien**
MAP ● 剪切图-11，p.56-J

**使周末吃早餐的习惯扎根巴黎**

　　天天面包的总店在比利时，巴黎分店既有面包房又有茶餐厅。周末午后的菜单人气极高，供应面包、水果酱、调味酱、蛋类、色拉和酸奶等。

🚇 从M1 Tuileries出发步行4分钟
✉ 18, place du Marché Saint Honoré,1区
☎ 01 42 96 31 70
⌚ 8:00～23:00　休 常年营业
€ 红茶3.70欧元、预算5.90欧元～

| 圣日耳曼德佩区/拉丁区 | 歌剧院/荣军院 | 歌剧院/罗浮宫 |

## 法式蛋糕专营店（茶餐厅）
Pâtisserie Viennoise
**MAP** ● 剪切图-19、p.61-C

### 索邦大学的学生常去的雅致小店
　　法式蛋糕专营店，是一家蛋糕店兼茶餐厅，专门制作奥地利甜点。添加核桃和罂粟果的甜点其貌不扬却十分美味，饮料有维也纳咖啡。

🚇 从M4 Odéon出发步行3分钟
✉ 8, rue de l'Ecole de Médecine, 6区 ☎ 01 43 26 60 48 ⏰ 9:00～19:00 休 周六、周日、节假日
💰 维也纳咖啡（小）3欧元、预算5.80欧元～

## 威利酒吧
Willi's Wine Bar
**MAP** ● 剪切图-11、p.57-G

### 葡萄酒通经常光顾
　　威利酒吧是葡萄酒通、饮料主管定期光顾的酒吧。这里的葡萄酒品种齐全，既有瓶装又有杯装，分设柜台座位和餐桌座位，可在餐桌就餐。

🚇 从M1、7 Palais Royal出发步行3分钟
✉ 13, rue des Petits Champs, 1区 ☎ 01 42 61 05 09 ⏰ 12:00～24:00（进餐时间12:00～14:30、19:00～23:00）休 周六、周日 💰 杯装葡萄酒5.50欧元、预算14欧元

## 拉维尼亚（酒吧）
Lavinia
**MAP** ● 剪切图-10、p.56-F

### 设有酒吧和餐厅的大型葡萄酒店
　　拉维尼亚是一家大型葡萄酒与烈性酒店，齐聚了全世界6500多种上等葡萄酒。楼上餐厅提供地道的法式美食，午餐时间公司职员蜂拥而至，熙熙攘攘，还可以在酒吧柜台来一杯杯装葡萄酒。

🚇 从M8、12、14 Madeleine出发步行3分钟 ✉ 3, bd. de la Madeleine, 1区 ☎ 01 42 97 20 27 ⏰ 12:00～20:00（周六9:00开、午餐12:00～15:30）休 周日 💰 杯装葡萄酒4欧元、预算14.80欧元

---

### ● 为您 导航 ●

## 博物馆的咖啡馆

　　巴黎的博物馆内多设有雅致舒适的咖啡馆，毫不逊色于街角咖啡馆，欣赏艺术品之余可以在此小憩。

### 安德烈博物馆（p.80）
　　这里的咖啡馆是由公馆的餐室改造而成的，另设有茶餐厅。在历史渊源颇深的挂毯和提埃波罗的天花板画装饰的空间中饮茶、就餐，别有一番趣味。

欣赏艺术之余，
可在此小憩或畅谈艺术

### 小皇宫（p.79）
　　小皇宫的咖啡馆，兼具皇宫建成之时的气氛和现代气息，置身这有效利用自然光线、雅致舒适的空间，也是一种艺术享受。

### 毕加索美术馆（p.88）
　　每年从4月15日到10月15日，在贵族雅致的宅邸——撒勒馆的中庭，都会开设自助餐厅，一边欣赏着精心布置的美丽庭园，一边品茶，仿佛穿越时空来到了17世纪。

## 自然美食餐厅与外卖

有机、无农药称为"Bio"。有机食品多为健康食品，有机餐厅极受巴黎人的喜欢，所以应该很合追求健康饮食的人的口味。时间不允许或者想要缩减预算的话，推荐外卖店。在巴黎边吃边行，也别有一番乐趣。

### 斯德岛/雷阿勒/马莱

#### 美食之家
**L'As du Fallafel**
MAP ● 剪切图-13、p.58-F

这道菜松松软软，热乎乎的，很诱人

#### 犹太美食——Fallafel

位于罗西耶大街（参见p.118），街上犹太食品店和餐厅林立。犹太三明治——"Fallafel"诞生于以色列等中近东地区，是一种夹番茄、黄瓜、茄子、鹰嘴豆等的皮塔饼，涂上芝麻沙司和自己喜欢的辣椒调味汁，味道极佳，被巴黎人评为具有民族风味的B级美食。

- 交 从M1 Saint Paul出发步行4分钟
- 34, rue des Rosiers, 4区
- ☎ 01 48 87 63 60
- 开 12:00~24:00（冬季周六至日落、夏天周六至18:00）休 周六
- € Fallafel 4欧元～、预算7欧元～

### 香榭丽舍大街

#### 比布朗希皮埃
**Be Boulangépicier**
MAP ● 剪切图-1、p.54-B

#### 阿兰·杜卡斯经营的面包与食品店

活跃在餐饮界的杜卡斯，和知名面包师埃里克·凯撒合作开办了面包与食品店，销售各种三明治以及杜卡斯严格筛选的食材、调味料等。

- 交 从M2 Courcelles出发步行2分钟
- 73, Bd.de Courcelles, 8区
- ☎ 01 46 22 20 20
- 开 7:00~20:00
- 休 周日
- € 三明治6欧元～、预算8.70欧元～

### 歌剧院/罗浮宫

#### 莉娜三明治
**Lina's Sandwiches**
MAP ● 剪切图-12、p.57-G

**午餐时间周边时装店店员蜂拥而至**

绿色的外观是莉娜三明治的标志，在巴黎市区拥有10余家分店，以健康与清新为宗旨。顾客选择面包和食材后，当场制作。既可以在店内就餐，又可以外带。

添加火鸡、腊肉、火腿、奶酪的"ClubLina"

- 交 从M4 Les Halles出发步行4分钟
- 50, rue Etienne Marcel, 1区
- ☎ 01 42 21 16 14
- 开 9:00~18:00（周六至18:30）
- 休 周日
- € 三明治4.20欧元～、预算6.40欧元～

醒目的绿色外观

### 圣日耳曼德佩区/拉丁区

#### 梅佐意大利面
**Mezzo di Pasta**
MAP ● 剪切图-4、p.57-C

**新鲜的意大利面，既可店内就餐又可外带**

如果厌烦了三明治，买一份外带意大利面也是不错的选择。当场煮面，添加沙司和干酪后装入纸盒内。面和调味汁不同，价格各异，400克的分量对于男性顾客来说，也是足够的。

- 交 从M7 Cadet出发步行2分钟
- 22, rue Cadet, 9区
- ☎ 01 47 70 51 56
- 开 11:00~21:00 休 周日
- € 意大利面4.80欧元～、意大利面+饮料+餐后甜点7.50欧元～

## 香榭丽舍大街
### 维尔·德里斯
Vert Délices
MAP ● 剪切图-9、p.55-G

**位于香榭丽舍大街，午餐时间经常大排长龙**

维尔·德里斯是一家三明治店，食材和面包种类丰富，除了备受欢迎的长面包，还有四角面包、薄面包和瑞士面包（又厚又松软）等，分量十足。如果不太饿的话，可以购买小型三明治。

🚇从M9 St. Philippe du Roule出发步行3分钟
✉39, rue de Berri, 8区
☎01 43 59 10 96 开8:30～15:30
休周六、周日 €三明治3.30欧元～、预算5.20欧元～

## 斯德岛／雷阿勒／马莱
### 贝蒂永冰激凌
Berthillon
MAP ● 剪切图-20、p.58-J

**法国最知名的冰激凌店**

贝蒂永冰激凌位于圣路易岛，被评为法国最美味的冰激凌店。共有70种口味，店门前摆放25余种。市内有提供该店冰激凌的咖啡馆。

🚇从M7 Pont Marie出发步行5分钟
✉31, rue Saint Louis en l'Ile, 4区
☎01 43 54 31 61
开10:00～20:00
休周一、周二，7月中旬～8月
€单人冰激凌2欧元、预算2欧元～

## 斯德岛／雷阿勒／马莱
### 玫瑰面包店餐厅
Rose Bakery
MAP ● 剪切图-6、p.58-B

**来自伦敦的绿色茶室，现已扎根于巴黎**

2002年，玫瑰面包店餐厅在巴黎建立第一家店，自此俘获了崇尚有机食物的巴黎人。种类丰富的红茶自不必说，除了胡萝卜蛋糕、烤小圆面包等点心外，蔬菜分量充足的色拉、新鲜的果汁等，应有尽有。

🚇从M8. Filles du Calvaire出发步行5分钟 ✉30, rue Debelleyme, 3区 ☎01 49 96 54 01 开9:00～18:00（就餐12:00～16:00、周末11:00开）休周一 €红茶4.50欧元、预算15欧元～

## 蒙巴纳斯
### 营养饮食
Dietetic Shop
MAP ● 剪切图-26、p.60-J、p.99-B

**时装模特的最爱——低热量健康食品**

1969年创办的营养饮食，提供蔬菜古斯古斯（巴黎主要的马格里布美食）、奶汁烤菜、添加蔬菜的豆腐制格雷派饼（参见照片）等家常菜。写于白纸板上的菜谱，每日更新，敬请留意。

🚇从M6 Edgar Quinet出发步行2分钟
✉11, rue Delanmbre, 14区
☎01 43 35 39 75
开12:00～15:00、18:30～22:30
休周六白天、周日
€预算20.30欧元～

## 斯德岛／雷阿勒／马莱
### 素食
Le Potager du Marais
MAP ● 剪切图-12、p.58-F

**面向素食主义者的美食，丰富多样**

马莱地区有许多自然食品餐厅，其中素食人气极高，使用有机蔬菜、有机奶酪和豆腐制作的美食，十分讲究，男性顾客也赞不绝口。因为经常座无虚席，所以或者预约或者提前出发比较好。

🚇从M11 Rambuteau出发步行2分钟
✉22, rue Rambuteau, 3区
☎01 42 74 24 66
开18:00～22:30（周六、周日12:00开）
休1/1、12/25
€20欧元～、预算27欧元～

## 蒙巴纳斯
### 莫纳普
Monop'
MAP ● 剪切图-25、p.60-I、p.99-A

**市内拥有20多家店铺的超级连锁便利商店**

莫纳普是巴黎少有的营业到深夜的商店，提供单人份色拉、意大利面、上等美食和蔬菜，除此之外还有甜点、啤酒等。店门口有供顾客使用的微波炉，对于个人旅行者来说十分便利。

🚇从M4、6、12、13 Montparnasse Bienvenue出发步行4分钟 ✉55bis, Bd. Montparnasse, 6区 ☎01 42 84 80 40 开9:00～24:00 休周日、部分节假日 €三明治1.90欧元～、预算2.60欧元～

夜间繁华的巴士底

**巴黎旅游咨询中心**
**法雅客（FNAC）**
香榭丽舍大街分店
MAP● 剪切图-9，p.55-G
🗺 74, Ave. des Champs Elysées,8区
☎ 01 41 57 32 19
🌐 www.fnacspectacles.com
🕐 电话预约：周一至周六9:30～13:00，14:00～18:00
休 周日
● 店内销售：周一至周六10:00～24:00（周日12:00～）

其他的旅游咨询分店
● 136, rue de Rennes,6区
● 24, bd. des Italiens,9区
● 26, Ave. des Ternes,17区

**维京图书中心**
**Virgin Megastore**
MAP● 剪切图-9，p.55-G
🗺 52, Ave. des Champs Elysées,8区
☎ 01 49 53 50 00
🌐 www.virginmega.fr
🕐 10:00～24:00（周日、节假日12:00～）
休 常年营业

杂志 Pariscope 和 l'officiel des spectacles

在报摊可以买到资讯杂志

# 巴黎娱乐资讯

　　无论是成年人还是青年，都不可错过巴黎的夜生活。欣赏完歌剧、芭蕾等艺术作品之后，可以到酒吧喝一杯，或者到现今流行的夜间俱乐部跳舞到天亮。无论选择哪种，你都是主角。

## 巴黎夜间活动场所

　　夜间在巴黎游玩，大致有两种方式。

　　第一种是欣赏文娱活动。每晚歌剧、芭蕾、戏剧和音乐会等在各处的会场上演。每年的9月下旬到第二年7月上旬是举办文娱活动的旺季，7到8月公布一年的日程安排。人气高的节目，票很快就被抢购一空，所以，出发前尽可能收集好相关的资讯。如果只是随意欣赏一下，当地的人气影院或者教堂的音乐会也是不错的选择。7到8月是淡季，巴黎市区和郊外会举办野外音乐会，连日举行舞蹈、戏剧等的特别公演，称为节日。

　　另一种就是在繁华地区饮酒跳舞。马莱、巴士底和皮卡尔等地区，是当地年轻人聚集的场所，俱乐部和酒吧齐聚一堂，很多地方治安较差，所以不能太过张扬。另外，还可以夜间巡游塞纳河或者参加旅游巴士公司的夜间游览。无论采用哪种方式，都能够感受与白天迥然不同的巴黎夜景。

## 资讯搜集

　　一般通过杂志搜集娱乐资讯，当地最常用的是 Pariscope（0.40欧元）和 l'officiel des spectacles（0.35欧元），周三发行，可在报摊购买，杂志多为法语，标题、会场名、日期应该可以看懂。另外，利用互联网的话，不出中国就可以了解当地的最新资讯。

## 买票

演出两周前开始出售歌剧、芭蕾和戏剧等文娱活动的票,可以在会场的窗口,或者FNAC、维京图书中心等大型媒体店内的旅游咨询处购买。另外,许多剧场销售面向学生的打折券,销售方法、时间等各不相同,详情可以在窗口咨询。还可以在当地大型酒店的礼宾部预约。

充满活力的巴黎夜生活

歌剧院附近的餐厅多营业到深夜

## 当天的注意事项

文娱活动从20:00到21:00(另有15:00左右开演的日场演出)开始演出,包括中场休息共持续2到3小时,所以,最好提前吃饭或者找好深夜营业的商店。回去特别晚的话,需要通知酒店。此外,深夜出行最好乘坐出租车,此时难于在路上搭载出租车,所以,需要提前确认出租车车站的位置。

着装不必太过拘谨,男性穿西装,女性穿裙子即可。但是,礼节上歌剧公演首日需要穿正装。前往夜间俱乐部或者酒吧,穿着时尚无可厚非,但是不能太过暴露,否则有可能被误认为是娼妓。

关于会场的小费:座位引导员1到2欧元,外套、行李寄存处的工作人员1欧元。根据剧场不同,有些规定了费用,有些完全不需要,请提前确认。电影院的座位引导员一般是0.5到1欧元。

### 法国电影资料馆
Cinémathèque Française
MAP● 剪切图-21外、p.59-L外
电影的殿堂,放映室内悬挂着往年的名画,同时设有电影博物馆。

### 教堂音乐会
**圣厄斯塔什教堂**
Église Saint Eustache
MAP● 剪切图-12、p.57-H
✉ 2, rue du Jour,1

**圣朱利安穷人教堂**
Église Saint Julien le Pauvre
MAP● 剪切图-19、p.58-I
✉ 23, quai de Montebelle,5

### 塞纳河巡游·巴黎巴士旅游联络处

**塞纳河游船**
Bateaux Mouches
MAP● 剪切图-16、p.55-K、p.62-B
✉ Pont de l'Alma左岸,8区
☎ 01 42 25 96 10
🌐 www.bateauxmouches.fr

**巴黎游船公司**
Bateaux Parisiens
MAP● 剪切图-16、p.62-E
✉ Port de la Bourdonnais左岸,7区
☎ 08 25 01 01 01
🌐 www.bateauxparisiens.com

**城市游览**
Cityrama
MAP● 剪切图-11、p.57-K
✉ 2, pl. des Pyramides,1区
☎ 01 44 55 61 05
🌐 www.pariscityrama.com

**巴黎旅游公司**
Paris Vision
MAP● 剪切图-11、p.56-J
✉ 214, rue de Rivoli,1区
☎ 01 42 60 30 01
🌐 jp.parisvision.com

# 巴黎娱乐

## 观剧/音乐会

巴黎历史悠久，每天晚上各处都会举办戏剧、歌剧、芭蕾和音乐会等高雅的文娱活动。以国家歌剧院为首，剧院和会场数不胜数，下面介绍比较著名的剧场。

### 歌剧院/罗浮宫
### 加尼叶歌剧院
**Opéra Garnier**
MAP ● 剪切图-4，p.56-F

#### 芭蕾舞蹈团的根据地——国家歌剧院

夏尔·加尼叶设计而成的歌剧院是第二帝国时期样式的建筑，规模之大，堪称世界之首。剧院内夏加尔创作的天花板画不容错过。现在相对于歌剧演出，芭蕾舞蹈团的芭蕾作品更受关注。但是，为了满足广大歌剧爱好者的需求，每季都会上演数场歌剧。有些座位视野不佳，买票时需要特别注意。

交 从M3、7、8 Opéra 出发步行1分钟
📧 pl.de l'Opéra, 2区
☎ 08 92 89 90 90
开 10:30~18:30
休 周日、节假日　€ 5~172欧元
HP www.operadeparis.fr

夜晚的歌剧院向我们展示了与白天迥然不同的魅力（加尼叶歌剧院）

---

### 斯德岛/雷阿勒/马莱
### 巴士底歌剧院
**Opéra Bastille**
MAP ● 剪切图-14，p.59-H

#### 设计前卫，音响设备齐全

1989年开放的巴士底歌剧院，由加尔罗斯·奥特负责设计，座位数量多达2700个，堪称世界之最。高科技的设备、高品质的音效以及所有座位都可以很好地观赏舞台表演，贴心的设计获得大众的一致好评。

交 从M1、5、8 Bastille出发步行1分钟
📧 pl. de la Bastille, 11区
☎ 08 92 89 90 90
开 10:30~18:30
休 周日、节假日　€ 5~198欧元
HP www.operadeparis.fr

---

### 斯德岛/雷阿勒/马莱
### 夏特勒剧院
**Théâtre du Châtelet**
MAP ● 剪切图-12，p.58-E

#### 1862年建成的巴黎著名的大剧院

夏特勒剧院主要上演歌剧、芭蕾和音乐会，每年6月演出结束时，会邀请法国的地方歌剧团在此演出。周日11:00开演的古典音乐会以高品质的演出，广受好评。

交 从M1、4、7、11、14 Châtelet出发步行1分钟
📧 1, place du Châtelet, 1区
☎ 01 40 28 28 40  开 11:00~19:00
休 周日、节假日　€ 10~125欧元
HP www.chatelet-theatre.com

---

### 斯德岛/雷阿勒/马莱
### 巴黎市立剧院
**Théâtre de la Ville**
MAP ● 剪切图-12，p.58-E

#### 前卫的舞蹈演出，不容错过

才华横溢的舞蹈家定期在此上演新作品，在舞蹈领域以高超的造诣著称。Abbesses分馆位于巴黎18区。

交 从M1、4、7、11、14 Châtelet出发步行1分钟
📧 2, Place du Châtelet, 4区
☎ 01 42 74 22 77  开 11:00~20:00
（周一至19:00）休 周日　€ 5~30欧元
HP www.theatredelavilleparis.com

※ 各组数据中的休息日表示售票窗口的停业时间。

| 圣日耳曼德佩区/拉丁区 |
|---|

## 欧德翁国家剧院
Odéon Théâtre de l'Europe
**MAP** ● 剪切图-19，p.60-F

### 前卫的作品受到专家和年轻人的好评

1782年建成，2006年改建。现在共有800个座位，上演欧洲各国的现代剧，高品质且富有创意的表演获得了良好的评价。巴黎北部（17区）有阿特里·贝尔蒂（Ateliers Berthier）分馆。

- 从M4、10 Odéon出发步行2分钟
- Place de l'Odéon,6区
- 01 44 85 40 40
- 11:00～18:30　休 节假日
- 8～33欧元
- HP www.theatre-odeon.fr

| 香榭丽舍大街 |
|---|

## 普莱耶音乐厅
Salle Pleyel
**MAP** ● 剪切图-9，p.54-B

### 肖邦在此举办了首场演奏会

普莱耶剧场建成于1927年，是一座世界闻名的古典音乐殿堂。2006年，音响设备和座位被改装为最新样式，剧场焕然一新。巴黎管弦乐团、法国广播管弦乐团在此定期举办演奏会。

- 从M2 Ternes出发步行2分钟
- 252, rue du Fg. Saint Honoré, 8区
- 01 45 56 13 13
- 12:00～19:00　休 周日、节假日
- 10～160欧元
- HP www.sallepleyel.fr

| 巴黎东部 |
|---|

## 巴黎贝西体育馆
Palais Omnisports Bercy
**MAP** ● 剪切图-21外，p.59-L外

### 权威音乐人在法演出的场所

巴黎贝西体育馆是一座拱顶建筑，现在作为上演摇滚音乐的会场举世闻名。保罗·麦卡特尼、邦·乔维等知名艺术家都曾在这里举办过演唱会。

- 从M6 Bercy出发步行1分钟
- 8, bd. de Bercy, 12区
- 08 92 390 100
- 9:00～19:00　休 周六、周日
- 29～205欧元
- HP www.bercy.fr

---

| 歌剧院/罗浮宫 |
|---|

## 法兰西喜剧院
Comédie Française
**MAP** ● 剪切图-11，p.57-K

1680年建成的法兰西喜剧院，在巴黎市区有两所分馆，主要演出17世纪的法国戏曲。

- 从M1、7 Palais Royal出发步行1分钟
- pl. Colette,1区　　08 25 10 16 80
- 11:00～18:00　休 周日
- 7～32欧元
- HP www.comedie-francaise.fr

| 香榭丽舍大街 |
|---|

## 香榭丽舍剧院
Théâtre des Champs Elysées
**MAP** ● 剪切图-16，p.55-K

香榭丽舍剧院由布德尔和莫利斯·德尼负责内部装饰，它是尼琴斯基的《春之祭》首次上演的地方。

- 从M9 Alma Marceau出发步行1分钟
- 15, Ave. Montaigne,8区
- 01 49 52 50 50　10:00～12:00、14:00～18:00　周六、日　5～135欧元　HP www.theatrechampselysees.fr

| 巴黎北部 |
|---|

## 北方剧院
Bouffes du Nord
**MAP** ● 剪切图-5外，p.57-D外

北方剧院广受戏剧通的喜爱，这里定期举办彼得·布鲁克的演出。

- 从M2 La Chapelle出发步行1分钟
- 37bis, bd. de la Chapelle,10区
- 01 46 07 34 50　13:00～18:00
- 休 周日　15～35欧元
- HP www.bouffesdunord.com

---

| 巴黎北部 |
|---|

## 巴黎音乐之城
Cité de la Musique
**MAP** ● 剪切图-6外，p.58-B外

巴黎音乐之城坐落在拉维莱特，在此联合上演古典音乐、爵士、民族音乐等古今音乐和东西方音乐。

- 从M5 Porte de Pantin出发步行1分钟
- 221, Ave. Jean Jaurès,19区
- 01 44 84 44 84　12:00～18:00（周日至10:00）　休 周一　8～39欧元
- HP www.cite-musique.fr

| 歌剧院/罗浮宫 |
|---|

## 奥林匹亚城
Olympia
**MAP** ● 剪切图-3，p.56-F

大众歌手的福地，伊迪丝·琵雅芙、简·伯金都曾在此献唱。

- 从M3、7、8 Opéra出发步行3分钟
- 28, bd. des Capucines, 9区
- 08 92 68 33 68　10:00～19:00（周日11:00～18:00）　常常营业　19.80～111欧元
- HP www.olympiahall.com

| 歌剧院/罗浮宫 |
|---|

## 顶点
Zénith
**MAP** ● 剪切图-6外，p.58-B外

顶点坐落在拉维莱特(p.99)，这里经常举办摇滚、爵士、流行歌曲等演唱会。

- 从M5 Porte de Pantin出发步行3分钟
- 211, Ave. Jean Jaurès,19区
- 费用因演出不同而不同
- HP www.zenith-paris.com

# 酒馆/俱乐部/歌厅/酒吧

巴黎是夜晚游玩的好去处,可以在酒馆一边欣赏专业舞蹈表演,一边聆听轰动一时的大众歌曲,还可以和当地的年轻人一起到俱乐部、酒吧畅玩。

---

### 蒙马特尔

## 红磨坊
**Moulin Rouge**

MAP p.97-A

**上演传统康康舞的老字号酒馆**

劳特累克是红磨坊的常客,该店因其绘画和版画而闻名内外。舞蹈组合"希腊少女"在此表演的新曲目《仙境》(Féerie),把巴黎美好时代的辉煌原样搬上舞台,动人心弦。

红磨坊已经成为酒馆的代名词

🚇 从M2 Blanche出发步行1分钟
✉ 82, bd. de Clichy,18区 ☎ 01 53 09 82 82 🕐 19:00(晚餐)、21:00、23:00(表演) 休 常年营业 € 90欧元~(表演)、130欧元~(午餐+表演)、150欧元~(晚餐+表演)

---

### 香榭丽舍大街

## 丽都
**Lido**

MAP 剪切图-9、p.55-G

**完美展现腿部曲线的舞蹈,华丽的表演**

1946年开业的丽都,经常举办高水平的歌舞剧演出,可以和百老汇、拉斯韦加斯相媲美。身材高挑的美女组合"蓝铃女孩",规模宏大的舞台装置,华丽的服装造型,引人入胜。

🚇 从M1 George V出发步行2分钟 ✉ 116 bis, Ave. des Champs Elysées,8区 ☎ 01 40 76 56 10 🕐 19:30(晚餐)、21:30、23:30(表演) 休 常年营业 € 90欧元~(表演)、115欧元~(午餐+表演)、140欧元~(晚餐+表演)

---

### 香榭丽舍大街

## 巴黎疯马
**Crazy Horse Paris**

MAP 剪切图-16、p.55-K

**典雅的歌舞剧引人入胜**

疯马是1951年开设的老字号酒馆。在灯光的照射下,舞蹈演员曼妙的身姿展现了"裸体艺术"之美。座位分为钻石席和黄金席,费用根据座位和饮食内容而定。

🚇 从M9 Alma Marceau出发步行2分钟 ✉ 12, Ave. George V,8区 ☎ 01 47 23 32 32 🕐 20:30、23:00(周六19:30、21:45、23:50) 休 常年营业 € 100欧元~(表演+饮料)、150欧元~(晚餐+表演)

---

### 歌剧院/罗浮宫

## 哈里纽约吧
**Harry's New York Bar**

MAP 剪切图-4、p.56-F

**菲茨杰拉德常在此饮酒**

哈里纽约吧是一家老字号酒馆,创造了血玛丽、蓝色珊瑚等举世闻名的鸡尾酒。无论过去还是现在,随处可见英美人以及英语圈的游客。对店员的评价不是很高,但是值得一去。

🚇 从M3、7、8 Opéra出发步行2分钟 ✉ 5, rue Daunou,2区 ☎ 01 42 61 71 14 🕐 12:00~3:00am 休 周日、圣诞节 € 饮料5.50欧元~、预算13.40欧元~

---

### 歌剧院/罗浮宫

## 佛之吧
**Buddha Bar**

MAP 剪切图-10、p.56-I

**巴黎最时尚的异国情调酒吧与餐厅**

佛之吧中央摆放着一尊巨大的佛像,充满佛教气息,内部装饰略显俗气。除了提供各种苏格兰产的威士忌酒、鸡尾酒之外,还有泰国制的啤酒、山崎威士忌等。

🚇 从M1、8、12 Concorde出发步行3分钟 ✉ 8, rue Boissy d'Anglas,8区 ☎ 01 53 05 90 00 🕐 周一~周五12:00~2:00am 休 周日 € 饮料18欧元~、预算23欧元~,晚餐需要预约

| 香榭丽舍大街 | 圣日耳曼德佩区/拉丁区 | 蒙巴纳斯 |

## 穆德
Mood
MAP ● 剪切图-9、p.55-G

### 从亚洲电影中受到启发 开办的综合酒吧

迪德·戈麦斯从王家卫指导的电影《花样年华》(In the Mood for Love)中得到启发,设计了酒吧的内部装饰。地下是休闲吧,楼上是法国与亚洲美食店,23:00 开始有 DJ 伴奏。

🚇从M1 George V出发步行1分钟
✉114, Ave. des Champs-Elysées, 8区 ☎01 42 89 98 89
🕐11:30~15:00、17:00~1:00(周五、周六至4:00) 休常年营业 € 饮料8欧元~,预算18欧元~

## 阿克扎尔
Mezzanine d'Alcazer
MAP ● 剪切图-19、p.60-B

### 引领左岸俱乐部的 人气休闲吧

由科伦家饰(p.109)的创设者特伦斯·科伦负责经营,一层是餐厅,中楼是俱乐部,摆放着 20 余种鸡尾酒,另设有井然有序的餐桌,21:00 以后是 DJ 时间。

🚇从M4、10 Odéon出发步行3分钟
✉62, rue Mazarine, 6区
☎01 53 10 19 99
🕐19:00~1:00 休常年营业
€鸡尾酒11欧元~,周六晚上入场费12欧元(附带饮料)

## 密克斯俱乐部
Mix Club
MAP ● 剪切图-25、p.60-I、p.99-A

### 改造后逐渐成为 热门俱乐部

密克斯俱乐部位于蒙巴纳斯塔的地下,是一间巨大的迪厅,由人气歌手约翰·哈里戴的义父开设,广受巴黎年轻人的喜爱。因为这里专同性恋和女性日,前往时请务必确认一下。

🚇从M4、6、12、13 Montparnasse出发步行2分钟 ✉24, rue de l'Arrivée, 14区 ☎01 56 80 37 37 HP www.mixclub.fr 🕐23:00~(根据演出变动) 休周一至周三 €入场费 20欧元~(附带一杯饮料,周四15欧元),预算20欧元

| 香榭丽舍大街 | 斯德岛/雷阿勒/马莱 | 蒙马特尔 |

## 奎恩
Queen
MAP ● 剪切图-9、p.55-G

### 位于香榭丽舍大街的 大型夜间俱乐部

奎恩是一家男同性恋俱乐部,顾客都是特立独行的同性恋者,女性也可以入内。周一播放俱乐部音乐,周二是家庭音乐,周三是女士之夜,丰富多彩。

🚇从M1 George V出发步行2分钟
✉102, Ave. des Champs Elysées, 8区 ☎01 53 89 08 90 🕐23:00至黎明 休常年营业 €入场费15欧元(周五、周六20欧元,附带一杯饮料)(根据演出变动),预算15欧元~

## 隆巴公爵
Duc des Lombards
MAP ● 剪切图-12、p.58-E

### 爵士爱好者每晚必去的 人气俱乐部

隆巴公爵每晚演奏爵士乐,爵士爱好者一定不要错过。演奏团队每日更换,现场演奏开始后十分拥挤,所以最好早点占位置,或者提前预约。

🚇从M1、4、7、11、14 Châtelet出发步行2分钟 ✉42, rue des Lombards, 1区 ☎01 42 33 22 88 🕐11:30~15:30、19:00~2:00(现场演奏20:00、22:00) 休常年营业 €收费20欧元~,饮料4欧元,预算24欧元~

## 狡兔之家
Au Lapin Agile
MAP p.97-B

### 20世纪初于特里约、毕加索 等经常光顾的时尚俱乐部

狡兔之家是一家时尚俱乐部,以"灵活敏捷的兔子"命名,以从锅上一跃而起的兔子图画为标志。伊迪丝·琵雅芙曾在此演唱昔日的大众歌曲。

🚇从M12 Lamarck Caulaincourt出发步行3分钟 ✉22, rue des Saules, 18区 ☎01 46 06 85 87 🕐21:00~2:00am 休周一 €入场费24欧元~(附带一杯饮料),预算24欧元~

# 巴黎酒店

## 一流酒店

一流的服务，别出心裁的室内装饰……入住一流酒店的乐趣，就是可以把这里当成自己的家，无所拘束。游访巴黎，所有人都梦想着享受如此优雅舒适的酒店生活。

窗外景色绝佳

### 歌剧院/罗浮宫
#### 克里戎酒店
Crillon
MAP ● 剪切图-10、p.56-I

**点亮的方尖碑  尽收眼底**

克里戎酒店正对着协和广场，是巴黎首屈一指的一流酒店。18世纪建筑家雅克·加布里埃尔设计了一座巨大的城堡，20世纪初它被改造为酒店，酒店的名称来源于城堡的所有者——克里戎伯爵。世界各国的国王和总统都是这里的常客。

雅致的套房

路易十五样式的入口和大厅华丽壮观，客房设计简约，恬静舒适。

🚇 从M1、8、12 Concorde出发步行1分钟  🏠 10, place de la Concorde, 8区  ☎ 01 44 71 15 00  📠 01 44 71 15 02  HP www.crillon.com
🛏 147间客房  💶 单人间、双人间770欧元～

---

### 香榭丽舍大街
#### 雅典广场饭店
Plaza Athénée
MAP ● 剪切图-9、p.55-K

**一流名品店环绕的  奢华宫殿**

雅典广场饭店位于时尚发源地——蒙田大道。豪华绚丽的装饰，细致周到的服务，VIP顾客遍布全球，同时法国餐饮界的权威厨师——阿兰·杜卡斯的餐厅也入驻其中。

🚇 从M9 Alma Marceau出发步行2分钟  🏠 25, Ave. Montaigne, 8区  ☎ 01 53 67 66 65  📠 01 53 67 66 66
HP www.plaza-athenee-paris.com
🛏 141间客房  💶 单人间595欧元～，双人间740欧元～

---

### 香榭丽舍大街
#### 勒布里斯托尔大酒店
Le Bristol
MAP ● 剪切图-10、p.55-H

**充分享受连休的  乐趣**

1925年，希波吕忒·杰迈购买了加斯德拉尔伯爵的宅邸，把它改造为酒店。18世纪的建筑样式，大量采用大理石装饰，附带一座美丽的花园。宽敞的客房，周到细致的服务，住客评价极高。

🚇 从M9、13 Miromesnil出发步行3分钟  🏠 112, rue du Fg. Saint Honoré, 8区  ☎ 01 53 43 43 00  📠 01 53 43 43 01
HP www.lebristolparis.com
🛏 101间客房
💶 单人间730欧元～，双人间750欧元～

---

### 香榭丽舍大街
#### 乔治五世四季酒店
Four Seasons Hotel George V
MAP ● 剪切图-9、p.55-G

**迪特里希、嘉宝  曾在此住宿**

乔治五世四季酒店近年刚刚进行了全面改建，采用柔和的色调，内部装饰舒适惬意。一流餐厅"勒桑克"也入驻其中，由才华横溢的埃里克·布里菲尔负责掌管。

🚇 从M1 George V出发步行4分钟  🏠 31, Ave. George V, 8区  ☎ 01 49 52 70 00  📠 01 49 52 70 10
HP www.fourseasons.com
🛏 245间客房  💶 单人间、双人间750欧元～

| 歌剧院/罗浮宫 |
|---|

## 丽兹酒店
### Ritz Paris
MAP ● 剪切图-11、p.56-F

**世界酒店之王创建的著名酒店**

1898年，原本默默无闻的饮料主管丽兹创立了以他名字命名的酒店，由此发迹。建筑采用18世纪样式，内部使用大理石进行装饰。丽兹酒店吸引了包括海明威在内的众多的巴黎访客。

🚇 从M1 Tuileries出发步行5分钟
✉ 15, place Vendôme,1区
☎ 01 43 16 30 30  📠 01 43 16 31 78
🏠 www.ritzparis.com
🛏 162间客房
€ 单人间、双人间550欧元~

| 歌剧院/罗浮宫 |
|---|

## 莫里斯酒店
### Meurice
MAP ● 剪切图-11、p.56-J

**别名"王之酒店"**

1817年，出身英吉利海峡的港城——加来的实业家，为了迎接英国上流阶级创建了莫里斯酒店。1906年，更换业主，酒店开始接待各国王室成员和名人。

🚇 从M1 Tuileries出发步行3分钟
✉ 228, rue de Rivoli,1区
☎ 01 44 58 10 10  📠 01 44 58 10 15
🏠 www.lemeurice.com
🛏 160间客房
€ 单人间、双人间640欧元~

| 香榭丽舍大街 |
|---|

## 拉斐尔酒店
### Raphael
MAP ● 剪切图-8、p.54-F

**传统典雅的酒店，凯旋门近在咫尺**

1925年建成的拉斐尔酒店，是国内外名流入住的场所，虽然距离繁华街道很近，但是店内安静雅致。在最顶层的观景台可以眺望凯旋门、埃菲尔铁塔和蒙马特尔的小丘。

🚇 从M6 Kléber出发步行2分钟
✉ 17, Ave. Kléber, 16区
☎ 01 53 64 32 00  📠 01 53 64 32 01
🏠 www.raphael-hotel.com
🛏 86间客房
€ 单人间、双人间520欧元~

| 歌剧院/罗浮宫 |
|---|

## 洲际大酒店
### Intercontinental Paris-Le grand Hotel
MAP ● 剪切图-3、p.56-F

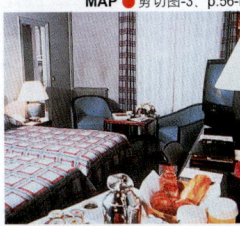

**一层有著名的和平咖啡馆**

1862年开办，由阿曼德设计的第二帝国时期的公馆改建而成。一层是从巴黎400家名店选出的老字号咖啡馆——和平咖啡馆（Café de la Paix），同时设有英式酒吧、健身房和温泉。

🚇 从M3、7、8 Opéra出发步行1分钟
✉ rue Scribe, 9区
☎ 01 40 07 32 32  📠 01 42 66 12 51
🏠 www.ichotelsgroup.com
🛏 470间客房
€ 单人间、双人间345欧元~

| 圣日耳曼德佩区/拉丁区 |
|---|

## 吕特西亚酒店
### Lutetia
MAP ● 剪切图-18、p.60-E

**左岸首屈一指的一流酒店，备受艺术家钟爱**

1910年开办，采用装饰艺术样式，留着巴黎美好时代的风貌。前厅和酒吧装饰着埃菲尔、阿曼德、塞萨尔等的酒店渊源颇深的雕刻家的作品。雅致的酒吧还有爵士乐伴奏。

🚇 从M10、12 Sèvres Babylone出发步行1分钟
✉ 45, bd. Raspail, 6区
☎ 01 49 54 46 46  📠 01 49 54 46 00
🏠 www.lutetia-paris.com
🛏 236间客房
€ 单人间、双人间550欧元~

| 歌剧院/罗浮宫 |
|---|

## 巴黎旺多姆柏悦酒店
### Park Hyatt Paris Vendôme
MAP ● 剪切图-11、p.56-J

**极致的奢华，令人陶醉**

2003年开始营业，旺多姆广场近在咫尺。亲手建造阿曼度假胜地的建筑家艾芝·塔特尔负责内部装饰，完美结合了法国历史上的各种建筑样式以及现代风格。酒店同时设有餐厅、酒吧和顾客专用的温泉。

🚇 从M3、7、8 Opéra出发步行5分钟
✉ 5, rue de la Paix, 2区
☎ 01 58 71 12 34  📠 01 58 71 12 35
🏠 www.paris.vendome.hyatt.com
🛏 178间客房
€ 单人间、双人间560欧元~

### 中、高级酒店

规模较小的小型酒店温馨舒适,周到的服务可以消除旅途的疲劳。知名设计师亲手设计的新式酒店,别具特色,时尚人士不容错过。

大厅内部装饰时尚

气派的室内装饰

#### 埃菲尔铁塔/荣军院
#### 拉迪森·德康兹酒店
Radisson Blu le Dokhan's
MAP ● 剪切图-15、p.62-A

**典雅的酒店矗立在高级住宅街的一角**

拉迪森·德康兹是由18世纪的公馆改建而成的酒店,由崭露头角的室内设计师弗雷德里克·梅西尔负责设计。黑白相间的方格瓷砖和绿色的门厅交相辉映,新古典样式的织物装饰着酒吧、餐厅等,各个房间别具一格。使用20世纪30年代行李箱材质设计而成的附带交织字母的升降梯,路易·威登爱好者一定不要错过。酒店内同时设有香槟酒吧。

由18世纪的公馆改建而成

交 从M6、9 Trocadéro出发步行5分钟
✉ 117, rue de Lauriston,16区
☎ 01 53 65 66 99　📠 01 53 65 66 88
HP www.radissonblu.fr/dokhan hotel-paristrocadero　🛏 45间客房　€ 单人间、双人间230欧元~

---

#### 斯德岛/雷阿勒/马莱
#### 网球场酒店
Jeu de Paume
MAP ● 剪切图-13、p.58-J

**典雅的酒店位于巴黎最高贵的区域**

路易十三时期,有种叫作Jeu de Paume的类似网球的运动,酒店由该运动的竞技场改建而成。石筑的墙壁,木制的柱子和横梁,让人深刻感受到其历史的厚重。客房不多,但是服务细致周到。

交 从M7 Pont Marie出发步行5分钟
✉ 54, rue Saint Louis en l'Ile,4区
☎ 01 43 26 14 18　📠 01 40 46 02 76
HP jeudepaumehotel.com
🛏 30间客房
€ 单人间185欧元~、双人间285欧元~

---

#### 圣日耳曼德佩区/拉丁区
#### 克丽斯蒂娜酒店
Relais Christine
MAP ● 剪切图-19、p.60-B

**顾客多为知识分子,文化藤蔓的绿洲**

由13世纪的教堂、16世纪的贵族公馆改建而成的酒店,拥有浓厚的历史底蕴。客房内部装饰各具特色,采光良好,宽敞的公寓套房极受欢迎。

交 从M4 Odéon出发步行7分钟
✉ 3, rue Christine,6区
☎ 01 40 51 60 80　📠 01 40 51 60 81
HP www.relais-christine.com
🛏 51间客房
€ 单人间、双人间290欧元~

构造雄伟的通顶设计的大厅

| 圣日耳曼德佩区/拉丁区 | 斯德岛/雷阿勒/马莱 | 圣日耳曼德佩区/拉丁区 |

## 蒙塔勒伯酒店
Montalembert
**MAP** ●剪切图-18、p.60-A

## 佩维翁·蕾娜酒店
Pavillon de la Reine
**MAP** ●剪切图-13、p.59-G

## 漂亮朋友酒店
Bel Ami
**MAP** ●剪切图-18、p.60-B

### 走在流行前沿的时尚酒店
蒙塔勒伯酒店是巴黎新式酒店的先行者。进入21世纪后，整个酒店重新装修，变得更加雅致舒适，无论标准间还是套房都十分整洁。

### 在留存着历史遗迹的马莱地区，享受贵族千金般的奢华生活
由贵族宅邸改建而成的酒店，趣味盎然。17世纪巴洛克样式的内部装饰，典雅中透露着现代气息。房间装饰各异，回头客甚多。酒店还和卡里特公司合作，开设了温泉。

### 位于圣日耳曼德佩区的时尚酒店
各国时尚界人士指定的酒店，时尚典雅。房间以橙色、绿色、肉桂色和米色为基调进行内部装饰，简单素雅，置身其中令人心境平和。

🚇从M12 Rue du Bac出发步行3分钟
✉3, rue de Montalembert,7区
☎01 45 49 68 68 📠01 45 49 69 49
🌐www.montalembert.com
🛏56间客房
💶单人间、双人间270欧元～

🚇从M8 Chemin Vert出发步行3分钟
✉28, place des Vosges,3区
☎01 40 29 19 19 📠01 40 29 19 20
🌐www.pavillon-de-la-reine.com
🛏56间客房
💶单人间、双人间400欧元～

🚇从M4 St.Germain des Prés出发步行3分钟 ✉7-11, rue St. Benoît,6区
☎01 42 61 53 53 📠01 49 27 09 33 🌐www.hotel-bel-ami.com
🛏112间客房
💶单人间、双人间360欧元～

| 埃菲尔铁塔/荣军院 | 香榭丽舍大街 | 埃菲尔铁塔/荣军院 |

## 广场酒店
Square
**MAP** ●剪切图-22外、p.62-I外

## 韦尔内酒店
Vernet
**MAP** ●剪切图-9、p.54-F

## 时钟酒店
Cadran
**MAP** ●剪切图-17、p.63-G

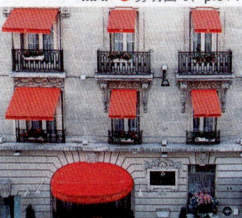

### 别开生面的外观，巧妙地融入巴黎街景
广场酒店是一家纽约风格的酒店，完美融合了美国的简约时尚和"ZEN（禅）"的恬静典雅。在酒店里，可以眺望塞纳河。

### 各国名人、美食家云集的小宫殿
建筑家赛罗尼把20世纪初的建筑物改造成酒店，融合了古典和时尚元素，典雅舒适。同时设有高级餐厅"勒·赛丽舍"，可以在古斯塔夫·埃菲尔设计的天窗下就餐。

### 位于政府机关街道，最适于作为巡游博物馆的据点
时钟酒店距离埃菲尔铁塔、布朗利码头博物馆等很近，附近还有生鲜食品市场，便于游览且安静雅致。内部装饰简约自然，最新设备一应俱全，居住舒适。

🚇从MRER-C Ave. du Président Kennedy-Maison de Radio France出发步行3分钟 ✉3, rue de Boulainvilliers,16区 ☎01 44 14 91 90 📠01 44 14 91 99 🌐www.hotelsquare.com 🛏22间客房 💶单人间、双人间300欧元～

🚇从M1、2、6 Charles de GaulleEtoile出发步行2分钟 ✉25, rue Vernet,8区 ☎01 44 31 98 00 📠01 44 31 85 69 🌐www.hotel-vernet.com 🛏50间客房 💶单人间、双人间410欧元～

🚇从M8 Ecole Militaire出发步行2分钟 ✉10, rue du Champs de Mars,7区 ☎01 40 62 67 00 📠01 40 62 67 13 🌐www.paris-hotel-cadran.com 🛏42间客房 💶单人间、双人间240欧元～

## 蒙马特尔

### 蒙马特尔特色酒店
**Particulier Montmartre**

MAP p.97-A

**个性的酒店，无论设计还是理念都堪称世界之首**

蒙马特尔特色酒店由蒙马特尔地区的一户独门独院改建而成，宛如一件巨大的艺术作品。正如其名字——"私人宅邸"所示，既无招牌，又无门童，使人充分享受其中的乐趣。5位艺术家共同设计的客房别具一格。

- 从M12 Abbesses出发步行7分钟
- 4, Ave. Junot, 18区
- 53 41 81 40
- hotel-particulier-mont martre.com
- 5间客房
- 单人间、双人间390欧元~

## 斯德岛/雷阿勒/马莱

### 杜奥酒店
**Duo**

MAP 剪切图-12、p.58-F

**马莱地区具人气的老字号酒店，充满艺术气息**

第四代女主人对酒店进行了全面改造，同毗连的建筑物相合并，形成了现今宽敞的现代式酒店。简约的设计搭配着充满温情的家具和织物，居住舒适。

- 从M1 11 Hôtel de Ville出发步行5分钟
- 11, rue du Temple,4区
- 01 42 72 72 22
- 01 42 72 03 53
- www.duoparis.com
- 58间客房
- 单人间130欧元~、双人间200欧元~

## 歌剧院/罗浮宫

### 爱德华七世酒店
**Edouard VII**

MAP 剪切图-11、p.56-F

**歌剧院大街对面的制高点**

拿破仑三世时期，豪斯曼男爵提出了巴黎改造计划，爱德华酒店应运而生。英国王子爱德华七世是酒店的VIP顾客，酒店名称由此而来。内部装饰着经营者收集的美术作品。

- 从M3、7、8 Opéra出发步行2分钟
- 39, Ave. de l'Opéra,2区
- 01 42 61 56 90
- 01 42 61 47 73
- www.edouard7hotel.com
- 70间客房
- 单人间、双人间200欧元~

## 香榭丽舍大街

### 勒阿酒店
**Le A**

MAP 剪切图-9、p.55-G

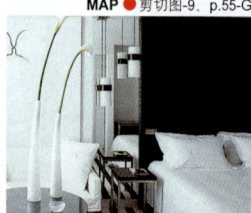

**位于香榭丽舍大街背面**

所有楼层布置统一且干净整洁，宛如禅寺般静谧的空间，令人心境平和。虽然有点千篇一律，但是绝不单调，印象派绘画、精致的小物件等，客房装饰得错落有致。

- 从M9 Saint Philippe du Roule出发步行2分钟
- 4, rue d'Artois,8区
- 01 42 56 99 99
- 01 42 56 99 90
- www.paris-hotel-a.com
- 25间客房
- 单人间、双人间365欧元~

## 斯德岛/雷阿勒/马莱

### 博马舍酒店
**Caron de Beaumarchais**

MAP 剪切图-13、p.58-F

**时尚人士、知识分子是这里的常客**

博马舍酒店由18世纪的贵族公馆改建而成，古斯塔夫样式的家具、陶制的瓷砖再现了当时的气氛。著有《费加罗的婚礼》的喜剧作家博马舍曾住在同一街道的47号。

- 从M1 Saint Paul出发步行2分钟
- 12, rue Vielle du Temple,4区
- 01 42 72 34 12
- 01 42 72 34 63
- www.carondebea umarchais.com
- 19间客房
- 单人间、双人间145欧元~

## 圣日耳曼德佩区/拉丁区

### 奥布松酒店
**Aubusson**

MAP 剪切图-19、p.60-B

**大厅配备暖炉，置身其中有家的感觉**

奥布松酒店由17世纪的宅邸改建而成，洋溢着古巴黎的气息。古董家具、带华盖的床等室内装饰典雅高贵，卫星电视、隔音玻璃、传真机等现代化设备一应俱全。

- 从M4、10 Odéon出发步行3分钟
- 33, rue Dauphine,6区
- 01 43 29 43 43
- 01 43 29 12 62
- www.hoteldaubusson.com
- 49间客房
- 单人间、双人间305欧元~

| 圣日耳曼德佩区/拉丁区 | 圣日耳曼德佩区/拉丁区 | 巴黎北部 |

## 圣日耳曼瑞莱斯酒店 / 洛尔酒店 / 库伯酒店

Le Relais Saint Germain | L'Hôtel | Kube

MAP ● 剪切图-19、p.60-B | MAP ● 剪切图-18、p.60-B | MAP ● 剪切图-5外、p.57-D外

### 圣日耳曼德佩地区的小型豪华酒店

圣日耳曼瑞莱斯酒店典雅别致，17世纪的建筑物搭配路易十四时期样式的古董家具，服务、餐饮、设备均堪称一流。一层的小餐馆"Le Comptoir"极具人气。

✈ 从M4、10 Odéon出发步行1分钟
✉ 9, carrefour de l'Odéon, 6区
☎ 01 43 29 12 05　F 01 46 33 45 30
HP www.hotel-paris-relais-saint-germain.com　室 22间客房　€ 单人间220欧元～、双人间285欧元～

### 每间客房背后都有一段历史

位于左岸的洛尔酒店是一家精致的小型酒店，16世纪改建自玛歌皇后的住所。据说，英国文豪奥斯卡·王尔德一直居住在16号房间却未交费。

✈ 从M4 Saint Germain des Prés出发步行5分钟　✉ 13, rue des Beaux Arts, 6区
☎ 01 44 41 99 00
F 01 43 25 64 81　HP www.l-hotel.com　室 20间客房　€ 单人间、双人间255欧元～

### 充满刺激的娱乐酒店，备受名流喜爱

酒店和两间酒吧并设，以"北极"为主题，内部装饰采用冰和皮毛，趣味盎然。巴黎最初的冰吧——"方冰"温度达零下5℃，人们在里面身着防寒服品伏特加。

✈ 从M2 La Chapelle出发步行5分钟
✉ 1-5, passage Ruelle, 18区
☎ 01 42 05 20 00　F 01 42 05 21 01
HP http://www.muranoresort.com
室 41间客房
€ 单人间250欧元～、双人间300欧元～

| 埃菲尔铁塔/荣军院 | 蒙马特尔 | 蒙巴纳斯 |

## 勒贝尔西斯酒店 / 特拉斯酒店 / 布雷亚花园酒店

Le Bellechasse | Terrass | Jardin le Bréa

MAP ● 剪切图-18、p.63-D | MAP p.97-A | MAP ● 剪切图-26、p.60-J、p.99-B

### 洋溢着浓厚的艺术气息，让人徜徉在艺术的海洋

勒贝尔西斯是一家时尚的酒店，奥赛美术馆近在咫尺。时尚界的巨匠克里斯汀·拉克鲁瓦负责设计，梦幻的客房装饰大胆创新，织物、家具等十分讲究。

✈ 从M12 Solfélino出发步行2分钟
✉ 8, rue de Bellechasse, 7区
☎ 01 45 50 22 31　F 01 45 51 52 36
HP www.lebellechasse.com
室 34间客房
€ 单人间、双人间340欧元～

### 从蒙马特尔高丘眺望，巴黎全景尽收眼底

1923年创办，为蒙马特尔地区唯一的一家高级酒店。莫里斯·尤朗·格鲁布负责经营，他在巴黎市区创建了5家酒店。酒店舒适雅致的氛围深受游客喜爱，附设的餐厅4~9月开放屋顶露台。

✈ 从M2、13 Place de Clichy出发步行5分钟　✉ 12, rue Joseph de Maistre, 18区　☎ 01 46 06 72 85
F 01 44 92 34 30　HP www.terrass-hotel.com　室 98间客房　€ 单人间、双人间280欧元～

### 喜爱蒙巴纳斯的艺术家云集的场所

蒙巴纳斯塔、卢森堡公园近在咫尺，恬静雅致。明亮精致的前厅设有室内庭园，英国设计团队设计的内部装饰新颖时尚。

✈ 从M4 Vavin出发步行3分钟
✉ 14, rue Bréa, 6区
☎ 01 43 25 44 41　F 01 44 07 19 25
HP www.jardinlebrea-paris-hotel.com
室 23间客房
€ 单人间111欧元～、双人间132欧元～

# 经济型酒店

相比法国其他地区，巴黎酒店的费用确实较高，如果想要削减预算的话，可以利用这一等级的酒店。即便设施、装饰稍显逊色，但是各具特色，一定会成为你旅行途中的一段美好的回忆。

## 斯德岛/雷阿勒/马莱

### 尼斯酒店
Nice

MAP ● 剪切图-13、p.58-F

**可以选择带阳台的房间，视野极佳**

穿过正对着里沃利大街的狭窄入口，仿佛跨越时空一般，一间古色古香的大厅映入眼帘。古色古香的地毯、古董家具……到处都充满着浓郁的典雅气息。

交 从M1、11 Hôtel de Ville出发步行2分钟 □ 42bis, rue de Rivoli, 4区 ☎ 01 42 78 55 29 📠 01 42 78 36 07 HP www.hoteldenice.com
室 23间客房 € 单人间90欧元～，双人间110欧元～

## 圣日耳曼德佩区/拉丁区

### 伏尔泰堤道酒店
Quai Voltaire

MAP ● 剪切图-11、p.60-A

**波德莱尔在此撰写了《恶之花》**

19世纪开业以来，波德莱尔、毕沙罗、瓦格纳、王尔德等艺术家都曾在此留宿。从房间的窗户可以眺望塞纳河、罗浮宫等，茶餐厅和酒吧在艺术的熏陶下，不觉也洋溢着文艺气息。

交 从M12 Rue du Bac出发步行7分钟 □ 19, quai Voltaire, 7区 ☎ 01 42 61 50 91 📠 01 42 61 62 26 HP www.quaivoltaire.fr
室 33间客房 € 单人间120欧元～，双人间140欧元～

——19世纪艺术爱好者一定要到此留宿

## 埃菲尔铁塔/荣军院

### 奥赛酒店
Orsay

MAP ● 剪切图-18、p.63-D

**和奥赛美术馆一同走过历史的老字号酒店**

奥赛酒店是由拿破仑的医师的公馆改建而成的，1897年开业时，奥赛美术馆的前身——火车站刚刚建成，酒店由此命名为"新站酒店"。大厅里雅致的家具齐备，在此可以看见绿意盎然的中庭。

交 从M12 Solférino出发步行5分钟 □ 93, rue de Lille, 7区 ☎ 01 47 05 85 54 📠 01 45 55 51 16 HP www.paris-hotel-orsay.com
室 41间客房 € 单人间150欧元～，双人间158欧元～

## 圣日耳曼德佩区/拉丁区

### 圣克里斯朵夫酒店
Saint Christophe

MAP ● 剪切图-20、p.61-H

**游客的最爱**

圣克里斯朵夫酒店的地理位置优越，便于游览。前台服务人员会给一些游览建议，可以坐在前厅阅览杂志。客房典雅别致，暖色系色调协调搭配，置身其中轻松惬意。

交 从M7 Place Monge出发步行5分钟 □ 17, rue Lacépède, 5区 ☎ 01 43 31 81 54 📠 01 43 31 12 54 HP www.charm-hotel-paris.com
室 31间客房 € 单人间105欧元～，双人间115欧元～

## 圣日耳曼德佩区/拉丁区

### 圣雅克酒店
Saint Jacques

MAP ● 剪切图-20、p.61-C

**在此可以眺望巴黎先贤祠和巴黎圣母大教堂**

索邦大学的学生经常穿过学院大道，洋溢着19世纪气息的圣雅克酒店坐落在街道旁。卡里·格兰特和奥黛丽·赫本主演的《谜中谜》就是在这里取景的。

交 从M10 Maubert Mutualité出发步行5分钟 □ 35, rue des Ecoles, 5区 ☎ 01 44 07 45 45 📠 01 43 25 65 50 HP www.hotel-saintjacques.com
室 38间客房 € 单人间92欧元～，双人间105欧元～

| 埃菲尔铁塔/荣军院 | 圣日耳曼德佩区/拉丁区 | 香榭丽舍大街 |

### 波旁宫酒店
Palais Bourbon
MAP ● 剪切图-17，p.63-D

**随着不断改造，评价越来越高**

波旁宫酒店位于静谧的政府机关街道一角，酒店的名称——"波旁宫"意为众议院议事堂。入口和大厅采用田园风格，构造简约。客房摆放着手工制家具，宽敞雅致，居住舒适。

从M13 Varenn出发步行5分钟
49, rue de Bourgogne, 7区
01 44 11 30 70  F 01 45 55 20 21
HP www.hotel-palais-bourbon.com
32间客房 单人间110欧元～，双人间190欧元～

### 布雷西尔酒店
Brésil
MAP ● 剪切图-19，p.61-G

**经济舒适，备受欢迎**

卢森堡公园近在咫尺，步行即可到学生街——圣米歇尔大街，生活十分便利。客房收拾得非常整洁，1885年心理学家弗洛伊德在此居住了一整年。

从RER-B Luxembourg出发步行2分钟
10, rue le Goff, 5区
01 43 54 76 11  F 01 46 33 45 78
HP www.bresil-paris-hotel.com
29间客房 单人间85欧元～，双人间95欧元～

### 福楼拜酒店
Flaubert
MAP ● 剪切图-1外，p.54-B

**置身葱郁茂密的绿树间，呼吸新鲜空气**

距离凯旋门极近，宛如城市绿洲。不得不提的是，犹如莫奈故居的中庭，绿意盎然，令人印象深刻。近年，酒店对房间进行了全面改造，简洁舒适。难得入住其中，最好选择面向中庭的房间。

从M2 Ternes出发步行3分钟
19, rue Rennequin, 17区
01 46 22 44 35  F 01 43 80 32 34
HP www.hotelflaubert.com
41间客房 单人间99欧元～，双人间117欧元～

| 巴黎东部 | 圣日耳曼德佩区/拉丁区 | 巴黎东部 |

### 法兰西大酒店
Grand Hôtel Français
MAP ● 剪切图-14外，p.59-H

**素雅的酒店，散发着古巴黎的气息**

酒店经营者精通多国语言，服务周到，房间温馨舒适。位于两个地铁站之间，治安良好，便于游览。近年，酒店对客房进行了改造，最新设施齐全，服务员热情、亲切。

从M1、2、6及RER-A Nation出发步行3分钟
223, Bd. Voltaire, 11区
01 43 71 27 57  F 01 43 48 40 05
HP www.grand-hotel-francais.fr
24间客房 单人间、双人间115欧元～

### 大学酒店
Grandes Écoles
MAP ● 剪切图-20，p.61-H

**正对着学生街小道，宽阔的庭园魅力无限**

酒店近年刚刚进行了全面改造，从门口望去辽阔的前厅令人出乎意料。庭园内的3栋建筑都是客房，田园别墅般的氛围，令人惬意无比。

从M10 Cardinal Lemoine出发步行3分钟
75, rue Cardinal Lemoine, 5区
01 43 26 79 23
HP www.hotel-grandes-ecoles.com
51间客房 单人间、双人间115欧元～

### 努维尔酒店
Nouvel
MAP ● 剪切图-14外，p.59-H外

**经济舒适，回头客甚多**

努维尔是巴黎东部绝佳的酒店，由喜爱小动物的夫妇经营，服务热情周到，就餐的中庭常年有人精心地进行修整，从大部分客房都能看到一片郁郁葱葱的绿树。

从M1、2、6及RER-A Nation出发步行1分钟
24, Ave. du Bel Air, 12区
01 43 43 01 81  F 01 43 44 64 13
HP www.nouvel-hotel-paris.com
28间客房 单人间68欧元～，双人间83欧元～

# 一流酒店

## 德加勒王子酒店　　香榭丽舍大街
Prince de Galles　　MAP● 剪切图-9、p.55-G

从M1 George V出发步行2分钟　33, Ave. George V,8区　01 53 23 77 77　01 53 23 78 78　www.princedegalles.com　168间客房　单人间610欧元~、双人间660欧元~

## 兰卡斯特酒店　　香榭丽舍大街
Lancaster　　MAP● 剪切图-9、p.55-G

从M1 George V出发步行2分钟　7, rue de Berri,8区　01 40 76 40 76　01 40 76 40 00　www.hotel-lancaster.fr　57间客房　单人间、双人间520欧元~

## 巴黎香榭丽舍大街万豪酒店　　香榭丽舍大街
Paris Marriott Champs-Elysées　　MAP● 剪切图-9、p.55-G

从M1、9 Franklin D. Roosevelt出发步行2分钟　70, Ave. des Champs Elysées,8区　01 53 93 55 00　01 53 93 55 01　www.parismarriott.com　192间客房　单人间、双人间439欧元~

## 巴尔扎克酒店　　香榭丽舍大街
Balzac　　MAP● 剪切图-9、p.55-G

从M1 George V出发步行2分钟　6, rue Balzac,8区　01 44 35 18 00　01 44 35 18 05　www.hotelbalzac.com　70间客房　单人间420欧元~、双人间470欧元~

## 香榭丽舍帝苑酒店　　香榭丽舍大街
Royal Garden Champs Elysées　　MAP● 剪切图-9、p.55-C

从M1、2、6 Charles de Gaulle Etoile出发步行32分钟　218-220, rue du Fg. Saint Honoré,8区　01 49 53 03 03　01 42 89 95 08　www.royalgardenparis.com　72间客房　单人间、双人间340欧元~

## 特利莫伊乐酒店　　香榭丽舍大街
Trémoille　　MAP● 剪切图-9、p.55-K

从M9 Alma Marceau出发步行2分钟　14, rue de la Trémoille,8区　01 56 52 14 00　01 40 70 01 08　www.tremoille.com　93间客房　单人间、双人间545欧元~

## 香榭丽舍大街马里涅酒店　　香榭丽舍大街
Marignan Champs Elysées　　MAP● 剪切图-9、p.55-G

从M1、9 Franklin D. Roosevelt出发步行2分钟　12, rue de Marignan,8区　01 40 76 34 56　01 40 76 34 34　www.hotelmarignan.fr　73间客房　单人间395欧元~、双人间460欧元~

## 星辰艾美酒店　　香榭丽舍大街
Le Méridien Etoile　　MAP● 剪切图-8外、p.54-E

从M1 Porte Maillot出发步行1分钟　81, bd. Gouvion Saint Cyr, 17区　01 40 68 34 34　01 40 68 31 31　www.lemeridianetoile.com　1025间客房　单人间、双人间179欧元~

## 拿破仑酒店　　香榭丽舍大街
Napoléon　　MAP● 剪切图-8、p.54-F

从M1、2、6 Charles de Gaulle Etoile出发步行2分钟　40, Ave. de Friedland,8区　01 56 68 43 21　01 56 68 44 40　www.hotelnapoleonparis.com　102间客房　单人间、双人间490欧元~

## 香榭丽舍大街贝斯韦斯特明星酒店　　香榭丽舍大街
Best Western Champs Elysées Friedland　　MAP● 剪切图-9、p.55-C

从M1、2、6 Charles de Gaulle Etoile出发步行5分钟　177, rue du Fg. St. Honoré,8区　01 45 63 64 65　01 45 63 88 96　www.bestwestern-etoile-friedland.com　40间客房　单人间、双人间169欧元~

## 大华酒店　　香榭丽舍大街
Majestic　　MAP● 剪切图-8、p.54-F

从M6 Kléber出发步行2分钟　30, rue la Pérousse, 16区　01 45 00 83 70　01 45 00 29 48　www.majestic-hotel.com　30间客房　单人间、双人间500欧元~

## 克拉里吉酒店　　香榭丽舍大街
Claridge　　MAP● 剪切图-9、p.55-G

从M1、9 Franklin D. Roosevelt出发步行1分钟　37, rue François 1er,8区　01 47 23 54 42　01 47 23 08 84　www.hotel-claridgeparis.com　42间客房　单人间、双人间400欧元~

## 巴黎圣詹姆斯酒店　　香榭丽舍大街
Saint James Paris　　MAP● 剪切图-15外、p.54-I

从M2 Porte Dauphine出发步行5分钟　43, Ave. Bugeaud, 16区　01 44 05 81 81　01 44 05 81 82　www.saint-james-paris.com　48间客房　单人间、双人间280欧元~

## 斯克瑞博酒店　　歌剧院/罗浮宫
Scribe Paris　　MAP● 剪切图-3、p.56-F

从M3、7、8 Opéra出发步行2分钟　1, rue Scribe, 9区　01 44 71 24 24　01 42 65 39 97　www.sofitel.com　213间客房　单人间、双人间280欧元~

## 威斯敏斯特酒店　　歌剧院/罗浮宫
Westminster　　MAP● 剪切图-4、p.56-F

从M3、7、8 Opéra出发步行2分钟　13, rue de la Paix,2区　01 42 61 57 46　01 42 60 30 66　www.warwickwestminsteropera.com　101间客房　单人间、双人间280欧元~

## 康邦酒店　　歌剧院/罗浮宫
Cambon　　MAP● 剪切图-10、p.56-J

从M1、8、12 Concorde出发步行2分钟　3, rue Cambon, 1区　01 44 58 93 93　01 42 60 30 59　www.hotelcambon.com　40间客房　单人间285欧元~、双人间330欧元~

## 诺曼底酒店　　歌剧院/罗浮宫
Normandy　　MAP● 剪切图-11、p.57-K

从M1、7 Palais Royal Musée du Louvre出发步行1分钟　7, rue de l'Echelle,1区　01 42 60 30 21　01 42 60 45 81　www.hotel-normandy.com　117间客房　单人间119欧元~、双人间139欧元~

## 卡斯特隆酒店　　歌剧院/罗浮宫
Castiglione　　MAP● 剪切图-10、p.56-I

从M8、12、14 Madeleine出发步行3分钟　38-40, rue du Fg. Saint Honoré,8区　01 44 94 25 25　01 42 65 12 27　www.castiglionehotel.com　121间客房　单人间、双人间190欧元~

## 共和国皇冠大酒店　　斯德岛/雷阿勒/马莱
Crowne Plaza Paris République　　MAP● 剪切图-6、p.58-B外

从M3、5、8、9、11 République出发步行1分钟　10, place de la République,11区　01 43 14 43 50　01 47 00 32 34　www.ichotelsgroup.com　318间客房　单人间160欧元~、双人间190欧元~

## 蒙巴纳斯普尔曼酒店　　蒙巴纳斯
Pullman Paris Montparnasse　　MAP● 剪切图-25外、p.99-A

从M4、6、12、13 Montparnasse出发步行1分钟　19, rue du Commandant Mouchotte,14区　01 44 36 44 36　01 44 36 49 00　www.accorhotels.com　953间客房　单人间、双人间189欧元~

## 中级酒店

### 罗浮宫瑞莱斯酒店
Le Relais du Louvre　　歌剧院/罗浮宫　MAP● 剪切图-12, p.57-L

从M1 Louvre Rivoli出发步行2分钟　19, rue des Prêtres Saint Germain l'Auxerrois, 1区　01 40 41 96 42　01 40 41 96 44　relais-du-louvre-paris.com　21间客房　单人间125欧元~、双人间170欧元~

### 佩里斯酒店
Peyris　　歌剧院/罗浮宫　MAP● 剪切图-4, p.57-C

从M8、9 Bonne Nouvelle出发步行4分钟　10, rue Conservatoire, 9区　01 47 70 50 83　01 40 22 95 91　www.hotel-peyris.com　50间客房　单人间110欧元~、双人间130欧元~

### 加尼叶歌剧院美居酒店
Mercure Paris Opéra Garnier　　歌剧院/罗浮宫　MAP● 剪切图-3, p.56-E

从M3、12、13 Saint Lazare出发步行1分钟　4, rue de l'Isly, 8区　01 43 87 35 50　01 43 87 32 22　www.accorhotels.com　140间客房　单人间~、双人间160欧元~

### 布赖顿酒店
Brighton　　歌剧院/罗浮宫　MAP● 剪切图-11, p.56-J

从M1 Tuileries出发步行2分钟　218, rue de Rivoli, 1区　01 47 03 61 61　01 42 60 41 78　www.brighton-hotelparis.com　61间客房　单人间~、双人间239欧元~

### 雪塞歌剧院酒店
Choiseul Opéra　　歌剧院/罗浮宫　MAP● 剪切图-4, p.56-F

从M3、7、8 Opéra出发步行1分钟　1, rue Daunou, 2区　01 42 61 70 41　01 42 86 91 96　www.hotelchoiseulopera-paris.com　47间客房　单人间125欧元~、双人间170欧元~

### 歌剧院贝斯韦斯特贝热尔酒店
Best Western Bergère Opéra　　歌剧院/罗浮宫　MAP● 剪切图-4, p.57-A

从M8、9 Grands Boulevards出发步行3分钟　34, rue Bergère, 9区　01 47 70 34 34　01 47 70 36 36　www.hotel-bergereopera-paris.com　134间客房　单人间~、双人间209欧元~

### 安茹公爵酒店
Ducs d'Anjou　　斯德岛/雷阿勒/马莱　MAP● 剪切图-12, p.58-E

从M1、4、7、11、14 Châtelet出发步行1分钟　1, rue Ste. Opportune, 1区　01 42 36 92 24　01 42 36 16 63　www.hotel-ducsdanjou.fr　37间客房　单人间206欧元~、双人间235欧元~

### 卢特斯酒店
Lutèce　　斯德岛/雷阿勒/马莱　MAP● 剪切图-13, p.58-J

从M7 Pont Marie出发步行5分钟　65, rue Saint Louis en l'Ile, 4区　01 43 26 23 52　01 43 29 60 25　www.paris-hotel-lutece.com　23间客房　单人间~、双人间195欧元~

### 圣培尔酒店
Saints Pères　　圣日耳曼德佩区/拉丁区　MAP● 剪切图-18, p.60-A

从M4 St. Germain des Prés出发步行3分钟　65, rue des Saints Pères, 6区　01 45 44 50 00　01 45 44 90 83　www.paris-hotel-saints-peres.com　39间客房　单人间~、双人间160欧元~

### 万国大酒店
Grands Hommes　　圣日耳曼德佩区/拉丁区　MAP● 剪切图-19, p.61-G

从RER-B Luxembourg出发步行3分钟　17, place du Panthéon, 5区　01 46 34 19 60　01 43 26 67 32　www.hotelsdesgrandshommes.com　31间客房　单人间~、双人间100欧元~

### 阿拉德酒店
Angleterre　　圣日耳曼德佩区/拉丁区　MAP● 剪切图-18, p.60-A

从M4 St. Germain des Prés出发步行4分钟　44, rue Jacob, 6区　01 42 60 34 72　01 42 60 16 93　www.hotel-dangleterre.com　27间客房　单人间140欧元~、双人间200欧元~

### 阿特斯酒店
Artus　　圣日耳曼德佩区/拉丁区　MAP● 剪切图-19, p.60-B

从M10 Mabillon出发步行2分钟　34, rue de Buci, 6区　01 43 29 07 20　01 43 29 67 44　www.artushotel.com　27间客房　单人间~、双人间196欧元~

### 苏利圣日耳曼酒店
Sully Saint Germain　　圣日耳曼德佩区/拉丁区　MAP● 剪切图-20, p.61-C

从M10 Maubert Mutualité出发步行2分钟　rue desEcoles, 5区　01 26 56 02 02　01 43 29 /4 42　www.hotelsullysaintgermain.com　61间客房　单人间155欧元~、双人间165欧元~

### 加来海峡酒店
Pas de Calais　　圣日耳曼德佩区/拉丁区　MAP● 剪切图-18, p.60-D

从M4 St. Germain des prés出发步行3分钟　59, rue des Saints Pères, 6区　01 45 48 78 74　01 45 44 94 57　www.hotel-pasdecalais.com　38间客房　单人间160欧元~、双人间180欧元~

### 圣日耳曼加州酒店
California Saint Germain　　圣日耳曼德佩区/拉丁区　MAP● 剪切图-19, p.61-C

从M10 Maubert Mutualité出发步行2分钟　32, rue des Ecoles, 5区　01 46 34 12 90　01 46 34 75 52　www.californiaparishotel.com　44间客房　单人间140欧元~、双人间150欧元~

### 埃菲尔迪凯纳酒店
Duquesne Eiffel　　埃菲尔铁塔/荣军院　MAP● 剪切图-24, p.63-G

从M8 Ecole Militaire出发步行5分钟　23, Ave. Duquesne, 7区　01 44 42 09 09　01 44 42 09 08　www.duquesneeiffel.com　50间客房　单人间~、双人间180欧元~

### 埃菲尔蒂姆图尔酒店
Timhôtel Tour Eiffel　　埃菲尔铁塔/荣军院　MAP● 剪切图-23, p.62-J

从M6 Dupleix出发步行1分钟　11, rue Juge, 15区　01 45 78 29 29　01 45 78 60 00　www.timhotel.com　39间客房　单人间、双人间95欧元~

### 埃菲尔帕西酒店
Passy Eiffel　　埃菲尔铁塔/荣军院　MAP● 剪切图-22, p.62-E

从M6 Passy出发步行3分钟　10, rue de Passy, 16区　01 45 25 55 66　01 42 88 89 88　www.hotel-passyeiffel.com　50间客房　单人间~、双人间160欧元~

### 埃菲尔索佛伦美居酒店
Mercure Paris Suffren Tour Eiffel　　埃菲尔铁塔/荣军院　MAP● 剪切图-23, p.62-J

从M6 Bir Hakeim出发步行2分钟　20, rue Jean Rey, 15区　01 45 78 50 00　01 45 78 91 42　www.mercure.com　405间客房　单人间~、双人间210欧元~

### 卡尔顿酒店
Carlton's　　蒙马特尔　MAP p.97-B

从M2 Anvers出发步行1分钟　55, bd. de Rochechouart, 9区　01 42 81 91 00　01 42 81 97 04　www.hotelcarltons.fr　111间客房　单人间150欧元~、双人间160欧元~

## 经济型酒店

### 鲁昂酒店
Rouen　　歌剧院/罗浮宫　MAP ● 剪切图-11，p.57-K

从M1、7 Palais Royal Musée du Louvre出发步行3分钟　42, rue Croix des Petits Champs, 1区　01 42 61 38 21　01 42 61 38 21　www.hotelderouen.net　22间客房　单人间、双人间50欧元~

### 新桥酒店
Pont Neuf　　歌剧院/罗浮宫　MAP ● 剪切图-12，p.57-L

从M1 Louvre-Rivoli出发步行3分钟　20, rue du Roule, 1区　01 42 33 05 18　01 42 33 74 02　www.hotelpontneuf.com　16间客房　单人间69欧元~、双人间90欧元~

### 拉玛尔默德酒店
La Marmotte　　歌剧院/罗浮宫　MAP ● 剪切图-5，p.57-H

从M3 Sentier出发步行2分钟　6, rue Léopold Bellan, 2区　01 40 26 26 51　01 42 21 96 20　www.hotelmarmotte.fr　14间客房　单人间55欧元~、双人间65欧元~

### 里昂德尔酒店
Lion d'Or　　歌剧院/罗浮宫　MAP ● 剪切图-11，p.56-J

从M1 Tuilerie出发步行2分钟　5, rue de la Sourdière, 1区　01 42 60 79 04　01 42 60 09 14　www.hotel-louvre-paris.com　2间客房　单人间、双人间95欧元~

### 阿加西亚斯酒店
Acacias Hôtel de Ville　　斯德岛/雷阿勒/马莱　MAP ● 剪切图-13，p.58-F

从M1、11 Hôtel de Ville出发步行5分钟　20, rue de Temple, 4区　01 48 87 07 70　01 48 87 17 20　www.acacias-hotel.com　33间客房　单人间80欧元~、双人间98欧元~

### 拉赫尔斯德尔酒店
La Herse d'Or　　斯德岛/雷阿勒/马莱　MAP ● 剪切图-13，p.59-G

从M1、5、8 Bastille出发步行5分钟　20, rue St. Antoine, 4区　01 48 87 84 09　01 48 87 94 01　www.parishotelherseor.com　35间客房　单人间65欧元~、双人间75欧元~

### 巴士底波德莱尔酒店
Baudelaire Bastille　　斯德岛/雷阿勒/马莱　MAP ● 剪切图-14，p.59-H

从M1、5、8 Bastille出发步行5分钟　12, rue de Charonne, 12区　01 47 00 40 98　01 43 38 57 81　www.paris-hotel-bastille.com　46间客房　单人间69欧元~、双人间79欧元~

### 阿罕布拉酒店
Alhambra　　斯德岛/雷阿勒/马莱　MAP ● 剪切图-6，p.59-C

从M5、9 Oberkampf出发步行5分钟　13, rue de Malte, 11区　01 47 00 35 52　01 43 57 98 75　www.hotelalhambra.fr　58间客房　单人间76欧元~、双人间83欧元~

### 皇港酒店
Port Royal　　圣日耳曼德佩区/拉丁区　MAP ● 剪切图-27，p.61-L

从M7 Les Gobelins出发步行2分钟　8, Bd. Port Royal, 5区　01 43 31 70 06　01 43 31 33 67　www.hotelportroyal.fr　46间客房　单人间41欧元~、双人间52.50欧元~

### 博瓦尔酒店
Beauvoir　　圣日耳曼德佩区/拉丁区　MAP ● 剪切图-26，p.61-K

从RER-B Port Royal出发步行2分钟　43, Ave. Georges Bernanos, 5区　01 43 25 57 10　01 43 54 31 87　www.hotelbeauvoir.fr　29间客房　单人间70欧元~、双人间98欧元~

### 索邦克鲁尼酒店
Cluny Sorbonne　　圣日耳曼德佩区/拉丁区　MAP ● 剪切图-19，p.61-G

从RER-B Luxembourg出发步行2分钟　8, rue Victor Cousin, 5区　01 43 54 66 66　01 43 29 68 07　www.hotel-cluny.fr　23间客房　单人间98欧元~

### 阳光酒店
Sunny　　圣日耳曼德佩区/拉丁区　MAP ● 剪切图-27，p.61-L

从M7 Les Gobelins出发步行5分钟　48, Bd. Port Royal, 5区　01 43 31 79 86　01 43 31 36 02　www.hotelsunny.com　37间客房　单人间78欧元~、双人间88欧元~

### 博讷酒店
Beaune　　圣日耳曼德佩区/拉丁区　MAP ● 剪切图-18，p.60-A

从M12 Rue du Bac出发步行5分钟　29, rue de Beaune, 7区　01 42 61 24 89　01 49 27 02 12　www.hoteldebeaune.com　32间客房　单人间72欧元~、双人间82欧元~

### 卡迪纳尔皇家酒店
Royal Cardinal　　圣日耳曼德佩区/拉丁区　MAP ● 剪切图-20，p.61-D

从M10 Cardinal Lemoine出发步行1分钟　1, rue des Ecoles, 5区　01 43 26 83 64　01 44 07 22 32　www.cardinal-paris-hotel.com　36间客房　单人间104欧元~、双人间114欧元~

### 嘉尔曼酒店
Carmes　　圣日耳曼德佩区/拉丁区　MAP ● 剪切图-19，p.61-C

从M10 Maubert Mutualité出发步行3分钟　5, rue des Carmes, 5区　01 43 29 78 40　01 43 29 57 17　www.hoteldescarmesparis.com　30间客房　单人间89欧元~、双人间99欧元~

### 阿戈诺尔酒店
Agenor　　蒙巴纳斯　MAP p.99-A

从M13 Gaîté出发步行3分钟　22, rue Cels, 14区　01 43 22 47 25　01 42 79 94 01　www.agenor-paris-hotel.com　19间客房　单人间、双人间83欧元~

### 敖德萨酒店
Odessa　　蒙巴纳斯　MAP ● 剪切图-25，p.60-J、p.99-A

从M6 Edgar Quinet出发步行1分钟　28, rue d'Odessa, 14区　01 43 20 64 78　01 42 79 90 71　www.hotelodessaparis.com　19间客房　单人间105欧元~、双人间115欧元~

### 米斯特拉尔酒店
Mistral　　巴黎东部　MAP ● 剪切图-14外，p.59-L外

从M1 Reuilly Diderot出发步行3分钟　3, rue de Chaligny, 12区　01 46 28 10 20　0146 28 69 66　www.hotel-mistral-paris.com　19间客房　单人间56欧元~、双人间61欧元~

### 艺术之家
Des Arts　　巴黎南部　MAP ● 剪切图-28

从M5、6、7 Place d'Italie出发步行5分钟　8, rue Coypel, 13区　01 47 07 76 32　01 43 31 18 09　www.hotel-des-arts-paris.com　37间客房　单人间89欧元~

### 阿尔卑斯广场酒店
Place des Alpes　　巴黎南部　MAP ● 剪切图-28

从M5、6、7 Place d'Italie出发步行5分钟　2, place des Alpes, 13区　01 42 16 92 93　01 45 86 30 06　www.hotelplacedesalpes.com　42间客房　单人间60欧元~、双人间65欧元~

# 从巴黎到郊外

## 巴黎大区及其周边

　　环绕巴黎的半径100公里的广大地域就是巴黎大区。在法语中，巴黎大区被称为"法兰西岛"。这里有几处广阔的森林，还有博斯平原、塞纳河、马恩河、瓦兹河等河流流经此地，土地富饶，魅力无限。

　　据说，巴黎大区更具法国特色，法国前身——法兰克王国位于巴黎北部，巴黎大区曾经是法兰克王国统治全国的行政中心。苏瓦松、桑利斯、贡比涅等城镇留存着当时的遗迹，典雅的尚蒂伊堡就坐落在附近。西北的塞纳河、瓦兹河河畔散落着印象派画家到访过的村庄。

　　西南部是因凡尔赛宫而闻名的小镇，小镇前方的河谷周边，城堡、教堂林立，一直延伸到广阔的朗布依埃森林。森林前一望无际的博斯平原上栽种着谷物，法国引以为豪的遗产之一——沙特尔大教堂就矗立在此。东南部是法国历代皇室的狩猎地枫丹白露森林和柯罗、米勒所钟爱的村落——巴比松。马恩河和塞纳河在东部汇合，其周边散落着许多独具魅力的小村落。

　　有许多从巴黎出发的旅游巴士，乘坐它可以尽情地游览旅游胜地。

### 巴黎旅游巴士

　　有许多旅游巴士从巴黎市区前往郊外的旅游地，可以尽情地游览交通不便的景点，十分方便。对于时间不充裕的旅游者来说，旅游巴士是个不错的选择。根据旅游路线不同，有些地方还配备外语导游。

　　下面介绍最具代表性的两家公司的旅游路线。不同时期费用以及旅游景点会有变动，敬请留意。尤其需要提醒的是，请提前确认好出发时间和日期。

**Cityrama** MAP●剪切图-11、p.57-K
✉ 2, pl. des Pyramides, 1区　☎ 01 44 55 61 00　HP www.pariscityrama.jp
● 沙特尔半日游　€ 70欧元
● 枫丹白露和巴比松半日游　€ 69欧元
● 凡尔赛半日游　€ 54欧元

**Paris Vision** MAP●剪切图-11、p.56-J
✉ 214, rue de Rivoli, 1区
☎ 01 42 60 30 01　HP jp.parisvision.com
● 吉维尼、欧韦一日游（配备外语导游、提供一餐）166 欧元
● 凡尔赛一日游（配备外语导游、提供一餐）159 欧元
● 卢瓦尔古城一日游（配备外语导游、提供一餐）170 欧元
● 枫丹白露半日游 65 欧元
● 维孔特城堡、巴比松、枫丹白露一日游（配备外语导游、提供一餐）166 欧元

※费用是2010年冬季的数据，没有标记的部分基本上配备了英语导游。

维孔特城堡的交通欠佳，乘坐班车游览比较便利

# Versailles

## 凡尔赛

上演历史兴盛和衰亡的大舞台，路易十四曾经居住的豪华的宫殿，举世闻名。

MAP p.8-B

北侧的花坛色彩缤纷引人入胜

## ACCESS

**RER**：从巴黎乘坐开往Versailles Rive Gauche的C5线 到终点站下车，然后步行5分钟。
**国铁**：乘坐从蒙巴纳斯站开往朗布依埃（Rambouillet）、沙特尔（Chartres）的列车，在Versailles Chantier站下车，然后步行15分钟。乘坐从圣拉扎尔（Saint-Lazare）开往Versailles Rive Droite的列车，到终点站下车，然后步行15分钟。
**公交**：乘坐地铁9号线到终点，在塞夫勒博物馆前的公交站乘坐开往Versailles Place d'Armes的171站公交，到终点站下车即到。从巴黎市区出发需要25到45分钟。

## INFORMATION

❶ **旅游信息服务中心**：2bis, Ave. de Paris ☎01 39 24 88 88
🕐 9:00～19:00、周一～10:00～18:00（10月至次年3月周日、周一11:00～17:00）  常年营业
**市内交通**：有10多条公交路线。
**市区面积**：从Versailles Rive Gauche站到宫殿，步行需要5分钟；只参观宫殿，需要1小时左右。除了宫殿，还参观庭园、玛丽·安托瓦内特行宫则需要3小时左右。

## 城市概况

小镇分为两部分，包括宫殿所在地——圣母院地区和南侧皇家菜园所在地——圣路易地区。1682年路易十四把皇宫从巴黎移到了凡尔赛宫，直到1789年法国大革命爆发前，这里都是法国政治、文化、艺术的中心，繁荣兴盛。极尽奢华的宫殿、广大的庭园、玛丽·安托瓦内特的行宫等，景点之多一天之内无法尽览。这里距离特里亚农宫大约1.5公里，时间不充裕的游客可以利用小火车（Petit Train），车站位于宫殿北侧的庭园，每隔12到30分钟发一趟车（往返6.50欧元）。如果时间允许的话，可以游览贵族宅邸林立的圣路易地区以及皇家菜园。圣母院地区的乔尔长廊(Passage de la Geôle)周边有古董街。夏天市内旅游巴士只巡游主要的景点。

## 凡尔赛宫殿
### Château de Versailles
MAP p.145-C  世界遗产

凡尔赛宫是法国绝对王权鼎盛时期的象征，是史上名符其实的最高、最大的宫殿。路易十四世下令，汇集了当时最具才能的技师——建筑家勒沃、室内装饰家勒布伦、园林家勒诺特等，耗费巨资，历时半年建造了凡尔赛宫。

穿过环绕着皇家徽章的雄伟壮丽的大门，可以看见路易十四威风凛凛的骑马像矗立在石砌的广场——王之中庭。通过北翼一层入口到达二层的皇家礼拜堂。1770年，王储路易（之后的路易十六）和玛丽·安托瓦内特在芒萨尔设计、其弟完成的房间举行了婚礼。穿过17世纪的历史长廊就来到了歌剧院。

以海格力斯厅为首的6大间起居室，分别是维纳斯厅、狄安娜厅、玛尔斯厅、墨丘利厅和阿波罗厅。每个房间都摆放着以希腊、罗马诸神为主题的装饰物，门楣上的雕刻和天花板画精美绝伦，其中尤为豪华的是阿波罗厅。阿波罗厅装饰着里戈创作的肖像画等，路易十四曾坐在厅内纯银铸造的御座上接见来宾，所以又称为"御座厅"。

从水之前厅眺望宫殿的正西面

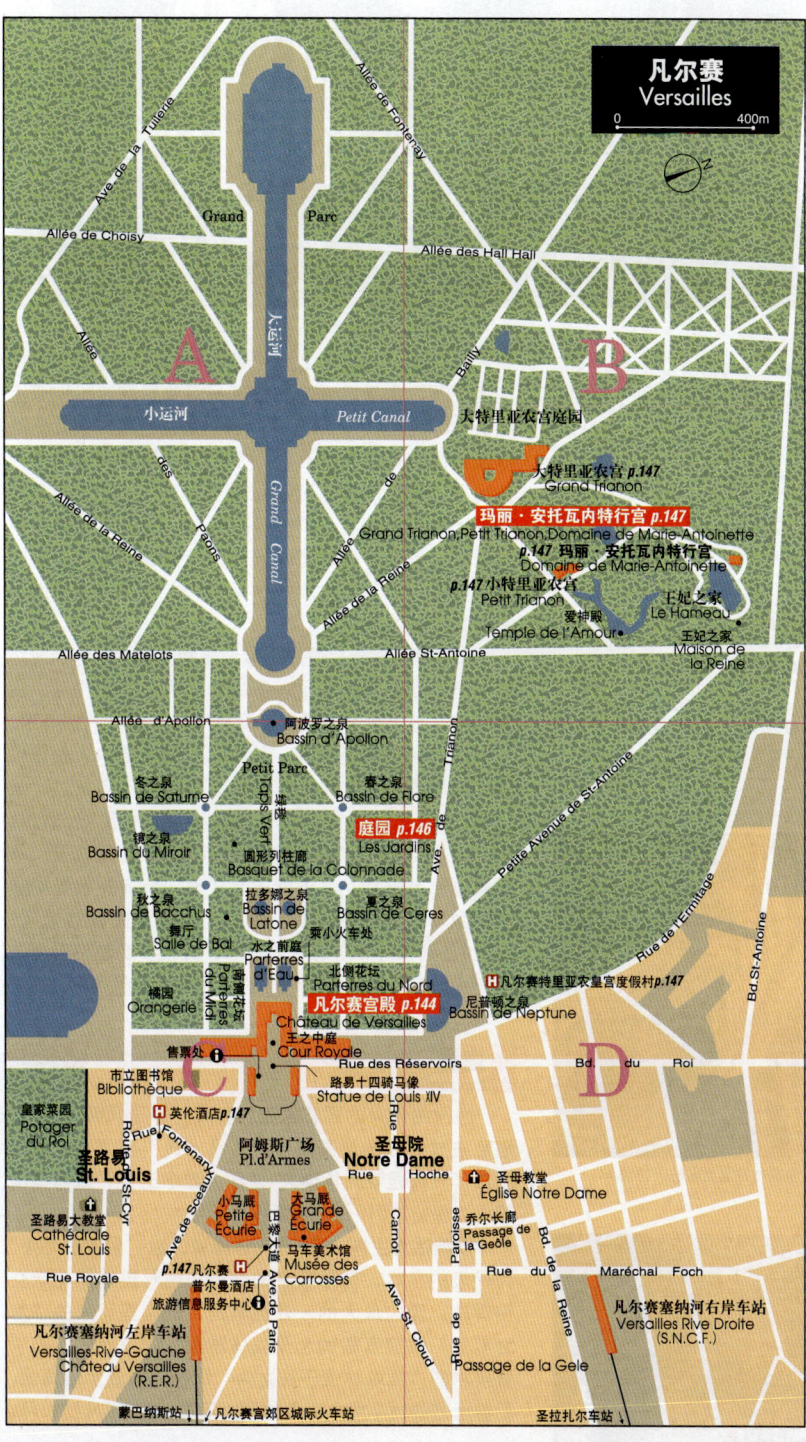

凡尔赛宫最著名的大厅——镜厅

## 宫殿

**开** 9:00~18:30（11月至次年3月至17:30）
**休** 周一 **€** 15欧元（备有语音导游机），PMP可用，11月至次年3月的第一个周日免费
● 导游带领参观（法、英）16欧元（持票者7欧元）
● 持护照1日游（宫殿，大、小特里亚农宫和玛丽·安托瓦内特的行宫，备有语音导游机）18欧元（举办"音乐和水之盛典"时25欧元）

## 庭园

**开** 8:00~20:30（11月~次年3月至18:00）
**休** 常年营业 **€** 免费
4~10月的"音乐和水之盛典"：每周六、周日11:00~12:00、15:30~17:00
**€** 8欧元（持护照1日游25欧元）

穿过尽头的战争厅，来到宫殿最大的景点——镜厅。镜厅长73米，天花板上描绘着勒布伦创作的路易十四的生平画，水晶玻璃制的枝形吊灯绚烂辉煌。墙壁上镶嵌着578块镜板，从高高的窗户可以俯瞰广阔壮丽的庭园。回廊是路易十五时期复原的，现在是法国的外交场所。背后的皇家卧室正对着大理石方院，1715年路易十四在此去世，1789年路易十六和皇后在阳台向民众低头致歉，旁边是唯一一间带椭圆形窗户的房间——牛眼厅，它是皇族的休息室，当时的许多阴谋都是在此处策划的。

和平厅正对着战争厅，装饰着勒穆瓦纳创作的《路易十五为欧洲带来和平》等以和平为主题的作品。由此向东，是皇后举办餐宴的聚餐厅，排列得井然有序。各个房间装饰着肖像画，其中女画家维吉尔·勒布伦创作的《玛丽·安托瓦内特和孩子们》不容错过。长120米的战史长廊铭刻了长达82年的战争历史，即从469年的托尔比亚克战争到1809年的瓦格拉姆战役。从走廊返回至一楼，是王储的起居室，装饰并不奢华却很精致，让人倍感亲切。通常，游览到此就结束了，但是4月到10月旅游旺季的周末，可以参观包括玛丽·安托瓦内特在内的路易十五的皇后等人的起居室。

皇家礼拜堂美丽的天花板画

## 庭园
Les Jardins　　　　　　　　MAP p.145-C  世界遗产

庭园由伟大的园林家勒诺特设计，于1668年完成，堪称法式庭园的最高杰作，路易十四引以为豪，亲自制作了《庭园观光指南》。法国大革命时期，庭园范围缩小，保留了815公顷的面积。

以神话为主题的200座人体雕像，以"阿波罗之泉"为代表的泉水，郁郁葱葱的绿树和色彩斑斓的花坛交相辉映。园内最大的一处佳景是，从宫殿正面的"水之前庭"眺望宫殿的全景立体画面，雄伟壮丽。流淌着泉水的广阔森林位于称之为"绿毯"的散步道两侧，朝着远方的地平线一直延伸到大运河。每年4月到10月，

协调搭配的庭园景致

都会举办以"音乐喷泉盛典"为名的喷泉表演，以及烟花和彩灯装点的"音乐节之夜"。详细的日程和费用请咨询旅游信息服务中心。

在各个喷泉处欣赏以神话为主题的精美雕刻

## 特里亚农宫和玛丽·安托瓦内特行宫
Grand Trianon, Petit Trianon, Domaine de Marie-Antoinette　MAP p.145-B

### 大特里亚农宫
Grand Trianon　MAP p.145-B

1688年，芒萨尔设计建造了供路易十四及其家人休养的场所——大特里亚农宫。它是搭配柱廊的意大利式建筑，因为使用了蔷薇色的大理石，故被称为"大理石特里亚农"。路易十四尤为钟爱这所行宫，为了暂时逃避公务和喧嚣，有时和家人，有时和他的王后在此休养。

大革命后，拿破仑一世对其进行了修复，现存的是1965年戴高乐将军修整后的建筑物。

大理石装饰的大特里亚农宫

### 小特里亚农宫
Petit Trianon　MAP p.145-B

1762至1768年，路易十五及其情妇蓬帕杜侯爵夫人下令建造了小特里亚农宫。小特里亚农宫由吉伯特负责设计，雕刻家盖布里埃尔担任室内装饰，外观清新流畅，庭园旁的科林斯式列柱增添了古典气质。路易十六把这一行宫赠送给了玛丽·安托瓦内特王后，室内装饰以原生态为主题，周围环绕着亭台、剧场。王后沉迷于和朋友看戏，举办化装舞会等。后来，拿破仑三世的妻子欧仁妮王后又对宫殿进行了改造。通过近年的修复，宫殿再现了当年王后们奢华的生活图景。

森林深处的爱神殿

### 玛丽·安托瓦内特行宫
Domaine de Marie-Antoinette　MAP p.145-B

从小特里亚农宫沿着小溪向北行进，来到神殿风格的亭台——爱神殿。据说，当年玛丽·安托瓦内特王后和他人曾在此幽会。沿着林荫道步行10分钟左右，可以看到散落在池畔的村落。18世纪时，王侯贵族之间流行在自己的村庄开展农事活动。当时，王后们也建造了12栋农家，挤牛奶、垂钓等，乐此不疲。

### 特里亚农宫和玛丽·安托瓦内特行宫
■12:00~18:30（11月~次年3月至17:30）9欧元（备有语音导游机）、11月至次年3月10欧元（PMP可用）

■观景点：4~10月可以参观大特里亚农宫、小特里亚农宫、礼拜堂、王妃之家、王妃剧场、贝尔佛第宫、爱神殿、洞窟、英式庭园、乳制品烹调室、法式东厅，11月至次年3月只能参观大特里亚农宫和小特里亚农宫。

## 住宿

### 凡尔赛特里亚农皇宫度假村
Trianon Palace Versailles　MAP p.145-D

1910年开业的高级酒店。在此可以度过一段舒适、优雅的巴黎时光，温泉人气极高。

✉ 从宫殿出发步行10分钟
🏠 1, bd. de la Reine
☎ 01 30 84 50 00 📠 01 39 84 50 01
🌐 www.trianonpalace.fr
🛏 192间客房 💶 单人间，双人间314欧元~

### 凡尔赛普尔曼酒店
Pullman Versailles Château　MAP p.145-C

位于凡尔赛宫正面，旅游信息服务中心旁边。设备一应俱全，服务热情周到。

✉ 从宫殿出发步行1分钟
🏠 2bis, Ave. de Paris
☎ 01 39 07 46 46 📠 01 39 07 46 47
🌐 www.pullmanhotels.com
🛏 152间客房 💶 单人间，双人间201欧元~

### 英伦酒店
D'Angleterre　MAP p.145-C

英伦酒店距离宫殿和RER都很近，是一家位于安静街道的中级酒店。刚刚进行了内部装修，整洁时尚。

✉ 从宫殿出发步行3分钟 🏠 2bis, rue de Fontenay ☎ 01 39 51 43 50
📠 01 39 51 45 63 🌐 www.hotelangleterre-versailles.fr 🛏 18间客房 💶 单人间88欧元~，双人间98欧元~

# Rambouillet
# 朗布依埃

MAP p.8-B

国际会议的会场，历史十分悠久的城镇。周围环绕着大片森林，供总统主办狩猎会。

自1897年以来，这里成为法国总统夏季入住的官邸

## ACCESS

**国铁**：从巴黎蒙巴纳斯站乘坐开往加兹朗（Gazeran）和沙特尔（Chartres）的列车，到朗布依埃（Rmbouillet）站下车，行车约30分钟。

**自驾车**：从巴黎出发走高速公路A13、A12、N10线或者是A6线、A10线，行程45公里。

## INFORMATION

🛈 旅游信息服务中心：pl. de la Libération ☎ 01 34 83 21 21
🌐 www.rambouillet-tourisme.fr
🕘 9:30~12:00, 14:30~17:30, 7~8月9:30~12:00, 14:00~18:00） 1/1, 12/25
**市内交通**：配合巴黎火车站出发和到达时间，可乘坐班车参观，还可以徒步参观（仅限周日、节假日）
**市区面积**：从国铁站到旅游信息服务中心和城堡，步行需要10分钟，游览需要6小时左右。

### 朗布依埃城堡
🕘 10:00~12:00, 14:00~18:00（10月~次年3月至16:30）
周二、1/1、5/1、11/1、11/11、12/25、总统逗留期间
💶 7欧元（含参观制酪场）（PMP可用）
🚶 从车站出发步行10分钟

### 王妃制酪场和贝壳小亭
🕘 10:00~12:00, 14:00~18:00（10月~次年3月至16:30）仅限导游带团参观，参观时间每次不同，大约间隔1小时
周二、部分节假日、总统逗留期间
💶 7欧元（含参观城堡）（PMP可用）
🚶 从城堡后面出发（Grille de l'Hopital）步行10分钟

### 国立牧羊场
🕘 14:00~17:30（9月~次年2月至17:00）
节假日、学校放假之外的周一、周二，11月~次年2月的周四、周五
💶 4.50欧元
🚶 从城堡出发步行15分钟

## 🏨 住宿
### 多梅拉布酒店
Domaine de l'Abbaye des Vaux de Cernay
🚶 距离朗布依埃约12公里
📧 domaine de L'Abbaye des Vaux de Cernay, Cernay la Ville
☎ 01 34 85 23 00  📠 01 34 85 11 60
🌐 www.abbayedecernay.com
🛏 57间客房
💶 单人间、双人间120欧元~

## 城市概况

朗布依埃是一座位于巴黎西南、距离巴黎约45公里的小镇，因皇家御用狩猎场——朗布依埃森林而闻名。朗布依埃森林在巴黎大区众多的森林中极具人气，这里散落着20余处池塘，节假日满是来此休闲度假的巴黎人，热闹非凡。法国森林共计20万公顷，其中国有森林占地1.4万公顷，鹿和野猪等动物穿梭在松树、橡树之间。从火车站出发，穿过沙特尔大街（Rue Chasles）[途经戴高乐将军大街（Rue de Général de Gaulle）]，就来到了城堡入口和旅游信息服务中心所在地——解放广场（Pl. de La libération）。

## 景点

**朗布依埃**（Chateau de Rmbouillet）是14世纪建造的城堡。1547年，狩猎归来的弗朗索瓦一世在此去世。1706年，路易十四为他的儿子图卢兹伯爵买下了这座城堡。1783年，爱好狩猎的路易十六从图卢兹伯爵手中购买下朗布依埃城堡。

中层楼是图卢兹伯爵夫人的卧室，伯爵为其布置了石贝装饰物。拿破仑一世在前往圣赫勒拿岛之前住过的房间，悬挂着庞培风格的壁画。城堡的正面是宽广的法式庭园，天鹅和鸭子戏水的运河延伸开来，天气晴朗时，经常可以看到一家人郊游的身影。

**王妃制酪场**（La Laiterie de la Reine）是一座神殿风格的官邸，采用意大利产的大理石建造而成，装饰以神话为主题的雕刻，供玛丽·安托瓦内特王后品尝乳制品。据说房屋两侧的地下喷泉，曾用来保存盛牛奶的罐子。**贝壳小亭**（La Chaumière aux Coquillages）是18世纪建造的亭台，用数十种贝壳和螺钿加以装饰。

1786年，路易十六从西班牙引进了美利奴种羊，在朗布依埃至今仍保留饲养此羊的传统。在**国立牧羊场**（La Bergerie Nationale）可以抚摸温顺的羊羔和用于制作意大利干酪的水牛，还可以与马儿嬉戏，同时这里还开设销售农产品、美利奴羊制品的商店。

想在森林散步的话，可以从旅游信息服务中心领取地图

# Chartres
# 沙特尔

MAP p.8-B

朝拜圣母者聚集的大教堂，以彩色玻璃——"沙特尔蓝"而闻名。

彩色玻璃

## 城市概况

沙特尔位于巴黎西南，人口约4万，到处散落着中世纪的遗迹。沙特尔大教堂上高耸着两座威风凛凛的塔楼，雕刻家罗丹称赞这一景观为"法国高城"。

中世纪的朝圣传统保存至今，巴黎学生开展的圣灵降临节成为每年的例行活动（3月）。沙特尔博物馆（Musée des Beaux Arts de Chartres）所在的旧天主教堂——普世圣公堂位于大教堂周边的旧市街。埃乌尔河畔拥有公共洗衣场等。16到17世纪的房屋遍布的埃克伊尔大街（Rue des Ecuyers）和普瓦索纳里广场（Pl. de la Poissonnerie），不可错过。鲑之家餐厅（Maison de Saumon）至今保留着当时的雕刻。小镇的纪念碑处会举办"沙特尔之光（闪亮的沙特尔）"活动（4/23～9/18），到处张灯结彩，那时一定要留宿一晚，欣赏一下异国风情。另外，沙特尔是香水产业城市，又被称为"美容之都"。

## 景点 世界遗产

沙特尔大教堂（Cathédrale Notre Dame）被联合国教科文组织列入世界文化遗产（参见p.30）。根据史料记载，最初的大教堂早在743年就已经被破坏了，实际上，沙特尔大教堂建于4世纪之后不断被烧毁再建，现存大部分是12至13世纪的建筑物。12世纪罗马风格的杰作——南侧钟楼（面向北侧）和16世纪哥特样式的北塔（左侧）交相辉映，趣味盎然。12世纪建造的正门由三扇大门构成，装饰着罗马样式的线形浮雕，别具一格。

在内部可以鉴赏深色调的彩色玻璃——"沙特尔蓝"，其创造出光影结合的梦幻景象，动人心弦。南侧走廊上，被称为彩色玻璃至宝的《美丽的玻璃绘圣母》，从12世纪闪耀至今。另外，13世纪在南、北、西三侧建造了玫瑰色玻璃，其中，人们对描绘着圣母玛利亚的北窗的艺术评价最高。《实体家谱树》最上部的基督坐像周围环绕着七翼鸽，象征着精灵的礼物。

### ACCESS
**国铁**：从巴黎蒙巴纳斯站乘坐前往沙特尔（Chartres）的列车，行车约1小时。
**自驾车**：从巴黎沿高速公路A10～A11线，行程约90公里。
**公交**：从巴黎出发可乘坐旅游巴士（参见p.143）。

### INFORMATION
**旅游信息服务中心**：7, pl. de la Cathédrale　02 37 18 26 26
www.chartres-tourisme.com
9:00～19:00（周日、节假日9:30～17:30），10月～次年3月9:00～18:00（周日、节假日9:30～17:00）
1/1、12/25
**市区面积**：从车站沿着缓慢的坡道步行到大教堂需要15分钟，游览大约需要4小时。

### 圣母大教堂
开 8:30～19:30（6～8月至22:00）
休 举办宗教仪式时休息

### 住宿 & 餐饮
**君王大酒店**
Grand Monarque　　MAP p.149
从大教堂出发步行10分钟
22, pl. des Epars
02 37 18 15 15　02 37 36 34 18
www.bw-grand-monarque.com
60间客房
单人间、双人间130欧元~

# Fontainebleau/Barbizon

## 枫丹白露/巴比松

广大的森林周边是法国历代国王居住的宫殿,风景优美,广受画家钟爱。

MAP p.8-B

徽章弗朗索瓦一世的

### ACCESS

**国铁**:从巴黎里昂站乘坐开往桑斯(Sens)的列车,到Fontainebleau Avon站下车,行车约45分钟。

### INFORMATION

● Fontainebleau Avon旅游信息服务中心♦, 4, rue Royal ☎01 60 74 99 99 ＨＰwww.fontaine bleau-tourisme.com ⏰10:00~18:00(周日、节假日10:00~13:00, 14:00~17:00) 休11月~次年2月的周日、节假日

巴比松旅游信息服务中心♦ Pl. Monc Jacquet ☎01 60 66 41 87 ＨＰwww.barbizon-tourisme.fr
⏰10:00~13:00, 14:00~18:00 休周一、周二

**市区面积**:从Fontainebleau Avon站乘坐公交A线或者乘坐城堡巴士(Chateaubus)前往枫丹白露宫,行约15分钟,然后步行30分钟。乘坐22A路公交或者出租车前往巴比松需要15到25分钟,行车8公里(可以从车站、宫殿前乘车)。车站前可以租自行车。游览所需要的时间,枫丹白露宫大约3小时,巴比松大约1小时30分钟。

### 枫丹白露宫

⏰9:30~17:00(4~9月至18:00,闭馆前45分钟禁止入馆)
休周二、1/1、5/1、12/25(庭院照常开放)
💰大宫殿10欧元(PMP可用)、第一个周日免费,备有语音导游机(需要出示身份证)。小宫殿和拿破仑博物馆仅限导游带团参观(10:15~、15:00~),当天9:00开始预约
☎01 60 71 50 60
💰各个景点6.50欧元,联展19欧元
🚌从车站乘坐公交,行车10分钟

## 城市概况

枫丹白露坐落在面积达2.5万公顷的枫丹白露森林里,作为法国历代国王居住的宫殿而闻名中外。中世纪以来,枫丹白露森林一直是王侯贵族狩猎的场所。12世纪,在这里建造了用于居住的城堡。16世纪,弗朗索瓦一世把它改造为文艺复兴样式的宫殿。之后,历代国王以及法国大革命后的国王分别进行了改建、增建,从而形成了如今的枫丹白露宫。

巴比松是坐落在森林北部的一座小村庄,米勒、柯罗等巴比松派画家曾经居住于此,现今成为美术爱好者拜访的胜地。

### 枫丹白露宫
Château de Fontainebleau  MAP p.151-B

 世界遗产

弗朗索瓦一世下令建造的文艺复兴样式的城堡和庭院,路易十三至路易十六时期建造的古典建筑物。历代国王、王后使用过的家具、装饰品,历经8世纪的建筑样式和艺术作品齐聚一堂,堪称举世无双的宫殿,被联合国教科文组织列为世界文化遗产(参见p.30)。

弗朗索瓦一世任命F. 罗索、F. 普利马提乔等意大利艺术家负责装饰城堡,法式文艺复兴争奇斗艳,意大利画家列奥纳多·达·芬奇创作的《蒙娜丽莎》(现收藏于罗浮宫)曾是这里的收藏品。这一时期产生的美术风格被称为枫丹白露派,对之后的巴洛克、洛可可艺术产生了深远的影响。代表作品之一——《德维拉尔公爵夫人和伽布丽爱勒·德斯特蕾》,现收藏于罗浮宫。

宽敞的走廊墙壁上绘有壁画,描绘的是弗朗索瓦一世的生平,它是宫殿装饰的核心,从这些绘画可以窥探16世纪艺术之华丽。天花板的横梁上是卡皮创作的现代艺术木雕工艺。全长30米、宽10米的舞蹈厅内,描绘着亨利二世时期的壁画,朝气蓬勃。

拿破仑一世格外钟爱这座宫殿,按照其喜好改造的房间里至今保留着拿破仑名字的头一个字母"N"。路易十三下令在白马中庭建造了马蹄形阶梯,十分著名。1814年,拿破仑一世流放到厄尔巴岛之前,在白马中庭向哽咽的近卫兵告别,由此它又被称为"别离中庭"。

马蹄形阶梯正对着拿破仑一世向士兵告别的"别离中庭"

庭园分为四个区域，大部分是在弗朗索瓦一世至亨利四世时期建成的。其中，17世纪园林家勒诺特改造的法式庭园——大花坛（Grand Parterre）尤为美丽，这里还是眺望宫殿的最佳视角。另外，凯瑟琳·美第奇下令建造的狄安娜花园，整洁雅致。

原样保留的米勒的住所

## 画家之村——巴比松
le Village des Peintres, Barbizon　　MAP p.151-A

米勒、卢梭、柯罗等画家被巴比松美丽的风景所吸引，长期居住于此，以便描绘怡人的景色以及农民的生活场景，由此他们被称为巴比松派，村庄也声名鹊起。1830～1860年是村庄最为兴盛的时期，共计有80余名画家居住在巴比松。雷诺阿、莫奈等印象派巨匠也到访过此村，并深受启发。

繁华的格瑞德大街（Rue Grande），从街头走到结尾，最多需要30分钟。坐落在这里的**米勒纪念馆（Maison et Atelier de Jean François Millet）**是米勒的住所兼画室，他上午从事农业劳动，下午从事创作，举世闻名的作品——《拾穗者》《晚钟》等就是在这里诞生的。巴比松派画家经常聚集在**加内旅馆（L'Auerge Ganne）**，现在这里已经成为**巴比松派美术馆（Musée Départemental de l'Ecole de Barbizon）**；较小的55号房是**卢梭的住所兼画室（Maison et Atelier de Theodor Rousseau）**，他因为创作了枫丹白露森林风景画而闻名。

### 米勒纪念馆
- 开 9:30~12:30, 14:00~17:30
- 休 周日、周二
- € 4欧元
- 从车站出发乘坐出租车需要10分钟

### 加内旅馆（巴比松美术馆）
- 开 10:00~12:30, 14:00~17:30（7、8月至18:00）
- 休 周二
- € 3欧元
- 从车站出发乘坐出租车需要10分钟

### 卢梭纪念馆（卢梭的住所兼画室）
- 开 10:00~12:30, 14:00~17:30
- 休 周二
- € 3欧元
- 从车站出发乘坐出租车需要10分钟

## 住宿

### 勒格尔·诺瓦
L'Aigle Noir　　MAP p.151-B

位于枫丹白露，是一家开业100多年的老字号酒店。服务热情，环境舒适。
- 从宫殿出发步行1分钟　27, pl. Napoléon Bonaparte, Fontainebleau
- ☎ 01 60 74 60 00　01 60 74 60 01
- HP www.hotelaiglenoir.com　56间客房
- € 单人间、双人间172欧元~

### 巴布莱奥酒店
Hôtellerie de Bas-Bréau

各界名流入住的城堡酒店，同时设有餐厅。
- 从米勒纪念馆出发步行1分钟
- 22, rue Grande, Barbizon
- ☎ 01 60 66 40 05　01 60 69 22 89
- HP www.bas-breau.com　23间客房
- € 单人间、双人间183欧元~

## 住宿 & 餐饮

### 拉库莱德尔
La Clé d'Or

巴比松田园风格的酒店，推荐面向庭园的房间。
- 从米勒纪念馆出发步行3分钟　73, rue Grande, Barbizon
- ☎ 01 60 66 42 71　HP www.hotel-restaurant-cledor.com　16间客房
- € 单人间60欧元~，双人间87欧元~

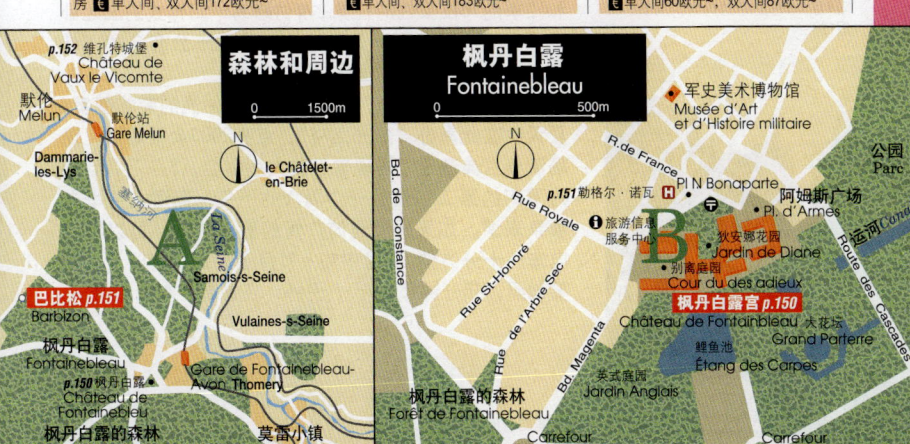

p.152 维孔特堡 Château de Vaux le Vicomte
默伦 Melun　默伦站 Gare Melun
Dammarie-les-Lys
le Châtelet-en-Brie
Samois-s-Seine
**巴比松 p.151** Barbizon
Vulaines-s-Seine
**枫丹白露的森林** Forêt de Fontainebleau
Gare de Fontainebleau-Avon Thomery
**p.150 枫丹白露宫** Château de Fontainebleau
**枫丹白露的森林** Forêt de Fontainebleau
莫雷小镇 Moret sur Loing

森林和周边　0　1500m

**枫丹白露 Fontainebleau**　0　500m

军史美术博物馆 Musée d'Art et d'Histoire militaire
R. de France
p.151 勒格尔·诺瓦　Pl. N Bonaparte
旅游信息服务处
Rue Royale
Bd. de Constance
Rue St-Honoré
Rue de l'Arbre Sec
Bd. Magenta
公园 Parc
阿姆斯广场 Pl. d'Armes
运河 Canal
狄安娜花园 Jardin de Diane
别离庭园 Cour du des adieux
**枫丹白露宫 p.150** Château de Fontainebleau
大花坛 Grand Parterre
鲤鱼池 Étang des Carpes
英式庭园 Jardin Anglais
Carrefour de l'Obélisque
Carrefour de Maintenon
Route des Cascades

# Vaux le Vicomte
## 维孔特

MAP p.8-F

雅致的维孔特城堡引起了路易十四强烈的嫉妒心，成为其建造凡尔赛宫的契机。

烛光之夜

### ACCESS
**国铁**：从巴黎里昂站出发到默伦（Melun）站下车，行车约30分钟。
**RER**：从巴黎乘坐开往默伦（Melun）的D2线，到终点站下车，行车约50分钟。
**自驾车**：从巴黎沿前往里昂（Lyon）的高速公路A6或者A5b，到默伦（Melun）行程60公里。从枫丹白露出发行程约20公里。

### INFORMATION
**旅游信息服务中心**：2, rue Paul Doumer（市政厅内）☎01 64 52 64 52 ℻01 60 56 07 15 开10:00~12:30, 13:30~18:00 休周日、周一上午
**市区交通**：乘坐出租车从默伦站前往城堡，行程7公里。有许多从巴黎出发的旅游巴士（参见p.143），游览大约需要4小时。

### 维孔特城堡
MAP p.151-A 开10:00~18:00（餐厅11:30~18:00），烛光之夜20:00~24:00（5~9月的周六，餐厅至23:00），12/18~12/31圣诞彩灯表演（11:00~18:00，12/24至17:00，12/25和1/1休息）11月上旬至次年3月下旬
💶参观一部分14欧元，只参观庭园8欧元，庭园、城堡、马车博物馆联票16欧元，烛光之夜19欧元
🚕从车站出发，乘坐出租车行车10分钟

### 城堡巴士
巡回游览的城堡巴士（Châteaubus）配合列车抵达时间，从火车站前往维孔特城堡，来回往返。票价7欧元。烛光之夜增加车次（仅限4月~11月上旬的周六、周日、节假日）。

## 城市概况

维孔特是一座拥有4万左右人口的小镇。17世纪，财务大臣富凯在此建造了维孔特城堡，它是大仲马创作的小说《铁面人》的背景所在地，值得一看。另外，小镇作为默伦布里奶酪的产地众所周知。塞纳河中的沙洲上耸立着圣母大教堂，置身其中仿佛来到了巴黎的斯德岛。城堡附近没有餐厅，可到城内评价极高的餐厅和茶餐厅就餐。

## 景点

17世纪，把国家资产据为己有的财务大臣富凯，聘请了当时3位知名的艺术家——路易十四的私人建筑家勒沃、皇家首席画家兼室内装饰家勒布伦和法式庭园创始者勒诺特，按照自己的喜好对购买的城堡进行了改建。耗费1.8万多的人力，历时5年，终于建成了美丽至极的**维孔特城堡**（Château de Vaux le Vicomte）。

1661年8月，为了招待逗留在枫丹白露宫的路易十四，富凯邀请6000名贵族举办了奢华的大型宴会。自尊心倍感受伤的路易十四恼羞成怒，以侵吞皇家财产罪判处富凯终身监禁，同时命令3位技师建造一座超越维孔特的城堡。由此诞生了豪华绚丽的凡尔赛宫殿（p.144）。

城堡入口装饰的挂毯徽章，别出心裁，暗含着富凯篡位的野心。城内最主要的景点有富凯的卧室，其天花板上描绘着勒布伦创作的绘画；大厅内有象征12个月和四季的16位女性的柱像；模仿路易十四样式的王之卧室，房间的天花板上是勒布伦创作的十分有名的《带领女神升空的神灵》画作。

庭园内灌木林立，被修剪成阿拉伯式的装饰图案，夏天会在此举办"烛光之夜"，点亮2000余根蜡烛，现场演奏古典音乐，再现曾经的大型宴会。3月下旬到10月下旬的第二和最后一个周六的下午，运河上会举办喷泉表演。如果想要巡游广阔的庭园的话，可以租用电车，十分方便（3月中旬~11月上旬，18岁以上，需要驾照，45分钟15欧元）。另外，还设有马车博物馆。

欣赏完美结合的城堡和庭院

# Disneyland Resort Paris

MAP p.8-B

## 巴黎迪斯尼乐园

欧洲唯一的迪斯尼，各国游客竞相前来游玩，人山人海。

森林睡美人城堡是这里的象征

©DISNEY

### 公园概况

巴黎迪斯尼坐落在车站附近。1992年迪斯尼乐园开放。2002年开放的沃特·迪斯尼影城，由以餐厅和电影院为中心的迪斯尼度假村、酒店群以及高尔夫迪斯尼乐园五部分构成。

### 景点

巴黎迪斯尼有两大主题公园，其中1992年开放的迪斯尼乐园现在已经成为巴黎人所熟知的娱乐场所。由以维多利亚女王时代为主题的购物区——"美国城镇街道"、以森林睡美人城堡为标志的"梦幻乐园"、因印第安纳琼斯的魔宫传说闻名的"冒险乐园"、飞越太空山的"发现之旅"以及以开拓美国西部为主题的"边疆乐园"五大部分组成，逛一天也不会腻烦。

迪斯尼影城把焦点放在电影和电视的创作上。拥有米奇喷泉和餐厅的前台区，因《玩具总动员》而闻名的迪斯尼卡通频道，可以观看电影、电视幕后的制作平台和因摇滚过山车而引人入胜的外景区四部分组成。另外，游客在游览两大主题公园的人气景点时，可以有效利用迪斯尼快速通行卡。

### ACCESS

**RER**：从巴黎乘坐A4线到Mame la Vallee Chessy站下车，行车大约35分钟。
**国铁**：乘坐TGV高速列车到Mame la Vallee Chessy站下车。
**自驾车**：从巴黎东南的Porte de Bercy出发，沿前往梅斯（Metz）或南锡（Nancy）的高速公路A4线，到14号出口Val d'Europe Parc Disney，行车34公里。

### INFORMATION

🕙 10:00~18:00（夏季休假时，周末会有变动，7/16~8/28 至23:00）
☎ 01 60 30 20 00
🌐 www.disneylandparis.com
🚫 常年营业（各处会因施工闭馆，需要提前在网上确认）
💰 一日游通票53欧元，公园联票67欧元（不同时期会有打折票，儿童免费）

在法国人气极高的米奇　　©DISNEY

盛装巡游陆续登场

©DISNEY

# Chantilly
# 尚蒂伊

优美的城堡坐落在撒拉布列特马的故乡，在此可以鉴赏法国首屈一指的美术收藏。

MAP p.8-B

尚蒂伊临近狩猎的森林，城堡内有众多动物雕塑

## ACCESS
**国铁（或者RER的D线）**：从巴黎北站乘坐开往贡比涅（Compiegne）的列车，在Chantilly Gouvieux站下车，行车25到45分钟。
**自驾车**：从巴黎沿高速公路N17或者A1、D924线，行程50公里。从戴高乐机场出发沿高速公路A16线，行程25公里。
**公交**：旅游巴士公司有许多从巴黎出发的旅游巴士（p.143）。

## INFORMATION
🅘 旅游信息服务中心：60, Ave. du Maréchal Joffre ☎03 44 67 37 37
🅗🅟 www.chantilly-tourisme.com
🕘 9:30～12:30，13:30～17:30（周日10:00～13:30）休 10月～次年4月的周日

**市内交通**：既可以步行到城堡，又可以乘坐15路公交。从巴黎发车的旅游巴士也十分便利。
**市区面积**：从车站到城堡步行需要20分钟，游览大约需要5小时。

### 尚蒂伊城
🕘 10:00～18:00（11/2～4/2 10:30～17:00），闭园前45分钟禁止入馆
💶 庭园6欧元，城堡和庭园12欧元（PMP可用）
🚶 从车站步行需20分钟

## 城市概况

尚蒂伊的主要景点是尚蒂伊城堡和法式庭园，位于城堡内的孔代美术馆收藏了众多珍贵的美术品。另外，尚蒂伊作为撒拉布列特马的故乡而闻名内外，至今马厩内仍驯养着2500匹马。1857年建成的尚蒂伊赛马场，比巴黎的隆尚（Hippodrome de Longchamp）赛马场历史更悠久。法国两场赛马大赛（6月第一个周日的Prix du Jockey Club和6月第二个周日的狄安娜・埃尔梅斯奖）现在仍在此举行。

从车站前往城堡有两条通道，站前右手边是一个十字路口，沿着埃尔林荫道（Route de l'Aigle），在山毛榉和橡树林中散步就可以到达城堡，这条路线比较近。或者在站前的大道左转，然后在科内塔博尔大街（Rue du Connétable）右转，来到距离大马厩比较近的圣德尼门。大马厩内有一座马匹博物馆。

### 尚蒂伊城堡
Château de Chantilly    MAP p.154

城堡的历史可以追溯到距今2000年前的高卢-罗马时代，当时尚蒂伊是一座要塞，之后不断被增建、改建，15世纪时传到了蒙莫朗西家族手中。一人之下、万人之上的亨利・德・蒙莫朗西大元帅，把尚蒂伊改建成了如今的文艺复兴样式。

蒙莫朗西的孙子孔代公爵是路易十四身边的亲信，他任命园林家勒诺特建造了庭园，结合大运河（Grand Canal）、海峡、喷泉等的设计，成为之后营造庭园的

典范。沿大运河笔直延伸的海峡两岸有一条小道，称为"哲学家小径（Allée des Philosophes）"，莫里哀、拉辛等17世纪的大文豪曾经在这条小径上一边散步一边探讨文学。大运河右手边的村落——Le Hameau的水车小屋，是孔代公爵举办宴会的场所。当时提供的奶酪美味可口，广受好评，之后，鲜奶油就被称为"尚蒂伊奶油"。另外，这里还是玛丽·安托瓦内特在凡尔赛宫建造"村落"的原型。

夏天，可以在餐厅吃快餐，品尝用尚蒂伊奶油制作的糕点，4月到11月中旬还可以乘坐电动游艇畅游大运河。

19世纪，奥马尔在城内建造了孔代美术馆（Musée Condé）。入口处是一座小城堡（Petit Château），休息室后面是图书室（Cabinet des Livres），藏书1.3万册，其中有1500本抄本。15世纪，森堡兄弟创作了工笔画《贝里公爵华丽的祷告书》，以笔法细腻而闻名内外，此处保管的是复制品，实物收藏于别处。

入口处的右手边是美术展览室，称为大城堡（Grand Château）。长廊尽头的圆形房间里展示着拉斐尔的《罗莱特的圣母》，彼埃罗·蒂·科西摩的肖像画《西莫奈特·贝斯普蒂》。圣蒂阿里奥的展览室内是拉斐尔的《三美神》和《奥尔良的圣母》。普塞克生平展览室内是16世纪位于埃克昂城堡的彩色玻璃——《普塞克和丘比特》等42幅作品。厨房遗址现在是拉科比特洛尔餐厅所在地。

图书室有众多珍贵的收藏，天花板画精美绝伦

训练有素的马术表演令人拍手叫绝

##  大马厩
### Grandes Écuries　　　　MAP p.154

18世纪建造的法国最美丽的马厩，曾经有100余人在此工作，负责饲养240匹马，现在成为博物馆，对外公开。占地4000平方米，在这里既可以阅读有关马匹的资料，又可以欣赏马术表演。收藏资料的博物馆前些年曾进行过大规模的修整。在这里，可以欣赏女骑手训练有素的马术表演，以及音乐伴奏的马术演出（观赏马术表演最好提前预约）。

**大马厩**
演出14:30开始（或者11:00开始）。可以通过电话或网站咨询、预约
03 44 27 31 80
www.domainedechantilly.com
周二
马术表演10欧元，骑马表演21欧元，通票（城堡+庭园+马术表演）19欧元

---

### R 餐饮
**拉科比特洛尔**
La Capitainerie　　　MAP p.154
位于城堡厨房的遗址处，天花板上悬挂着用于挂肉类的金属装饰。
位于尚蒂伊城内
03 44 57 15 89
12:00～14:30
和城堡闭馆时间一致
15欧元～，周末需要预约

### H 住宿 & 餐饮
**蒙特维拉吉尼城堡酒店**
Château de Montvillargenne　　　MAP p.154外
蒙特维拉吉尼城堡酒店拥有6公顷的庭园、网球场、游泳馆等运动设施一应俱全。
从尚蒂伊出发沿D909线在Gouvieux下车，距离城堡大约2公里
Ave. François Mathet, Gouvieux-Chantilly
03 44 62 36 36　03 44 62 36 36
www.chateaudemontvillargenne.com
120间客房　单人间，双人间203欧元～

### H 住宿
**公园贝斯韦斯特酒店**
Best Western Hôtel du Parc　　　MAP p.154
坐落在尚蒂伊中心，是一家现代化设备一应俱全的中等酒店。
从车站出发步行3分钟　36, Ave. Maréchal Joffre, Chantilly　03 44 58 20 00　03 44 57 31 10　www.hotel-parc-chantilly.com　57间客房　单人间100欧元～，双人间130欧元～

# Provins
## 普罗万

MAP p.8-F

世界遗产

普罗万经历了漫长的中世纪的洗礼，周围环绕着城墙，置身其中仿佛穿越时空来到了中世纪，2001年被联合国教科文组织认定为世界遗产。

夏天旅游旺季时，巴黎游客蜂拥而至

### ACCESS
**国铁**：从巴黎东站乘坐开往普罗万的列车，到普罗万下车，行车约1个半小时。
**自驾车**：从巴黎出发，沿前往梅斯(Metz)至南锡(Nancy)的高速公路A4线到Serris-Provins，可以从巴黎沿高速公路N4或者N19线，行程80公里。

### INFORMATION
旅游信息服务中心 Chemin de Villecran ☎01 64 60 26 26 ℻01 64 60 11 97 www.provins.net
开 9:00～18:30（11/5～4/3至17:00，周六、周日、节假日9:30～17:00）
休 1/1、12/25

**市内交通**：从车站乘坐C、D路公交到E处。既有火车(Petit train)(游览的小型列车)，也可以步行。

**市区面积**：从普罗万站到恺撒塔(Tour de César)步行需要10分钟，从恺撒塔到旅游信息服务中心步行需要10分钟，游览大约需要5个小时。

**恺撒塔（Tour de Cesar）**
开 10:00～18:00（11/2～4/2 14:00～17:00） 休 1/1、12/25 💰3.50欧元

**格兰治仓库（Grange aux Dimes）**
开 10:00～18:00（9～10月的周一至周五14:00～，节假日10:00～18:00，11月至次年3月仅限周末、节假日，学校连休时开放14:00～17:00） 休 1/1、12/25 💰3.50欧元（备有语音导游机）

**火车（Petit train）**
开 11:00～13:00、14:00～19:00（9月～次年4月仅限周末、节假日运行），绕一圈需要30分钟 休 6/11～6/13、7/17～7/18、8/29、11/2～4/1 💰50欧元（一日有效）

**游览通票**
可以参观恺撒塔、格兰治仓库、地道、普罗万博物馆，9.50欧元（有效期为一年，拥有各种折扣）

中世纪的城墙保留至今

## 城市概况

普罗万留存着许多中世纪的遗迹，共计58处历史建筑物。走在11～13世纪的街道，仿佛穿越时空一般。小镇划分为西侧的上城（Ville Haute）和东侧的下城（Ville Basse），大部分名胜古迹集中在上城。上城坡道居多，适合腿脚强健的人。夏季可以乘坐小型游览车。乘坐火车游览时，车站位于下城，到景点还要走很长一段路，但是漫步石砌的小径，时而欣赏路边盛开的鲜花，时而遥望清水荡漾的运河，别有一番情趣。另外，小镇北侧有3公顷的玫瑰花园。可以在圣让门附近的旅游信息服务中心领取一份地图和旅游资料。

## 景点

11世纪，当地的管理者香槟伯爵，下令建造了权力的象征——**恺撒塔（Tour de César）**，它曾经被用作监视塔、监狱等，现在是这里的主要标志。站在塔顶，中世纪的街景——白壁、红褐色的屋顶尽收眼底。**格兰治仓库（Grange aux Dîmes）**是13世纪的粮仓，现在作为资料馆，展示当时举办的"香波定期集市"。坐落在上城西侧的**城墙（Rempars）**，所有人都会被它那宏伟的规模和坚固的外形所震撼。如果没有恐高症，可以从**茹伊门（Porte de Jouy）**走到**圣让门（Porte de St. Jean）**，漫步城墙之上，趣味无穷。夏天（6～8月）会举办多种文娱活动，如再现中世纪战争的表演等。

# Auvers-sur-Oise

MAP p.8-B

## 欧韦

坐落在瓦兹河畔，是印象派的诞生地。可到此追寻凡·高生命最后的70天。

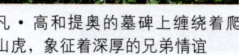

凡·高和提奥的墓碑上缠绕着爬山虎，象征着深厚的兄弟情谊

## 城市概况

欧韦坐落在巴黎西北，备受印象派画家喜爱，来此悼念凡·高的美术爱好者络绎不绝。凡·高故居（Maison de Van Gogh）位于镇政府对面，左边是游览入口，其斜靠前方是杜比尼美术馆（Musée Daubigny）。穿过凡·高画中所描绘的圣母大教堂，登上斜坡可以来到凡·高和他的弟弟提奥共同的墓地。

此外，可以在欧韦城堡（Château d'Auvers）内的博物馆（收费）虚拟体验当时的风俗和画家的生活。还能游览苦艾酒博物馆（Musée Absinthe）（收费），馆内有大众酒——苦艾酒，又名"绿之妖"，备受贫寒画家和市民的喜爱。另外，杜比尼之家至今还留着柯罗描绘的壁画，以及加歇医生的家等景点，都不容错过。

## 景点

1890年5月，经精神医生加歇介绍，凡·高开始在拉奥旅馆的生活。然而，不知何故，在创作了72幅作品之后，凡·高在麦田用猎枪射向了自己，并于旅店的房间静静地死去。现在，这家旅馆一层是餐厅，三层凡·高居住过的房间成为纪念馆，称为**凡·高纪念馆（Maison de Van Gogh）**。看完介绍凡·高作品及其生平的简介之后，欣赏15分钟的录像，然后参观凡·高度过其人生最后时光的房间。在保留当时装饰的复古风格的餐厅，可以品尝田园风味的美食。

### ACCESS

**国铁**：从巴黎圣拉扎尔站（Gare Saint-Lazare）或者北站乘坐开往瓦尔蒙杜瓦（Valmondois）的列车，在欧韦（Auvers sur Oise）下车，有时需要在蓬图瓦兹（Pontoise）等换乘，行车70分钟。

**自驾车**：首先沿前往蓬图瓦兹（Pontoise）的A15线，然后换到前往博韦（Beauvais）的A115、N184线，途经瓦兹河畔梅里（Mery sur Oise），到欧韦（Auvers sur Oise）行程35公里。

### INFORMATION

旅游信息服务中心：Manoir des Colombières, rue de la Sansonne
☎ 01 30 36 10 06 ⏰ 9:30~12:30, 14:00~18:00（11月~次年3月至17:00，周六、周日、节假日至17:30）休 周一

**市区面积**：从车站步行穿过繁华的戴高乐大街（Rue du General de Gaulle）到旅游信息服务中心，需要3分钟，游览大约需要3个小时。

### 凡·高故居（拉奥旅馆）

⏰ 10:00～18:00（餐厅12:00～）
休 特定节假日除外的周一、周二，11/22至2月
💰 6欧元
🚶 从车站步行3分钟

# Saint Germain en Laye
## 圣日耳曼昂莱

MAP p.8-B

在圣日耳曼昂莱可以俯瞰巴黎，它是路易十四的故乡，现在是法国著名的国际都市，还是人气足球俱乐部的所在地。

### ACCESS

**RER**：从巴黎乘坐前往圣日耳曼昂莱（St. Germain en Laye）的A1线，到终点下车，行车约22分钟。
**自驾车**：从巴黎沿高速公路A14、A86线，行程23公里。
**公交**：在凡尔赛宫殿（p.144）前乘坐1路公交前往圣日耳曼昂莱，大约需要40分钟，每小时来1～3辆车。

### INFORMATION

❶ 旅游信息服务中心：38, rue de Pain（同时设有德彪西博物馆Musée Claude Debussy）
☎ 01 34 51 05 12
🖥 www.ot-saintgermainenlaye.fr 10:00～13:00, 14:00～18:00（周日10:00～13:00，周三13:00～18:00）德彪西博物馆10:00～12:30, 14:00～18:00（11月～次年2月14:00～18:00）
休 正常营业，博物馆周日、周一休息
**市区面积**：从车站出发，步行穿过萨尔大街（Rue de la Salle）到旅游信息服务中心需要5分钟，然后步行到莫里斯·德尼美术馆需要10分钟，游览大约需要4小时。

### 城市概况

圣日耳曼昂莱位于巴黎西部，距离巴黎20公里。12世纪，路易六世在此建立了城堡，之后历代的国王都居住于此。亨利二世、查理九世和路易十四都出生在这里。1845年开通了连接巴黎和圣日耳曼昂莱的铁路，从此巴黎人到这里旅游当天即可往返。现在，外国上流人士聚居的高级住宅街国际色彩浓厚，以兴盛的文化活动著称。

一出RER站，就是市政厅和公共汽车总站，穿过马路来到城堡入口。如果前往莫里斯·德尼美术馆的话，途中经过旅游信息服务中心，它所在的建筑物是德彪西的出生地，现作为博物馆对外开放（免费进入）。镇上散落着17～18世纪雅致的宅第，可以边走边看，这时旅游信息服务中心发放的历史建筑物导览图以及外语资料就派上了用场。

### 国立考古博物馆（城堡）
Musée d'Archéologie Nationale (Château) MAP p.158-B

13世纪，路易九世在路易六世建造的城堡上增建了礼拜堂；14世纪，查理五世又进行了改建。16世纪，弗朗索瓦一世进行重建，城堡几经更迭终于成为现在的五角形状。庭园里设置了利用水力带动的人偶，深受亨利四世的喜爱。

现在，城堡成为博物馆，收藏了许多从旧石器时代到中世纪的考古学资料，以逼真的1.6万年前的拉斯科岩洞的壁画（p.350）复制品为首，展出按照时代顺序排列的出土文物。据说，旧石器时代奥里尼雅克期的《布拉桑布依的妇人》是用象牙雕刻的女性头部，这是表现人类面孔的最古老的雕刻之一（公元前两万年）。3世纪初描绘农业

1862年拿破仑三世在城内建造了博物馆

耕作场面的马赛克画——《圣日耳曼昂加尔》(Saint Germain en Gal)，虽然由古人创作，但是其高超的艺术性可以和现代作品相媲美。鉴赏完美术作品之后，可以到1675年勒诺特建造的英式庭园小憩一会。

## 莫里斯·德尼美术馆
Musée Départemental Maurice Denis le Priuré　　**MAP** p.158-A

1678年，政府建造了一家收留贫困者和孤儿的收容所，之后改建为皇家医院。1914年，画家莫里斯·德尼买下了这座建筑物，从事创作活动直到去世。现在美术馆内以莫里斯·德尼的作品为主，收藏着众多的纳比派作品。

从7幅组画——《圣于贝尔传奇》(德尼作)、以独特的构图和色彩表现日常光景的《削土豆皮的妇女》(朗松作)等，可以一探纳比派的哲学及其表现手法的精髓。另外，还展示了纳比派的鼻祖——塞吕西耶以及劳特累克和拉利克的作品。从1915年开始历时10年建造的礼拜堂，全部由德尼亲手布置而成，拥有和其绘画迥然不同的特色。庭园内摆放着布德尔的雕刻，自然而不造作。

德尼创作的彩色玻璃，收藏于莫里斯·德尼美术馆

珍贵的考古收藏品

**国立考古博物馆（城堡）**
- 10:00~17:15
- 周二、部分节假日
- 6欧元
- 从车站步行1分钟

**莫里斯·德尼美术馆**
- 10:00~17:30（周六、周日、节假日至18:30）
- 节假日的周一、1/1、5/1、12/25
- 4.5欧元（PMP可用），第一个周日免费
- 从旅游信息服务中心出发步行10分钟

### H 住宿 & 餐饮

**卡佐德奥尔**
Cazaudehore La Forestiére　　MAP p.158-A外
设有餐厅的城堡酒店，从海鲜到野禽，美味的时令菜备受好评。
- 从车站出发步行15分钟　1,Ave. Président Kennedy　01 30 61 64 64　01 39 73 73 88　www.cazaudehore.fr　30间客房　单人间、双人间215欧元~　11月~次年3月的周日晚上，周一　57.50欧元~

### R 餐饮

**勒圣埃克佩里**
Le Saint Exupéry　　MAP p.158-A
可以在露天席位就餐（仅限夏天），提供富有创意的传统法式美食，需要提前预约。
- 从城堡出发步行10分钟　11, Ave. des Loges, Hôtel l'Ermitage des Loges　01 39 21 50 95　12:00~14:00、19:30~22:00　8月中间的三周、12/24~12/30　34欧元~

**木马餐厅**
Le Manège　　MAP p.158-B
当地的葡萄酒迷经常光顾的餐厅。推荐小餐馆美食和布告栏上的"今日葡萄酒"，夏天没有露天座位。
- 从车站出发步行3分钟　5, rue Saint Louis　01 39 73 22 12　12:00~14:00、19:30~22:00　8月中间的两周　32.50欧元~

### H 住宿

**亨利四世楼阁酒店**
Pavillon Henri 4　　MAP p.158-B
亨利四世建造的雅致的城堡，路易十四在这里出生，大仲马在此创作了《三个火枪手》。
- 从城堡出发步行5分钟　19-21, rue Thiers　01 39 10 15 15　01 39 73 93 73　www.pavillon-henri-4.com　42间客房　单人间180欧元~、双人间210欧元~

**勒埃尔米塔日**
L'Ermitage des Loges　　MAP p.158-A
勒米塔日·罗杰斯距离庭园很近，清晨伴随着鸟儿清脆的叫声迎来崭新的一天。
- 从城堡出发步行10分钟　11, Ave. des Loges　01 39 21 50 90　01 39 21 50 91　www.ermitage-des-loges.com　56间客房　单人间104~、双人间122欧元~

# Rueil Malmaison
# 吕埃-马尔迈松

MAP p.8-B

马尔迈松城堡是拿破仑和约瑟芬度过幸福时光的居所。

拿破仑一世的妻子约瑟芬皇后离婚后一直居住在马尔迈松城堡

## ACCESS

**RER**：从巴黎乘坐开往圣日耳曼昂莱的A1线，在吕埃-马尔迈松（Rueil Malmaison）下车，行车大约15分钟。

**公交**：乘坐地铁1号线（或者乘坐RER）前往拉德芳斯（La Defense），换乘开往Ruei RER的144路公交到终点站下车。在地铁1号线（或者乘坐RER A1）的拉德芳斯（La Defense）站上车前往城堡，换乘开往圣日耳曼昂莱的258路公交，到城堡下车。

**自驾车**：从巴黎沿高速公路N13线行程8公里。

## INFORMATION

**❶旅游信息服务中心**：160, Ave. Paul-Doumer ☎ 01 47 32 35 75
HP www.rueil-tourisme.com 开9:30～12:30, 14:30～17:00（周六9:30～12:30）休周日、节假日

**市区面积**：从RER站步行前往旅游信息服务中心需要10分钟。从旅游信息服务中心前往城堡需要步行10分钟，然后乘公交5分钟。从旅游信息服务中心前往圣皮埃尔和圣保罗大教堂需要5分钟。旅游信息服务中心大致位于景点和车站的中间。游览大约需要4小时。

### 马尔迈松城堡

开 10:00～12:30, 13:30～17:15（周末10:00～12:30, 13:30～17:45，闭馆前30～45分钟禁止入馆，庭园没有午间休息）
休 周二、1/1、12/25
€ 6欧元，第一个周日免费（PMP可用）
交 乘坐258路公交到城堡下车，然后步行2分钟。从RER站出发步行20分钟。4～9月除周二外运行的火车，从RER站附近的pl. de l'Europe发车。

### R 餐饮
### 圣安东尼
### Le Relais St. Antoine

交 从圣皮埃尔和圣保罗大教堂出发步行2分钟
地 2, Passage St. Antoine
☎ 01 47 49 01 01
开 12:00～14:30, 19:30～21:30
休 周六白天、周日、8月中间的三周、2月中间的两周、12/25夜
€ 22欧元～

## 城市概况

吕埃-马尔迈松交通便利，作为巴黎的卫星城市人气极高。出RER站，参考周边地图确认地理位置之后，前往阿尔贝特勒大街（Ave. Albert ler）。

在和保罗德米尔大街（Ave. Paul-Doumer）（N13）交叉的十字路口，右转是旅游信息服务中心、马尔迈松城堡，或者可以到莫鲁皮大街（Rue Maurepas）参观坐落在中心街的旧市政厅、圣皮埃尔和圣保罗大教堂。主要的游览景点有拿破仑和约瑟芬周末常去的马尔迈松城堡和收藏拿破仑遗物的博瓦·普雷奥城堡（Château de Bois Préau）。此外，还有约瑟芬的墓地所在地——圣皮埃尔和圣保罗大教堂（Église St. Pierre St. Paul）以及约瑟芬为女演员贝尔德建造的小马尔迈松城堡（Château Petite Malmaison）等（4～10月的星期一11:00～16:00、星期日15:00～18:00有演唱会等特殊集会时才对外开放，并且收费），整个小镇简直就是约瑟芬之城。另外，地域历史博物馆入驻1869年建造的市政厅。

位于昔日繁华街道的圣皮埃尔和圣保罗大教堂

## 景点

1799年，约瑟芬花32.5万法郎买下了17世纪建造的**马尔迈松城堡**（Château de Malmaison）以及周边260公顷的土地。拿破仑一世执政时，和妻子约瑟芬在此一起欢度周末。然而，1804年成为皇帝的拿破仑逐渐远离了马尔迈松城的生活，1809年和妻子彻底决裂。约瑟芬在离婚之后一直居住在马尔迈松城堡，把曾经的幸福记忆深埋心底，并于1814年在此去世。城堡内庞培风格的餐厅，圆形天花板图书馆以及皇后离世的床等不容错过。

**信步漫游卢瓦尔古城** 166
奥尔良 172
布尔日 174
图尔 176
昂热 178
南特 180

卢瓦尔河地区

# 卢瓦尔河地区概况

## 地域概要

● **法兰西花园**

卢瓦尔地区，得益于怡人的自然风光，有"法兰西花园（Jardin de la France）"的美誉，自古就受到众多民众的喜爱。溪谷河流丰富，森林茂密，东西流经这片土地的卢瓦尔河，全长1020公里，堪称法国之最。公元前1世纪，人们开垦了受惠于温暖气候的丘陵，并在此种植酿酒用的葡萄以及蔬菜。此外，卢瓦尔河周边散落的城堡，为这里的景致增添了无限的魅力。

运河大动脉——卢瓦尔河除了用于运输货物，还是文化传承的载体

一望无际的葡萄园

● **政局不稳，修筑城堡**

11世纪左右，为了防御外敌、保护城镇，建造了城堡。11～16世纪的法国，国王的权力不稳固，"百年战争"、宗教战争等动乱多发。15～16世纪，是这片土地繁荣发展的时期。"百年战争"期

当地独特的洞窟住宅，有些已成为葡萄酒销售处

间的1427年，查理王子向英军屈服，把宫廷从巴黎搬至希农是其兴盛的开端。

● **百余座城堡**

之后，卢瓦尔成为法国文化和政治的中心，历代的皇族和贵族争相在此修筑城堡。现在城堡数已经过百，主要集中在奥尔良、昂热一带。近年，有些城堡为了筹措维护经费开始走发展旅游之路。

## 重要景点

卢瓦尔地区是有名的葡萄酒产地，喜欢饮酒的人，可以乘坐旅游车或者租来的车游访拥有2000年历史的卢瓦尔葡萄酒直销店。连接布尔瓦和索米尔的"卢瓦尔图赖讷葡萄酒之路"（Route des Vignobles Touraine Val de Loire）一带，有许多A.O.C.（原产地通称）葡萄园，参照路旁的指示板，一直走到售酒街道的尽头。

这一地区主要的产地有从布尔日乘坐D955行车55公里即可到达的桑塞尔，从昂布瓦斯到图尔之间的位于卢瓦尔河右岸的武夫赖，索米尔近郊的索米尔·尚皮尼，城堡之都希农，盛产安茹玫瑰红葡萄酒的昂热和白葡萄酒密斯卡得的南特等（详情请参见pp.164~165）。索米尔·尚皮尼附近，挖掘石灰质河崖建造的洞窟住所保存至今，现在是葡萄酒销售处、餐厅、住所等，可谓独一无二的景观。

### 交通出行建议

● 从巴黎到图尔（Tours）、昂热（Angers）、南特（Nantes）等大城市，火车是最快速的交通工具。也可以乘坐TGV高速列车，无论到哪里不到两小时即至。

难得来到了卢瓦尔地区，肯定有许多游客想要游览一下古城。如果只打算参观一座城堡，可以从最近的火车站步行前往或者乘坐出租车。但是，想要参观多个城堡的话，由于列车数量有限，加之有些城堡距离车站较远，利用火车会浪费大量的时间。相比之下，乘坐旅游巴士或者旅游出租车，可以在短时间内有效地参观卢瓦尔附近最著名的景点。

● 乘坐租来的车从巴黎出发，沿前往普瓦捷（Poitiers）的高速公路A10线，连结了巴黎、奥尔良（距离巴黎约130公里）、布卢瓦（Blois）（距离奥尔良约60公里）、图尔（距离布卢瓦约65公里）、途经勒芒（Le Mans）的A11线连结了巴黎、昂热（距离巴黎约295公里）、南特（距离昂热约90公里）。

### 经典旅游路线

● 来卢瓦尔的游客多数是为了游访古城，为了有效地参观，利用旅游巴士最为方便。从巴黎（p.52）、图尔（p.176）、布卢瓦出发的旅行团，一日游或者留宿一晚可以参观2到4处景点，有点走马观花式的游览，但是对于短期旅行者来说比较实用。或者乘坐从图尔出发的旅游巴士，在图尔留宿数晚，参加多个旅行团，可以更为全面地制定参观计划。

● 还可以利用租来的车。例如，在奥尔良租车，一天可以参观尚博尔城堡、舍韦城堡、布卢瓦3处景点。或者到距离景点最近的火车站租车，购买列车票时，告诉售票员您想要在目的地租车，有时还能买到打折票（仅限阿维斯租车公司）。另外，去卢瓦尔葡萄酒产地直销店的话，利用汽车比较方便。

● 直接利用出租车游览也不失为一个好方案，虽然费用较高，但是相比旅游巴士，利用出租车可以按照自己的意愿进行游览。可以选择从图尔、巴黎或者尼斯发车。主要的旅游出租公司有：

● Loire Valley Car Touring
☎ 06 82 00 64 51　📠 02 47 57 67 13
🌐 www.loire-valley-car-touring.com

● Touring France
☎ 01 56 79 05 15
🌐 www.touring-france.com

● 有时旅游信息服务中心会提供旅游方案，例如，在昂热(p.178)旅游信息服务中心，可以预约住宿、附带葡萄酒的餐饮等（2人1至2晚200欧元～）。

## 美味和特产

●各具特色的葡萄酒

　　法国开通铁路之前，卢瓦尔河是国内运输的大动脉。因此，很长一段时间提到法国葡萄酒，就是指卢瓦尔葡萄酒。现在，这里约有7.2万公顷的田地，除了酿造红、白、玫瑰红葡萄酒之外，采用和制作香槟同样的方法酿造了发泡性葡萄酒（分别称为Méthode、Traditionelle、Champagnisé、Crémant）。葡萄酒各具特色，果味的白葡萄酒、香甜浓厚的贵腐葡萄酒、含少量丹宁酸的红葡萄酒、让人联想到波尔多城堡的深红葡萄酒等。

　　其中，尤为著名的是桑塞尔（Sancerre）和普伊芙美（Pouilly Fumé）的白葡萄酒，水果味中带着独特的清香，毫不逊色于勃艮第和阿尔萨斯产的葡萄酒。另外，武夫赖（Vouvray）、希农（Chinon）最上等的红葡萄酒，可以和勃艮第产的红葡萄酒相媲美。

　　喜欢红葡萄酒的话，推荐酸甜适中的

**推荐美食**

### 淡水鱼　　Poissons d'eau douce

　　在卢瓦尔河捕获的淡水鱼，可以做成有名的特色美食。鲈鱼（sandre）和鳟鱼（truite）都是白肉鱼，搭配蔬菜和奶油汁，调味汁中通常添加藏红花和葡萄酒，美味可口。有名的乡土美食"Carpes à la Chambord"最近不太常见，烤鲤鱼取而代之，比较流行。淡水鱼一般先用油炸，然后涂上柠檬，味道极佳。

### 山羊奶酪　　Fromage de Chèvre

　　通过一根麦秆输送空气的Sainte Maure、Selles sur Cher、Pyramide、Valencay等尤为著名。与此相对，Buchette d'Anjou则不需要麦秆。这些奶酪表面都涂有盐和木炭粉，呈黑色。Crottin de Chavignol、Pouligny Saint Pierre的表面，则覆盖着一层青白相间的薄皮。

### 塔坦苹果馅饼　　Tarte Tatin

　　提到法国苹果的产地，人们自然而然地会想到诺曼底。塔坦苹果馅饼（Tarte Tatin）诞生于索洛涅地区的拉莫特·伯夫龙。由一对姓塔坦的姐妹创制。使用了大量的奶油，苹果表面呈焦糖色，焦糖丝丝渗入到整个馅饼之中。

### 卢瓦尔葡萄酒　　Vins de la Loire

　　在咖啡馆、餐厅轻松畅饮红葡萄酒。参见上述的"美味和特产"。

### 豆类蔬菜　　Légumes

　　秋冬上市的野苣（mâche）是南特的蔬菜特产。卢瓦尔地区盛产蔬菜，尤其产龙须菜、甜罗勒、大蒜、扁豆等。在餐厅多做成拼盘，味道独特。有幸见到的话，一定要尝尝。

莱永河山坡（Coteaux du Layon）的贵腐葡萄酒。白葡萄酒和鹅肝、牛奶蛋糕是绝配。昂热周边，安茹玫瑰红（Rosé d'Anjou）葡萄酒十分有名，淡淡的玫瑰红，微带一点甜味，是名符其实的高雅葡萄酒。南特周边酿造吃海鲜饭菜不可或缺的白葡萄酒——密斯卡得（Muscadet）等。

● 山羊奶制作的奶酪

喝葡萄酒自然少不了奶酪，当地主要盛产利用山羊奶制造的山羊奶酪。与桑塞尔相邻的夏维诺（Crottin de Cha-vignol）是著名的山羊产地，桑塞尔葡萄酒和这里的奶酪可谓最佳搭档（Meilleur Mariage）。

● 伯夫龙森林的恩泽

从秋天解除狩猎禁令开始一直到春天，都可以吃到从布隆森林捕获的野生动物制作的野禽美食，还能品尝昂热、布卢瓦的著名特产——熟肉酱(Rillettes)。熟肉酱的做法是，用猪油把鸭肉或者猪肉炖烂，直到呈糊状保存起来。一般熟肉酱涂在面包上食用。

## 购物推荐

### 李子干　　　Pruneaux Farcis

在炖软的李子中添加朗姆酒中浸泡过的杏，既可以做白兰地、利久酒的下酒菜，也可以做茶点。保质期为1个月，可以带回国。李子干可以在超市、高级食材店等购买。

### 醋　　　Vinaigre

奥尔良的特产。据说，因为卢瓦河的水位下降，运输葡萄酒的船舶不慎触礁，流失的葡萄酒变成了醋，由此开始用葡萄酒酿醋。18世纪时有300多家酿造厂，现在仅剩下马丁·普莱（Martin Poulet）一家。用严格筛选出来的葡萄酒，放在橡木桶内置于温度可调的房间，经过至少半年时间酿制而成。这一酿造方法传承至今已达200多年。可以在小汤锅（p.173）等奥尔良市内的餐厅购买。

### 南特四角透明水果糖　　　Berlingot de Nantes

18世纪的南特是一座因纺织品、甘蔗、奴隶三角贸易而繁荣的港口城市。当时从西印度岛进口甘蔗，然后运输到国内，或者出口到英国。以砂糖和香料为原料制作的南特四角透明水果糖，至今仍在生产。它可以在戈蒂埃·德伯特等商场（p.181）购买。

### 盐之花　　　Sel de Guérande

美食家、厨师所熟知的富含镁和铁的天然盐。盐田距离南特约85公里。白色的盐堆积而成的山创造了一幅独特的景象——Guérande（布列塔尼地区固有的方言布列塔尼语，白色城镇的意思）。把盐田引向海水，这种颇费工夫的制作方法1000年来从未改变。

颗粒粗大的gros sel，可以在烤鱼之前涂在鱼的表面，还能用于制作蔬菜、甲壳类菜肴和煮菜等。颗粒细小的fleur de sel，除了烹饪，还能用于拌蔬菜。

以上调料可以在超市、高级食材店等购买。

### 卢瓦尔葡萄酒

参见上述的"美味和特产"。

# LOIRE
# 信步漫游卢瓦尔古城

流经富饶国土的卢瓦尔河

## ACCESS
**国铁**：从巴黎蒙巴纳斯站乘坐TGV高速列车到图尔(Tours)站，行车大约1小时。从巴黎奥斯特利茨站乘坐TGV高速列车到布卢瓦（Blois）站，行车约1小时40分钟，到翁赞（Onzain）站行车约1小时50分钟。

法语"Château"是"城堡"的意思，卢瓦尔河流域的古城也被冠以"Château"的称谓。虽然通称为城堡，按性质却分为两大类：一类是11~15世纪建造的用于军事防御的要塞，称为Château Fort，希农城堡、洛什城堡是其代表；另一类是文艺复兴时期建造的优美的城堡，阿泽勒里多城堡、尚博尔城堡和舍农索城堡就是典型的文艺复兴建筑，这些城堡不是出于军事目的，而是供王侯贵族居住。

当时，城堡的规模和豪华的装饰象征着居住在此的整个家族的地位、财力以及文化水平。无论到访哪座城堡，了解一下城堡的历史背景、居住人物、建筑和室内装饰，非常必要。另外，夏天周末的夜晚，城堡周围张灯结彩，举办灯光音乐(Son et Lumière)表演，通过音乐和解说再现城堡内发生的历史事件，有些城堡还会邀请演员身着当时的服装表演戏剧。详细介绍，请咨询旅游信息服务中心。

## 尚博尔城堡 Château de Chambord
MAP p.162

### 尚博尔城堡
🚆 从巴黎蒙巴纳斯站乘坐TGV高速列车到布卢瓦（Blois）站，行车约1小时40分钟。布卢瓦距离城堡约20公里，可开车前往。
🕘 9:00~18:15（10月~次年3月至17:15，7、8月至19:00）
☎ 02 54 50 40 00
休 1/1、12/25
€ 9.50欧元

最为壮丽的尚博尔城堡

尚博尔城堡的四角矗立着圆形塔楼，外观对称，在卢瓦尔众多的古城中尤为优美。附近的伯夫龙森林和巴黎市面积不相上下。弗朗索瓦一世喜欢在此狩猎，1519年，他建造了尚博尔城堡。1539年国王死后，亨利二世即位并对城堡进行了改建。17世纪，路易十四下令进行全面修整，从而建造了卢瓦尔地区首屈一指的壮丽城堡——拥有400余间房屋、70层阶梯、365座烟囱。

雅致的城堡前是圆形广场，矗立着众多尖塔，独创的建筑样式随处可见，堪称法国文艺复兴时期的最高杰作。最大的景点是位于城堡中央的双重螺旋阶梯，同时上下楼梯的人可以相互看见却不会碰面，独具匠心，人们猜测当时逗留在法国的列奥纳多·达·芬奇可能参与了设计。从塔顶的露台向远处眺望，总面积达5500公顷的广阔庭园和森林一览无余。城内有800多处弗朗索瓦一世的徽章——火蜥蜴（火与光）雕刻。

## 布卢瓦城堡 Château de Blois

MAP p.162

布卢瓦城堡坐落在卢瓦尔河畔的高地上，在此可以俯瞰布卢瓦市的街景。8世纪时出于防御目的建造了布卢瓦城堡，路易十二、弗朗索瓦一世都出生在这里，他们对城堡进行了修整，此后城堡成为宫廷文化的中心。红砖白石组合而成的哥特式"夏尔·德鲁莱昂长廊"，哥特后期、法国文艺复兴初期的"路易十二世楼"，文艺复兴样式的"弗朗索瓦一世楼"，以及古典样式的"加斯顿·德鲁莱昂（路易十三的弟弟）楼"，四种建筑样式汇聚一堂，故城堡又被称为"建筑样式博物馆"。

其中，弗朗索瓦一世楼建有面向中庭的八角形螺旋阶梯（1515～1524年建造），无论是内部装饰，还是外部建筑都堪称文艺复兴样式的杰作。现在，城堡成为美术馆，展示肖像画等，房间内摆放着家具、装饰品、武器等，再现了当时的卧室和书斋的面貌。1588年，在三层的房间亨利三世下令暗杀了策划废除王位的头目——吉斯公爵。另外，在此曾经召开了两次三级会议。

耸立在小镇中心的布卢瓦城堡

### 布卢瓦城堡

交 从巴黎奥斯特利茨站乘坐TGV高速列车到布卢瓦（Blois）站，行车约1小时40分钟，然后从车站步行5分钟即到。
开 9:00～18:30（11月至次年3月9:00～12:30、13:30～17:30，7、8月至19:00，10月至18:00）
电 02 54 90 33 33
休 1/1、12/25
€ 8欧元

## 舍韦尼城堡 Château de Cheverny

MAP p.162

舍韦尼城堡位于尚博尔城堡西南，距离尚博尔城堡约10公里，坐落在著名的狩猎场——伯夫龙森林的尽头，1604年到1634年由舍韦尼伯爵——亨利·犹勒伯爵建造而成，现在是归其子孙所有的私人宅邸。城堡外观对称，属于亨利四世至路易十三时期的古典建筑样式，据说巴黎的卢森堡宫殿就是以此城堡为模型建造的。建造城堡使用的石头，随着岁月流逝逐渐泛白。

一层的景点是"大食堂"，里面是17世纪的画家基恩·莫尼埃创作的堂吉诃德装饰画及其他画作。二层的兵器室陈列着15到16世纪的盔甲，这里的天花板和门扇也出自莫尼埃之手。城堡自建成之后从未修复过却保存至今，可见历代的城堡主对城堡维护得多么细致周到。

此外，墙壁的图案随季节而改变的国王卧室和陈列17世纪挂毯的挂毯厅，精彩绝伦。这里同时设有猎犬小屋和狩猎博物馆，小屋内饲养了79匹猎犬，博物馆展示着2000余只鹿角。每年从秋天到春天，都会有人带着猎犬在附近的森林骑马狩猎。

### 舍韦尼城堡

交 从巴黎奥斯特利茨站乘坐TGV高速列车到布卢瓦（Blois）站，行车约1小时40分钟。布卢瓦距离城堡约15公里，可开车前往。
开 9:15～18:15（7、8月至18:45，10月9:45～17:30，11月至次年3月9:45～17:00）
电 02 54 79 96 29
休 常年开放
€ 7.50欧元

舍韦尼城堡建成之时的面貌保存至今

## 卢瓦尔河畔肖蒙城堡 Château de Chaumont sur Loire    MAP p.162

树丛对面富丽堂皇的卢瓦尔河畔肖蒙城堡

卢瓦尔河畔肖蒙城堡坐落在卢瓦尔河左岸，是一座宛如要塞的壮丽城堡。15世纪，布卢瓦伯爵沃德一世下令建筑要塞，之后五个世纪这里都是安博茨瓦家族的领地。1465年，安博茨瓦家族一员反叛路易十一，由此城堡遭到了破坏。1510年，重建了圆塔、角塔和吊桥，形成了今日的面貌。

这座城堡还是亨利二世的王后凯瑟琳·德·美第奇和其情妇狄安娜·德·普瓦捷上演闹剧的舞台。1560年亨利二世去世后，凯瑟琳·德·美第奇买下了这座城堡，为了报复狄安娜，她强行将此城堡与留有狄安娜和亨利二世美好回忆的舍农索城堡相交换。之后，城堡几经易主，1938年，成为国有财产。

城堡内最主要的景点是，一层悬挂在台球厅的佛兰德产挂毯（16世纪），其上描绘着《汉尼拔传奇》，以及图书室内装饰的勒布伦创作的挂毯（17世纪）。在二层可以参观陈设着豪华家具的狄安娜卧室和巴勒莫宫殿的评价厅，厅内铺设着马略卡烧制的瓷砖。此外，凯瑟琳·德·美第奇卧室的肖像画也十分著名。

每年5～10月中旬，在园林家亨利·迪歇那建造的英式庭园，都会举办介绍现代园林家的国际园林节（另外收费）。

### 卢瓦尔河畔肖蒙城堡
从巴黎奥斯特利茨站乘坐TGV高速列车到奥赛站，行车约1小时40分钟，城堡距离车站2公里。布卢瓦距离城堡约20公里，可开车前往。
开 10:00~18:30（11月~次年3月至17:00，7、8月至19:00，10月至18:00）
☎ 02 54 20 99 22
休 1/1、5/1、11/1、12/25
€ 9欧元

## 昂布瓦斯城堡 Château d'Amboise    MAP p.162

### 昂布瓦斯城堡
从巴黎奥斯特利茨站乘坐TGV高速列车到昂布瓦斯站，行车约2小时，然后从车站步行10分钟即到。城堡距离图尔25公里。距离卢瓦35公里，可以开车前往。
开 9:00~17:30（11月至次年1月9:00~12:30、14:00~16:45，2月9:00~12:30、13:30~17:00，4~6月至18:30，7、8月至19:00，9、10月至18:00）
☎ 02 47 57 00 98
休 1/1、12/25
€ 9.70欧元

两栋建筑物之中，面向卢瓦尔河的城堡较为古老，是查理八世下令建造的哥特式建筑物，它的一侧呈直角突出的楼房，是路易十二和弗朗索瓦一世增建的部分。城堡内国王居住区——会议厅与"亨利二世的卧室"对外开放。据说1560年，旧教徒吉斯公爵在此严刑拷打1500名新教徒，并残忍地杀害了他们，可谓布满血腥历史的房间。之后，宗教战争爆发，吉斯公爵在布卢瓦城堡被亨利三世暗杀（p.167）。

大体参观之后，骑马登上米尼姆塔，站在塔顶眺望，乐趣无穷。1491年，在城壁一角建造了圣蒂贝尔礼拜堂，据说受弗朗索瓦一世邀请来法的列奥纳多·达·芬奇就安葬在这里。从城堡出发步行10分钟就可以到达达·芬奇住所遗址。

曾经的要塞——昂布瓦斯城堡

## 舍农索城堡　Château de Chenonceau　　MAP p.162

舍农索城堡横跨卢瓦尔河支流谢尔河,优美无比,可以和水边小憩的天鹅相媲美。16世纪,由财政官博埃尔的妻子兴建而成,6位女性负责管理,因此称为"六女之城"。1547年,亨利二世把这座城堡赠送给了情妇狄安娜·德·普瓦捷,然而在他离世之后,皇后凯瑟琳·德·美第奇强行交换了留有狄安娜和亨利二世美好回忆的舍农索城堡(p.168)。搭建在谢尔河上的长约60米的意大利式长廊,由凯瑟琳·德·美第奇亲手布置而成。

现在,主要开放一层和二层的起居室。狄安娜房间配备基恩·戈约翰设计的壁炉,弗朗索瓦一世的卧室装饰着绘画——《三美神》(拉斐尔)和《狩猎女神狄安娜》(F.普利马提乔)。三层是被暗杀的亨利三世的王后卡特琳娜·梅迪西斯利的房间,整间屋子布置成黑、白两色,据说她整日在此为亨利三世服丧。另外,还有两座以凯瑟琳·德·美第奇和狄安娜·德·普瓦捷的名字命名的法式庭园,从庭园眺望美轮美奂的城堡,让人忘却了曾经发生的勾心斗角。

### 舍农索城堡
乘坐TGV高速列车从巴黎蒙巴纳斯站出发,在圣皮埃尔德高赫(St. Pierre des Corps)站换乘,到舍农索城堡(Chenonceau)站下车,全程行车约1小时30分钟。城堡距离图尔35公里,可以开车前往。
开 9:00~19:00(11月至次年1月9:30~17:00,2、3月9:30~18:00,6、9月9:00~19:30,7、8月9:00~20:00,10月 9:00~18:30)
☎ 08 20 20 90 90
休 常年开放
€ 10.50欧元

舍农索城堡美丽的外墙

## 洛什城堡　Cité Royale de Loches　　MAP p.162

洛什城堡位于安德尔河畔的悬崖上,中世纪城堡的面貌保存至今。长约2公里的城墙壁环绕的小镇内,散落着官邸、教堂和主塔。14世纪,查理六世建造了要塞,之后增建了文艺复兴样式的官邸。1429年5月,圣女贞德在此劝说查理七世前往兰斯参加加冕典礼。

查理七世把这座城堡赠送给了他的情妇阿涅斯·索亥尔,据说她对国王影响极大。阿涅斯·索亥尔长眠在以其名字命名的阿涅斯·索亥尔塔下,大理石墓碑的下半部描绘着绵羊图案,象征她的名誉以及高洁的品性。另外,15世纪的约翰·富凯派宗教画不容错过。站在高37米的主塔炮台远眺,城堡和安德尔河尽收眼底。主塔原来是地牢,拥有单间牢房,可以通过录像资料追溯到11世纪,感受主塔历史的变迁。

### 洛什城堡
乘坐TGV高速列车从巴黎蒙巴纳斯站出发,在图尔(Tour)站换乘,到洛什(Loches)站下车,行车约2小时30分钟。城堡距离图尔45公里,可以开车前往。
开 9:00~19:00(10月至次年3月9:30~17:00)
☎ 02 47 59 01 32
休 1/1、12/25
€ 7欧元

从城堡的主塔眺望洛什城堡之风景

## 于塞城堡 Château d'Ussé　　MAP p.162

**于塞城堡**
乘坐TGV高速列车从巴黎蒙巴纳斯站出发到图尔（Tour）站，行车约55分钟。距离图尔35公里，可以开车前往。
开 10:00~18:00（4~8月至19:00）
电 02 47 95 54 05
休 11月中旬至次年2月中旬
€ 13欧元

　　于塞城堡坐落在安德尔河畔，背靠希农森林。15世纪，查理七世的重臣布埃尔伯爵重建了要塞，之后又增建了住宅楼。从而，建成了一座古典样式、文艺复兴样式和哥特样式等多种样式共存的城堡。在此可以参观挂毯、镶木工艺的衣橱家具等。17世纪的童话家夏尔·佩罗，以城堡为舞台，创作了《林中睡美人》。城堡内以书中人物为原型创造的人偶，让人产生置身童话王国的幻觉。17世纪，布朗特尼伯爵夫人邀请园林家勒诺特建造的庭园内，鲜花盛开，色彩斑斓。

## 阿宰勒里多城堡 Château d'Azay le Rideau　　MAP p.162

**阿宰勒里多城堡**
乘坐TGV高速列车从巴黎蒙巴纳斯站出发，在圣皮埃尔德高赫（St. Pierre des Corps）站换乘，到阿宰勒里多（Azay le Rideau）站下车，全程行车约2小时30分钟，出站后到城堡还需步行15分钟。距离图尔25公里，可以开车前往。
开 9:30~18:00（7、8月至19:00，10月至次年3月10:00~12:30，14:00~17:30）
电 02 47 45 42 04
休 1/1、5/1、12/25
€ 8欧元

　　阿宰勒里多城堡坐落在安德尔河的一座小岛上，是哥特式向文艺复兴式过渡时期的建筑。在卢瓦尔地区众多的城堡中，阿宰勒里多被公认为最具阴柔美。文豪巴尔扎克称赞其犹如"镶嵌在安德尔河上的雕琢精美的钻石"。16世纪，由弗朗索瓦一世的财政大臣吉尔·贝特洛修建而成，后吉尔·贝特洛被发现侵吞公款逃亡国外，城堡收归国有。城堡呈L字形，从正面阶梯的露台或大卧室眺望宽广的河面，景色优美如画。

　　主要景点有16世纪的家具，协调搭配的红色卧室和蓝色卧室，装饰着弗朗索瓦一世徽章的壁炉，以及国王和王后的肖像画等。从这里出发沿D39线行车10公里，就来到了几何学法式庭园——维朗德里城堡（Château de Villandry）。

展现阴柔美的阿宰勒里多城堡

## 希农要塞 Forteresse Royale de Chinon

MAP p.162

希农是著名的葡萄酒产地。15世纪末,出生于希农近郊村落的作家弗朗索瓦·拉伯雷创作了《巨人传》,并且赋予主人公高康大酗酒的特点。希农要塞建于10~12世纪,以古罗马时代维埃纳河沿岸的要塞为基础,如今只留有长400米、宽70米的要塞遗迹。

1429年,圣女贞德促使拥有王位继承权的查理七世得以加冕。据说当日,国王想要测试混在群臣中的贞德的神通力,立刻被贞德识破。国王住所遗址摆放着人偶,他们身着著名的电影服装制作处提供的服装,复原了昔日的场景。13世纪,菲利浦·奥古斯都建造了军事防御用的塔楼——普瓦西塔。圣女贞德博物馆位于14世纪建造的时钟塔楼内。每年8月的第三个周末,在希农的旧街道举办中世纪集市,身着中世纪服装的人们漫步街道。

### 希农要塞

🚆乘坐TGV高速列车从巴黎蒙巴纳斯站出发,在图尔(Tour)站换乘,到希农(Chinon)站下车,全程行车约3小时。出站后到城堡还需步行15分钟。距离图尔约45公里,可以开车前往。
🕐9:00~19:00(10月至次年3月9:30~17:00)
☎02 47 93 13 45
休12/25~1/1
€7欧元

卢瓦尔河沿岸城镇——希农

## 索米尔城堡 Château de Saumur

MAP p.162

索米尔城堡坐落在可以眺望卢瓦尔河的悬崖上,由14世纪菲利浦·奥古斯都时代的要塞改建而成。曾经是安茹公爵的住所,现在作为展示陶瓷器和挂毯的装饰博物馆(Musée d'Arts Décoratifs)以及收藏马术和马具历史资料的马匹博物馆(Musée du Cheval),对外开放。

索米尔是著名的葡萄酒产地。18世纪,国王的弟弟把骑马联队安置在这里,因此索米尔被称为"马术之城"。每年夏天,这里都会举办精彩的马术表演。

参观城堡之后,可以前往距此1公里的国家马术学校(4~10月),或者乘坐游览船,荡漾在卢瓦尔河上,欣赏河面风景。

### 索米尔城堡

🚆乘坐TGV高速列车从巴黎蒙巴纳斯站出发,在图尔(Tour)站、安杰·圣洛(Anger St. Laud)或者圣皮埃尔德高赫(St. Pierre des Corps)站换乘到索米尔(Saummur)下车,行车约2小时。距离图尔约75公里,可以开车前往。
🕐10:00~13:00,14:00~17:30(7、8月10:00~18:00)
☎02 41 40 24 40
休周一、11月至次年3月
€3欧元

# Orléans
## 奥尔良

MAP p.8-F

在这里,圣女贞德为法国带来了胜利,对她的歌颂至今不绝于耳。

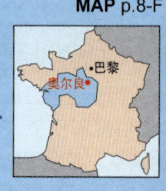

描绘圣女贞德凯旋的彩色玻璃

### ACCESS
**国铁**:从巴黎奥斯特利茨站出发,到奥尔良(Orleans)站下车,行约1小时。有时需要在Les Aubrais Orleans换乘。
**自驾车**:从巴黎出发,沿前往波尔多的高速公路A10线,行程约130公里。

### INFORMATION
🛈 **旅游信息服务中心**: 2, pl. de l'Etape
☎ 02 38 24 05 05  HP www.tourisme-orleans.com  ⏰ 10:00~13:00、14:00~18:00、10月至次年 2月至17:00、4~6月9:30~13:00、14:00~18:00(周一至17:30)、7、8月9:00~19:00、9月9:30~13:00、14:00~18:30 ❌ 7、8月之外的周日、1/1、5/1~5/8、11/1~11/11、12/25
**市内交通**:一辆有轨电车和多辆公交覆盖了市内交通,出租自行车也有很高的利用价值。
**市区面积**:从车站到马尔特洛瓦广场步行需要10分钟,从广场到圣十字大教堂步行需要3分钟。游览约需要6小时。

## 城镇构造

1429年,"百年战争"时,年仅18岁的圣女贞德受到神的启示,带领军队冲进英军包围的奥尔良,引导法国走向了胜利。之后每年5月的7、8日都会举办圣女贞德节,延续至今。另外,每年6月下旬至7月上旬举办的爵士音乐节也是奥尔良的特色。

穿过火车站前的购物中心,就来到了艾伯特一世广场,对面是笔直延伸的商业街。沿着有轨电车的线路,走在共和国大街(Rue de la République)上,来到耸立着圣女贞德骑马像的马尔特洛瓦广场(Pl.du Martroi)。广场上银行和商店林立,是小镇的中心地带,圣十字大教堂就坐落在广场的东侧。从勃艮第大街(Rue de Bourgogne)到夏特勒市场(Halles Châtelet),有许多雅致的饮食店,热闹非凡。

## 圣十字大教堂
### Cathédrale Sainte Croix

MAP p.172-B

美丽的哥特式大教堂上耸立着宛如花边的哥特式尖塔

4世纪以来,圣十字大教堂多次被烧毁、破坏。现在残存的哥特式大教堂,由亨利四世和玛丽·美第奇下令建造而成。1601年开始动工,经历百年战争,终于1829年完工。正面高81米的塔楼是18世纪的建筑物。据说,顶上的小塔是以斯特拉斯堡大教堂为样本、尖塔以亚眠大教堂为样本建造而成的。内部主要的景点有曲线优美的哥特式长廊、18世纪初期木雕装饰的本殿，以及19世纪描绘圣女贞德生平的彩色玻璃。

## 圣女贞德故居
Maison de Jeanne d'Arc　　　　MAP p.172-B

1429年4月29日～5月9日，圣女贞德入城时曾在此住过。原本是夏尔·德鲁莱昂的财政官杰克·布歇的家，第二次世界大战期间遭到了全面破坏，1965年，进行了复原。现在是博物馆，展示中世纪的刀剑和盔甲，有关圣女贞德的资料及其肖像画，还有17世纪的挂毯等。圣女贞德联谊会办事处也设在这里。

## 奥尔良美术馆
Musée des Beaux Arts d'Orléans　　MAP p.172-B

奥尔良美术馆收藏了16~19世纪意大利、佛兰德和法国的绘画，共计约5万幅作品，仅次于巴黎的罗浮宫。还有丰富多彩的彩色粉笔画，其中夏丹所作的《带圆眼镜的自画像》，是一幅充分展现画家本人特质的杰作。

## 格洛特馆
Hôtel Groslot　　　　　　　　　MAP p.172-A

1550年建造，是皮革商人的后裔、代理官员杰克·格洛特的宅邸。1790年，市政厅搬入其中，可以入内参观。格洛特家族和皇室关系密切，收藏了许多和皇室有关的家具和皮革工艺品。外观主要是文艺复兴样式，采用人字形屋顶和砖造的弗拉曼风格。馆中结婚厅内文艺复兴样式的壁炉和科多巴的皮革工艺十分精湛。1560年，16岁的弗朗索瓦二世在这间房间结束了自己短暂的生命。

### 圣十字大教堂
⏰9:15～12:00、14:15～17:00
🚶从马尔特洛瓦广场出发步行3分钟

### 圣女贞德故居
⏰10:00~12:30、13:30~18:00（11月至次年4/28 14:00~18:00）
休周一、5/8除外的节假日
€2欧元（第二个周日免费）
🚶从马尔特洛瓦广场出发步行3分钟

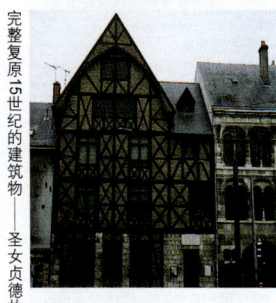
完整复原15世纪的建筑物——圣女贞德故居

### 奥尔良美术馆
⏰10:00~18:00 休周一、1/1、5/1、5/8、11/1、11/11、12/25
€3欧元（规划展4欧元、第一个周日免费）
🚶位于圣心大教堂旁边

### 格洛特馆
⏰9:00~12:00、14:00~18:00（周日10:00~、夏季9:00~18:00）
休举行结婚仪式的周六
€免费
🚶从圣十字大教堂出发步行1分钟

卢瓦尔河地区

173

奥尔良

---

## 🅡 餐饮

### 拉鲁德瓦兹
**L'Ardoise**　　MAP p.172-A

位于法院对面。河鳟鱼沙司、煎猪肝、水果沙拉、葡萄酒等评价极高。

🚶从有轨电车共和国站(République)出发步行2分钟
📍27, rue de la Bretonnerie
☎02 38 53 51 66
⏰12:00~13:30、20:00~21:30 休周日、周一 €25.50欧元

### 小汤锅
**La Petite Marmite**　　MAP p.172-B

中世纪半露木结构的餐厅，以"小汤锅"命名，美食十分有名。

🚶从圣十字大教堂出发步行1分钟
📍178, rue de Bourgogne
☎02 38 54 23 83 ⏰19:00~22:30
休除周二、节假日外周一~周五及天休息 €24欧元~

### 布吕尔公园
**La Terasse du Parc**　　MAP p.172-B外

位于供市民小憩的广阔的公园内。晴朗的天气，露天就餐是个不错的选择。

🚶乘坐有轨电车A或者20路公交在Universite Parc Floral下车即到 📍Ave. du Parc Floral ☎02 38 25 92 24 📠02 38 24 92 42 ⏰12:00~14:00、19:30~22:00 休周日晚上、周一 €30欧元~

## 🅗 住宿

### 拉贝尔
**L'Abeille**　　MAP p.172-A

位于城镇中心，靠近车站，作为游览据点地理位置极佳，拥有可住4~5人的大间。

🚶从车站步行3分钟 📍64, rue Alsace Lorraine [共和国大街 (Rue de la Republique)的一角] ☎02 38 53 54 87 📠02 38 62 65 84 🌐www.hoteldelabeille.com 🛏31间客房 €单人间、双人间98欧元~

### 勒格兰德
**Le Grand**　　MAP p.172-B

拥有50年历史，价格合理，简洁素雅。距离有轨电车站很近，交通便利。

🚶从有轨电车共和国站（République）出发步行1分钟 📍1, rue de la Lionne ☎02 38 53 19 79 📠02 38 62 25 11 🌐hotelorleans.com 🛏27间客房 €单人间59欧元~、双人间65欧元~

### 奥尔良
**Orléans**　　MAP p.172-A

距离大教堂和马尔特洛瓦广场都很近，拥有专用停车站，租车旅行的话十分便利。

🚶从马尔特洛瓦广场出发步行1分钟 📍6, rue Adolph Crespin ☎02 38 53 35 34 📠02 38 53 68 20 🌐hotelorleans.fr 🛏18间客房 €单人间75欧元~、双人间86欧元~

# Bourges

## 布尔日

积累了巨大财富的商人之城,拥有在世界上引以为豪的大教堂,沼泽地带风景秀美。

MAP p.8-F

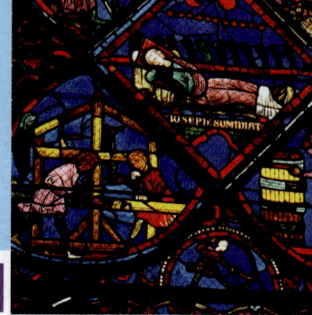

细腻地描绘中世纪生活场景的彩色玻璃

### ACCESS
**国铁**:从巴黎奥斯特利茨站出发,到布尔日(Bourges)下车,行车1小时50分钟。
**自驾车**:从巴黎出发,沿高速公路A10线,途经奥尔良,然后沿A17线驶往克莱蒙费朗(Clermont-Ferrand),最后沿N76线到布尔日,行程230公里,距离奥尔良约50公里。

### INFORMATION
旅游信息服务中心:21, rue Victor Hugo ☎02 48 23 02 60 📠02 48 23 02 69 🌐www.bourgestourisme.com 🕐9:00~19:00(周日、节假日10:00~18:00;10月~次年3月9:00~18:00,周日、节假日14:00~17:00)🚫1/1、12/25
**市内交通**:虽然有公交,但是数量太少,利用价值不高。
**市区面积**:从车站步行到小镇中心的商业路(Rue de Commerce),需要15分钟;从商业路(Rue de Commerce)步行到圣埃蒂安大教堂,需要5分钟。旅游信息服务中心位于大教堂旁边,游览大约需要6小时。

## 城市概况

小镇的历史,可以追溯到恺撒征服高卢的时期。12世纪,这里是查理七世的叔父——贝利公爵的领地,被定为贝利地区的首府。每年5~9月周四至周六(7~8月每日)的晚上,作为"布尔日夜景",会点亮散步道旁的历史遗迹。4月下旬举办的摇滚音乐盛会——"布尔日之春"也十分著名。

从火车站沿亨利·罗德尔大街(Ave. Henri Laudier)向小镇中心前进,渡过小河之后道路分为三岔路,选择中间的让若雷斯大街(Ave. Jean Jaurès)。从让若雷斯大街经过商业路(Rue de Commerce)和莫瓦恩尔商店街(Rue Moyenne),就来到了圣埃蒂安大教堂。小镇中心散落着中世纪的半露木结构建筑和15~17世纪的宅邸。其中,可以免费参观博物馆拉勒蒙馆和旧天主教堂。

## 圣埃蒂安大教堂
Cathédrale Saint Etienne

 世界遗产

MAP p.174-B

1198年动工的哥特式大教堂。1992年被联合国教科文组织认定为世界文化遗产(参见p.30)。由内向外看,

平常可以看到从沼泽地带搬运鲜花的场景,7、8月有导游带团参观

呈放射状展开的双层飞拱，展翅欲飞。地下礼拜堂后部建成三层，部分伸出到地面之上。西侧正面有五扇大门。半圆形的墙壁上描绘着圣母玛利亚生平、最后的审判和圣斯特凡诺生平等。

内部天花板高37.15米，通过彩色玻璃采光，明亮艳丽，令人印象深刻。彩色玻璃创作于12~17世纪，其中以13世纪居多，其上描绘着旧约、新约全书中的场景、启示录以及最后的审判等。

## 雅克·科尔宫
Palais Jacques Coeur　　　　MAP p.174-B

雅克·科尔是一位精明能干的商人，与中近东诸国进行贸易往来，之后成为查理七世的财政官。据说，圣女贞德劝说查理七世前往兰斯时，他提供了旅途费用。1443~1450年，雅克·科尔在高卢-罗马时代的要塞遗址上建造了哥特样式的杰作——雅克·科尔宫。曲线优美的木制天花板和"宝物厅"——金库，集合了当时首屈一指的技术。

具备当时欧洲少有的桑拿设施，私人礼拜堂的构思也具有划时代的意义。市立参事官室内雕刻着雅克·科尔的座右铭"有志者，事竟成(A Vaillant, Rien d'Impossible)"。

联合国教科文组织认定的世界文化遗产——圣埃蒂安大教堂

**圣埃蒂安大教堂**
8:30~19:15（10月至次年3月9:00~17:45）
从车站出发步行20分钟

**雅克·科尔宫**
9:30~12:00、14:00~18:15（10月~次年3月至17:15，7~8月至18:30，4~9月10:00~12:15、14:00~18:00）
1/1、5/1、11/1、11/11、12/25
7欧元
从大教堂出发步行5分钟

坐落在广场之上遥望大海的雅克·科尔雕像

卢瓦尔河地区

175

布尔日

## R 餐饮

### 拉贝尔·圣安布卢瓦
L'Abbaye Saint Ambroix　　MAP p.174-B

由17世纪的教堂改建而成的高级餐厅，使用当地新鲜的淡水鱼和蔬菜制成的美食，值得一尝。

从车站出发步行约3分钟　60-62, Ave. Jean Jaurès　02 48 70 80 00
http://www.abbayesaintambroix.fr
12:00~13:30、19:30~21:30
周一、周二　62欧元~

### 勒丹圣赛瓦尔
Le D'Antan Sanserrois　　MAP p.174-B

人气极高的餐厅，两位男性厨师独创的鱼餐，搭配桑塞尔白葡萄酒，美味至极。

从大教堂出发步行约5分钟
50, rue Bourbonnoux
02 48 65 96 26
12:00~14:00、19:30~22:00
周日、周一　56欧元~

### 雅克·科尔
Jacques Coeur　　MAP p.174-B

坐落在雅克·科尔宫前的广场旁，更换主厨之后，评价不断上升。

雅克·科尔宫旁边　3, pl.Jacques Coeur　02 48 26 53 01
12:00~13:30、19:00~21:00
周一、周六白天、周日全天
20欧元~

## H 住宿

### 勒克里斯蒂娜
Le Christina　　MAP p.174-A

地理位置极佳，便于游览。经济实惠，房间宽敞明亮，雅致舒适。

从雅克·科尔宫出发步行3分钟
5, rue de la Halle　02 48 70 56 50
02 48 70 58 13　http://www.le-christina.com
71间客房　单人间、双人间50欧元~

### 波旁王朝
Bourbon　　MAP p.174-B

坐落在小镇入口的豪华酒店，从车站出发步行约3分钟。普雷菲绍公园呈现在眼前，视野极佳。

bd. Répu-blique　02 48 70 70 00
02 48 70 21 22　http://www.hoteldebourbon.fr　58间客房　单人间120欧元~、双人间135欧元~

# Tours

## 图尔

MAP p.8-F

大文豪巴尔扎克的诞生地，传奇圣人圣马丁绝命之处，卢瓦尔地区的交通要道。

穿过唱诗班学校的长廊来到图书馆

### ACCESS
**国铁**：从巴黎蒙巴纳斯站出发，乘坐TGV高速列车，到图尔(Tour)下车，或者在圣皮埃尔德高赫(St. Pierre des Corps)站换乘公交，行车约1小时。

**自驾车**：从巴黎沿高速公路A10线前往普瓦捷(Poitiers)，行程240公里，距离奥尔良(Orleans)约120公里。

### INFORMATION
🛈 旅游信息服务中心：78-82, rue Bernard Palissy ☎ 02 47 70 37 37
🌐 www.ligeris.com ⏰ 9:00~12:30，13:30~18:00（周日、节假日10:00~13:00），4/16~10/15 8:30~19:00（周日、节假日10:00~12:30，14:30~17:00）
🚫 1/1、5/1、12/25

**市内交通**：1~3路公交连接车站和让饶勒斯广场(Pl.Jean Jaures)（位于市政厅前）。乘坐国铁，从圣皮埃尔德高赫站到图尔站，巴士需要5分钟，收费。

**市区面积**：从车站到圣加蒂安大教堂、图尔美术馆步行需要10分钟，从图尔美术馆到旧街区步行需要15分钟。游览大约需要5小时。

## 城市概况

图赖讷(Touraine)地区的中心城市，高卢-罗马时代作为商业和政治的中心地而繁荣。15世纪，还曾成为法国的首都。4世纪，传奇人物圣马丁长眠在圣马丁教堂，1000年来教堂作为朝拜圣地而被人们所熟知。小镇的大部分在第二次世界大战期间遭到了破坏，布鲁穆广场(Pl. Plumereau)周边14~17世纪的半露木结构建筑物后被复原。

图尔是参观卢瓦尔古城的据点，有许多从这里发车的旅游巴士，上午和下午参观不同的城堡，可以比较各旅游公司的日程安排后选择中意的旅游路线（在旅游信息服务中心办理）。在此还可以观看夏天的夜晚举办的灯光音乐表演，乘坐直升飞机或热气球环游古城上空（根据季节和天气有时停开）等。小型旅游巴士公司有St. Eloi excursions [☎ 06 70 82 78 75 🌐 saint-eloiexcursions.com] 等。

## 圣加蒂安大教堂和唱诗班学校长廊
Cathédrale Saint Gatien et son cloître de la Psalette    MAP p.176-B

图尔第一代天主教教堂——圣加蒂安大教堂在一次火灾中被烧毁，1235年开始再建，圣王路易（1226~

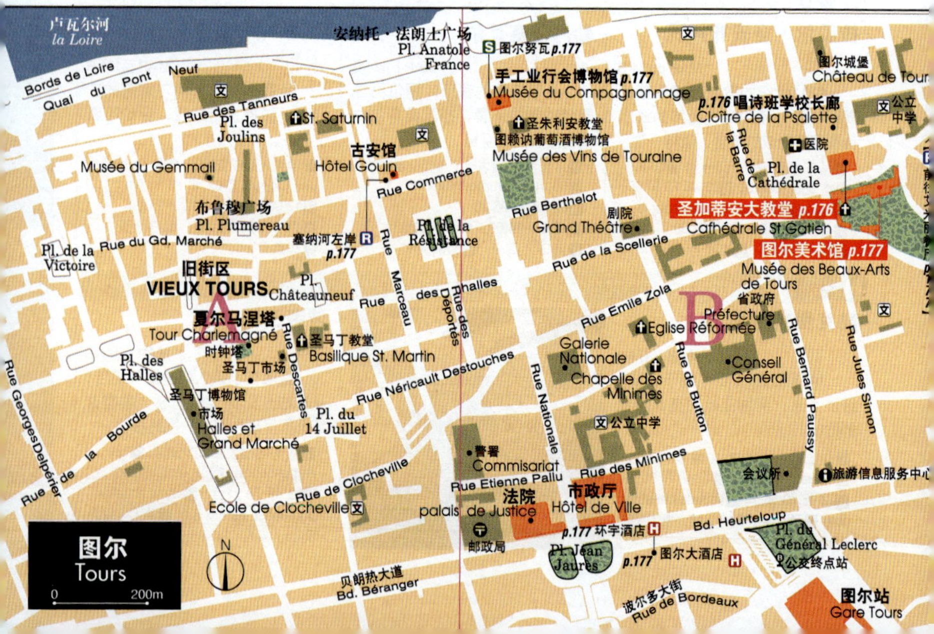

1270）建造了主殿，查理七世（1422～1461）建造了长廊，16世纪完工。主殿是哥特式建筑的杰作，出自建造巴黎圣礼拜堂的建筑家之手。13～15世纪的彩色玻璃描绘着旧约、新约全书的场面以及圣马丁传奇。查理八世的孩子长眠在16世纪建造的墓穴里。

唱诗班学校长廊位于教堂入口左侧，是16世纪建造的哥特式建筑。登上文艺复兴样式的螺旋阶梯，可以看到与地面观看迥然不同的大教堂。从交叉式拱顶能够进入美丽的图书馆。

圣加蒂安大教堂的正面，左右钟塔完美对称

## 手工业行会博物馆
Musée du Compagnonnage　　　　MAP p.176-B

学徒为了出人头地拜技术娴熟之人为师，实行师徒制。为了保护当地的手艺人建立了行会组织。博物馆内展出16～20世纪的木工活、皮革品、马具、铁栏装饰品等40余种行业的作品。

## 图尔美术馆
Musée des Beaux Arts de Tours　　　MAP p.176-B

图尔美术馆坐落在圣加蒂安大教堂的旁边，位于17～18世纪的旧天主教堂内，展出15～20世纪出自鲁本斯、布歇尔和德拉克洛瓦等画家之手的欧洲绘画。曼特尼亚创作的《橄榄园的耶稣》、卡赞（曼氏之妻）创作的《忘却》都是动人心弦的名作。内部装饰和工艺品也值得一看。

### 圣加蒂安大教堂
开 8:00～20:00（冬季至19:00）；唱诗班学校长廊；9:30～12:30，14:00～17:00（5/22～9/30至18:00，4月10:00～12:30，14:00～17:00）
休 周日上午和举办宗教仪式的日子，1/1，5/1，12/25，10月至次年3月的周一、周六
￥ 3欧元
交 从车站出发步行10分钟

### 手工业行会博物馆
开 9:00～12:30，14:00～18:00
休 周六，1/1，5/1，7/14，11/1，11/11，12/25
￥ 5欧元
交 从车站出发步行15分钟

### 图尔美术馆
开 9:00～18:00
休 周二，1/1，5/1，7/14，11/1，11/11，12/25
￥ 4欧元　交 从车站出发步行10分钟

## R 餐饮

### 艾米丽餐厅
La Table d'Emilie　　MAP p.176-B外

以"La Table d'Emilie"为店名，提供传统美食，雅致舒适，午餐（19欧元）人气极高。

交 从大教堂出发步行3分钟　1, rue Lobin　02 47 05 05 30　开 12:00～13:30，19:00～20:30　休 周日夜晚，冬天的周一至周三，6/15～9/15的周一至周四全日　￥ 25欧元～

### 塞纳河左岸
Rive Gauche　　MAP p.176-A

除了午餐和晚餐，还供应下午茶，晚上作为卡特尔酒吧，提供葡萄酒等。

交 从安纳托•法朗士广场出发行2分钟　23, rue du Commerce　02 47 05 71 21　开 12:00～2:00am（下午茶时间15:00～，酒battle18:00～，晚餐19:30～）　休 常年营业　￥ 晚餐35欧元~

## S 购物

### 图尔努瓦
La Livre Tournois　　MAP p.176-B

1807年开业的老字号店铺。在煮过的李子中添加杏制作而成的甜点，美味可口。

交 从安纳托•法朗士广场出发步行1分钟　6, rue Nationale　02 47 05 42 00　开 9:00～12:30，14:00～19:00　休 周日

## H 住宿

### 图尔大酒店
Grand Hôtel de Tour　　MAP p.176-B

正对着车站前的广场，客房宽敞舒适，刚刚进行了改造，采用19世纪30年代的装饰，别具一格。

交 从车站出发步行1分钟　9, pl. Marechal Leclerc　02 47 05 35 31　02 47 64 10 77　HP www.legrand hoteltours.com　105室　￥ 单人间133欧元~，双人间153欧元~

### 环宇酒店
L'Univers　　MAP p.176-B

位于市政厅对面，1846年开业的老字号酒店兼餐厅，丘吉尔也曾在此居住。

交 从车站出发步行3分钟　5, bd. Herteloup　02 47 05 37 12　02 47 61 51 80　HP www.oceaniahotels.com　85间客房　￥ 单人间~，双人间198欧元~

# Angers

## 昂热

MAP p.8-F

中世纪以来的重要的大学城之一，在法国历史中占据重要的地位，是鉴赏挂毯的好去处。

守护昂热的要塞

### ACCESS
**国铁**：乘坐TGV高速列车，从巴黎蒙巴纳斯站出发，到昂热圣洛德（Angers St.Laud）站下车，行车约1小时35分钟。
**自驾车**：从巴黎出发，沿高速公路A10、A11线，行车约300公里。从南特沿高速公路A11线，行车约90公里。从图尔出发沿高速公路A10、A85、A11线，行约30公里。

### INFORMATION
🛈 旅游信息服务中心：Pl. Kennedy（城堡和Bd.du Roi Rene的交叉点）
☎ 02 41 23 50 09
🌐 www.angersloire-tourisme.com
🕘 9:00~19:00（周日、节假日10:00~18:00）
🅿 常年营业
**市内交通**：既可以利用便于游览的巴士和火车，也可以步行。夏天还可以从旅游信息服务中心租自行车。
**市区面积**：从车站到城堡步行需要20分钟，从城堡到小镇中心的集合广场步行需要10分钟。游览大约需要5小时。

**城市通行证（City pass）**
持有城市通行证可以参观昂热市内的主要旅游景点，免费乘坐市内公交，购物时还会有特别优惠。24小时有效，可在旅游信息服务中心购买，12欧元。

"亚当之家"装饰着艺术水平极高的平民化雕刻

## 城市概况

昂热有15万人口，其中包括3万学生。昂热水土资源丰富，地理位置优越，号称法国西部的大门，无论在哪个时代都备受重视。12世纪，英国国王亨利二世，作为安茹伯爵，开始统治这块土地，从苏格兰到巴斯克都属于这一独立公国，广阔的领土，远比安都巴黎的法国加佩王朝要大得多。然而，进入13世纪，菲利普二世合并了安茹，把其收归法国所有。15世纪，正式交到法国国王路易十一的手中。

小镇在第二次世界大战期间遭到了破坏，现在，现代建筑物居多，城东侧有广大的旧街道。从12世纪建造的圣莫里斯大教堂到集合广场周边（Pl. Ralliement）有许多中世纪的房屋和教堂，一定要游览一下。尤其是位于圣克鲁瓦广场（Pl. Ste. Croix）的"亚当之家"是15世纪的半露木结构建筑，柱上有雕刻，现在是销售传统工艺纪念品的商店。

### 昂热城堡
Château Forteresse d'Angers    MAP p.178-A

13世纪，路易九世在高卢–罗马时代要塞的基础上建造了城堡，当时的要塞保存至今，17层圆塔和城墙

昂热 Angers

描绘出一幅黑白交织的条纹图案。15世纪，路易十一把部分护城河建成花坛，如今色彩鲜艳的花朵争奇斗艳，为城堡增光添彩。

这里最大的景点是，位于城堡特别展示厅内法国最古老的挂毯——《约翰启示录》（Tenture de l'Apocalypse）。1375～1380年，安茹公爵路易一世定制了长104米、宽5米的巨幅作品，分76个场面进行展示。高超的技艺，均匀配色的红蓝背景，洋溢着高贵的气质，可以花时间慢慢品味出场人物细腻的表情，欣赏奇形怪状的动物等。司令官的住宅楼里有15～16世纪佛兰德制挂毯，其中，《弹风琴的贵妇人》《彭忒西勒亚》等，不容错过。

### 昂热城堡

- 🕐 9:30～18:30（9/5至次年4/30 10:00～17:30）闭馆前45分钟禁止入馆
- 休 1/1、11/1、11/11、12/25
- € 7.50欧元（使用城市通行证付费）
- 🚌 乘坐3、6、7、16路公交在城堡（Château）下车，然后步行3分钟。从车站出发步行需要10分钟

### 让·吕尔萨美术馆

- 🕐 10:00～18:30（10月上旬至次年5月下旬10:00～12:00、14:00～18:00）
- 休 10至次年5月的周一、1/1、5/1、11/1、11/11、12/25
- € 4欧元（可以使用城市通行证）
- 🚌 乘坐5、8、9、10路公交在圣让（St. Jean）博物馆下车，然后步行1分钟，从集合广场出发步行需要15分钟

## 让·吕尔萨美术馆
Musée Jean Lurçat  MAP p.178-A

生于1892年的让·吕尔萨是法国现代画家、壁挂艺术家。以其名字命名的美术馆坐落在12世纪建造的旧圣约翰医院遗址上。美术馆展示吕尔萨的作品——《世界之歌》，讲述其想要传达给世人的话语。

从昂热城堡的《启示录》得到启发，吕尔萨以"生活的乐趣"为题创作了一系列作品。除此之外，还有以广岛的原子弹爆炸为主题的作品。

挂毯的美超越了时空，动人心弦

### R 餐饮

**金雀花王朝**
La Plantagenêts  MAP p.178-A
以英国王朝（金雀花王朝）命名的餐厅，花少量的钱就可以品尝到昂热的特色美食和葡萄酒。
- 🚌 从车站出发步行1分钟
- 📍 8, pl. de la Gare
- ☎ 02 41 88 49 42
- 🕐 12:00～14:00，19:30～21:30
- 休 周六白天、周日晚上
- € 31欧元～

**勒法夫雷**
Le Favre d'Anne  MAP p.178-A
19世纪的宅邸改建而成的高级餐厅。在这里就餐，可以眺望昂热城，现在是人气最高的餐厅之一。
- 🚌 从昂热站出发步行10分钟
- 📍 18, quai des Carmes
- ☎ 02 41 36 12 12
- 🕐 12:00～14:00、19:30～21:30
- 休 周日、周一、7/26～8/13
- € 60欧元～

**普罗旺斯咖啡馆**
Provence Caffé  MAP p.178-B
和圣朱利安酒店位于同一座建筑物内，靠窗的座位可以眺望集合广场。
- 🚌 乘坐1、5、16、21路公交在集合广场（pl. du Ralliement）下车即到
- 📍 9, pl. du Ralliement
- ☎ 02 41 87 44 15
- 🕐 12:00～14:00、19:00～22:00
- 休 周日、周一、圣诞节至年初、8月之间的三周
- € 27欧元～

### H 住宿

**圣朱利安酒店**
Saint Julien  MAP p.178-B
坐落在小镇的中心，面对着集合广场，店员服务热情周到，价格合理，居住舒适。
- 🚌 乘坐1、5、16、21路公交在集合广场（pl. du Ralliement）下车即到
- 📍 9, pl. du Ralliement
- ☎ 02 41 20 95 19
- 🌐 www.hotelsaintjulien.com
- 🛏 30间客房
- € 单人间53欧元～，双人间68欧元～

**蒂娜酒店**
D'Iéna  MAP p.178-A
位于车站和昂热城之间的住宅街上，恬静雅致，价格合理。
- 🚌 从昂热圣洛德站出发步行2分钟
- 📍 27, rue Marceau
- ☎ 02 41 87 52 40
- 📠 02 41 86 01 58
- 🌐 www.hotel-iena.com
- 🛏 27间客房
- € 单人间54欧元～，双人间56欧元～

**丹安茹酒店**
D'Anjou  MAP p.178-B
典雅的西方建筑，彩色玻璃和木制装饰，再现了19世纪的风貌，店内酒吧人气极高。
- 🚌 从集合广场出发步行1分钟
- 📍 1, bd. du Maréchal Foch
- ☎ 02 41 21 12 11
- 📠 02 41 87 22 21
- 🌐 www.hoteldanjou.fr
- 🛏 53间客房
- € 单人间122欧元～，双人间193欧元～

# Nantes
# 南特

MAP p.8-E

坐落在卢瓦尔河畔。15世纪布列塔尼公国的首府，大型贸易港口遗迹保留至今。

## ACCESS

**国铁**：乘坐TGV高速列车从巴黎蒙巴纳斯站出发，到南特（Nantes）下车，行车约2小时10分钟。

**自驾车**：从巴黎沿高速公路A10、A11线，行程约380公里。从波尔多沿高速公路A10、A83线，行程约320公里。从雷恩（Rennes）沿高速公路N137线，行程约110公里。

**航空**：从波尔多美瑞格那克国际机场出发（Bordeaux Merignac）到南特亚特兰提科（Nantes Atlantique）国际机场，约需要45分钟，一天4～8班。从斯特拉斯堡安茨克国际机场（Strasbourg Entzheim）出发，约需要1小时20分钟，一天1～4班。机场距离市区约9公里，前往商务广场和国铁站的巴士行车约30分钟。

## INFORMATION

旅游信息服务中心 Cours Olivier de Clisson ☎ 08 92 46 40 44
🌐 www.nantes-tourisme.com
🕐 10:00～18:00（周四10:30～）🚫 周日（圣皮埃尔和圣保罗大教堂旁边的旅游信息服务中心周日、节假日10:00～13:00，14:00～18:00，周四10:30～13:00，周一休息）

**市内交通**：有4条有轨电车路线，前往主要的旅游景点步行即可。

**市区面积**：从车站到布列塔尼公爵城堡步行需要5分钟，到小镇中心的商务广场（Pl.du Commerce）步行需要15分钟。游览大约需要6小时。

## 城市概况

10世纪，南特是布列塔尼公国的首府，由15世纪布列塔尼公爵弗朗索瓦二世建造而成。1598年，亨利四世在此颁布著名的《南特敕令》。18世纪，作为贸易之城繁荣昌盛。从殖民地运来的盐和甘蔗，经南特输送到国内和英国，甘蔗、奴隶和纺织品并称为"三角贸易"。南特还是儒勒·凡尔纳的故乡。现在的南特，年轻人众多，朝气蓬勃，被人们所熟知。"拉马希纳"公司位于南特市，它制作大型器械的同时还举办表演（从有轨电车1号线Chantiers Navales站出发，步行5分钟即到公司的工作室和展示厅）。被人们所熟知的古典音乐盛典"古典音乐节"（p.33）也发祥于南特。

令亨利四世赞叹不已的布列塔尼城堡

## 布列塔尼公爵城堡
### Château des Ducs de Bretagne
MAP p.180-B

布列塔尼公爵城堡，由布列塔尼公爵弗朗索瓦二世及其女儿安妮两代人建成。为了结束宗教战争，认可新教徒自由信仰耶稣教的《南特敕令》就是在此颁布的。据说，当时亨利四世国王对这座雄伟壮丽的城堡赞叹不已。南特历史博物馆坐落在城堡之内，可以一边欣赏800余幅作品，一边追寻15～17世纪的历史。另外，还可以漫步城墙之上。中庭有金冠塔和仿照布列塔尼公爵冠冕形状建造的井。

## 圣皮埃尔和圣保罗大教堂
Cathédrale St. Pierre et St. Paul　　MAP p.180-B

布列塔尼公爵约翰五世为了建造公国首屈一指的大教堂，开始兴建圣皮埃尔和圣保罗大教堂，从1434年开始历时4个多世纪完成。然而，教堂在世界大战期间和之后的火灾中被完全毁坏，现存的是1985年重建的建筑。弗朗索瓦二世和王后的墓地位于教堂内，采用黑白大理石，并以文艺复兴样式装饰。

## 梅海长廊
Passage Pommeraye　　MAP p.180-A

穿过商务广场，就可来到雅致的三层建筑——梅海。梅海长廊是1843年建成的路易·菲利普样式的建筑，通顶设计的天花板下，每层圆灯的支柱上都有优美的雕刻，吸引了全法国的艺术家。电影导演杰克·德米在此拍摄了《罗拉》(Lola)和《纯白贵妇》(La Dame Blanche)等作品。

雅致的梅海长廊宛如电影场景一般

## 南特美术馆
Musée des Beaux Arts de Nantes　　MAP p.180-B

全馆呈长廊形，便于参观。收藏着从13世纪至今的作品，其中法国绘画尤为丰富，如乔治·德拉图尔创作的《圣约瑟夫的梦想》，安格尔创作的《索奈尔夫人的肖像》等。一层咖啡厅提供的午餐，人气极高。

### 布列塔尼公爵城堡
开10:00~19:00，7、8月9:00~20:00
休周一、1/1、5/1、11/1、12/25
€5欧元　交从有轨电车1、4号线安妮公爵夫人(Duchesse Anne)站出发步行2分钟

### 圣皮埃尔和圣保罗大教堂
开9:00左右~19:00（周日10:00~），地下礼拜堂周六、周日15:00~17:00　休常年开放　€免费　交从有轨电车4号线的福煦广场(Place Foch)站出发步行1分钟，从车站出发步行8分钟

### 南特美术馆
开10:00~18:00（周四至20:00）
休周二、部分节假日
€3欧元（规划展另外收取费用，7、8月除外，每月的第一个周日、周四18:00之后免费）
交从车站出发步行5分钟

## R 餐饮

### 蝉声酒吧
La Cigale　　MAP p.180-A

1900年开业的内部装饰为洛可可样式的老字号餐厅。海鲜美食（36欧元）等，美味可口。

交从有轨电车1号线的多媒体中心(Mediatheque)站出发步行3分钟
4, pl. Graslin
☎02 51 84 94 94　营7:30-24:30（早餐，咖啡至11:30，午餐11:45-15:00，下午茶15:00~19:00，19:00之后是晚餐）
休常年营业　€就餐26.50欧元~

## S 购物

### 戈蒂埃·德伯特
Gautier Debotte　　MAP p.180-A

1850年开业，销售法国知名的甜点——南特贝尔兰。

交从有轨电车1、2、3号线的商务(Commerce)站出发步行3分钟
9, rue de la Fosse
☎02 40 48 23 19　营9:00~19:15
休周日、周一、节假日

## H 住宿

### 酒店
L'Hôtel　　MAP p.180-B

坐落在大教堂附近，距离火车站和有轨电车站都很近，交通便利，房间改造得典雅独特。

交从有轨电车1、4号线安妮公爵夫人(Duchesse Anne)站出发步行1分钟
6, rue Henri 4
☎02 40 29 00 95　HPwww.nanteshotel.com
€31间客房　€单人间110欧元~、双人间140欧元~

### 列诺瓦酒店
Renova　　MAP p.180-B

客房较小，位于市中心，地理位置极佳，深受年轻人喜爱，有大型集会时需要提前预约。

交从有轨电车1、2、3号线商务(Commerce)站出发步行1分钟
11, rue Beauregard Cours des 50 Otages
☎02 40 47 57 03　传02 51 82 06 39
HPwww.hotel-renova.com
€24间客房
€单人间43欧元~、双人间70欧元~

### 南特墨丘利中心酒店
Mercure Nantes Central　　MAP p.180-A

步行即可到商务广场和皇家广场，恬静雅致的酒吧，人气极高。

交从有轨电车1、2、3号线商务(Commerce)站出发步行2分钟
4, rue du Couëdic
☎02 51 82 10 00　传02 51 82 10 10
HPwww.accorhotels.com
€162室　€单人间、双人间130欧元~

## 重要资讯

### 尽情享受古老城堡的酒店生活

游览卢瓦尔古城时就会发现，除了著名的城堡之外，在旅游地图上找不到的小城堡也随处可见。实际上，由于王侯贵族建造的城堡至今居住着他们的后裔，大部分不对外开放。然而，近年许多城堡不但对外开放，有些还改建为酒店，供游人住宿。城堡里摆设着拥有历史底蕴的家具。漫步美丽的广阔庭园，没有比这更惬意的生活了吧，这就是逗留在城堡酒店的妙趣所在。

## 拉布尔德西埃尔城堡
Château de la Bourdaisière

见证卢瓦尔历史的拉布尔德西埃尔城堡

拉布尔德西埃尔城堡位于图尔附近，拥有杉树环绕的面积达50公顷的广阔庭园，到了春天庭园内10余种百合竞相开放。意大利风格的露台上是天才列奥纳多·达·芬奇设计的大门。城堡后面是19世纪营造的菜园，现在还种植着番茄等630余种蔬菜。根据季节可以试吃这里的时令作物。

城堡内共计有20间别具一格的客房，一层华丽的大厅是游客的休息室，堡内的酒吧提供独创的杯装葡萄酒。

🚆 从圣皮埃尔德高赫(St.Pierre des Corps)站出发，行程8公里，距离蒙路易(Montlouis)约1公里
🏠 25, rue de la Bourdaisière, Montlouis sur Loire
☎ 02 47 45 16 31　📠 02 47 45 09 11
🌐 www.labourdaisiere.com
🛏 20间客房
💰 单人间151欧元~、双人间152欧元~
导游带团参观城堡、庭园和菜园；9:30~19:00
🚫 11月至次年3月（酒店正常营业）
💶 7欧元

## 图尔赛特城堡
Château des Sept Tours

15世纪，建造了维维尔城堡(Vivier)和玛诺瓦尔·德特洛瓦·图尔（三座塔），19世纪进行了增建和改建，现在成为"七塔"城堡。从中世纪到文艺复兴，混合了各种建筑样式。餐厅内装饰着康斯坦·特鲁瓦永的狩猎画，精美绝伦。78公顷的森林里设置了带18球洞的高尔夫场，同时设有温泉、餐厅和以售酒为主的酒吧等，即使一整天待在城堡内也乐趣无穷。

🚆 从图尔出发沿西北的D938、D959线，行程约35公里
🏠 Le vivier des Landes, Courcelles de Touraine
☎ 02 47 24 69 75　📠 02 47 24 23 74
🌐 www.7tours.com
💰 单人间、双人间170欧元~（拥有各种打折）

\*便于查找城堡酒店的网页地址（URL）http://www.relaischateaux.com

## 诺曼底/布列塔尼/北部-加来海峡/皮卡第

- 吉维尼　188
- 鲁昂　190
- 埃特勒塔　193
- 勒阿弗尔　194
- 翁弗勒尔　196
- 多维尔/滨海特鲁维尔　198
- 卡昂　200
- 巴约　202
- 格朗维尔　204
- 雷恩　205
- 圣米歇尔山　206
- 圣马洛/迪纳尔　209
- 瓦讷/卡纳克　212
- 坎佩尔　213
- 贡比涅　216
- 亚眠　217
- 里尔　218

# 诺曼底/布列塔尼/北部-加来海峡/皮卡第 概况

## 地域概要

### ●凯尔特文化的发源地

如果把法国国土比作五角形的话，那么左上边就是诺曼底、布列塔尼、北部-加来海峡和皮卡第。与英吉利海峡和大西洋相连的布列塔尼地区，保留着古代巨石文明遗迹以及从英国舶来的凯尔特人的文化。5~16世纪，凯尔特人在这一地区建立了从法国独立出来的国家——布列塔尼公国。现在，当地仍然使用布列塔尼语，保留着其他地区所没有的独一无二的文化。

### ●海盗入侵

在布列塔尼之上，位于英吉利海峡西侧的是诺曼底。这一名称来源于8世纪末，来自斯堪的纳维亚的海盗（日耳曼人）入侵这里，并建立了诺曼底公国。

世界遗产——著名的圣米歇尔山

13世纪，诺曼底公国被法国国王合并，之后经历了"百年战争"。第二次世界大战时，诺曼底成为盟军登陆作战的舞台。现在，诺曼底沿海散落着许多度假村、港口，被认定为世界遗产的圣米歇尔山，因莫奈故居而闻名的吉维尼，半露木结构建筑和宗教建筑的杰作等，景点甚多。英吉利海峡东侧、法国最北端的沿海地区是北部-加来海峡，内陆侧是皮卡第。现代化都市里尔带动了北部-加来海峡地区的发展，皮卡第中心的亚眠因大教堂而闻名内外。

沿海城市常见的场景

## 重要景点

从不同的角度观看这一地区会产生不同的感受，提前确定一个主题，来进行一次意义深刻的旅行吧。例如，想要游访宗教建筑的话，可以去鲁昂大教堂、卡昂教堂、亚眠大教堂和坎佩尔教堂等。品尝海鲜，**多维尔**（p.198）、**滨海特鲁维尔**（p.198）、**圣马洛**（p.209）和**格朗维尔**（p.204）都是不错的选择。这里的度假村有上流阶层的别墅、赌场，只是去感受一下那里的气氛也不错。

**翁弗勒尔**（p.196）、**吉维尼**（p.188）和**埃特勒塔**（p.193）是吸引众多印象派画家的胜地，美术爱好者到此游访一定会收获颇多。另外，可以参观与圣女贞德渊源颇深的**鲁昂**（p.190）和**贡比涅**（p.216），游览第二次世界大战时登陆作战的舞台——**诺曼底**（p.201），别有一番乐趣。

## 交通出行建议

●从巴黎乘坐国铁前往诺曼底，可以乘坐前往迪耶普（Dieppe）、勒阿弗尔（Le Havre）（吉维尼、鲁昂）、迪沃河-卡堡（Dives-Cabourg）（滨海特鲁维尔、多维尔）、瑟堡（Cherbourg）（卡昂、巴约）、格朗维尔（Granville）之中的任意一辆特快列车或者快车。

●如果想要去沿海城镇的话，从火车站换乘地区支线即可。Bus Verts的20路公交（相反方向30路），连接了勒阿弗尔、诺曼底、翁弗勒尔、滨海特鲁维尔、多维尔、卡昂和巴约。但是，公交的数量和时刻表频繁变更，需要提前在当地确认一下。

●前往布列塔尼的TGV高速列车在雷恩（Renes）、瓦讷（Vannes）和坎佩尔（Quimper）都会停车，在这几个站可以换乘支线或者公交，然后前往圣米歇尔山（Mont St.Michel）、阿朗松（Alencon）和卡纳克（Carnac）。另外，TGV高速列车还连接了巴黎和里尔。

●如果乘坐租来的汽车从巴黎出发旅行，干线道路完备，交通便利。高速公路A13线前往鲁昂（Rouen）和卡昂（Caen），A11线前往勒芒（Le mans）和雷恩，A16线前往亚眠（Amiens），A1线前往里尔（Lille），十分便利。

## 经典旅游线路

●前往布列塔尼、北部-加来海峡和皮卡第，从巴黎乘坐TGV高速列车十分方便（参见上面的"交通出行建议"）。清晨从巴黎早早出发，当天即可往返。

●巴黎郊外的戴高乐机场（CDG）也开通了TGV高速列车。从戴高乐机场（CDG）到坎佩尔大约需要5小时25分钟，到雷恩大约需要2小时50分钟，到卡昂大约需要3小时10分钟，到勒芒大约需要2小时，到里尔大约需要50分钟。因为车次比较少，所以需要提前确认列车时刻表。另外，在布列塔尼、北部-加来海峡和皮卡第之间来往的话，通常需要在巴黎换乘。初次来法国的人，逗留在巴黎，很快就能适应法国的生活。

●参观诺曼底、布列塔尼等沿海城市的话，推荐利用支线、旅游巴士或者租车（有关诺曼底的巴士请参见上述的"交通出行建议"）。首先把自己的日程安排、预算和目的地传给旅游信息服务中心，工作人员会给您提供一些建议。

在村间蜿蜒穿流的小河上度过悠然自得的时光

## 美味和特产

### ●奶酪和苹果的产地

诺曼底地区奶牛养殖业兴盛，盛产奶酪和奶油。其中，软质乳酪（Camembert）最受欢迎，举世闻名。当地生产的奶酪被指定为A.O.C.（原产地通称），具有品质保证。13世纪以来，以古老的传统引以为豪的四角庞莱维克（Pont l'Évêque）长约10厘米、厚3厘米，味道细腻醇厚。里韦罗（Livaro）直径12厘米、厚5厘米，味道独特。

这一地区潮气较大，相对于葡萄，更适于种植苹果。因此，当地盛产苹果酒和用其蒸馏酿造的苹果烧酒（Calvados）等苹果饮料。

### ●诺曼底风味奶油沙司

大量使用奶油的奶油沙司——诺曼底风味奶油沙司（Sauce normande），十分有名。其中，添加了牛肉（boeuf）、牛舌鱼（sole）和鳕鱼（cabillaud）等，菜肴名称前的"à la Normande"表示诺曼底风味。

### ●任意挑选海鲜食品

面朝大海的诺曼底和布列塔尼是海鲜食品的宝库，可以在此打捞龙虾（homard）、长须虾（langoustine）、小

---

## 推荐美食

### 海鲜拼盘　Assiette de Fruits de Mer

诺曼底、布列塔尼等沿海城镇的餐厅都有海鲜拼盘，食材比巴黎的海鲜餐厅要新鲜得多，并且价格合理。品尝时可以添加蛋黄酱、醋、柠檬等。

### 黄油蛋糕　Kouign Amann

据说，黄油蛋糕1865年诞生于布列塔尼地区的德瓦尔努内村，是一种富含当地特产——含盐黄油的酥皮饼，它是布列塔尼地区的面包店和茶餐厅必备的产品。

### 普莱-萨莱　Pré-Salé

普莱-萨莱，指的是布列塔尼和诺曼底地区的海边牧场饲养的小羊。因为潮水涨落之差，草中富含了盐分和矿物质，用这种草饲养的羊，肉质柔软，且带有天然的咸味儿。

### 格雷派薄饼　Galette et Crêpe

薄饼专营店在布列塔尼地区随处可见。荞麦面制的薄饼中添加了火腿、奶酪和煎鸡蛋，称为全套格雷派（Galette Complete）。推荐添加各种口味果酱（confiture）的薄饼和添加低度酒的橙香火焰薄饼（Crepe Suzette）。

### 诺曼底产软质乳酪　Camembert de Normandie

不仅法国，世界各地都生产软质乳酪（Camembert）。但是，只有在诺曼底地区，运用特定的方法制作的奶酪才是真正的A.O.C.(原产地通称)奶酪——诺曼底产软质奶酪。它与一般的软质奶酪迥然不同，味道醇厚细腻。

龙虾（crevette）、海胆（oursins）、螃蟹（crabe）、牡蛎（huitre）、贻贝（moules）、扇贝（coquille Saint Jacques）等，后三者还有大规模养殖场。在当地的餐厅，可以品尝海鲜拼盘（Plateau de Fruits de Mer）（一人份为Assiette）。

● **简单美味的奶油甜点**

布列塔尼地区盛产奶油甜点，众所周知的黄油蛋糕（Kouign Amann），面包房销售的布列塔尼风味蛋糕（Gâteau Breton），都是简单美味的乡土甜点。薄饼也是布列塔尼的特产之一。当地流行在专营店的餐桌品尝薄饼，主碟是夹奶酪和火腿的荞麦面薄饼（galette），餐后甜点是夹果酱和水果的小麦粉薄饼（Crêpe）。就餐时作为饮料的辣味苹果酒，不可或缺。

● **佛兰德/皮卡第美食**

在北部的餐厅，可以品尝佛兰德和皮卡第美食。佛兰德美食有使用生啤制作的炖菜和鸡、兔、牛犊砂锅（potjev-fleisch，佛兰德语）等。皮卡第美食有湿地蔬菜制作的汤（Soupe des hortillons）和亚眠风味的鸭肉酱（Pâté d'Amiens）等。

### 美露的双层脆薄饼　　　　　　　　Gaufre de Méert

1761年开业的位于里尔的老字号甜点店，1849年被认定为名牌糕点。烤得薄薄的双层脆薄饼之间夹着马达加斯加香草，可以在店内品尝刚出炉的甜点，保质期大约为10天。可以在美露购物中心（p.219）购买。

### 诺曼底地区的苹果酒

苹果酒 Cidre
苹果烧酒 Calvados

苹果酒度数大约为4%，适于搭配薄饼或者苹果甜点，其分为辣味的brut和甜味的doux。苹果酒的蒸馏酒就是苹果烧酒。2~3年的酒中添加了苏打水，15~20年的酒可以直接在餐后饮用。据说，当地曾经把度数为50%的苹果烧酒作为餐中甜点。喝酒有助于增加食欲，因此又把苹果烧酒称为"日耳曼人之穴"（打开了盛食物的胃穴）。

### 坎佩尔陶器

红、黄、蓝色的手绘图案是坎佩尔陶器的特色，从烟灰缸、鸡蛋架、黄油罐等小物件到餐具，种类繁多，特别适合作为礼物。可到小镇的礼品店购买。

### 布列塔尼地区的奶油饼干

小小的圆形饼干，松脆易于嚼食，分为薄薄的格雷派饼（Galette）和厚厚的帕勒特（Palet）两种，每种都含有20%~25%的新鲜奶油，装在绘有漂亮图案的四角形罐内销售。可到小镇的礼品店等购买。

### 凯尔特音乐　　　　　　Musique Celte

布列塔尼地区传承了爱尔兰、苏格兰和威尔士的凯尔特音乐，轻快中带着淡淡的忧伤，风靡全球。坎佩尔的凯尔特音乐专卖店，销售1000多种苏格兰风笛和手风琴CD、乐器、教程和乐谱等。可到凯尔迪安（Keltia Musique）（p.215）选择CD等。

# Giverny
# 吉维尼

**MAP** p.8-B

塞纳河畔恬静的小镇,印象派巨匠莫奈格外钟爱的地方。

鲜花环绕的莫奈故居

## ACCESS

**国铁**:从巴黎圣拉扎尔站乘坐快车前往鲁昂(Rouen)或者勒阿弗尔(Le Havre),到韦尔农(Vernon)下车,在全程行车40分钟到80分钟。一天有10余辆车往返。在芒特拉若利(Mantes La Jolie)换乘时,换乘的列车有时不太好,需要提前确认。

**自驾车**:从巴黎沿前往鲁昂(Rouen)的高速公路A13线到韦尔农(Vernon)。从巴黎至吉维尼(Giverny)大约75公里。还有从巴黎发车的旅游巴士(参见p.293)。

## INFORMATION

❶ 旅游信息服务中心(韦尔农),36, rue Carnot, Vernon(教堂旁边) ☎02 32 51 39 60 HP www.cape-tourisme.fr ⏰9:00〜12:30、14:00〜18:00(5〜9月 的 周日10:00〜12:00、10月 至 次 年4月9:00〜12:30、14:00〜17:30)❌10月至次年4月的周日、5〜9月的节假日午后

❶ 旅游信息服务中心(吉维尼),70, rue Claude Monet, Giverny(莫奈故居的停车场内)☎02 32 51 39 60 ⏰9:30〜17:30(9、10月10:00〜13:00、14:30〜17:30)❌11月至次年3月

**市内交通**:240路公交在韦尔农站和吉维尼站之间运行,站前的小餐馆拉斯莫斯〔Les Amis de Monet(39 rue Emile Steiner)☎02 32 51 55 16 ❌周日)〕处出租自行车。

**市区面积**:从韦尔农站到吉维尼的莫奈故居乘坐公交或者出租车,需要10〜15分钟。游览大约需要4小时。

## 城市概况

从车站出发步行10分钟到达旅游信息服务中心,从旅游信息服务中心向塞纳河方向走3分钟来到阿尔布弗拉路(Rue d'Albufera),然后在加尔纳路(Rue Carnot)右转,就是教堂和镇政府所在的广场。旅游信息服务中心坐落在教堂左侧的半露木结构的建筑物内,它是15世纪的建筑物。旁边是11世纪动工的圣母大教堂,内部有路易十三时期的风琴。

从这里前往吉维尼小镇,首先返回阿尔布弗拉路,从塞纳河的桥上可以看见右侧的足球场,跨过小桥,来到足球场旁边的吉维尼大道(Route de Giverny)。小镇比较小,可以徒步参观莫奈故居、美术馆等。

### 莫奈故居和庭园
Les Jardin et Maison de Claude Monet

**MAP** p.188

餐厅统一布置成黄色

19世纪,莫奈和雷诺阿、塞尚一起发起了新艺术运动,创立了印象派。为了寻求绘画创作的激情,莫奈多次来到

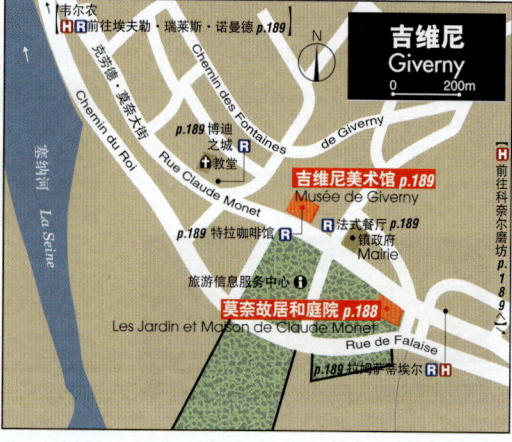

塞纳河畔。他被吉维尼怡人的自然风光和河畔的景致所吸引，43岁时搬到了这里。之后，一直居住到1926年86岁时去世。在此，他创作了《玫瑰小道》、《小舟》以及毕生事业的结晶——《睡莲》系列等举世闻名的巨作。

现在，莫奈居住的宅邸、工作室以及莫奈亲手建造的两座庭园对外开放。莫奈爱好日本美术，他在庭园内种植了日式柳树、紫藤和苹果树，还建了日式小桥，这一切给庭园增添了不少的诗情画意。

全家人居住的正房，采用玫瑰色的墙壁和绿色的窗框，令人印象深刻。蓝色厨房、黄色餐厅，每间房间运用同一色调，再现了当时的内部装饰和家具，让人深切感受到印象派巨匠对色彩的讲究。

房间和走廊展示着莫奈从1871年开始收藏的400余幅浮世绘，其中有歌麿、歌川广重等在日本也稀有的著名画家的作品。

### 莫奈故居和庭园
- 开 9:30~18:00
- 休 11/2至次年3/31
- € 6欧元
- 交 从车站出发乘公交车10分钟

日本印象"水之庭园"

## 吉维尼印象派美术馆
Musée des Impressionismes Giverny　　MAP p.188

2009年，在原美式美术馆的遗址上创建了吉维尼美术馆，定期举办有关印象派的画展，评价极高。常设展采光良好，展出受莫奈影响极大的美国画家的作品。美术馆从巴黎的奥赛美术馆（p.94）和莫奈美术馆（p.95）等借来许多名画，供游客鉴赏。

### 吉维尼印象派美术馆
- 开 10:00~18:00
- 休 11月至次年4月
- € 6.50欧元
- 交 从莫奈故居出发步行3分钟

---

## R 餐饮

### 博迪之城
**Musée Baudy**　　MAP p.188

19世纪末，美国画家居住的西式建筑，现在改造为咖啡和餐厅，内部装饰给人穿越时空的感觉。

- 交 从莫奈故居步行2分钟
- 地 81, rue Claude Monet
- ☎ 02 32 21 10 03　开 10:00~21:30
- 休 周日晚上、节假日除外的周一，11/2至次年3/26　€ 22.50欧元~

### 特拉咖啡馆
**Terra Café**　　MAP p.188

位于吉维尼印象派美术馆内，设有面向庭园的露天座位，提供健康餐饮。

- 交 从莫奈故居步行3分钟
- 地 99, rue Claude Monet　☎ 02 32 51 94 61　开 10:00~18:00（6月至次年4月的周六至22:00）　休 11月至次年3月
- € 28.50欧元~

### 法式餐厅
**Les Nymphéas**　　MAP p.188

面向莫奈故居的庭园，在露天座位就餐，别有一番趣味。诺曼底产的塔坦苹果馅饼是店内的特色菜。

- 交 在莫奈故居附近
- 地 109, rue Claude Monet
- ☎ 02 32 21 20 31
- 开 9:00~18:00
- 休 11/2至次年3/31　€ 20欧元~

## H 住宿 & 餐饮

### 埃夫勒·瑞莱斯·诺曼德
**D'Evreux le Relais Normand**　　MAP p.188外

坐落在韦尔农小镇的中心，邮政局旁边，是由17世纪的建筑物改造而成的舒适的酒店。

- 交 从车站出发步行5分钟
- 地 11, pl. d'Evreux, Vernon
- ☎ 02 32 21 16 12　FAX 02 32 21 32 73
- HP www.hoteldevreux.fr　12间客房
- € 单人间54欧元~，双人间64欧元~

### 拉姆萨蒂埃尔
**La Musardière**　　MAP p.188

安静的酒店，离莫奈故居特别近，同时设有餐厅和煎饼店。

- 交 从莫奈故居步行1分钟　地 123, rue Claude Monet　☎ 02 32 21 03 18　FAX 02 32 21 60 00　HP www.lamusardiere.fr
- 休 酒店12/21至次年1/31，餐厅11/2至次年3/31　10间客房　€ 单人间76欧元~，双人间85欧元~

## H 住宿

### 科奈尔磨坊
**Moulin de Connelles**　　MAP p.188外

19世纪的诺曼底建筑，典型的城堡酒店，拥有广阔的森林和岛屿，设备齐全。

- 交 距离吉维尼36公里　地 Departementale 19, Connelles　☎ 02 32 59 53 33　FAX 02 32 59 21 83　HP www.moulin-de-connelles.fr　14间客房
- € 单人间、双人间140欧元~

# Rouen
# 鲁昂

**MAP** p.8-B

印象派巨匠莫奈描绘的大教堂，
静静地矗立在圣女贞德就义的地方。

莫奈笔下的美丽的大教堂

## ACCESS

**国铁**：从巴黎圣拉扎尔火车站乘坐直通列车或者乘坐前往勒阿弗尔（Le Havre）的列车，到鲁昂德罗瓦特（Rouen Rive Droite）下车，行车时1小时10分钟至1小时30分钟。一天有20余辆车往返。

**自驾车**：沿前往鲁昂（Rouen）的高速公路A13线，到鲁昂下车。距巴黎约130公里，距离勒阿弗尔约90公里。夏天有从巴黎发车的旅游巴士（参见p.143、p.207）。

## INFORMATION

🛈 旅游信息服务中心 ◆ 25 pl. de la Cathédrale ☎ 02 32 08 32 40
🖥 http://www.rouentourisme.com
🕘 9:00~19:00（5~9月的周日、节假日）9:30~12:30、14:00~18:00，10月至次年4月9:30~12:30、13:30~18:00)
🚫 10月至次年4月举办文娱活动之外的周日、节假日

**市内交通**：有数条地铁、有轨电车和公交线路，地铁贯穿了火车站和圣女贞德大街。步行也可。

**市区面积**：从火车站到圣母大教堂和旅游信息服务处，步行需要11分钟。游览大约需要6小时。

## 城市概况

鲁昂既是诺曼底地区的中心城市，又是位居全国第三的商业港口城市，人口10万。911年，鲁昂成为诺曼底公国首府；1431年，圣女贞德在此被处以火刑。17世纪，鲁昂发展成全国第二大都市，一时陶瓷业、玻璃制造业、纺织业、印刷业繁荣兴盛。第二次世界大战期间遭受了重创，历经数十年才得以恢复。高塔耸立的圣母大教堂、15~16世纪的哥特式裁判所、罗马时代铺设的时钟街等历史性建筑物保留至今。另外，鲁昂还是撰写《包法利夫人》的作家福楼拜的诞生地。

沿着火车站前延伸的平缓的下坡道——圣女贞德大街（Rue Jeanne d'Arc）步行5分钟，来到鲁昂美术馆、博物馆所在地——维尔德穆广场（Sq. Verdrel）。从这里再向前走3分钟，来到步行街——时钟街（Rue du Gros Horloge）。在此左转步行3分钟是圣母大教堂，右转步行1分钟是圣女贞德教堂所在的旧市场广场。在旅游信息服务中心可以领取外语地图和书，参照地图和书畅游历史，可以品味其中的乐趣。

## 圣母大教堂
### Cathédrale Notre Dame
MAP p.190-A

1145年，在高卢-罗马时代的教堂遗址上建造了圣母大教堂。1200年遭遇了一场大火，在诺曼底公爵英国国王约翰的捐赠下，进行了再建。14世纪，在南北翼廊建造了巨大的入口。西侧的大门和右边的布尔塔（Tour de Beurre）是15~16世纪的哥特式建筑。尖塔高152米，采用铸铁建造，19世纪建成，如今依旧如新。因为采用飞拱支撑，教堂内部空间宽阔雅致，装饰有13~16世纪的彩色玻璃，后方的走廊上矗立着诺曼底公国的公爵像。

印象派巨匠莫奈被随着季节、时间变换而不断改变的教堂之美深深地吸引，以大教堂西侧正面为主题创作了30多幅作品，为我们留下了传世名作。夏天的夜晚，会在此举行"莫奈大教堂"灯光表演。

内莫奈的绘画作比较可以将实物和鲁昂美术馆

## 大时钟
### Gros Horloge
MAP p.190-A

大时钟位于步行商店街，是鲁昂著名的景点。16世纪文艺复兴样式的钟塔和拱门建筑上安放着钟表。大时钟前方是被称为"阿雷特兹仙子"的喷泉，装饰着精美的雕刻。时钟街地区号为148、144、167、163的地方留有半露木结构的建筑。

## 圣女贞德大教堂
### Église St. Jeanne d'Arc
MAP p.190-A

1431年，在如今的教堂所在地——旧市场广场（Pl. du Vieux Marché），年仅19岁的贞德被处以火刑，香消玉殒。1920年，这位曾经拯救法国的少女被授予"圣人"的称谓，从此人们称她为"圣女贞德"。1979年，路易·阿莱奇为圣女贞德大教堂设计了引导潮流的外观和犹如船底的天花板，完美地将16世纪装饰着13块彩色玻璃的教堂和现代建筑相融合，令人印象深刻。每年6月上旬都会举办圣女贞德节，教堂旁边有介绍其生平的圣女贞德像博物馆。

---

### 圣母大教堂
开 7:30~19:00，周一~14:00~19:00（11月至次年3月的平时，周六9:00~12:00、14:00~18:00，周一~14:00~18:00）
休 周日、节假日、上午举办宗教仪式时，1/1、5/1、11/11
交 从旅游信息服务中心出发步行1分钟

### 大时钟
开 10:00~13:00、14:00~19:00（11月至次年3月14:00~17:00）
休 周一、1/1、12/25
€ 6欧元
交 从旅游信息服务中心出发步行3分钟

几世纪以来市民所熟悉的大时钟

### 圣女贞德大教堂
开 10:00~12:15、14:00~18:00（11月至次年3月至17:30）
休 周五和周日上午举办宗教仪式时，1/1、12/25
交 从地铁法院（Palais de Justice）站出发步行3分钟

现代和中世纪艺术完美融合的圣女贞德大教堂

## 圣马克教堂、圣马克长廊

开 圣马克教堂：10:00~12:00、14:00~18:00（11月至次年3月至17:30）
休 周二、周四、1/1、12/25
开 圣马克长廊；8:00~19:00（4~10月至20:00）
交 从旅游信息服务中心出发步行2分钟

## 鲁昂美术馆

开 10:00~18:00
休 周一、1/1、5/1、5/8、5/25、11/1、11/11、12/25
（南翼13:00~14:00）
€ 5欧元
交 从车站出发步行5分钟

## 圣马克教堂、圣马克长廊
Église St. Maclou, Aître St. Maclou　　MAP p.190-B

圣马克教堂位于圣母大教堂东侧，坐落在保留着15~18世纪的半露木结构建筑的圣罗曼街（Rue St. Romain）的尽头，是15世纪建造的火焰式哥特式建筑的杰出代表。椭圆形装饰物两旁是著名的布鲁塞尔人创作的淘气男孩。

圣马克教堂北面30米处是木制的圣马克长廊，称为中庭（拉丁语前庭的意思），中世纪时用于安放黑死病患者的尸体，留有象征死亡的骷髅、骸骨和掘墓工具等雕塑。现在，它被作为美术学校。

拉库罗讷所在的半露木结构建筑物

## 鲁昂美术馆
Musée des Beaux Arts de Rouen　　MAP p.190-B

鲁昂美术馆是一座中等规模的美术馆，收藏着15世纪至今的欧洲绘画作品。馆内正面是常设展入口，分为南北两翼，南翼一层陈设着15~17世纪的宗教画、佛兰德初期绘画；二层展示17~18世纪弗拉戈纳尔、米开朗琪罗等人的绘画。

鲁昂美术馆旁边是收藏16~18世纪鲁昂陶瓷器的陶器博物馆。

## R 餐饮

### 四季餐厅
Quatre Saisons　　MAP p.190-B

在此可以品尝诺曼底特产雏鸭美食及鲁昂风味的小鸭（Caneton Rouennais）等。

交 从火车站出发步行1分钟
pl. Bernard Tissot
02 35 71 96 00　12:00~14:00、19:30~22:00　休 周六白天、周日晚上、7/24~8/17　€ 25欧元~

### 拉库罗讷餐厅
La Couronne　　MAP p.190-A

1345年开业的法国最古老的客栈（同时设有餐厅），现在改建为餐厅。

交 从地铁法院（Palais de Justice）站出发步行3分钟　31, pl. du Vieux Marché　02 35 71 40 90　12:00~14:30、19:00~22:30　休 12/25、1/1白天　€ 33欧元~

### 吉尔餐厅
Gille　　MAP p.190-A

卡尔瓦多斯产葡萄酒，鲁昂风味鸽子美食等，采用当地食材制作而成，需要提前预约。

交 从地铁艺术剧院站出发步行2分钟　8-9, quai de la Bourse　02 35 71 16 14　12:00~13:45、19:30~21:45　休 周日、周一、2月中间两周、8月中间三周　€ 80欧元~

## H 住宿

### 迪耶普
Dieppe　　MAP p.190-B

坐落在火车站前的老字号酒店，现在由第五代的格勒家经营，服务细致周到，评价极高。

交 从火车站出发步行1分钟
pl. Bernard Tissot　02 35 71 96 00
02 35 89 65 21　HP www.hotel dieppe.fr　41问客房　€ 单人间95欧元~、双人间130欧元~

### 阿斯特丽德
Astrid　　MAP p.190-B

坐落在车站前面，从这里可以看见圣母大教堂以及环视整个鲁昂市。

交 从火车站出发步行1分钟　11, pl. Henri Tissot　02 35 71 75 88
02 35 88 53 25　HP www.hotel-astrid.fr　38问客房　€ 单人间58欧元~、双人间62欧元~

### 鲁昂墨丘利中心酒店
Mercure Rouen Centre Cathédrale　　MAP p.190-B

面对着保留古老街景的小道，客房装饰典雅舒适，有助于缓解旅途疲劳。

交 从圣母大教堂出发步行2分钟
7, rue Croix de Fer　02 35 52 69 52
02 35 89 41 46　HP www.accorhotels.com　125问客房　€ 单人间、双人间116欧元~

# Étretat
# 埃特勒塔

MAP p.8-B

这里垂直立的断崖奇观令莫泊桑、塞尚赞不绝口。怪盗罗宾的诞生地。

## 城市概况

沿海小镇埃特勒塔周边，白色断崖林立，有"雪花石膏海岸"的美誉。断崖绝壁和海岸线形成的风景，美丽怡人，颇受画家柯罗、莫奈、库尔贝等人的喜爱，作家莫泊桑、作曲家奥芬巴赫对此也印象深刻。

旅游信息服务中心位于公交站（市政厅前）旁，可以在此领取地图和相关资料。海岸近在咫尺，步行5分钟就来到蒙热大街（Rue Monge），大粒沙子形成的全长1.5公里的沙滩两侧峭壁陡立，左侧是下方断崖（Falaise d'Aval），右侧是上方断崖（Falaise d'Amont），虽然都很陡峭，但是可以徒步攀登。

下方断崖处形成了称为"马讷门"（Manneporte）的天然拱门和称为"尖峰"（Aiguille）的尖状奇岩；上方断崖顶上是加尔德圣母礼拜堂（Chapelle Notre Dame de la Garde）和为了纪念横越大西洋的飞行家而建立的鲁日塞－库利博物馆（Musée Nungesser et Coli）。

## 景点

到了埃特勒塔，首先要游访的是亚森·罗宾之家（Le Clos Arsene Lupin）。沿着市政厅前的十字路口延伸出的莫巴桑路（Rue Guy de Maupassant）向与海岸相反的方向行走，就来到亚森·罗宾之家。亚森·罗宾是作家莫理斯·卢布朗虚构的人物。1999年夏天，卢布朗的宅邸被作为博物馆，对外开放，并由罗宾的声音为我们带路。密码室、化妆室、宝物室，每个房间都经过精心装饰，所有人到此都能体味到其中的乐趣。

从市政厅前的十字路口按照指示板沿通往勒阿弗尔的D940线行进，就来到了拉维莱讷奶酪厂（Fromagerie la Valaine）。参观农家之后，可以品尝希布尔奶酪和白葡萄酒。小卖店里奶酪自不必说，还有使用苹果烧酒制成的小羊烧肉酱。

少有的拜访法国农家的机会

### ACCESS

**国铁**：从巴黎圣拉扎尔站出发到勒阿弗尔（Le Havre）大约需要2小时（快车），然后换乘公交24路到埃特勒塔大约需要1小时。每天有7～8辆车往返。从巴黎圣拉扎尔站到雷欧特－伯兹维尔（Bréaute Beuzeville）站大约需要1小时5分钟，然后换乘公交17路，行车30分钟。周五、节假日前夜，周六早晨分别发一辆车前往，返回时只在周日下午发车（夏天会增加往返车次）。

**自驾车**：从巴黎沿高速公路A13线前往勒阿弗尔（Le Havre），到唐卡维尔（Pont de Tancarville）后沿D39线到埃特勒塔，全程大约215公里。

### INFORMATION

旅游信息服务中心：pl. Maurice Guillard ☎ 02 35 27 05 21
www.etretat.net 10:00～12:00，14:00～18:00（6月中旬～9月中旬9:00～19:00）休11月中旬至次年3月中旬的周日至周四
**市内交通**：步行。
**市区面积**：从公交站和旅游信息服务中心到海岸步行需要5分钟，游览大约需要5小时。

### 亚森·罗宾之家
10:00～17:45（周五、周六，10月至次年3月11:00～16:45）
休10月至次年3月学校放假除外的周一至周五（只接待团体预约），1/1、12/25
6.75欧元
从市政厅出发步行2分钟

### 拉维莱讷奶酪厂
复活节至11/11的周日，节假日11:00～（7、8月周六至周三，11:00～）（参观仅限1次，大约1个小时）
小卖部9:00～12:30、14:00～19:00
休上述除外的周日
6.50欧元
从市政厅出发步行20分钟

### 住宿

**德梅讷·圣克莱尔顿**
Domaine St. Clair Le Donjon
从市政厅出发步行10分钟
chemin de St. Clair
☎ 02 35 27 08 23 ℻ 02 35 29 92 24
www.hoteletretat.com
21间客房
单人间、双人间190欧元～

# Le Havre
# 勒阿弗尔

MAP p.8-B

16世纪开放的大型商业港，"二战"后复兴城镇的代表，哲学家萨特和画家杜菲的故乡。

夏天的港口人声鼎沸

## ACCESS

**国铁**：乘坐快车从巴黎圣拉扎尔站出发到勒阿弗尔（Le Havre）下车，大约需要2小时。一天有12辆列车往返。在鲁昂德罗瓦特（Rouen Rive Droite）换乘的列车有时不太好，需要注意。

**公交**：乘坐韦尔（Vert）公司的公交从翁弗勒尔（Honfleur）出发，行车30分钟；从多维尔（Deauville）出发，行车约60分钟；从卡昂（Caen）出发，行车约1小时30分钟。

**自驾车**：从巴黎沿高速公路A13线（途中转到A131线），行程约200公里。距离鲁昂（Rouen）约90公里。从翁弗勒尔出发通过诺曼底大桥，行程21公里。

## INFORMATION

🅘 旅游信息服务中心：186, bd. Clémenceau ☎ 02 32 74 04 04
🌐 www.lehavretourisme.com
⏰ 9:00~19:00（周日、节假日10:00~12:30、14:30~18:30）。11月至复活节9:30~12:30、14:00~18:15（周日、节假日10:00~12:30、14:30~17:00）
🚫 1/1、12/25

**市内交通**：乘坐9路公交（车站左边的十字路口）可以到达市政厅、海洋门、马尔罗美术馆，交通便利。

**市区面积**：游览大约需要4小时。

## 城市概况

1517年，弗朗索瓦一世下令开放了勒阿弗尔港口。17世纪，东印度公司在此进行国际贸易，之后发展成为一座国际港口，现在这里的集装箱输送量属法国第一。第二次世界大战期间，小镇的大部分遭到了破坏，建筑家奥古斯特·佩雷负责重建，再建后的小镇成为现代城市建设的样本。现在，佩雷设计建设的地区被联合国教科文组织认定为世界遗产（参见p.30）。

从火车站乘坐公交穿过斯特拉斯堡大街（Bd. Strasbourg），经过5分钟来到佩雷建造的市政厅。参照巴黎的里沃利大街建造的巴黎大街（Rue de Paris）是起始点，沿着巴黎大街步行3分钟就到了商业船坞（Bassin du Commerce）。以勒沃尔康普（Le Volcan）命名的文化中心暗含"火山"之意，引人注目。左侧是佩雷设计建造的圣约瑟夫教堂。大街尽头是英国海峡船坞（Bassin de la Manche），渡船从这里出发，往返于英国的朴次茅斯港口。夏天，游客还可以乘船游览。管制塔犹如一个灯台，塔底是安德烈·马尔罗美术馆，它是法国战后最先开放的美术馆。火车站的旁边是沃邦船坞（Bassin Vauban）。船坞旁由仓库改造而成的购物中心、餐厅林立，还有新崭露头角的建筑家让·努维尔亲手设计的游泳馆等。

## 安德烈·马尔罗美术馆
Musée André Marlaux　　　　　　MAP p.194-A

　　1961年，由作家安德烈·马尔罗创建的美术馆。2004年得到当地实业家的捐赠，馆内印象派作品剧增，现在仅次于奥赛美术馆（p.94），位居法国第二。
　　"印象派"的名称来源于莫奈的《日出·印象》[收藏于巴黎的莫奈美术馆（p.95）]。实际上，这一作品创作于勒阿弗尔，也就是说，勒阿弗尔是印象派的发祥地。另外，美术馆还展出杜菲、布丹、库贝尔、弗拉戈纳尔、德拉克洛瓦、西斯莱、毕沙罗、德加、马蒂斯、布拉克等与这片土地渊源极深的画家的作品。

除了印象派，还可以欣赏纳比派、野兽派的作品

### 安德烈·马尔罗美术馆
开 11:00~18:00（周六·周日至19:00）
休 周二、1/1、5/1、7/14、11/11、12/15
￥ 5欧元（第一个周六免费）　乘坐3路公交到佩里（Perry）下车，然后步行1分钟

### 圣约瑟夫教堂
开 10:00~18:00
休 有宗教仪式时

## 圣约瑟夫教堂
Eglise Saint Joseph　　　　　　MAP p.194-A

　　建筑家奥古斯特·佩雷被称为"混凝土之父"，圣约瑟夫教堂就是他的代表作之一，于1957年使用5万吨混凝土建造而成。从教堂外观很难想象内部构造，进入教堂内，从塔四面到塔顶覆盖了1.3万块小型彩色玻璃，置身其中宛如在观赏一个巨大的万花筒，绚丽多彩。根据季节和时间改变，玻璃的色彩会发生微妙的变化，引人入胜。106米高的钟楼令人印象深刻，圣坛就设在钟楼正下方。

彩色玻璃是女性艺术家马尔哥里德·维尔的杰作

---

### R 餐饮

#### 勒鲁瓦·瓦雷奥波尔
Le Roi Léopold　　　　MAP p.194-A外

从旅游信息服务中心出发，沿小丘步行1公里左右即到，既能眺望大海，又能品尝美味的海鲜，且价格合理。

交 从海洋门（Porte Ocean）出发，乘坐10路公交到G. Clemenceau下车 住 11, pl. Clemenceau, Sainte-Adresse ☎ 02 35 46 16 25 开 12:00~14:00, 19:00~22:00 休 常年营业 ￥ 26欧元~

#### 大船坞
Les Grands Bassins　　　MAP p.194-B

具有人气的酒吧，晚上开设的"俱乐部"只喝饮料即可。周末有现场演奏。

交 从车站乘坐4、6路公交到Carlier下车即到 住 23, bd. Amiral Mouchez, pl. Léon Carlier ☎ 02 35 55 55 10 开 10:00~2:00（俱乐部18:30~）休 周六白天，周日（俱乐部是周日、周一）￥ 22.50欧元~

#### 小布罗卡特
La Petite Brocante　　　MAP p.194-A

位于小镇的中心，海鲜是店内的招牌菜，以前店内有歌舞表演，现在改造成时尚的大众餐厅。

交 从圣约瑟夫教堂出发步行1分钟 住 75, rue Louis Brindeau ☎ 02 35 21 42 20 开 12:00~14:00, 19:00~23:00 休 周日、周一、节假日 ￥ 22.50欧元~

### R 餐饮

#### 让吕克·塔尔塔丹
Jean Luc Tartarin　　　　MAP p.194-A

店内采用现代艺术装饰，菜肴清新味美，受到顾客一致好评，据说，美味程度在国内是数一数二的。

交 从市政厅出发步行2分钟 住 73, Ave. Foch ☎ 02 35 45 46 20 开 12:00~14:00, 19:30~22:00 休 周日、周一 ￥ 40欧元~

### H 住宿&餐饮

#### 帕吉尔
Pasino　　　　MAP p.194-A

坐落在商业船坞旁，是法国屈指可数的设有赌场的酒店，还有高级温泉供顾客使用。

交 从市政厅出发步行3分钟 住 pl. Jules Ferry ☎ 02 35 26 00 00 F 02 35 25 62 07 URL www.lehavre-hotel.fr ￥ 45间客房 单人间、双人间130欧元~

### H 住宿

#### 贝斯韦斯特艺术酒店
Best Western ART　　　　MAP p.194-A

地理位置极佳，位于被认定为世界文化遗产的中心街道，是一家具有艺术气息的现代化酒店。

交 从勒沃尔康普出发步行1分钟 住 147, rue Louis Brindeau ☎ 02 35 22 69 44 F 02 35 42 09 27 URL www.bestwestern.fr ￥ 31间客房 单人间89欧元~、双人间109欧元~

# Honfleur
# 翁弗勒尔

柔和的海风吹拂着白色的船桅，
众多艺术家钟爱的街景保留至今。

MAP p.8-B

众多画家所描绘的美丽的船坞风光

## ACCESS

**国铁**：从巴黎圣拉扎尔站乘坐直达车，或者在利雪（Lisieux）换乘，到特鲁维尔-多维尔（Trouville Deauville）下车，行车约2小时。一天有5辆车来回往返。从特鲁维尔-多维尔（Trouville Deauville）乘坐韦尔（Verts）公司的公交到翁弗勒尔公交终点站（Honfleur Gare Routiere），大约需要30分钟（周日、节假日照常运行）。
**自驾车**：从巴黎沿前往伯兹维尔（Beuzeville）的高速公路A13线，然后经过N13至A29到翁弗勒尔，全程大约220公里。从勒阿弗尔穿过诺曼底桥，行程约22公里。夏天有从巴黎发车的旅游巴士（参见p.207）。

## INFORMATION

ℹ 旅游信息服务中心 quai Lepaulmier
☎ 02 31 89 23 30  🖥 www.ot-honfleur.fr  周日～19:00，周日、节假日10:00~17:00（9月、复活节至6月9:30~12:30，14:00~18:30，10月至复活节为9:30~12:30，14:00~18:00）休 10月至复活节期间学校放假除外的周日、节假日
**市内交通**：徒步观光。
**市区面积**：从旧船坞到圣凯瑟琳教堂步行需要5分钟，游览大约需要6小时。

## 城市概况

翁弗勒尔港位于曲线平缓的倒Y字形支柱支撑的海滨，面对着美惠海岸。16~17世纪，翁弗勒尔港作为塞纳河沿岸的贸易据点繁荣兴盛，之后被对岸的勒阿弗尔取而代之，走向衰落。19世纪，画家布丹、作曲家萨蒂的故乡——翁弗勒尔以优雅的景致再次受到世人的瞩目。

从公交站向圣雷纳德教堂方向行进，步行到旅游信息服务中心需要3分钟。从旅游信息服务中心步行到小镇的中心——旧船坞需要3分钟。乘坐海上游览船，可以眺望诺曼底大桥，乐趣无穷。有Bateaux Calypso（☎02 31 89 07 77）和Cap Christian（☎06 14 96 37 95）两家游船公司（周末运行，复活节至9月每天运行）。

叠立在教堂对面的钟楼

## 旧船坞
### Vieux Bassin　　　　　　MAP p.196-B

船坞周围环绕着鲜花装饰的窗台、石棉瓦屋顶建筑。夏天，港口停满了英国的游艇。海洋博物馆所在的圣埃蒂安教堂和翁弗勒尔博物馆坐落在东侧的圣埃蒂安海岸，背面是波德莱尔曾经走过的石砌小径。对岸的圣凯瑟琳海岸上，绚丽多彩的窄小建筑物簇拥而立的街景，只有在翁弗勒尔才能见到。

## 圣凯瑟琳教堂
### Église Ste. Catherine　　　MAP p.196-B

15世纪末，原来的石造教堂在"百年战争"中遭到破坏，于是在这一遗址上建造了法国最古老且规模最大的木制教堂——圣凯瑟琳教堂。天花板的设计别出心裁，犹如倒转的船底，最初只有北侧的长廊，由于人口增加，略显狭窄，于是又增建了一条与之平行的长廊。文艺复兴样式的风琴是18世纪莱菲比赫的作品，扶手上装饰着以神话为主题的雕刻。教堂对面的钟楼的建筑与众不同，塔下是撞钟人住所遗址。

半露木样式和哥特样式的窗户混合搭配的圣凯瑟琳教堂

**圣凯瑟琳教堂**
- 开 9:00~18:00（10月至复活节至17:00）
- 休 常年开放
- 交 从旧船坞出发步行需要3分钟

**欧仁·布丹美术馆**
- 开 10:00~12:00、14:00~18:00（10月至次年3/14的周六、周日 10:00~12:00、14:30~17:00，除此之外14:30~17:00）
- 休 周二、1/4~2/13、5/1、7/14、12/25
- 费 4.70欧元，海洋博物馆、诺曼底民俗艺术博物馆、萨蒂故居联票（有效期为1年）9.20欧元，可以在美术馆或者旅游信息服务中心购票
- 交 从旧船坞出发步行5分钟

## 欧仁·布丹美术馆
### Musée Eugène Boudin　　　MAP p.196-A

1824年，印象派的先驱——欧仁·布丹生于翁弗勒尔。1868年，欧仁·布丹和阿雷克桑德·杜布尔共同创建了欧仁·布丹美术馆。现在，美术馆不但展出以布丹为首的翁弗勒尔派的作品，还展出库贝尔、莫奈、杜菲等的作品以及翁弗勒尔的资料。

197　翁弗勒尔

---

### ● 住宿 & 餐饮

**玛诺瓦尔·德·布丹**
Manoir du Butin　MAP p.196-A外

从翁弗勒尔乘坐开往多维尔方向的车，大约需要2分钟。它是座雅致的盎格鲁-诺曼风格的建筑。
- 交 从翁弗勒尔沿D513线行车2分钟
- ✉ Phare du Butin à gauche
- ☎ 02 31 81 63 00　F 02 31 89 59 23
- HP hotel-lemanoir.fr
- 10间客房　€ 单人间、双人间150欧元~

**拉布桑德**
L'Absinthe　MAP p.196-B

居住舒适的老字号酒店，同时设有评价极高的餐厅（套餐33欧元）。
- 交 从旧船坞出发步行1分钟
- ✉ 1, rue de la Ville　☎ 02 31 89 23 23
- F 02 31 89 53 60　HP www.absinthe.fr
- 休 11月中旬至12月中旬　7间客房
- € 单人间、双人间115欧元~

**费尔蒙·圣西米昂**
Ferme St. Siméon　MAP p.196-A外

布丹、莫奈、库贝尔等印象派画家聚集的旅店，同时设有星级餐厅，需要预约。
- 交 从翁弗勒尔出发乘车需要2分钟
- ✉ rue A.Marais　☎ 02 31 81 78 00
- F 02 31 89 48 48
- HP www.ermesaintsimeon.fr
- € 30间客房 € 单人间、双人间250欧元~

### Ⓗ 住宿

**勒库兰**
L'Ecran　MAP p.196-A

精心设计的客房，享受贵族般的招待，设有带华盖的床。
- 交 从旧船坞出发步行5分钟
- ✉ 19, rue Eugène Boudin　☎ 02 31 14 43 45
- F 02 31 89 24 41　HP www.honflezur.com
- 27间客房　€ 单人间115欧元~，双人间145欧元~

**德利杰斯**
Diligence　MAP p.196-B

曾经是驿馆，半露木结构的诺曼底建筑。客房装饰精巧、可爱。
- 交 从旧船坞出发步行5分钟　✉ 53, rue de la République　☎ 02 31 14 47 47　F 02 31 98 83 87　HP www.ladiligence-honfleur.com
- 29间客房　€ 单人间95欧元~，双人间120欧元~

# Deauville / Trouville sur Mer
# 多维尔/滨海特鲁维尔

MAP p.8-B

畅游在留存着美好时代印记的多维尔，在萨维那出生的港城滨海特鲁维尔品尝美味的海鲜，一饱口福。

## ACCESS

**国铁**：从巴黎圣拉扎尔站乘坐直达车，或者在利雪（Lisieux）换乘，到特鲁维尔-多维尔（Trouville Deauville）下车，行车约2小时。一天有5辆列车来回往返。换乘的列车有时不太好，所以需要提前确认。

**自驾车**：从巴黎沿高速公路A13线行车200公里，距离勒阿弗尔约42公里。

**公交**：乘坐韦尔（Verts）公司的公交从卡昂（Caen）出发，行车1小时30分钟；从翁弗勒尔（Honfleur）出发，行车约30分钟。

## INFORMATION

❶ 多维尔旅游信息服务中心：pl. de la Mairie ☎02 31 14 40 00 HP www. deauville.org ⏰10:00～13:00, 14:00～17:00（7至9月中旬9:00～19:00，周日、节假日及6月10:00～18:00）休1/1、12/25

**市内交通**：徒步观光。

**市区面积**：从车站到多维尔旅游信息服务中心步行需要15分钟。从旅游信息服务中心步行到赌场需要5分钟。从赌场步行到海洋疗养中心需要1分钟；从海滨需要2分钟。

❶ 滨海特鲁维尔旅游信息服务中心：33, bd. Fernand Moureaux ☎02 31 14 60 70 HP www.trouvillesurmer. org ⏰9:30～18:30, 11月至次年3月至18:00（周日、节假日10:00～13:00）, 7、8月10:00～17:00（周日、节假日10:00～13:00）休常年营业

**市内交通**：徒步游览。

**市区面积**：从火车站出发到滨海特鲁维尔旅游信息服务中心步行需要3分钟。

## 城市概况

多维尔/滨海特鲁维尔曾经只是诺曼底地区的小港城，现在已经成为度假胜地的代名词。1825年，风景画家夏尔·莫桑搬到多维尔是这里兴盛的开端。之后，受其作品的启发，雨果、布丹、库贝尔、莫奈等也以这里的自然风光为素材进行创作，大仲马、福楼拜等著名作家也相继到访。1863年，拿破仑三世同母异父的弟弟赫尼公爵开垦了这片土地，受益于铁路开通，小镇得到了飞速发展，各界名流争相来多维尔和滨海特鲁维尔建造别墅。

多维尔和滨海特鲁维尔分别坐落在图克河（La Touques）两岸。从火车站左转是多维尔，右转是滨海特鲁维尔。从车站向赌场方向行走就来到多维尔的中心——德吉莱·奥克路（Rue Désiré le Hoc）。滨海特鲁维尔的费尔南多·莫罗路（Bd. Fernand Moureau）上饮食店、酒店林立。多维尔和特鲁维尔海岸之美在国内可谓首屈一指，不分伯仲，素有"美丽的孪生海岸"之称。海岸上是木板建造的普朗西散步道（Promenade des Planches），可以一边散步，一边欣赏别具一格的别墅、酒店、赌场等。多维尔是电影《男与女》（1966）的拍摄地，由此被人们所熟知；滨海特鲁维尔则是招贴画大师雷蒙·萨维那的出生地。

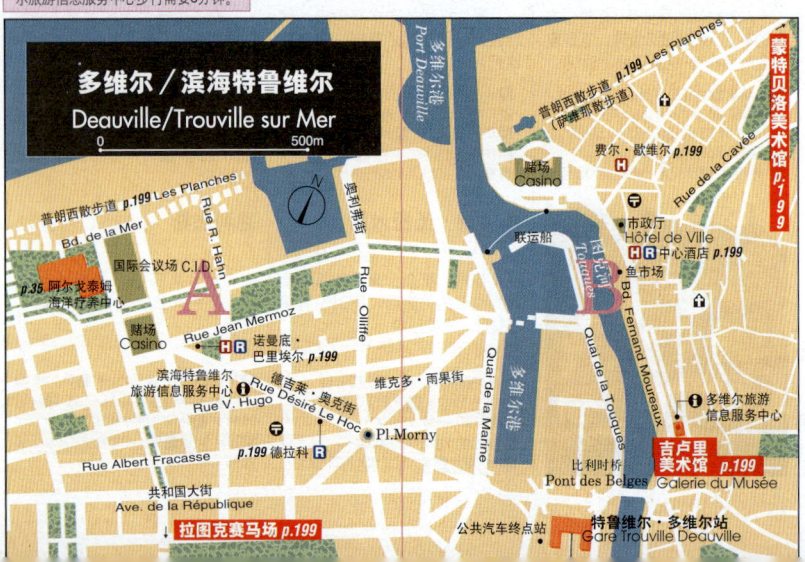

## 蒙特贝洛美术馆
Musée de la Villa Montebello　　　MAP p.198-B外

1865年蒙特贝洛伯爵建造的宅邸，之后成为滨海特鲁维尔的市立美术馆。最先被这里的风光吸引的是艺术家莫桑，他创作了大量的风景画；受其影响，布丹创作了众多水彩画。著名招贴画大师雷蒙·萨维那的作品也收藏在这里。特鲁维尔海岸距离美术馆极近，海岸旁的散布道以萨维那的名字命名。

## 吉卢里美术馆
Gelerie du Musée　　　MAP p.198-B

蒙特贝洛美术馆的分馆，企划展的会场。雷蒙·萨维那在滨海特鲁维尔居住了20余年，直到2002年去世。展馆不时举行规划展，展出其作品。另外，除了招贴画，滨海特鲁维尔还有许多萨维那的壁画。在旅游信息服务中心可以领取名为《追寻萨维那足迹》的地图。

## 拉图克赛马场
Hippodrome de la Touques　　　MAP p.198-A外

1864年建造的赛马场。画家布丹用水彩画描绘了当时的场景。诺曼底样式的建筑物内有测量室、骑手室、裁决室、马厩、马场等，由导游带领参观。7、8月的周末有比赛，8月还有专业的国际淘汰赛以及良种马拍卖会。

## 普朗西散步道
Les Planches　　　MAP p.198-A/B

为多维尔和滨海特鲁维尔两岸的散步道。多维尔海岸上到处都是红色、蓝色的遮阳伞，色彩鲜艳，每年9月在此举办的美国电影节十分著名。

具有渔村和度假村双重性质的小镇

**蒙特贝洛美术馆**
开 14:00~17:30（周六、周日、节假日、学校放假期间）、6/19~8/31 11:00~13:00、14:00~18:00）
休 周二、10/4至次年3/19、6/1~6/18
免费
从赌场出发步行需要10分钟

**吉卢里美术馆**
开 10:00~12:30、14:00~18:00（7、8月10:00~13:00、14:00~18:30）
休 周二、学校放假除外1/1~3/7的周一、周四、3/8~4/2
免费
在滨海特鲁维尔旅游信息服务中心附近

**拉图克赛马场**
开 夏季，午后有比赛时10:00在接待处集合
免费（附带导游）
从多维尔旅游信息服务中心出发步行需要10分钟

---

### H 住宿&餐饮（多维尔）
**诺曼底·巴里埃尔**
Normandy Barrière　　MAP p.198-A

20世纪初盛格鲁－诺曼样式的西方建筑，杰克·加尔西负责内部装饰，各界名流经常居住在此。

从火车站出发步行10分钟
38, rue Jean Mermoz
02 31 14 39 59　F 02 31 98 66 23
www.lucienbarriere.com
291间客房　单人间、双人间302欧元~

### H 住宿&餐饮（滨海特鲁维尔）
**中心酒店**
Central　　MAP p.198-B

鱼市场前的老字号小酒店，冬天设有露天席位，备有暖气，同时有内部装饰优美的酒庄。

从旅游信息服务中心出发步行2分钟　158, bd. Fernand Moureaux　02 31 88 80 84　F 02 31 88 42 22　HP www.le-central-trouville.com　7:30~24:00　休 常年营业　19欧元~（单人间、双人间87欧元~）

### R 餐饮（多维尔）
**德拉科**
Drakkar　　MAP p.198-A

就餐时间之外经营咖啡馆和酒吧，赛马骑手、专业选手、电影节的各界名流是这里的常客。

从火车站出发步行5分钟　77, rue Eugène Colas　02 31 88 71 24　8:30~23:00（周末至24:00）、午餐12:00~16:00、晚餐 19:00~　休 12/24晚上、12/25　28.20欧元~

### H 住宿（滨海特鲁维尔）

**费尔·歇维尔**
Fer à Cheval　　MAP p.198-B

虽然位于中心街道，但是离海岸极近，每天清晨在海鸥的鸣叫声中醒来。早餐的面包味道鲜美，房间宽敞明亮。

从赌场出发步行1分钟　11, rue Victor Hugo　02 31 98 30 20　F 02 31 98 04 00　HP www.hotel-trouville.com　34间客房　单人间84欧元~，双人间90欧元~

# Caen
# 卡昂

**MAP** p.8-B

卡昂曾获得联合国教科文组织颁发的和平奖。这里保存着威廉和王后马蒂尔德为了赎罪而建造的修道院。

## ACCESS
**国铁**：从巴黎圣拉扎尔站乘坐直达车或者乘坐前往瑟堡(Cherbourg)的列车，在卡昂(Caen)下车，行车约1小时45分钟。一天有10辆车来回往返。
**公交**：从巴黎乘坐韦尔(Verts)公司的公交，行车约1小时。从特鲁维-多维尔站(Trouville Deauville)出发，行车约1小时30分钟；从翁弗勒尔(Honfleur)出发，行车约1小时；从鲁昂(Le Havre)出发，行车大约1小时30分钟。
**自驾车**：从巴黎沿高速公路A13线，行程约240公里。

## INFORMATION
**旅游信息服务中心** pl. Saint Pierre ☎02 31 27 14 14 www.tourisme.caen.fr 9:30～13:00，14:00～18:00，5、6、9月至18:30（周日、节假日10:00～13:00），7～8月9:00～19:00（周日、节假日10:00～13:00，14:00～17:00）10月至次年3月的周日、节假日，1/1、5/1、11/1、11/11、12/25
**市内交通**：可以乘坐有轨电车A、B线，1、3、10、16路公交（火车站前至圣皮埃尔广场、男子修道院）及4路公交（男子修道院至女子修道院）。24小时券3.35欧元。还有市营出租自行车。
**市区面积**：从火车站到圣皮埃尔广场乘坐A、B有轨电车，行车约5分钟。步行需要15～20分钟，游览大约需要8小时。

## 城市概况

小镇的历史可以追溯到11世纪。卡昂由诺曼底公爵威廉（法国名字是吉约姆）建立的城堡发展而来。20世纪初，利用近郊的矿脉，卡昂的重工业得到了发展，作为产业都市繁荣兴盛起来。第二次世界大战期间，城镇的大部分遭到破坏，之后经过10年的再建，恢复了原来的面貌。现在的卡昂是卡尔瓦多斯省的省会所在地，同时还是诺曼底西部经济、文化的中心。

卡昂街道构造比较简单，但是面积广阔，腿脚强健的人可以徒步游览。利用巴士或者有轨电车时，可以在站前的旅游信息服务中心领取一份路线图。从车站到小镇中心的圣皮埃尔广场，乘坐有轨电车A、B线大约需要5分钟。从广场向东步行15分钟来到女子修道院，向西步行15分钟是男子修道院。广场和两座修道院之间的小道上林立着时装店和餐厅，可以边逛边行。天气好的时候，利用市营出租自行车也不错。

小镇中心的圣皮埃尔广场前的圣皮埃尔教堂

## 男子修道院和圣埃蒂安教堂
Abbaye aux Hommes et Abbatiale St. Etienne **MAP** p.200-A

威廉和王后马蒂尔德本是堂兄妹，他们违反了罗马教皇禁止近亲结婚的规定，被逐出教会。二人为了谢罪建造了男子修道院和女子修道院，并把两座修道院捐赠给大主教。男子修道院从1066年开始修建，历经12年建成，

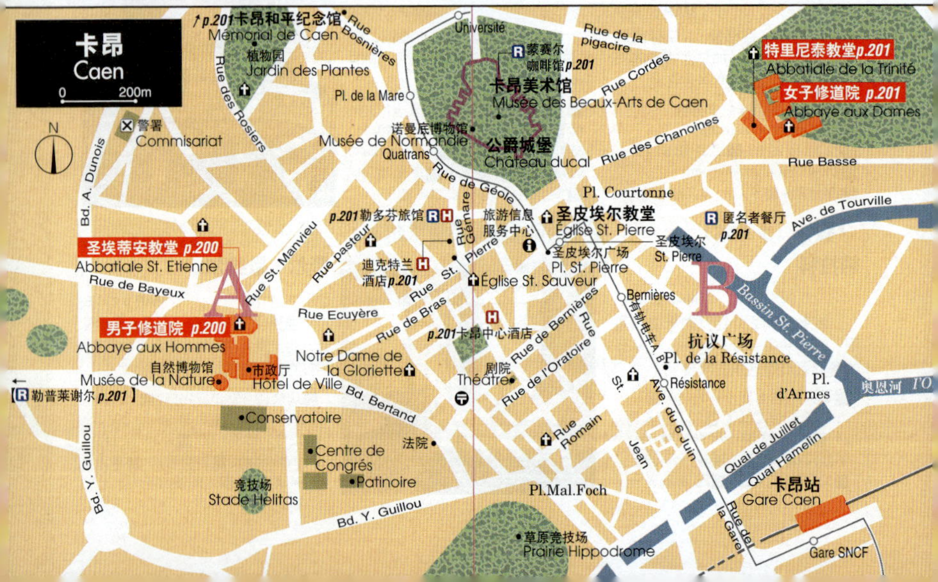

现在是市政厅所在地。男子修道院附属的圣埃蒂安教堂，从11世纪开始建造，后增建了13世纪的哥特式尖塔和主殿，被认为是罗马式建筑的杰作。

### 男子修道院和圣埃蒂安教堂
**Abbaye aux Dames et Abbatiale de la Trinité**  MAP p.200-B

1060~1080年，威廉的王后马蒂尔德创建本尼迪克特派的修道院，现在是地方议会所在地。在此可以参观12世纪雕刻的柱顶、进餐前用于洗手的大理石造盥洗室等。

旁边的特里尼泰教堂是罗马样式建筑的代表，最初采用木架的天花板，后再造重建成了12世纪的六分支交叉的拱顶（采用拱门的曲面天花板的一种）。1083年去世的马蒂尔德的墓穴位于主殿中央。

### 男子修道院和圣埃蒂安教堂
开 仅限导游带团参观（9:30、11:00、14:30、16:00，参观大约需要1小时30分钟，7、8月10:15~、15:15~、17:15~参观）
休 1/1、5/1、12/25  €2.50欧元（周日免费）
乘坐公交在市政厅（Hôtel de Ville）下车，步行2分钟即到

### 卡昂和平纪念馆
**Mémorial de Caen**  MAP p.200-A外

曾经是德国纳粹党里克特中将的司令部所在地，现在作为见证战争和平的纪念馆对外开放。广场的13块巨石上雕刻着从第一次世界大战至今的和平宣言。

音频设备和资料展示充分，记录诺曼底登陆作战日德军和盟军双方的影像，令人特别感兴趣。和这场战争渊源颇深的这片土地因电影《史上最大的战役》而闻名。有导游带团参观（10~12月每天下午发一趟车，5~9月上午和下午发两趟车。参观需要4~5小时，需要预约。网址为http://www.memorial-caen.fr。费用为76欧元，含入场费）。

### 女子修道院和特里尼泰教堂
开 仅限导游带团参观（14:00~17:30，参观大约需要1小时，提前30分钟在接待处报名）
休 1/1、5/1、12/25
€ 免费
乘坐4路公交车在马蒂尔德（Reine Mathilde）下车，步行3分钟即到

### 卡昂和平纪念馆
开 9:30~18:00（冬天至18:00），闭馆前75分钟禁止入馆
休 1/29~2/10、11/12~12/31的周日、1/1、1/6~1/28、12/25
€ 16欧元（根据时间会有折扣）
乘坐2路公交在纪念馆（Mémorial）下车即到，从小镇中心出发行车约20分钟

## R 餐饮

### 蒙赛尔咖啡馆
**Café Mancel**  MAP p.200-B
位于城堡之内。店内空间宽敞，装饰时尚，夏天可以露天就餐。

乘坐有轨电车在圣皮埃尔（St.Pierre）下车，然后步行5分钟  Le Château
02 31 86 63 64  开10:00~22:00（就餐时间12:00~14:00、19:00~22:00）休周日晚上、周一、2月的两周  €24欧元~

### 勒普莱谢尔
**Le Pressoir**  MAP p.200-A外
原著名餐厅的副厨师长翁埃经营的餐厅，现在被评为卡昂最美味的餐厅。

乘坐2、12路公交在体育馆（Palais des Sports）下车即到  3, Ave. Henri Chéron
02 31 73 32 71  开12:15~13:45、19:30~21:15  休周六白天、周日晚上、周一、8月的三周  €47欧元~

### 匿名者餐厅
**Incognito**  MAP p.200-B
位于鱼贝类产地，当然鱼餐是餐厅的特色菜。需要提前预约。

从有轨电车圣皮埃尔站出发步行3分钟  4, rue de Courtonne  02 31 28 36 60  开12:00~13:30、19:30~21:30（周五、周六至22:00）休周六白天、周日  €60欧元~

## H 住宿

### 卡昂中心酒店
**Kyriad Caen Centre**  MAP p.200-B
坐落在小镇中心的安静酒店。改造之后的客房干净整洁。推荐大型停车场所在的公园一侧的房间。

乘坐21路公交在共和国（Republique）下车，然后步行1分钟  1, pl. République
02 31 86 55 33  02 31 79 89 44  www.hotel-caen-centre.com  47间客房
单人间、双人间79欧元~

### 迪克特兰酒店
**Des Quatrans**  MAP p.200-B
内部采用带花纹的图案进行装饰，雅致舒适。坐落在小镇中心，地理位置优越，便于游览。

乘坐有轨电车在圣皮埃尔（St.Pierre）下车，然后步行3分钟  17, rue Gémare  02 31 86 25 57  02 31 85 27 80  www.hotel-des-quatrans.com
47间客房  单人间、双人间80欧元~

## H 住宿&餐饮

### 勒多芬旅馆
**Le Dauphin**  MAP p.200-A
由小修道院的建筑改造而成的酒店，内部装饰温馨舒适。

乘坐公交在圣皮埃尔（St.Pierre）下车，然后步行5分钟  29, rue Gemare  02 31 86 22 26  02 31 86 35 14  www.le-dauphin-normandie.com  37间客房
单人间75欧元~，双人间125欧元~

# Bayeux
# 巴约

MAP p.8-B

因巴约挂毯闻名内外。幸免于战火的巴约，保留了中世纪的面貌。

14世纪建造的宅邸

## ACCESS

**国铁**：从巴黎圣拉扎尔站乘坐直达车或者乘坐前往瑟堡（Cherbourg）的列车，在巴约（Bayeux）下车，行车约2小时。一天有10余辆车来回往返。从卡昂（Caen）换乘时，行车约20分钟。

**自驾车**：沿高速公路A13线前往卡昂（Caen），然后转到N13线到巴约（Bayeux），全程约260公里。距离卡昂30公里。

## INFORMATION

ℹ **旅游信息服务中心**：pont St. Jean ☎02 31 51 28 23 🌐www.bessin-normandie.com 开 9:30～12:30, 14:00～17:30（4～6月，9，10月至18:00），7，8月9:00～19:00，周日、节假日9:00～13:00，14:00～18:00）休11月至次年3月的周日

**市内交通**：既可以乘坐公交，也可以徒步观光。

**市区面积**：从火车站到圣母大教堂步行需要10分钟，从车站到旅游信息服务中心步行需要15分钟，从车站到威廉研究中心步行需要10分钟。游览大约需要5小时。

## 城市概况

巴约是一座内陆城市，距离第二次世界大战诺曼底登陆战役的战场约10公里。战争结束时，戴高乐将军最先在此进行了演说。巴约在战争中幸免于难，科吉尔大街（Rue des Cuisinier）和弗朗什大街（Rue Franché）两条大街上保存着中世纪的半露木结构建筑。小镇面积不大，但是景点极多。除了下述景点之外，还有诺曼底战争纪念馆（Musée Mémorial de la Bataille de Normandie）、戴高乐将军纪念馆等。游访和诺曼底战役相关的地区时，可以以巴约为据点（参观详情可到旅游信息服务中心咨询）。

从火车站前往圣母大教堂，途中右转沿萨迪·卡诺大街（Bd.Sadi-Carnot）前行，到十字路口左转到勒弗勒斯提埃街（Rue Leforestier）。在站前的十字路口沿克莱梅尔大街（Rue de Cremel）前行，走到路尽头左转来到带水车的小河边，旅游信息服务中心就坐落在河上的小桥之上。途中经过威廉研究中心，可以顺道参观一下。

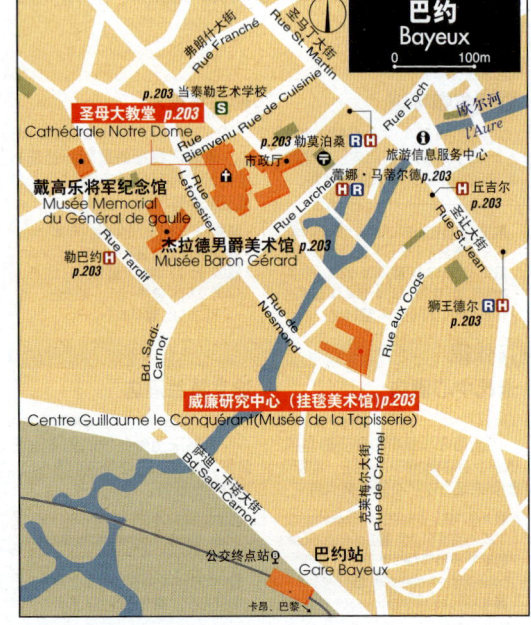

联合国教科文组织的"世界的记忆"记录在册的《巴约挂毯》

## 威廉研究中心（挂毯美术馆）
Centre Guillaume le Conquérant (Musée de la Tapisserie)　　MAP p.202

小镇最得一看的《巴约挂毯》(*Tapis-serie de Bayeux*)，别名《马蒂尔德王后挂毯》，收藏于此。11世纪，在长75米、宽50米的亚麻布上施以色彩鲜艳的刺绣而成的画卷，生动形象地描绘了诺曼底公爵率领军队渡过大洋，征服英格兰的场景（1066年）。挂毯大胆细腻地表现了海盗船、士兵盔甲、农民的日常生活等，采用不同颜色织出的左右马蹄，在视觉上产生远近感，在如今也是相当高超的技术。备有外语语音导游机。

## 圣母大教堂
Cathédrale Notre Dame　　MAP p.202

11世纪开始动工，因建造秀美而闻名。教堂的墙壁和地下礼拜堂都装饰着罗马样式的雕刻，还可以参观13世纪建造的优雅的主殿和地下礼拜堂的壁画（15世纪）。

## 杰拉德男爵美术馆
Musée Baron Gérard　　MAP p.202

由15~18世纪天主教所在的德瓦昂馆改造而成的美术馆，主要收藏着巴约出身的代议员——亨利·阿克雷桑德·杰拉德的藏品。以达·芬奇、布丹、卡耶博特等法国绘画为首，还有意大利绘画、佛兰德绘画等，藏品众多，丰富多彩。另外，还展示18世纪巴约兴盛一时的钩花，19~20世纪的陶瓷器制造等。

罗马风格和诺曼-哥特式混搭的大教堂

**威廉研究中心**
开9:00~18:30（5~8月至19:00，11/6至次年3/14 9:30~12:30，14:00~18:00）闭馆前45分钟禁止入馆
休1月第二周的周一至周五、12/24下午至26日上午、12/31下午至1/2上午
€7.80欧元（备有语音导游机）
从车站出发步行5分钟

**圣母大教堂**
开9:00~18:00（7~9月至19:00、1~3月至17:00、4~6月至18:00）
休举办宗教仪式时休息
€导游带团参观大教堂和古老的街景4欧元（7、8月15:00从旅游信息服务中心出发）
从威廉研究中心出发步行3分钟

**杰拉德男爵美术馆**
2012年6月迁至旧主教馆（市政厅旁）

---

### S 购物

**当泰勒艺术学校**
Conservatoire de la Dentelle　　MAP p.202

教授巴约传统的钩花技术，同时设有商店。参加一日讲习需要预约。

圣母大教堂附近
6, rue Bienvenu
02 31 92 73 80
开10:00~12:30，14:30~18:00
休周日、节假日

### H 住宿

**丘吉尔**
Churchill　　MAP p.202

位于市中心，往返圣米歇尔山（p.206）的小型巴士每天运行（需要预约，55欧元）。

从旅游信息服务中心出发步行1分钟
14-16, rue St. Jean　02 31 21 31 80　02 31 21 41 66　www.hotel-churchill.fr　32间客房　单人间100欧元~，双人间110欧元~

**勒巴约**
Le Bayeux　　MAP p.202

无障碍设施完备，服务周到，评价极高。设有适合团体或者一家人居住的客房。

从圣母大教堂出发步行3分钟　9, rue Tardif　02 31 92 70 08　02 31 21 15 74　www.lebayeux.com　休11月中旬至次年3月中旬　30间客房　单人间、双人间140欧元~

### H 住宿 & 餐饮

**勒莫泊桑**
Le Maupassant　　MAP p.202

坐落于小镇中心的咖啡馆，楼上是拥有10间客房的经济实惠的酒店。单人间29欧元起价，双人间40欧元起价。

从旅游信息服务中心出发步行2分钟　19, rue St. Martin　02 31 92 28 53　02 31 92 35 40　开7:30~21:00（4~9月至24:00）休常年营业　€10欧元

**狮王德尔**
Lion d'Or　　MAP p.202

18世纪建造的小型酒店、餐厅提供当地的特色菜肴，冬季有打折优惠活动。

从旅游信息服务中心出发步行3分钟　71, rue St. Jean　02 31 92 06 90　02 31 92 15 64　www.liondor-bayeux.fr　1/1~1/18　28间客房　单人间、双人间120欧元~

**蕾娜·马蒂尔德**
Reine Mathilde　　MAP p.202

正对着邮局，位于大教堂和旅游信息服务中心之间，是一家地理位置极佳的小型酒店。

从圣母大教堂出发步行2分钟　23, rue Larcher　02 31 92 08 13　02 31 92 09 93　www.hotel-bayeux-reinemathilde.fr　12月至次年2月　16间客房　单人间60欧元~，双人间63欧元~

# Granville
# 格朗维尔

**MAP** p.8-A

传奇设计师——克里斯汀·迪奥的家乡。从这里到圣米歇尔山游览，当天即可往返。

克里斯汀·迪奥博物馆

## ACCESS

**国铁**：从巴黎蒙巴纳斯站出发，到格朗维尔（Granville）下车，行车约3小时10分钟。一天有5辆车来回往返。
**自驾车**：从巴黎沿高速公路A13线前往卡昂，转入A83线前往雷恩（Rennes），然后沿D33、D924线到格朗维尔，全程约340公里。沿D973线到圣米歇尔山行程约50公里。

## INFORMATION

❶ 旅游信息服务中心：4 Cours Jonv-ille ☎02 33 91 30 33
🌐 www.ville-granville.fr
🕘 9:00~13:00，14:00~19:00（周日、节假日10:00~13:00，9至次年6月9:00~12:00，14:00~17:30）
❌ 9月至次年6月的周日、节假日
**市内交通**：步行。有关前往圣米歇尔山的公交参见 p.207。
**市区面积**：从火车站到戴高乐广场（Pl.de Gaulle）步行约需10分钟，从戴高乐广场到克里斯汀·迪奥博物馆步行大约需要15分钟。

### 克里斯汀·迪奥博物馆及其庭园

🕘 10:00~18:30（香水部门由导游带团参观，需要预约）☎02 33 61 48 21
🌐 musee-dior-granville.com（庭园9:00~17:00，3、10月 至20:00，6~8月至21:00）❌ 9/27~5/12，庭园常年开放 💶 6欧元（庭园免费）🚌 从旅游信息服务中心出发步行15分钟

### 里夏尔·阿纳克莱昂现代博物馆

🕘 11:00~18:00（4~5月14:00~）
❌ 6月到10/17的周一，4~5月的周一、周二，10/18~3/31
💶 2.70欧元
🚌 从旅游信息服务中心出发步行15分钟

## 🏨 住宿

### 德斯巴恩斯
### Des Bains

🏖 面向赌场 📍 19, rue Clémenceau
☎02 33 50 17 31 📠 02 33 50 89 22
🌐 www.hoteldesbains-granville.com
🛏 54间客房
💶 单人间55欧元~，双人间71欧元~

## 城市概况

乘坐从巴黎蒙巴纳斯站开往诺曼底的列车，终点站就是格朗维尔。从车站向左步行1分钟来到繁华的马莱歇尔·勒库莱尔大道（Ave. Marechal Leclerc）。沿着缓慢的坡道下行到达小镇中心的戴高乐广场（Pl.de Gaulle），旅游信息服务中心和市政厅就坐落在这里。由此左转是乘船的渡口（Gare Maritme），右转是赌场和海洋疗养中心所在的马莱歇尔·福煦广场（Pl. Marechal Foche）。右侧小丘上是克里斯汀·迪奥博物馆及其庭院，左侧是里夏尔·阿纳克莱昂美术馆（Musée Richard Anacreon）。坡道下左侧是渔船和游艇停泊的港口。各个景点距离较近，可以徒步参观。

原本只是小渔村的格朗维尔，1870年开通了连接巴黎的铁路，之后相继建造了象征美好时代的豪华宅邸。海边赌场林立，巴黎人经常到此度长假，从渡口可以游到英国领地——泽西岛。

## 景点

格朗维尔最吸引人之处就是，它是时尚界的传奇设计师——克里斯汀·迪奥的家乡。1997年，克里斯汀·迪奥博物馆及其庭园（Musée et Jardin Christian Dior），对外开放。馆内展示着迪奥香水的历史以及众多象征各个时代的作品。除此之外，每年还会举办规划展。宅邸外部是迪奥的母亲精心营造的庭园，至今庭园内的鲜花应时而开，争奇斗艳。这里大概就是迪奥作品流露出的典雅气质的源泉吧。参照介绍制作香水的显示板，一边参观，一边沉浸在香水的前味——花香之中（仅限开花时节），趣味盎然。20世纪50年代，在巴黎从事新闻工作兼经营书店的里夏尔·阿纳克莱昂（Richard Anacreon）也出生于格朗维尔。里夏尔·阿纳克莱昂现代博物馆（Musée d'Art Moderne Richard Anacréon）展出他的私人收藏。除了于特里约、德兰、西尼亚克等的绘画作品外，还有阿波利奈尔、瓦莱利、科克托、科莱特等的初版本和亲笔书，令人深切感受法国战后文化之丰富。

# Rennes

MAP p.8-E

# 雷恩

雷恩是参观布列塔尼地区的据点。年轻人聚集，是一座朝气蓬勃的大学城。

周六清晨利斯广场的早市

## 城市概况

雷恩位于伊尔河和维莱讷河汇合处，是布列塔尼地区的中心城市。旅行者以雷恩为据点参观布列塔尼，十分便利。小镇内约有6万大学生，堪称大学城。每年多次举办面向年轻人的文娱活动，如7月的表演节、12月的摇滚音乐节等。

从火车站沿着酒店林立的让基维耶大街（Ave. Jean Janvier）步行8分钟左右，就到了雷恩美术馆，景点多集中在其左侧的维莱讷河对岸。从雷恩美术馆沿河岸的大街左转就可来到旅游信息服务中心所在的圣伊夫斯礼拜堂（Chapelle St. Yves），在这里可以领取带插图的地图和外文版宣传册。利斯广场（Pl.des Lices）坐落在圣皮埃尔大教堂北侧，从旅游信息服务中心到利斯广场步行需要5分钟。大教堂附近是雷恩旧街道，这里有在1720年的大火中幸免于难的中世纪的房屋建筑。让我们手拿地图畅游小镇吧。

### ACCESS

**国铁**：从巴黎蒙巴纳斯站乘坐TGV高速列车到雷恩（Rennes）下车，行车约2小时。一天有19辆车来回往返。

**国铁**：从巴黎沿高速公路A11线前往勒芒（Le Mans），然后沿和小镇方向相反的A81线（在雷恩附近转换到N157线），行程约350公里。

### INFORMATION

🛈 旅游信息服务中心：11, rue St. Yves ☎02 99 67 11 11 🌐www.tourisme-rennes.com 开9:00~19:00（周日、节假日11:00~13:00, 14:00~18:00），9月至次年6月10:00~18:00（周一13:00~18:00, 周日、节假日11:00~13:00, 14:00~18:00）休常年营业

**市内交通**：地铁纵贯小镇的中心，2、7路公交前往共和国广场（Pl. de la République）。可以徒步游览。

**市区面积**：从火车站乘坐地铁前往共和国广场，需要3分钟。游览大约需要4小时。

## 景点

从雷恩美术馆出发跨过小桥，来到美丽花园环绕的圣乔治宫

旅游信息服务中心所在的圣伊夫斯礼拜堂，是15世纪末的建筑物。北侧的利斯广场，中世纪时是小镇的中心地带，曾经的比赛、盛会都在此举行，现在餐饮店林立，生气蓬勃。东北侧的圣米歇尔广场（Pl. St. Michel）和圣阿内大街（Rue Ste. Anne）上咖啡店、酒吧鳞次栉比，当地年轻人每晚都要光顾。

**雷恩美术馆**（Musée des Beaux Arts de Rennes），收藏着从埃及文明到20世纪的蓬塔旺派、印象派和现代抽象画，以藏品广泛而引以为豪。另外，还建立了**布列塔尼博物馆**（Musée de Bretagne）、**自由战场**（Les Champs Libres）等大型文化设施。其中，布列塔尼博物馆以介绍当地民俗文化为主，它可以追溯到凯尔特文化。在原修道院遗址上建造了**塔博尔公园**（Jardin du Thabor），面积达10公顷，是市民休闲的场所。

### 雷恩美术馆
开 10:00~12:00，14:00~18:00（周二10:00~18:00）
休 周一、节假日
€ 4.58欧元
🚶 从车站出发步行5分钟

### 自由战场
开 12:00~19:00（周六、周日14:00~，周二~21:00）
休 周一、节假日
€ 布列塔尼博物馆4欧元
🚶 从车站出发步行8分钟

### R 餐饮

**科尔·里斯**
Le Cours des Lices
🚇 从地铁Ste.Anne站步行1分钟
📍 18, pl. des Lices
📞 02 99 30 25 25
🕐 12:00~14:00，19:30~22:00
休 周日、周一
€ 27欧元~

格朗维尔／雷恩

# Mont St. Michel
# 圣米歇尔山

漂浮在距离海岸线1公里的海面上的圣山——大天使米迦勒之山，因潮水涨落，时而和陆地相连，时而变身孤岛。

MAP p.8-A

## ACCESS
**自驾车**：从巴黎沿高速公路A13线经过卡昂（Caen），然后转换A86、N276线到圣米歇尔，全程约360公里。（有关其他交通工具，请参见p.207。）

## INFORMATION
**旅游信息服务中心**：Ancien Corps de Grande des Bourgeois
☎ 02 33 60 14 30
🖥 www.ot-montsaintmichel.com
🕐 9:00~12:30、14:00~18:30（周日9:00~12:00、14:00~18:00）、7~8月9:00~19:00、10月至次年3月9:00~12:00、14:00~18:00（1月至17:30、周日10:00~12:00、14:00~17:00）全年周五9:30~ 休1/1、12/25
**市内交通**：徒步游览。
**市区面积**：圣米歇尔之门距离岛屿入口大约2公里，从岛屿入口到修道院步行需要20分钟。游览大约需要4小时。

海上漂浮的圣米歇尔修道院

## 城市概况

诺曼底和布列塔尼地区之间的浅海上漂浮着一座小岛，被联合国教科文组织认定为世界遗产的圣米歇尔山就坐落在岛屿之上（参见p.30）。据说，周边潮水涨落激烈，时速达10公里，有时海岸线后退达18公里。满潮时圣米歇尔山成为"海上孤岛"。近年在岛屿和陆地之间建造了宽约2公里的道路（堤坝），周边堆积着大量的泥沙，曾经的孤岛景观一去不返。因此，近年又开始拆除堤坝，取而代之的是一座长桥。

游客不能乘车前往圣米歇尔山，连接小岛和陆地的道路上有停车场，营业时间根据潮水涨落而定，所以需要提前确认（有通知）。旅游信息服务中心位于岛屿入口处。岛内的主要街道上商店、餐厅林立。沿着大道上行，就来到了圣米歇尔修道院。

大陆一侧有方便游客的服务区——圣米歇尔之门(Les Portes du Mont St.Michel)，这里餐饮店、商店、酒店等鳞次栉比。在此留宿可以观看随着时间而改变的岛屿形态，不失为一种乐趣。

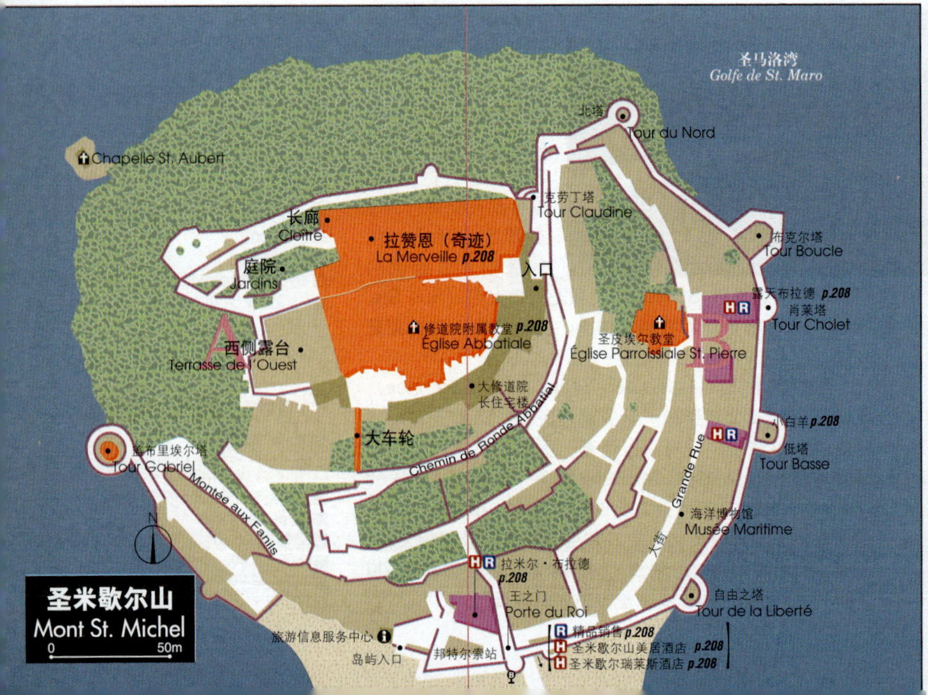

## 圣米歇尔山 Mont St. Michel

- Chapelle St. Aubert
- 长廊 Cloître
- 庭院 Jardins
- 拉赞恩（奇迹）La Merveille p.208
- 西侧露台 Terrasse de l'Ouest
- 修道院附属教堂 Église Abbatiale p.208
- 圣皮埃尔教堂 Église Parroissiale St. Pierre
- 大修道院长住宅楼
- 大车轮
- 布里埃尔塔 Tour Gabriel
- Montée aux Fanils
- Chemin de Ronde Abbatial
- 北塔 Tour du Nord
- 克劳丁塔 Tour Claudine
- 布克尔塔 Tour Boucle
- 肖莱塔 Tour Cholet p.208
- 小白羊 p.208
- 低塔 Tour Basse
- Grande Rue
- 海洋博物馆 Musée Maritime
- 拉米尔·布拉德 p.208
- 王之门 Porte du Roi
- 自由之塔 Tour de la Liberté
- 精品商店 p.208
- 圣米歇尔山美丽酒店 p.208
- 圣米歇尔山瑞莱斯酒店 p.208
- 旅游信息服务中心
- 岛屿入口
- 邦特分泰站

圣马洛湾 Golfe de St. Maro

全球游客络绎不绝到访的圣地

## 圣米歇尔修道院
Mont St. Michel et Abbaye  MAP p.206-A/B

古时凯尔特人把圣米歇尔山称为"墓之山",它是人们信仰的对象。8世纪时,诺曼底天主教主教奥博特,受到大天使米迦勒(法语是Michael)的启示,在此建造了礼拜堂。据说,最初奥博特认为这是恶魔的恶作剧,无视米迦勒的启示,由此受到惩罚,米迦勒在其头盖骨处开了一个洞。

之后,伴随着时代更替,圣米歇尔修道院多次被增建、改建。11世纪,建造了罗马风格的大教堂和修道院。

### 为您导航

### 前往圣米歇尔山的路线

**从巴黎乘坐旅游巴士**

旅游公司的旅游巴士随时发车,方便利用。确认出发日期后,至少提前一天预约。

● Cityrama
✉ 2, pl. des Pyramides, 巴黎1区
☎ 01 44 55 61 00
📠 01 42 60 33 71
€ 一日游166欧元(午餐、外语导游),诺曼底和卢瓦尔地区的城市(鲁昂、翁弗勒尔、卡昂、圣马洛、圣米歇尔山、昂热、索米尔);三天两夜525欧元(三星级酒店双人间,两晚,提供四餐)

● Parivision
✉ 214, rue de Rivoli, 巴黎1区
☎ 01 42 60 30 01
📠 01 42 86 95 36
€ 一日游166欧元(午餐、外语导游)

● My Bus
✉ 18, rue des Pyramide, 巴黎1区
☎ 01 42 44 14 30
📠 01 40 20 05 79
🌐 www.mybus-france.com
€ 一日游155欧元(午餐、外语导游)

**从巴黎乘坐国铁+公交**

●乘坐TGV高速列车前往雷恩(参见p.205)(大约2小时),然后换乘公交到圣米歇尔山,行车大约1小时20分钟。

●乘坐TGV高速列车前往布列塔尼(Dol de Bretagne)(大约3小时),然后换乘公交,行车约30分钟。

●乘坐TGV高速列车前往圣马洛(p.209)(大约3小时),换乘17路公交到蓬托尔松(Pontorson)(1小时20分钟),然后换乘马奈尔公司(Maneo)的G路公交,行车约13分钟。

●乘坐国铁前往格朗维尔(p.204)(大约3小时),然后换乘快车到蓬托尔松(大约40分钟),再换乘G路公交行车约13分钟。

※在中转站停留游览,也别有一番趣味,但是列车数量较少,最好提前预约。

**从其他城市出发的一日游**

7月上旬到8月的每周四,多维尔(p.198)的富尼埃·旺热(Fournier Voyages)公司运行往返公交,从多维尔赌场附近出发,经过翁弗勒尔(p.196)、多维尔(p.198)、卡昂(p.200),可以在这些地方上下车。当地的非工作时间约为5小时。

朝圣者也会在拉米尔·布拉德（La Mere Poulard）品尝煎蛋卷

### 修道院

- 🕐 9:00~19:00（9月至次年4月9:30~18:00，12/24~12/31至17:00，闭馆前1小时禁止入馆）
- 休 1/1、5/1、12/25
- € 8.50欧元，语音导游机（外语）4.50欧元
- 🚶 从王之门出发步行20分钟

13世纪，建造了哥特式的长廊和餐厅。圣米歇尔修道院作为朝拜圣地逐渐兴盛繁荣，为朝拜者准备的礼品也广受好评。至今，大道周边的商店还销售双脚踏龙的圣米迦勒像、铅制纪念章等纪念品。14世纪"百年战争"时，圣米歇尔修道院发挥了要塞的重要作用。15世纪，主殿被改建为火焰式哥特式建筑。从路易十一至拿破仑三世时，这里被用作监狱，据说当时关押了1.4万多名服刑者。现在，圣米歇尔修道院被联合国教科文组织认定为世界遗产。

### 修道院附属教堂和拉赞恩（奇迹）
Église abbatiale et La Merveille　　MAP p.206-A

1023~1080年，在罗马风格的地下礼拜堂上的海拔80米处，建造了修道院附属教堂。长廊的大型拱廊、阶梯式座位、高高的窗户等都是诺曼-罗马风格。火焰式哥特式建筑的主殿采光良好。15~16世纪增建了用于支撑建筑的飞拱。石造的教堂内部阴凉，置身其中可以想象得出曾经居住在此的僧侣的艰苦生活。

修道院北侧的僧院和长廊被称为"拉赞恩（奇迹）"，分为三层，分别象征神父、贵族、平民三级社会地位和精神、知性、物欲三个精神阶段。13世纪建造的长廊是众僧侣闭目沉思的场所。环绕中庭的两列柱子上有以植物为主题的装饰。

三层的细长形餐厅可以容纳60人，二层是供僧侣们做手艺活儿的"骑士厅"和迎接贵族朝拜者的豪华的"会客厅"，一层是平民朝拜者就餐、住宿的"布施分配所"。

---

### 🅡 餐饮

**精品销售**
Le Pré Salé　　MAP p.206-B外
在此可以品尝地道的带海水清香的普莱-萨莱，同时设有美居酒店。
- 📍 位于圣米歇尔之门内
- route de Mont St. Michel
- ☎ 02 33 60 14 18　📠 02 33 60 39 28
- 🕐 12:00~14:00，19:00~21:30
- 休 11/25~2/5　€ 19.50欧元~

### 🅗 住宿

**圣米歇尔瑞莱斯酒店**
Relais St. Michel　　MAP p.206-B
客房视野极佳，可以随时观察变化的美景。
- 📍 位于圣米歇尔之门内
- route de Mont St.Michel
- ☎ 02 33 89 32 00　📠 02 33 89 32 01
- 🌐 www.relais-st-michel.fr　39间客房
- € 单人间、双人间180欧元~

**圣米歇尔山美居酒店**
Mercure Mont St. Michel　　MAP p.206-B外
坐落在圣米歇尔山所在的岛屿入口处，是一家连锁经营的中等酒店。
- 📍 位于圣米歇尔之门内　BP8, route de Mont St. Michel　☎ 02 33 60 14 18
- 📠 02 33 60 39 28　🌐 www.mercure.com
- € 100间客房　€ 单人间108欧元~，双人间119欧元~　休 11/14~2/5

### 🅗 住宿 & 餐饮

**拉米尔·布拉德**
La Mère Poulard　　MAP p.206-B
1888年开业。用灶炉烤制的大型煎蛋卷是岛上的特色美食，备有外文版菜单。
- 🌐 Grande rue　☎ 02 33 89 68 68　📠 02 33 89 68 69　🌐 www.mere-poulard.com
- 🕐 11:30~22:00（午餐~14:30，晚餐18:30~，午餐和晚餐之间只提供快餐）
- € 39欧元~　27间客房　€ 单人间、双人间150欧元~

**小白羊**
Le Mouton Blanc　　MAP p.206-B
14世纪开始经营的老字号酒店。天花板下有木制横梁穿过，装饰别具一格，同时设有餐厅。
- 🚶 从岛屿入口出发步行3分钟
- 🌐 Grande rue BP28　☎ 02 33 60 14 08
- 📠 02 33 60 05 62　🌐 www.lemouton-blanc.fr　€ 15间客房　€ 单人间、双人间95欧元~

**露天布拉德**
Terrasse Poulard　　MAP p.206-B
拥有可以眺望大海的客房，同时设有餐厅，提供套餐（午餐28欧元）。
- 🚶 从岛屿入口出发步行3分钟
- 🌐 Grande rue BP18　☎ 02 33 89 02 02
- 📠 02 33 60 37 31　🌐 www.terrasses-poulard.fr　€ 29间客房　€ 单人间、双人间135欧元~

St. Malo/Dinard

MAP p.8-A

# 圣马洛/迪纳尔

圣马洛/迪纳尔
巴黎


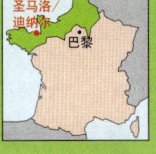

富有男性刚强品质的圣马洛和富有女性阴柔美的度假胜地迪纳尔，位于朗斯河口两侧，隔海相望。

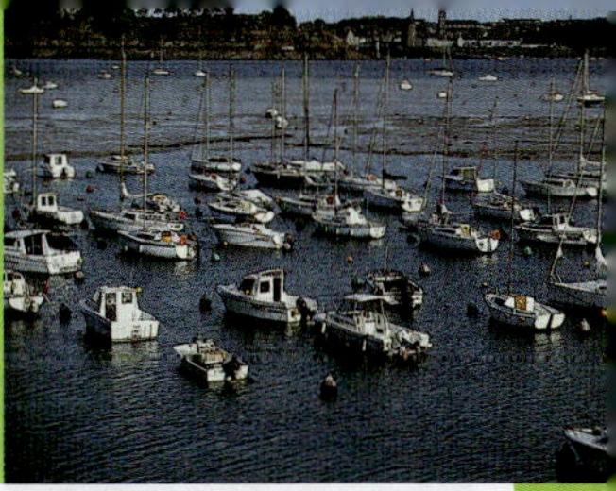
渔船荡漾海面的悠然场景（圣马洛）

## 城市概况

圣马洛和迪纳尔都是面对着英吉利海峡的海滨城市，隔海相望。

圣马洛位于布列塔尼地区北侧的绿色海岸。据说，其名称来源于6世纪从威尔士来访的圣马洛。16世纪时，圣马洛是私掠船（政府公认的海盗船）猖獗的“海盗之城”。16世纪，随着探险家雅克·卡蒂亚发现加拿大，圣马洛成为重要港口，备受瞩目。第二次世界大战中的1944年，小镇的大部分地区被德军破坏。之后，历史性建筑物都被复原，现在已经完全看不到当年战火的痕迹。

从火车站沿着路易·马尔丹大街（Ave.Louis Martin）行走1公里左右，城墙映入眼帘。城墙内旧街道延伸，主要的旅游景点都坐落在此。另外，小镇距离英国海外领地——泽西岛和根西岛都很近，旅游渡船一日游人气极高。

一直到19世纪中叶，迪纳尔都是一座名不见经传的小渔村。得益于细沙海滨和温暖的气候，英国上流阶层最先发现这片土地的魅力，眨眼间众多奢华的别墅拔地而起。现在作为疗养胜地，除了拥有法国历史最悠久的

### ACCESS

**国铁：**从巴黎蒙巴纳斯站乘坐TGV高速列车经过雷恩（Rennes），到圣马洛（St.Malo）下车，行车约3小时。一天有2辆车来回往返。从雷恩出发行车约45分钟，一天有3辆车来回往返。

**公交：**从雷恩乘坐Les Courriers Breton公司的公交前往圣马洛，大约需要1小时40分钟，到迪纳尔大约需要2小时。

**自驾车：**距离巴黎约420公里，沿D168线从圣马洛到迪纳尔行程12公里。

**船：**从迪纳尔乘坐Compagnie Corsaire的水上巴士到圣马洛，大约需要10分钟。（11月至次年3月停运。）

**圣马洛渡船·水上巴士运行公司**

Compagnie Corsaire：Cale de Dinan（圣马洛）☎08 25 13 71 00

Promenade du Claire de Lune(迪纳尔) HPwww.compagniecorsaire.com



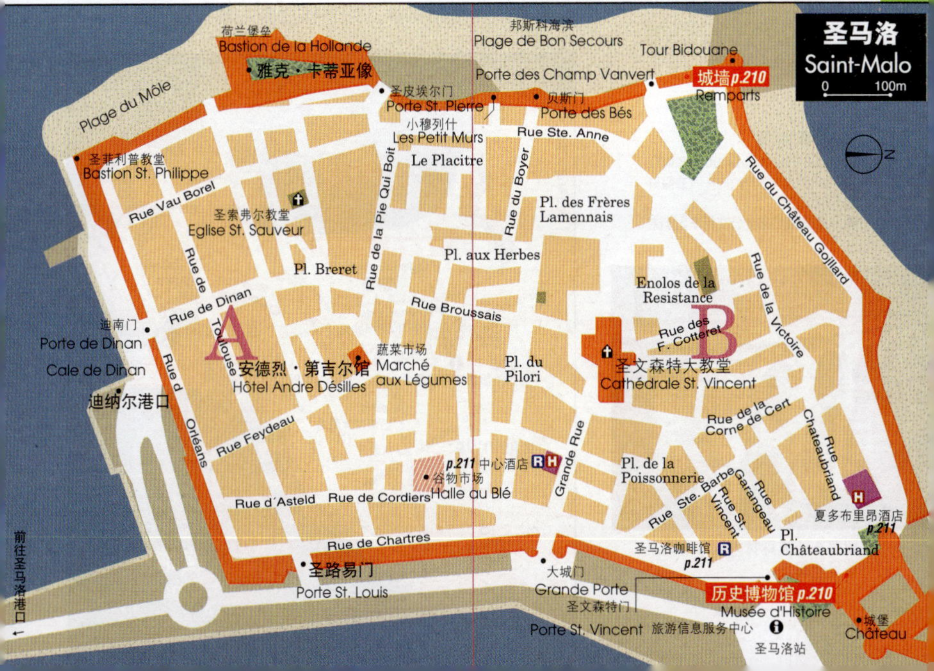

圣马洛
Saint-Malo
0 100m
荷兰堡垒
Bastion de la Hollande
雅克·卡蒂亚像
邦斯科海滨
Plage de Bon Secours
Tour Bidouane
Porte des Champ Vanvert
城墙p.210
Remparts
Plage du Môle
圣皮埃尔门
Porte St. Pierre
贝斯门
Porte des Bés
小穆列什
Les Petit Murs
Rue Ste. Anne
Le Placitre
圣菲利普教堂
Bastion St. Philippe
Rue Vau Borel
圣索弗尔教堂
Eglise St. Sauveur
Rue de la Pie Qui Boit
Rue du Boyer
Pl. des Frères Lamennais
Rue du Château Gojllard
Pl. Breret
Pl. aux Herbes
Rue de Toulouse
Rue de Dinan
Enolos de la Resistance
Rue de la Victoire
迪南门
Porte de Dinan
Cale de Dinan
迪纳尔港口
A
Rue Broussais
B
Rue des F. Cotteret
安德烈·第吉尔馆
Hôtel Andre Désilles
蔬菜市场
Marché aux Légumes
Pl. du Pilori
圣文森特大教堂
Cathédrale St. Vincent
Rue d'Orléans
Rue Feydeau
Rue de la Corne de Cert
Rue Chateaubriand
Grande Rue
p.211 中心酒店
谷物市场
Halle au Blé
Pl. de la Poissonnerie
Rue Ste. Barbe
Rue St. Vincent
Rue Garangeau
夏多布里昂酒店 p.211
Rue d'Asteld
Rue de Cordiers
Rue de Chartres
圣马洛咖啡馆 p.211
Pl. Châteaubriand
前往圣马洛港口
圣路易门
Porte St. Louis
大城门
Grande Porte
圣文森特门
Porte St. Vincent
旅游信息服务中心
历史博物馆p.210
Musée d'Histoire
城堡
Château
圣马洛站

带有安茹式石筑拱门的圣文森特大教堂

## INFORMATION

**圣马洛 ⓘ 旅游信息服务中心**：Esplanade St. Vincent ☎08 25 13 52 00 🌐www.saint-malo-tourisme.com 开 9:00~13:00、14:00~18:00（4~6、9月 至18:30，周日、节假日10:00~12:30、14:30~18:00，7、8月9:00至19:30，周日10:00~18:00）休 10月至次年3月的周日、节假日

**市内交通**：C1、C2路公交（火车站至圣文森特门），城壁内可徒步游览。

**市区面积**：从火车站乘坐公交到圣文森特门需要5分钟，步行需要12分钟。游览大约需要3小时。

**迪纳尔 ⓘ 旅游信息服务中心**：2, bd. Fêart ☎ 02 99 46 94 12 🌐www.ot-dinard.com 开9:00~12:30、14:00~18:00 休周日、节假日的上午

**市内交通**：徒步游览。

**市区面积**：从旅游信息服务中心到赌场步行需要3分钟。游览大约需要3小时。

### 历史博物馆
开 10:00~12:00、14:00~18:00
休 10月至次年3月的周一、节假日
¥ 5.40欧元
交 从圣马洛站乘坐公交行车5分钟

留存在圣文森特大教堂旁的昔日面貌

网球俱乐部之外，高尔夫球场、赌场、海洋疗养设施（参见p.34）等一应俱全。虽然没有旅游景点，但在公交站前的旅游信息服务中心领取一份地图，漫步在海滨和散步道上，也别有一番乐趣。

## 历史博物馆（圣马洛）
Musée d'Histoire　　　　　　　　　MAP p.209-B

圣马洛历史博物馆位于15~16世纪的城堡（现在是市政厅所在地）内。布列塔尼公爵为了炫耀自己的权威建造了城堡，又名安妮公爵夫人城。城堡四角分别有四座主塔，其中的大主塔和总辖塔用作博物馆的展示厅，展出圣马洛的历史资料、大航海时代使用的工具、海盗船资料等。另外，还收藏着圣马洛出生的浪漫主义作家——夏多布里昂的许多相关资料。从四层的平台可以眺望旧街道和海面全景立体画，景色绝佳。

## 城墙（圣马洛）
Remparts　　　　　　　　　　　　　MAP p.209-B

12世纪时建造的全长2公里的城墙，仿佛把旧街道团团围住一般延伸开来，暗含着拒绝加入布列塔尼公国之意。现在可以在城墙上行走。

城墙旁是圣文森特门，西侧是女王之门，女王之门的深处是17世纪建造的比道尼塔（Tour Bidouane）。眼前是宽阔的邦斯科海滨（Plage de Bon Secours），作家夏多布里昂安葬在退潮时裸露在外的蜂之岩（Rochers du Grand Bee）。贝斯门前的小穆列什（Petit Mures），建于12世纪，是这里最为古老的建筑之一。圣皮埃尔门前的荷兰堡垒（Bastion de la Hollande）上大炮林立，矗立着卡蒂亚的铜像。向东拐过去，来到前往迪纳尔的

发船处，车水马龙的迪南门坐落在这里。返回圣文森特门的途中，可以看到15世纪时的主要入口——大城门（Grande Porte）。

## 埃克里兹海滨（迪纳尔）
Plage de l'Ecluse　　　　　　　MAP p.210

迪纳尔有多个海滨，其中最为广阔的是埃克里兹海滨。埃克里兹海滨位于赌场、旅游信息服务中心附近。海边悬崖上雅致的宅邸林立，被称为"北方尼斯"，洋溢着上流社会的情调。据说各国皇室、名人曾经在此嬉戏。埃里克·侯麦导演的表现年轻人夏日恋情的电影——《夏天的故事》（1996），就是在埃克里兹海滨拍摄的。

埃克里兹海滨悬崖上别具一格的宅邸林立，争奇斗艳

## 克莱尔月形散步道（迪纳尔）
Promenade du Clair de Lune　　MAP p.210

沿着海岸线的月形散步道漫步海边，可以眺望别具一格的宅邸和恬静的大海。7~9月的夜晚会在此举行音乐演奏会。来自圣马洛的水上巴士停泊在散步道的一角。

**埃克里兹海滨**
自由出入
从迪纳尔旅游信息服务中心出发步行3分钟

**克莱尔月形散步道**
自由出入
从迪纳尔旅游信息服务中心出发步行5分钟

### R 餐饮（圣马洛）
**圣马洛咖啡馆**
Café de Saint Malo　　MAP p.209-B

位于餐饮店林立的圣文森特门前的咖啡馆、餐馆，午餐、晚餐时分之外也可以就餐。

从旅游信息服务中心出发步行1分钟　4, pl. Guy Lachambre　02 99 56 46 75　8:00~2:00aml　19.50欧元~

### H 住宿&餐饮（圣马洛）
**中心酒店**
Central　　MAP p.209-B

面对着城墙内的主道，交通便利。同时设有海鲜餐厅，在此可以大饱口福。

从大城门出发步行1分钟　6, Grande rue　02 99 40 87 70　02 99 47 47 57　www.hotel-central-stmalo.com　45间客房　单人间130欧元~，双人间160欧元~

### H 住宿（圣马洛）
**夏多布里昂酒店**
France et Châteaubriand　MAP p.209-B

由夏多布里昂的宅邸改造而成的酒店，入口处设有纪念碑，内部装饰有着19世纪的风韵。

从圣文森特门出发步行2分钟　pl. Châteaubriand　02 99 56 66 52　02 99 40 10 04　www.hotel-fr-chateaubriand.com　1/10~2/28　81间客房　单人间108欧元~，双人间190欧元~

### H 住宿&餐饮（迪尔纳）
**迪德·梅里**
Didier Méril　　MAP p.210

埃克里兹海滨展现在眼前，地理位置优越。可以品尝当地产的龙虾、长臂虾，葡萄酒丰富多样。

从旅游信息服务中心出发步行3分钟　1,Pl. du Général du Gaule　02 99 46 95 74　02 99 16 07 75　www.restaurant-didier-meril.com　6间客房　单人间85欧元~，餐厅29欧元~

### H 住宿（迪纳尔）
**勒罗什·科尔内耶**
Le Roche Corneille　　MAP p.210

由20世纪初的宅邸改造而成的三星级酒店，同时设有餐厅。

从旅游信息服务中心出发步行7分钟　4,rue Georges Clémonceau　02 99 46 14 47　02 99 46 40 80　www.dinard-hotel-roche-corneille.com　28间客房　单人间~，双人间170欧元~

### H 住宿（迪纳尔）
**巴里尔大酒店**
Grand Hôtel Barrière　　MAP p.210

靳露头角的设计师J.加西亚负责内部装饰，典雅时尚。在客房可以眺望大海，居住舒适。

从旅游信息服务中心出发步行15分钟　46, ave. George V　02 99 88 26 26　02 99 88 26 2　www.lucienbarriere.com　11/28~3/17　90间客房　单人间，双人间480欧元~

# Vannes/Carnac
# 瓦讷/卡纳克

MAP p.8-E

古都瓦讷坐落在莫尔比昂湾内。卡纳克新石器时代的巨石群把我们带到一个神秘的世界。

## ACCESS

**国铁（瓦讷）**：从巴黎蒙巴纳站乘坐前往坎佩尔(Quimper)的TGV高速列车，到瓦讷(Vannes)下车，行车约3小时。一天有8辆车来回往返。

**国铁（卡纳克）**：从巴黎蒙巴纳站乘坐前往坎佩尔(Quimper)的TGV高速列车，到欧赖(Auray)下车，在此换乘国铁公交，然后到卡纳克(Carnac)旅游信息服务中心，全程行车约4小时15分钟。

## INFORMATION

**瓦讷** ❶ 旅游信息服务中心：
Quai Droite du Pont
☎ 08 25 13 56 10
🌐 www.tourisme-vannes.com
⏰ 9:30~12:30、13:30~18:00，7、8月9:00~19:00，周日、节假日10:00~18:00
休 7、8月之外的周日
**市内交通**：可乘坐3、4、8路公交（火车站至小镇中心的共和国广场），有市营的出租自行车。
**市区面积**：游览大约需要3小时。

**卡纳克** ❶ 旅游信息服务中心：74, ave. des Druides ☎ 02 97 52 13 52 🌐 www.ot-carnac.fr
⏰ 10:00~12:00、14:00~17:00
休 周日、节假日
**市内交通**：从海岸地区的德尔港口(Port en Dro)出发乘坐小火车(Petit Train)到巨石群，大约需要50分钟（4~9月每日运行，其他时间仅限周末运行。冬季学校放假除外停运）。
**市区面积**：游览大约需要4小时。

### 瓦讷美术馆
⏰ 10:00~18:00（10月至次年5月13:30~18:00）
休 10月至次年5月的节假日 💶 4.30欧元
📍 在圣皮埃尔大教堂附近

### 巨石资料中心
⏰ 9:00~19:00（7、8月 至20:00，9月至次年4月10:00~17:00）
休 1/1、5/1、12/25 💶 4.50欧元
📍 距离旅游信息服务中心约4公里

### 🏨 住宿
**凯拉斯别墅**
**Villa Kerasy**
📍 从瓦讷站出发步行2分钟
🏠 20, ave. Favel et Lincy
☎ 02 97 68 36 83 📠 02 97 68 36 84
🌐 www.villakerasy.com
休 11月至次年2月 12间客房
💶 单人间、双人间97欧元~

## 城市概况

瓦讷位于布列塔尼半岛南侧，面对漂浮着无数小岛的莫尔比昂湾，曾经是布列塔尼公国的首府。在国铁站前的弗维莱尔·兰锡大街（Ave. Faxrel et Lincy）右转，到维克多·雨果大街（Ave. Victor Hugo）后左转向勒布里克斯广场（Pl. J. Le Brix）前进，就来到坐落在小镇中心的旧街道。这里保存了600米（部分再建于14~15世纪）高卢-罗马时代建造的城墙，小道纵横交错，陌生人容易迷路。

卡纳克位于瓦讷西侧，坐落在基伯龙湾沿岸。以公元前5000~前3000年的新石器时代的巨石群闻名内外。整个小镇划分为繁华地段（Ville）和海岸地区（Plage），巨石群距离繁华地段1~3公里。小镇南侧的海岸地区有全长1公里的海滨，在这里可以参加各种海上运动，此外还有许多海滨疗养设施。

乐趣无穷的谜一样的巨石群

## 景点

主要的旅游景点集中在城墙（Rempart）内。市场街（Rue des Halles）和圣皮埃尔大教堂（Cathédrale St.Pierre）周边，木结构的房屋鳞次栉比。圣皮埃尔大教堂是12~19世纪经过多次增建和改建而成的花岗岩造的教堂。对面是**瓦讷美术馆**（Musée des Baux-Arts La Vannes），一层是市场，二层是13世纪的建筑物，当时用作裁判所，现在展出中世纪的美术作品以及近现代绘画、版画等。15世纪建造的盖亚尔城堡展示考古学藏品。卡纳克的巨石群中，规模最大的是**凯尔马里奥巨石群**（Aignements de Kermario），共计有1029个巨石柱（凯尔特语中的长石、立石），并列10排，长达1.2公里。西侧是**梅奈克巨石群**（Aignements du Ménec），排列着1099个巨石。对面是**巨石资料中心**（Maison des Megalithes）。

# Quimper
# 坎佩尔

MAP p.8-E

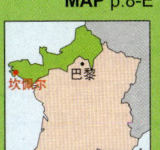

凯尔特文化保存至今。因淳朴风格的坎佩尔陶瓷器而闻名全国。

大教堂前的商店销售坎佩尔陶器

## 城市概况

坎佩尔位于法国西北端，是象征"大地尽头"的菲尼斯泰尔省的省会。坎佩尔在布列塔尼语里是"河流交汇点"的意思，正如其名，坎佩尔坐落在斯泰尔河和奥代河的交汇处。5世纪时，来到布列塔尼地区的凯尔特人建造了这一城镇，其语言、音乐、服装、节日等传统保存至今。

每年7月举办科努瓦耶节(Festival de Cornouaille)时，身着民族服装的人表演凯尔特舞蹈和歌曲。5~9月，布列塔尼地区举办的忏悔节(p.33)在坎佩尔周边也很盛行。当地人身穿民族服装，抬着圣人像，举着旗帜，高唱布列塔尼语圣歌游行。

在火车站前的拉加尔街(Ave. de la Gare)右转，不大会工夫就能看见奥代河(l'Odet)（途中道路分叉，任选一条即可），其对岸（右岸）是景点集中的旧街道。漫步在圣克兰特大教堂附近的凯瑞恩街(Rue Kereon)，果酱煎饼店林立的布尔热广场(Pl.au Beurre)，路上布满青苔的麦达广场(Pl. Médard)等，趣味盎然。一路上还有许多销售坎佩尔陶瓷器的商店。

### ACCESS

**国铁**：从巴黎巴纳斯站乘坐直达的TGV高速列车在坎佩尔(Quimper)下车，行车约4小时20分钟。一天有8辆车来回往返。

**航空**：从巴黎奥利机场到坎佩尔科努瓦耶(Aeroport de Quimper Cor nouaille)机场，大约需要1小时10分钟。一天有2~4次航班。25路公交从机场到小镇约7公里，行车30分钟。

**自驾车**：从雷恩(Rennes)沿高速公路N42线到洛里昂(Lorient)，然后沿N24、N165到坎佩尔，距离巴黎约570公里。

### INFORMATION

🛈 旅游信息服务中心：pl. de la Resistance ☎02 98 53 04 05
🖥 www.quimper-tourisme.com
🕐 9:30~12:30、13:30~18:00，4~6月，9月 9:30~12:30、13:30~18:30，7、8月 9:00~19:00（6月后半月的周日、节假日 10:00~12:45、7月、8月中旬的周日、节假日 10:00~13:00，15:00~17:45，8月中旬~9月中旬的周日、节假日 10:00~12:45）
🗓 9月中旬至次年6月中旬的周日、节假日

**市内交通**：徒步游览。
**市区面积**：从车站到圣克兰特大教堂步行需要10分钟，从圣克兰特大教堂到旅游信息服务中心步行需要5分钟。游览大约需要4小时。

长廊和主殿略微倾斜的圣克兰特大教堂

**圣克兰特大教堂**
开 9:45~12:00、13:30~18:30（7、8月9:45~18:30，周日、节假日14:00~18:30）周日上午、举行宗教仪式时
 从车站出发步行10分钟

**坎佩尔美术馆**
开 10:00~12:00、14:00~18:00（7、8月10:00~19:00） 7、8月之外的周二、11月至次年2月的周日上午、部分节假日 4.50欧元 圣克兰特大教堂附近

坎佩尔周边约30公里的范围内散落着拥有美丽石阶的洛克罗南（Locronan），14世纪的城墙环绕的度假胜地孔卡诺（Concarneau），高更逗留的阿凡桥（Pont Aven）等，别具一格，魅力无穷。

### 圣克兰特大教堂
Cathédrale St. Corentin　　　　　　　　MAP p.213-B

圣克兰特大教堂是13~15世纪建造的布列塔尼哥特式教堂，是在11世纪的罗马风格的教堂基础之上建造而成的。长廊后的主殿大约倾斜15度，这是强行在原有礼拜堂的基础之上建造的结果。

两座尖塔之间守望小镇的骑马像，是传说中沉入了德尔鲁特海湾的伊斯王国的国王——格兰德瓦，据说就是他建造了这座小镇。内部景点有17世纪雕刻着圣克兰特生平的说教台，15~18世纪的火焰式彩色玻璃。15世纪建造的主殿，黄色部分添加了浓淡相间的灰色和银色，称为浮雕式灰色装饰画法。走廊南侧是1912年纳比派画家莫里斯·德尼创作的马赛克碑，用于纪念战争中的牺牲者。

### 坎佩尔美术馆
Musée des Beaux Arts de Quimper　　　　MAP p.213-B

1872年，以希鲁格公爵的收藏品为主设立了坎佩尔

## 为您导航

## 布列塔尼文化小讲座

从凯尔特音乐中感受布列塔尼的灵魂

### 布列塔尼语
据说，法国有25万人使用凯尔特语。在餐厅或者酒店，多说一句话，也许就能创造一个和谐的气氛。

- 你好：Demat
- 再见：Kenavo
- 好吃：Mat
- 晚安：Nozvat
- 干杯：Yec'hed mat！
- 谢谢：Trugarez

### 独特的布列塔尼主题
顶着圆环的凯尔特十字是以凯尔特文化为主题的代表性物品，多用在项链和耳环等装饰物上。下面介绍一下其他主题。

#### ●三柱饰（Triskells）
向三个方向延伸的旋涡图案，意为"三条腿"，象征着孕育生命的"水"、代表太阳的"火"以及"大地"三大要素。许多人把它作为护身符随身携带。

#### ●布列塔尼的徽章（Hermine）
三点之下附带着三条腿，这是安妮时代开始使用的布列塔尼地区的标志。黑白横纹的布列塔尼旗帜的左上角，描绘着11个这样的图案（类似于美国的星条旗）。

美术馆，展出鲁本斯等17世纪的佛兰德绘画、弗拉戈纳尔等18~19世纪的法国绘画、描绘布列塔尼风景和人物的现代绘画等。另外，还有介绍坎佩尔画家兼诗人马克思·雅各布（1867—1944）的展示厅，收集了描述莱昂纳尔迪、科克托和让·穆兰交往的资料和草图。20世纪初，坎佩尔有一家勒贝酒店，酒店内的餐厅可以容纳200人，为如此宽阔的餐厅创作的大型壁画，现收藏于勒莫尔丹展示厅内。

## 省立布列塔尼博物馆
Musée Départemental Breton　　　　　MAP p.213-B

大教堂周边的旧街区

省立布列塔尼博物馆坐落在大教堂南侧，由14~18世纪建造的天主教堂改建而成，哥特式的旋转阶梯等保留至今。馆内展示了公元前的出土文物、民俗文化财产等，其中最为精彩的展示品有坎佩尔陶瓷器、献给教会的雕刻品、带床的衣柜等，此外还有带花边和刺绣的民族服装、装饰品。

**省立布列塔尼博物馆**
开 9:00~18:00（10月 至 次 年5月9:00~12:00、14:00~17:00）
休 10月至次年5月的周一、节假日、周日上午
€ 4欧元
交 从圣克兰特大教堂出发步行1分钟

## 勒卡尔捷（坎佩尔现代美术中心）
Le Quartier, Centre d'Art Contemporain de Quimper　　MAP p.213-A

1990年创设，是引领坎佩尔现代艺术的艺术中心。当地的艺术家一年举办4次规划展（每隔3个月更换一次），介绍原本活跃在国际领域的艺术家的作品。展示空间呈对称的箱形，以便大家可以畅所欲言。在此也许还能挖掘出下一代的新才能。这里还举办演讲会、讨论会等活动，成为追求高雅艺术的坎佩尔市民聚集的场所。可以同时参观坎佩尔美术馆（p.214），体味小镇的艺术与历史。

**勒卡尔捷（坎佩尔现代美术中心）**
开 10:00~12:00、13:00~18:00（周日14:00~）
休 周一、1/1、5/1、11/1、11/11、12/25、1/7~1/25、3/24~4/10、6/9~7/27
€ 1.50欧元（周日免费）
交 从圣克兰特大教堂出发步行5分钟

### S 购物

**凯尔迪安**
Keltia Musique　　　MAP p.213-B
凯尔特音乐专营店，约有1000种音乐CD，传统音乐、教科书等一应俱全。
交 从大教堂出发步行3分钟
住 1, pl. au Beurre
☎ 02 98 95 42 65
HP keltia musique.com
开 10:00~12:30、14:00~19:00　休 周日

### H 住宿 & 餐饮

**格兰德隆**
Gradlon　　　　MAP p.213-B
装饰派艺术、华丽的朱尼尔·斯威特（Junior Sweet）专辑、高级大床间等，共计有22间客房，每个房间各具特色。
交 从圣克兰特大教堂出发步行3分钟
住 30, rue de Brest ☎ 02 98 95 04 39 F 02 98 95 61 25 HP www.hotel-gradlon.fr 客 22间客房 € 单人间101欧元~，双人间109欧元~

### H 住宿

**贝斯韦斯特格莱克酒店**
Best Western Kregenn　　MAP p.213-B外
距离车站很近，早餐评价极高。古老的石质墙壁，简单素朴的内部装饰，雅而不华。
交 从火车站出发步行2分钟 住 13, rue des Réguaires ☎ 02 98 95 08 70 F 02 98 53 85 12 HP www.hotel-kregenn.fr 客 32间客房 € 单人间，双人间140欧元~

### R 餐饮

**朗布洛瓦吉**
L'Ambroisie　　　MAP p.213-B
备受美食评论家好评的餐厅，从近郊的港口运来新鲜的海产品，浇上独创的调味汁，美味可口。

交 从大教堂出发步行3分钟 住 49, rue Elie Féron ☎ 02 98 95 00 02 HP www.ambroisie-quimper.com 开 12:00~14:00、20:00~22:00 休 7/14~8/25以外的周日晚上、周一 € 29.50欧元

**坎佩尔老餐馆**
Au Vieux Quimper　　MAP p.213-B
果酱煎饼是布列塔尼地区的特产，在所有的果酱煎饼专营店中，坎佩尔老餐馆尤其受当地人的喜爱。
交 从大教堂出发步行2分钟
住 20, rue Verdelet
☎ 02 98 95 31 34
开 11:45~14:00、18:45~22:00
休 周日、周一 € 12欧元

# Compiègne
# 贡比涅

MAP p.8-B

环绕在自然景观优美的森林之中,历代国王钟爱的城镇。豪华的宫殿展现了第二帝国时期的奢华。

## ACCESS
**国铁**:从巴黎北站乘坐快车到贡比涅(Compiègne)下车,行车40分钟至1小时。一天有15余辆车来往返。
**自驾车**:从巴黎沿高速公路A1线行走,约80公里。

## INFORMATION
❶旅游信息服务中心♠ Pl. de Hôtel de Ville ☎03 44 40 01 00 📠03 44 40 23 28 💻www.compiegne-tourisme.fr ⏰9:15~12:15,13:45~18:15(周日、节假日10:00~12:15,14:15~17:00,10月至次年3月至17:15,周一午后营业)
休11月至复活节的周日、节假日
**市内交通**:2路公交往返于车站和城堡之间(免费)

历代国王钟爱的贡比涅

## 城市概况

把小镇的历史称为法国王朝和帝国的历史也不为过,其历史起源于墨洛温王朝法兰克王国的第四代国王——达戈贝尔特一世(629~638年在位),他把王国的行宫设在此,之后贡比涅受到历代国王的重视。法国大革命后,拿破仑一世把行宫改为住宅,拿破仑三世定期在此举办宴会。历代国王为何被这片土地深深地吸引呢?据说,面积达1.44万公顷的广阔森林,占据了大半个小镇,秋天可以在此享受狩猎的乐趣。

可以徒步游览小镇。从火车站出发,跨过瓦兹河上的索尔菲利诺桥(Pont Solférino),来到旅游信息服务中心所在的市政厅广场(Pl. de l'Hôtel de Ville)。从这里向左行走200米左右就是贡比涅宫。向东走15公里,来到19世纪拿破仑三世修复的皮埃尔丰城堡(Château de Pierrefonds)。

## 景点

首先参观位于旅游信息服务中心旁的**市政厅**(Hôtel de Ville),它是16世纪建造的火焰式哥特式建筑,19世纪时,在维奥莱·勒迪克的指挥下进行了改造。正面是讲述贡比涅历史的雕刻。1303年建造了高47米的钟楼,其上的大钟是法国最古老的时钟之一。钟楼顶部,16世纪时的敌国(佛兰德、英国、德国)的三个人偶士兵并列排开,每隔15分钟撞钟报告时间。广场上矗立着在贡比涅被抓的圣女贞德的雕像。

现存的**贡比涅宫**(Château de Compiègne),由受命于路易十五的雅克·加布里埃尔改造而成,虽然经历了法国大革命仍然保存完好(家具失传了)。帝国时代,历代国王也定期到此拜访。现在宫殿分为历史性居室群、第二帝国博物馆、汽车和旅行博物馆三部分,参观者持有联票可以随意参观各个展示厅。居室群按照时代——18世纪、第一帝国、第二帝国分开,内部装饰充分反映了各个时代的特色,引人入胜。精心修整的广大庭园内延伸到森林的长约5公里的绿地、**小径**(Allée de Beaux Monts)最为精彩。

市政厅敲钟的人偶士兵

**贡比涅宫**
⏰10:00~18:00,庭园8:00~17:00(3/1~4/15、9/16~10/30至18:00,4/16~9/15至19:00)
休周二、部分节假日
€6.50欧元(含语音导购机,第一个周日免费)
🚶从旅游信息服务中心出发步行3分钟

©JP GILSON -Office de Tourisme Angélique HUGOT

广大的森林是国王秋季狩猎的场所

# Amiens
# 亚眠

MAP p.8-B

法国首屈一指的哥特式大教堂所在的城镇。冒险小说家儒勒·凡尔纳长眠于此。

## 城市概况

亚眠是巴黎东北部皮卡第地区的中心城市，因联合国教科文组织世界文化遗产亚眠圣母大教堂（参见p.30）而闻名。12世纪获得自治权，15世纪被国王合并，17世纪因纺织业得到了飞速发展。

在火车站前，从佩雷塔（Tour Perret）所在的十字路口向诺瓦永路（Rue Noyon）行进，途中向右可以望到大教堂的尖塔。从鲁讷·格贝尔广场（Pl. René Goble）向右侧的维克多·雨果路（Rue Victor Hugo）前进，就来到教堂背面的广场。参观前可以在教堂旁的旅游信息服务中心领取地图。教堂北侧是从索姆河（La Somme）引出的大运河。中世纪的湿地栽培园（Hortillonnages）内，采用皮卡第地区独特的方法栽培蔬菜和水果，运往每周六早上开设的早市。这一带还有300公顷的公园，夏天可以泛舟河上。

## 景点

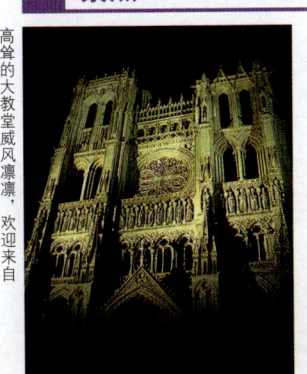

高耸的大教堂威风凛凛，欢迎来自全欧洲的朝圣者

游览的主要景点是面积达巴黎圣母大教堂两倍的**亚眠圣母大教堂（Cathédrale Notre Dame d'Amiens）**。教堂全长145米，尖塔高112.7米，长廊的天花板高42.5米，堪称法国之最。1220年开始动工，历经半个世纪迅速完成，整所建筑采用哥特样式。位于西侧正中央大门处的13世纪的耶稣像，绚丽多彩，又被称为"美神（Beau Dieu）"。16世纪建造于主殿的圣职者席位上，雕刻着大约4000座人物像，另外还有许多描绘圣经中的场景和市民日常生活等的雕刻、浮雕，精美绝伦。

拿破仑三世建立的**皮卡第美术馆（Musée de Picardie）**，收藏着出土文物、雕刻和绘画等。小镇南侧是因撰写《环游地球八十天》、《海底两万里》而闻名的儒勒·凡尔纳的故居。儒勒·凡尔纳在此居住了18年，现在**儒勒·凡尔纳故居（Maison de Jules Verne）**也成为小镇的旅游景点之一。1905年，儒勒·凡尔纳长眠于亚眠，其建造的马戏团表演场保留至今。

---

### ACCESS

**国铁**：从巴黎北站出发，到亚眠（Amiens）下车，行车约1小时5分钟。一天有15余辆车来回往返。
**自驾车**：从巴黎沿高速公路A1、N1线前往博韦（Beauvais），途中转向A16、A29线，约135公里。

13世纪的色彩闪耀至今

### INFORMATION

🛈 **旅游信息服务中心**：40, pl. Notre-Dame ☎03 22 71 60 50
🖥 www.amiens-tourisme.com
🕘 9:30~18:30（10月至次年3月9:30~18:00，周日10:00~12:00，14:00~17:00）
**市内交通**：既可以乘坐公交，也可以徒步游览。
**市区面积**：从车站到旅游信息服务中心，大教堂步行需要10分钟左右。从旅游信息服务中心到大教堂步行需要2分钟，在车站前可以租自行车。游览大约需要4小时。

### 圣母大教堂
🕘 8:30~18:30（10月至次年3月8:30~17:30）
休 常年开放  💶 免费（导游带团游览5.50欧元，在旅游信息服务中心办理）
🚶 从车站出发步行10分钟

### 皮卡第美术馆
🕘 10:00~12:30、14:00~18:00（周三10:00~18:00、周四至21:00、周日14:00~19:00）
休 周一
💶 5欧元（第一个周日免费）
🚶 从圣母大教堂出发步行10分钟

### 儒勒·凡尔纳故居
🕘 10:00~12:30、14:00~18:30，周六、周日11:00~18:30，周二14:00~18:30（10/15至次年4/15 10:00~12:30、14:00~18:00，周六、周日14:00~18:00） 休 10/15至次年4/15的周二 💶 7欧元 🚶 从车站出发步行5分钟

### 🛍 购物

### 让·特洛约
**Jean Trogneux**
16世纪传承下来的亚眠杏仁小圆饼，又称玛卡浓（Macaron d'Amiens），是这里的特产。
📍 位于圣母大教堂前的广场旁边
📮 Parvis de la Cathédrale
☎ 03 22 71 17 17
🕘 9:30~19:00（周一至 18:00）
休 周日

# Lille

# 里尔

连接欧洲各国的交通枢纽城市，也是法国传统与现代相融合的复合型都市。

MAP p.8-B

新旧建筑交相辉映，保持着绝妙的平衡美的里尔美术馆

## ACCESS

**国铁**：从巴黎北站出发，乘坐TGV超高速列车在里尔欧洲（Lille Europe）车站或者佛兰德（Lille Flandres）车站下车，行车大约1小时，一天发车17辆以上。从里尔佛兰德车站出发，乘坐TGV高速火车到布鲁塞尔大约半小时，一日大概发车5趟，到达伦敦滑铁卢车站大约需要1小时20分，一天发车17辆以上。

## INFORMATION

旅游信息服务中心
pl. Rihour
☎08 91 56 20 04（收费）
www.lilletourisme.com
9:30～18:30（周日、节假日10:00～12:00，14:00～17:00）
休 1/1、5/1、12/25

**市内交通**：游览时，可乘坐纵贯市中心街区的地铁2号线或通往火车站的市内旅游公交。

**市内面积**：从佛兰德车站到里乌尔广场步行只需5分钟。从广场出发到里尔美术馆步行需5分钟，到博物馆步行需10分钟，到旅游信息服务中心大约需要7分钟。

### 城市一卡通

城市一卡通可以在市内的公交车及旅游景点等30多处场所使用。这种一卡通可以在旅游信息服务中心或者在网上购买。

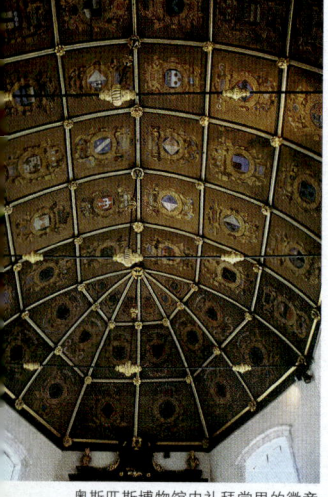

奥斯匹斯博物馆内礼拜堂里的徽章

## 城市概况

里尔是法国最北端北部—加来海峡大区的中心城市。它处于巴黎、布鲁塞尔及伦敦的黄金三角地带上。里尔市中心约间隔500米就有2个重要的火车站。1994年开通"欧洲之星"高速火车的欧洲车站，是能容纳100万人以上的现代化车站。而与此相对的里尔的另一个火车站——佛兰德车站却是一座于1860年由巴黎北部车站迁移而来的传统建筑。两个车站之间高楼林立，到处都是购物中心、高级宾馆及住宅区，充满现代化气息。

从佛兰德车站沿着福德露布大街（Rue Faidherbe）直走就可以到达市中心的戴高乐将军广场，那里有里尔旧证券交易市场，这里又与里乌尔广场相邻，还有旅游信息服务中心。这里到处都是高级商店。从格兰德·肖塞大街（Rue de la Grande Chaussée）直走到达奥斯匹斯博物馆后，呈现在眼前的是古老的旧街区。街区里分布着各时代的建筑物。其中，有勃艮第领地及西班牙领地时代用砖块盖的住宅，有豪华的佛兰德-巴洛克样式的建筑，还有路易十四时建造的城堡。这些古老的建筑物在默默地见证着这个城市的变迁。这里还有被列入联合国教科文组织世界文化遗产的佛兰德文化圈的钟楼。

## 里尔美术馆
Palais des Beaux Arts de Lille  MAP p.218-A

仅次于罗浮宫的著名美术馆。这座建筑是19世纪的建筑风格与现代建筑风格相融合的结晶。馆内一层展示的是雕刻作品及陶器品，地下展示的是古代美术作品及《三位一体》等中世纪的宗教美术品。二层收藏有很多西欧绘画，以鲁本斯的著名作品《竖起十字架》、(Descente de Croix) 及戈雅的《少女与老太婆》(Les Jeuneset Les Vielles) 等杰作为首，还有德拉克洛瓦、柯罗、库尔贝等的法国绘画、佛兰德绘画及意大利绘画等，艺术价值之高，绝对值得一看。

## 奥斯匹斯博物馆
Musée de l'Hospice Comtesse  MAP p.218-A

博物馆是伯爵夫人在1237年下令修建的，17世纪时经过重建而成为疗养院。这里你可以通过礼拜堂、门、砖墙及天花板等看到当时佛兰德地区典型的建筑形态。馆内有船底形天花板的医疗室、为疗养院作出过贡献的人的徽章、绒绣及肖像画等15~18世纪的佛兰德美术作品，琳琅满目，美不胜收。

## 里尔现代美术馆
Lille Art Musée (LaM)  MAP p.218-B外

里尔现代美术馆于2010年在里尔郊外建成并向游客开放，是欧洲规模较大的户外艺术美术馆。这里收集了欧洲近现代著名画家的美术作品，如毕加索、布拉克、奥本海姆等人的作品大约4500部。该美术馆由著名建筑家戈特朗（Manuelle Gautrand）担任建筑师，由她设计的复合式建筑物宛如雕刻般美丽。

从旧证券交易所到里乌尔广场之间的旧市区

### 里尔美术馆
开 10:00～18:00（周一14:00～）离闭馆前半个小时不可入馆
休 周二、9月份第一个周末及部分节假日
€ 5欧元
地铁2号线République Beaux Art车站出发，步行1分钟即可到达

### 奥斯匹斯博物馆
开 10:00～12:30、14:00～18:00
休 周一上午、周二、9月份第一个周末及部分节假日
€ 3欧元
地铁2号线里乌尔车站出发，步行10分钟即可到达

### 里尔现代美术馆
开 10:00～18:00（庭院9:00～19:00，周一14:00～19:00）
休 周一、1/1、1/5、12/25
€ 7欧元（参观特别展览及常年展览每位10欧元）
乘坐地铁1号线在彭德波斯车站(Pont de Bois)下车，换乘41路公共汽车在拉姆车站下车即可到达

## S 购物

### 美露购物中心
Meert  MAP p.218-A

成立于1761年的点心店里，有各式各样种类齐全的点心，特别是华夫饼干尤为著名（详细参见p.187）。

地铁2号线里乌尔车站出发步行3分钟  27, rue Esquermoire
03 20 57 07 44  9:30～19:30（周六9:00～，周日9:00～13:00，15:00～19:00）  休 周一

## R 餐饮

### 迪米西餐厅
Du Musée  MAP p.218-A

一家位于里尔美术馆内、面向中庭的餐厅。在这里，可以只点快餐及饮料。

地铁2号线République Beax Arts站出发步行1分钟  18 bis rue de Valmy(里尔美术馆内)  03 20 13 92 40  10:00-18:00（午餐12:00-15:00）休 9月份第一星期及部分节假日  € 24.50欧元

### 勒孔波斯特拉餐厅
Le Compostelle  MAP p.218-A

曾是前往圣地亚哥－德孔波斯特拉朝圣的驿站。现在这里成为餐厅，供应与佛兰德菜着相融合而成的各种新菜品。

地铁2号线里乌尔车站出发步行3分钟  4, rue St-Etienne  03 28 38 08 30  12:00～14:00，19:30～22:30（周六 晚19:00～，周日12:00～14:30，19:00～21:30）  € 29欧元

## H 住宿

### 卡尔顿大酒店
Carlton  MAP p.218-A

一家紧靠旧证券交易所的高级酒店。可以在眺望歌剧院的同时，在酒店阳台上享受美味的早餐。

地铁2号线里乌尔车站出发步行2分钟  3, rue de Paris  03 20 13 33 13  03 20 51 48 17  www.carltonlille.com  60间客房  单人间、双人间177欧元～

### 兰西德斯宾馆
Résidence Lille Europe  MAP p.218-B

位于里尔欧洲车站与里尔佛兰德车站之间的一个公寓式宾馆。

地铁1号线里尔欧洲车站或里尔佛兰德车站出发步行2分钟  271, Ave. Willy Brandt  03 28 04 75 51  03 28 04 76 52  97间客房  单人间、双人间80欧元～

## H 住宿 & 餐饮

### 米尼大酒店
Couvent des Minimes  MAP p.218-A外

一座建成于17世纪的修道院，具有佛兰德样式的历史建筑物，现为一座高级酒店。在这里的回廊里还有西餐厅。这里住宿氛围独特并设、并非常好。

地铁2号线里乌尔车站出发步行7分钟  17, quai du Wault  03 20 30 62 62  03 20 42 94 25  www.alliance-lille.com  83间客房  € 单人间、双人间235欧元～

# 重要 资讯

## 一起来参与户外运动

在法国，你不需要远离城市即可领略到大自然的无限风情。如果你爱好户外运动或者喜欢走进大自然，那么你可要抓住机会不可错过这些只有在法国才能体验的户外运动哦。关于这些活动的具体时间及费用请咨询当地的旅游信息服务中心或者以下联络处。另外，6月份至9月份是海上运动的最佳季节，但是根据地点的不同，有的地方终年都有海上活动。

即使是第一次也可以轻松上阵

### 森林漫步　　　　　　Randonnée

● 枫丹白露森林公园（bois de Fontainebleau）
● 朗布依埃森林公园（bois de Rambouillet）

这两个森林公园都是巴黎近郊数一数二的公园。漫步在林荫小道上可以享受大自然赐予的森林浴。但值得注意的一点是，为了不让自己在山间小道迷路，最好带上导游地图。

联络处：Centre d'Information de la Randonnée Pédestre　64 rue du Dessous de Berges，巴黎13区　01 44 89 93 90　10:00~18:00　休 周六、周日　www.ffrandonnee.fr

### 骑马　　　　　　　　Equitation

● 圣米歇尔山湾（Baie Mont St. Michel）

在这里，你可以一边领略海上的风景，一边享受骑在马背上散步的惬意。各旅游区推出半日游及周末一日游路线。但是，必须得提前预约。

联络处：Gérard Collard　11, rue du M. Leclercs, 50530 St.Jean Le Thomas　02 33 48 84 19　www.equitation-collard.com

● 卡堡（Cabourg）（距多维尔约15公里）

根据自己的骑马技术选择相应的马匹，可以在海边享受1~2小时的马背上散步。需要预约。

联络处：Domaine Equestre de Grangues　02 31 28 04 28 / 06 81 66 12 22　www.cabourg-equitation.com

### 高尔夫　　　　　　　Golf

● 多维尔（Deauville）

多维尔地区打高尔夫球的人比较少，所以可以充分合理地计划好时间，借机在这里大展身手。虽然打高尔夫球的人少，但这里的基础设施还是很完善的，有18世纪的高尔夫会所，平均每人50欧元起价。

联络处：Golf de Deauville - St Gatien,Saint Gatien Des Bois　02 31 65 19 99　www.golfdeauville.com

### 海上运动　　　　　　Sport Nautique

● 基伯龙（Quiberon）[距离瓦讷（Vannes）约50公里]

美丽的莫尔比昂海湾，可以在船上观景也可以自驾快艇在海上体验（限2人以上，半天行程）。如果有驾船许可证的话，可以在海上租借可乘坐6人的快艇。如果想在海上垂钓的话，还可以驾船前往。

联络处：Centre Nautique Quiberonnais　28, rue de Begen And, St-Pié, Quiberon　02 97 30 56 19　www.nautisme-quiberon.com

● 基伯龙

可以与教练一起体验快艇带来的无限乐趣，教练也会教给你很多玩快艇的技巧哦。一个教练只接受2个人，所需时间1~10小时。星期一至星期四有专门面向小孩子的课程。但是，前提是必须提前上网确认并预约才行。

联络处：Loc'haliquen　02 97 30 40 81　www.bretagne-voile.com

### 超级轻巧动力飞机　　　ULP

● 圣米歇尔山近郊

与飞行员同坐像是在滑行伞上安了引擎似的超级轻巧动力飞机（ULP），可以遨游在圣米歇尔山上空，还可以在飞行中选取美景拍照以作留念。

联络处：Didier Hulin　02 33 48 67 48　www.ulm-mont-saint-michel.com

### 气球　　　　　　　　Montgolfière

● 卢瓦尔地区、勃艮第地区及普罗旺斯地区，都是乘坐热气球的最佳地区。

在距离地面1000米的高空鸟瞰整个地区。冬天比较冷而且天气易变，所以，如果乘坐热气球的话，4月份至10月份是最佳季节。费用是2人约370欧元。但是，根据各人选择的套餐不同，费用也不同。

联络处：France Montgolfières　24, rue Nationale, Montrichard　02 54 32 20 48　www.franceballoons.com

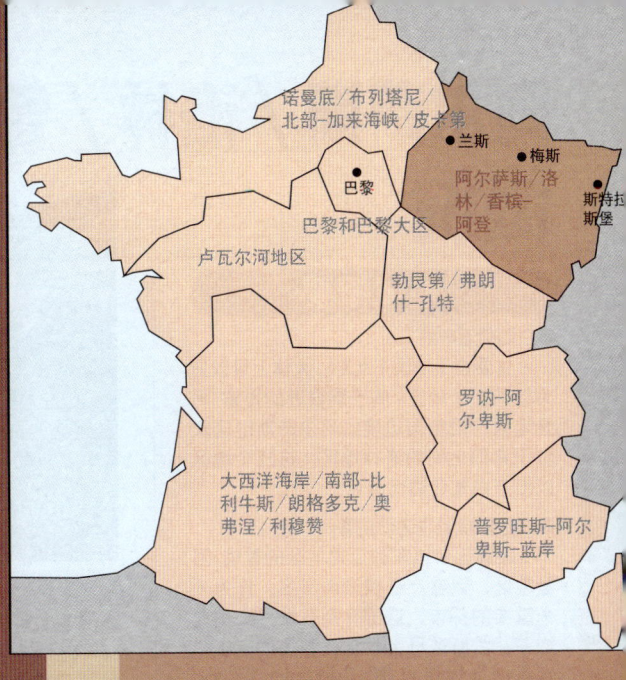

# 阿尔萨斯／洛林／香槟-阿登

兰斯　226
科尔马尔　228
斯特拉斯堡　230
南锡　233
梅斯　234

# 阿尔萨斯／洛林／香槟-阿登概况

## 地域概要

● **白葡萄酒产地**

主要位于法国东北部。大体上可以分为以下三个地区：离巴黎很近的香槟-阿登地区、沿德国边境的阿尔萨斯地区及位于它们之间的洛林地区。这三个地区以出产白葡萄酒而闻名。

● **提起香槟酒非这里莫属**

距离巴黎以东数百里地区的香槟-阿登地区，以盛产香槟酒而出名。作为一个重要的都市，这里有拥有世界文化遗产——兰斯圣母大教堂及香槟酒商店鳞次栉比的埃佩尔奈（Épernay）。另外，洛林是一个处在3个国家边境线上的地区，其北部分别是比利时、卢森堡及德国。再者，新艺术的发祥地南锡及罗马时代的交通要塞梅斯也是很值得一去的地方。另外，英雄少女贞德的出生地栋雷米（Domrémy）也是座充满魅力的城市。

一望无际的葡萄园

● **深受德国影响的阿尔萨斯**

阿尔萨斯葡萄酒的产地阿尔萨斯，是法国面积极小的地区，它东邻德国，东南邻瑞士，因此，德国文化对其影响深远。当地人讲的方言极具德国口音，当地著名美食是德国人喜欢的酸泡菜。另外，这里还完整地保留着只有本地才有的圣诞市场等传统文化。

古老的教堂及建筑物至今述说着这里的历史，它是这一地区的一个亮点。

## 重要景点

提起本地最有名的特产要数葡萄酒了。香槟－阿登大区的香槟及阿尔萨斯地区的香槟商店最火热。兰斯及埃佩尔奈销售香槟的商店鳞次栉比。但是，遗憾的是，从巴黎发车前往这些地区的旅游巴士几乎没有，所以只能乘坐火车、出租车或者步行前往。可以根据自己的旅程制定合适的旅行计划。

阿尔萨斯北抵德国的马伦内姆（Marlenheim），南起坦恩，西倚孚日山脉，南北纵横约170公里、四周约130平方公里的地方，都是大片的葡萄田。这里遍布着100多个生产葡萄酒的村庄，它们都是极具有魅力的景点，您可以乘坐旅游巴士、出租车或者自己租车去那里游览。如果想去奥贝奈（Obernai）及巴尔（Barr）的话，可以乘坐从斯特拉斯堡（请参见p.230）出发的当地火车前往（均是单程路线，需30~40分钟）（详情请参见p.233）。

科尔马尔的小威尼斯和意大利的威尼斯一样，很受女性游客的青睐。

## 交通出行建议

●从巴黎到这里的列车是从东站发车的，同时，从这里到巴黎的列车终点站也是东站，所以说东站是连接巴黎与这里的重要交通枢纽。2007年6月，由于TGV-EST的开通，大大缩短了这段车程所需的时间。经由香槟－阿登车站（Champagne-Arderne），最终到达兰斯车站大约需要45分钟，到达南锡车站大约需要1小时30分钟，到达梅斯车站大约需要1小时25分钟，到达斯特拉斯堡车站大约需要2小时20分钟，到科尔马尔车站约需要2小时50分钟。从第戎或贝桑松出发，也可以乘坐这趟列车。

●若是自驾车，走高速路沿A4～E50线，从巴黎到兰斯约150公里、到梅斯约340公里、到斯特拉斯堡约490公里。如果想去科尔马尔，可以从斯特拉斯堡出发；如果想去南锡，可以从梅斯出发。

●若搭乘飞机，有从巴黎奥利机场西航站楼出发到达斯特拉斯堡国际机场的定期航班。同样，也有从巴黎戴高乐（CDG）机场出发到斯特拉斯堡机场的定期航班，航程与从巴黎戴高乐机场到科尔马尔机场的航程基本相同。同时，也有抵达梅斯、南锡及洛林的定期航班。所以说选择航空出行也是非常方便的。

## 经典旅游线路

●若想去兰斯、梅斯或者南锡的话，可以从巴黎出发即日即可返回。但是，虽说TGV的开通大大改善了去往斯特拉斯堡及科尔马尔的车程，但是，出去一次也不容易，最好在当地住一晚，尽量在二个城市也转转为好。如果还想逛逛阿尔萨斯葡萄酒产地的各个小村庄的话，您可以租车或者乘坐当地的列车前往。

●从巴黎、科尔马尔、斯特拉斯堡出发到阿尔萨斯的葡萄酒产地也有旅游巴士。详细情况可以咨询当地各路旅游信息服务中心或者巴黎阿尔萨斯旅游局驻当地的办事处 [(Maison de l'Alsace) ✉39, Ave. des Champs-Elysées, 巴黎8区 ☎01 42 56 15 94] 等。

**当地大型旅游巴士**（夏季需要提前预约）
● Regioscope（从科尔马尔、米卢斯出发）
✉18, rue de Bautenheim Mulhouse ☎06 88 21 27 15 HP www.regioscope.com
● Josy Tourisme（从斯特拉斯堡出发）✉3, rue du Noyer ☎03 88 22 95 55 HP www.josy-tourisme.fr
● L.C.A. Top Tour（从科尔马尔出发）✉8, pl. de la Gare ☎03 89 41 90 40 📠03 89 41 90 99 HP www.alsace-travel.com

阿尔萨斯／洛林／香槟－阿登　概况

# 风味与特产

● 香槟-阿登地区的香槟酒

要说到在庆祝宴上不可缺少的最高雅、最高级的饮品的话，非香槟酒莫属了。据法国A.O.C（原产地通称）称，只有在香槟-阿登地区生产的发泡葡萄酒才能叫作香槟酒（Champagne）。制作这种香槟酒所用的葡萄有严格的规定，必须是在有石灰质的香槟平原生长的葡萄，才能被用来作为制作香槟酒的原料。

历史上，法国国王曾经在洗礼时用过香槟-阿登地区生产的葡萄酒。17世纪，唐·培里侬修道士发现了发泡性葡萄酒的制作技法。从那以后，葡萄用瓶装的时候都要将其经过两次发酵，让葡萄的糖分充分发挥出来，这样发泡葡萄酒的泡就被发酵出来了。

● 阿尔萨斯的葡萄酒

与香槟-阿登地区相比，阿尔萨斯地区也有具有2000年之久的阿尔萨斯葡萄酒。阿尔萨斯的葡萄酒主要以辣白葡萄酒为主。它用单一的葡萄品种制作而成，其名字不是以葡萄酒的产地命名的，而是取决于葡萄的品种。其中最为有名的雷司令（Riesling），是辣味的，与鱼肉一起搭配再完美不过。与雷司令稍微有点不同的还有发泡葡萄酒克莱门特（Crémant d' Alsace），它是熟透了的甜葡萄酿造的高级甜葡萄酒。绿色细长的酒瓶

## 推荐美食

### 泡菜　Choucroute

泡菜可以说是阿尔萨斯地区的特色菜了。德国常将用阿尔萨斯葡萄酒煮过的香肠、猪肉、熏猪肉和煮过的土豆加入泡菜的酸汁里吃，这样的吃法成为一种大众吃法。泡菜也成为饭店里一种固定的菜肴，食用时最好蘸着芥末吃。

### 奶油烧饼　Tarte Flambée

奶油烧饼可以说是阿尔萨斯地区最重要的下酒菜了。它是在像比萨一样的饼上浇上奶酪、放上洋葱和熏猪肉烤制而成的食品。这道下酒菜与阿尔萨斯葡萄酒及啤酒一起吃味道绝佳。经常在可以饮酒的咖啡厅有卖，品种及味道也丰富多样。

### 洛林蛋糕　Quiche Lorraine

正如其名字所示，洛林蛋糕是洛林地区的名食。但是，现在这种蛋糕已不再是洛林地区特有的食品，它已成为全法国各地都可以品尝到的蛋糕了。洛林蛋糕是将干奶酪、牛奶蛋糊浇在馅饼上烤制而成的一种酥皮蛋糕。

### 肥鹅肝　Fois Gras

肥鹅肝是世界闻名的美味佳肴，在阿尔萨斯地区也大量生产。用玉米粉喂养鸭子或鹅并强制使其肝脏肥大。肥鹅肝根据烹调方法、火候及是否放黑蘑菇的不同，其味道也不同。在高级餐厅可以吃到地道的肥鹅肝，在市场及一般的食品店也可以买到罐装的或者是瓶装的肥鹅肝，可以作为特产带回国。

### 小点心　Munster

详情请参见p.225右上角"风味与特产"一栏。在很多餐厅里，都会在其上边撒茴香或葡萄干吃。

是阿尔萨斯葡萄酒的一大特点。

●洛林地区的矿泉水

虽说洛林地区生产的葡萄酒很少，但是也有像摩泽尔（Moselle）的图勒山地（Côte de Toul）那样很出名的葡萄酒。但是，这个地方最有名的要数法维多（Vittle）、矿翠（Contrex）等矿泉水了。此外，洛林地区还是克罗嫩堡（Kronengborug）、流星牌（Meteor）等啤酒的产地。

●品种丰富的奶酪

说起奶酪，要数阿尔萨斯地区的明斯特（Munster）最为有名了。它是用牛奶做成的直径8～18厘米的圆盘形奶酪，最外层有层橘色的外皮。香槟-阿登地区生产呈四方形的圣雷米奶酪。

●本地原汁原味的点心

这个地区制作的特色小点心也举不胜举。据说，在国外受欢迎的扇贝形小甜糕（Madeleine）及浇有朗姆酒的松蛋糕均生产于洛林地区。另外，18世纪南锡的修女烤制的蛋白杏仁饼干，是用杏仁、砂糖及蛋清做成的。另外，阿尔萨斯最为有名的是，加入葡萄干烤制成王冠状的奶油面包。洛林地区还广泛栽培黑醋栗（Groseille）和黄李子（Mirabelle），它们可以用来制作点心和果酱。

购物 推荐

### 香槟　Champagne

详情请参见p.224左上角"风味与特产"一栏。若是有名的香槟生产商生产的香槟的话，在国内也可以买到，但是，有特色的香槟酒就很难买到了。所以，好不容易出来旅游一趟，买点法国当地特有的香槟还是蛮值得的［一般正常情况下，制作香槟不标制造年份（millesime）］。但是，在丰收年就会标，所以是高级品，当然也很贵）。另外，用霞多丽（Chardonnay）酿制而成的纯白香槟酒（Champagne Blanc de Blancs），是饭前最好的开胃酒。

### 玫瑰饼　Biscuit Rose

一种玫瑰色的饼干，是兰斯的特产，是喝香槟时的下酒菜。先在酒里泡一下，味道更佳。在兰斯的很多家庭里，常用玫瑰饼作蛋糕。请参见p.227"福西耶"一栏。

### 阿尔萨斯葡萄酒　Vin d'Alsace

具体参见以上"风味与特产"一栏。

### 辣味面包　Pain d'Epice

15世纪时，阿尔萨斯地区姬露特布兰鲁村创制的一种很流行的蛋糕。在当地有种传统吃法，即将肉桂（属姜属科）加入蛋糕中吃，稍微有点硬。有人说与红葡萄酒一起吃，味道绝佳。除此之外，还可以与蜂蜜水或者橙子啤酒搭配着吃，吃法多样。利普斯（Lips）是当地很有名的点心店。

### 黄香李香甜酒　Liqueur Mirabelle

阿尔萨斯地区常用水果的果实制作蒸馏酒或水果白兰地（eau de vie de fruits）。这样的酒大多度数比较高，所以最好在饭后喝。当然，在制作糕点时也常用这种酒。除此之外，还有用黄李子、覆盆子（framboise）、樱桃（cerise）（被叫作樱桃白兰地）及南方越橘（myrtille）的果实做成的酒。

# Reims

## 兰斯

香槟-阿登大区的中心城市。有4座具有悠久历史的建筑物被联合国教科文组织列入世界文化遗产名录。

MAP p.8-B

宏伟的圣雷米博物馆

### ACCESS
**国铁**：从巴黎东站出发乘坐TGV高速列车在兰斯车站下车，约45分钟。每天大约发车8趟。
**公交车**：有从巴黎出发的旅游巴士（详情可参见p.143）。
**自驾车**：从巴黎出发走高速路A4~E5线，到兰斯约150公里车程。

### INFORMATION
🛈 **旅游信息服务中心**：2, rue Guillau-mede Machault ☎ 03 26 77 45 00 [HP] www.reims-tourism.com 开 9:00~18:00（4/23~10/2至19:00），周日、节假日 10:00~18:00（10/3~2/27的周日、节假日 11:00~）休 1/1、12/25
**市内交通**：市内公交路线比较多。从火车站出来后，乘坐这里的公交车几乎都经过市中心及大教堂。也可以步行。2011年开通了电车。
**市内面积**：游览大约需要5小时。

## 城市概况

兰斯是香槟-阿登大区以"葡萄酒的工艺品"——香槟的生产而著名的中心城市。498年，法国的第一个国王克洛维曾在这里的圣雷米大教堂接受天主教主教圣雷米的洗礼。从那时开始，法国直到查理十世以前的国王都在这里举行加冕仪式。除了下面要介绍的4座世界文化遗产外，还有兰斯美术馆、存有藤田嗣治湿壁画的藤田礼拜堂（除了7月14号外，5月2日到10月在周三可以参观）等旅游景点。另外，这里还有米恩（Munn）、泰坦热（Taittinger）等香槟销售店铺可供参观和试饮，但试饮不是免费的。在旅游信息服务中心的地图上，刊载着各香槟店铺的详细信息。

虽然兰斯占地面积比较大，但是，如果腿脚可以的话，转一天就能转完。穿过车站前的公园，在商店街的德鲁广场（Pl. Drouet d'Eron）和自由大街(Rue Libergier)交汇处向左转，兰斯美术馆尽头左手边是旅游信息服务中心，右手边是大教堂。接着，从那里出来返回。走自由大街，穿过尚齐大街（Rue Chanzy）[途中道路名变为甘贝塔大街（Rue Gambetta）]，向左转就可以到达圣雷米大教堂和圣雷米博物馆了。

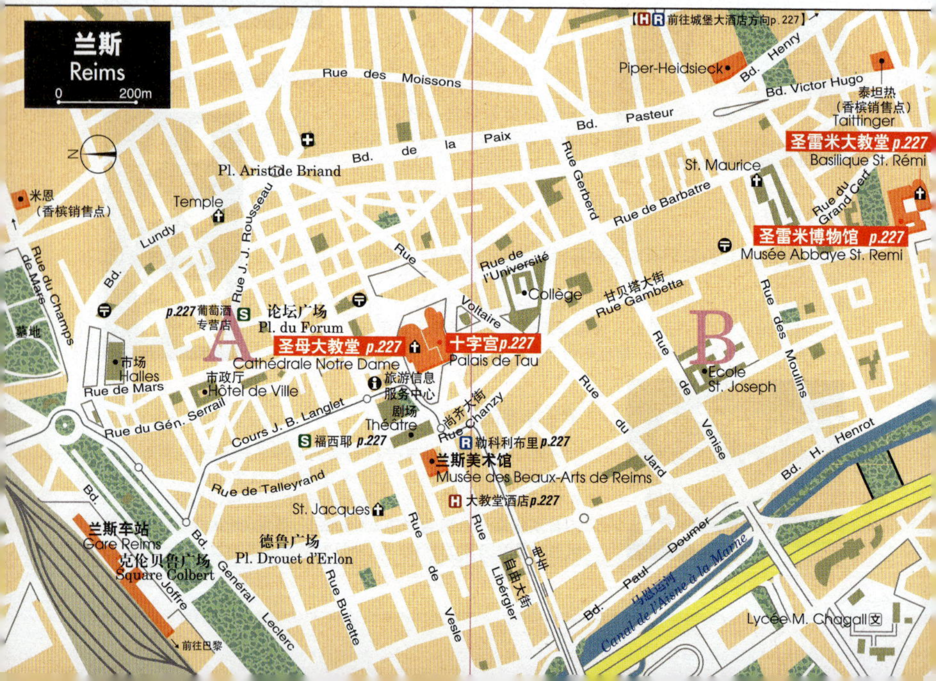

## 圣母大教堂
### Cathédrale Notre Dame
MAP p.226-A

兰斯圣母大教堂被认为是哥特式建筑的杰作。建于401年，现在的大教堂是1211年开始经过一个世纪的重建而成的。因其在第一次世界大战中大半部分被破坏，所以花了20年左右的时间才修复好。

从外观上来看，它被无数的雕刻所覆盖。2300个雕刻像装饰一新，其中以左门《微笑的天使》(*L'Ange au Sourire*) 最为有名。天使脸上流露着香槟-阿登地区独特的微笑。大教堂里边直径约12.5米的玫瑰窗及后边礼拜堂里夏加尔制作的彩色玻璃，也是一大看点。

## 十字宫
### Palais de Tau
MAP p.226-A

十字宫是与大教堂相邻的大主教堂。建成于1690年，因其外形像十字形，所以就被叫作十字宫。现在被当作珍宝殿内部开放，陈列着加冕典礼时用的一些样品。

## 圣雷米大教堂
### Basilique St. Rémi
MAP p.226-B

圣雷米大教堂是11世纪时本笃会兴建的教堂。存放着为法国第一个国王克洛维洗礼的兰斯主教圣雷米的遗体。12世纪正式完工。由2个塔组成的哥特式建筑，其正面非常美观。

## 圣雷米博物馆
### Musée Abbaye St. Remi
MAP p.226-B

与圣雷米大教堂同设的博物馆，是在17~18世纪保存加冕典礼时用的圣油瓶的大修道院遗址上兴建的。除了有描写圣雷米一生的16世纪时期的绒绣，还有高卢-罗马时期的发掘品及武器等关于整个城市的历史文物。

哥特式建筑的杰作——兰斯圣母大教堂

**圣母大教堂**
开 7:30~19:30
交 从车站出发乘坐公交1号线或2号线约10分钟，步行12分钟左右

**十字宫**
开 9:30~12:30, 14:00~17:30 (5/6~9/8 9:30~18:30)
休 周一, 1/1、5/1、11/1、11/11、12/25
￥ 7欧元
交 从车站出发乘坐公交1号线或2号线大约10分钟，步行12分钟左右

**圣雷米大教堂**
开 8:00~19:00 (冬季至日落)
交 从与大教堂平行的十字宫出发至圣雷米教堂，乘坐公交1号线或2号线大约需要15分钟，步行约需18分钟

**圣雷米博物馆**
开 14:00~18:30 (周六,周日至19:00)
休 5/1、7/14、11/1、11/11、12/25
￥ 3欧元 (第一个星期日免费)
交 从圣雷米教堂出发步行1分钟

## S 购物

### 葡萄酒专营店
**Le Grand Boutique du Vin** MAP p.226-A

存有约5万瓶 (500种) 葡萄酒。在整个法国来说也算是很罕见的葡萄酒销售专营店了。

交 从市政厅出发步行3分钟
✉ 3, pl. Léon Bourgeois
☎ 03 26 40 12 12
开 9:00~12:30、14:00~19:00，周六9:00~19:30
休 周日

### 福西耶
**Fossier** MAP p.226-A

成立于1845年，是制作点心的老字号，同时也经营与香槟搭配着吃的玫瑰饼 (p.225)。

交 从大教堂出发步行5分钟
✉ 25, Cours J. B. Langlet
☎ 03 26 47 59 84
开 9:00~19:00 (周一14:00~)
休 周日、节假日

## R 餐饮

### 勒科利布里
**Le Colibri** MAP p.226-A

面对着大教堂正面的十字路口，是一家可以品尝到当地风味的餐馆。

交 从大教堂出发步行3分钟 ✉ 12, rue Chanzy ☎ 03 26 47 50 67 开 9:00~24:00 (午餐12:00~15:00、晚餐19:00~，5~9月白天) 休 10月至次年3月的周一、周日晚，12/24、12/25、12/31、1/1 ￥ 20欧元~

## H 住宿 & 餐饮

### 城堡大酒店
**Château les Crayères** MAP p.226-B外

由城堡改造成的城堡大酒店。在这里可以品尝到用螯虾及块菌烹制而成的菜肴。

交 从车站出发开车约需10分钟 ✉ 64, bd. Henri Vasnier ☎ 03 26 82 80 80 F 03 26 82 65 52 HP www.lescrayeres.com 20间客房 ￥ 单人间、双人间380欧元~ (点餐需要预约)

## H 住宿

### 大教堂酒店
**La Cathédrale** MAP p.226-B

面对着大教堂附近的大街道，室内宽敞而明亮，可以享受舒适的住房环境。

交 从大教堂出发步行3分钟 ✉ 20, rue Libergier ☎ 03 26 47 28 46 F 03 26 88 65 81 HP www.hotel-cathedrale-reims.fr 17间客房 ￥ 单人间64欧元~，双人间73欧元~

# Colmar
# 科尔马尔

阿尔萨斯葡萄酒产地的中心地带。保存着中世纪时期的城市布局。

**MAP** p.9-G

美丽的安特林登美术馆的哥特式回廊

## ACCESS

**国铁**：从巴黎东站乘坐TGV至斯特拉斯堡后，换乘快速列车在科尔马尔下车，整个车程大约3小时30分钟。每天运行13班。从斯特拉斯堡出发至科尔马尔约需半小时。

**航空**：从巴黎戴高乐机场（CDG）第2航站楼或者奥利机场西航站楼出发至巴塞尔机场，大约需1小时10分钟。每天有10趟航班。从机场到市中心大约50公里以上。

**自驾车**：从巴黎沿前往斯特拉斯堡的高速A4线行走，在上A35~E25线南下途中进入N83线。距巴黎560公里，距斯特拉斯堡约70公里。

## INFORMATION

**旅游信息服务中心**：4, rue des Unterlinden ☎03 89 20 68 92 [HP] www.ot-colmar.fr 営9:00~12:00、14:00~18:00（周日、节假日10:00~13:00、7~8月9:00~19:00、4~6月、9~10月及圣诞节期间9:00~18:00）休1/1、12/25 **车站前及旅游信息服务中心与多媒体信息播报同步上下班**（没有休息日）。

**市内交通**：公交1、3、4、5、7、8号线从车站出发经过旅游信息服务中心。虽然这些路线与安特林登美术馆车站相连，但一到星期日班次就大大减少。如想游览，步行去时间也很宽裕。

**市内面积**：从国铁站出发至旅游信息服务中心和安特林登美术馆，步行15分钟，从安特林登美术馆出发到市内南侧的小威尼斯，步行需10分钟。游览所需时间大约5小时。从旅游信息服务中心出发，在步行街走一通需要一个半小时。

## 城市概况

距斯特拉斯堡约70公里的莱茵河上游的城市。13世纪开始成为经销商利用水路进行葡萄酒交易的中心地带，所以被称作"阿尔萨斯葡萄酒的首都"。庆幸的是，它免于战火的破坏，所以至今还保留着许多具有百年历史的木结构建筑物。特别值得一看的是，现在成为餐厅的17世纪初修建的人头屋（Maison des Têtes）和屋顶呈金字塔形的布菲斯馆（Maison Pfister）。

另外，在市区的南边沿着运河还有一座被称为小威尼斯的街区。

从火车站出来到市中心的话，只需穿过车站前的两条大街左转至共和大街，再直行就走到安特林登广场了。要想去旅游信息服务中心、安特林登美术馆或旧市区的话，从这里直走就可以到达。去小威尼斯的话，穿过马尔尚大街和塔努鲁大街（Rue des Tanneurs），渡过运河左手边就是。

以科尔马尔为据点还可以周游葡萄酒产地（详情请参见p.223的"经典旅游线路"）。每年8月中旬的阿尔萨斯节日庆典及11月下旬至次年1月上旬的圣诞节期间，前来旅游的游客络绎不绝。

### 安特林登美术馆
Musée d' Unterlinden　　　　　　MAP p.226-B

13世纪建造的多明我会修道院。收藏着西方宗教画的杰作——《伊萨汉姆圣坛画》。1515年，由德国人格吕内瓦尔德为伊萨汉姆（科尔马尔南边约22公里处的一个小村子）修道院所作。这幅画惟妙惟肖地表现了基督的表情乃至精神状态。

### 多明我会教堂
Eglise des Dominicains　　　　　MAP p.226-B

建成于13~14世纪，是由多明我会派教徒兴建的，具有哥特式风格。以出生于科尔马尔的画家舒格的圣坛画最为有名。11月25日至12月31日（12月25日休息）有大规模的圣诞节活动，热闹非凡。

### 小威尼斯
Petite Venise　　　　　　　　　　MAP p.226-B

因其风景可与意大利的威尼斯相媲美，所以被人们称作小威尼斯。17世纪曾是水上运输的中转站，一度非常热闹。现在城市布局等非常整齐且充满浪漫气息，是女性们向往的天堂。给大家推荐的步行路线是，从阿尔萨斯旧税务广场（Pl. Ancienne Douane）出发，沿普瓦索尼耶河岸（Quai de la Poissonnerie）游玩，风景绝佳。

### 巴托尔迪美术馆
Musée Bartholdi　　　　　　　　MAP p.226-B

这里陈列着科尔马尔出生的雕刻家、纽约自由女神像的作者巴托尔迪的一些杰作。其中，有《女神》的制作记录、设计及在马赛和里昂陈列的雕刻品的习作等。除此之外，还展示巴托尔迪1856年在埃及旅行时画的水彩画。

阿尔萨斯风格的木结构房屋

**安特林登美术馆**
开 9:00~18:00（11月 至 次 年4月 9:00~12:00、14:00~17:00）
休 11月至次年4月的周二，1/1、5/1、11/1、11/11、12/25
€ 7欧元
从车站出发步行12分钟

**多明我会教堂**
开 10:00~13:00、15:00~18:00
休 1/1~3/16
€ 1欧元
从安特林登美术馆出发步行2分钟

**小威尼斯**
从安特林登美术馆出发步行10分钟

**巴托尔迪美术馆**
开 10:00~12:00、14:00~18:00
休 周二，1~2月，5/1、11/11、12/25
€ 4.50欧元
从安特林登美术馆出发步行5分钟

---

### H 住宿 & 餐饮

#### 人头屋
Maison des Têtes　　MAP p.228-B

这是一家位于历史建筑物内的宾馆及饭店。其中以具有阿尔萨斯风味的美食最为有名。

从旅游信息服务中心出发步行3分钟
19, rue des Têtes　03 89 24 43 43
03 89 24 58 34 HP www.la-maison-des-tetes.com　21间客房　单人间、双人间138欧元~

### R 餐饮

#### 兰德沃斯
Rendez-vous des Chasse　　MAP p.228-A

位于车站前的宾馆内的餐厅。可以品尝到当地的鸡肉及鱼肉，与樱桃白兰地搭配蘸辣酱油吃，味道绝佳。

从车站出发步行1分钟
7, pl. de la Gare
03 89 23 59 59
开 12:00~14:00、19:00~21:00
休 12/24夜、1/1夜　€ 44欧元~

### H 住宿

#### 布里斯托尔大酒店
Grand Hôtel Bristol　　MAP p.228-A

它是集住宿与餐饮于一身的一流酒店。虽然位于车站前，但并不是繁华街区，晚上特别安静。

从车站出发步行1分钟　7, pl. de la Gare　03 89 23 59 59　03 89 23 92 26
HP www.grand-hotel-bristol.com　91间客房　单人间98欧元~、双人间19欧元~

#### 马雷夏尔酒店
Le Maréchal　　MAP p.228-B

小威尼斯正对面的一家酒店。由16世纪的一家庭住宅改造而来，内部装饰得浪漫温馨。

从小威尼斯出发即可到达　Petite Venise, pl. des Six Montagnes Noirs
03 89 41 60 32　03 89 24 59 40
HP www.le-marechal.com　30间客房
单人间85欧元~、双人间130欧元~

# Strasbourg
# 斯特拉斯堡

法国与德国边境上的主要城市，被称为"欧洲的十字路口"。

MAP p.9-C

斯特拉斯堡大教堂前的圣诞节市场

## ACCESS

**国铁**：从巴黎东站出发乘坐快车或者TGV在斯特拉斯堡下车，约需要4小时。每天发车6班。

**航空**：从巴黎戴高乐机场(CDG)或者奥利机场西航站楼出发至斯特拉斯堡国际机场，大约需要1小时。从机场出发至市里乘坐公交或者出租车，约需半小时。若乘坐环市内电车A号线到贝格西(Baggersee)车站，需要15分钟。

**自驾车**：从巴黎出发走A4高速至斯特拉斯堡，大约525公里。从里昂出发至斯特拉斯堡，大约490公里。

## INFORMATION

- 旅游信息服务中心：17, pl. de la Cathédrale ☎ 03 88 52 28 28 🌐 www.otstrasbourg.fr ⏰ 9:00~19:00 休 常年营业 ■ 车站前的加雷广场(Pl. de la Gare)及斯特拉斯堡机场内有
- **市内交通**：有电车A～D路4条线及公交，也可以步行。
- **市内面积**：游览所需时间大约是8个小时。在旅游信息服务中心购买的"斯特拉斯堡旅游通票"的有效期是3天，12.40欧元。去美术馆或在莱茵河游览乘船或者是免费或者会打折。

## 城市概况

位于德国边境上，是阿尔萨斯地区的中心城市。因其水路及陆路都较为发达，所以被称为"街道城市"。过去曾一度处于德国的统治之下，所以德国文化对其影响深远。现在斯特拉斯堡还作为应对公共危害的模范城市而备受关注。

虽然它是一个拥有25万人口的大都市，但是最受欢迎的景点还是旧街区。旧街区位于被伊尔河主流与支流包围而成的岛内。从火车站出发去往大教堂的话，可以乘坐车站前广场上的电车，十分方便。各大景点都集中在大教堂的周围。

在斯特拉斯堡旅游，除了可以去以上介绍的地方外，还可以去葡萄酒产地(p.233)或在莱茵河上游弋，这些都是不错的选择。另外，还可以到近郊的皇冠啤酒工厂参观(可以试饮，但需要预约，具体详情可询问当地旅游信息服务中心)。现在，每年11月份下旬至12月31日这段时间，市内各大景点都举行盛大的圣诞节市场特卖会（详情参见p.33）。

### 小法兰西
### Petite France
MAP p.230-A 世界遗产

旧街区的西侧、伊尔河4条支流的周边地区通常被称为小法兰西。在这里可以看到阿尔萨斯地区16~17世纪特有的木结构建筑。特别是从库韦尔特桥(Pont de Couverts)或者是沃邦堤岸(Barrage Vauban)上眺望时，风景绝佳。

## 圣母大教堂
### Cathédrale Notre Dame　　MAP p.230-B

圣母大教堂是1176~1439年用从孚日山挖掘的玫瑰色岩沙建造而成的。以高43米而闻名的尖塔，被称作"石头的细网眼针织品"，其建造之精细确实值得一看。南门的左手边有著名雕刻《圣母玛利亚的睡眠》（原作品收藏在隔壁的博物馆内）。

教堂内的主要看点有完成于1574年的大天文时钟（Horloge Astronomique），时钟每隔15分钟就有一个木偶跳出来，当12点半的时候，所有的木偶全部出现。另外，不容错过的是，13世纪哥特式样式的雕刻作品《天使之柱》及完成于12~14世纪的彩绘作品。当参观完教堂内部后，可以通过高66米的观景台（Plate-Forme）欣赏整座城市的全景。

精雕细琢的哥特式大教堂，典雅而别致

**圣母大教堂**
开 7:00~11:20、12:35~19:00
**天文时钟**
随团旅行11:35~12:00（南门入口）
费 2欧元（大教堂内买票时间为9:00~11:00，有斯特拉斯堡通票可以免费参观）　休 宗教活动时可以利用电车，从兰格斯特拉斯车站（Langstrass）出发步行2分钟
**观景台**
开 9:00~19:15（10月至次年3月至17:15闭馆，7、8月周末时延长开放时间）　休 1/1、5/1、12/25　费 4.60欧元（有斯特拉斯堡通票可以免费观看）
**罗昂宫**
开 10:00~18:00（周一至周五12:00~）
休 周二、部分节假日　费 1个馆4欧元（有斯特拉斯堡通票的，可以免费参观1个馆，第二个馆打5折）从大教堂出发步行2分钟

## 罗昂宫
### Palais Rohan　　MAP p.230-B

罗昂宫曾是斯特拉斯堡主教罗昂的宅邸。现在这里设有3个美术馆。第一层的装饰美术馆（Musée des Arts Décoratifs），以18世纪洛可可式的室内装饰及阿尔萨斯的陶器而有名。第二层美术馆（Musée des Beaux Arts）里展示着14~19世纪的欧洲著名画家波提切利、格列柯及鲁本斯等的绘画作品。另外，地下的考古博物馆（Musée Archéologique）里珍藏着法国著名的收藏品，特别是罗马时代的铁器及墨洛温王朝时代的装饰品。

## R 餐饮

### 拉鲁餐厅
**A La Tête de Lard**　　MAP p.230-A

到这里用餐，服务员会用阿尔萨斯传统的接待方式接您，同时这里的当地小吃让你大快朵颐。

交 从车站出发步行需5分钟
地 3, rue Hannong
电 03 88 32 13 56
开 12:00~14:00、19:00~23:00
休 星期日　费 24.30欧元

### 艾米舒茨餐厅
**L'Ami Schutz**　　MAP p.230-A

这里可以品尝到热腾腾的阿尔萨斯菜肴，如灌有猪血香肠的泡菜就是其中一道美味佳肴（只限冬日有卖）。

交 从小法兰西出发步行约2分钟
地 1, ponts Couverts　电 03 88 32 76 98
开 12:00~14:00、19:00~22:30
休 5/1、圣诞节及学校节假日
费 27.50欧元

### 鳄鱼餐厅
**Au Crocodile**　　MAP p.230-B

这是一家好评如潮的店，在这里可以品尝到法国当地最传统的菜品——用原汁原味的肥鹅肝做成的菜肴。

交 从车站出发大约10分钟　地 10, rue de L'Outre　电 03 88 32 13 02　HP www.aucrocodile.com　开 12:00~13:30、19:30~21:30　休 周日、周一、7月中旬至8月上旬、圣诞节至年前　费 75欧元~

## H 住宿

### 小法兰西休闲所
**Régent Petite France**　　MAP p.230-A

这是一座位于小法兰西中心的高级酒店。虽然建筑物看上去有些古陈旧，但是里边却是现代化的装饰，舒适而典雅。

交 紧邻小法兰西　地 5, rue des Moulins　电 03 88 76 43 43　传 03 88 76 43 76　HP www.regent-petite-france.com　房 72间客房　费 单人间、双人间270欧元~

### 勒格兰酒店
**Le Grand**　　MAP p.230-A

位于车站前的酒店，交通发达，非常便利。近年来经过重新装修后，以其现代又典雅的内部装饰赢得顾客的青睐。

交 从车站出发1分钟　地 12, pl. de la Gare　电 03 88 52 84 84　传 03 88 52 84 00　HP www.le-grand-hotel.com　房 83间客房　费 单人间115欧元~、双人间132欧元~

# Metz
# 梅斯

MAP p.9-C

欧洲建筑的宝库。这里有著名的圣埃蒂安大教堂，蓬皮杜文化艺术中心的分馆——梅斯蓬皮杜文化艺术中心。

夜景中的圣埃蒂安大教堂，肃穆而庄重

## ACCESS

**国铁**：从巴黎东站出发乘坐TGV在梅斯站下车，约需1小时25分钟。一日内发车大约10班。

**航空**：从里昂机场至梅斯、南锡、洛林机场约2小时40分钟。每日有2至3班航线。从机场至市中心约20公里。从机场至国铁车站前有摆渡巴士。

**自驾车**：从巴黎出发走A4或A31线至梅斯，约330公里。从斯特拉斯堡出发走A35或A4高速，约165公里。

## INFORMATION

❶ **旅游信息服务中心** Pl. d'Armes（大教堂横向街道的一角） ☎03 87 55 53 76 ⓗtourisme.mairiemetz.fr
🕘9:00~19:00（3、4~9月的周日、节假日10:00~15:00、12/25、1/1 11:00~14:00） ❌常年营业

**市内交通**：从火车站出发到达旧街区步行约需15分钟。有公交车线路。可乘坐3、5、9、11、25、29路或者小型公共汽车A、B线，均是从火车站到阿尔姆广场的车。

**市内面积**：游览所需时间约5个小时。在旅游信息服务中心有外语版的导游图。

## 城市概况

梅斯是拥有3000年以上历史的大都市，是中世纪欧洲的经济据点，至今梅斯还有各种样式的建筑物，它们静静地述说着梅斯沧桑的历史。

位于摩泽尔河前的旧街区有圣埃蒂安大教堂、拉库尔博物馆及13、14世纪的风姿犹存的圣路易广场（Place St. Louis）。从紧邻博物馆的圣克鲁瓦的小丘上可以一览具有意大利风格的建筑群。另外，火车站周边被叫作帝国地区（Quartier Impérial）的一带是罗马样式建筑物、哥特式建筑物、文艺复兴建筑、巴洛克建筑等各种建筑物的集中地带，可谓是欧洲建筑物的样品区。在火车站旁，还有2010年才开放的梅斯的地标性建筑——梅斯蓬皮杜文化艺术中心。

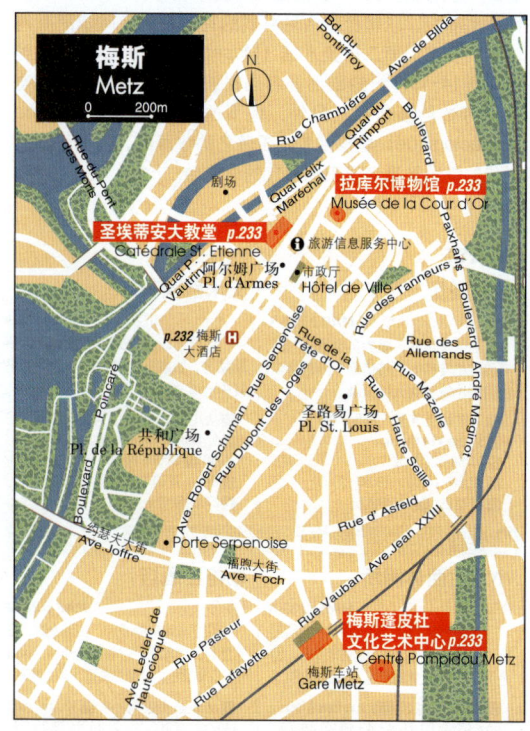

## 🏨 住宿

### 梅斯大酒店
**Grand Hôtel de Metz** MAP p.232

✉ 从阿尔姆广场出发步行2分钟
📍 3, rue des Clercs
☎ 03 87 36 16 33
📠 03 87 74 17 04
🌐 www.hotel-metz.com
🛏 62间客房
💶 单人间65欧元~，双人间79欧元~

## 梅斯蓬皮杜文化艺术中心
### Centre Pompidou Metz
MAP p.232

巴黎蓬皮杜文化艺术中心（详情请参见p.87）于2010年在梅斯开设了分馆。这座木质的屋顶像中国草帽的建筑物，是由日本建筑家坂茂和法国建筑家让·德加斯蒂纳共同担当完成的。整座建筑物的白色屋顶卷曲如巨大的贝壳，巨大的钳形物伸向天空，3个矩形的窗户就像触须上的眼睛，充分体现了艺术性和创造性，受到各界人士的好评。这里收藏了近代及现代约6万多部艺术作品。而且，这里还设有法国最大的展台，将来可能会在梅斯展出巴黎无法展出的大型作品。

## 圣埃蒂安大教堂
### Catédrale St.Etienne
MAP p.232

位于市中心的广场上，它是从1220年至1520年约经过300年才建成的哥特式大教堂。它与梅斯的其他建筑物一样都是用黄色的沙石建成的。教堂内有约6500平方米的彩绘玻璃，是从13世纪至20世纪经过7个多世纪才制作而成的，被称为是"神灯"。在左后方的回廊上有彩绘玻璃——《地上的乐园》，是夏加尔亲自绘制而成的。

## 拉库尔博物馆
### Musée de la Cour d'Or
MAP p.232

15世纪，在高卢-罗马时代的浴池遗迹上建造而成的储藏谷物的建筑物，它也是展示梅斯历史与文化的一面镜子。这里陈设着罗马时代出土的物品、中世纪的宗教雕刻、绘画作品及具有哥特式样式的装饰品等。从博物馆邻近的小丘眺望的话，风景绝佳。

## 梅斯蓬皮杜文化艺术中心
- 11:00~18:00（周四、周五至20:00闭馆，周六10:00~20:00，周日10:00开馆）
- 休 周一、5/1
- 7欧元
- 从车站出发步行约1分钟

## 圣埃蒂安大教堂
- 8:00~19:00（冬季18:00闭馆）
- 离旅游信息服务中心很近

## 拉库尔博物馆
- 9:00~17:00（周六、周日、节假日10:00~，12/24、12/31至12:00）
- 休 周二、1/1、5/1、5/8、7/14、11/1、11/11、12/25、12/26
- 4.60欧元（第一个周日免费）
- 从阿尔姆广场出发步行2分钟

**阿尔萨斯／洛林／香槟-阿登**

**梅斯**

## 为您导航

### 畅游童话世界：阿尔萨斯生产葡萄酒的各村落

沿孚日山脉，在横贯170公里的阿尔萨斯错落有致地分布着生产葡萄酒的许多村落。这些村落几乎都是中世纪至文艺复兴时期建造的木结构房屋，各个风格独特，甚为美观。到该地区就不可错过品尝这个地方生产的葡萄酒哦。想要进入这个地区，最佳的交通路线就是从斯特拉斯堡、科尔马尔出发，租车或者乘坐旅游巴士前往（详情请参见p.223）。

阿尔萨斯葡萄酒园的秋色

- 奥贝奈（Obernai）（从斯特拉斯堡出发乘坐当地列车约半个小时）：这是一个四面被城墙环绕的村庄，现在还完好地保留着13~14世纪的钟塔及16世纪的街区。
- 欧克尼古斯布鲁（Haut-Koenigsborug）（从塞莱斯塔出发大约4公里）：这是一座用玫瑰色的岩石建在山顶上的城堡，城堡内展示着15~17世纪的武器及各种装饰品。
- 里博维莱（Ribeauvillé）（从斯特拉斯堡出发乘坐当地火车大约35分钟）：这里以3个特级葡萄园最为有名。除此之外，这里还生活着上万只鹳鸟，它们也成为一道独特的风景。
- 利库韦尔（Riquewihr）（距科尔马尔约12公里）：葡萄品种雷司令的产地。中世纪至文艺复兴时期的建筑保存至今，被称为是"阿尔萨斯的珍珠"。
- 凯译贝尔（Kaysersberg）（距科尔马尔约11公里的村庄）：在这里，您可以参观有名的教堂，教堂里保存着中世纪时期精美绝伦的圣坛。另外，这里还是诺贝尔和平奖的获得者施韦策的故乡。
- 尼德姆施韦尔（Niedermorschwihr）（距科尔马尔约5公里）：这里曾是电视剧《阿尔萨斯的情况》的外景拍摄地。在这里，您可以看到12世纪时建造的钟楼及古老的石板。

# Nancy

## 南锡

MAP p.9-C

洛林地区的中心城市，是18世纪洛可可式建筑及19世纪末新艺术盛行的城市。

南锡美术馆地下展览厅摆放的加莱兄弟的绝世佳品

## ACCESS

**国铁**：从巴黎东站出发乘坐TGV在南锡站下车，约1小时30分钟。一天发车约10班。

**自驾车**：从巴黎出发走A4、A31线到南锡，距巴黎大约380公里。

## INFORMATION

- **旅游信息服务中心** pl. Stanislas
  ☎ 03 83 35 22 41 HP www.ot-nancy.fr 9:00～19:00，周日、节假日10:00～17:00（11月至次年3月至18:00，周日、节假日至13:00） 常年营业
- **市内交通**：有电车和公共汽车。乘坐123路从车站出发可到达南锡美术馆。步行时间也很充裕。
- **市内面积**：游览大约需要6个小时。

### 旅游通票

在以下3个美术馆可以免费游玩一天，票价是10欧元。在各个美术馆的售票窗口或者旅游信息服务中心均可买到。

### 南锡美术馆

开 10:30～18:00 休周二、1/1、5/1、7/14、11/1、12/25 6欧元（第一个周日免费，周三学生免费） 从斯坦尼斯拉斯广场出发步行5分钟

### 洛林历史博物馆（洛林宫）

开 10:00～12:30、14:00～18:00 休周一、1/1、5/1、7/14、11/1、12/25 5.50欧元（第一个周日免费） 从斯坦尼斯拉斯广场出发步行5分钟

### 南锡派美术馆

开 10:30～18:00 休周一、周二、1/1、5/1、7/14、11/1、12/25 6欧元（第一个周日免费，周三学生免费） 从车站出发乘坐123路公共汽车，在南锡终点（Nancy Thermal）站下车步行1分钟即到

## R 餐饮

### 埃克塞尔西奥餐厅

**Excelsior Flo**
从车站出发步行2分钟
50, rue Henri Poincaré
☎ 03 83 35 24 57
开 8:00～24:30（周日至23:00，早餐至11:30、沙龙活动15:00～18:30） 休常年营业
24.50欧元～

## 城市概况

南锡位于巴黎以东约280公里处，是洛林地区的中心城市，也曾是从15世纪至1766年独立的洛林公国的首都。18世纪中叶，由于洛林公爵斯坦尼斯的贡献，这里大力流行洛可可式建筑。另外，这里还是南锡派巨匠埃米尔·加莱（Emille Galle）等人辈出的圣地，它还以19世纪末新艺术的兴盛而备受关注。

从车站前的梯也尔广场（Pl. Thieers）出发，穿过亨利街（Rue Henri Poincaré），就到达设有旅游信息服务中心的斯坦尼斯拉斯广场了。或者可以从梯也尔广场出发经过福煦大街（Ave. Foch），从车站反方向右转直走，乘坐41路、69路或者71路车就可以看到新艺术时代的建筑物了。从这里出发穿过威勒斯街（Rue de Villers）和白兰地街（Rue du Sergent Blandan）即可到达南锡美术馆。

旅游信息服务中心的旅游资料特别齐全，如果按照旅游资料上的指示走的话，可以顺利到达新艺术巡展中心，所以说旅游信息服务中心的旅游地图是非常实用的。如果想参观新艺术建筑物及其内部装饰，您去埃克塞尔西奥餐厅就可以一饱眼福了，在那里您可以看到圆形顶的松伞油灯及名人彩绘玻璃，可以说这个地方是法国最美的餐厅之一了。

## 景点

市中心的斯坦尼斯拉斯广场（Pl. Stanislas）可以说是法国首屈一指的洛可可式样式的广场。这个广场的四个角落里建造的镶有金箔的铁门看上去豪华而气派。在广场的中间有斯坦尼斯公爵的铜雕像。现在斯坦尼斯拉斯广场、卡里耶尔广场及阿利扬斯广场已作为世界遗产而受到保护。

在市区背面的左手边有**南锡美术馆**（Musée des Beaux Arts de Nancy），这里存放的作品不仅有14至20世纪欧洲的绘画，还有加莱兄弟制作的约400多件玻璃工艺品。在卡里耶尔广场的后边还有**洛林历史博物馆**（Musée Historique Lorrain）[**洛林宫**（Palais Ducal）]。在建成于16世纪的旧宫殿里，不仅收藏着原始时代至19世纪洛林地区的艺术作品，还有出生于洛林的画家乔治·德拉图尔的绘画。**南锡派美术馆**（Musée de l'Ecole de Nancy）是由一位南锡派画家的私人住宅改造而来的，在这里展示着加莱兄弟等的作品。同时，在这里也可以欣赏到新艺术运动代表人物的以花鸟鱼虫为主题的杰作。

| | |
|---|---|
| 第戎 | 242 |
| 桑斯 | 246 |
| 欧塞尔 | 247 |
| 瑟米尔-昂诺克西奥 | 248 |
| 韦兹莱 | 249 |
| 博讷 | 250 |
| 讷韦尔 | 252 |
| 欧坦 | 253 |
| 马孔 | 254 |
| 贝桑松 | 256 |
| 莫尔旺自然保护区 | 258 |

# 勃艮第／弗朗什-孔泰

# 勃艮第/弗朗什-孔泰 概况

## 地域概要

● 勃艮第公国的遗产

位于巴黎东南部的勃艮第地区及其东部与瑞士接壤的弗朗什-孔泰地区,有一眼望不到边的葡萄园、散发着浪漫气息的罗马式风格的教堂建筑及让人垂涎的乡土美食,这里可谓是旅行者的乐园。

勃艮第地区从旧石器时代开始就有可考的历史记载了。高卢-罗马时代(古代罗马帝国在高卢地区建立的属地)曾在欧坦设立首都。5世纪修建了勃艮第公国,14世纪左右疆域辽阔直达佛兰德地区(今荷兰、比利时一带),拥有凌驾于法国之上的权力。至今还留有当年的风貌,第戎美术馆收藏着当时佛兰德著名画家的许多珍品。另外,从10世纪开始至11世纪这段时间,克吕尼、西多会等修道院像雨后春笋般地建立起来,因此,该

从葡萄园遥望圣马德莱娜教堂

地区保留了很多具有罗马式风格的建筑物。许多修道院从那时起就开始大量生产葡萄酒,像夏布利等闻名遐迩的葡萄酒也是在这里生产的。现在也有约讷河、索恩河及这些河流冲积而成的平原,充足的水源及阳光眷顾着这片土地,使得这片土地上的畜牧业及葡萄栽培十分发达。

勃艮第富有几何图样的屋顶

## 交通出行建议

● 勃艮第因为距离巴黎较近，所以一般乘坐火车即可到达，因而从巴黎至勃艮第也几乎没有航班。从巴黎的戴高乐（CDG）机场出发，虽然有直接到达第戎的TGV，但是车次很少；如果换乘不方便的话，可以乘坐法国航空的机场巴士至巴黎里昂车站，再搭乘去往第戎的火车即可。因为这个地区南北呈细长状，所以有从巴黎至第戎、博讷及马孔的TGV。除此之外，去其他城市都比较不便。因为汽车或公交车发车数量有限，所以需要提前和当地旅游信息服务中心确认一下车辆的起始时间。如果法语不通的话，最好去旅行社或有关旅游公司咨询为好。

● 因为国家铁路以巴黎为中心呈放射状分布，所以，到达第戎、马孔等周边地区与欧塞尔、欧坦周边及讷韦尔周边等地区非常不方便。根据季节的变化，有些公共交通会停止运行，在这种情况下可以租车或者搭乘出租车前往。如去参观葡萄酒城堡等地，腿脚不好的话，可以参加当地的旅游团一同前往，这样比较方便。

从勃艮第最南端的马孔出发到里昂乘坐快车，约需要1小时。去往贝桑松的话，约需要1小时。它们都可以当天返回。

● 从巴黎出发租车的话，A6线是去往桑斯、欧塞尔、第戎、欧坦、博讷及马孔方向的；去往韦兹莱的话，从A6转A77而行。从里昂出发也是走A6线到勃艮第。想在勃艮第地区驾车漫无边际地随处看看的话，可以在第戎租车前往。

### ● 高科技中心

与勃艮第相邻的弗朗什-孔泰地区，10世纪曾是勃艮第的领地，15世纪置于帕普斯布拉克家的支配下，17世纪成为法国一部分。现在这个地区主要以钟表等精密仪器、TGV车辆等的生产为主要产业。

历经数百年风姿犹存的瑟米尔-昂诺克西奥

## 重要景点

如果对葡萄酒感兴趣的话，可以从第戎（p.242）出发，乘坐公共汽车或者火车可以途经博讷（p.250）、马孔（p.254）等著名的葡萄酒产地。这一路可以逛逛葡萄酒城堡、品品勃艮第的著名小吃，也别有一番风味。

想寻找历史的脚印，可以先去欧坦（p.253）；如果想欣赏罗马式风格的教堂建筑，可以去韦兹莱的圣马德莱娜教堂（p.249）、第戎的圣贝尼涅大教堂（p.242）、欧塞尔的圣日耳曼修道院（p.247）及丰特奈西多会修道院（p.245）。

除此之外，如果驾车在国道及省区道路上看风景，也可以看到很多罗马式建筑风格的教堂。正因为是不起眼的连名字都不知道的教堂，才有探访的趣味。

在莫尔旺自然保护区（p.258）租间房子，在大自然中悠悠漫步那是件多么享受的事啊！这种放松方式也是法国人最喜欢的度假消遣方式了。

## 经典旅游路线

● 从巴黎出发，乘坐TGV去往第戎或乘坐快速火车到达桑斯，都可以当日往返。虽然很方便，但是，在这些颇具异域风情的地区只待一天的话，有些遗憾。最少计划玩2～3天比较合适。

这个地区的中心是第戎。这里有美术馆等名胜，在这里还可以品尝到美味佳肴，因此，在这个地区至少也得住一晚。以此为中心还可以去当日返回的地区或者只住一晚的博讷或贝桑松等地区。如果时间宽裕的话，还可以去马孔等地区看看，在那里住一晚或者当日返回。

● 如果是租车游览的话，以第戎为中心，去欧塞尔、韦兹莱等地住上一晚，在莫尔旺、欧坦、博讷等地住上一晚玩上两三天再返回第戎，是很不错的选择。从第戎出发去往贝桑松、马孔等地区可以乘坐火车，因为一天发车比较多，交通相对便利。

# 风味与特产

● **丰富的食文化**

提起勃艮第，人们就会想起它是可以与西南的波尔多可以匹敌的一大葡萄酒产地。这里曾有过比法国还繁华的勃艮第公国，因为它处于南北交通的要塞地带，所以饮食文化相当发达。作为公国首都的第戎，当时从东方进口大量香辛料，受此影响，现在这个地区的芥末（moutarde）、香料面包（pain d'épice）（加入香料的蛋糕）作为当地特产受到人们的喜欢。法国的芥末略带辣味，比较清淡。特别是第戎产的芥末，无论是闻起来还是吃起来都很不错。可以与肉食一起吃，可以在制作法式色拉调味香肠时作为调味料使用，也可以与法式馅饼或者陶罐菜（sauce vinaigrette）搭配着吃，真可谓是万能的调味料。

● **用葡萄酒烹制的勃艮第佳肴**

在餐厅，如果写有勃艮第风味（bourguignon）的话，大部分是指使用红葡萄酒烹制的菜肴。具有代表性的有红葡萄酒炖牛排（Boeuf bourguignon）、红葡萄酒炖鸡排（Coq au vin）和红葡萄酒炖猪排（Potée bourguignon）等。另外，在以贝桑松为中心的弗朗什-孔泰地区，以在橡栎桶中长期酿造的具有雪利酒风味的黄葡萄酒（vin jaune）最为著名。用黄葡萄酒烹制的炖鸡排（Poulet au vin jaune）是当地最著名的一道菜肴。

推荐美食

## 食用蜗牛 *Escargots*

在法国，通常将食用蜗牛与大蒜、青葱、黄油搅拌后作为主食而食用。这道菜肴的精华部分是残留在碟子最底部的汁，这些美味的汁即使在高级酒店里也常被客人用面包蘸着吃得一干二净。

## 红酒炖牛排 *Bœuf Bourguignon*

红酒炖牛排是勃艮第最具代表性的乡土佳肴。前期配料与正式蒸煮大约需要半小时就可做成。一般红酒炖牛排与小葱同时食用，这样可以品尝到蔬菜本来的味道。红酒炖牛排最关键的是，要掌握好牛肉与红酒的比例，它决定着菜肴的味道。所以，想品尝正宗地道的红酒炖牛排，最好到高档一点的餐厅比较好。

## 牛排 *Steak*

提起法国牛排，要数沙罗莱牛肉了。这种牛排在法国也只有在高级餐厅才有卖。肉质上乘，可以品尝到牛肉本来的味道。仅放盐与胡椒就可以食用，当然也可以根据个人口味适当加入芥末。

## 红酒炖鸡排 *Coq au Vin*

红酒炖鸡排是将鸡放入红酒中炖煮，所以鸡肉本身的好坏决定着菜肴的味道。红酒最好选取勃艮第当地的葡萄酒，鸡肉也最好用佛兰德鸡。在高级餐厅吃的一般都是上乘的鸡排，但是，在一般的饭店常被当作家常菜。

## 黑茶藨子点心 *Mousse aux Cassis*

在勃艮第地区有各种点心。在众多的点心中，特别想推荐的是，口感爽滑的黑茶藨子点心。法国勃艮第地区的主食大都口味厚重，所以在主食之后吃点儿这种口味清淡的小点心，是件十分享受的事。

●品种丰富的食材

　　在勃艮第乡土菜肴里，最不能忘记的还有食用蜗牛。这种食用蜗牛是以葡萄叶为饲料而饲养起来的，据说最初是为了达到驱除蜗牛的目的而捕捉的，到后来随着时间的推移，人们发现这种蜗牛肉质鲜嫩可以食用。勃艮第的食用蜗牛以个头大而闻名，因此被称为"gros blanc（大而胖的意思）"。另外，沙罗莱牛（Charollais）、布雷斯鸡（Bresse）也非常有名。除此之外，因为弗朗什-孔泰地区多森林，所以，这里可以食用的猎物肉（gibier）及菌类食品、坚果等，非常丰富。

●人气奶酪

　　在这个地区还多生产奶酪。用牛奶做成的青梅奶酪可以说是家喻户晓了。它们之所以这么著名，当然也都与勃艮第的葡萄酒有很大关系。在弗朗什-孔泰地区，以孔泰（Comté）最为有名，这种奶酪大约有400种，在法国奶酪生产业中产量遥遥领先。

●源于第戎的基尔酒

　　作为法国饭前开胃酒而著名的基尔酒（Kir），也是源于勃艮第地区的第戎。用第戎产的黑茶蔍子酒（Crème de cassis）与勃艮第产的白葡萄酒兑着喝，是最常见的饮法。

## 购物推荐

### 芥末　Moutarde

　　在第戎也可以找到适合自己口味的芥末。例如，柠檬口味的、大葱口味的等。200克大约2.60欧元。

### 芥末用品　Moutardier

　　法国饭桌上最不可缺少的是芥末，但是，盛放芥末的器具除了勃艮第其他地方是找不到的。在勃艮第，你可以买到描有美丽的花样图案的芥末用品。
→餐具店/厨房用品店、大型超市等均有销售

### 葡萄酒小物件　Accessoires de Vin

　　葡萄酒瓶的磁铁（3.5欧元起价）、有葡萄酒图案的围裙及T恤（25欧元起价）、高级葡萄酒杯、设计精致的葡萄酒开瓶器与海报等，都是与葡萄酒有关的种种小物件。特别是勃艮第地区有很多关于葡萄酒图案的明信片，这在其他葡萄酒产地是没有的。
→明信片专卖店、特产专卖店及车站商店均有销售

### 讷韦尔陶　Faïence de Nevers

　　勃艮第地区有名的讷韦尔陶器，透明而质软。在陶器制品上印有很多精美的绘画，因为绘画作品非常精美，所以可以作为装饰品使用。价格有高有低，直径15厘米的20欧元左右。喜欢烹调的人的话，最好买个直径大的。
→彩陶地区（陶器制品的集散地）
※可以从陶器制品集散地直接通过航空运送。

### 黑茶蔍子酒　Crème de Cassis

　　加入药草、香料及果实的利口酒，是勃艮第特有的一种酒。除了与香槟搭配的基尔酒外，还有与苏打搭配而成的鸡尾酒。在莫尔旺小酒馆里，常将饼干泡在这种酒里一起食用，它也可以与黑咖啡搭配着喝。500毫升的1瓶大约8欧元起价。其他的都是很难买到的珍品。

## 丰收的美酒装饰
# 秋日的红酒产地

在以香醇而高雅的红葡萄酒闻名的勃艮第、在葡萄酒品种丰富的孚日地区，无论是谁在这个丰收的秋日都可以品尝到地道的红葡萄酒。另外，以夏布利为代表的白葡萄酒也受到人们的一致好评。在这里，我想给大家介绍几款在红酒产地具有代表性的葡萄酒。

### 黑品乐（Pinot noir）
勃艮第地区酿造红葡萄酒的葡萄品种。最大的特征是，这种葡萄带有温和的涩味及酸味。以红色水果为主要的原料配上这种葡萄可以酿造出特殊的香味。

### 勃艮第葡萄酒的特征

勃艮第地区葡萄酒级别（cru classe）的划分与波尔多地区不同。地区名、地域名、村庄名、田地名及生产地等被标得越详细表明级别越高，这是相同的。只是作为田地名，在勃艮第地区，不是以酿造地（château）而是以气候（climat）划分葡萄酒的等级。

但是，由于勃艮第地区有很多土地所有者（domaine），所以，即便是同一级别（premier cru）或者特殊级别（grand cru）的土地，也可以酿造出各自口味不同的葡萄酒。

所以，在建葡萄酒产地时，也是在充分考虑了除土地以外的如土地所有者后才作出决定的。

## Côte de Nuits/Côte de Beaune
### 第戎至尼伊与博讷的葡萄酒酿造厂

9:30　参加葡萄酒酿造厂一日游。首先乘坐小型公交车到达第戎车站准备出发。

9:45　边听导游的讲解，边看车窗外，向博讷方向南下。在行车途中，你可以看到这个地区最大的葡萄栽培基地［被称为黄金坡的科多尔（Côte D'or）］。在它的北边是全长约20公里的尼伊（Côtede Nuits），这里一般是特级葡萄的栽培基地；与此相对，它南边的博讷（Côtede Beaune）以生产蒙特拉切特（Puiligny Montra-chet）等上乘的白葡萄酒而闻名。

10:00　穿过拿破仑爱喝的尚贝坦（Gevrey Chambertin）葡萄田，就到达12世纪开始酿制葡萄酒的克洛斯德维日（Clos de Vougeot）。据说，这里曾经是西多会的修道院，修道士们每日能饮3升葡萄酒并专注于葡萄酒的酿造。在这里，你可以看到当时酿酒时用的酿酒器及各种各样的器具和机械，同时可以想象一下当时人们酿酒时的场景。

试饮的游客们

在酿酒厂认真听葡萄酒的酿造方法

提供一级葡萄酒供大家品尝

## Mâconnais
### 马孔

酒味道接近产于博若莱地区，与勃艮第葡萄

科多尔省南边、索恩河的西侧，有条南北约100公里长的葡萄酒产地。这里生产11月上市的新酒，以博若莱新酒而有名的博若莱是用佳美(Gamay)葡萄酿造而成的红葡萄酒。有10种不同档次的葡萄酒，如高雅的Juliénas，人气旺盛的Moulin à Vin，芳香飘逸的Fleurie等。另外，在马孔周边还生产受大众欢迎的白葡萄酒，特别是辣味的Pouilly Fuisse特别有名。

## Beaujolais
### 博若莱

## Chablis
### 夏布利

即使是初饮者也能容易入口的夏布利

夏布利的生产主要集中在勃艮第的最北端、香槟及卢瓦尔的附近地带。这里的土壤里含有石灰岩等有机物质，加之用霞多丽(Chardonnay)酿造出来的葡萄酒都是略带酸味的辣味葡萄酒。夏布利有4种规格，按照品质的好坏依次是夏布利特级品、夏布利一级品、夏布利、小夏布利，特级品又以Les Clos、Les Preuses、Les Blanchots等而著名。

一望无际的葡萄田

**11:30** 穿过每人梦想的葡萄酒——Romanée-Conti的葡萄田，这种葡萄每年仅能收获千百来棵，所以一瓶葡萄酒大约需要3000欧元，这种葡萄酒可以说是最正宗、最地道的葡萄酒了。

**12:00** 访问尼伊的葡萄酒酿造厂。听了关于葡萄酒酿造的详细讲解之后，可以自己动手试试看，也可以鉴别一下Chabolle-Musigny等一级品的5种葡萄酒的香味及味道。如果挑到自己喜欢的葡萄酒，可以买点当作特产。因为在酿造厂买比在一般市场上买划算得多。

**13:30** 在博讷(p.250)自由活动（约2小时）。午餐以勃艮第当地风味为主，用完餐之后可以逛逛街上各种葡萄酒小店。

**16:00** 访问博讷的酿造厂。在这里可以试饮用霞多丽酿造而成的爽口的白葡萄酒Ladoix，也可以试饮当地唯一的特级葡萄酒Corton Pouget。

**18:00** 返回第戎车站，旅程结束。

葡萄酒旅游（Wine & Voyage）■除了有英语和法语讲解的一日游活动外，还有半日游及各种各样的精品路线可供选择，这些都需要提前预约。☎ 03 80 61 15 15 📠 03 80 61 10 00 HP wineandvoyages.com

**参观酿酒厂的其他路线**
● Safari葡萄酒游览 ■博讷出发，有半日游（每人38欧元，两人74欧元），也有周末散团游，但这些都需要提前预约。
☎ 03 80 24 79 12 📠 03 80 22 49 49 HP burgundy-tourism-safaritours.com

● 乘坐Keolis公交车44路 ■从第戎车站后的公交站发车，在尼伊圣乔治（Nuits-St-Georges）等地下车步行到达酿酒厂即可。根据季节的不同，车辆的发车时间也会改变，这一点要提前预约好。☎ 03 80 74 12 12

咨询处：勃艮第产业工会（Bureau Interprofessionel des Vins de Bourgogne）📧 12, Bd. Bretonnire, B.P. 150 21200 Beaune ☎ 03 80 25 04 80 📠 03 80 25 04 90

# Dijon
# 第戎

**MAP** p.9-G

被称为"黄金丘陵"的第戎，是法国最富裕省区勃艮第大区的首府，在全球被认为是美食家的天堂。

## ACCESS

**国铁**：从巴黎里昂车站乘坐TGV在第戎车站下车，约1小时40分钟即可到达。一日发车约6班。从里昂帕特迪（Lyon Part Dieu）车站出发乘坐TGV，大约1小时45分钟。一日发车1至4班。

**自驾车**：从巴黎出发走A6、A38高速，约315公里。从里昂出发走A6、A31高速，约195公里。

## INFORMATION

❶ 旅游信息服务中心▶Pl. Darcy
☎08 92 700 558 ℻03 80 30 90 02
ℍℙ www.dijon-tourisme.com
⌚9:30～18:30（周日、节假日10:00～18:00），10月至次年3月9:30～13:00，14:00～18:00（周日、节假日10:00～16:00）常年营业

❶ 旅游信息服务中心▶11, rue des Forges ☎08 92 97 05 58 ℻03 80 30 90 02 ⌚9:00～19:00，周日、节假日9:00～12:30，14:30～17:00（11月至次年4月10:00～12:00，14:00～18:00，周日、节假日14:30～17:30）

**市内交通**：市内虽然有旅游巴士，但是主要旅游景点在旧街区，所以建议步行。

**市内面积**：旧街区四周约600米，2天即可逛完所有景点。

## 城市概况

第戎是艺术的殿堂，在其发展进程中以其宽广的胸怀及辽阔的幅员给人留下了难以忘记的印象。

穿过车站前的马雷夏尔·福煦大街（Ave. Maréchal Foch），可到达达西广场（Pl. Darcy）的旅游信息服务中心。公交车的起始站及终点站均在这里。达西广场（Pl.Darcy）里有个小小的凯旋门，凯旋门的终点即是旧街区了。自由街（Rue de la Liberté）并不是很宽，只能通过旅游巴士等公交车，但是它可是第戎比较繁华的一条街道了。在这里，各种食品店及大型超市栉比鳞次，整日来往的游客及当地人络绎不绝。从这条街直走左手边是大公宫，大公宫的最里边一带是旧街区的中心地带。这里曾是普通百姓居住的地方，至今这里的弗朗索瓦广场（Pl. François Rude）、德福尔热街（Rue des Forges）、米塞特街（Rue Musette）及猫头鹰街（Rue de la Chouette）还保持着当时古老的韵味。来第戎旅游，可不要错过这一带的步行街。

一般市民居住的旧街区——德福尔热街

在旧街区漫无目的地游玩也是一种乐趣

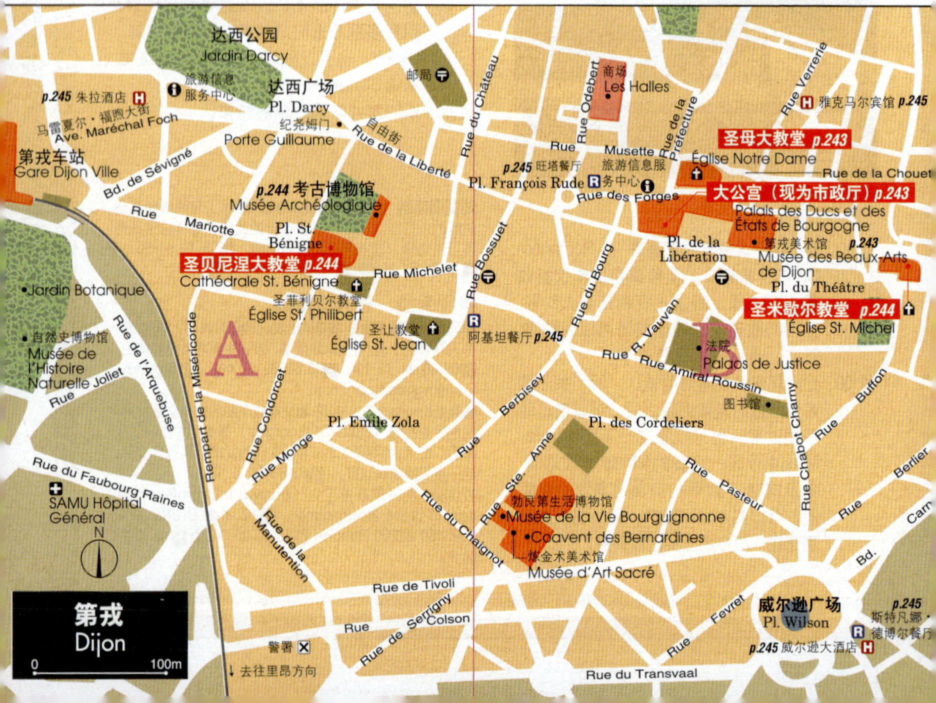

另外,以美食而著名的食品大商场 (Les Halles),位于旧市区的北侧。这里每天早晨都散发着浓郁的市民风情,建议早晨可以来这里散步游览。第戎大约有15.5万人。

旧街区的旅游信息服务中心设在15世纪一个富商的公馆里

## 美术馆及博物馆的通票

若能买到第戎及尼伊的旅游通票,不仅可以免费观看第戎及尼伊的美术馆和博物馆,还可以参加团体旅游 (24小时有效、18欧元~)。在市内的各交通工具均可利用。如果想买这种通票,可以在各旅游信息服务中心购买。

## 大公宫(现为市政厅)
Palais des Ducs et des États de Bourgogne　　MAP p.242-B

1032年至1361年,第戎曾是勃艮第公国的首都。当时的勃艮第公国是比法国王国还要气派的大国,无论是经济上还是文化上都堪称西欧的一大中心地。当时勃艮第大公国的王宫就是现在的大公宫。它于14世纪动工,1682年经凡尔赛宫殿的设计者兼建筑家芒萨尔重新改建。在大公宫的前面有呈半圆形的解放广场 (Pl. de la Libération),它也是那个时代芒萨尔大师的杰作。

现在宫殿的左边楼层是市政厅办公的地方,右边一半是第戎美术馆 (Musée de Beaux-Arts de Dijon)。在美术馆里不仅收藏着法国的绘画及雕刻作品,还收藏着意大利、佛兰德及瑞士的大量美术作品。这些杰作从另一个侧面说明了勃艮第公国当时强大的影响力。

在市政厅及美术馆的中间是腓力塔 (Tour Philippe le Bon),它是15世纪腓力大公自己建造的。从316个台阶上去是高约46米的观景台,从观景台上可以饱览第戎的风景。

勃艮第大公宫,中间是腓力塔

第戎美术馆的入口

### 大公宫
开 旅游团(周六、周日、节假日均17:00开馆),需要在旅游信息服务中心预约
€ 6欧元

### 第戎美术馆
开 10:00~17:00 (5~10月9:30~18:00)
休 周二、1/1、5/1、5/8、7/14、11/1、11/11、12/25
€ 除了画展其余均免费
交 从旅游信息服务中心出发步行2分钟

## 圣母大教堂
Église Notre Dame　　MAP p.242-B

在圣母大教堂的入口处,有各种奇怪的动物雕塑,二层是拱廊装饰,仔细一看真是一座雄伟的哥特式教堂呢。但是,在路的尽头总弥漫着世俗的气息,怎么也不能给人以庄严肃穆的感觉。

在屋顶上装饰的挂钟是腓力大公 (1245~1285) 远征法国时带回来的。挂钟上敲打的雅克马尔像是1500年制作的。随后1610年又制作了其伴侣像,1714及1881年分别又制作了他俩的儿子和女儿,儿子敲小钟,女儿敲隔15分钟一响的钟。这从另一个侧面可以看出第戎人民好玩而富有情趣的一面。

### 圣母大教堂
交 从旅游信息服务中心出发步行1分钟

圣母大教堂屋顶的挂钟

在火车站就可看到圣贝尼涅大教堂

### 圣贝尼涅大教堂
从车站出发步行4分钟

### 考古博物馆
9:00~12:30、13:30~18:00
休 周二
除了画展外其余时段均免费参观
从车站出发步行约4分钟

### 圣米歇尔教堂
从旅游信息服务中心出发步行约5分钟

雅致的圣米歇尔教堂

## 圣贝尼涅大教堂
Cathédrale St. Bénigne　　　　　　MAP 242-A

　　从勃艮第火车站下车映入眼帘的红色砖瓦屋檐，就是圣贝尼涅大教堂的塔楼了。它是建成于14世纪的哥特式建筑，当时是教会最繁盛的时代。但是，现在随处可见的只是14世纪以前的罗马式风格的部分建筑了。被认为埋葬3世纪的圣徒贝尼涅的地下藏骨堂（Crypte）里的柱子与众不同，因为柱子上刻有人头图像。堂内的彩绘玻璃也非常漂亮，整体给人以明亮干净的感觉。

　　大教堂里有**考古博物馆**（Musée Archéologique），里面收集着从旧石器时代至5~8世纪法国墨洛温王朝的发掘品。这个博物馆的建筑物本来是圣贝尼涅的修道院，地下收藏的是高卢-罗马时期雕刻的屋子，非常古老，据说是11世纪的建筑。

## 圣米歇尔教堂
Église St. Michel　　　　　　　　　MAP 242-B

　　在勃艮第大公宫的尽头，是15世纪动工的圣米歇尔教堂。动工时是火焰式哥特式建筑的外观，完工后（17世纪）加入了当时文艺复兴建筑的风格，具有非常有个性的外观。在中间的门上画有《最后的审判》等，入口处的浮雕也非常精致。教堂内部是哥特式建筑的风格。在左侧的交叉回廊与圣勒芒礼拜堂挂有18世纪德国画家弗朗茨的4幅作品，千万不要错过。其中的《牧羊人的朝拜》及《三王朝拜图》是新约圣经的重要题材之一。

---

### 〇 为您 导航 〇

#### 能带来好运的猫头鹰

　　走在第戎的大街小巷，随处可见以猫头鹰为图案的钥匙链及各种摆设用品。在欧洲的一些国家及地方，猫头鹰被认为是一种不吉利的鸟，但是在第戎猫头鹰却很受当地人的欢迎。

　　实际上，在圣母大教堂北边的外墙上，也有猫头鹰的雕刻。它在人们伸手即可触及的地方，走过这里的人大都会伸手摸一下，沾沾它的灵气，希望猫头鹰能给自己带来好运。据第戎当地人讲，如果用左手触摸这只猫头鹰自己的愿望就能实现。在长达几个世纪的风雨岁月里，这只猫头鹰不知道倾听了多少位走过这里的人的心声，所以，它的外形已经不再那么清晰。

别致的猫头鹰像

但是，但凡来圣母大教堂，就一定要试着找找坐落在猫头鹰街（Rue de la Chouette）上的它，沾沾它的福气。

## R 餐饮

### 斯特凡娜·德博尔餐厅
**Stéphane Derbord**　MAP p.242-B

这里有用肥鹅肝制作的千层酥,供顾客品尝。

- 从大公宫出发步行约5分钟
- 10, pl. Wilson
- 03 80 67 74 64
- 03 80 63 87 72　12:00~13:45、19:30~21:15　周日、周一、8月中旬的两周、2月份的一周
- 88欧元~

### 阿基坦餐厅
**La Dame d'Aquitaine**　MAP p.242-A

位于圣让教堂里,由13世纪的地穴改建而来。这里的勃艮第葡萄酒特别有名。

- 从火车站出发步行约6分钟
- 23, pl. Bossuet
- 03 80 30 45 65
- 03 80 49 90 41　12:00~13:30、19:00~22:30　周日及周一白天
- 28欧元~

### 旺塔餐厅
**Au Moulin à Vent**　MAP p.242-B

位于市商业区的中心地带,是16世纪的民房改建而来的餐厅,里面供应勃艮第的传统美食。

- 从大公宫出发步行约2分钟
- 8, pl. François Rude
- 03 80 30 81 43
- 03 80 30 83 83　12:00~14:00、19:00~21:30　周日及周一夜晚
- 16.50欧元~

## H 住宿

### 朱拉酒店
**Le Jura**　MAP p.242-B

紧邻火车站,面向里院的房间安静恬适,是不可多得的休息之地。

- 从火车站出发步行约1分钟
- 14, ave. Foch
- 03 80 41 61 12
- 03 80 41 51 13　www.oceania-hotels.com　79间客房　单人间、双人间136欧元~

### 雅克马尔宾馆
**Jacquemart**　MAP p.242-A

位于大公宫的北侧,是住宅街上一座别致安静的宾馆,由17世纪的公馆改建而来。

- 从大公宫出发步行约1分钟
- 32, rue Verrerie
- 03 80 60 09 60
- 03 80 60 09 69　www.hotel-lejacquemart.fr　31间客房　单人间54欧元~、双人间66欧元~

### 威尔逊大酒店
**Hôtel Wilson**　MAP p.242-B

虽然离车站比较远,但是它是由17世纪的民房改建而来的小型别致住宅,恬静舒适。

- 从大公宫出发步行约5分钟
- 1.rue de Lagvic
- 03 80 66 82 50
- 03 80 36 41 54　www.wilson-hotel.com　27间客房　单人间、双人间104欧元~

---

## 为您导航

### 西多会最古老的修道院——丰特奈 世界遗产

第戎一日游的话,最不可错过的就是丰特奈修道院(Abbaye de Fontenay)。它是1118年由著名的西多会创建的。宽敞的庭院里大多都是罗马式建筑。以"祈祷和劳动"为主要口号的修道士们过着自给自足的生活。修道院里的装饰简单而别致,各种装饰摆放井然有序,置身其中你会感觉到它从里而外散发出来的美。来到这里你可以参观教堂、修道士的宿舍及铸造场等,回廊里的中庭是最不可错过的景点。回廊里的绿色植物透过太阳光线在地上折射出斑斑点点的光影,甚是美丽。

这座修道院在法国革命后的100年间一直是造纸厂,1911年经过改建成为现在的建筑模式。1981年被联合国教科文组织列入世界遗产名录。

**MAP p.236**

**ACCESS**
- 国铁:从第戎车站乘坐快车在蒙巴尔(Montbard)下车,车程约40分钟。一日内发车约14班。
- 自驾车:从第戎出发走N5高速约81公里。

**INFORMATION**
- 旅游信息服务中心:Pl. Henri Vincenot
- 03 80 92 53 81
- www.ot-montbard.fr
- 9:00~13:15、14:00~18:30(周日、节假日9:00~13:00)　9月至次年6月的周日、节假日

**丰特奈修道院**
- 10:00~12:00、14:00~17:00(4月中旬~7月中旬、11/11~11/14 10:00~18:00)
- 11/2~11/10　9.20欧元
- 出车站乘出租车约6公里

©Abbaye de Fontenay

列入联合国教科文组织世界遗产名录的建筑物

绿油油的草地上分布着建筑物,干净而整齐

# Sens
# 桑斯

MAP p.8-F

罗马时代开始作为交通要塞而繁荣，是勃艮第地区的门户。

圣埃蒂安大教堂的南塔及玫瑰窗

## ACCESS

**国铁**：从巴黎东昂车站乘坐快车在桑斯站下车，车程约1小时。一日发车5班以上。
**自驾车**：从巴黎出发走A5、A19高速，约125公里。从第戎出发，走A38、A6、A19及N60高速，约220公里。

## INFORMATION

**旅游信息服务中心**：pl. Jean Jaurès ☎03 86 65 19 49 F 03 86 64 24 18 HP www.office-de-tourisme-sens.com
🕐 9:00~12:30、14:00~18:00（周六至17:15，7、8月9:00~13:00、14:00~18:30，周日、节假日、5~10月10:30~16:30）休 9月至次年6月的周日
**市内交通**：参观旧街区步行即可。
**市内面积**：从桑斯车站出发到旧街区入口处的让莫伦河岸，步行约5分钟，从让莫伦河岸到旧街区的中心地带及大教堂步行需5分钟。参观整个市区需要半天。

246

### 桑斯博物馆
🕐 10:00~12:00、14:00~18:00
休 周二，10月至次年5月周一、周四、周五的上午
€ 4.20欧元
🚶 从旅游信息服务中心出发步行约4分钟

### 🏨 住宿

**布伦努斯酒店**
**Brennus**
🚶 从圣埃蒂安大教堂出发步行1分钟
📍 21 rue des trois croissants
☎ 03 86 64 04 40
F 03 86 65 44 10
HP www.hotel-brennus-89.com
🛏 20间客房
休 8/12~8/22、12/22~1/3
€ 单人间67欧元~，双人间68欧元~

## 城市概况

从火车站出发向东直走，跨过架在约讷河上的约讷桥就可以到达旧街区的西端，这里绿树成荫，东西长850米，南北宽约400米，呈椭圆形，大教堂就位于它的正中央位置上。

大教堂所在的共和广场（Pl. de la République），是城市的中心地带，市政厅、生鲜食品市场及邮局等都聚集在这里。步行街及与此垂直的街道是城市中最繁华的地段——共和大街（Rue de la République）。桑斯博物馆就在大教堂的旁边。整座城市的人口约2.7万。

## 景点

16世纪的民房亚伯拉罕之家

作为桑斯的象征的**圣埃蒂安大教堂**（Cathédrale St. Etienne），修建于1135年。当时的桑斯包括北边的巴黎，西边的沙特尔，是大主教管区的中心城市，无论在经济方面、文化方面还是宗教方面，都占有非常重要的地位。这座大教堂是桑斯当时繁荣昌盛的象征，它使用了当时最顶尖的建筑技术，是法国最早的一座哥特式建筑物。

在南塔的对面，右侧曾经是大主教馆，现在成了**桑斯博物馆**（Musées de Sens）。一层陈列的是史前的人骨、石器和铁器等物品，地下收藏的是高卢-罗马文明时期的雕刻品，二层可以看到桑斯大教堂的珍贵文物。

大教堂背后的共和大街南下，在与让·古尚大街（Rue Jean Cousin）交汇的一角，是16~18世纪时期最繁华的街区，现在还保留着数座当时的民房。木头柱子及窗沿上的雕刻昭显了**亚伯拉罕之家**（La Maison dite d'Abraham）繁荣富裕的情景，亚伯拉罕是当时著名的皮革商人。

远望约讷河（L'Île de Yonne）的小岛，在约讷桥的旁边是**圣莫里斯教堂**（Église St. Maurice）。虽然规模小，但是它那古朴简约的建筑与大教堂形成了鲜明的对比。

坐落在约讷河畔的圣莫里斯教堂

# Auxerre
# 欧塞尔

MAP p.8-F

作为夏布利的集散地而闻名的港湾城市。装饰着鲜花的旧街区还留有中世纪的痕迹。

约讷河西边小山上的城市

## 城市概况

从欧塞尔车站出发穿过甘贝塔大街（Ave. Gambetta）直走，约10分钟即可到达旧街区的入口处保贝桥（Pont Paul-Bert）。旧街区呈圆形，整体半径约300米，主要景点散布在旧街区的各个地方。

整座城市的中心地带在圣埃蒂安大教堂一带，这里是市里最繁华的地段。城市人口约3.7万。

## 景点

首先从位于城市北部尽头的本笃会的**圣日耳曼修道院（Abbaye St. Germain）**出发。它是法国第一代国王的王后下令修建的修道院，因埋葬圣日耳曼而著名。地下教堂是9世纪修建的建筑物，里面加洛林建筑样式的半圆形天花板非常漂亮。地下教堂有完成于850年的湿壁画，它被认为是法国现存最古老的湿壁画。在修道院的北部，是欧塞尔一眼望不到边的葡萄园。

大教堂的正面

从约讷河俯瞰**圣埃蒂安大教堂（Cathédrale St. Etienne）**，是一道别致的风景。这座大教堂13世纪动工，16世纪完工。里面有15世纪哥特式特征的火焰式入口，有直径约7米的玫瑰窗，还有回廊上装饰精美的彩绘玻璃。看完这些景物后，可以去地下教堂游览一番。在大教堂建成以前，地下教堂有具有罗马样式风格的教堂，在这里你可以看到有名的《骑马的基督》等11至13世纪的湿壁画。

大教堂的周围曾经是非常繁华的一条街道，在这里木制的老屋及街头艺人随处可见。另外，在大教堂的西侧有**时钟塔（Tour de l'Horloge）**，它是500年前欧塞尔的领主承认市民自由的标志。在钟表盘上画有太阳和月亮，两根指针分别表示太阳和月亮的当时位置。

在离开欧塞尔前，从保贝桥上重新远眺一下欧塞尔。这座城市从约讷河眺望时，风景绝佳。

## ACCESS

**国铁**：从巴黎里昂车站或者巴黎贝西车站出发，在欧塞尔圣热尔韦（St. Gervais）车站下车，约需1小时40分。一日发车约4班。从拉罗什‧米基农（Laroche Migennes）车站换乘的话，转车比较麻烦。

**自驾车**：从巴黎出发走A6高速，约170公里。从第戎出发走A38、A6高速，约150公里。

## INFORMATION

❶旅游信息服务中心：1-2, quai de la République ☎03 86 51 03 26 ℻03 86 51 03 26 ㏋www.ot-auxerre.fr ⏰9:30～12:30，14:00～18:00（周六至18:30，周日、节假日10:00～13:00），6/15～9/15 9:00～13:00，14:00～19:00（周日、节假日9:30～13:00，15:00～18:30）
🈺常年营业
**市内交通**：旧街区游览步行即可。
**市内面积**：从欧塞尔车站出发至旧街区入口处约10分钟。从旧街区入口处至圣日耳曼修道院步行约5分钟。参观整座城市的主要景点大约需要半天时间。

### 圣日耳曼修道院
🕘10:00～12:00，14:00～17:00（5～9月9:45～18:45）
🚫周二，1/1，5/1，11/1，11/11，12/25
💰地下教堂6欧元（附导游讲解）
🚶从旅游信息服务中心出发步行约5分钟

### 圣埃蒂安大教堂
🕘7:30～18:00（周日8:30～，11月中旬至次年3月中旬至17:00）
🚫星期日上午举行宗教活动时不接待游客
💰珍宝室1.9欧元，地下教堂3欧元，联票4欧元
🚶从旅游信息服务中心出发步行约2分钟

## 🏨 住宿

### 西纳酒店
**Cygne**
🚶从圣日耳曼大教堂出发步行约8分钟
📍14, rue du 24 Août
☎03 86 52 26 51 ℻03 86 51 68 33
㏋www.hotelducygne-auxerre.com
🛏30间客房 💰单人间50欧元～，双人间55欧元～

装饰精美、造型别致的房屋建筑

# Semur en Auxois
# 瑟米尔-昂诺克西奥

MAP p.8-F

城墙上的主塔及皮纳尔桥

一座位于丘陵背后有城墙守卫的城市。在这座城市独自漫步，会让你有超越时空的遐想。

## ACCESS

**国铁**：从巴黎里昂车站或者贝西车站出发，乘坐去往第戎的TGV或者特快在蒙巴尔（Montbard）下车（乘坐TGV约需1小时，每天发车4班。特快约需3小时20分）。换乘公交车约需20分钟，公交每天发车约3班。从第戎出发乘坐49路，约需1小时10分钟；每日发车1至3班。

**自驾车**：从巴黎出发走A6高速，约需2小时30分钟；从第戎出发走A6，约需45分钟。

## INFORMATION

🛈 旅游信息服务中心：2 pl. Gaveau
☎ 03 80 97 05 96  📠 03 80 97 08 85  🖥 www.ville-semur-en-auxois.fr  🕘 9:00～12:00、14:00～18:00（5月的周日、节假日期间10:00～12:30、14:00～18:00、7、8月9:00～12:30、13:30～18:00、周日、节假日10:00～12:30、14:00～18:00） 🚫 9月至次年6月的周日、10月至次年4月的周一

**市内面积**：横穿市内东西最长的一条街约需要10分钟。参观完整座城市大约需要1小时30分钟。

## 城市概况

整座城市呈葫芦状，东部是葫芦头。东西最长也不足800米。在东侧有以圣母大教堂为圆心、半径约100米的圆形旧街区。西边面积比东边宽敞2倍，那里有可以散步的旧城墙、公园及住宅街。

如果只游览城市的主要景点的话，有一两个小时就足够了；但是，如果只是走马观花的话就有点浪费了。人口约4700。

## 景点

若从巴黎、第戎这两座城市进入这里的话，只要从北边随巴黎大街的坡路南下即可。巴黎大街横跨阿尔芒松河，所以首先需要走过若利桥（Pont Joly）。站在桥

从若利桥看到的旧街区

上极目远眺，映入眼帘的是被清泉拥抱着的绿荫，在绿荫后可以看到城墙上的塔楼。这就是到达瑟米尔-昂诺克西奥的第一道风景。

走过桥就是**多尔塔楼**（Tour de l'Orle d'Or），那里是进入旧街区的开端。在城墙上还有3座主塔，它们分别是盐仓及监狱。

旧街区的中心是**圣母大教堂**（Église Notre Dame）。现在的教堂建成于13至14世纪，15至16世纪经过装饰成为现在的样子，它是与这座小城市十分匹配的教堂。进入教堂，侧堂的各个小教堂建成年代各不相同，看看它们风格迥异的装饰别有一番趣味。

教堂前是**圣母广场**（Pl. Notre Dame），这里曾经是这座城市中最繁华、最热闹的地段。如果天气允许，这里摆满了咖啡桌，甚是热闹。

小城的西边是河，沿着河边漫步非常惬意。河边小道有用石头砌成的眼睛桥、**皮纳尔桥**（Pont Pinard）。这两座桥的风景不容错过，据说这曾经是瑟米尔-昂诺克西奥最美丽、最亮丽的风景。

穿过拱廊后的小广场

## 住宿及餐饮

### 拉克酒店
**du Lac**

🚗 街道向南5公里处（开车约需要5分钟）
📍 Rue du Lac, Pont et Massène
☎ 03 80 97 11 11
📠 03 80 97 29 25
🖥 hoteldulacdepont.com
🛏 20间客房
📅 12/20～2/1
💶 单人间、双人间62欧元～

从若利桥俯瞰阿尔芒松河

# Vézelay
## 韦兹莱

MAP p.8-F

有坐落在丘陵上的修道院,以罗马式建筑风格著名。12~13世纪朝圣者听过的钟声,至今还响彻在勃艮第的田园上。

## 城市概况

整座城市坐落在丘陵上,圣马德莱娜教堂建在山顶上。一般要在城市的入口处下车,需步行进入。但是,如果行动不便的话,也可以坐车行至教堂旁边的停车场。主要景点有圣马德莱娜教堂。人口包括修道院的修道士等,不足500。

## 景点

众多朝圣者理想的朝圣教堂

为防止诺曼人的破坏,9世纪中叶韦兹莱的民众移居到了地势险峻的丘陵地带。虽然地势险要,但由于这里埋葬着圣马德莱娜的遗骨,所以朝圣者还是络绎不绝。现存的教堂建于11世纪,由于朝圣者得知这里埋葬的是圣马德莱娜的假遗骨,所以完工后数百年后,这座教堂就渐渐地变荒废了。

19世纪,作家梅里美作为历史建筑物的视察者访问过这里的教堂,从那以后**圣马德莱娜教堂**(Basilique Ste. Madeleine)一度备受关注。之后经过重建,现存的建筑物为罗马式建筑风格的杰作,吸引了国内外众多的游客。

当汽车驶入韦兹莱就会看到丘陵上的白色大教堂,若从葡萄园望去圣马德莱娜教堂带有不少神秘色彩,特别是在夕阳西下时分越发迷人。从正面的入口处进去后还有一个入口,在门上半圆形的部分雕刻着以基督为中心的12个教徒及各种角色的人物,栩栩如生。

教堂中央走廊有11个拱廊层层递进。淡米色的石柱与太阳光互相辉映,呈现出一道耐人寻味的柔和之美,这大概就是中世纪的朝圣者梦寐以求的天国之景吧。

下午5点50分开始,庄严素朴的钟声以强弱强弱的节律弥漫在教堂里(除星期一外)。教堂中的修道士、修女各以双膝跪地,开始做弥撒。这时也可以参观,但是,注意不要破坏这里庄严肃穆的气氛。

被认为通往天国的木门

丘陵上的圣马德莱娜教堂

### ACCESS

**国铁**:从巴黎里昂车站出发乘坐TGV在蒙巴尔(Montbard)下车,约需1小时。若换乘快车在阿瓦隆(Avallon)车站下车,约需1小时20分钟,一日发车3班以上。从那里出发乘坐出租车,约需10分钟。也有从蒙巴尔(Montbard)至韦兹莱的公交车,约需1小时10分钟(仅7、8月的周末往返)。

**自驾车**:从巴黎走A6、N6高速至阿瓦隆,约225公里。从第戎出发走A38、A6,约100公里。一般从高速下来还需走20公里才能到达。

### INFORMATION

🏠**旅游信息服务中心**:rue St. Pierre ☎03 86 33 23 69 📠03 86 33 34 00 🌐www.vezelaytourisme.com 🕐10:00~13:00、14:00~18:00 ❌10月至次年5月的周四、11月至复活节的周日

**市内交通**:市内游览步行即可。

**市内面积**:从市内入口处至圣马德莱娜教堂约700米。参观整座城市约需1小时。

### 圣马德莱娜教堂 世界遗产

🕐从日出至日落均可
🚶从旅游信息服务中心出发步行2分钟

### 🏨 住宿 & 餐饮

**埃斯佩朗斯**

**L'Espérance**

🚗从韦兹莱出发,在A6方向的D967及D951的交叉口。从韦兹莱出发驾车约3分钟,步行10分钟
📍89450 St.Père en Vézelay
☎03 86 33 39 10 📠03 86 33 26 15
🌐www.marc-meneau-esperance.com
📅1月中旬至3月初,餐厅周一、周三及节假日以外的周二
🛏28间客房
💶单人间、双人间120欧元~

# Beaune
# 博讷

MAP p.9-G

勃艮第地区葡萄酒的集散地。旧街区随处可见哥特式建筑和文艺复兴时的建筑物，是一座古香古色的城市。

## ACCESS

**国铁**：从巴黎里昂车站乘坐TGV在博讷下车，约2小时5分钟，每日发车约2班。从第戎出发乘坐快车约20分钟到博讷，每日发车约20班。另外，也有从第戎出发穿过科多尔葡萄田的公交巴士，约1小时车程，每日发车约5班（注意，学校放假期间发车次数会减少）。从里昂佩拉什（Lyon Perrache）车站或里昂帕迪特迪（Part Dieu）车站乘坐快车约需1小时35分钟，每日发车10班以上。
**自驾车**：从巴黎出发走A6高速，约310公里。从里昂出发走A6高速，约160公里。

## INFORMATION

**旅游信息服务中心**，6, Bd. Perpreuil，☎03 80 26 21 30 ℻03 80 26 21 39 🌐www.beaune-tourisme.fr 🕐9:00~18:00（6~9月的周日、节假日19:00停业，11/17~3/20的周日、节假日9:00~12:30、13:30~17:00），光荣三日9:00~19:00 休1/1、12/25
**市内交通**：主要景点大多集中在旧街区，所以游览步行即可。
**市内面积**：旧街区是半径约250米的圆形。游览需1天时间。

### 博讷旅游打折通
如在博讷和勃艮第地区游玩，选择旅游打折通（Passe Beaune comme Bourgogne）十分便利。只要预先选择刊登在目录上的主要景点两个以上，就会有相应的折扣，但是，需要预付折后款。在博讷的各旅游信息服务中心办理即可。

### 旅游巴士
Visiotrain
🕐11:00~17:30（每日发车4~7班，根据季节的不同有变动）
休10月至次年3月
€6.50欧元~

### 光荣三日（葡萄酒比赛日）
疗养院的新酒酿出后，各地的人们前来品尝已成为每年的惯例。每年11月第三个周日及它前后的周六和周一举行（参见p.32）。

## 城市概况

旧街区呈圆形，旧城墙的3/4还完好地保留着。城墙内车辆较少，可以随心所欲地在大街上漫步。若自驾车可以将车停到城墙外的停车场，单人在城内游玩。若乘坐国铁的话，可以从火车站出发穿过9月8日大街（Ave. du 8 Sept.），约5分钟即可进入旧街区。无论从哪一个门进，首先最好逛逛霍尔广场（Pl. de la Halle），那里是旅游聚集地，有博讷最大的旅游景点——疗养院，周边还有商店及宾馆。想去往旅游信息服务中心或其他旅游景点，从这里直走前行即可。广场上还有来回巡游的旅游电瓶车（Visiotrain），你可以坐着电瓶车听着导游讲解机的讲解欣赏古老的城市及葡萄田，惬意至极。有的葡萄酒销售点可以试饮（大部分销售点是有偿的）。城市人口约2.1万。

### 疗养院
Hôtel Dieu

MAP p.250-A

如果直译"Hôtel Dieu"是"神宫"的意思，如果在词典里查"Hotel Dieu"肯定会出现博讷的这座疗养院，因为这座疗养院设施先进、规模宏大、装饰精美，是首屈一指的著名疗养院。

这座专门为贫困的人提供医疗服务的疗养院，是1443年由博讷大法官尼古拉·罗拉夫妇建造的。百年战争（1339~1453）结束后，走投无路的士兵装扮成强盗，

疗养院完工后的院子，还保存的五彩屋顶

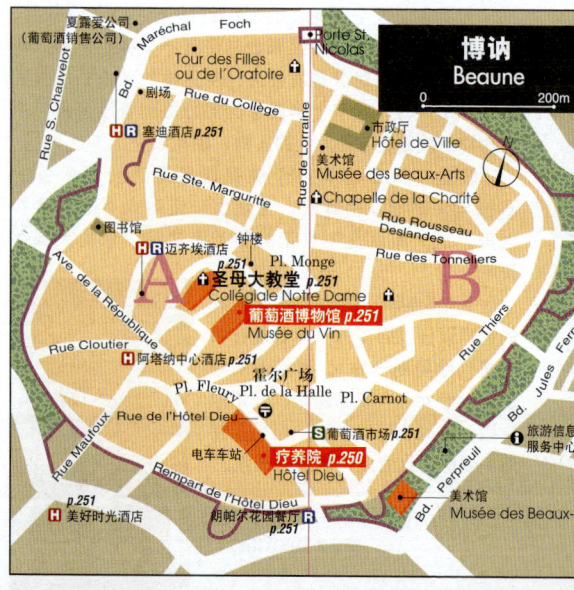

远走他乡，随之勃艮第变成一座废城。这时，接济贫民成了富人的义务，这座疗养院就是在这种背景下建成的。在它四周是一片片葡萄田，现在还大量出产葡萄酒。

疗养院的外观看起来像监狱似的非常肃穆，但是，走进院子里一看，具有勃艮第建筑样式的五彩瓦及几何模样的屋顶肯定会让你眼前一亮。房间左右墙边都是床，上边盖着红色的毛毯。病人的餐具均为镀银用具。在房间最里边有礼拜堂，病人可以躺在床上面向礼拜堂做弥撒。

在另外一栋楼里，可以看到当时这里的厨房及药品部。另外，这里还可以看到圣路易时期的15世纪的屏风画《最后的审判》和16世纪的挂毯。这座疗养院在1971年以前一直作为医院而发挥着作用。

### 圣母大教堂
**Collégiale Notre Dame** MAP p.250-A

建成于12世纪的圣母大教堂，可以说是勃艮第罗马式建筑风格的典型建筑。教堂内的挂毯上画有《圣母的一生》（15世纪）。从正面右手边的小道可以进入里边的院子，院中整洁肃静。

### 葡萄酒博物馆
**Musée du Vin** MAP p.250-A

15世纪用石头及木头建成的馆，原为勃艮第大公的住所，现为博物馆向游客开放。这里收藏着关于葡萄酒的历史、制法及有关小物件。通过这些收藏品，可以让游客很好地了解博讷及勃艮第的历史，是喜欢葡萄酒的游客不容错过的博物馆。

疗养院的房间，红色的毛毯比较引人注目

**疗养院**
9:00~11:30、14:00~17:30（3月下旬至11月中旬9:00~18:30）
常年营业  6.50欧元
从旅游信息服务中心出发步行约1分钟

褐色屋顶的圣母大教堂

**圣母大教堂**
从旅游信息服务中心出发步行约3分钟

**葡萄酒博物馆**
9:30~18:00（12月至次年3月至17:00）
12月至次年3月的周二、1/1、12/25
5.50欧元  从旅游信息服务中心出发步行约2分钟

## S 购物

### 葡萄酒市场
**Marché aux Vins** MAP p.250-A

这里销售数十种勃艮第的葡萄酒，并且可以试饮。入场费用10欧元。

从旅游信息服务中心出发步行1分钟
rue Nicolas Rolin
03 80 25 08 20  03 80 25 08 21
www.marcheauxvins.com
9:30~11:30、14:00~17:30（7、8月份白天不休息）  1/1、12/25

## H 住宿

### 阿塔纳中心酒店
**Athanor Centre** MAP p.250-A

从疗养院、圣母大教堂及葡萄酒博物馆出发步行1分钟即至。房间整洁，内部装饰以田园风格为主，舒适惬意。

从旅游信息服务中心出发步行1分钟
9/11, Ave. de la République
03 80 24 09 20  03 80 24 09 15
www.hotel-athanor.com
32间客房
单人间、双人间95欧元~

### 美好时光酒店
**Belle Époque** MAP p.250-A

虽然该酒店位于旧街区之外，但是它是由勃艮第传统的民居改造而来，小巧别致，还设有家庭房间。

从旅游信息服务中心出发步行约4分钟
15-17, rue Fg. Bretonnière
03 80 24 66 15  03 80 24 17 49
www.hotel-belleepoque-beaune.com
19间客房  单人间、双人间88欧元~

## R 餐饮

### 朗帕尔花园餐厅
**Le Jardin des Remparts** MAP p.250-A

建于20世纪30年代的勃艮第建筑。这里可以品尝到当地的风味，夏天有露台，可以在这里悠闲自得地畅饮葡萄酒。

从旅游信息服务中心出发步行2分钟
10, rue de l'Hôtel Dieu
03 80 24 79 41
www.le-jardin-des-remparts.com
12:00~13:30、19:00~21:00
周日、周一、12月、1/1~1/11  35.90欧元~

## H 住宿 & 餐饮

### 迈齐埃酒店
**L'Abbaye de Maizières** MAP p.250-A

酒店建于12世纪，里面设有餐厅，在这里可以品尝到传统的美食，且此里的传统美食备受游客的青睐。

从旅游信息服务中心出发步行2分钟
19, rue Maizières
03 80 24 14 25  03 80 22 49 49
www.hotelabbayedemaizieres.com
14间客房  单人间、双人间112欧元~

### 塞迪酒店
**Hostellerie de Cèdre** MAP p.250-A

酒店紧靠剧场及葡萄酒销售公司。不但有免费的自行车可租借，还可以泡温泉，同时可以在庭院的阳台上吃早餐。

从葡萄酒博物馆出发步行5分钟
10/12, b. Marechal Foch
03 80 24 01 00  03 80 24 09 90
www.lecedre-beaune.com
40间客房  单人间、双人间159欧元~

# Nevers

## 讷韦尔

各时代代表性建筑物的宝库，整座城市是一部活生生的建筑史教材。

MAP p.8-F

具有文艺复兴建筑样式的公爵宫

## ACCESS

**国铁**：从巴黎里昂车站乘坐去往克莱蒙费朗（Clermont Ferra-nd）方向的快车，在讷韦尔（Nevers）下车，约需2小时，每日发车约15辆。若从克莱蒙费朗出发约1小时35分钟，每日发车6班以上。

**自驾车**：从巴黎出发走A6、A77、A7高速，约230公里。从第戎（Dijon）出发走A38、N81高速去往欧坦（Autun）方向上D978高速，约186公里。

## INFORMATION

● **旅游信息服务中心**：Halle Palais Ducal ☎03 86 68 46 00 ℻03 86 68 45 98 ℍℙwww.nevers-tourisme.com ⏰10:00～12:30、14:00～18:00（5～9月9:00～18:30，周日、节假日10:00～13:00、15:00～18:00）10月至次年4月的周日、节假日、5/1

**市内交通**：市内游览步行即可

**市内面积**：讷韦尔火车站前就是城市的入口处。从车站出发至市中心的公爵宫约600米，步行约6分钟。旧街区的游览步行即可。游览整座城市约需半天时间。

## 城市概况

从火车站出发穿过戴高乐将军大街（Ave. Général de Gaulle）直走约5分钟，就可以到达卡诺广场（Pl. Carnot），圣西尔大教堂、圣玛丽礼拜堂等重要景点就在它旁边，著名的彩陶陶器工作室及购物大街也大多集中在方圆300米以内。近郊有F1赛车场。

## 景点

在圣西尔和圣朱丽叶大教堂（Cathédrale St. Cyr et Ste. Juliette）的入口附近，有11世纪罗马式样式的建筑，13世纪动工至16世纪完工期间，这座大教堂吸取了各时代的建筑样式，将各时代的建筑精华很好地运用到这座大教堂的建筑里。像插着许多蜡烛的大蛋糕建筑外观，被认为是勃艮第的哥特式建筑。与外部装饰完全不同，内部装饰以时尚的彩绘玻璃为主题，所以里边非常明亮。但是，这些原来的玻璃难逃第二次世界大战时期的空袭的破坏，现在的均为战后重建的。

后面 圣西尔和圣朱丽叶大教堂的

大教堂的东侧、旅游信息服务中心内是**公爵宫**（Palais Ducal）。从南侧的共和广场可以一览它的全貌，特别引人注目的要数中央那座满洒的塔楼，据说它是文艺复兴时期的典型建筑物。现在宫殿的一部分是市政府办公的地方。

宫殿北部的圣马丁大街上的**圣玛丽礼拜堂**（Chapelle Ste.Marie）引人注目，它是修道院建筑物的一部分，是法国非常珍贵的巴洛克样式建筑，内部目前还没有对外开放。

### 圣西尔和圣朱丽叶大教堂
- 开 9:00～12:00、14:00～18:00
- 休 宗教活动时
- 交 从旅游信息服务中心出发步行约1分钟

### 公爵宫
- 开 只有导游陪同才可参观（4～10月份的周日15:30开放）。另外，宫殿内若有定期展览时也可以入馆。

讷韦尔从16世纪开始以制作彩陶而著名，到17世纪全市12个烧陶窑里约有1800个工人工作。现在这里的制陶业也很发达。在卡诺广场及朱丽叶第十四大街（Rue du 14 Juillet）有很多销售陶器制品的商店，如果想买工艺品，不妨去那里看看。

传统的讷韦尔陶器

## 🅷 住宿

### 克利夫斯酒店
**Clèves**
- 交 从卡诺广场出发行约1分钟
- 📍 8,rue St. Didier
- ☎ 03 86 61 15 87
- ℻ 03 86 57 13 80
- ℍℙ www.hoteldecleves.com
- 🛏 15间客房
- € 单人间47欧元～，双人间57欧元～

# Autun
# 欧坦

MAP p.8-F

1世纪初与罗马相媲美的古罗马的都城。

耸立在阿鲁河对面原野上的雅尼斯神庙

## 城市概况

从欧坦车站或公交车终点站出发穿过戴高乐大街(Ave. Charles de Gaule),爬上它旁边的小坡路就可以到达最繁华的街道——高第街(Rue aux Cordiers)的入口处。大教堂就在高第街南边的300米处。另外,雅尼斯神庙就在车站对面阿鲁河的对岸。城市人口约1.5万。

## 景点

欧坦拥有2000年以上的历史,在这里随处可见高卢-罗马时代的遗迹。东部的**罗马剧场**(Théâtre Romain)是法国建造的最大的剧场。现在每年夏天的盛会均在这里举行。

容纳约2万人的罗马剧场

当时的欧坦四周被城堡包围,有4个门,现在在罗马剧场的西北有圣安德烈门(Porte St. André),西边有阿鲁门(Porte d'Arroux)。在城堡的最南端有乌尔苏莱恩塔(Tour des Ursuline),它被认为是主塔而保留下来。作为高卢-罗马时代的遗迹,阿鲁河对面的**雅尼斯神庙**(Temple de Janus)值得一看。在荒芜的原野上,高高耸立着2块高约24米的高卢-罗马时代的神殿遗迹,据说它是神像安置室上的一部分墙壁。

12世纪时,欧坦的牧师等人开始兴建大教堂,他们将100年前的圣拉扎尔的遗骨安置在大教堂里。完工于1146年的**圣拉扎尔大教堂**(Cathédrale St. Lazare)入口处的半圆形门上,刻有《最后的审判》,吸引了大批游客前来朝拜。

如果厌倦了户外游览,可以去大教堂北侧的**罗兰美术馆**(Musée Rolin)逛逛。一层是高卢-罗马时期的收藏品,陈列着从凯尔特人的遗迹(p.258)处出土的发掘品。

主塔乌尔苏莱恩

### ACCESS
**国铁**:从巴黎里昂车站乘坐去往里昂的TGV在勒克勒佐(Le Creusot-Montceau)车站下车(约1小时20分钟),接着换乘去往欧坦的公交车约45分钟即可到达欧坦。每日发车1~7班。
**自驾车**:从巴黎出发走A6、N81高速,约320公里。从第戎出发走A38、N81高速,约86公里。

### INFORMATION
**旅游信息服务中心**:13, rue Général-Demetz ☎03 85 86 80 38 ℻03 85 86 80 49 ⓗⓟwww.autun-tourisme.com 营9:00~13:00、14:00~19:00,7、8月9:00~19:00(周日、节假日10:00~13:00、15:00~18:00)10月至次年4月9:30~12:30、14:00~18:00 休10月至次年4月的周一上午、9月至次年6月的周日
**市内交通**:旧街区游览步行即可。
**市内面积**:主要景点都集中在旧街区方圆1.5公里周围。参观完欧坦的所有景点约需半天时间。

**罗兰美术馆**
营10:00~12:00、14:00~17:00(周一10:00~12:00、14:30~17:00,4~9月9:30~12:00、13:30~18:00)
休周二,1/1、5/1、7/14、11/1、11/11、12/25前后的一周
€4欧元(第一个星期日免费)
从旅游信息服务中心出发步行约5分钟

### 住宿&餐饮
**旅游贸易酒店**
Commerce et Touring
位于火车站前
20 Ave. de la République
☎03 85 52 17 90
℻03 85 52 37 63
ⓗⓟwww.hotel-commerce-touring-autun.com
休12/24~1/25
21间客房
€单人间、双人间45欧元~

# Mâcon
# 马孔

MAP p.9-G

馋嘴猫向往的城市，以葡萄酒、农产品、乳酪制品及点心而著名。

索恩河周围，繁花似锦的马孔城

## ACCESS

**国铁**：从巴黎里昂车站乘坐TGV在马孔下车，约需1小时35分钟，每日发车约6班。从马孔洛什（Loché）车站到市中心，乘坐公交车约15分钟。从第戎出发到马孔维尔（Macon Ville）车站，约需1小时，每日发车约4班。从里昂佩拉什（Lyon Perrache）或里昂帕特迪（Lyon Part Dieu）车站，乘坐特急列车约需55分钟，每日发车4班以上。

**自驾车**：从巴黎出发走A6高速至马孔，约400公里。从第戎出发走A31、A6高速约126公里。从里昂出发走A7、A6高速至马孔，约73公里。

## INFORMATION

● 旅游信息服务中心：1, pl. St. Pierre ☎03 85 21 07 07 ℻03 85 40 96 00 ℍℙwww.macon-tourism.com 开10:00~12:00, 14:00~18:00(5、6、9、10月9:30~12:30, 14:00~18:30, 7、8月至19:00) 休9月至次年6月的周日, 11月至次年4月的周日, 12月至次年3月

**市内交通**：主要景点均集中在旧街区周围，步行参观即可。

**市内面积**：旧街区沿宽300米、长600米的索恩河而建，呈长方形状。游览需1天时间。

## 城市概况

从火车站出发，沿左边小道的下坡路走，就到了维克多·雨果街（Rue Victor Hugo）。在旅游信息服务中心向右转，就到了安静的旧街区。繁华的卡诺街（Rue Carnot）与杜福尔街（Rue Dufour）相交处，还有酒吧街（Rue de la Barre）等。

步行街上有许多咖啡店和高级餐厅，在这个既充满浪漫又古朴的小城市里，可以真实地感受法国的恬静。有时间的话，还可以去点心食品一条街看看，那里是让许多游客垂涎三尺的地方。整座城市的人口约有3.6万。

### 旧圣文森特大教堂
### Vieux St. Vincent
MAP p.254

四周均为居民区的两座古塔，反映了这个城市悠久的历史。实际上它们也是马孔历史上最有价值的两座建筑物。马孔是6至18世纪正式批准设置主教职位的城市。大教堂始建于6世纪，之后12世纪又增建与加固，16世纪遭新教徒的袭击，大革命（1789~1794）期间又遭破坏，使其失去了昔日的光彩。

现在这两座塔楼和12世纪大教堂的断壁残垣被列为国家重点保护对象。可以登上南侧的塔楼一览旧街区外的索恩河及它旁边的小溪谷。

### 旧街区
### Vieille Ville
MAP p.254

建成于15世纪的疗养院，保存着许多路易十五时期烧制而成的药壶。另外，还可以参观当时的木质墙壁

坐落在居民区的旧圣文森特大教堂

### 旧圣文森特大教堂
- 开 10:00~12:00, 14:00~18:00
- 休 周一、周日上午, 7/14, 10月至次年5月
- € 免费
- 交 从旅游信息服务中心出发步行约4分钟

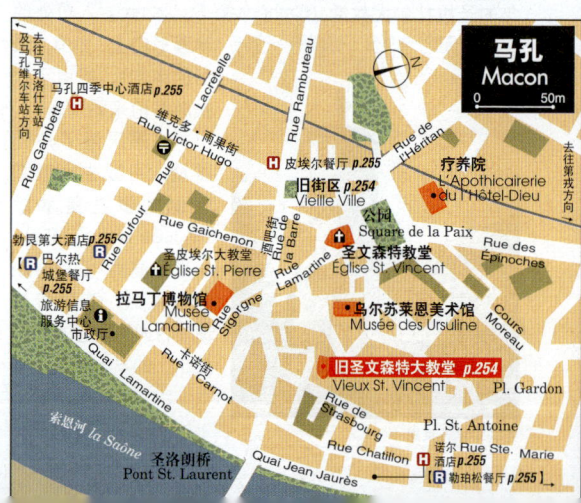

和室内装饰。在疗养院和广场中间的对面，是拿破仑新建的圣文森特教堂。1869年，这里曾举行过马孔出生的诗人拉马丁的葬礼。拉马丁于1790年生于大教堂旁边的一个家庭里，现在他还是法国人十分爱戴的诗人之一。拉马丁那真挚的浪漫主义抒情诗，正是马孔这座美丽的城市赐给他的最好的礼物。

为纪念两次大战中牺牲的烈士而筑的石碑，位于旧街区疗养院前的广场上

## R 餐饮

### 勒珀松餐厅
Le Poisson d'Or　　MAP p.254外

因靠近索恩河沿岸，所以餐厅以提供海洋食品为主。夏天的露台午餐颇有特色。

从旅游信息服务中心出发步行约15分钟　Allée du Parc-Port de Plaisance　03 85 38 00 88　12:00~14:00、19:00~22:00　周日、周二夜间，周三全天　32欧元~

### 皮埃尔餐厅
Pierre　　MAP p.254

餐厅以古朴的田园式风格装饰为主，供应马孔特产的沙罗莱牛排。

从旅游信息服务中心附近　7, rue Dufour　03 85 38 14 23　03 85 39 84 04　12:00~14:00、19:30~20:30　周日夜间、周一、周二的白天、7月中旬的前3周　28.50欧元~

### 巴尔热城堡餐厅
Château de la Barge　　MAP p.254外

集酒店与餐厅为一体，供应当地传统佳肴，还可以畅饮葡萄酒。

从马孔出发乘车约10分钟　Chaintré, Route des Allemandes, Crèches S/Saône　03 85 23 93 23　03 85 23 93 39　www.chateaudelabarge.fr　12:00~14:00、19:30~21:30　12/19~1/2　26欧元~

## H 住宿

### 勃艮第大酒店
Bourgogne　　MAP p.254

酒店虽然面向大街，但是屋子内非常安静，天气好的时候一定要在院子中间品味美食哦。

从火车站出发步行约4分钟　6, rue Victor Hugo　03 85 21 10 23　03 85 38 65 92　www.hotelde-bourgogne.com　50间客房　单人间、双人间76欧元~

### 诺尔酒店
Nord　　MAP p.254

酒店位于旧文森特教堂的旁边，价格便宜，干净舒适。

从旅游信息服务中心出发步行约5分钟　313, quai J. Jaurès　03 85 38 08 68　03 85 39 01 92　www.hotel-dunord.com　16间客房　单人间、双人间65欧元~

### 马孔四季中心酒店
All Seasons Mâcon Centre　　MAP p.254

酒店位于车站前，交通四通八达，近年刚重新装修完毕，无论是游览还是购物都十分方便。

从马孔维尔车站出发步行约1分钟　9I, rue Victor Hugo　03 85 39 17 11　03 85 38 02 75　www.all-seasons-hotels.com　48间客房　单人间85欧元~、双人间90欧元~

## 为您导航

### 葡萄酒主题公园

马孔附近有很多葡萄田和酿酒厂，如果时间允许的话，一定不要错过［葡萄酒协会出版的马孔-博若莱葡萄酒路线图（Route des Vins Mâconnais-Beaujolais）非常便利］。如果实在没有时间，可以去葡萄酒主题公园（Le Hameau du Vin）逛逛，也别有一番趣味。这里有各种关于葡萄酒制作技术的展示及录像。如果想绕着葡萄园转转的话，可以乘坐小型游览车，非常便利。除此之外，这里有餐厅、酒吧、商店，是老少皆宜的游乐园。

在葡萄酒车上试饮马孔葡萄酒

9:00~19:00（11月至次年3月10:00~18:00）　常年营业　16欧元（冬季打折，16岁以下免费）　紧邻罗马内什·托兰（Romanèche Thorins）车站（从马孔维尔车站乘坐当地火车约15分钟），一日约运行8班

# Besançon
# 贝桑松

这里不仅是钟表等精密仪器的生产基地,还是音乐节的主要举办城市,经济文化异常发达。

**MAP** p.9-G

## ACCESS

**国铁**:从巴黎里昂车站乘坐TGV在贝桑松威欧特(Besançon Viotte)车站下车,约需2小时30分钟,每日发车5班。从戎出发出发乘坐快车约需50分钟,每日发车10班以上。
**自驾车**:从巴黎出发走A6、A36高速,约410公里。从里昂出发走A42、A39、A36高速,约255公里。

## INFORMATION

**旅游信息服务中心**: 16, rue Républiqu(市政厅附近) ☎03 81 80 92 55 📠03 81 80 58 30 HPwww.besancon-tourisme.com 开10:00~18:00/周日、节假日11:00~13:00 休1/1、12/25
**市内交通**:主要景点大都集中在旧街区,游览只需步行即可。
**市内面积**:旧街区是半径约600米的圆形,游览约需一天半。

## 城市概况

贝桑松是紧邻瑞士边境的弗朗什-孔泰大区的中心城市。10世纪由勃艮第掌管,15世纪由哈布斯堡家族控制,1678年归法国管辖。路易十四命令天才军事家沃邦在此建造以军事为目的的城堡,现在这些城堡和法国其他地方的城堡一样,被列入联合国教科文组织的世界遗产名录。作为时钟等精密仪器的主要产地,它还是国际音乐节的主要举办城市。小泽征尔就是在贝桑松音乐节上作为合唱的指挥而走向世界舞台的。贝桑松市的人口约11.6万。

主要景点大都集中在被杜河(Le Doubs)包围起来的旧街区里。从火车站出发穿过丰特内大街,沿河边的旅游信息服务中心(周六、周日休息)就可以进入旧街区游览。

旧街区中心的市政厅

## 旧街区
### Vieille Ville

**MAP** p.256-A

想充分体验在贝桑松的旅游,首先应该走访一下井然有序的旧街区。从旅游信息服务中心出发进入市中心,最初映入眼帘的是建于18世纪的圣皮埃尔教堂(Église St. Pierre),从那一带开始就进入了最繁华热闹的地段。在建于16世纪的市政厅正面左端,有建于15世纪的贝桑松尺子。它长约81.5厘米,当时贝桑松市民就以此长度为基准,丈量实物。完工于1784年的剧场,很不幸在1958

停泊在杜河上的小船

年被烧毁了一大部分。正面的6根圆形柱子被烧落，现在还可以看出当年完工时的形状。圣莫里斯教堂（Église St. Maurice）虽在18世纪经过重建，但是它那别致的正面还保留着耶稣会的建筑样式。

在沃邦城堡对面的小坡上，有罗马时代城市的建筑遗迹。卡斯坦广场（Square Castan）上的剧场里，还有建筑用过的石柱，但是，这个广场有些过于朴素，稍不留神就会错过。与广场紧邻的黑门（Porte Noire）至今诉说着古罗马旧街区的历史。里沃门（Porte Rivotte）是现存唯一的一个城堡入口。另外，还有建于16世纪的圣母院教堂（Église Notre Dame）、18世纪的喷泉等装饰着旧街区的风景。

## 圣让大教堂
Cathédrale St. Jean　　　　　　　　MAP p.256-B

建于12世纪的哥特式大教堂，内外部的拱廊都是罗马式建筑，圆形天花板是哥特式建筑样式。左侧回廊的礼拜堂有刻着《圣约翰的玫瑰》的圣坛，据说，这是4世纪左右用大理石建造而成的。这里还收藏着许多名画，特别是右侧回廊的《圣母与圣人》（Vierge aux Saints）吸引了大批游客前来观赏。另外，这里还有19世纪制作的天文时钟。

## 沃邦城堡
Citadelle Vauban　　　　　　　　MAP p.256-B　世界遗产

罗马帝国的城堡遗迹，由17世纪著名军事家沃邦设计而成的，具有很高的建筑及艺术价值，已被列入联合国教科文组织的世界遗产名录（p.31）。在城堡里，还设有动物园、水族馆和博物馆等场馆。

### 圣让大教堂的天文时钟
🕐 9:50、10:50、11:50、14:50、15:50、16:50、17:50
休 周二、1月、5/1、11/1、11/11、12/25
💶 2.50欧元
🚶 从旅游信息服务中心出发步行约12分钟

黑门被认为是罗马时代的凯旋门，里面的建筑是圣让大教堂

### 城堡
🕐 9:00～18:00（7、8月 至19:00，10/28～3/24 10:00～17:00）
休 1/1、12/25、圣人纪念日（11月上旬）、10/28、3/25的星期二
💶 7.80欧元（可以随意进入各博物馆，根据入场时间和季节的不同有时会打折）
🚶 从圣让大教堂出发步行约10分钟

## R 餐饮

### 马内戈餐厅
Le Manège　　　　　MAP p.256-B

将菠萝加入肥鹅肝里是这家店独创的菜肴，受到广大游客的一致好评。

🚶 从车站出发步行约5分钟
📍 2, fbg.Rivotte
☎ 03 81 48 01 48　📠 03 81 82 74 50
⏰ 12:00～13:30、19:30～21:30
休 周六、周日夜间、周一　💶 23.50欧元～

### 巴尔托餐厅
Barthod　　　　　MAP p.256-B

当地老少皆知的老字号饭店，至今约有60多年的历史，集葡萄酒吧与餐厅于一体，这里的葡萄酒值得品尝。

🚶 从市中心到酒店步行约3分钟
📍 20-22, rue Bersot Besançon
☎ 03 81 82 27 14
⏰ 12:00～13:30、19:00～21:30
休 周日、周一　💶 32欧元～

### 克里斯托夫餐厅
Christophe Menozzi　　　MAP p.256-A

著名的老店，可以品尝现酿葡萄酒和法国当地的传统菜肴，物美价廉。

🚶 从旅游信息服务中心出发步行约6分钟
📍 11, rue Jean Petit　☎ 03 81 81 28 01
⏰ 03 81 83 36 97　12:00～14:00、19:30～21:30　休 周日、周一和节假日、8月中旬的3周，1月的1周　💶 22欧元～

## H 住宿

### 雷吉娜酒店
Régina　　　　　MAP p.256-B

位于旧街区的中心，便于游览，是个干净而温暖的小酒店。

🚶 从旅游信息服务中心出发步行约10分钟　📍 91, Grand rue　☎ 03 81 81 50 22　📠 03 81 81 60 20　🌐 www.besanson-regina.fr　🛏 20间客房
💶 单人间49欧元~，双人间55欧元~

### 诺尔酒店
Nord　　　　　MAP p.256-B

位于旧街区的繁华地段，安静便利，还设有家庭套房。

🚶 从旅游信息服务中心出发步行约10分钟　📍 8, rue Moncy　☎ 03 81 81 34 56　📠 03 81 81 85 96　🌐 www.hotel-du-nord-besancon.com　🛏 44间客房
💶 单人间、双人间49欧元~

### 热米尼酒店
Château de Germigney　　MAP p.256-A外

位于森林中的酒店，可以在这里享用早餐，以当地的传统菜肴为特色。

🚶 从贝桑松车站出发乘坐出租车约20分钟　📍 rue Edgar Faure　☎ 03 84 73 85 85　📠 03 84 73 88 88　🌐 chateaudegermigney.com　🛏 21间客房
💶 单人间220欧元~，双人间221欧元~

# Morvan
## 莫尔旺自然保护区
**著名的保护区。**

MAP p.8-F

绵延起伏的莫尔旺自然保护区

在勃艮第大区的中央地带，欧坦的西北一带是莫尔旺自然保护区。虽然有葡萄田和乳酪制品，但是莫尔旺经济发展在很长的一段时间里极其落后。

被森林、湖泊及岩川环绕的莫尔旺，没有足够的土地用来耕作，所以这里的很多女性作为乳母挣取微薄的收入养家糊口。曾经有句话说，"莫尔旺连一股爽快的风也刮不出来"。但是，近年来，莫尔旺以其独特的自然景观大力发展旅游业，吸引了大批游客前来旅游。

来这里旅游的大多是热衷于户外活动的一族，他们有来这里远足旅游的，有骑马的，有划独木舟的。即使不做运动，就在这里沐浴森林浴或者在岸边散步，也可以感受到大自然的美并和大自然亲密接触。在这里兜风，广阔的地域里美丽的风景让你目不暇接。

最近莫尔旺自然保护区的许多餐馆和酒店都以"东莫尔旺"为名，显示了对家乡发展前景的自信，也表现了莫尔旺今后将着眼于建立一流的保护区而奋斗的宏伟理想。

**ACCESS**
基本只能驾车前往。从欧坦（Autun）出发走D978高速，从韦兹莱（Vézelay）走D958高速，从阿瓦隆（Avallon）走D10高速即至。

**INFORMATION**
具体事项可向莫尔旺地区自然保护区办公室询问（Maison du Parc Naturel Régional du Morvan）58230 St.Brisson 03 86 78 79 00 www.parcdumorvan.org

# Bibracte
## 比布拉克特
**凯尔特人的遗迹。**

MAP p.9-G

复原的凯尔特士兵

在莫尔旺自然保护区南端的伯夫莱山（Mont Beuvray）上，有凯尔特人的都城高卢的遗迹。法国先民凯尔特人于公元前2世纪～前1世纪曾在这片土地上建造了都城。都城由二重城堡构成，据推测曾居住过约1万人，曾是东西南北交易的中心。恺撒在自己的《高卢战记》中描述的就是这个城市。

战后罗马人迁都欧坦，高卢随之就荒废了。但不可遗忘的是，19世纪这里发掘产业还很发达。现在在伯夫莱山不仅可以参观当时的要塞和城门，还可以参观凯尔特文明博物馆内的发掘品。从这里我们也可以略知当时凯尔特人的生活状态，这里也是法国最大的凯尔特人遗迹博物馆。

凯尔特文明博物馆（Musée de la Civilisation Celtique）[比布拉克特博物馆（Musée de Bibracte）] 71990 St.Léger sous Beuvray 03 85 86 52 35 www.bibracte.fr 10:00～18:00(7、8月至19:00) 若提前没有预约，一般11月17日至3月14日休息 9.50欧元

被发掘出来的城门

里昂　264
佩鲁日　268
维埃纳　269
阿讷西　270
沙莫尼　272
格勒诺布尔　274
欧特里沃　276

# 罗讷-阿尔卑斯

# 罗讷-阿尔卑斯概况

### 地域概要

● 享受大自然

与瑞士和意大利边境接壤的这一地区，被称为罗讷-阿尔卑斯地区。从勃艮第南边到普罗旺斯的这一大片，是一望无际的平原，有被称为"欧洲屋脊"的阿尔卑斯山脉，有名的勃朗峰也在这里，还有像镜子一样清澈见底的湖水。在这里，可以尽情感受丰富多彩、变化莫测的大自然。

● 以里昂为中心向四周发展

根据气候、风土及文化的差异，该地

流过维希的阿列河

从富尔维耶教堂的观景台饱览里昂全景

区大致可以分为两大区域。一个是罗讷流域的罗讷地区。这个地区河流众多，水资源丰富。这个地区的中心城市是里昂。在罗马帝国占领法国之前，里昂曾经是这个地区的首都，拥有悠久的历史，交通四通八达，可以说是这个地区的交通要道了。里昂的纺织业发达，特别是16世纪以后，这里的发展日新月异。在参观了罗讷-阿尔卑斯地区唯一的联合国教科文组织世界遗产——具有欧洲文艺复兴风格的旧街区后，可以到法国美食人才辈出之地——美食之城去看看。逛完里昂，还可以去佩鲁

罗讷-阿尔卑斯

日、维埃纳等地一日游，这些地方都是罗马帝国以来既具有个性又拥有悠久历史的城市。

● **雄伟的阿尔卑斯山**

罗讷－阿尔卑斯地区的另外一个区域，是与阿尔卑斯山相望的山岳地带——萨瓦地区。这里全年气温低，降雪多，只能看到冰河景象。春夏两季可以到这里远足、爬山，秋冬季节可以在这里滑雪等，一年四季这里的海外游客不断，大多都是来这里体验冬季相关活动。特别是阿尔卑斯山最高峰——勃朗峰北麓的沙莫尼，是喜欢登山的人不容错过的地方。另外，被称为"阿尔卑斯的威尼斯"的美丽湖泊阿讷西，曾经举行过奥运会的格勒诺布尔，均值得一游。

阿讷西湖边的悬铃木

## 重要景点

里昂（p.264）的旧街区被列入联合国教科文组织的世界遗产名录。杰出的历史遗迹自然不用说，因为与首都巴黎有强烈的竞争意识，所以这里的文化发展程度毫不逊色于巴黎，美术馆及博物馆都非常有参观价值。街上有许多让世界各地美食家垂涎的美味餐饮店，所以，里昂又有"美食之都"的美誉。另外，计划一天的时间可以去近郊的佩鲁日（p.268）及维埃纳（p.269）看看。如果对山岳地带的自然景观感兴趣的话，不妨去沙莫尼（p.272）及格勒诺布尔（p.274）看看。这一带不仅可以滑雪、野餐，还可以玩滑翔伞、攀岩、打高尔夫球等。可以说，这里既能体验纯正的冰上之旅，又可以放开手脚在大自然的怀抱里尽享户外运动的乐趣。但应该注意的是，这里的天气变化莫测，所以在时间安排上一定要保证宽裕一些。另外，注意带好户外运动的服装和设备。

## 交通出行建议

● 从巴黎到里昂及格勒诺布尔，最方便的就是乘坐TGV列车。一般都是1小时发1班车，大约2小时即可到达里昂或格勒诺布尔。前往阿尔卑斯山岳地带的阿讷西或沙莫尼，可以乘坐从里昂出发的快速列车。想去沙莫尼还可以换乘圣热尔韦登山列车，这辆列车走的是坡度比较陡的山路，所以乘客一定要关好窗户，不要在桌子上放置水等饮品，以防洒落。若想去往罗讷－阿尔卑斯地区的话，可以乘飞机去。在戴高乐机场换乘国内线，在里昂圣埃克苏佩里或者瑞士的日内瓦机场降落即可，航程大约均需45分钟。从日内瓦出发可以去沙莫尼或阿讷西。

● 如果是租车前往的话，从巴黎出发到里昂可以走A6国道。但是，里昂也算是数一数二的大城市，所以市内游览的话，与其开车还不如乘坐地铁、缆车等公共交通工具方便。想去阿尔卑斯山岳地带游玩的话，可以乘坐TGV在里昂下车，在里昂市内租车前往比较划算。从里昂出发去往阿讷西可以走A43、A41国道，前往沙莫尼可以走A40国道。

● 维埃纳和佩鲁日都位于里昂的郊外地区，所以可以住在里昂一日游，即可观赏完这两个地方。本地区交通最不好的是欧特里沃（Hauterives）地区，从里昂出发可以在圣瓦利耶站下车；从格勒诺布尔出发的话，罗芒是离它最近的车站。但是，下车后还需乘坐出租车或者公共汽车前往。

## 经典旅游线路

● 里昂是法国第二大城市，所以这里景点很多。仅在里昂游览就至少需要2天。如果从里昂到近郊的佩鲁日及维埃纳旅游的话，还需增加1天。还想去阿讷西、格勒诺布尔、沙莫尼等地的话，可以以里昂为据点计划好自己的旅行安排。

● 若是第一次去阿尔卑斯山岳地带游玩的话，最好是在阿讷西住一晚，在沙莫尼住两晚，在格勒诺布尔住一晚比较好，这样在充分体验大自然美的同时，还可以充分领略各个城市的魅力。若有足够的时间游第二遍的话，可以重点游览自己最喜欢的城市。

● 欧特里沃是法国最具有魅力的旅游景点，但是，遗憾的是前往这里的交通非常不便。可以以里昂或者格勒诺布尔为据点到周边一日游；如果还想进一步游玩的话，可以在罗芒住一宿。例如，可以这样安排：从格勒诺布尔出发在罗芒住一晚，第二天去欧特里沃、圣瓦利耶、里昂，最后回到巴黎，这样安排的话，时间充裕，还可以少走很多弯路。

# 风味与特产

### ●美食家辈出的里昂

作为法国第二大城市的里昂,不仅风景秀丽还是美食的天堂,几乎所有的法国人都认为里昂的美食是法国最棒的。实际上,巴黎的许多高级餐厅的顶级厨师都出生在里昂。里昂及它周边的罗讷－阿尔卑斯地区约有60家星级酒店,是世界上令众多美食家垂涎的地区。但是,与其说这里的名牌店有名,更不如说这个地区真正的价值在于本地地地道道的乡土美食。在称为"Bouchon"的酒馆(参见p.267)里,不仅可以品尝到这样的乡土美食,而且还可以畅饮葡萄酒,且价格实惠。

### ●具有里昂风味的特产

提起里昂的特产,真是不胜枚举。其中,具有代表性的是,用罗讷地区北边的沙罗莱牛(Charollais)、罗讷河梭子鱼(brochet)加工而成的即食食品及火腿(jambon)、香肠(saucisson)、干粗红肠(saucisson sec)、黑血肠(boudin noir)加工而成的食品等。如果说最具有里昂风味的食品的话,一般是指用特产的香肠和大葱做成的美食。例如,加有香肠的奶油面包就是将香肠与奶油(Saucisson en brioche à la lyonnaise)混合在一起烤制而成的面包,这样的面包是法国人最受欢迎的开胃菜或下酒菜。里昂风味的色拉(Salade lyonnaise),是指在色拉里拌有熏猪肉和猪肝的色拉(详见下面的内容介绍)。里昂风味的洋

推荐美食

## 鱼丸     Quenelles

鱼丸是将肉和鱼的肉糜揉在一起,并与香肠搭配而成的美食。罗讷－阿尔卑斯地区一般用淡水鱼做鱼丸。这里的鱼丸一般咬起来非常软,鱼丸上还会浇上黄油、生奶油及奶酪,所以,这是一道很值得一尝的美味佳肴。在餐厅和酒吧都可以尝到这种美食。

## 里昂风味的色拉     Salade Lyonaise

里昂风味的色拉,是在餐厅、酒吧及咖啡厅都可以品尝到的里昂名小吃。有与色拉菜、莴苣等菜肴搭配着吃的熏猪肉、油炸面包(用黄油炸的面包)等。在香肠上盖个水煮荷包蛋,熏猪肉与油炸面包片散发出来的香味足能引起顾客的食欲。如果是饭量小的女性的话,仅这一道菜就可以吃饱了。

## 香肠     Saucisson Chaud

香肠是罗讷－阿尔卑斯地区的名小吃,一般与热辣酱油一起搭配吃味道绝佳。一到冬天,这道菜在里昂的餐厅、酒店很受欢迎。另外,还可以在红葡萄酒里煮一下或在西红柿汁里煮一下吃,吃法可以说多种多样。

葱牛肚（Gras-double à la lyonnaise），就是将洋葱和牛肚炒在一起，再撒上盐，浇上醋而成的特色小吃。

● **代表美食——奶酪和干酪火锅**

罗讷-阿尔卑斯地区还有很多具有乡土风味的名特产和名小吃。罗讷地区南部，曾经是皇子亲王领地的多菲内地区的著名小吃是多菲内奶油烙土豆（Gratin dauphinois）。这道菜现在不仅在当地受欢迎，几乎在法国的每个酒店它都是一道让众多食客垂涎的名菜。另外，罗讷地区还多生产奶酪，其中，圣马塞兰（Saint Marcellin）、萨瓦的托梅（Tomme de Savoie）、博福尔（Beaufort）奶酪等，是非常有名的特产。特别是阿尔卑斯地区的奶酪火锅（Fondueaux fromage），是最有代表的一道美食。博福尔奶酪、孔泰奶酪、格吕耶尔奶酪等经过火锅加温后，与白葡萄酒混合在一起，搭配着方形的面包和土豆吃，味道绝佳。

● **各式各样的糖果**

罗讷-阿尔卑斯地区的糖果品种也有很多，不容错过。虽然果仁糖在法国都可以看到，但是，里昂糖果的颜色却是很让人吃惊。猛然看上去会很吓人，但仔细一看还是很可爱的造型，受大众的欢迎。另外，里昂著名杏仁软糖——果仁巧克力以及鱼丸等，作为特产是最好不过的礼物了。Coussin是绿色的像靠垫一样的形状，鱼丸（Quenelle）是用鱼的肉糜制作而成的，Cocon呈兰花的形状。

## 购物推荐

### 特色礼品店　　Miniatures

里昂市中心有很多专门卖小礼品的商店。每个店都有其独特的个性，有的是以历史为题材，有的取自城市、农家的风景，有的还以体育运动为题材。可以根据赠送人个人的兴趣爱好选择不同的作品。小型的每个售约22欧元。可以在市中心的小礼品专卖店购买。

### 传统的阿尔卑斯礼品　　Souvenirs Traditionnels des Alpes

阿尔卑斯地区曾经就有的礼品，现在也非常有名。右侧图片绣有火绒草的头巾（约10欧元），以及土拨鼠的装饰品（每个约3欧元）都是名品。土拨鼠是生息于阿尔卑斯地区的像大松鼠一样的动物，在乘坐登山列车时，可以透过车窗外的玻璃看到它。这些礼品对于热爱大山、动物及植物的纯情派而言，是最适宜不过的了。以上礼品可以在市中心的专卖店购买。

### 里昂纺织历史博物馆的珍品　　Souvenirs du Musée Historique des Tissus

在介绍里昂传统工业的里昂纺织历史博物馆里，既有传统的领带、头巾，也有现代时髦的各式物品。至于品质当然可以保证。虽然当今时代几乎在任何地方都可以买到不同地方的物品，但是，这里有在其他地方买不到的正品，所以来这里买的东西，绝对与在其他地方买到的物品不同。领带约以59欧元起价。

详见纺织博物馆的介绍（p.266）

# Lyon

# 里昂

漫步在具有15～17世纪城市风格的街上，品尝让人垂涎三尺的美味佳肴。

**MAP** p.9-G

## ACCESS

**国铁**：从巴黎里昂乘坐TGV在里昂帕特迪（Part Dieu）车站下车，约2小时的车程；从里昂佩拉什（Lyon Perrache）车站下车，约2小时10分钟的车程。几乎所有的TGV在这两个车站都停车。每日约有21班车。

**航空**：从巴黎奥利机场西航站楼或戴高乐机场2号航站楼出发，抵达里昂埃克苏佩里（Exupery）机场，约需1小时10分钟。每日约有5趟航班。从机场到市内乘坐公交车约需55分钟。

**自驾车**：从巴黎出发走A6国道，约470公里。

## INFORMATION

- 旅游信息服务中心：pl. Bellecour
- ☎04 72 77 69 69 ℻04 78 42 04 32
- HP www.lyon-france.com
- 开9:00～18:00 休常年营业

**市内交通**：有地铁、电车、公交车和缆车。可以乘坐来往于市内9个重要的旅游景点的旅游巴士，非常方便。

**市内面积**：旧街区及半岛均为东西1.5公里，南北2公里。游览所需时间约为2天。

### 地铁、公交车、缆车

市内的交通工具有电车T1、T2、T3及地铁A线、B线、C线、D线。交通费用一次约1.6欧元，在1小时内可以自由换乘，均外不加费用。一日游的巴士约4.7欧元，无论是公交车还是缆车都使用同样的票。另外，若使用里昂市内一卡通的话，可以免费参观一些特定的景点，同时凭一卡通还可以免费乘坐一些旅游专线。

## 城市概况

位于罗讷河（Rhône）和索恩河（Saône）汇合点上的里昂，可以分为三大区域。索恩河的右岸，也就是城市的西侧是被称为旧里昂（Vieux Lyon）的旧街区。两条河流之间的这部分是商业地区，也称作半岛地区。另外一部分是城市的东侧，也就是罗讷河的左岸是帕特迪（Part Dieu）地区，现在是重新开发的新城。火车站有半岛的里昂帕特迪（Part Dieu）车站和里昂佩拉什（Perrache）车站，这两个车站都有TGV通行。几乎所有的列车都在这两个车站停车，但是，有时有的列车在佩拉什车站不停车。从这两个车站间通行的话，可以乘坐电车T1，非常便利。

里昂错综复杂的小街道

半岛地区有许多美术馆和博物馆，夜间贝勒库尔广场（Pl. Bellecour）一带热闹非凡。特别是11月的第三个星期四的深夜零点，为博若莱新酒上市举办的庆典活动，是一年中最热闹的一天。

市中心纪念碑正面的艺术作品，每年都能吸引众多游客前来观赏（12月上旬开幕）。因为地铁发达去哪里都非常方便，如果只看看景点的话步行即可。

有两条河流流过的古都——里昂

## 富尔维耶尔教堂
**Basilique de Fourvière**     MAP p.265-A

位于索恩河右岸，丘陵上白色璀璨的富尔维耶尔教堂，是从1872年开始，经过24年的岁月修建而成的。虽然外表看起来很朴素，但是正面的雕刻像针织花边那样精致漂亮。教堂是中世纪风格的建筑物，塔楼等是拜占庭风格折中的样式。

内部装饰大方气派，地板用各种颜色的天然石、玻璃及瓷片镶嵌而成，整个给人一种庄严而绚丽的感觉。

另外，如果到这里旅游，一定不要忘记站在教堂后门的观景台上观赏外边的景色。以索恩河、罗讷河为背景，后

屹立于富尔维耶尔丘陵上的富尔维耶尔教堂

边是褐色的城市,这种感觉是里昂人最喜欢的一种搭配。登上教堂的塔楼,可以360度全方位眺望城市风景。但是,没有电梯,必须步行登上287个楼梯。如果天气好,能见度好的话,还可以看到中央高原的多尔山(里昂以西约100公里处)和阿尔卑斯山脉最高峰勃朗峰(里昂以东约150公里处)。

从富尔维耶尔丘陵俯瞰半岛的风景

## 旧街区
Vieux Lyon　　　　　　　　　MAP p.265-A　世界遗产

**富尔维耶尔教堂**
开 9:00~12:30, 14:00~18:00
休 4~11月的周一上午　免费
交 乘坐缆车,从富尔维耶尔(Fourvière)车站步行约1分钟

从索恩河至富尔维耶尔丘陵的这一地区的旧街区,是市内最美的一段古香古色的街区。这里曾经是纺织工业者聚集之地,15世纪后法国国王将该地区设为纺织工业的重要保护地区,这个地区曾约有1.8万台纺织机在运作。现在的城市是15~17世纪建造而成的。

　　火焰式哥特式装饰的邸宅,面向中间庭院的回廊,具有意大利文艺复兴建筑样式的邸宅等,看看这些建筑,走在庭院里有种漫游在博物馆里的感觉。这个地区周边的重要特征是,小巷(Traboule)穿过每家每户的门前,这是法国其他地区看不到的景象。还可以在圣让街(Rue St. Jean)、伯夫街(Rue Bœuf)和朱维尔街(Rue Juiverie)上漫步。

里昂旧街区的文艺复兴时期的建筑

法国最古老的罗马剧场

### 考古学公园（罗马大剧场）
■ 10:00~18:00
■ 周日，1/1，5/1，11/1，12/25
■ 免费
■ 乘坐缆车，从富尔维耶尔（Fourvièr）车站步行约3分钟

### 罗马博物馆
■ 10:00~18:00
■ 周一、部分节假日
■ 7欧元（周四免费开放）
■ 乘坐缆车，从富尔维耶尔（Fourvièr）车站出发步行约3分钟

### 加代涅博物馆
■ 11:00~18:30
■ 周一、周二、1/1、复活节、5/11、7/14、12/25
■ 6欧元
■ 从地铁里昂旧街区（Vieux Lyon）车站出发步行约5分钟

介绍里昂当地产业的纺织博物馆

### 纺织博物馆及装饰美术馆
■ 10:00~17:30
■ 周一、节假日、复活节和圣灵降临日（限装饰美术馆的1层12:00~14:00）
■ 7欧元（两个馆均可使用）
■ 从地铁雨果（Ampère Victor Hugo）站出发步行约2分钟

### 里昂美术馆
■ 10:00~18:00（周五10:30~）
■ 周二、节假日（一部分展示闭馆）
■ 常设展6欧元，企划展和套票12欧元
■ 从地铁市政厅站出发步行约2分钟

现代与古典融合的歌剧院

## 考古学公园（罗马大剧场）
### Parc Archéologique (Grand Théâtre)
**MAP p.265-A**

里昂的罗马大剧场历史悠久，建成于公元前43年，是法国最古老的罗马剧场。直径约为108米，与阿尔勒的剧场规模相当。罗马帝国时代，这里曾是城市的中心。现在大剧场里还设有**高卢—罗马博物馆**（Musée de la Gallo-Romaine），被称为考古学公园向游人开放。这里收藏着大量从里昂及其周边发掘的罗马时代的历史遗物。

## 圣让大教堂
### Cathédrale St. Jean
**MAP p.265-A**

位于旧街区沿索恩河的哥特式建筑的大教堂，作为首座主教教堂建于12世纪。从外表来看是座坚固的哥特式建筑，但是，从后边看还有当年罗马式建筑样式的痕迹。

哥特式风格的圣让大教堂

大教堂的正面有圆形的雕刻300多个，每个都以《圣经》的内容为题材。教堂内还有16世纪制作的天文时钟，现在还每天报时，在每日12点、15点及16点有自动装置的木偶出来报时。

## 加代涅博物馆
### Musée Gadagne
**MAP p.265-A**

建成于16世纪的文艺复兴式的建筑。这里不但收藏着里昂历史博物馆（Musée Historique de Lyon）的各种收藏品，还有教堂及修道院里用来装饰的雕刻品、里昂风格的家具、烧制品。另外，这里还收藏着历史书籍及世界各地的提线木偶约10万个。

## 纺织博物馆及装饰美术馆
### Musée des Tissus et Musée des Arts Décoratifs
**MAP p.265-B**

建成于18世纪的公馆。作为介绍里昂纺织业发展历史的博物馆，对外开放。展示着流行于16至20世纪的绒绣、布料、刺绣、日本和服等世界各地的纺织物。另外，这里还有装饰美术馆，陈列着各种家具及纺织机器。从这里可以全面了解历史上的里昂生活的全景。

## 里昂美术馆
### Musée des Beaux-Arts de Lyon
**MAP p.265-B**

这里陈列着从希腊、罗马遗迹中发掘的中世纪的绘画作品及雕刻作品，还有佛兰德、意大利及西班牙的绘画。在这里，还可以欣赏法国印象派等法国国内首屈一指的作品。

## 里昂歌剧院
### Opéra de Lyon
**MAP p.265-B**

1993年在原来的歌剧院的基础上改建而来的新歌剧院，是地下5层地上6层的建筑物。从正面看，上半部分是半圆形的玻璃装饰建筑，下半部分是具有欧洲歌剧院样式的古典建筑。可以说，它是一座集古朴与现代于一体的歌剧院，是20世纪末里昂人的杰作。

## 为您导航

### 里昂的特色小酒馆——Bouchon

"Bouchon"在法语中一般是指葡萄酒瓶的软木塞，但是，在里昂这个词还有别的意思，那就是"小酒馆"的意思。法国的其他地方也有很多小酒馆。为了让客人充分品尝葡萄酒，这些酒馆里一般都会准备各种各样的下酒菜。

因为不是餐厅，所以没有主菜和前菜这一说。只要想吃的点多少都可以。所以，经常在这里看到客人点好几种菜分别放在不同的小碟里吃。如果不知如何选择葡萄酒菜肴的话，可以向店里的服务员询问，他们会给你很好的建议。

街道两旁的小酒店

如果想体验里昂别样的小酒馆的话，可以去旧街区或者半岛地区的七叶树街（Rue des Marronniers）上走走。这条街道两边除了小酒馆还是小酒馆。小酒馆的营业时间与一般的餐厅不同，一直到深夜零点才打烊。

## R 餐饮

### 莱昂餐厅
**Léon de Lyon**　MAP p.265-B

夏天可以在露天就餐的餐厅。热情的厨师一展身手，总能让顾客品尝到时令美食。

- 从地铁科尔代利耶（Cordelier）站出发步行约3分钟
- 1, rue Pléney
- ☎ 04 72 10 11 12
- 12:00~14:30, 19:30~23:00
- 休 常年营业　€ 25欧元~

### 皮埃尔·奥尔西餐厅
**Pierre Orsi**　MAP p.265-B外

在装潢华丽的餐厅里，不仅可以品尝奥尔西氏的独创美食，还可以畅饮高级名酒。需要预约。

- 从地铁福熙（Foch）站出发步行约3分钟
- 3, pl. Kléber
- ☎ 04 78 89 57 68
- 12:00~13:30, 19:30~21:30
- 休 周日，除了节假日的周一　€ 60欧元~

### 联盟咖啡厅
**Café des Fédérations**　MAP p.265-B

当地很受欢迎的小店。店内柳条格子布的桌布总给人一种温暖亲近的感觉。

- 从里昂美术馆出发步行约1分钟
- 8-10, rue Major Martin
- ☎ 04 78 28 26 00
- 12:00~14:00, 19:00~21:00
- 休 周日，12/24~1/4　€ 25欧元~

### 勒米兹歌剧院餐厅
**Les Muses de l'Opéra**　MAP p.265-B

餐厅位于歌剧院的最高层位置，可以一边眺望远景一边用餐。

- 从地铁市政厅站出发步行约1分钟
- pl. Comédie
- ☎ 04 72 00 45 58
- 12:00~14:00, 19:30~22:30
- 休 周日　€ 30欧元~

### 乔治1836酒馆
**Brasserie Goreges 1836**　MAP p.265-B外

开办于1836年，是家老字号店。在这里，你可以品尝到煎蛋卷等精致菜肴。

- 从佩拉什火车站、地铁站出发步行约1分钟
- 30, cours de Verdun Perrache
- ☎ 04 72 56 54 54
- 11:30~23:30（周末和节假日前夜至0:15）
- 休 5/1　€ 25欧元~

### 梅雷·布拉齐耶酒店
**Mère Brazier**　MAP p.265-B外

酒店创办于1921年，保罗·博古斯曾经在这里学习过，现在是一家著名的高级酒店。

- 从地铁克鲁瓦·帕凯（Croix Paquet）站步行约1分钟
- 12, rue Royale
- ☎ 04 78 23 17 20
- 12:00~13:30, 19:45~21:30
- 休 周六、周日　€ 98欧元~

## H 住宿

### 弗洛伦蒂尼酒店
**Villa Florentine**　MAP p.265-A

位于旧街区的半坡上。可以从这里俯瞰里昂大街的景象，是座豪华的城堡式酒店。

- 从地铁旧街区（Vieux Lyon）站出发步行约5分钟
- 25-27, montée St. Barthélémy
- ☎ 04 72 56 56 56　 04 72 56 56 56  04 72 56 56 56   04 72 56 56 56    04 72 56 56 56     04 72 56 56 56      04 72 56 56 56       04 72 56 56 56        04 72 56 56 56         04 72 56 56 56          04 72 56 56 56           04 72 56 56 56            04 72 56 56 56             04 72 56 56 56              04 72 56 56 56               04 72 56 56 56                04 72 40 90 56
- www.villaflorentine.com
- 28间客房
- 单人间、双人间255欧元~

### 桑普朗宾馆
**Simplon**　MAP p.265-B外

位于佩拉什车站的旁边。在宾馆群里，算是最安心最舒适的小型宾馆了。

- 从佩拉什火车站、地铁站出发步行约3分钟
- 11, rue Duhamel
- ☎ 04 78 37 41 00　 04 78 37 12 72　www.hotelsimplon-lyon.com
- 37间客房
- 单人间85欧元~，双人间100欧元~

罗讷—阿尔卑斯　里昂

# Pérouges
# 佩鲁日

MAP p.9-G

以纺织工业为主的小城镇，爬山虎遍布每家每户及各大街小巷，整个城市看上去像座历史博物馆。

15世纪的古建筑常作为电影拍摄地的

## ACCESS

**国铁**：从里昂佩拉什或者帕特迪车站乘坐去艾姆贝柳(Amberieu)方向的车，在佩鲁日梅克西米约(Meximieux Perouges)下车即可。车程约30分钟，每日发车15班以上。

**自驾车**：从里昂出发走A42、D10、D84等国道，约40公里。

## INFORMATION

**ⓘ 旅游信息服务中心**：Entrée de la Cité ☎04 74 46 70 84 [HP]www.perouges.org [开]10:00～17:00, 3、4、9、10月10:00～17:00, 5月至10月10:00～17:00，周六、周日14:00～17:00, 11月至次年2月10:00～12:00（这段时间只受理电话咨询业务），14:00～16:30 [休]3～4月、9～10月的周一，11月至次年2月的周六、周日、节假日，7/14、8/15

**市内交通**：步行即可。

**市内面积**：整座城市的半径约200米，所以即使不带导游图也不至于迷路。参观完整座城市约需90分钟。

鲜花点缀的拉阿尔广场上的建筑物

### 佩鲁日旧街区博物馆
[开]10:00～12:00、14:00～18:00
[休]常年营业
☎04 74 61 00 88
[¥]4欧元
在佩鲁日旧街区酒店内

## Ⓗ 住宿 & 餐饮

### 佩鲁日旧街区酒店
**Hostellerie du Vieux Pérouges**
位于市中心的特安鲁广场（pl.du Tilleul）
pl. du Tilleul ☎04 74 61 00 88
[HP]www.hostellerie dep erouges.com
[F]04 74 34 77 90 [28间客房]
单人间127欧元～、双人间240欧元～、其他单人间95欧元元、双人间156；设有餐厅，餐饮费35欧元。

## 城市概况

四周由城墙环绕而成的城市，出入口只有两个。高处的大门（Porte d'en Haut）位于从佩鲁日梅克西米约火车站出发约1.5公里的小坡上；如果乘坐出租车的话，约5分钟即可到达。下方的门（Porte d'en Bas）位于离佩鲁日车站约1公里的地方。除了有条可以绕城一圈的路外，还有好几条近道。与其观赏风景，不如仔细感受这座城市的氛围。人口约有1100。旅游旺季在餐厅及各大旅游景点工作的人员，大多是从里昂及附近的城市过来的。

## 景点

曾作为罗马帝国的属地，因意大利的佩鲁贾人在此生活，所以这里被称作佩鲁日。据记载，14～15世纪佩鲁日的纺织工业发达，城里居住着约1500人。但是遗憾的是，进入19世纪，由于机械老化、交通不便，这里逐渐衰落了。到了20世纪初，这里曾处于像废墟一样的状态。

1910年，为了保护面临崩塌的城墙，佩鲁日设立了保护委员会，整座城市被国家作为"历史博物馆"而再度受到关注。现在佩鲁日正在有条不紊地进行着修复工作，可以略见中世纪时期朴素的市民生活情景。

最外侧的门是整座城市的正门

从最外侧大门进入佩鲁日的话，可以看到左手边有**圣玛丽·马德莱娜教堂**（Église Ste. Marie Madeleine）。它建成于15世纪佩鲁日最繁华的时代，教堂的外侧现在也是城墙的一部分。从教堂出发穿过普林斯大街（Rue du Prince），右手边就是**佩鲁日旧街区博物馆**（Musée du Vieux Pérouges），这里陈列的旧家具诉说着佩鲁日古老的历史。另外，这里还可以参观法国古香古色的庭院建筑。博物馆后边市中心有特安鲁广场（Pl. du Tilleul），曾经是处罚被称为魔女的刑场。这一带特产店及餐厅鳞次栉比。广场上各个季节的花逐次开放，广场中央的大树是1792年种植的叫作"自由之木"的菩提树。现在的这些老屋子，大部分是15世纪从哥特式建筑风格向文艺复兴风格转变时的古建筑。

整座城市唯一的一座教堂

# Vienne
# 维埃纳

MAP p.9-G

建于罗讷河河岸的城市。来到这里看到太阳照射的明亮屋顶，仿佛到了南法一样。

从罗讷河对面看到的维埃纳的旧街区

## 城市概况

城市东侧是罗讷河，西侧是管状丘陵，在东侧至西侧约300米的地带是细长的旧街区。在住宅区里分布着罗马帝国的遗留建筑。穿过车站前的布里耶大街(Cours Brillier)直走就到达罗讷河了。旅游信息服务中心也在这附近。沿河岸北上就到达圣莫里斯大教堂，穿过教堂背后的克莱芒蒂大街(Rue Clémentine)就是奥古斯特神殿，这附近是旧街区的中心。

## 景点

维埃纳的兴起比较早，它是公元前4世纪由高卢人建造的城市。公元前50年被罗马帝国占领，并成为罗讷河沿岸重要的贸易要塞，现在罗讷沿岸还有大片的住宅区。建成于公元前10年的**奥古斯特神殿**(Temple d'Auguste et de Livie)，是法国非常罕见的希腊科林斯柱式建筑，曾作为基督教教堂、博物馆及图书馆，19世纪中期著名作家梅里美将其称为"历史建筑物"受到重视，在那以后政府才加强了对神殿的保护力度。

希腊科林斯柱式建筑——奥古斯特神殿

维埃纳还是高卢地区基督教布教之地。**圣莫里斯大教堂**(Cathédrale St. Maurice) 被称为是法国东南部宗教方面最重要的教堂，现在的建筑物是11世纪至16世纪建造而成的，其罗马式建筑要素里还加入了哥特式火焰式建筑的要素。

城市的北侧沿罗讷河的**圣安德烈巴斯教堂**(Église St. André le Bas)，是建于6世纪的修道院的一部分，现在的建筑物是9世纪建成的。内庭回廊的柱子上雕刻的动物植物，栩栩如生，精巧细致。

趁太阳没落山之前，可以去西侧丘陵上的观景台游览。观景台下面是**古代剧场**(Théâtre Antique)、旧街区、罗讷河，如果天气好，能见度不错的话，可以看到对面的 阿尔卑斯山。

## ACCESS

**国铁**：从里昂帕特迪 (Part-Dieu) 或里昂佩拉什 (Lyon Perrache) 车站，乘坐去往阿维尼翁方向的快速列车，在维埃纳车站下车，约需20分钟，每日发车10班以上。
**自驾车**：从里昂出发走A7国道，约30公里。

## INFORMATION

ℹ **旅游信息服务中心**：cours Brillier
☎ 04 74 53 80 30 📠 04 74 53 80 31
🌐 www.vienne-tourisme.com
🕐 9:00～12:00, 13:30～18:00 (周日、节假日10:00～12:00, 14:00～17:00, 7、8月9:00～18:00, 周日、节假日10:00～17:00) 休 1/1、5/1、12/25、12/31
**市内交通**：游览步行即可。
**市内面积**：主要景点在300米乘600米的长方形范围内。参观完整座城市重要景点约需4小时。

### 奥古斯特神殿
🚶 从旅游信息服务中心出发步行约4分钟

### 圣莫里斯大教堂
🚶 从旅游信息服务中心出发步行约3分钟

### 圣安德烈巴斯教堂
🕐 9:30～12:30, 14:00～17:00 (周六、周 日13:30～17:30, 4～10月 9:30～13:00, 14:00～18:00)
休 周一、周日上午、1/1、5/1、11/1、11/11、12/25
💶 2.50欧元 (每月第一个周日免费)
🚶 从旅游信息服务中心出发步行约6分钟

### 古代剧场
🕐 9:30～13:00, 14:00～18:00 (11月至次年3月9:30～12:30, 14:00～17:00, 周六、周日13:30～17:30)
休 除4月至8月的星期一以外, 1/1、5/1、11/1、11/11、12/25
💶 2.30欧元 (每月第一个周日免费)
🚶 从车站出发步行约6分

## 🏨 住宿

### 中心酒店
**Le Central**
📍 位于市中心、圣莫里斯大教堂的西北方向 🏠 7, rue de l'Archevêché
☎ 04 74 85 18 38 📠 04 74 31 96 33
🌐 www.hotel-central-vienne.com
🛏 25间客房 💶 单人间、双人间54欧元～

从观景台看到的风景

# Annecy

## 阿讷西

MAP p.9-G

这里有阿尔卑斯山、有打理完美的花坛、有清澈的湖水……是座能抚慰人心灵的城市。

美丽的阿讷西湖

### ACCESS
**国铁**：从巴黎里昂车站乘坐TGV在阿讷西车站下车，约需3小时30分钟，每日发车约7班。从里昂帕特迪车站乘坐快速列车，约需2小时，每日发车10班以上。
**自驾车**：从里昂出发走A43、A41国道，约140公里。

### INFORMATION
**❶旅游信息服务中心**：1, rue Jean Jaurès ☎04 50 45 00 33 ℻04 50 51 87 20 ᎒www.lac-annecy.com
⏰9:00~12:30、13:45~18:00（5月中旬至9月中旬9:00~18:30，3/28~5/9、9/26~10/10、周日、节假日、复活节的周一、5/1前后的周日、节假日10:00~13:00、5/8、5/13、5/16、9/12~9/19的周日、节假日9:00~12:30、13:45~18:00、5/23~9/5、5/25、7/14~8/15的周日、节假日9:00~12:30、13:45~18:30 ❌10月中旬至次年3月中旬的周日、部分节假日
**市内交通**：游览步行即可。
**市内面积**：除了湖畔的散步道，旧街区的主要景点都集中在方圆400米乘400米的范围内。参观完整座城市约需1天。

## 城市概况

来到阿讷西，最先应该去的就是阿讷西湖。这里被山水包围着，郁郁葱葱，含有丰富的负氧离子。可以从火车站出发步行到达马尔萨公园（Champ de Mars）及欧洲公园（Jardin de l'Europe）。途中经过皇家大街（Rue Royale）和帕基耶大街（Rue du Pâquier）以及充满祥和氛围的商店街（有部分街道是步行者专用通道）。城中心最繁华热闹的要数蒂鲁运河（Thiu）注入阿讷西湖的入口处。沿着运河是各餐厅的露天餐桌，来这里品尝美食、观赏风景的游客络绎不绝。圣皮埃尔大教堂与运河一带是旧街区，在附近散散步也是个非常不错的选择。乘坐沿湖公交车及湖上游览船欣赏大自然，也很有情趣。爬上山坡就到了阿讷西城堡了，从高处向下俯瞰阿讷西城市全景，会给你留下难以忘怀的印象。这座城市的人口约有5.2万。

### 阿讷西湖
Lac d'Annecy

MAP p.270-B

阿讷西最值得游览的马尔萨公园

南北约12公里、细长的阿讷西湖，四周被绿荫环绕，周围分布着各种小村庄，走在村庄里犹如进入了充满神话般的世界。阿讷西城位于阿讷西湖的北边。

如果沿湖畔散步的话，可以去马尔萨公园。公园是

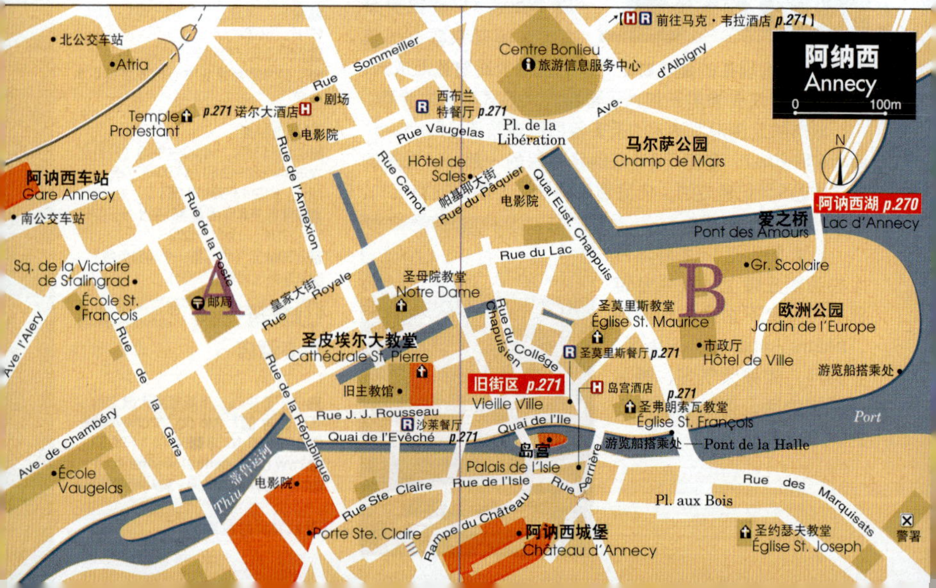

专门为散步者开发的大场地,在这里,一边赏景一边散步,简直是人生中最幸福的时刻。湖水清澈见底,天气好的话,湖水的颜色还可以变化。阿讷西湖的水质在阿讷西及周边邻村的不懈努力下现在保护得很好。从马796萨公园出发,过了爱之桥(Pont des Amours)就到了欧洲公园了。从这里出发乘坐游览船,可以在湖上尽情游览。

- 德普拉斯游船公司(Les Bateaux Dupraz)
☎ 04 50 51 52 15　HP www.bateauxdupraz.com
- 德巴特公司(Compagnie des Bateaux)
☎ 04 50 51 08 40　HP www.annecy-croisieres.com

建成于12世纪被称为"岛宫"的城馆

## 旧街区
### Vieille Ville　　　　　　　MAP p.270-B

在运河上嬉戏的天鹅

在旧街区散步的话,可以从蒂鲁运河出发。从河口看到的第二座桥往上看,就看到运河中央像船一样形状的石头馆,这个石头馆被叫作"岛宫"。它是12世纪作为阿讷西领主的城馆而建的,之后曾被作为法院及监狱,现在是老年疗养院。

两岸错落有致的房屋、四周环绕的花卉及绿荫,简直像置身于画中似的。圣皮埃尔大教堂文艺复兴风格的正门给人以优雅而高贵的感觉。这座大教堂建成于16世纪,据说18世纪启蒙思想家卢梭在此演奏过长笛。

登上城南侧的丘陵是阿讷西城堡(Château d'Annecy),它是建成于15~16世纪的城市要塞,现在是介绍当地风俗的博物馆。

### 阿讷西城堡

⏰ 10:00~12:00、14:00~17:00
(6~9月10:30~18:00)
休 周日、复活节的周一、1/1、5/1、11/1、11/11、12/25　€ 4.90欧元
🚶 从旅游信息服务中心出发步行约7分钟

在旧街区迷路也是一种乐趣

罗讷—阿尔卑斯

271

阿讷西

## R 餐饮

### 西布兰特餐厅
**Ciboulette**　　　　MAP p.270-A
旧街区小巷里用花卉装饰的精致的餐厅,可以品尝厨师精心烹制的美食。
🚶 从旅游信息服务中心出发步行约2分钟　📍 10, rue Vaugelas, cour du Pré Carré　☎ 04 50 45 74 57
⏰ 12:00~13:00、19:30~21:00
休 周日和周一、6/27~7/23　€ 71欧元~

### 圣莫里斯餐厅
**Brasserie St. Maurice**　　MAP p.270-A
被大家称为"圣莫"的大众餐厅。当日推荐的特色菜肴,不容错过。
🚶 从圣莫里斯大教堂出发步行约1分钟　📍 7-9, rue du Collège Chapuisien　☎ 04 50 51 24 49
⏰ 12:00~13:45、19:00~22:00
休 暑期的星期日白天　€ 26欧元~

### 沙莱餐厅
**Le Chalet**　　　　MAP p.270-A
位于运河沿岸。可以品尝乳酪和干酪火锅等美食,价格实惠。
🚶 从圣皮埃尔大教堂出发步行约1分钟　📍 11, rue Jean Jacques Rousseau　☎ 04 50 51 82 55
⏰ 12:00~14:00、19:00~22:00
休 周日、11/15、11/30　€ 21欧元~

## H 住宿

### 诺尔大酒店
**Nord**　　　　MAP p.270-A
位于车站附近旧街区的入口处,对旅行者来说是个便利的好去处。客房内干净整洁。
🚶 从车站出发步行约1分钟　📍 24, rue Sommeiller　☎ 04 50 45 08 78　📠 04 50 51 22 04　HP www.annecy-hotel-du-nord.com　🛏 30间客房　€ 单人间59欧元~,双人间69欧元~

### 岛宫酒店
**Palais de l'Isle**　　　　MAP p.270-B
位于阿讷西湖边18世纪的建筑物院内。从客房内可以眺望到"阿尔卑斯的威尼斯"的景象。
🚶 从阿讷西城堡出发步行约2分钟　📍 13, rue Pierrère　☎ 04 50 45 86 87　📠 04 50 51 87 15　HP www.hoteldupalaisdelisle.com　🛏 33间客房　€ 单人间、双人间76欧元~

## H 酒店&餐厅

### 马克·韦拉酒店
**La Nouvelle Maison de Marc Veyrat**　MAP p.270-B外
店主被称为"香草魔术师",可以不住宿只就餐。
🚶 从车站驾驶7分钟　📍 13, vieille route des Pensières Veyrier du Lac　☎ 04 50 09 97 49　📠 04 50 60 23 63　HP www.marcveyrat.fr
休 餐厅周日夜至周二　🛏 12间客房　€ 单人间、双人间250欧元~,餐饮82欧元~

# Chamonix-Mont Blanc
# 沙莫尼

MAP p.9-G

这里可以滑雪、登山，也可以野餐、眺望远景，享受阿尔卑斯山带给的种种乐趣。

## ACCESS
**国铁**：从巴黎奥斯特利茨车站出发在沙莫尼勃朗峰（Chamonix-Mont Blanc）车站下车，约需6小时40分钟。或者在里昂帕特迪（Lyon Part Dieu）车站或圣热尔韦（St. Gervais）车站换乘。从里昂出发约需4小时，每日发车2班以上。
**自驾车**：从里昂出发走A42、A40、N205国道，约215公里。从格勒诺布尔出发走A41、A43、A430、N90等国道，约150公里。

## INFORMATION
**旅游信息服务中心**：85, pl. du Triangle de l'Amitié ☎04 50 53 00 24 ℻04 50 53 58 90 HP www.chamonix.com 开9:00～12:30、14:00～18:30（12/20～4/15以及7月至9月 中旬9:00～19:00）休5月的周日下午
**市内交通**：可以乘坐环市内免费游览车、登山列车及空中索道。游览步行即可。
**市内面积**：整座城市最繁华的地带在400米乘600米的范围内，参观完重要景点约需1天。

### 山岳信息服务中心
☎04 50 53 22 08
℻04 50 53 27 74
HP www.ohm-chamonix.com

### 山岳交通通票
凭此票可以乘坐空中索道、登山列车等，可以说是一张多功能票。根据有效期限及可利用程度的不同，产生的费用也不同，一天约50欧元（冬季费用）。另外，还有家庭套票、情侣票及滑雪专用票等不同种类的票。根据气候有时会临时停止销售，所以，最好提前确认好可以使用的时间。

### 去往米迪峰的空中索道
开 沙莫尼勃朗峰8:30～15:30运行，米迪峰至16:30之前运行。间隔10～30分钟运行一次，根据季节的不同会有变动。
休10/25～12/17
￥往返需41欧元

## 城市概况

沙莫尼地区在海拔1040米处，位于阿尔卑斯山脉的北麓。从火车站出发，可以看到数家具有山间小屋风格的宾馆，让人切实感觉到自己来到了山间度假区。穿过米歇尔大街（Ave. Michel Croz）200米左右就到达阿尔沃河。在河流一带有巴鲁玛广场（Pl. Balmat），它是整座城市的中心。在巴鲁玛广场的尽头是帕卡街（Rue du Docteur Paccard），它是城市中最繁华最热闹的地带。要去阿尔卑斯观景台的话，可以乘坐登山用的缆车，但是这里需要注意的是，需要提前查好天气情况，只有天气好、能见度好的情况下，才能饱览沿途的风景。所以，在去往沙莫尼前两三天就要查好这一带的天气情况，合理安排好自己的行程。整座城市约有人口1万。

白雪皑皑的山峰

阿尔沃河的溪流

## 米迪峰
**Aiguille du Midi**  MAP p.272-A外

米迪峰是与勃朗峰相对的海拔约3842米的尖状山峰。沙莫尼勃朗峰架有空中索道。可以通过空中缆车到达海拔2317米高点的第一级，约需8分钟；在这里换乘后，约8

分钟就可以到达第二级海拔约3842米的北峰。如果还想登上更高的地方，可以步行过桥，乘电梯走65米到中央峰的山顶。从这里换乘远程班，在冰河上空移动5公里的距离就到顶峰。这里的风景会让人不禁叹大自然的鬼斧神工。

去米迪峰的话，夏天也得自带防寒服。另外，山上太阳光及紫外线强烈，必须戴太阳镜，防止眼睛刺伤。如果计划一次性走到海拔最高点的话，给自己留有足够的时间，保证充足的体力才可以。

## 蒙特韦尔峰
Montenvers　　　　　　　　　MAP p.272-B外

阿尔卑斯山脚下的小镇

乘坐火车站后的登山火车，约20分钟即可到达海拔约1913米的蒙特韦尔峰。从这里可以一览冰河的无限风光。宽1.2公里的冰河，全长约7公里，水流量以每年90米的速度流动。从蒙特韦尔峰可以看到德鲁峰[Aiguille du Dru（3754米）]和大若拉斯峰[Grands Jorasses（4208米）]。

**去往蒙特韦尔峰的登山铁路**
- 8:30～16:00，每隔半小时运行一趟，根据季节运行次数有所变动
- 10/10～10/24
- 若乘坐空中索道或参观洞穴的话，往返费用大约24欧元

## 山岳博物馆
Musée Alpin　　　　　　　　MAP p.272-B

山岳博物馆内的展示品

山岳博物馆主要是介绍勃朗峰和阿尔卑斯山历史及风俗的博物馆。展示着第一个成功登上勃朗峰的农夫的照片及之后关于阿尔卑斯的记录。

**山岳博物馆**
- 14:00～19:00（学校假期10:00～12:00）
- 常年营业
- 5.70欧元
- 从旅游信息服务中心出发步行约2分钟

## S 购物

### 挑战极限
Thechnique Extrême　　MAP p.272-A

这是一家实力雄厚的运动品牌专卖店。这里可以租滑雪器材。在网上提前预约的话，还有特别优惠。
- 从车站出发步行约3分钟
- 200, Ave.de l' Aiguille du Midi
- 04 50 53 63 14
- www.technique-extreme.com
- 8:30～19:30 　常年营业

## R 餐厅

### 大气餐厅
Atmosphère　　　MAP p.272-A

位于市中心最繁华的地带，专卖特色地方菜肴，夏天可以在露天用餐。
- 从旅游信息服务中心出发步行约2分钟
- 123, pl. Balmat
- 04 50 55 97 97
- 12:00～14:00、19:00～23:00
- 常年营业
- 30欧元～

### 小木屋餐厅
Maison Carrier　　MAP p.272-B外

用古木搭建的山间小屋，菜肴也是当地的特色菜，别有一番风味。
- 从车站出发步行约5分钟
- 38, route du Bouchet
- 04 50 53 05 09
- 04 50 55 95 48
- 12:00～14:00、19:00～21:30
- 7、8月以及节假日的星期一，11/7～12/24、5/8～5/26
- 28欧元～

## H 住宿&餐饮

### 布瓦·普兰饭店
Auberge du Bois Prin　　MAP p.272-A外

一家可以眺望勃朗峰的山间饭店。这里的菜肴都是用自己家栽培的蔬菜做成的，可以说相当美味。
- 从车站出发步行约30分钟
- 69 Chemin de l' hermine
- 04 50 53 33 51
- 04 50 53 48 75
- www.boisprin.com
- 10间客房
- 5/13～5/29、11/3～12/4
- 单人间、双人间274欧元～

### 格斯特维阿宾馆
Gustavia　　　　MAP p.272-B

位于车站前。屋内既十分整洁又典雅高档，提供早餐，里边的酒吧人气很旺。
- 从车站出发步行约30秒
- 272, Ave. Michel Croz
- 04 50 53 00 31
- 04 50 55 86 39
- www.hotelgustavia.eu
- 47间客房
- 单人间70欧元～，双人间125欧元～

罗讷―阿尔卑斯

沙莫尼

# Grenoble
# 格勒诺布尔

历史悠久的古城，现在是传统与现代相融合的亮丽都市。

MAP p.9-G

伊泽尔河与格勒诺布尔的旧街区

## ACCESS
**国铁**：从巴黎里昂车站乘坐TGV在格勒诺布尔（Grenoble）车站下车，约需3小时20分钟，每日发车约8班。从里昂佩拉什（Lyon Perrache）或者帕特迪（Part Dieu）车站乘坐快速列车，约1小时30分钟，每日发车6班以上。
**自驾车**：从里昂出发走A43、A48，约104公里，约需1小时。

## INFORMATION
🛈 **旅游信息服务中心**：14, rue de la République ☎04 76 42 41 41
📠04 76 00 18 98 🌐http://www.grenoble-tourisme.com
🕘9:00~18:30（周日、节假日10:00~13:00，5~9月10:00~13:00，14:00~17:00）🔄常年营业
**市内交通**：有公交车、电车、空中缆车等交通工具均可利用。
**市内面积**：市中心在方圆600米范围内，步行可以绕一圈。参观完所有景点约需1天。

## 城市概况

格勒诺布尔是伊泽尔河像蛇形盘绕而形成的弧形城市，位于瑞士与意大利边境100公里处，是重要的交通要塞，也是阿尔卑斯山岳地带的中心都市。1968年曾举办过冬季奥运会，克劳德·勒鲁什的影片《白色恋人》就拍摄于此地。整座城市被山峰环绕，夏季登山客纷至沓来，冬季滑雪客络绎不绝，热闹非凡。人口约有15.5万。

旅游信息服务中心在旧街区里，从火车站出发乘坐电车即可到达。旧街区有教堂、美术馆等重要景点。河对岸的小丘陵上有整座城市最大最知名的景点——巴士底要塞。要去巴士底要塞的话，从旧街区出发乘坐空中缆车即可到达。

### 圣母大教堂
Cathédrale Notre Dame

MAP p.274-B

从10世纪就开始动工，经过长年的扩建、改建而成的大教堂。在同一地区还有圣于格教堂（Eglise St. Hugues）、主教馆及礼拜堂等。建筑物看起来坚固雄伟。圣母大教堂内部右侧的圣柜看上去精美别致，它制作于15世纪，是集哥特式、火焰式风格

圣母大教堂的三层钟楼最引人注目

于一身的精美雕刻制品。圣于格教堂是为了纪念格勒诺布尔的主教圣于格而建的，建于13~14世纪。出生于格勒诺布尔的著名作家司汤达曾在这里接受过洗礼。主教馆是建于17世纪的建筑物，现在作为旧主教博物馆（Musée de l'Ancien Evêché）而对外开放。这里的3~4世纪的洗礼堂，是绝对不容错过的一大亮点。

热闹的旧街区和运行中的电车

## 巴士底要塞
Fort de la Bastille　　　　　　　　MAP p.274-B

巴士底要塞建于16世纪。来到这里，最不容错过的就是从观景台眺望远处的风景。天气好、能见度好的情况下，白天可以望见勃朗峰的远景，晚上可以饱览格勒诺布尔的夜景。要塞里设有餐厅、咖啡店及各种店铺。

圆形的空中缆车

### 电车
有A、B、C、D4条路线。从车站到旧街区无论走哪条路线均可到达；但是如果要进入旧街区的话，只有A线和B线可以。车票每张1.40欧元，可以在停车场的自动售票机或标有TABAC的香烟店购买。日票每张4欧元。

### 空中索道
开7、8月9:15~0:15（周一11:00~）；6月9:15~23:45（周一11:00~、周日至19:25）；9月9:30~23:45（周一11:00~、周日至19:25）；4、5、10月9:30~23:45（周一、周二11:00~，周日、周一至19:25）；11月至次年2月至18:30（周一、周二11:00~、周日~19:45，周五、周六至0:15）；3月10:45~18:30（周一、周二12:00~，周日至19:25，周五、周六至0:15）
休1月份2至4周（检车时间）
费单程4.40欧元，往返6.50欧元
交从旅游信息服务中心出发步行约5分钟

## 多菲内博物馆
Musée Dauphinois　　　　　　　　MAP p.274-B

巴士底要塞对面的空中索道下的一片建筑群，就是建成于17世纪的修道院。这里作为介绍多菲内地方的民间艺术品及特色而著名，因为这个地区位于山间，所以介绍山峰及滑雪的展示品比较多。

安静的多菲内博物馆

### 多菲内博物馆
开10:00~18:00（6~9月至19:00）
休周二、1/1、5/1、12/25
费免费
交从旅游信息服务中心出发步行约15分钟

### 格勒诺布尔美术馆
开10:00~18:30
休周二、1/1、5/1、12/25
费5欧元（每月第一个周日免费）
交从旅游信息服务中心出发步行约6分钟

## 格勒诺布尔美术馆
Musée de Grenobe　　　　　　　　MAP p.274-B

罗讷-阿尔卑斯大区首屈一指的美术馆，这里收藏着马蒂斯、毕加索、夏加尔等著名画家的作品，特别是印象派、立体主义的现代绘画作品比较丰富。

格勒诺布尔美术馆时尚的外观

## R 餐饮

### 萨瓦餐厅
Les 2 Savoie　　　　MAP p.274-A
p.274-A
这是一家老字号餐厅，这里的干酪火锅等用当地的奶酪做成的菜肴比较出名。
交从火车站出发步行约2分钟
33, Ave. Felix Viallet
04 76 87 14 76
开12:00~13:15、19:30~22:00
休周一、7/15~8/15　费18欧元~

### 拿破仑饭店
Auberge Napoléon　　　MAP p.274-B
拿破仑当年从易北河归来就曾住在这里，店内有很多关于这段历史的藏品。
交从维桑公园出发步行约1分钟　7, rue Montorge　04 46 87 53 64 / 06 22 73 89 05　开19:30~21:30　休周日、6/8~6/10、5/1~5/10、5/22~5/24、7/9~7/14、8/16~8/30　费39欧元~

## H 住宿

### 安格雷特莱大酒店
Angleterre　　　　　MAP p.274-B
在旧街区的入口处，可以俯视雨果庭院，酒店装饰典雅别致，服务周到。
交从火车站出发步行约7分钟　5, pl. Victor Hugo　04 76 87 37 21　传04 76 50 94 10　www.hotel-angleterre-grenoble.com　62间客房
单人间、双人间185欧元~

# Hauterives
# 欧特里沃

MAP p.9-G

这里有自誉为"天才与能量的化身"的自信男建造的宫殿,从法国前来参观的游客络绎不绝。

让人不可思议的外观

## ACCESS
**国铁**:离欧特里沃最近的车站是圣瓦利耶(St.Vallier)或罗芒(Romans)。从里昂乘坐快速列车到圣瓦利耶约需1小时,每日发车10班以上。从格勒诺布尔乘坐快速列车到罗芒约需1小时,每日发车10班以上。从这两个车站出发去欧特里沃,乘坐出租车或者公共汽车约40分钟;但是,公交车较少,出租车费约30至45欧元。
**自驾车**:从里昂出发走A7、N7、D41国道,约75公里。从瓦朗斯出发走A7、D51国道,约35公里。从圣瓦利耶出发走D51、从罗芒出发走D538国道,共约30公里。

## INFORMATION
**旅游信息服务中心**:目前旅游信息服务中心暂时不提供关于舍瓦尔理想宫的相关信息。关于参观的详情请咨询理想宫咨询处 ☎04 75 68 81 19 ℡ www.facteurcheval.com
**市内交通**:游览步行即可。
**市内面积**:理想宫在公共汽车站的后方,步行约需2分钟。从理想宫到舍瓦尔的墓地步行约需6分钟。参观完所有景点约需1小时。

## 城市概况
欧特里沃是座安静的小镇,主要的旅游景点只有舍瓦尔的理想宫。如果还想挖掘这里的景点的话,可以去舍瓦尔的墓地看看。空出一天参观这里的话有点浪费,大多游客是从其他景点游览完后经过这里的。夏天这里会举行音乐会等活动。

## 景点
舍瓦尔是一位很普通的邮递员,既没有受过良好的教育也没有财产,但是就这样一个平凡的人却能苦读群书。舍瓦尔是个空想家,而且他有惊人的耐力,正是这种惊人的耐力及空想促使他完成了**舍瓦尔理想宫(Palais Idéal du Facteur Cheval)**的建造。

三个巨人

舍瓦尔生于1836年,不用说,当时的邮件是步行派送的,据说,他每天带着邮件步行约32公里。1879年他43岁那年,在送信的途中看到了一块奇怪的石头,于是就把它捡了回去。这块石头触发了他的想象力,他将之前学到的东西与从这块石头上得到的灵感综合起来,建造了这座理想宫。

这座建筑物是长方形的2层建筑,长26米,平均高12米。宫殿外观是将清真寺、陶罐、埃及人墓及巨人等他能想到的古今文物具体化而建成的。内部刻有他说的每句话。比如他说,"人生就是一场战役,神保佑天才";另外一块墙壁上写着"这块纪念碑是一个农夫的作品"。理想宫经过33年的岁月打造而成。理想宫完工后12年,也就是1924年,88岁的舍瓦尔离开了人世。

刻有舍瓦尔语录的墙壁

🕐 9:30~12:30、13:30~17:30 (12、1月至16:30, 4~6月、9月至18:30, 7、8月至19:00)
🚫 1/1、1/15~1/31、12/25
💶 5.50欧元
🚌 从公交车站出发步行约2分钟

## 舍瓦尔理想宫

理想宫旁可以看到各种各样的风景

# 普罗旺斯－阿尔卑斯－蓝岸

诺曼底／布列塔尼／北部-加来海峡／皮卡第

巴黎●

阿尔萨斯／洛林／香槟-阿登

巴黎和巴黎大区

卢瓦尔河地区

勃艮第／弗朗什-孔泰

罗讷-阿尔卑斯

大西洋海岸／南部-比利牛斯／朗格多克／奥弗涅／利穆赞

普罗旺斯-阿尔卑斯-蓝岸

●尼斯

马赛●

阿雅克肖●

阿维尼翁　286
奥朗日　289
尼姆　290
阿尔勒　292
卡马格　295
滨海圣玛丽　296
普罗旺斯地区艾克斯　298
马赛　301
南法小城　304
戛纳　314
瓦洛瑞斯　316
昂蒂布　317
格拉斯　318
尼斯　319
旺斯　322
卢普　323
埃兹　324
滨海自由城　325
摩纳哥　326
芒通　328
科西嘉岛　330

# 普罗旺斯-阿尔卑斯-蓝岸概况

## 地域概要

### ●阳光明媚的地中海沿岸

普罗旺斯-阿尔卑斯-蓝色海岸被统称为南法地区。该地区以地中海沿岸中央位置的卡马格湿地为西端，意大利国境为东端，北侧以罗讷-阿尔卑斯大区为界。本书所指的普罗旺斯-阿尔卑斯-蓝色海岸地区，还包括地中海上的科西嘉岛。蓝色海岸是科特达祖尔（Côte d'Azur）的翻译，简称"蓝岸"。蓝岸还包括它周围的海岸。南法的中心城市是马赛，它

普罗旺斯地区散布着的罗马遗迹

是法国第二大城市，位于普罗旺斯-阿尔卑斯-蓝岸地区的中间位置。

### ●法国北部人的向往之地

对于法国北方的人来说，这一地区夏天炎热，冬季有密史脱拉风 [(mistral) 法国南部及地中海沿岸干寒而强烈的西北风或北风] 吹过，非常寒冷。但是，正是这块朴素的土地、与大自然合二为一的田园生活一直以来是法国北部人的向往之地。最近几年，这里也备受世界各国的关注。为了品尝普罗旺斯风味的

普罗旺斯老人们最喜欢的头球游戏

在尼斯的被称为「英国人海滨人行道」上感受地中海的海风

美食、领略这里的风景、感受这里的文化,拜访者络绎不绝。越往村庄中走,越能感受到其魅力所在。看到普罗旺斯极具个性的城市布局,更会让人着迷,也许这也正是它的魅力所在吧。

● **蓝色海岸乐园**

蓝色海岸地区有戛纳、尼斯、摩洛哥等著名风景疗养地。在这些疗养地之间,又有不少充满乡土风情的渔村。再往内陆走,有称为"香水之城"或"烧烤之城"的地区。夏天还可以在这里享受海水浴和各种海上运动。如果在这里长时间享受的话,很难重返外边嘈杂的生活。

## 重要景点

在这里游玩的话,提供以下几个主题作参考。
● 可以去尼姆 (p.290)、奥朗日 (p.289)、阿尔勒 (p.292)、阿维尼翁 (p.286) 等参观罗马遗迹。
● 可以去罗讷河东侧参观以沃克吕兹省为中心的罗马教堂,顺便可以下榻阿维尼翁。
● 游完阿尔比勒山橄榄大街后,可以参观橄榄油工厂。玩累了,可以品尝阿维尼翁特色美食和地中海海产品。可以说,这条路线是为游客设计的品味橄榄油的饮食文化之旅。
● 尼斯 (p.319)、戛纳 (p.314),可以充分领略高级度假区的风光。当然,可以在这里玩卡西诺。

另外,还可以在这里体验一下文化之旅,可以追寻着生于这块土地、深爱这块土地的古人的足迹,去寻找那些文明遗迹。关于美术方面的大家,文中(p.282) 会详细介绍。例如,可以拜访小说家都德、诗人米斯特拉尔的故乡及拿破仑去过的科西嘉岛 (p.330)。可以参见"玩转南法的经典旅游攻略"(pp.284~285),制定适合自己的旅程表。

## 交通出行建议

● 去往普罗旺斯内陆的话,可以从巴黎里昂车站或者戴高乐机场乘坐TGV列车,在阿维尼翁下车约需2小时40分钟,在马赛下车约需3小时。若还想去普罗旺斯其他地方的话,可以在这两个车站换乘快速列车。普罗旺斯交通工具最多的是公共汽车,一日只发车一两趟的城市比较多。如果想尽情游玩的话,最好租车前往;如果同行人多的话,乘坐出租车也很方便。
● 如果搭乘飞机的话,有从巴黎飞往马赛、土伦与耶尔的航班,大多只需约1小时的航程。想去这些城市以外的地区,也可以搭乘飞往这些地方的飞机,下机后也可以坐大巴前往。
● 若想去蓝色海岸,可以从巴黎里昂车站乘坐TGV,在尼斯下车,约需5小时40分钟,路程比较远。从巴黎戴高乐或奥利机场有飞往尼斯机场的航班,所以乘飞机比较方便。从尼斯机场可以乘坐机场大巴,到蓝色海岸各个小地方。
● 租车自由行的话,从巴黎出发路程比较遥远,所以,最好是先直接到达阿维尼翁、马赛或者尼斯,在这里租车比较划算。想在蓝色海岸东西通行的话,包括汽车专用道共有3条平行于海岸线的行车道可以利用。为了节省时间的话,可以走A8国道,边观赏车窗外沿海岸的风景边前行。

## 经典旅游线路

● 如果计划待3~4天的话,首先在普罗旺斯或蓝色海岸等地参观。想感受这两个地方的氛围的话,可以住在马赛、普罗旺斯地区艾克斯或者阿维尼翁,去卡西斯、拉西约塔沿海岸城市体验一下。
● 想尽情体验普罗旺斯的魅力的话,可以在阿维尼翁、尼姆各住一晚,租车去阿维尼翁东侧的小城去兜风也不错。如果时间允许的话,还可以去阿尔勒、卡马格与阿维尼翁间的城市兜风,游览普罗旺斯地区艾克斯、马赛,这样一来需10天左右的时间。
● 想尽情体验蓝色海岸的风情的话,可以在马赛住两晚、戛纳住一宿,经过瓦洛瑞斯到昂蒂布住一宿,经过格拉斯在旺斯住一宿、尼斯住三宿。在这期间,可以去埃兹看看。另外,经过摩纳哥去往芒通,这样的路线也需要最少10天左右的时间。两个地方都想去的话,导游带着需要8天左右游览完;如果个人自助游的话,最少也得需要两星期的时间。
● 如果想在南法蔚蓝色的海上运动的话,以耶尔为据点,计划一周左右的游览时间,放松心情尽情享受这里悠闲的生活及充足的阳光浴。

普罗旺斯-阿尔卑斯-蓝岸 概况

# 风味与特产

## ●橄榄油

普罗旺斯美食与法国其他地方美食最大的不同点在于,普罗旺斯美食所用的是橄榄油(Huile d'olive)。橄榄油与一般的生奶油或者黄油相比,它属于植物性的油,对人健康最有益。其他地方也越来越认识到健康的重要性,开始使用橄榄油。但是,对于普罗旺斯来说,食用植物性的橄榄油是很早就有的传统了。

用橄榄油与大葱独创的一道别有风味的普罗旺斯式的(à la provençal)菜肴,就是西红柿酱。还用橄榄油炒肉与鱼肉一起吃。另外,本地常用橄榄油烹制西葫芦、甜椒及茄子等蔬菜。西红柿不仅被做成西红柿酱,还被作为调味品。普罗旺斯风味的西红柿,就是将西红柿放入餐具内,再加入面包粉、香味蔬菜、鱼肉及火腿,放入烤炉内加热即可。

橄榄油不一定要加热才能食用,可以将绿色蔬菜用盐水浸泡后,加入橄榄油作为开胃菜吃。市场上有各种各样的橄榄油可以任意挑选。

## ●美味的海鲜产品

提起普罗旺斯的美食,除了一般的肉类外,更应该品尝的就是地中海的海鲜了。地中海的海鲜不仅有鱼类,还有

### 普罗旺斯鱼汤 Bouillabaisse

普罗旺斯鱼汤是马赛的名小吃。它是用来自地中海的各种鱼类及蟹类做成的美味鱼汤。想更好地入味的话,可以再加入百里香、月桂叶、白葡萄酒及西红柿。将烤好的面包放入做好的鱼汤里,口味别具一格。

### 油橄榄酱 Tapenade

一种用橄榄、鱼及罗勒做成的糊状食物,是普罗旺斯的一道名小吃。一般是用面包蘸着当下酒菜吃的。也有做好的罐装成品可以当作特产带回来。100克约3欧元。

### 焖菜 Ratatouille

一种将甜椒、西葫芦、茄子及西红柿等多种蔬菜,经过爆炒后再蒸煮而成的蔬菜美食。南法的蔬菜味道都比较浓重,甜味十足。美味可口的秘诀在于,多种蔬菜相互作用而散发出来的清香。

### 茴香酒 Pastis

一种茴香味的蒸馏酒,酒精度数极高,可以兑入少量的水喝。普罗旺斯的男士们十分喜欢这种酒,经常在午饭后代替咖啡喝。茴香对于中国人来说,并非是种很陌生的味道,但初次饮这种酒的人很难适应;不过,它给人带来的爽快劲儿及酒本身的后劲儿,却很快能让人适应。

### 油炸鱼条 Frites

一种将当天捕捞的海产品如各种小鱼、小蟹等,加入五香粉用橄榄油炸成的小吃。一般作为前菜食用。这道小吃与冰白葡萄酒或啤酒一起食用味道绝佳。不过,也可以只加入盐及少量柠檬汁,这样做出的更能呈现各种食材原有的味道。在渔港附近的小吃店,会吃到原汁原味的海产品美食。

甲壳类和贝类,这么多种类的海产品对于喜欢鱼类的人来说,肯定能过足瘾。鱼肉汤、鱼肉什锦火锅及炸小鱼等,一定要尝尝。最近盛行在蛋黄酱里加入葱,这种吃法很受大众的欢迎。

### ● 新鲜爽口的南法蔬菜

尼斯风味小吃(à la niçoise),就是将橄榄油、土豆、西红柿、扁豆等与金枪鱼(haricot)、鳀鱼(anchois)混合烹制而成的美食。其中,最有名的是尼斯风味的色拉(Salade Niçoise),因为这道美食量大,所以只需加两块面包就是一道美味的午餐了。

### ● 花香肥皂、干花束、陶器

普罗旺斯除了有各种美食之外,还有很多只有当地才有的产品。这个地区因为大量栽培玫瑰和薰衣草,所以这里的花香肥皂及香料油(Huile Essentielle)也是具有代表性的产品。马赛的萨翁肥皂(Savon de Marseilles),是拥有100多年制作工艺的老品牌,透明光滑的肥皂上印有当地的代表性植物——橄榄及向日葵等。另外,这里还有本地特有的陶器制品,这些陶器品上都印有本地特有的花及蔬菜图案。印有本地特有图案的衬衫、桌布及个人用小餐桌布,也很受游客的欢迎。

## 购物推荐

### 普罗旺斯陶器　　　Céramique Provençale

普罗旺斯日常生活所用的陶器餐具,只要放在手里就能感觉到它的重量,给人一种温暖的感觉。这种陶器制品在普罗旺斯的各大商店均有销售。无论是喜欢美食的人,还是喜欢法国的人,都会喜欢这种陶器的。

### 肥皂　　　Savon

薰衣草味、玫瑰味、柠檬味、香橙味、蜂蜜味及橄榄味等,普罗旺斯的肥皂种类可以说是数不胜数。这种肥皂因为是用传统的制作工艺制作而成的,所以,不仅味道清香而且色彩独特,每块肥皂都是纯天然的颜色,透明爽滑。肥皂看起来小,很容易一下子买很多,等收拾行李物品时会发现很重,所以,一定要慎重购买。

### 普罗旺斯棉制品　　　Coton Provençal

普罗旺斯的棉制品很受欢迎,中国将其作为高级用品进口了很多。但是,走进当地才知道,这种棉制品在当地非常普通,在早市上都可以买到。有小花及小蜜蜂图案的,也有画有水果、蔬菜及花朵的大图案的。

### 彩色小泥人　　　Santon

彩色小泥人是普罗旺斯最具有代表性的、最朴素的特产。如果想买具有普罗旺斯特色的工艺品,首选彩色小泥人。当然了,要买纯正的彩色小泥人,最好买手工做成的。可以去雕刻室参观,在那里,一般可以买到纯正的手工彩色小泥人。

### 干花束　　　Pot-pourri

普罗旺斯的花香,最具代表性的要数干花束了。一般它是袋装制品,可以在花香专卖店购买。大多都是各种花香混合味的成品,有柑橘系列、玫瑰系列、茉莉花系列及薰衣草系列等。

# 画家钟爱的南法

风姿犹存的吊桥

南法好像能激发画家的灵感似的。特别是19世纪末20世纪初，从欧洲北部的阴冷中逃离的画家陆续来到这里追逐阳光。画家们钟爱的这些城市至今还风姿犹存。我们可以在这里寻找他们的足迹。

## 阿尔勒 ARLES  p.292

1888年，35岁的凡·高来到阿尔勒。凡·高年轻时一度不断地转换职业、移居、失恋，可以说，来阿尔勒之前，他很迷茫、失落。但是，自从他来到阿尔勒就没有动摇过成为一名画家的信念，他的执著信念成就了其伟大的事业。在凡·高的作品里，有阿尔勒的风景。在这里，他的才能充分发挥出来，仅仅15个月的时间里创作了200多幅作品。但是，遗憾的是，在这短暂的幸福后，因精神崩溃，年仅37岁的他自杀而亡。

被阳光照耀的这座吊桥，至今还像凡·高画中的样子屹立在水面上。虽然从旧街区乘坐出租车或自行车还不能到达这里，但是来参观这座吊桥的游客络绎不绝。在回忆天才凡·高的时候，这份宁静与美丽也突然使人有些感伤。

## 尼斯 NICE  p.319

尼斯有两个非常有名的美术馆。在城北部静谧的丘陵地段上，有两座美术殿堂，它们分别是著名画家马蒂斯和夏加尔的美术馆。

1869年生于法国北部的马蒂斯，从巴黎开始学习画画时起，就对南法特别是对尼斯充满好感，经常拜访尼斯。马蒂斯的画色彩丰润，乍一看，与这个城市里的风景不协调，但是，当你真正走进这座喧闹的城市，你会感觉到画里包含着的和谐。

夏加尔1887年生于俄罗斯一个小村庄，年轻时，在巴黎美好时代以一幅让人瞠目结舌的绘画赢得了大家的赞赏。从1949年开始直到98岁，夏加尔住在尼斯附近的旺斯（p.322）继续其绘画生涯。夏加尔的画经常有空想的动物登台，人经常在画中会飞，但正是这些用丰富的色彩表现出来的充满奇思怪想的绘画作品，充满无限魅力，常被作为神话的题材使用。夏加尔蓝表现的正是尼斯蔚蓝色的大海。

夺人眼球的夏加尔美术馆

充满幻想色彩的夏加尔作品

色彩鲜艳的马蒂斯美术馆

## 普罗旺斯地区艾克斯

p.298

1839年，保罗·塞尚生于普罗旺斯。塞尚在巴黎开始了他的绘画生涯，当时他没有进入印象派的阵营里，所以其画作得不到认可，于是终于与印象派决裂，回到家乡开始专心创作具有自己风格的绘画作品。

直到晚年，塞尚本人也不被世间的人们所认可，但是丰富的色彩感却受到广泛认可。在普罗旺斯地区艾克斯的郊外，塞尚度过了他人生中的最后4年，那里是他工作兼生活的场所。茂盛的大树前是一扇敞开的玻璃窗，屋内摆设整齐，从门前的树荫不难看出，塞尚不喜欢阳光过于强烈而是喜欢阴云的天气。

保罗·塞尚工作室放置的静物

保罗·塞尚的工作室

## 昂蒂布

p.317

游人如织的毕加索美术馆

瓦洛瑞斯街头的毕加索雕刻

1946年，毕加索虽然已经65岁了，但是，对于这位精力充沛的画家来说，自己还相当年轻。那年，毕加索从巴黎来到瓦洛瑞斯（p.316），开始学习陶艺，接着就开始了以昂蒂布为主题的绘画。在古城俯瞰昂蒂布的大海，就可看到毕加索美术馆，无论是拜访瓦洛瑞斯还是昂蒂布，大家的目的都是一样的，几乎都是奔着毕加索而来的。

## 芒通  p.328

诗人让·科克托（Jean Cocteau）不仅是戏剧家、评论家，还是小说家、电影导演及画家。他的素描曾经得到毕加索的高度赞赏。出生于巴黎的让·科克托为了追逐南法明媚的阳光，来到了

## 滨海自由城  p.325

蓝色海岸地区。在滨海自由城的教堂留下了自己的壁画，随后活跃在芒通地区，创立了让·科克托美术馆。让·科克托是生活于繁华的巴黎与安静的芒通的天才。

芒通的让·科克托纪念碑

芒通的城市布局

让·科克托笔下的圣皮埃尔教堂

普罗旺斯—阿尔卑斯—蓝岸　画家钟爱的南法

# 玩转南法的经典旅游攻略

我想去南法！但是旅游时间太短暂，既不能驾车前去也不能租车去。为了实现这个愿望，给大家最好的建议就是一日游。专门旅游的公共交通工具少，所以要想到这一带旅游，最好就是乘坐公交车、火车或轮渡，当日就可以返回。

※根据季节的不同，列车时间有时也会变动。所以，最好出发前提前查好列车运行时间表，以免耽误行程。

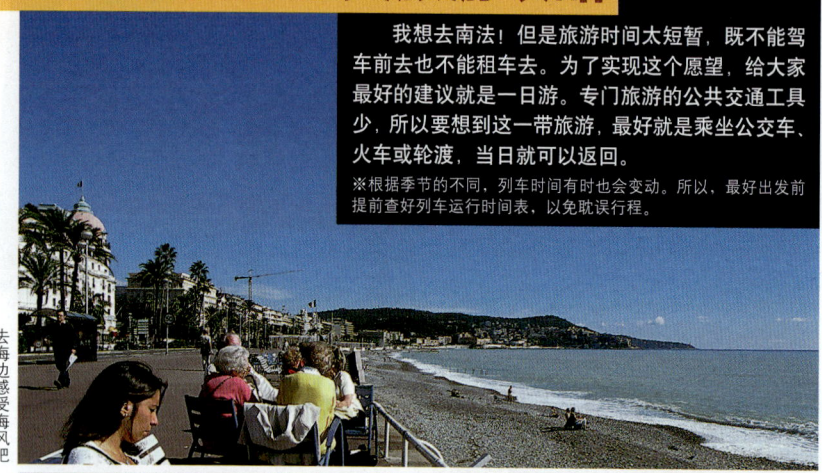

去海边感受海风吧

## 从阿维尼翁出发一日游 古代遗迹之旅、浪漫之旅

从巴黎出发乘坐TGV大约3小时就可到达阿维尼翁，它是最好的巡游普罗旺斯的起点城市。从这里出发一日游可到达的景点有奥朗日（p.289）、阿维尼翁新城（p.304）、戈尔德（p.306）、鲁西永（p.306）、阿普特（p.307）、卡瓦永（p.305）、普罗旺斯地区莱斯博（p.307）、普罗旺斯地区圣雷米（p.308）等，仔细说起来景点真是不胜枚举。再贪婪点，建议大家乘坐火车去附近的尼姆（p.290）、塔拉斯孔（p.309）和阿尔勒（p.292）这三个城市去游览一番。它们彼此相邻，从火车站出发步行即可到达这三个城市的市中心，所以计划一天时间就可以玩遍这三个地方。

首先从阿维尼翁中心（Avignon Centre）车站出发，乘坐7:00~9:00的火车，约30分钟即可到达尼姆。在这里，可以参观圆形竞技场和四方形神殿等古代建筑遗迹，同时还可以品尝阿维尼翁风味的普罗旺斯美食。从尼姆出发到塔拉斯孔，可以乘坐火车前往，约17分钟的行程，11:00~16:00这段时间发车数量越来越少，所以最好提前确认好自己乘坐列车的运行时间。参观完传说中的城市塔拉斯孔，可以前往阿尔勒地区。从塔拉斯孔到阿尔勒大约需要20分钟，1小时只有1趟（乘坐公

罗马遗迹最高杰作之一的加尔桥

交的话，时刻表上标有car的标志或者是autocar的标志）。所以，一定要掌握好时间，不要耽误行程。从阿尔勒返回阿维尼翁，可以乘坐18:00~23:00运行的直达火车，大约1小时发车1趟。

● 若想高效率游览的话，可以乘坐阿维尼翁近郊的旅游巴士。星期一至星期五每日9:30~13:00有去往加尔桥的巴士，还可以参加这里举行的葡萄酒试饮会（票价约45欧元）；13:30~18:30可以到阿尔比勒山和吕贝龙山近郊的美丽村庄悠闲散步（票价约55欧元），必须有两人以上才可以报这样的旅游团。

利厄塔尔汽车公司（Car Lieutaud） ☎04 90 86 36 75
📠04 90 85 57 07  🌐 www.cars-lieutaud.fr

## 马赛出发一日游　游览面向地中海的海滨小城市

马赛（p.301）是地中海沿岸最大的港口城市。可以在这里逗留两晚，第一天游览市内风光，第二天可以去附近的卡西斯（p.311）、拉西约塔（La ciotat）（p.311）进行一日游。但是，去这些地方要走很长的路，所以，一定要穿舒适的鞋子及轻便的服装。为了有效利用时间，最好早晨早点开始行动比较好。

从马赛圣查理车站乘坐7:00~8:00的火车（开往土伦方向），最晚9:00~10:00即可到达卡西斯（到达卡西斯车站约需20分钟，从卡西斯车站步行到市内约需40分钟，乘坐出租车约10分钟即可）。在码头晒晒太阳、散散步，累了可以在海边餐厅品尝新鲜的海鲜或当地的风味。吃过午餐之后返回车站，乘坐来时的火车半小时左右即可到达拉西约塔（到达拉西约塔车站约需7分钟，从车站到市中心乘坐公交约需15分钟）。

在拉西约塔，可以去城市东侧的海滩漫步，也可以去米基鲁（Calanque du Mugel）海湾或菲格罗拉海湾（Calanque du Figuerolles）。从拉西约塔出发到马赛的火车，22:00之前均是每小时发车1至2趟。可以在海边的露台上用完晚餐再返回马赛，也是非常不错的选择。

从高台上可以一览地中海的全景

● 马赛圣查理车站（MAP p.301-B）附近的公交终点站，有去往卡西斯和拉西约塔的长途公交车。到达马赛后，可以去附近的公交终点站确认下去卡西斯和拉西约塔的公交车运行时间，这样自己可以根据火车和公交车的运行情况制定自己的出行计划。

● 参加从卡西斯到马赛间的海上巡航，也是不错的选择。可以一边眺望蔚蓝色大海上错综复杂的海岸线和港湾，一边参观被称为"马赛的圣特罗佩"的卡西斯。这样可以充分体验地中海的神秘。价格一般是45分钟13欧元、65分钟约16欧元、90分钟约19欧元、1小时50分钟约21欧元。全年无休。

海湾旅游公司（La Visite des Calanques）
✉ 13 rue Lamatine Cassis
☎ 04 42 01 90 83
HP www.calanques-cassis.com

## 尼斯出发一日游　蓝色海岸优雅之旅

边观赏大海边悠闲散步

从巴黎出发搭乘飞机到达尼斯（p.319），非常便利。如果想游览蓝色海岸的避暑之地或艺术家之城的话，以尼斯为出发点最合适不过。特别是乘坐火车在尼斯一日游非常合适，还可以尼斯为起点去滨海自由城（p.325）、摩纳哥（p.326）、芒通（p.328）等地，最后返回尼斯。这些城市基本都在同一条线上，从车站到每个城市市中心都很近，所以非常方便。

从尼斯车站乘坐8:00~9:00开往滨海自由城方向的火车（每小时发车1至2趟，约需7分钟），可以参观有让·科克托绘画作品的礼拜堂。观赏完礼拜堂后，可以乘坐9:00~11:00去往摩纳哥的火车（每小时发车1至2趟，约需20分钟）。到摩纳哥后，在那里吃午饭、游览、散步，下午可以乘车去芒通参观，在那里吃完晚饭后再返回尼斯。

● 以尼斯为据点，有发往尼斯附近的提供外语服务的旅游巴士，省时省心。周游尼斯、埃兹、摩纳哥这三个地方约需4小时，费用约75欧元。

欢迎大家参加组团旅游项目
☎ 04 93 41 76 22
HP yokosotour.free.fr

　　另外，还有驾驶员专用的小型旅游巴士，如果需要，可以乘坐前往各旅游景点参观。

蓝天旅行社
☎ 08 71 36 92 73
HP www.blues-kyfrance.com

Avignon

# 阿维尼翁

14世纪，是罗马教皇的居住地，这里至今还能看到当时繁华的城市风景。 世界遗产

MAP●剪切图-30、p.9-K

游人如织的教皇宫

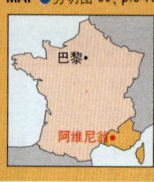

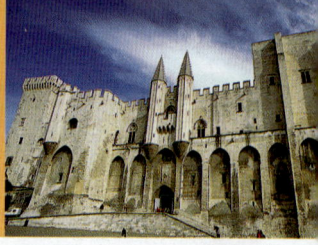

## ACCESS

**国铁：**从巴黎里昂车站乘坐去往马赛（Marseille）方向的TGV高速列车，在阿维尼翁（Avignon）车站下车，约需2小时40分钟，每日发车约16班。从马赛乘坐去往巴黎方向的TGV高速列车，约需30分钟，每日发车约28班。从TGV车站到市内乘坐摆渡车即可。
**自驾车：**从马赛出发走A7国道约100公里，从阿尔勒（Arles）出发走N570国道约35公里。

## INFORMATION

ⓘ**旅游信息服务中心：**41, Cours J. Jaurès ☎04 32 74 32 74 F04 90 82 95 03 HP www.ot-avignon.fr 开9:00~18:00，周日、节假日9:45~17:00（7月至19:00、11月至次年3月9:00~18:00，周六至17:00、周日10:00~12:00）休1/1、12/25
**市内交通：**游览步行即可。也可以乘坐小型电车，它循环于九大景点间，从教皇宫发车，游览一圈大概需要40分钟，车上有外语解说员［可以向旅行社询问详细信息（☎04 90 86 36 75）］。
**市内面积：**旧街区周边约4.3公里。参观完整座城市约需2天。

## 城市概况

穿过火车站前、客流量大的一条街，就可以看到城墙。旧街区的周长约为4.3公里。从车站出发步行约1分钟即可到达共和门（Pte.de la République），进入大门就是被茂密的悬铃木树荫点缀的共和大街，这里是这座城市最繁华、最热闹的地带。时钟广场的尽头是一排排的餐厅和咖啡店，各店门庭若市，热闹非凡。旧街区处于共和门与圣贝内泽桥结合处方圆约1.8公里的周边，两侧狭窄的小道错综复杂，古老的房屋鳞次栉比。整座城市约有人口9万。

## 教皇宫

Palais des Papes MAP p.286-A

1309年成为法国国王傀儡的教皇克莱芒五世将教皇住地移居此地，以后70年间的7代教皇均住在这座宫殿里。这座宫殿建在岩山中，墙壁厚度约为4米，形成了一座天然的防御壁垒，从外观上俨然是一座

天花板上典雅的绘画

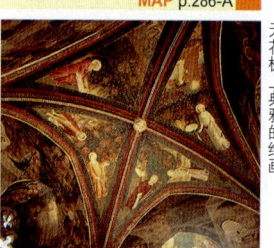

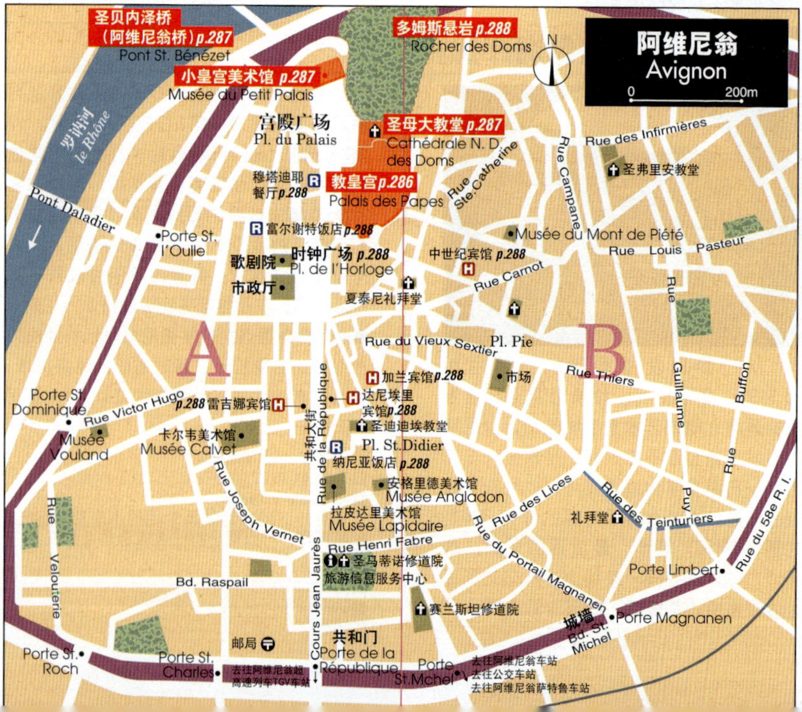

难以攻破的城堡。内部分为新旧两大宫殿，建筑物总面积约1.5万平方米。当时作为教皇住地的阿维尼翁，是意大利与法国经济、文化及政治交流的中心。但是，遗憾的是，现在这座当年赫赫有名的教皇宫，却没有了当年的风姿。加之1789年大革命时期，这里曾遭破坏和掠夺，所以更显荒凉。现在宫殿的中庭成为夏季演出的会场，也作为每年举行的各种活动的会场。进入宫殿，可以边听外语音像导游的讲解边参观，这样可以让你印象更加深刻。

活动期间守卫的士兵

## 圣贝内泽桥（阿维尼翁桥）
Pont St. Bénézet　　　　　　　　　MAP p.286-A

曾经车水马龙的圣贝内泽桥

法国古代通俗歌曲《在阿维尼翁桥上》所歌颂的地方就是这里。12世纪，15岁的牧羊少年贝内泽受到神灵启示，决定在罗讷河上建一座桥。他独自将一块十几个人都抬不动的巨石搬到河边，确定了建桥的位置。当地民众在他的率领下，于1188年终于将大桥建成。在很长的时间里，这座桥是罗讷河下游唯一的一座桥。大桥本来长900多米，有22个拱孔，是欧洲中世纪建筑的杰作。大桥建成后，曾多次被洪水冲垮，又多次重修，直到17世纪人们决定放弃这种努力。如今的贝内泽桥是一座仅余4个拱孔的断桥。站在罗讷河中的断桥上举目四望，沧桑的古城尽收眼底。断桥也成了阿维尼翁的一处胜景。

## 圣母大教堂
Cathédrale Notre Dame des Doms　　　　MAP p.286-A

教皇宫北侧大教堂的钟楼上的圣母金像，在夕阳西下时更显气派，从中也略窥教皇宫的威严之貌。建于12世纪，自建成后又经过多次修复。入口左侧有圣让礼拜堂（Chapelle St. Jean Baptiste），建于16世纪，在礼拜堂上雕刻有气派的基督像。

## 小皇宫美术馆
Musée du Petit Palais　　　　　　　　MAP p.286-A

位于教皇宫前广场北边的小皇宫，最初是作为红衣主教之馆而建的，后来在很长一段时间里作为主教馆。现在作为美术馆对外开放。里边收集着罗马式、哥特式的雕刻作品，中世纪到文艺复兴时期的意大利美术作品，15至16世纪阿维尼翁最活跃的美术家及雕刻家的作品。这些作品根据不同派别、不同年代而分布在不同的展区。

### 教皇宫
开 9:00~18:30（3/15~6/30、9/16~11/1至19:00，7月、9/1~9/15至20:00，8月至21:00，11/2~2/28 9:30~17:45），在闭馆前1小时停止入内
€ 10.50欧元，11/16~2月8.50欧元，教皇宫及圣贝内泽桥旅游联票约13欧元（11/16~2月11欧元）
交 从旅游信息服务中心出发步行约8分钟

### 圣贝内泽桥
开 9:00~18:30（3/15~6/30、9/16~11/1至19:00，7月、9/1~9/15至20:00，8月至21:00），在闭馆前半小时停止入馆
€ 4.50欧元（11/16~2月4欧元）
教皇宫及圣贝内泽桥旅游联票约13欧元（11/16~2月11欧元）
交 从旅游信息服务中心出发步行约13分钟

阳光下熠熠生辉的大教堂圣母像

### 圣母大教堂
开 7:30~19:00（冬季至17:00）
交 从旅游信息服务中心出发步行约10分钟

### 小皇宫美术馆
开 10:00~13:00、14:00~18:00
休 周二、1/1、5/1、12/25
€ 6欧元
交 从旅游信息服务中心出发步行约12分钟

从观景台上眺望对岸城市的风景

## 多姆斯悬岩
### Rocher des Doms
**MAP** p.286-B

俯瞰罗讷河的多姆斯悬岩，现在被作为公园向游客开放。这个观景台的脚底就是圣贝内泽桥，在罗讷河对岸的是菲利普塔和圣多勒要塞，更远一点还可以看到远处延绵起伏的山脉。

## 时钟广场
### Pl. de l'Horloge
**MAP** p.286-A

热闹非凡的时钟广场

时钟广场除了密史脱拉风来临时寒冷的冬天以外，其余的季节都热闹非凡。广场附近近半的面积是餐厅和咖啡店，露台上的太阳伞下都是从早到晚在这里用餐的游客。夏天街头艺人的表演攒集了大批游客，移动游乐园的旋转木马吸引了不少小朋友，甚为热闹。普罗旺斯的夜晚如果有歌剧演出，直到深夜游客依然不减。歌剧院对面的左侧建筑物是市政厅，这里有完成于15世纪的时钟。

有木偶表演的钟楼，是阿维尼翁又一道靓丽的风景。傍晚，在这里的露天座椅上，可以边聊天边看热闹的木偶表演，可以说，这是最具有阿维尼翁氛围的旅游方式了。

## R 餐饮

### 穆塔迪耶餐厅
**Moutardier**    **MAP** p.286-B

装饰着以中世纪的阿维尼翁为题材的湿壁画，是一家服务周到的高级餐厅。

- 位于教皇宫对面
- 15, pl. Palais des Papes
- 04 90 85 34 76 ⏰ 12:00～13:45、19:30～21:45（夏季至23:00）
- 常年营业 €23欧元～

### 纳尼亚饭店
**Nani**    **MAP** p.286-A

可以以实惠的价格品尝到美味的菜肴，具有乡土氛围，所以，即便是一个人也不会感到拘束。

- 紧邻旅游信息服务中心，步行约1分钟
- 29, rue T.Aubanel
- 04 90 82 60 90 ⏰ 11:30～14:30、19:00～22:00
- 周末以外的晚上及周日 €10欧元～

### 富尔谢特饭店
**La Fourchette**    **MAP** p.286-A

这里会让游客感受到普罗旺斯的一般家庭一样的氛围，可以品尝到独特的海鲜美食。

- 从教皇宫出发向西步行约2分钟
- 17, rue. Racine 04 90 85 20 93
- 12:15～13:45、19:15～22:00
- 周六、周日、8月中旬的第三个星期、12/23～1/2 €25欧元～

## H 住宿

### 中世纪宾馆
**Médiéval**    **MAP** p.286-B

房间装饰古香古色，以怀旧为主题，弥漫着祥和、安静的氛围。

- 从时钟广场出发步行约3分钟
- 15, rue Petite Saunerie
- 04 90 86 11 06 F 04 90 82 08 64
- HP hotelmedieval.com 35间客房
- 单人间48欧元～，双人间75欧元～

### 加兰宾馆
**Garlande**    **MAP** p.286-A

位于繁华地带一条安静的小道里。内部装饰具有普罗旺斯风格，非常恬静和谐。

- 从时钟广场出发步行约1分钟
- 20, rue Galante 04 90 80 08 85
- F 04 90 27 16 58 http://www.hotel-degarlande.com 11间客房 单人间80欧元～，双人间90欧元～

### 达尼埃里宾馆
**Danieli**    **MAP** p.286-A

位于热闹的共和大街上。房间内部安静，环境优雅，窗明几净，给游客十分放松的感觉。

- 从时钟广场出发步行约1分钟
- 17, rue République 04 90 86 46 82
- F 04 90 27 09 24 HP hoteldanieli-avignon.com 29间客房
- 单人间70欧元～，双人间75欧元～

### 雷吉娜宾馆
**Régina**    **MAP** p.286-A

位于主街道上，交通便利。房间内光线明亮，各摆设整齐干净，给人安逸的感觉。

- 从时钟广场出发步行不到1分钟
- 6, rue de la République
- 04 90 86 49 45 F 04 90 86 49 78
- HP www.regina-hotel.fr 30间客房
- 单人间48欧元～，双人间54欧元～

# Orange
## 奥朗日

一座能给人留下深刻印象的城市。
这里可以看到罗马遗迹的威严容貌。

MAP ● 剪切图-30外、p.9-K

## 城市概况

从火车站右手边直走穿过弗雷德里克大街（Ave. Frédéric Mistral），再走10分钟左右，走过架在小河上的桥就到达旧街区了。从旧街区直走就可以到达城市中心的和平广场（Pl. République）。

广场的左手边是古代剧场，凯旋门在旧街区的达拉第大街（Bd. Daladier）入口处向右过第二个孔桥约5分钟即可到达的位置。整座城市约有人口3万。

法国最美的墙壁与奥古斯都的雕像

## 景点

奥朗日地区原为凯尔特人所建的城市，但是，公元前35年被罗马占领。所以，在城市的周边及市中心到处可见罗马遗迹。其中，最为有名的就是**古代剧场（Théâtre Antique）**。普罗旺斯地区也有好几个罗马时期建设的古代剧场，但是，保存最好的还是奥朗日的古代剧场。它是古罗马皇帝奥古斯都下令建筑的剧场，所以，在剧场的舞台后立着他的雕像。这个墙壁长103米、高36米的大型建筑物上，还留有好几条凸腹状建筑造型。拥有2000多年之久历史的墙壁，虽然经历了自然无情的风化，但是，它那残破的样子依然风韵犹存，路易十四称之为"法国最美的墙壁"。特别是晴天夕阳西下时分，它那黄土色的外观更显得魅力十足。现在这里每年夏天还有歌剧演出。

在圣欧小丘上一览整座城市的风景

观众席背后的**圣欧小丘（Colline St. Europe）**，也不容错过。走过这个小丘，可以看到剧场美丽的墙壁上黏着的黄土及旧街区。如果天气好的话，可以看到它与罗讷河、其背后的罗讷平原及周边的小山都融为一体了。

从旧街区出发，穿过凯旋门大街（Ave. d'Arc de Triomphe）就是凯旋门的所在地了。凯旋门宽21米、高22米、深8米，是巴黎凯旋门的一半大。建于公元前20年左右，正门有描绘罗马人战争的场景，也从另一个侧面说明了这座建筑物的建筑背景。

矗立于悬铃木中的凯旋门

### ACCESS
**国铁**：从巴黎里昂车站出发在里昂帕特迪（Part Dieu）车站下车，乘坐TGV超高速列车约需2小时，换乘快速列车在奥朗日（Orange）车站下车，约需2小时。TGV每日发车约20班，快速列车每日发车约9班。从巴黎出发直达奥朗日地区的TGV超高速列车，每日发车约2班，约需3小时15分钟，从阿维尼翁（Avignon）出发乘坐快速列车，约需15分钟，每日发车约20班。
**自驾车**：从巴黎出发走A6、A7国道到达奥朗日地区，约650公里。从里昂（Lyon）出发走A7国道，约200公里。从阿维尼翁出发走A7国道，约35公里。

### INFORMATION
ⓘ 旅游信息服务中心：5, cours A.Briand ☎ 04 90 34 70 88 ℻ 04 90 34 99 62 ℹ www.otorange.fr
🕐 10:00~13:00、14:00~17:00（4~6月、9月9:00~18:30，周五、节假日10:00~13:00、14:00~18:30，7、8月9:00~19:30，周五、节假日10:00~13:00、14:00~19:00）休 10月至次年3月的周日、节假日
**市内交通**：游览步行即可。
**市内面积**：从车站出发至旧街区仅1公里。旧街区在半径约200米的圆形范围内。参观完整座城市约需2小时30分钟。

### 古代剧场 世界遗产
🕐 9:00~18:00（1、2、11、12月9:30~16:30，3、10月9:30~17:30，6~8月9:00~19:00）休 常年营业
💶 7.70欧元（全天有导游服务，有外语讲解）🚶 从车站出发步行约13分钟

### 🅗 住宿
**勒格拉西耶**
Le Glacier
🚶 从古代剧场出发步行约3分钟
📍 46, Cours A.Briand ☎ 04 90 34 02 01
℻ 04 90 51 13 80 ℹ www.le-glacier.com
🛏 30间客房 💶 单人间、双人间30欧元~

阿维尼翁／奥朗日

# Nîmes
# 尼姆

在法语里，尼姆是"泉水精灵"的意思。它是一个既浪漫、古典又现代的艺术之都。

MAP● 剪切图-29、p.8-J

矗立在圆形竞技场旁的斗牛士雕像

## ACCESS
**国铁**：从巴黎里昂车站乘坐去往蒙波利埃（Montpellier）方向的TGV在尼姆（Nîmes）下车，约需3小时，每日发车10班。从阿维尼翁（Avignon）乘坐去往纳博讷（Narbonne）方向的快速列车，约半小时即可到达，每日发车15班。
**自驾车**：从阿维尼翁出发走N100、A9国道，约40公里。从阿尔勒出发走N113、A54国道，约30公里。

## INFORMATION
● 旅游信息服务中心  6, rue Auguste
☎04 66 58 38 00 📠 04 66 58 38 01 www.ot-nimes.fr 开8:30~18:30，周六9:00~，周日和节假日10:00~17:00（4~6月、9月8:30~19:00，7、8月8:30~20:00，4~9月的周六9:00~19:00，周日、节假日10:00~18:00）休 1/1、12/25
**市内交通**：游览步行即可。
**市内面积**：旧街区一边是600米的正三角形。泉水公园不在这个范围之内。参观完整座城市约需半天时间。

290

## 城市概况

车站前是宽敞的弗歇尔大街（Ave. Feuchères），长约300米。在戴高乐广场（Esplanade Charles de Gaulle）上到处可以看到喷泉，给这座城市增添了不少活泼的气息。旧街区在广场里侧一带，广场左手边是圆形竞技场，里边是马尔什广场（Pl. du Marché），它的周边是市内最繁华的街区。沿着商店街前行的话，可以看到四方形神殿和方形艺术园。整座城市约有人口14.6万。

### 圆形竞技场
**Arènes**　　　　　　　　　　　　MAP p.290-A

罗马帝国的属地大多在市中心建造竞技场。整个法国发现了约20个竞技场，但是，相对而言，这个圆形竞技场是法国保存最为完好的，现在还作为定期举行各种活动的会场使用。圆形竞技场建成于公元1世纪，面积约为1.34万平方米，据说，当时可以容纳2万人以上。外壁有两层高为21米的拱廊；内部有34层阶梯坐席，每个人根据自己不同的身份选取不同的座位。19世纪作为竞技场使用，1853年初次作为斗牛竞技场。现在每到冬季就用布条将屋顶封上。尼姆除了有名的斗牛外，还有歌剧及爵士音乐会。

### 四方形神殿
**Maison Carrée**　　　　　　　　MAP p.290-A

四方形神殿位于古竞技场的后面，距竞技场约10分钟的路程，是一座古旧的希腊罗马式神殿。神殿三面都

圆形竞技场的内部布局

### 圆形竞技场
开 9:30~17:00（3~5、10月9:00~18:00，6月9:00~19:00，7月9:00~20:00，8月9:00~19:00）
休 举行活动时、1/1、5/1、12/25
€ 7.80欧元
交 从车站出发步行4分钟

## 为您导航

### 尼姆的象征——椰树和鳄鱼

马尔什广场上种植着的椰子树及广场中央喷泉里的青铜鳄鱼像，是尼姆的象征。这是曾经移居这里的罗马军团征服尼罗河及埃及的纪念物，所以，尼姆发行了以椰子树和鳄鱼为图案的货币，这也是尼姆象征的由来。不仅在马尔什广场上有椰子树和鳄鱼图案，在尼姆的各个地方均可看到这样的组合图案。

马尔什广场上的鳄鱼

是空地，为这座本身已经建筑得壮丽雄伟的殿堂更添了几分气势。神殿的建筑特色是科林斯式的圆柱。这座建筑高约15米、深26米，是公元前5世纪左右奥古斯都大帝统治时期模仿阿波罗神殿建造的。神殿把罗马时期的神殿形式原原本本地保留了下来，虽经过2000多年的风雨，现在依然风姿犹存。

神殿建成后曾作为市政厅大楼和教堂，现在则为古代博物馆。这里最值得一看的有，修复18世纪的泉水公园时发现的阿波罗大理石像、阿波罗青铜头像，以及1873年发掘时碎成103片的尼姆的维纳斯等。

### 泉水公园
Jardin de la Fontaine　　　　　　MAP p.290-A外

清澈的泉水缓缓流过，公园里绿树成荫。在这里，可以一边散步一边参观马涅塔（Tour Magne）和狄安娜神殿等罗马时代的遗迹。

四方形神殿

**四方形神殿**
🕙10:00~13:00、14:00~16:30（10月至18:00，3月10:00~18:00，4、9月10:00~18:30，5、6月10:00~19:30，7、8月10:00~20:00），闭馆前半小时停止入馆 休1/1、5/1、12/25 💶4.50欧元 🚶从车站出发步行约15分钟

### 🍴 餐饮

#### 玛吉斯特餐厅
Magister　　　　MAP p.290-B

位于繁华街区的一家充满温馨氛围的老店，可以充分品尝具有普罗旺斯风味的美味菜肴。

🚶从旧街区、车站出发步行约15分钟
📍5, rue Nationale ☎04 66 76 11 00
🌐www.le-magister-a-table.com
🕙12:00~13:30、19:30~21:30
休周三、周六白天、周日 💶25欧元~

#### 市场欢乐餐厅
Aux Plaisirs des Halles　　MAP p.290-A

这是一家位于海鲜食品市场旁的餐厅。在这里，可以品尝到当地的传统美食。

🚶在四方形神殿的尽头，从车站出发约15分钟 📍4, rue Littré
☎04 66 36 01 02
🌐www.auxplaisirsdeshalles.com
🕙12:00~14:00、19:30~22:00 休周日、周一，2、10月份的学校假期，11/1
💶午餐20欧元~、晚餐27欧元~

#### 利西塔餐厅
Lisita　　　　　　MAP p.290-A

位于圆形竞技场背后、马尔什广场附近的大餐厅。菜品丰富，提供不同口味的美食。

🚶车站出发步行约10分钟
📍2, bd. Arènes ☎04 66 67 29 15
🌐www.lelisita.com
🕙12:00~14:00、20:00~22:00
休周日、周一 💶22欧元~

### 🏨 住宿

#### 奥菲特酒店
Amphithéâtre　　　MAP p.290-A

位于圆形竞技场背后、马尔什广场附近，旅游、购物都非常方便。房间内部宽敞明亮。

🚶从旧街区入口、车站出发步行约10分钟
📍4, rue Arènes ☎04 66 67 28 51
📠04 66 67 07 79 🛏17间客房
💶单人间41欧元~、双人间65欧元~

#### 新博梅酒店
New Hôtel la Baume　　MAP p.290-A

位于旧街区的购物一条街上，由17世纪的具有悠久历史的建筑物改建而来。

🚶紧邻圣卡斯托圣母大教堂，从车站出发约15分钟 📍21, rue Nationale
☎04 66 76 28 42 📠04 66 76 28 45
🌐www.new-hotel.com 🛏34间客房
💶单人间110欧元~、双人间140欧元~

#### 魔法大酒店
Majestic　　　　　MAP p.290-B

房间内宽敞明亮，摆设整齐干净，环境优雅，是一家十分值得信赖的大酒店。

🚶从车站出发约5分钟 📍10, rue Pradier ☎04 66 29 24 14 📠04 66 29 77 33 🌐www.hotel-majestic-nimes.com 🛏23间客房 💶单人间65欧元~、双人间77欧元~

# Arles 阿尔勒

以都德和凡·高而著名的阿尔勒，具有南国很多的遗迹，同时也是普罗旺斯的代表性城市。

MAP ●剪切图-37、p.9-K

从圆形竞技场俯瞰阿尔勒旧街区的全景

## ACCESS
**国铁**：从巴黎里昂车站乘坐开往马赛（Marseille）的TGV高速列车在阿维尼翁（Avignon）下车，约2小时40分钟；换乘快速列车在阿尔勒车站下车，约需20分钟。从马赛乘坐开往阿维尼翁方向快速列车，约需40分钟，每日发车约17班。
**自驾车**：从阿维尼翁出发走N570国道，约35公里；从马赛出发走A55、N568、N113国道，约95公里。

## INFORMATION
❶旅游信息服务中心：bd.des Lices ☎04 90 18 41 20 ℻04 90 18 41 29 ⌂www.arlestourisme.com 開9:00~18:45（10月至次年3月至6:45，周日、节假日10:00~13:00）休1/1、12/25
**市内交通**：游览步行即可。
**市内面积**：旧街区约在500米的范围内。参观完座城市约需1天时间。

## 城市概况

阿尔勒火车站前不像一般的城市那样热闹，相反非常安静，没有一点大城市的感觉。步行约6分钟即可到达城市入口处的卡瓦勒里门（Porte Cavalerie），从这座大门继续往里走人行道越来越多。从大门出发穿过狭窄的小道约300米就会碰到一个大大的圆形竞技场。竞技场的背后是古代剧场和圣特罗菲姆教堂，教堂前是共和广场(Pl.de la République)，它是整座城市的中心。公共广场及阿鲁垃塔博物馆等主要景点也均集中在这一带。整座城市约有人口5万。

在公共广场上消遣的游人

### 圆形竞技场
Amphithéâtre
MAP p.292-B

1世纪时，这里与尼姆的竞技场曾作为一对竞技场而建，但是遗憾的是，这里曾有一段不安稳的历史，竞技场在那个时候遭到了严重的破坏。中世纪时曾一度作为

城市要塞而被重建，拱门被占用，为建设城市，曾将这里的回廊及跑道上的材料作为城市建材而使用。到了19世纪又开始重新修复这里，尽量将其复原成原来的样子。现在常被用来作为斗牛场地而使用。

椭圆的竞技场长轴为136米，短轴为107米。3座残留的塔曾经是要塞的监视塔。2层的拱门高为21米，可以登上去看看，明亮的砖色屋顶，可以远望作为其背景的罗讷河和普罗旺斯的层层山峰。

圆形竞技场2层的拱门气派典雅

## 古代剧场
Théâtre Antique　　MAP p.292-B　世界遗产

古代剧场的舞台残破的圆柱

约公元前1世纪建成的剧场，与法国其他地方的罗马剧场相比，给人破旧不堪的印象。5世纪左右，剧场的大理石被削下当作城市建设的建材使用。之后一度成为城市的要塞，接着随着时间的流逝它还被埋到地下，直到17世纪才被重新发现。除了舞台墙上的2根圆柱以外，再没有留下任何遗迹。坐在石头上抬头看位于废墟之上的剧场，多少能让人感觉到欧洲历史的悠久。台阶石座现在大部分被复原，经常在这里举办图片展和电影展等活动。

**古代剧场**
开 9:00～12:00、14:00～18:00（11月至次年2月10:00～12:00、14:00～17:00，3～4月9:00～18:00，5～9月9:00～19:00）
休 1/1、5/1、11/1、12/25及特殊活动日
交 从火车站出发步行约15分钟

**圆形竞技场**
**圣特罗菲姆教堂**
（两个地方的参观时间基本相同）
开 10:00～17:00（5/2～9月9:00～19:00、3、4、10月9:00～18:00）
休 1/1、5/1、11/1、12/25、7月及8月的周三、特殊活动日
€ 古代剧场约6欧元，圣特罗菲姆教堂的回廊约3.50欧元
交 圆形竞技场，从车站出发步行约10分钟；圣特罗菲姆教堂，从车站出发步行约13分钟

## 圣特罗菲姆教堂
Église St. Trophime　　MAP p.292-B　世界遗产

为纪念3世纪阿尔勒第一代主教圣特罗菲姆的遗物而于11世纪创建的教堂。所以，它无论在宗教意义上还是建筑史上，都是阿尔勒最重要的教堂。

可以仔细鉴赏一下教堂入口处的大门。教堂入口上面的半圆形部分雕刻的是《最后的审判》：右手拿着福音书的是基督，基督下边的小人物像左边是朝向耶稣基督的队列——入天堂者，右边是远离耶稣基督的队列——下地狱者。门的左右两侧的大人物像是一些圣人雕像。这么气派的雕刻并不是所有的当地人都能注意到的，如果不加注意的话，很容易被忽视。

圣特罗菲姆教堂的正面入口

从教堂中出来到回廊处参观，也不错。教堂的回廊基本都是四四方方的正方形，中间面向里院的部分留有拱门。所以，这里的教堂的回廊也

让人魂牵梦绕的回廊

公共广场上米斯特拉尔的雕像

一样，但是不同的是，这里的回廊柱子上的雕刻却十分精致。仔细观察每个小雕刻，会让人越来越不想离开。

## 公共广场
### Pl. du Forum
MAP p.292-A

只参观罗马遗迹和教堂并不能全面了解阿尔勒。坐在这个小广场上品一杯茶，不用心体验普罗旺斯的生活是非常遗憾的。

诺尔大酒店入口处左边的2根圆形柱子，是建于2世纪的神殿的遗留物。无论走到哪里都大名鼎鼎的诗人米斯特拉尔（1830—1914）的铜像，至今矗立在广场上。广场上有好多咖啡厅和餐厅，其中黄色太阳伞底下的咖啡店最引人注目。

这是凡·高笔下《夜幕下的咖啡店》（Café la Nuit）中所描写的那家店，这里因此也吸引了大批游客前往。

凡·高描写的场景至今依然没有改变

## 古代阿尔勒美术馆
🕐 10:00~18:00（4~10月9:00~19:00）
🚫 周二、1/1、12/25
💶 6欧元（每月第一个周日免费）
🚶 从圆形竞技场出发步行约20分钟

### 古代阿尔勒美术馆
### Musée de l'Arles Antique
MAP p.292-A外

作为古代罗马城市的阿尔勒，展示着罗马时代及更久远的遗迹及挖掘品。《奥古斯都大帝的巨像》（Statue colossale d'Auguste），是19世纪从古代剧场挖掘出来的。有名的《阿尔勒的维纳斯》（Venus d'Arles）是巴黎罗浮宫的复制品。

## R 餐饮

### 凡·高咖啡店
**Café Van Gogh**　MAP p.292-A

位于公共广场，是以凡·高的绘画为主题的咖啡店。这里既有小吃也有主餐。

- 位于公共广场上
- 11, pl. Forum
- 04 90 96 44 56
- 9:00~24:00
- 常年营业　14欧元~

### 博埃姆餐厅
**La Bohème**　MAP p.292-A

17世纪公寓建筑的美丽餐厅。可以充分品尝到普罗旺斯的传统美食。

- 从公共广场步行约2分钟
- 6, rue Balze　04 90 18 58 92
- www.laboheme-arles.com
- 12:00~14:00、19:00~22:00
- 周日和周一　16欧元~

### 兰斯卡拉德饭店
**L'Escaladou**　MAP p.292-B

位于圆形竞技场和古代剧场中间，以本地一般家常菜为主要特色。

- 从公共广场步行约1分钟
- 23, rue Porte de Laure
- 04 90 96 70 43
- 12:00~14:00、19:00~22:00
- 周三　18欧元~

## H 住宿

### 诺尔大酒店
**Grand Hôtel Nord Pinus**　MAP p.292-A

这是一家位于公共广场上的具有悠久历史的酒店，毕加索和科克托曾经在这里住过。

- 位于公共广场上　pl.Forum
- 04 90 93 44 44　04 90 93 34 00
- www.nord-pinus.com
- 26间客房　单人间170欧元~，双人间240欧元~

### 卡伦达尔酒店
**Calendal**　MAP p.292-B

位于圆形竞技场背后的一家酒店，从房间可以看到圆形竞技场。但是，需要提前预订。

- 从圆形竞技场步行约1分钟　5, rue Porte de Laure　04 90 96 11 89　04 90 96 05 84　www.lecalendal.com
- 38间客房　单人间69欧元~，双人间109欧元~

# Camargue
# 卡马格

面向地中海的湿地公园，有独特的生态系统，候鸟、野马……自然风景独特而美丽。

MAP● 剪切图-43, p.9-K

卡马格湿地公园

## 城市概况

卡马格，是指罗讷河的两条支流［东边的大罗讷河（Grand Rhône）与西边的小罗讷河（Petit Rhône）］形成的三角洲与小罗讷河西侧的广阔的湿地平原地区。其实，并没有叫作卡马格的城市。北部的入口处是阿尔勒，南边沿海岸的一带是滨海圣玛丽，它们均是卡马格重要的旅游景点。

## 景点

三角洲中部及南部沿岸一带的人们，都以饲养卡马格种类的黑牛为生。放牛的放牛娃在这里被叫作"牧马人（Gardians）"，他们穿着普罗旺斯格子衬衫，戴着帽檐很大的帽子，骑着白色的小马放牧。据说，他们骑的这种白马是旧石器时代的马，属于非常老的品种，在欧洲只有在卡马格才能见到这样的马。

温驯的卡马格白马

三角洲南边有瓦卡雷斯湖（Etang Vaccarès），它周边被指定为自然保护区，不可以随意进入。这里保存着原有的动物种类和植物种类，但是，游客从中最能看懂的也只有鸟类。这里生息着红嘴鸥、白鹭、鹳及成群的红鹳，另外还有水獭和野马。

从三角洲东侧的D37国道的乐园（Le Paradis）开始，有两条观鸟的线路。一条在距灯台约8公里处的防洪堤上。另一条距三角洲约11公里处，欧洲规模宏大的吉罗盐田（Salin de Giraud）就在这里。

另外，从滨海圣玛丽（p.296）出发，在小罗讷河上可以巡航旅游，可以观赏到陆地上看不到的荒凉风景。

成群的候鸟飞到这里觅食

### ACCESS
**自驾车**：从阿尔勒（Arles）出发至三角洲西侧可以走D570国道，至滨海圣玛丽（St. Maries de la Mer）约40公里。三角洲的西侧除了有D38国道通过外，还有连接D570国道和D38国道的路。
游览可以自己租车，也可以乘坐从阿维尼翁（Avignon）和阿尔勒出发的旅游巴士（有关旅游巴士的信息可以详询旅游信息服务中心）。

### INFORMATION
❶**旅游信息服务中心**：可以向阿尔勒的旅游信息服务中心（详见p.292）或滨海圣玛丽旅游信息服务中心咨询（详见p.296）。
从阿尔勒出发到滨海圣玛丽兜风，所需时间约2小时。想慢慢体验卡马格的风情的话，约需1天时间。

### 从滨海圣玛丽出发至小罗讷河的巡航旅游团
Les Quatre Maries公司
☎04 90 97 70 10
📠04 90 97 87 78
HP www.bateaux-4maries.camargue.fr
■牧马人港（Port Gardian）每日发车约3班（7、8月份约4班），约需1小时30分钟
€10欧元

### 🏨住宿

**弗拉芒·罗斯宾馆**
**Le Flamant Rose**
✉位于三角洲西侧，沿D37国道，从阿尔勒出发不到20公里
🏠sur D37 Hameau l'Albaron
☎04 90 97 10 18  📠04 90 97 12 47
HP www.leflamantrose.camargue.fr
🛏15间客房 €单人间、双人间44欧元～

**隆哥·马伊宾馆**
**Longo Mai**
✉位于三角洲东侧，沿D36国道，从阿尔勒出发约22公里
🏠sur D36 Le Sambuc
☎04 90 97 21 91  📠04 90 97 22 92
HP www.longomai.com  🛏15间客房
📅11月至次年3月 €单人间、双人间58欧元～

普罗旺斯－阿尔卑斯－蓝岸 / 阿尔勒／卡马格

# Stes. Maries de la Mer
# 滨海圣玛丽

MAP ●剪切图-43, p.9-K

每年5月份,这里都要举行吉卜赛庆祝节,女孩们身穿当地民族服装,牧童身穿传统的格子衬衫,大街上熙熙攘攘,热闹非凡。

停靠在旧港的渔船

沿岸边一排排安静的居民区

### ACCESS
**公共汽车**:从阿尔勒(Arles)的公共汽车站出发约50分钟,每日发车5~7班,周末及冬季发车次数减少。
**自驾车**:从阿尔勒出发走D570国道约40公里。从阿维尼翁(Avignon)出发走N570国道,到达阿尔勒后进入D570国道,约80公里。

### INFORMATION
❶ 旅游信息服务中心 5, Ave. Van Gogh ☎04 90 97 82 55
📠 04 90 97 71 15
HP http://www.saintesmaries.com
⏰ 9:00~17:00(3、10月 至18:00,4~6月、9月至19:00,7、8月至20:00)
休 1/1、12/25
**市内交通**:游览步行即可。
**市内面积**:城市繁华地段及主要景点主要集中在约400米的方形范围之内。参观完整座城市约需2天时间。

## 城市概况

乘坐去往卡马格(p.295)方向的船只或乘马前往,它是最好的休息之地。这里每年夏天举行的斗牛比赛一定不容错过。

从阿尔勒出发的公交车到达的是城市的北侧,距那里约600米处的教堂的周围及南侧海岸附近,餐厅与咖啡馆鳞次栉比,是城市最繁华的地段。

### 教堂
Église

MAP p.296-A

公元40年左右,圣母玛利亚的妹妹玛利亚·雅各布、使徒雅各布和约翰的母亲玛利亚·莎乐美等基督教徒都来到这里。基督受刑后,这些基督徒乘坐着犹太人既没有帆也没有桨的船离开了这里。他们在海岸上建造了礼拜堂后,只留下玛利亚·雅各布和玛利亚·莎乐美两个人在法国地区布教。这两人去世后,这里的礼拜堂成了信仰者的聚集之地。从古至今,它作为普罗旺斯的朝圣地,吸引了包括卡马格湿地公园在内的成千上万的信徒前来朝拜。这就是关于这座教堂的起源,关于它的各种传说,至今还在这一带广为流传。

这里不仅是教堂，还是海盗及萨拉森人对付海上攻击的要塞。二层内部光线阴暗，使得抱着参观雄伟大教堂的目的远道而来的游客大跌眼镜。上面的礼拜堂（Chapelle Haute）有装饰艳丽的圣坛，供奉着两位玛利亚的遗物。但是，前来朝拜的信徒大多以祭拜下面的礼拜堂（Crypte）为目的，因为他们认为那里供奉着圣女撒拉。

烛光照耀下的撒拉像

### 教堂
- 8:00~12:30、14:00~19:00
- 常年营业
- 免费
- 从旅游信息服务中心出发步行约2分钟

撒拉是玛利亚·莎乐美的侍女，她是位黑人女性，与主人玛利亚·莎乐美一起在这里度过了她的一生。地下礼拜堂供奉着撒拉的像和她的骨灰盒。撒拉是出生于埃及的黑人。至今，供奉撒拉的礼拜堂仍旧人来人往。

教堂的屋顶是最好的观景台

## 巡逻路
Chemin de Ronde　　　　　　　　　　MAP p.296-A

从教堂南侧入口处出发，登上53级台阶后，就可以从教堂屋顶出去。这里曾作为教堂的要塞，实际上是观景塔。在屋顶上行走虽然很不方便，但是登高远眺，可以看到海滨圣玛丽的整座城市风景、卡马格湿地及南边的地中海一带。特别推荐，夜幕降临时在这里登高远望，景致绝佳！

### 巡逻路
- 10:00~12:00、14:00~17:00（7、8月10:00~20:00）
- 11月至次年4月的周二、周四及周五　2欧元（巴卢塞利美术馆在内联票3欧元）
- 从旅游信息服务中心出发步行约2分钟

## 巴卢塞利美术馆
Musée Baroncelli　　　　　　　　　　MAP p.296-A

这里展示着侯爵巴卢塞利收集的关于卡马格的种种资料及当地传统的生活用具。

### 巴卢塞利美术馆
- 10:00~12:00、15:00~20:00
- 9月至次年6月休息
- 2欧元（巡逻路在内联票3欧元）
- 从旅游信息服务中心出发步行约2分钟

## R 餐饮

### 花园边餐厅
Côté Jardin　　　　　MAP p.296-A

全天供应名贵的斗牛美食。观赏完激动人心的斗牛比赛后，来这里品尝别致的斗牛美食，别有一番风味。
- 从旅游信息服务中心步行约1分钟
- 3, rue Frédéric Mistral
- 04 90 97 89 76　12:00~14:00、19:00~21:30　11月中旬至次年3月中旬　13.50欧元~

### 勒皮科洛餐厅
Le Piccolo　　　　　MAP p.296-B

位于海边，可以一边欣赏大海一边用餐。夏季每周星期五当地人都会在这里举行派对。
- 从旅游信息服务中心步行约1分钟
- 7, rue Léon Gambetta　04 90 97 82 82
- www.lepiccolo.camargue.fr
- 12:00~14:30、19:00~21:00
- 学校放假中的11月至3月　20欧元~

### 布韦纳餐厅
La Bouvine　　　　　MAP p.296-A

位于教堂附近最繁华的地段。可以品尝普罗旺斯风味的海鲜美食。
- 从旅游信息服务中心步行约3分钟　16, rue F.Mistral
- 04 90 97 87 09
- 12:00~14:30、19:00~22:00
- 周四，12月及1月　15欧元~

## H 住宿

### 阿卡德宾馆
Les Arcades　　　　　MAP p.296-B

距离市中心几步之遥，环境优雅舒适，还提供乘马车游览、咨询及预订服务。
- 位于教堂东北侧，步行约2分钟
- 5, rue P. Herman　04 90 97 73 10
- 04 90 97 75 23　www.hotellesarcades.fr　11月中旬至次年2月中旬　17间客房　单人间、双人间62欧元~

### 拉布里布杜宾馆
L'Abrivado　　　　　MAP p.296-A

这是一家面向斗牛场及旧港口的宾馆。一层有咖啡厅，二层有海鲜美食店。
- 从旅游信息服务中心步行约1分钟
- 2, rue. T. Aubanel　04 90 97 84 02
- 04 90 97 71 06　www.abrivado.fr
- 11月至次年2月中旬　18间客房　单人间、双人间53欧元~

### 勒庞特宾馆
Le Pont des Bannes　　MAP p.296-A外

这是一家从卡马格旧时的狩猎小屋改造而成的具有现代风格的宾馆。可以欣赏罗讷池的绝佳风景。
- 距市政厅约2公里　route d'Arles-D570　04 90 97 81 09　04 90 97 89 28
- www.pontdesbannes.com
- 2/1~3/9　40间客房
- 单人间、双人间130欧元~

滨海圣玛丽

# Aix en Provence
## 普罗旺斯地区艾克斯

MAP ●剪切图-39, p.9-K

位于法国南部普罗旺斯地区的艾克斯城,具有泉水和艺术之城的美称,是普罗旺斯地区的政治、经济和文化艺术的中心。

喷泉之城

## ACCESS

**国铁**:从巴黎里昂车站乘坐去往马赛(Marseilles)方向的TGV超高速列车,在普罗旺斯地区艾克斯(Aix en Provence)车站下车,约需3小时,每日发车约10班。在市内也可乘坐公交车观景。

**公交车**:从马赛出发去普罗旺斯地区艾克斯约需半小时,每日发车2至3班。

**航空**:从巴黎戴高乐机场或奥利机场出发到达马赛(Marseille Provence)机场,约需1小时20分钟,每日20班以上。从机场到市内坐公交约半小时。

**自驾车**:从马赛出发走A51国道,约30公里。从阿维尼翁(Avignon)出发走A7、N7,约80公里。

## INFORMATION

❶ **旅游信息服务中心**:2, pl. Général de Gaulle ☎04 42 16 11 61 📠04 42 16 11 62 🌐www.aixenprovencetourism.com
🕐8:30~19:00(周日、节假日10:00~13:00, 14:00~18:00)
❌1/1、5/1、12/25

**市内交通**:游览步行即可。当然,也可以乘坐循环于21处景点的小型电车。[Petit Train Touristique d'Aix en Provence ☎06 27 57 48 80(10:00~18:00) 🌐www.cpts.fr]

**市内面积**:旧街区在直径为500米的圆形范围内。参观完整座城市约需1天时间。

## 城市概况

公共广场上的雕像

从火车站出发直走100米左右,就到达车流量大的雨果大街。穿过雨果大街,向左转是旅游信息服务中心。穿过旅游信息服务中心就会看到一个大大的喷泉,这是交通环岛上的一个标志喷泉。交通环岛向前走,就到了米拉波大街(Cours Mirabeau),这里有树龄超过500年的悬铃木。米拉波大街上咖啡厅、餐厅鳞次栉比,是城市中最繁华的一条街。米拉波大街左边是旧街区,右边是贵族馆等安静优雅的住宅街区。旧街区里除了有大教堂及美术馆等主要景点外,还有中世纪以来的大街道及广场,是旅游的中心之地。整座城市约有人口14万。

## 圣索弗尔大教堂
### Cathédrale St.Sauveur　　　　　　　　MAP p.298-A

艾克斯的大教堂有两个特别不规则的礼拜堂,可能是长年累月风吹日晒加之重建的原因吧。这座教堂集中了从罗马时代到17世纪的所有建筑样式。首先,雕刻精致的正门的中央是16世纪火焰式哥特式的建筑风格,右

别致幽默的接水口

### 圣索弗尔大教堂
🕐7:30~12:00、14:00~18:00(冬季至16:00)
❌宗教活动时
🚶从旅游信息服务中心步行约8分钟

侧的小门是普罗旺斯罗马式建筑。内部中央主廊是哥特式风格，小廊却是12世纪的罗马式建筑风格。别致的圆形屋顶是文艺复兴时期的建筑样式，支撑它的圆柱是从罗马遗迹中移过来的。另外，钟楼是14世纪的建筑物，它是典型的哥特式建筑样式。

中央主廊绘着著名的一组《燃烧着的野玫瑰》的作品。一般认为，它是艾克斯宫廷王的作品，实际上它是尼古拉·弗兰德的作品。如果想参观修道院，可以在入口处等一会儿，每隔15分钟守门人都会将门打开让游人参观。虽然大教堂位于热闹熙攘的艾克斯，但是，却异常安静，整座教堂里弥漫着严肃庄重的气氛。

大教堂的正面

## 塞尚工作室
Atelier Paul Cézanne　　　　　　MAP p.298-A外

塞尚工作室绿树成荫

旧街区的北侧，穿过巴斯德大街（Ave. Pasteur）约3分钟，就可到达保罗·塞尚晚年工作的地方。1906年，塞尚在这里与世长辞，之后这里成为游客参观的景点。

塞尚工作室是塞尚自己设计布置的，整个院子极富野趣。树林被风吹得沙沙作响，与其说树林不如说是杂草林更合适。也许塞尚就是边听着树林的沙沙响边伏案工作的吧。对外开放的是2楼，高高的屋顶，大大的窗户，阳光斜射进来照在画具上、生活用品上，仿佛还能感觉到画家的体温。

1楼工作室旁边的小教室里，放映着塞尚作品的解说录像带。将他的画与实际的作品相对比，更富有情趣。

## 挂毯美术馆
Musée Tapisseries　　　　　　MAP p.298-A

挂毯是欧洲的一个艺术领域。挂毯美术馆也只展示着有名的挂毯。这里的挂毯大多是17至18世纪的作品，特别是描写堂吉诃德故事的9幅作品趣味横生。

## 格拉内美术馆
Musée Granet　　　　　　MAP p.298-B

位于米拉波大街南侧的马萨林地区（Quartier Mazarin）。这个美术馆以收集本地区出生的著名画家弗朗索瓦·格拉内（1775—1849）的绘画为主，同时还有法国、意大利及佛兰德地区的名画。另外，还设有塞尚作品展示室，那里有水彩画和油彩画共11幅。除了绘画作品外，在考古学展示厅陈列着附近发掘的各种发掘品。

### 塞尚工作室
开 10:00~12:00、14:00~17:00（4~6月、9月14:00~18:00、7、8月10:00~18:00）
休 1/1、5/1、12/25，12月至次年2月的周日
€ 5.50欧元
交 从旅游信息服务中心出发步行约20分钟

挂毯美术馆入口

### 挂毯美术馆
开 10:00~18:00（10/16~4/14 10:00~12:30、13:30~17:00）
休 周二、1月、5/1、12/25、12/26
€ 3.10欧元
交 从旅游信息服务中心出发步行约7分钟

### 格拉内美术馆
开 12:00~18:00（6~9月11:00~19:00），在闭馆前1小时禁止入馆
休 周一、1/1、5/1、12/25
€ 6欧元
交 从旅游信息服务中心出发步行约6分钟

漂亮的艾克斯旧街区博物馆的正面

## 艾克斯旧街区博物馆
Musée du Vieil Aix　　MAP p.298-A

从市政厅到圣索弗尔大教堂途中的左边，有艾克斯旧街区博物馆。这个博物馆是17世纪的建筑，所以极具艾克斯风格，气派潇洒。里边展示着彩色小泥人及普罗旺斯地区民众的生活用品。

**艾克斯旧街区博物馆**
- 10:00～12:30、13:30～18:00 (10/16～4/14 13:30～17:00)
- 周一、节假日、1月
- 免费
- 从旅游信息服务中心出发步行约6分钟

## 艾伯塔广场
Pl. d'Albertas　　MAP p.298-B

旧街区上有许多17至18世纪装饰的广场和气派的塔楼。这个广场布局温馨和谐，经过广场的游客都会情不自禁地止步。中央是建成于1912年的喷泉，呈圆形大高脚杯状，是艾克斯典雅风格的体现。

夕阳西下的艾伯塔广场

### 🛒 购物

**雅克姆购物中心**
Jacquèmes　　MAP p.298-A

主要以葡萄酒、利口酒等酒类为主。但是，只要是普罗旺斯的特产，都可以在这里买到。

- 从旅游信息服务中心出发步行约6分钟　9, rue Méjanes　04 42 23 48 64　www.jacquemes.fr　9:00～12:15、14:30～19:00　周一上午、周日全天

**贝沙尔购物中心**
Béchard　　MAP p.298-B

这是一家出售艾克斯特产、杏仁点心的老店，同时还设有咖啡屋。

- 从旅游信息服务中心出发步行约5分钟　12, cours Mirabeau　04 42 26 06 78　9:00～19:00（周六8:00～20:00）　周二、2月、7月、8月的几个星期

### 🍴 餐饮

**紫罗兰餐厅**
Clos de la Violette　　MAP p.298-A外

这里的普罗旺斯美食获得了米其林一颗星的评价，无论是菜肴的味道还是饭店内的氛围都很棒。

- 从旧街区北侧、大教堂出发步行5分钟　10, Ave. Violette　04 42 23 30 71　www.closdelaviolette.fr　12:00～13:30、19:30～21:30　周日、周一及2月、8月中的15天左右　50欧元～

**柑橘餐厅**
L'Orangerie　　MAP p.298-A

店内装饰一新，曾获过MOF奖的厨师，给顾客提供四季不同口味的普罗旺斯地中海海鲜美食。

- 从市政厅出发步行约2分钟　2, rue des Etuves　04 42 99 15 00　04 42 99 15 01　www.aquabella.fr/restaurant_par.html　12:00～14:00、19:30～22:00　20欧元～

**拉丁小酒馆**
Bistro Latin　　MAP p.298-A

一般社区里的小酒馆，供应的都是传统的普罗旺斯美食。

- 从戴高乐广场的喷泉出发步行约3分钟　18, rue de la Couronne　04 42 38 22 88　12:00～13:30、19:00～22:30　周日、周一白天　24欧元～

### 🏨 住宿

**加利西别墅**
Villa Gallici　　MAP p.298-A外

太阳伞的影子落在院子中异常美丽，犹如进入塞尚的画中一般神秘。

- 从旧街区北侧、大教堂出发步行约5分钟　Ave. de la Violette　04 42 23 29 23　04 42 96 30 45　www.villagallici.com　22间客房　单人间、双人间290欧元～

**圣克里斯托夫宾馆**
St.Christophe　　MAP p.298-A

可以从房间内俯瞰戴高乐广场的喷泉。20世纪30年代的内部装饰精致独特。一层设有小酒馆。

- 与旅游信息服务中心并排，步行约1分钟　2, Ave. V. Hugo　04 42 26 01 24　04 42 38 53 17　www.hotel-saintchristophe.com　67间客房　单人间82欧元～，双人间89欧元～

# Marseille
# 马赛

MAP ●剪切图-46、p.9-K

公元前7世纪,是希腊的属地。在很长一段时间内,它是东方与非洲的贸易中心。

从加尔德圣母大教堂远眺整座城市

## 城市概况

与一般的大城市一样,火车站前热闹非凡,杂乱无章。从车站出来下了台阶、穿过绿树成荫的雅典娜大街(Bd. Athenes),就到了市内最繁华的街道。到马赛旧港约需7分钟。加尔德圣母大教堂位于马赛旧港的南侧,充分做好爬坡的准备,从旧港走约需45分钟。马赛旧港附近咖啡店、餐厅鳞次栉比,游人络绎不绝。车站附近治安不太好,最好不要凑热闹。市内有地铁和电车,各两条线路。整座城市约有人口85万。

在马赛旧港卖鱼的渔夫

### 马赛旧港
### Vieux Port
MAP p.301-A

如果不打算在马赛停留太久,在旧港处散散步也不错。这里停靠着成千上万艘供游人用的游艇及捕鱼的渔船等,光这道风景就够美了。河岸两边每天都有当地居民前来购买当天新鲜的鱼,所

停泊在港口的五颜六色的游艇

普罗旺斯-阿尔卑斯-蓝岸

### ACCESS
**国铁**:从巴黎里昂车站乘坐TGV超高速列车在马赛圣查理(Marseill St. Charles)车站下车,约需3小时,每日发车约15班。从尼斯(Nice)出发乘坐快速列车约需2小时30分钟,每日发车约20班。
**航空**:从巴黎戴高乐机场或奥利机场出发到马赛机场(Marseille Provence),约需1小时20分钟,每日飞行20班以上。从机场出发到市内乘坐公交车约需25分钟。
**自驾车**:从普罗旺斯地区艾克斯(Aix en Provence)出发走A51国道,约30公里;从尼斯出发走A8、A52国道,约200公里;从土伦(Toulon)出发走A50国道,约65公里。

### INFORMATION
🛈 旅游信息服务中心:4, la Canebière ☎08 26 50 05 00 📠04 91 13 89 20 🌐www.marseille tourisme.com ⏰9:00~19:00(周日10:00~17:00) 🚫1/1、12/25
**市内交通**:参观可步行,或者可以乘坐地铁、公交车、轮渡及景点循环电车。
**市内面积**:旧街区的主要景点集中在旧港附近,距离河岸约2公里。参观完整座城市约需1天。

301
马赛

游艇后是17世纪的城市要塞

### 马赛旧港

从圣查理火车站出发步行约15分钟,如果乘坐地铁可以在旧港(vieux port)站下车

马赛旧港的轮渡船

### 马赛地铁票价

一次性票1.50欧元
三日联票10.50欧元
一日票5欧元
所有票在公交车和电车上都通用,1张票在1小时之内可以自由换乘。

### 旅游通票

旅游通票可以免费参观14家美术馆,免费乘坐伊夫岛轮渡、小型电车、公共汽车及地铁,一日游通票每张22欧元,二日通票29欧元。

### 加尔德圣母大教堂

开7:30~19:00(做弥撒时不可参观)
从马赛旧港出发步行或乘坐60路公交车

### 伊夫岛轮渡

夏天轮渡每小时往返1次,冬天每日往返5次;从马赛旧港出发约20分钟(有时根据天气情况会停止航行)。
往返10欧元
从圣查理火车站出发步行约15分钟,乘坐地铁在旧港(vieux port)车站下车

### 伊夫城堡

开9:30~18:15(9月至次年5月至17:30)
休学校放假以外的所有周一
5欧元
从旧港出发乘坐轮渡到伊夫岛约需20分钟,下船后步行约5分钟

以,这一带的游客和当地人都很多。如果想到对岸的话,可以乘坐轮渡过去。每艘船都在马不停蹄地往返于两个口岸之间,所以没有确切的时间,只要有游客就马上发船。乘坐轮渡是免费的。

旧港的入口处两端有两个戒备森严的要塞,现在仍严格看守着来往的船只。这两个要塞均是路易十四在位时建造的,北侧的是圣让要塞(Fort St. Jean),南侧是圣尼古拉要塞(Fort St. Nicolas),它们都是为了保护城市而建的。

### 加尔德圣母大教堂
Basilique de Notre Dame de la Garde　　MAP p.301-A外

进入马赛的港口,映入眼帘的一定是黑白相间的加尔德圣母大教堂的钟楼吧。从非洲走海路来到马赛海港,看到钟楼上闪闪发光的圣母像肯定会想"啊,终于到法国了",一定会有这样的感觉吧。

矗立在小丘上的加尔德圣母大教堂

教堂建立于19世纪,当时流行的建筑样式是罗马拜占庭样式(巴黎的圣心大教堂也是同时代、同样的建筑样式)。从台阶上走上去,就可以走到教堂里面。教堂的镶嵌工艺可以说不仅绚烂而且豪华,它是马赛经济发展水平的体现。教堂位于海拔162米高的白色石灰岩小丘上,站在教堂的露台上,可以360度一览城市风景。

大理石和镶嵌工艺熠熠生辉

### 伊夫城堡
Ile Château d'If　　MAP p.301-A外

16世纪,为了守卫马赛的港口而在湖心伊夫岛上建立了城堡,后来被当作监狱使用。作为监狱使用时,这里关过新教徒、政治犯、黑死病患者,大仲马笔下的铁面人也曾被幽禁在这里。19世纪的小说家大仲马的作品《基督山伯爵》的主人公——基督山伯爵就被关押在这个监狱里,所以后来这个监狱就出名了。要到伊夫岛,可以从马赛旧港贝尔吉河岸(Quai des Berujuy)乘坐游艇。那里除了有漂亮的海滩外,还有咖啡店及餐厅,如果有时间的话,可以抽一天出来放松一下。

### 圣维克多大教堂
Basilique St. Victor　　MAP p.301-A

圣维克多是受石磨之刑而殉教的渔夫的守护圣人。这个教堂供奉着那位圣人的遗骨。

圣维克多大教堂看上去俨然是一座要塞

虽然是个教堂，但是，从它的外观不难看出，它同时也是防止外敌入侵的要塞。

地下教堂有地下墓地，据说公元40年左右登上滨海圣玛丽的一位玛利亚就安葬在这里。每年2月2日都会定期在这里举行纪念仪式，举着蜡烛的人们在教堂里祈祷。那天都能尝到小船形状的点心，它象征着玛利亚乘坐的小船。

地下教堂放着的石棺不都是基督教徒的，还有萨拉森人的遗物。

## 旧慈善院
### Centre de la Vieille Charité    MAP p.301-B

具有巴洛克风格的半圆形屋顶礼拜堂及有三层拱廊的建筑物，是建于1671年的慈善院。当时是为了收留无家可归的人而建的。

现在作为考古学博物馆而使用，它内部的陈列品不论在数量上还是在质量上都可以和巴黎的罗浮宫相媲美。

### 圣维克多大教堂
开 9:00～19:00
€ 地下教堂2欧元
交 从地铁旧港（vieux port）站步行约12分钟

### 旧慈善院
开 10:00～17:00（6～9月11:00～18:00）
休 周一、节假日
€ 4.50欧元
交 从旧港出发行约5分钟，从地铁Joliette车站或者电车République Dames站出发行约3分钟

## R 餐饮

### 旧港俱乐部
#### Club du Vieux Port    MAP p.301-B
以马赛旧港为背景，边享受海鲜美食边感受大海的气息，十分惬意。这里还有葡萄酒吧。
交 位于马赛旧港南侧沿岸  住 3, pl. Huiles  ☎ 04 91 33 19 46  fax 04 91 54 90 98  HP www.clubduvieuxport.fr  开 12:00～15:00、19:30～22:00  休 8/5～8/20  € 18.50欧元～

### 卡里布餐厅
#### Le Caribou    MAP p.301-B
位于旧港附近餐厅最多的广场上。供应科西嘉岛（p.330）的传统乡土菜，独具特色。
交 位于马赛旧港南侧沿岸附近，从轮渡点出发行约3分钟  住 38, pl. Thiars  ☎ 04 91 33 22 63  开 12:00～14:00、19:30～22:00  休 周日、周一、6月中旬至9月中旬  € 50欧元～

### 米拉马尔餐厅
#### Le Miramar    MAP p.301-B
在这里，可以吃到正宗的普罗旺斯鱼汤，因为人气很旺，一般需要提前2个月预约才可以。
交 位于马赛旧港东侧沿岸  住 12, quai du Port  ☎ 04 91 91 10 40  HP www.bouillabaisse.com  开 12:00～14:00、19:00～22:00  休 周日、周一  € 58欧元～

### 小尼斯·帕萨达餐厅
#### Le Petit Nice Passedat    MAP p.301-A外
可以尽情欣赏地中海之美景的同时，还可以品尝普罗旺斯的特色美食，两全其美。
交 距马赛旧港1.5公里，可以乘坐出租车前往  住 Corniche J.F.Kennedy  ☎ 04 91 59 25 92  开 12:00～14:00、19:30～22:00  休 周一、7、8月份的周日、周一白天  € 85欧元～

### 公牛餐厅
#### Côte de Bœuf    MAP p.301-B
这里供应用烤炉做成的美味早餐，还可以品尝烤牛肉等美食。
交 河岸南侧，乘船点出发约2分钟  住 35, cours d'Estienne  ☎ 04 91 33 00 25  开 12:00～14:00、19:30～23:00  休 7/10～8/15、12月末至1月10日间、周日、节假日  € 50欧元～

### 蓝比特餐厅
#### L' Epuisette    MAP p.301-A外
在露台上，可以边欣赏地中海的景观边品尝独特的普罗旺斯鱼汤。
交 从圣尼古拉要塞出发行约15分钟  住 156, Vallon des Auffes  ☎ 04 91 52 17 82  开 12:00～14:00、19:30～21:30  休 周日、周一、8月份  € 60欧元～

## H 住宿

### 旧港居民宾馆
#### Résidence du Vieux Port    MAP p.301-B
从宾馆内的房间，可以看到加尔德圣母大教堂。
交 位于旧街区的北侧河岸  住 18, quai du Port  ☎ 04 91 91 91 22  fax 04 91 56 60 88  HP www. hotel marseille.com  40间客房  单人间、双人间180欧元～

### 旧港卡雷宾馆
#### Carré Vieux Port    MAP p.301-B
临近马赛旧港，可以熬夜在这里的海上游玩。现代的建筑，内部装饰温馨舒适。
交 从马赛旧港出发行约1分钟  住 6, rue Beauvau  ☎ 04 91 33 02 33  fax 04 91 33 21 34  HP www.hotel-carre-vieux-port.com  49间客房  单人间92欧元～、双人间98欧元～

### 宜必思圣查理宾馆
#### Ibis Marseille Gare St. Charles    MAP p.301-B
在马赛找不到下榻之地，可以找宜必思圣查理宾馆，方便、安全。
交 位于圣查理(St. Charles)车站  住 esplanade St. Charles square Narvik  ☎ 04 91 95 62 09  fax 04 91 50 68 42  HP www.accorhotels.com  172间客房  单人间、双人间80欧元～

# 请到南法来！

## 南法小城

南法有世界著名的数座城市，这里美如画的风景、丰富的美术馆，在等待着游客的光临。

这里有让游客连连称奇的大颗钻石或黑珍珠。

这里乡下的田地里，到处可见各种像宝石一样散发着耀眼亮光的小石头。

带着这份神秘与好奇出发吧，你会发现普罗旺斯、蓝色海岸魅力无穷。

普罗旺斯街道上到处是自行车

## 从阿维尼翁出发

### 阿维尼翁新城
### VILLENEUVE LEZ AVIGNON

MAP● 剪切图-30　p.305-A

流经阿维尼翁北部的罗讷河曾经是罗马帝国领土与法国王国领土的边境，也就是国境。阿维尼翁新城，就是13世纪法国国王腓力四世为守卫法国边境领土而建立的城市。那时，著名的圣贝内泽桥还完好无损地架在河上，为了监视桥上通行的人和车辆，新城建造了塔楼，那就是著名的**腓力四世塔（Tour Philippe le Bel）**。后来，桥断了。如今，这座塔还在守望着罗讷河。

腓力四世塔在俯瞰着阿维尼翁城

**圣安德烈要塞（Fort St. André）**，是14世纪查理五世建造的。要塞有一对要塞门。建造当初，这里还有修道院和圣安德烈城，但是，遗憾的是，它现在已变成一块废墟之地。登上要塞的塔楼，可以一览罗讷河及它后边的阿维尼翁教皇厅。从这里看到的景致，估计是阿维尼翁最亮丽的一道景色吧。

城市中央威严的圣安德烈要塞

### ACCESS

**公共汽车**：从阿维尼翁邮局前的公交站乘坐去往阿维尼翁新城方向的公交车，约10分钟即可到达；在阿维尼翁新城旅游信息服务中心前下车，约需20分钟。每小时发车约3班。

**自驾车**：从阿维尼翁绕过城墙过桥可到，约4公里。

**步行**：从克里伦广场出发，绕过城墙，过桥就到达阿维尼翁新城。从市里出发约15分钟。

### INFORMATION

**旅游信息服务中心**：1, pl.Ch. David ☎04 90 25 61 33 ℻ 04 90 25 91 55 ＨＰ www.tourisme-villeneuve lezavignon.fr 9:00~12:30、14:00~18:00（11月至次年2月至17:00，7月10:00~19:00，周六、周日10:00~13:00、14:30~19:00）
休7、8月以外的周日、节假日
**市内交通**：步行即可参观旧街区。
**市内面积**：参观完整座城市约需2小时30分钟。

### 腓力四世塔
开10:00~12:00、14:00~17:00（4~9月10:00~12:30、14:00~18:30）
休12月至次年2月、5/1、11/1、11/11，周一
€2.10欧元 ☒从旅游信息服务中心出发步行约5分钟

### 圣安德烈要塞
开10:00~13:00、14:00~17:00（4~5/15、9/15~9/30下午至17:30、5/16~9/14下午至18:00）特定节日（庭院只有周一）€塔楼5欧元，庭院5欧元
☒从旅游信息服务中心出发步行约2分钟

向圣安德烈要塞的西侧望去，可以看到一座雄伟的建筑物，但一部分已破旧不堪。看起来怪异的废墟是，14世纪建造的祝福之谷查尔特勒修道院（Chartreuse du val de Bénédiction）遗迹。现在可以参观院中的回廊、修道士的起居室及礼拜堂。

## 卡瓦永 CAVAILLON

MAP●剪切图-31 p.305-A

曾经作为罗马帝国属地的卡瓦永，现在是法国规模最大的农作物市场。这里是甜瓜的产地，所以，从初夏到秋季都可以吃到香甜的甜瓜。这里的甜瓜虽然个头小了点，但是香味十足，水分大。

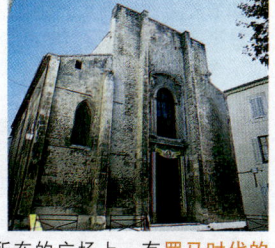

具有罗马式建筑风格的大教堂

在旅游信息服务中心所在的广场上，有罗马时代的拱门（Arc Romain）。它建于公元1至5世纪期间，位于两个街道的交叉处。在这个拱门的旁边，有建于14世纪的罗马式风格的维拉古圣母大教堂（Ancienne Cathédrale Notre Dame et St. Véran）和犹太教会的犹太教堂（Synagogue）。从拱门背后的圣杰克小丘上，可以一览卡瓦永整座城市的风景及其附近的山地、溪谷和田园风景。

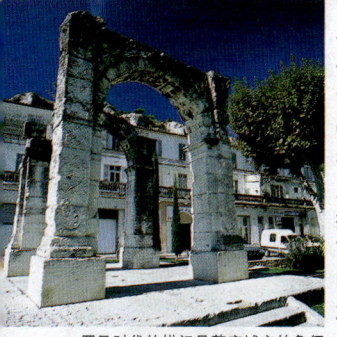

罗马时代的拱门是整座城市的象征

### 祝福之谷查尔特勒修道院遗迹

开9:30~17:00（4~6月至18:30，7~9月9:00~18:30，10月至次年3月的周六、周日10:00~17:00）

休节假日

€7.50欧元

交从旅游信息服务中心出发步行约5分钟

### 维伦纽夫通行证

此通行证可参观圣安德烈要塞、祝福之谷查尔特勒修道院遗迹、腓力四世塔及维伦纽夫美术馆。每张通行证11欧元。

### ACCESS

国铁：从阿维尼翁出发在卡瓦永（Cavaillon）车站下车，约需半小时，每日发车约15班。

公共汽车：从阿维尼翁乘坐公共汽车约半小时到达卡瓦永，每日发车5至10班。

自驾车：从阿维尼翁出发走N7、D973国道约26公里，需25分钟。从阿普特出发走D900、D2国道约32公里。

### INFORMATION

ℹ旅游信息服务中心：pl. François-Tourel ☎04 90 71 32 01 F 04 90 71 42 99 HP www.cavaillon-luberon.com 开9:00~12:30、14:00~18:30（7、8月的周日9:00~12:00，10月中旬至4月中旬9:00~12:30、14:00~18:00，周六9:00~12:00）

休9月至次年6月的周日、节假日

市内交通：游览步行即可。

市内面积：参观完整座城市的重要景点约需2小时。



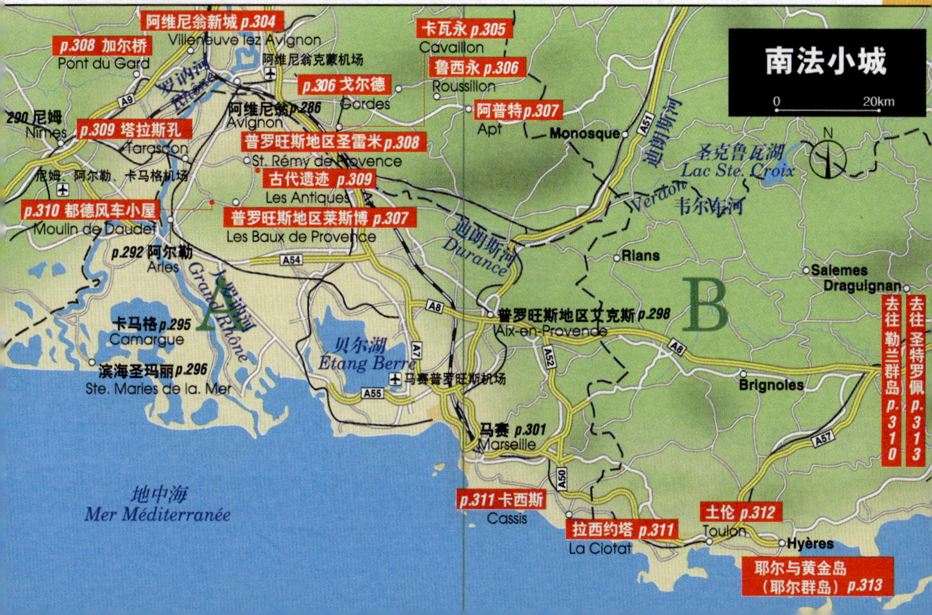
南法小城
0
20km
阿维尼翁新城 p.304
Villeneuve lez Avignon
p.308 加尔桥
Pont du Gard
阿维尼翁克蒙机场
罗讷河
Rhône
p.306 戈尔德
Gordes
阿维尼翁 p.286
Avignon
290 尼姆
Nîmes
p.309 塔拉斯孔
Tarascon
普罗旺斯地区圣雷米 p.308
St. Rémy de Provence
尼姆、阿尔勒、卡马格机场
古代遗迹 p.309
Les Antiques
p.310 都德风车小屋
Moulin de Daudet
普罗旺斯地区莱斯博 p.307
Les Baux de Provence
p.292 阿尔勒
Arles
大罗讷河
Grand Rhône
卡马格 p.295
Camargue
滨海圣玛丽 p.296
Ste. Maries de la. Mer
贝尔湖
Etang Berre
马赛普罗旺斯机场
卡瓦永 p.305
Cavaillon
鲁西永 p.306
Roussillon
阿普特 p.307
Apt
Monosque
迪朗斯河
Durance
圣克鲁瓦湖
Lac Ste. Croix
Verdon
韦尔东河
Rians
Salemes
Draguignan
普罗旺斯地区艾克斯 p.298
Aix-en-Provence
Brignoles
去往勒兰群岛 p.310
去往圣特罗佩 p.313
马赛 p.301
Marseille
p.311 卡西斯
Cassis
拉西约塔 p.311
La Ciotat
土伦 p.312
Toulon
Hyères
耶尔与黄金岛（耶尔群岛）p.313
地中海
Mer Méditerranée
A9
A54
A8
A7
A55
A51
A52
A50
A57
A
B

## ACCESS

**公共汽车**：从阿维尼翁乘坐公交车在戈尔德下车，约需40分钟，每日往返4趟（周日、节假日、1/1、5/1、12/25停运）。

**自驾车**：从阿维尼翁出发走N7、D973、D2国道约38公里，约40分钟；从阿维尼翁出发走D2国道约17公里。

## INFORMATION

ℹ️ **旅游信息服务中心**：1, pl. du Château ☎04 90 72 02 75 📠04 90 72 02 26 🌐www.gordes-village.com ⏰9:00～12:00、14:00～18:00（周日、节假日10:00～12:00、14:00～18:00）休常年营业

**市内交通**：游览步行即可。

**市内面积**：参观完整座城市约需1小时。

# 戈尔德
## GORDES

MAP●剪切图-31 p.305-A

戈尔德位于沃克吕兹高原以南的丘陵上。城市的中心即丘陵最高处是城塞，它将居民区以台阶状保护起来。城市中心有专营特产的商店、画家及陶艺家的工作室。咖啡厅、餐厅一家挨着一家，鳞次栉比。

这座城市最大的特点就是，与其看市中心的景物还不如看外边的风景更亮丽。从戈尔德大街沿丘陵走，到达最高处你会看到整座城市的面貌。特别是沿着D15国道的观景台能将戈尔德的所有景致尽收眼底。如果是自驾车的话，强烈推荐前去观望。

戈尔德观景台

## ACCESS

**自驾车**：从阿维尼翁出发走D900国道约46公里，约50分钟；从阿普特出发走D104国道约11公里，约15分钟；从卡瓦永出发走D2国道约30公里。

## INFORMATION

ℹ️ **旅游信息服务中心**：1, pl. de la Poste ☎04 90 05 60 25 📠04 90 05 63 31 🌐www.roussillon-provence.com ⏰10:00～12:00、13:30～17:00 休周日、节假日

**市内交通**：游览步行即可。

**市内面积**：参观完整座城市约需1小时。去往采掘场巨人之路往返约45分钟。

# 鲁西永
## ROUSSILLON

MAP●剪切图-31 p.305-A

根据鲁西永镇名的标示沿着山道往上走，进入山中通道，山崖上的土渐渐变红。鲁西永是颜料原料赭石的采掘场，从罗马时代就很有名了，曾是红极一时的世界级赭石的产地。这里的房子因为都是就地取材，所以所有的房子外面都是红色的，远远看去像是一座建在红色山崖上的红色要塞。在以黄色为基调的南法小镇中，鲁西永显得更加明艳。

小时钟塔

与其说鲁西永是座城镇，不如说它是个小村落。从入口出发前进约150米就到达镇里的一座观景台。这附近的居民区有米黄色、红色、同色系等各种各样的建筑物，风格独特。但是，所有这些建筑物的墙壁都是当地生产、建造而成的。这些墙壁的颜色会根据天气及太阳位置的变化而变化。从普罗旺斯夏天的晴空下望去，整座城市呈现出一片温暖的红色；冬天从阴云笼罩的天空望去，整座城市反而更加亮丽。

观景台旁边的马里耶广场（Pl. de la Marie）上，有4家咖啡店和餐厅。

穿过拱门的观景台

## 阿普特
### APT

MAP●剪切图-32
p.305-B

从周围的小丘上俯瞰阿普特城

阿普特有纪念圣阿内遗骨的大教堂，每天都有成千上万的信徒前来祭拜，从古至今热闹非凡。现存的**旧圣阿内大教堂(Ancienne Cathédrale Ste. Anne)**，建于11至12世纪期间，它完美地将罗马式建筑风格与哥特式建筑风格融为一体。

阿普特整座城市古香古色，每座建筑物间都有狭窄的小路相通。但是，即使在小道里迷了路也能找到出口。抬头可以看到架在建筑物之间拱门上的时钟台，也可以看到居民区对面的大教堂，在这里散步不管走多久都不会感到厌倦。

另外，这里以砂糖腌渍的水果和果酱最为有名。无论在食品店、特产店还是在旅游信息服务中心，都可以买到当地的特产。

### ACCESS
**公共汽车**：从阿维尼翁乘坐公交车约1小时20分钟，每日发车约6班。
**自驾车**：从阿维尼翁出发走D900国道，约54公里，约需1小时，从阿维尼翁出发走D2、D900，约30公里。

### INFORMATION
❶旅游信息服务中心：20, Ave. Ph. de Girard ☎04 90 74 03 18 📠04 90 04 64 30 🌐www.ot-apt.fr 🕐9:30～12:30、14:30～18:30（7、8月9:30～19:00，6～9月的周日、节假日9:30～12:30）🚫10月至次年5月的周日、节假日
**市内交通**：游览步行即可。
**市内面积**：参观完整座城市约需1小时。

---

## 阿尔勒、阿维尼翁之旅

### 普罗旺斯地区莱斯博
### LES BAUX DE PROVENCE

MAP●剪切图-37
p.305-A

被石头屋包围的城池的废墟

距阿尔勒东北18公里的原野上，有块被风化得很粗糙的900米乘以100米的台地。这是10至15世纪当地最有势力的贵族莱斯博家坚不可摧的城池。

19世纪，著名诗人米斯特拉尔将这里的莱斯博家族称为"不知屈服的至高无上的家族"。因此，这座城池及莱斯博家族在欧洲南部赫赫有名。14世纪的城主特伦那子爵被称为"普罗旺斯的瘟神"，他无比残忍，与邻近的领主和教皇为敌，据说为了寻找乐趣以让人跳悬崖为乐。16世纪，红衣主教攻破了这座城池，之后这座城池渐渐衰落了。

从停车场到市里，穿过旅游信息服务中心首先到达台地西端的圣文森特广场。从这里可以眺望台地西边的大片白色岩石。在台地南侧的图拉克大街（Rue Trencat），有**莱斯博城堡（Château des Baux）**和历史博物馆。这里展示着城堡的模型及20世纪以来发掘出来的雕刻品。在台地东侧，还有城堡遗迹的一部分。

### ACCESS
**公共汽车**：从阿尔勒乘坐去往马赛方向的列车，约半小时后在莫萨讷(Maussane)下车，步行或者乘坐出租车约3公里，6月、9月的周末及7、8月份每日都正常运行，每日发车6班。从阿维尼翁出发也是同样的路线，每日往返8趟，每趟约需1小时。
**自驾车**：从阿维尼翁出发走D570、D5、D27国道，约29公里。从阿尔勒出发走D17、D27，约18公里。从塔拉斯孔出发走D99、D5、D27国道，约20公里。从普罗旺斯地区圣雷米出发走D5、D27国道，约10公里。

### INFORMATION
❶旅游信息服务中心：Maison du Roy ☎04 90 54 34 39 📠04 90 54 51 15 🌐www.lesbauxdeprovence.com 🕐9:00～18:00（11月至次年4月至17:00，周六、周日、节假日10:00～17:00）🚫1/1、12/25
**市内交通**：游览步行即可。
**市内面积**：参观完所有景点约需3小时。

### 莱斯博城堡
🕐9:00～18:30（夏季至20:30，秋季9:30～18:00，冬季9:30～17:00）
🚫常年营业
💶7.80欧元（包括全天导游陪同费及外语讲解费）
🚶从旅游信息服务中心出发步行约1分钟

## ACCESS

**公共汽车**：从尼姆出发周一至周五可乘坐开往勒穆兰（Remoulins）的汽车，换乘至加尔桥约需40分钟，每日发车2班。从阿维尼翁、阿尔勒乘坐火车约30分钟。从阿维尼翁也有前往加尔桥的旅游巴士。每周周一9:30发车，45欧元。详情请咨询利尼塔尔汽车公司（Car Lieutaud）
☎04 90 86 36 75 ℻04 91 85 57 07
HP www.excursionprovence.com

**自驾车**：从阿维尼翁出发走N100国道，约26公里，约需30分钟。从尼姆出发走N86国道，约25公里，约需30分钟。

## INFORMATION

ℹ 旅游信息服务中心：pl. des Grands Jours ☎04 66 37 22 34
HP www.ot-pontdugard.com
开 9:00～12:30、14:30～18:00（周六10:00～13:00），11月至次年2月9:00～12:30、14:00～17:30，7、8月9:00～19:00（周六10:00～13:00、14:00～18:00），周日10:00～13:00）休 12月中旬至次年6月的周六，9月至次年6月的周日、节假日

## ACCESS

**公共汽车**：从阿维尼翁乘坐公共汽车约50分钟。每日发车约10班。

**自驾车**：从阿维尼翁出发走D571国道，约18公里，约需25分钟；从阿尔勒出发走D570、D99国道约24公里，约需半小时；从塔拉斯孔出发走D99国道约15公里，约需20分钟；从普罗旺斯地区莱斯博出发走D27、D5国道，约10公里。

## INFORMATION

ℹ 旅游信息服务中心：pl. J. Jaurès ☎04 90 92 05 22 ℻04 90 92 38 52
HP www.saintremy-de-provence.com
开 9:15～12:30、14:00～19:00，周日、节假日10:00～12:30（9/16至复活节9:00～12:30、14:00～17:30）休 1/1、12/25、2/26、11月至复活节的周日、节假日

**市内交通**：游览步行即可。
**市内面积**：参观完整座城市约需2小时30分钟。

### 圣雷米通行证
持有圣雷米通行证，参观美术馆等景点时可以享受折扣。此通行证可以在旅游局免费领取。

### 爱斯特里努美术馆
开 10:00～12:30、14:00～19:00（周三10:00～19:00，3/15至4月，10、11月10:30～12:30、14:00～18:00）休 1/1
€ 3.2欧元（每月第一个星期日可以免费参观）从旅游信息服务中心出发步行约5分钟

### 圣保罗修道院
开 9:30～18:45（10月至次年3月10:15～17:00）休 1/1、11/1、12/25
€ 4欧元 从旅游信息服务中心出发步行约6分钟

# 加尔桥
## PONT DU GARD

MAP●剪切图-29　p.305-A　世界遗产

加尔桥这个地方的罗马遗迹较多，普罗旺斯地区最受游客欢迎的是这里的水渠桥。从公元40年开始经过了约60年的岁月才修完这座桥。全长50公里的水渠将水引至尼姆，水渠的一部分还经过加尔河。加尔桥高约50米，是三层拱形构造，它那雄伟而别致的外观，让前来游览的游客赞叹不已。加尔桥不仅是保存最完好的罗马遗迹，而且它还被列入联合国教科文组织的世界遗产名录。水渠桥在加尔河的倒影尤为美观，可以在对岸的河岸上观看。

令游客难以忘怀的加尔桥

# 普罗旺斯地区圣雷米
## ST. REMY DE PROVENCE

MAP●剪切图-30　p.305-A

在旧街区圣马丁主教团（Collégiale St. Martin）的南侧，有条细长的奥什小道（Rue Hoche），小道的一角是法国著名医生诺斯特拉达穆斯出生的地方。虽然现在这里没有对外开放，但是前来参拜的信奉者络绎不绝。18世纪的奢华宅邸即现在的爱斯特里努美术馆的一层是**凡·高艺术中心**（Musée Estrine Centre d'Interpretation Van Gogh），这里通过照片、书信及影像展示凡·高的作品。另外，二层经常举行近现代美术家的作品展，三层展示着立体派大师阿尔伯特·格莱兹的作品。凡·高曾经入住的疗养院遗迹也在这里的**圣保罗修道院**（Monastère Saint Paul de Mausole）里。在这里，你可以参观他画的庭院及建于11世纪的美丽回廊。庭院里还有凡·高旅游中心，每年根据不同季节还有凡·高作品展。

旧街区大街上的悬铃木

凡·高生前在疗养时画的庭院

## 古代遗迹
## LES ANTIQUES

MAP●剪切图-30
p.305-A

距普罗旺斯地区圣雷米约1公里处，有座名为古拉那（Glanum）的古代村落。公元前3至前2世纪，凯尔特利古里亚人将这里当作圣地崇拜，后来恺撒占领马赛后这里成为罗马帝国的一个城市而繁荣起来。后来270年左右，由于盖尔曼人的袭击这里受到严重破坏。随着岁月的流逝，这里曾一度被沙漠掩埋。20世纪20年代开始，这里被重新发掘出来。

沿普罗旺斯地区莱斯博城的原野上，有罗马时代的陵墓（Mausolée）和拱形城门（Arc Municipal）。它们建于公元前20年至公元25年间，保存之完美令人惊奇。四面拱门的第一层上是科林斯样式的圆柱，第二层刻有漂亮的浮雕。这让人对古代石匠的造诣深感佩服。

城门建于古拉那村的入口处，门上雕刻的水果、武器等栩栩如生。如果去普罗旺斯地区圣雷米的话，一定别忘了路过这里看看。

环绕在橄榄田中的罗马陵墓

在广场上玩投球比赛的老年人

### ACCESS
**自驾车**：从普罗旺斯地区圣雷米出发走D5大街（ave. D. Maillane）约1公里。步行的话，因为是上坡路，所以约需15分钟。

### INFORMATION
详情请咨询普罗旺斯地区圣雷米的旅游信息服务中心。

## 塔拉斯孔
## TARASCON

MAP●剪切图-30
p.305-A

关于塔拉斯孔这座城市有两个传说。其一，据说罗讷河出现过像绿蛇一样的怪物，它夺走了这里的的人畜，圣马罗特贴了十字将其治退。那个怪物的名字叫塔拉斯孔，事情发生的地点就在这里。

另一个传说是，普罗旺斯文学的代表作家都德的作品里的塔尔塔兰，他具有普罗旺斯男子的阳刚之气，也曾住在这座城市里。当然了，塔尔塔兰只是都德作品里的一个荒唐滑稽的人物。市中心的广场上有**塔尔塔兰之家（Espace Tartarin）**，它再现了塔尔塔兰生活的情景。

雄伟的塔拉斯孔城堡

### ACCESS
**国铁**：从阿维尼翁乘坐列车去往塔拉斯孔（Tarascon sur Rhône）约需15分钟，每日发车20班。从阿尔勒出发在各个车站停车约需20分钟。这条线根据季节有时由公共汽车代替运行。
**自驾车**：从阿维尼翁出发走N570国道约23公里，约需20分钟；从阿尔勒出发走D570约18公里，约需15分钟。

### INFORMATION
❶**旅游信息服务中心**：Ave. de la République ☎04 90 91 03 52
📠04 90 91 22 96 🌐www.tarascon.org 🕘9:00～12:30、14:00～17:30（周日9:30～12:30、6、9月9:00～12:30、14:00～18:00）🚫1/1、5/1、12/25、9、11月至次年6月的周日
**市内交通**：游览步行即可。
**市内面积**：参观完整座城市的景点约需1小时30分钟。

### 塔尔塔兰之家
- 10:00~12:30、14:00~18:00
  (周六13:30~18:00)
- 周日、节假日
- 免费
- 从旅游信息服务中心出发步行约5分钟

### 塔拉斯孔城堡
- 9:30~17:00 (3、5、10月至17:30,6/2~9月至18:30)
- 1/1、5/1、11/1、11/11、12/25
- 7欧元
- 从旅游信息服务中心出发步行约3分钟

塔拉斯孔像沉睡的美人一样一年四季异常安静。旧街区像是根据某个人的突发奇想建造而成似的,各条小道纵横交错。总之,塔拉斯孔是一个非常悠闲的小镇。

建于罗讷河岸的**塔拉斯孔城堡**(Château de Tarascon)雄伟庄严,是普罗旺斯地区著名的大都城。在这里,可以参观吊桥、礼拜堂、宴席间及大炮塔。至今它还被当作城堡完好地保存着,游客置身其中仿佛还能听到当当作响的钟声。在中庭的建筑物里,有圣尼古拉医院的药店,药店里木质的药架上还摆着用陶器制作而成的精美药壶。

纪念圣玛尔特的罗马式教堂

在城市斜对面矗立着**圣玛尔特教堂**(Église Ste. Marthe),教堂里展示着关于圣玛丽一生的绘画作品。

### 都德风车小屋
### MOULIN DE DAUDET
MAP●剪切图-37 p.305-A

阿尔卑斯的岩石山

法国作家都德的著名的《磨坊书简》(Lettres de mon moulin),虽然发表于法国普罗旺斯,但是其受众群遍布世界各个角落。这本书并不是描写磨坊的,而是作者在漫无目的地散步时,无意中与磨坊工人聊天时获得了灵感,于是就有了这本书。都德是自然派作家,他的作品充

都德风车小屋的风车至今无法转动

满了人间的温暖。可以站在磨坊所在的小丘上眺望风景,还可以360度远观罗讷河及其沿岸的塔拉斯孔城堡、阿尔卑斯山脉等。

## 从戛纳出发的旅程

### ACCESS
**轮渡**:从戛纳旧港至圣玛格丽特岛每日往返轮渡约10班,到达圣托拉昂8至10班(根据天气及季节班次会有变化)。

### ACCESS
**自驾车**:从阿尔勒出发走D17国道约10公里,行车时间约10分钟。从普罗旺斯地区莱斯博出发走D17国道约10公里,行车时间约10分钟。

### INFORMATION
相关信息详询旅游信息服务中心。

### 海洋博物馆
- 10:30~13:15、14:15~16:45 (4、5月至17:45,6~9月10:00~17:45)
- 1/1、5/1、11/1、11/11、12/25、10月至次年5月的周一
- 3.40欧元
- 从轮渡亭步行约需3分钟

### 勒兰群岛
### Iles de Lérins
MAP●剪切图-41 p.305-B外

点缀在戛纳湖中的两个小岛总称勒兰群岛。从戛纳港口几乎可以游泳到达的大岛是圣玛格丽特岛(Ile Sainte Marguerite)(实际上游泳是不可能到达的)。大仲马作品《铁面人》中描写的囚禁犯人的城堡牢狱就在此地,现在还保存完好。但是,现在被当作**海洋博物馆**(Musée de la Mer)而向游客开放。可以在松林、蓝桉等地中海的稀奇植物众多的小道上漫步,洗海水浴也是不错的选择。

距离大岛以南约600米处的小岛是圣托拉昂(Ile Saint Hontaora)。岛上有建于11至14世纪的勒兰修道院(Abbaye de Lérins),有7个教堂。整座岛屿是块神圣的地域,从古至今到此岛的朝圣者络绎不绝。如果还想去

附近的要塞修道院、圣三一教堂及圣索弗尔教堂参观的话，一定要肃静。

## 从戛纳出发的旅程

### 卡西斯 CASSIS

MAP●剪切图-53 p.305-B

停靠在港口的游艇

干燥的普罗旺斯的空气至地中海沿岸，像进入另一个世界似的舒适湿润。蔚蓝的天空、湛蓝的大海，像童话般的世界似的。对于喜欢大海，追求清闲悠然的人，卡西斯是首要选择。它是一座港口城市，一年四季气候宜人，是疗养身心的最佳选择。卡西斯最初是一个小渔村。在马蒂斯及德兰的笔下，它是一座古朴的城市，普罗旺斯的著名诗人米斯特拉尔也这样称赞这座城市。但是，如今这里高楼林立，旧貌换新颜。有名的卡西诺赌场就在这里，异常繁华热闹。尤其是夏天，游客接踵而至。但是，相对于其他地中海沿岸的疗养地，这里还是比较朴素、安静。

在卡西斯，一边吹着海风一边在风中漫步，是件很惬意的事。也可以在沿岸鳞次栉比的餐厅一边品尝美味一边赏景。当然了，餐厅的菜肴主要是以海鲜为主的当地美食，特别是甲壳类及螃蟹非常有名，与之配饮白葡萄酒真是美味至极。卡西斯的白葡萄酒1936年被A.O.C.指定为最上乘的葡萄酒。它的葡萄产于卡西斯城北的葡萄田。这里有13个葡萄酒厂酿造这种佳品白葡萄酒。用这种葡萄酿造出来的葡萄酒口感香醇，堪称酒中佳品。除了白葡萄酒外，这里的红葡萄酒也毫不逊色。如果时间允许，可以参观各个酿酒厂，并可以试饮刚酿好的葡萄酒。当然，这些酿酒厂也直销葡萄酒，在这里可以买到正宗地道的葡萄酒。

连接栈桥的是雨果大街（Ave. Victor Hugo），它是市里最繁华的一条主要购物街，这里精品店及普罗旺斯的特产店鳞次栉比。从栈桥出发沿海向南走有海水洗浴城，

夜幕下被霓虹灯点缀的港口

在那里可以放松身心，洗却一天的疲劳。沿着海边登上小坡，有石城遗迹，它是莱斯博城池的复原品。

### 拉西约塔 LA CIOTAT

MAP●剪切图-53 p.305-B

拉西约塔曾经是马赛的属地，从公元前1世纪开始就非常有名。但是，现在作为全球电影放映之地更加闻名遐迩。1895年12月，发明电影的吕米埃兄弟共同在法国

### ACCESS

**公共汽车**：从火车站到达旧街区约有3公里，乘坐公共汽车非常方便。从马赛乘坐公共汽车约需40分钟，每日发车约6班。
**自驾车**：从马赛出发走A50、D41国道约20公里。从拉西约塔出发走D559国道约12公里。

### INFORMATION

❶旅游信息服务中心：Quai des Monlins ☎08 92 25 98 92 ℻04 42 01 28 31 HPwww.ot-cassis.fr
🕘9:30~12:30、14:00~17:30（3~6月、9、10月 至18:00、7、8月9:00~19:00）|周六10:00~12:30、14:00~17:00（7、8月9:30~12:30、15:00~18:00），周日、节假日10:00~12:30 休12/25~1/1
**市内交通**：游览步行即可。
**市内面积**：参观完所有景点约需1小时30分钟。

栈桥上的灯塔

**葡萄酒厂联系方式**
卡西斯葡萄园工会
✉Domaine de la Ferme Blanche-RD559 ☎04 42 01 00 74 ℻04 42 01 73 94

电影院墙壁上吕米埃兄弟的画像

### ACCESS
**公共汽车**：从马赛出发到拉西约塔约需45分钟，每日发车约15班。
**自驾车**：从马赛出发走A50国道约31公里，从卡西斯出发走D559国道约9公里。

### INFORMATION
🛈 **旅游信息服务中心**：bd. A. France ☎04 42 08 61 32 📠04 42 08 17 88 🌐www.tourisme-laciotat.com ⏰9:00~12:00、14:00~18:00（6~9月9:00~20:00，周日、节假日10:00~13:00） 休10月至次年5月的周日、节假日
**市内交通**：游览步行即可。
**市内面积**：参观完所有景点约需2小时。

### ACCESS
**国铁**：从马赛乘坐去往尼斯方向的快速列车在土伦（Toulon）站下车，约需40分钟。从尼斯乘坐去往马赛方向的列车，约需1小时45分钟。
**自驾车**：从马赛出发走A50国道约70公里车程，从尼斯出发走A57约150公里车程。

### INFORMATION
🛈 **旅游信息服务中心**：9, Pl. Louis Blanc ☎04 94 18 53 00 📠04 94 18 53 09 🌐www.toulontourisme.com ⏰9:00~18:00（周二10:00~、6/21~9月至19:00，周日、节假日10:00~13:00） 休常年营业
**市内交通**：游览步行即可。
**市内面积**：参观完整座城市的景点约需2小时。

拉西约塔的旧港口

放映了10多部长1至2分钟的短片电影。在法国放映的前3个月，他俩也曾经在拉西约塔放映过电影。其中一部名为《到达的列车》的电影作品，描述的是拉西约塔购入的蒸汽式火车。据说，有意思的是，观众看到从镜头上开来的火车时都纷纷逃离座位。在这座城市里，有挂有吕米埃兄弟画像的电影院。电影院有象征他们那个年代的拱门建筑，背后是用铁艺装饰的散步小道。另外，还可以在这里眺望建于17世纪的**阿松普雄圣母大教堂**（Église Notre-Dame de l'Assomption）和其紧邻的**米格公园**（Parc du Mugel）。

## 土伦 TOULON
MAP●剪切图-54 p.305-B

沿海岸线向东走就是蓝色海岸。地理书上介绍道，这里最初最大的海港城市就是土伦。曾经世界各国的军舰在这里进港，市里也大多是水兵的身影。在旧街区散步时，可以看到**圣玛丽-马耶尔大教堂**（Cathédrale Ste. Marie-Majeure）及**海鲜品市场**（Poissonnerie）。这里错落有致的氛围，为这座港口城市又增添了几多情趣。

从咖啡店眺望土伦港口

## 为您导航
### 地中海的小海湾美景

地中海沿岸陡峭的悬崖深深切入陆地，挤压形成星罗棋布的海湾，这些被挤压成的海湾被称为卡拉克（Calanques）。海湾切入海岸线达1公里之深。海湾里风平浪静，两侧是绝壁，可以欣赏到独特的风景。从海上有可以登上海湾的登陆点。有从马赛或卡西斯出发的船只。旅游具体事宜可以咨询当地旅游局。

另外，在尼斯东侧有沿海岸线的D7国道。从红色的悬崖上可以观赏海湾风景，路上还有观景台可以眺望远方，登高望远，远观沧海乃人间之佳景！

位于土伦与圣特罗佩之间的圣巴特勒米的海湾

## 耶尔与黄金岛（耶尔群岛）
HYÈRES ET LES ILES D'OR (LES ILES D' HYÈRES)

MAP● 剪切图-55 p.305-B

这个椰树丛生的小城，是维多利亚女王及作家托尔斯泰钟爱的地方。天高气爽的时节，站在高台上的耶尔城堡（Château d'Hyères），可以看到耶尔群岛。这里的阿尔曼阿鲁海滨（Plage de l'Almanarre）每年10月举行滑浪风帆世界大会，可以观看动感十足的海上冲浪比赛，当然也可以参与比赛哦（在现场可以租冲浪板等）。

被称为"黄金岛"的三大岛大部分属于国立公园，其中，保罗克罗鲁岛（Porquerolles）是戈达尔《疯狂的小丑》的拍摄地，保罗-克洛斯岛（Port-Cros）是吕克·贝松《碧海蓝天》的拍摄地。在保罗克罗鲁岛观望圣母海滨（Plage de Notre Dame）、艾鲁加海滨（Plage d'Argent）及南侧的灯塔（Phare），风景别致。鲁汶岛（Levant）据说是裸奔岛，所以，来这里之前一定要做好思想准备。

椰树与浅色调建筑组合是这座城市的特征

阿尔曼阿鲁海滨是海上运动的最佳之地

### ACCESS
**国铁**：从巴黎里昂车站乘坐TGV超高速列车在耶尔（Hyères）下车，约需4小时30分钟，每日发车1至2班。从土伦出发乘坐普通电车，约需20分钟，每日发车约6班以上。
**航空**：从奥利机场西航站楼出发到达土伦-耶尔（Toulon-Hyères）机场约1小时，每日飞行6班。从机场到耶尔市内乘坐公共汽车约10分钟。
**自驾车**：从土伦出发走A57国道约20公里，从尼斯出发走A57国道约150公里。

### INFORMATION
❶旅游信息服务中心：3, Ave. Amboise Thomas ☎04 94 01 84 50 📠04 94 01 84 51 🏠www.hyeres-tourisme.com ⏰9:00~18:00（周六10:00~16:00）休7、8月份以外的周日
**市内交通**：游览步行即可。到阿尔曼阿鲁海岸，从耶尔车站出发乘坐公交车在帕鲁米尔（Parmiers）下车，约需20分钟。去往保罗克罗鲁岛可以在图尔·丰都（La Tour Fondue）港下车，约半小时车程，从港口到市内约需20分钟。夏季每日发车15班以上，冬季约连4至6班。
**市内面积**：参观完整座城市约需2小时，参观所有岛屿约需半天时间。

## 圣特罗佩
ST. TROPEZ

MAP● 剪切图-49 p.305-B外

曾经只不过是一个小小渔村的圣特罗佩，因20世纪60年代著名女影星碧姬·芭铎在这里购置别墅而成为世界著名的疗养之地。这里旅游景点并不是很多，但是眺望蔚蓝的海面及高级的游艇也别有一番趣味。

建成于18世纪的意大利巴洛克式的圣特罗佩教堂（Eglise St Tropez），以楼顶的八角形时钟塔最为有名。还可以去参观安农锡安德美术馆（Musée de l'Annonciade），这里展示的作品大多是20世纪的绘画杰作。

### ACCESS
**国铁、公交**：乘坐马赛（Marseille）与尼斯（Nice）方向的快速列车在圣拉斐尔（St. Raphael）车站下车。从尼斯出发约需1小时，每日发车约30班。从圣拉斐尔出发乘坐公共汽车，约需1小时30分钟，每日发车10班以上。另外，从土伦出发乘坐公交车，约需2小时，每日发车10班。
**自驾车**：从马赛出发走A50、N98国道约138公里。从尼斯出发走A8、N98约105公里。

### INFORMATION
❶旅游信息服务中心：quai Jean Jaurès ☎08 92 68 48 28 📠04 94 97 82 66 🏠www.ot-saint-tropez.com ⏰9:30~12:30，14:00~18:00（4~6、9~10月至19:00，7~8月9:30~13:30，15:00~20:00）休12/25、11月、1月的周日
**市内交通**：参观步行即可。
**市内面积**：从公共汽车站出发到市中心的港口旧停泊区约200米。参观完整座城市景点约需2小时。

普罗旺斯－阿尔卑斯－蓝岸 南法小城

晴空下快艇排列井然有序的圣特罗佩港　©Ville de Saint-Tropez, Jean-Louis CHAIX

# Cannes 戛纳

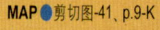

MAP ●剪切图-41, p.9-K

法国南部邻近地中海的一个小城,位于蓝色海岸地区,是戛纳电影节的举办地。

从舍瓦利耶尔山眺望戛纳海岸线的胜景

## ACCESS

**国铁**:从巴黎里昂车站乘坐TGV超高速列车在戛纳(Cannes)车站下车,约需5小时10分钟,每日发车约6班。从巴黎里昂乘坐TGV超高速列车在马赛(Marseille)下车约需3小时20分钟,换乘去往尼斯(Nice)方向的快速列车,约需2小时10分钟,每日发车约10班。从尼斯出发乘坐快车约需40分钟,乘坐TGV超高速列车约需半小时,每日发车30班以上。
**航空**:从巴黎奥利机场第二航站楼出发到达蓝色海岸尼斯(Nice Cote d'Azur)机场约需1小时20分钟,每日飞行20班以上。从机场到市内乘坐公共汽车约需50分钟。
**自驾车**:从马赛出发走A50、A52、A8国道约170公里,从尼斯出发走A8约30公里。

## INFORMATION

🛈 **旅游信息服务中心**:Palais des Festivals ☎ 04 92 99 84 22 📠 04 92 99 84 23 🌐 www.cannes.travel
🕘 9:00~19:00(7、8月至20:00,11月至次年2月10:00~19:00)
🗓 常年营业
**市内交通**:参观步行即可。
**市内面积**:从戛纳火车站出发至海岸直线距离约300米,城市在东西长700米的范围内。主要景点在市内以西地区。参观完整座城市约需2小时。

## 城市概况

火车站周边到处是居民区,难免给初到戛纳的旅人留下朴素的印象,但是,接近海岸时活力陡增,会让前来游览的游客惊叹不已。从火车站出发到海边约需4分钟。

沿海岸的克鲁瓦塞特大街(Bd. de la Croisette)是闻名的高级度假区,这里豪华酒店林立,一层是高级精品店。戛纳国际电影节有名的电影节宫的对面,左边是沙滩,右边是旧港口,再往里走,右边是叙凯地区(Le Suquet)。旧街区的重要景点大多集中在这一带。戛纳共有人口约7万。

### 叙凯地区
### Le Suquet

MAP p.314-A

叙凯地区是戛纳的旧街区

这里是戛纳最古朴的旧街区。房屋建筑呈台阶状,走在大街上不时会闻到喷香的烤鱼味,在小道上还可以和阳台上的居民搭话,所以,在这里可以看到高级度假区当地人的生活实态。在佩里索尔街(Rue L. Perrissol)就可以看见埃斯佩朗斯圣母大教堂(Église Notre Dame d'Espérance)。教堂内部与外部简直像两个世界似的,教堂内十分安静。这里有座舍瓦利耶尔山(Mont Chevalier),另外还有卡斯特尔博物馆。

## 卡斯特尔博物馆
Musée Castre　　　　　　**MAP** p.314-A

这里曾是修道院，但现在展示着19世纪旅行家们的作品。这里囊括了来自伊特鲁里亚、罗马、希腊、埃及、中近东、亚洲、非洲及中南美洲等国或地区的旅行家的作品，范围之大，让前来观赏的游客吃惊。所有的收集品均为古代遗迹里出土的美术品，所以，对于民族学者来说是不可多得的宝库。从博物馆院中的塔楼远眺，可以将旧港口到克鲁瓦塞特大街这一带的风景尽收眼底。

## 电影节宫
Palais des Festivals et des Congrès　　**MAP** p.314-A

第二次世界大战结束后不久，戛纳因电影节闻名遐迩。国际电影节主会场就是这里的电影节宫。正面入口处铺满红地毯，每年电影节在这里迎接从世界各地前来赴会的各国电影明星。国际电影节已经成为蓝色海岸的一道亮丽的风景。台阶处有世界各国著名影星的青铜像手印，如果是追星族看看每个明星的签字也非常有意思。这里平时还常常是展销会和国际会议的会场。

让•保罗•贝尔蒙多的手印

卡斯特尔博物馆塔楼

**卡斯特尔博物馆**
开 10:00～13:00，14:00～17:00（4～6，9月至18:00，7、8月10:00～19:00，6～9月的周三至21:00）
休 9月至次年3月的周一，1/1、5/1、5/15～5/17、5/23、11/1、11/11、12/25　费 3.40欧元　交 从旧港口出发步行约7分钟

## 克鲁瓦塞特大街
Bd. de la Croisette　　　**MAP** p.314-B

沿海岸散步是戛纳人特有的一种消遣方式。这里种满南方植物椰子树，绿树成荫，高级精品屋用鲜花装饰得异常美丽。在海边吹着海风、眺望着蔚蓝色的大海，是何等的浪漫！

这种汽车在这座城市并不罕见

### R 餐饮

**卡尔顿大酒店**
Carlton　　　　**MAP** p.314-B
餐厅位于著名的酒店内。早晨可以在阳台上观赏大海，午餐和晚餐可以品尝地道的地中海美食。
交 从车站出发步行约5分钟
址 Hôtel Carlton Inter-Continental
电 04 93 06 40 21　营 7:30～11:00、12:00～14:30、19:30～22:30
休 常年营业　费 46欧元～

**卡沃酒店**
Caveau 30　　　**MAP** p.314-A
一年四季以新鲜的海鲜著名的酒店。
交 从旧港口出发步行约1分钟
址 45, Ave. F. Faure　电 04 93 39 06 33　HP www.lecaveau30.com
营 12:00～14:00、19:30～22:30
休 常年营业　费 24欧元～

**假日酒店**
Festival　　　　**MAP** p.314-B
可以在面向克鲁瓦塞特大街的阳台上，边欣赏大海边品尝美味，美景美味两全其美。
交 从车站出发步行约5分钟　址 52, bd. Croisette　电 04 93 38 04 81
营 12:00～19:00、19:30～22:30
休 2月的两周，11/28～12/28
费 43欧元～

### H 住宿

**卡尔顿洲际酒店**
Carlton Inter-Continental　　**MAP** p.314-B
这是一家将戛纳的传统与现代融合得最好的高级酒店，舒适惬意。
交 从车站出发步行约6分钟　址 58, bd. Croisette　电 04 93 06 40 06
传 04 93 06 40 25　HP www.ichotelsgrop.com　客 343间客房
费 单人间、双人间230欧元～

**阿兰•罗伯特宾馆**
Alan Robert's　　**MAP** p.314-B
位于车站前，虽然这一带热闹非凡，但是房间内安静舒适，且这里交通四通八达，非常便利。
交 从车站出发步行约1分钟　址 16, rue J. Jaurès　电 04 93 38 05 07
传 04 93 38 06 07　HP www.cannes-hotels.com/roberts　客 20间 客房 12月
费 单人间、双人间60欧元～

**海滨棕榈宾馆**
Palm Beach　　　**MAP** p.314-B外
位于克鲁瓦塞特大街的东部，能见度好，景色别致。房间布置小巧温暖。
交 从车站出发步行约15分钟　址 Pl. de L'etang　电 04 92 18 86 86　传 04 93 43 99 49　HP www.palmbeach.fr
客 9间客房　费 单人间98欧元～，双人间128欧元～

# Vallauris
# 瓦洛瑞斯

著名画家毕加索在这里完成了其经典作品《战争与和平》，这是一座充满鲜花与阳光的陶器之城。

MAP●剪切图-41, p.9-K

《抱羊的男人》 毕加索赠送给瓦洛瑞斯的雕像

## ACCESS

**国铁**：可以乘坐连接圣拉斐尔（St. Raphael）和文蒂米利亚（Ventimiglia）的列车在瓦洛瑞斯（Golfe Juan Vallauris）下车。从戛纳出发约需6分钟，从尼斯出发约需30分钟。每日发车30班以上。

**公共汽车**：从戛纳出发乘坐去往昂蒂布方向的车在瓦洛瑞斯（Golfe Juan）下车，从戛纳出发约需15分钟，从昂蒂布出发约需30分钟。

**自驾车**：从马赛出发走A8国道约180公里，从尼斯出发走A8国道约25公里。

## INFORMATION

旅游信息服务中心：square du 8 mai 1945 ☎04 93 63 82 58
📠04 93 63 13 66 🌐www.vallauris-golfe-juan.fr ⏰9:00~12:15, 13:45~18:00（7、8月9:00~19:00）
休9月至次年6月的周日
市内交通：游览步行即可。
市内面积：主要景点大多在公共汽车站周围。参观完整座城市需2小时。

### 玛丽尼美术馆、陶艺博物馆
开10:00~18:00（9/15至次年6/15 10:00~12:15, 14:00~17:00）
休周二，1/1、5/1、11/1、11/11、12/25
€3.25欧元
🚶从旅游信息服务中心步行约需15分钟

### 毕加索美术馆
开10:00~12:15, 14:00~18:00（9/15至次年6/14至17:00，7、8月10:00~19:00）
休周二，1/1、5/1、11/1、11/11、12/25
€免费
🚶从旅游信息服务中心步行约需15分钟

## 🏨 住宿

### 奥罗山谷宾馆
**Val d'Auréa**
🚶从伊斯纳尔广场步行约4分钟
📍11, bis bd. Maurice Rouvier
☎04 93 64 64 29
休9月至次年4月
🛏28间客房
€单人间、双人间60欧元~

## 城市概况

瓦洛瑞斯是沿海岸线的地区与北边的瓦洛瑞斯两地的合称。这两个地区相距约2.5公里，可以乘坐公共汽车往返于两者之间。在瓦洛瑞斯公共汽车站背后有瓦洛瑞斯城，城前广场是瓦洛瑞斯地区的中心地带。城下有市内最繁华的购物街。旅游信息服务中心在城南。整座城市人口约有3万。

## 景点

瓦洛瑞斯最大的景点**瓦洛瑞斯城堡**（Château Vallauris）曾是修道院的一部分。城堡内分别设有**玛丽尼美术馆**（Musée Magnelli）、**陶艺博物馆**（Musée de la Céramique）、**毕加索美术馆**（Musée National Picasso）3个分馆。玛丽尼

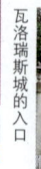
瓦洛瑞斯城堡的入口

美术馆收藏着意大利抽象派阿尔贝托•玛丽尼（1888—1971）的佳作。毕加索的杰作《战争与和平》（La Guerre et paix）收藏在对面左侧的教堂内。进入教堂内，一眼就会看到毕加索在这里烧制的陶器和其绘画作品，里屋的拱形天花板上画有毕加索的名画。城前的伊斯纳尔广场（Pl. P. Isnard）上有毕加索赠送给瓦洛瑞斯的铜雕像——《抱羊的男人》。毕加索好像是为了让孩子们在这里尽情游玩似的，将这座雕像放置在这里。瓦洛瑞斯因烧制陶器而闻名于世，所以，在克莱玛迪大街的两侧，销售陶器制品的商店及画室比比皆是。

瓦洛瑞斯的戈尔弗•胡安港，是拿破仑从流放地厄尔巴岛返回法国巴黎的途经地，现在这里还矗立着拿破仑的半身像和纪念碑。这里也是通往格勒诺布尔全长约324公里的拿破仑公路（Route Napoléon）的起点。

伊斯纳尔广场的早市

# Antibes
## 昂蒂布

约公元前5世纪由腓尼基人建立的希腊贸易据点。它是南法著名的艺术之城。

MAP ● 剪切图-41、p.9-K

毕加索美术馆的展览室

## 城市概况

从火车站出发穿过罗伯特·索洛大街（Ave. Robert Soleau），约10分钟即可到达旅游信息服务中心。旧街区就在大街车站背后左侧一带。从旅游信息服务中心所在的戴高乐广场（Pl. Général de Gaulle）向共和街（Rue de la République）行进约13分钟，便来到沿海的毕加索美术馆。昂蒂布共有人口约7.5万。

## 景点

首先穿过旧街区去岸边赏景。在以蔚蓝色大海为背景的白色沙滩（Château Grimaldi）上，有坚固的格里马尔迪城堡，毕加索的画室就在城堡里面，现在是毕加索美术馆（Musée Picasso）。毕加索美术馆除了展示毕加索的作品外，还展示着一些现代美术杰作。美术馆内天花板很高，在这里慢悠悠地欣赏毕加索的作品能感到毕加索大大咧咧的性格。在三层的毕加索作品展示室，可以远眺海上风景，斑驳的太阳光照射进来惬意而温暖。

毕加索美术馆的城墙

参观完毕加索美术馆后，还可以去昂蒂布旧街区走走看看。地中海沿岸画家及陶艺家众多，昂蒂布也不例外。明媚的阳光与古香古色的房屋形成明显的对比，而且根据时间的不同这种明暗对比也不同。

从毕加索美术馆开始的沿海岸的大街上，可以看到许多艺术家的作品，昂蒂布画室里的画家、陶艺家及其他的造型师有时会来这里制作工艺品销售。

运气好的话，可以欣赏尼斯方向雪花飘落的阿尔卑斯风景。

边制作边出售艺术品

### ACCESS

**国铁**：可以乘坐连接马赛（Marseille）与尼斯（Nice）之间的快速列车在昂蒂布（Antibes）车站下车。从马赛出发约需2小时10分钟，每日发车约10班。从尼斯出发约需20分钟，每日发车约30班。

**自驾车**：从马赛出发走A8国道约190公里，从尼斯出发走A8约20公里。

### INFORMATION

● 旅游信息服务中心：11, pl. Gén. de Gaulle ☎04 97 23 11 11 ✉04 97 23 11 12 ⌂www.antibesjuanlespins.com 开9:00~12:30、13:30~18:00（周六9:00~12:00、14:00~18:00，周日10:00~12:30、14:30~17:00，7、8月9:00~19:00） 休 周日（9月至次年6月）、节假日

**市内交通**：游览步行即可。

**市内面积**：旧街区在半径500米的范围内。参观旧街区约需2小时。

美术品市场

### 毕加索美术馆

开10:00~12:00、14:00~18:00（6/15~9/15 10:00~18:00，7~8月，周三、周五至20:00，闭馆前半小时停止入馆）

休 周一，1/1、5/1、11/1、12/25

€ 6欧元

交 从火车站出发步行15分钟

### 🏨 住宿

#### 蓬泰伊宾馆
**Le Ponteil**

交 从旅游信息服务中心步行约10分钟
🏠 11, impasse Jean Mensier
☎04 93 34 67 92 ✉04 93 34 49 47
⌂www.leponteil.com 休11/12~2/1
14间客房 € 单人间87欧元~，双人间97欧元~（均提供早餐）

普罗旺斯—阿尔卑斯—蓝岸

# Grasse
# 格拉斯

MAP ● 剪切图-34、p.9-K

被称为世界第一香水城。每年约生产500吨橙子味和玫瑰味香水、约400吨茉莉花香水。

论斤出售的百花香

## ACCESS
**国铁**：从戛纳（Cannes）车站出发在格拉斯（Grasse）车站下车，约需25分钟，每日发车15班。
**公共汽车**：从尼斯（Nice）出发在格拉斯方向，约需1小时，每小时发车1至2班。从戛纳出发约需50分钟，每小时发车1至2班。
**自驾车**：从尼斯出发走A8国道，在穆迦（Mougins）进入格拉斯方向的支线，约40公里。从马赛（Marseille）出发走A8国道，在穆迦进入格拉斯方向的支线，约180公里。

## INFORMATION
❶ 旅游信息服务中心：22, Cours Honoré Cresp ☎ 04 93 36 66 66
📠 04 93 36 86 36 🌐 www.grasse.fr
🕘 9:00~12:30、14:00~18:00（7至9月9:00~19:00）❌ 10月至次年6月的周日、节假日
**市内交通**：参观旧街区步行即可。
**市内面积**：市内呈长方形，长约300米、宽150米。参观旧街区约需2小时。

### 国际香水博物馆
🕘 11:00~18:00（6~9月10:00至9:00、周四至21:00）
❌ 10月至次年5月的周二、节假日
💶 3欧元
🚶 从旅游信息服务中心步行约2分钟

### 弗拉戈纳尔美术馆
🕘 11:00~18:30（6至9月10:00~19:00）❌ 10月至次年5月的周二、11月、部分节假日 💶 2欧元 🚶 从旅游信息服务中心步行约2分钟

香水屋角落里的蒸馏器

## 🏨 住宿

### 全景宾馆
**Panorama**
🚶 紧邻旅游信息服务中心，步行约1分钟 📍 2, pl. Cours
☎ 04 93 36 80 80 📠 04 93 36 92 04
🌐 www.hotelpanoramagrasse.com
🛏 36间客房 💶 单人间、双人间60欧元~

## 城市概况

整座城市像是附着在山上似的，极其险峻，上坡也需要些时间。公共汽车站建在山上最高点。登上都热大道（Bd. du Jeu de Ballon）约3分钟后下车，就可到达旅游信息服务中心。绕过这里的交通环岛下坡后有美术馆、博物馆等主要景点。背后的让·奥索拉街（Rue Jean Ossola）及埃米尔街（Rue Amiral de Grasse）附近是繁华的旧街区。格拉斯约有人口5万。

## 景点

提起格拉斯，几乎所有的人都会想起香水。格拉斯及附近的城市一年四季气候宜人，很适宜种植花草。当地人就利用了得天独厚的气候条件种植了各种花草。格拉斯制作香水的工厂大大小小共计约30家。整座城市浸润在芳香的空气里，这些香气除了从香水制作场散发出来的以外，还有的是从专营香皂、空气清新剂的商店散发出来的。其中，最有名的香水制作商是弗拉戈纳尔。在这里，除了购买香水和香皂外，还可以参观香水工厂。下了弗拉戈纳尔的小坡后，就是**国际香水博物馆**（Musée International de la Parfumerie），这里展示着各种香水瓶、商标及香水制作过程的说明书。

位于坡路与台阶上的格拉斯

但是，这座城市有名的不仅仅是弗拉戈纳尔的香水工厂，还有18世纪著名画家弗拉戈纳尔。被称为"洛可可宠儿"的弗拉戈纳尔的名画，被认为是最优美的作品。崇拜女性的男性，守护男女的丘比特……当时宫廷的装饰画就源于这座小小的城市。**弗拉戈纳尔美术馆**（Musée Fragonard）展示着弗拉戈纳尔及其子孙与格拉斯出生的其他画家的作品。

旧街区的里边有圣母大教堂。虽然教堂的外观朴素，但是里面内容丰富，千万不可过而不入。教堂灰暗的墙壁上挂有鲁本斯的名画。

朴素的大教堂外观

# Nice

MAP ●剪切图-35, p.9-K

## 尼斯

1860年成为法国的领地。世界著名的疗养度假胜地。

一边欣赏大海一边开怀畅谈

### 城市概况

尼斯火车站前是公寓林立的住宅街，也有很多酒店。出了车站向左至十字路口是麦德松大街（Ave.Jean Medecin），这里是尼斯最吸引游客的大街，银行、超市及餐厅鳞次栉比。沿这条街右走，约12分钟即可到达海岸边。海滨向东西方向延伸，海岸对面的大道上有尼斯一流的酒店。沿海岸线走，有著名的英国人海滨人行道。从人行道向东走，就是平民风格的旧街区。夏加尔及马蒂斯的美术馆在铁路线以北，可以乘坐公共汽车或者电车前去。尼斯人口约34.8万。

### 英国人海滨人行道
Promenade des Anglais

MAP p.320-A

英国人海滨人行道，位于沿海岸线边。18世纪的尼斯，气候宜人，是富裕的英国人梦寐以求的度假胜地。修建这条街道时得到了很多英国人的赞助，所以这条街道被称为英国人海滨人行道。这条海滨人行道全长3.5公里，

海边英国人海滨人行道

海边一年四季都有椅子供游客赏景，有人在这里悠闲地看书，有人在这里聊天，有人在这里眺望大海。来到尼斯，即使没时间去美术馆，也一定要抽时间来这里走走。

### 马塞纳美术馆
Musée Masséna

MAP p.320-A

英国人海滨人行道对面，有座建于19世纪末的宏伟建筑物，它与拿破仑有千丝万缕的关系。这座建筑物被转让给尼斯市后，这里成为以历史及美术为主题的美术馆并对外开放。

马塞纳美术馆除了展示15世纪活跃在尼斯的尼斯派画家的作品、文艺复兴的绘画、圣坛及湿壁画等教堂作品外，还有一部分画室成为当地的资料馆。

### 旧街区
Vieille Ville

MAP p.320-B

从英国人海滨人行道向东直走，就到了旧街区。旧街区具有平民风格，每天到这里参观的游客络绎不绝。每天的早市上，前来购买地中海鱼类及普罗旺斯花草的

### ACCESS

**国铁**：从巴黎里昂车站乘坐TGV超高速列车在尼斯维尔（Nice Ville）车站下车，约需5小时40分钟，直达TGV超高速列车每日发车约6班。同样从巴黎里昂车站出发到达马赛（Marseille）车站，约需3小时，每日发车约17班，换乘去往尼斯方向的快速列车约需2小时20分钟，每日发车约20班。

**航空**：从巴黎奥利机场西航站楼出发或者戴高乐机场2号航站楼出发到达尼斯（Nice Côte d'Azur）机场，约需1小时25分钟，每日飞行20班以上。从机场到市内约需20分钟。

**自驾车**：从马赛出发走A8国道约200公里，从戛纳（Cannes）出发约30公里。

### INFORMATION

**旅游信息服务中心**　Gare SNCF
☎ 08 92 70 74 07ℱ 04 43 16 85 16
ℋ www.nicetourisme.com 开8:00～19:00（周日10:00～17:00，6～9月8:00～20:00、6～9月的周日9:00～19:00）休常年营业（英国人海滨人行道沿岸的分支机构9:00～18:00，6～9月8:00～20:00，周日至19:00上班；10月至次年5月的周日休息）

**市内交通**：参观可以乘坐公共汽车、电车，也可以步行。

**市内面积**：从车站到海岸约1公里。美术馆等主要景点凌乱地分布在市内各个地区。参观整座城市约需1天半。

面向大海的马塞纳美术馆

### 马塞纳美术馆
开 10:00～18:00
休 周二、节假日　免费
交 乘坐3、7、9、10、12、23、27路公共汽车在丹特（Gambetta Dante）车站下车，步行约1分钟即可到达

地中海普通风景之一——旧港口

外观时尚的尼斯现当代美术馆

**尼斯现当代美术馆**
- 开 10:00～18:00
- 休 周一、节假日
- € 免费
- 交 从电车加里波第（Garibaldi）站出发步行约1分钟

顾客热闹非凡。这里不分昼夜，多家餐厅纷纷摆出桌椅，当地居民及外地游客前来消遣找乐子。既然来到这里，就可以顺便远观一下停靠在旧港口的渔船及游艇等。沿岸两边是古香古色的地中海沿岸小屋，别有一番海港气息。

## 尼斯现当代美术馆
### Musée d'Art Moderne et d'Art Contemporain  MAP p.320-B

尼斯现当代美术馆是一家外观像两个箱子似的白色建筑物。它位于旧街区里，收藏着20世纪60年代以后的艺术品。

除了能参观尼斯艺术家的杰作外，还可以参观美国等其他国家艺术家的作品。

## 马蒂斯美术馆
### Musée Matisse  MAP p.320-B外

马蒂斯从1917年至1954年去世，这段时间是在尼斯的工作室度过的。至今马蒂斯美术馆内还陈列着马蒂斯的设计、绘画品及铜像。在罗马圆形竞技场遗迹的公园一角，是改建于17世纪建筑的三层美术馆，它矗立在

朴素而典雅的马蒂斯美术馆

浓密的树林里，显得格外别致。周围是安静的住宅区，置身于此，仿佛被马蒂斯亲自招待一般亲切。美术馆后边是马蒂斯及杜菲的墓地。

## 夏加尔美术馆
### Musée National Message Biblique Marc Chagall　MAP p.320-B

夏加尔美术馆自开放以来，吸引了众多前来旅游的游客。这也说明了夏加尔在全球的人气之旺盛吧。

尼斯北部有座小而高的小丘，为了避开喧闹，这里建有一座高级住宅。在众多的建筑里，有一座美术馆是夏加尔自筹经费建设的，里边展示着很多自己的杰作供游客参观。除了有大幅绘画外，还有绘有露台及钢琴的画。夏加尔用玫瑰红画的自己的画像，可以说是最受游客欢迎的画了，这也是画家热爱生活的体现吧。

### 马蒂斯美术馆
- 🕘 10:00～18:00
- 休 周二、节假日
- 💰 免费
- 🚌 乘坐15、17、20、22、24路公共汽车在阿伦斯（Arenes）车站下车，步行约5分钟即可到达

### 夏加尔美术馆
- 🕘 10:00～17:00（7～9月至18:00）
- 休 周二、节假日
- 💰 6.50欧元（每月第一个周日免费）
- 🚌 乘坐15、22路公共汽车在夏加尔美术馆（Musée Chagall）站下车，步行约2分钟即可到达

### 尼斯的电车
利用尼斯电车参观非常方便。车票一次性票1欧元，一日通票4欧元，一周通票15欧元。电车票公共汽车也通用。

## R 餐饮

### 克里斯汀餐厅
**L'Univers-Christian Plumail**　MAP p.320-B

旧港口边上的家庭式小店。可以品尝普罗旺斯海边的风味小菜。
- 🚌 从旧港口出发步行1分钟　📍 54, bd. J. Jaurès　☎ 04 93 62 32 22　🌐 www.christian-plumail.com　🕘 12:00～14:00, 19:45～21:45　休 周六、周一白天、周日全天　💰 20欧元～

### 薄伽丘大酒店
**Boccaccio**　MAP p.320-A

在这里可以欣赏船上的装饰，还可以品尝地中海美食。
- 🚌 从麦德松大街与自由大街的交叉口出发1分钟　📍 7, rue Messéna　☎ 04 93 87 71 76　🌐 www.boccaccio-nice.com　🕘 12:00～14:30, 19:00～23:00　常年营业　💰 25欧元～

### 拉努·鲁热餐厅
**L'Ane Rouge**　MAP p.320-B

这里的美食是用南法特有的蔬菜和地中海的鱼类做成的，可以边领略大海的风情边品尝美餐。
- 🚌 旧港口东侧海岸的附近　📍 7, quai des Deux Emmanuel　☎ 04 93 89 49 63　🕘 12:00～13:30, 19:00～21:30　休 周三、周四白天　💰 35欧元～

## H 住宿

### 内格雷斯科酒店
**Négresco**　MAP p.320-A

如宫殿般典雅高贵，是尼斯的旅游亮点之一，堪称尼斯最高级的酒店。
- 🚌 紧邻马塞纳美术馆　📍 37, prome. des Anglais　☎ 04 93 16 64 00　📠 04 93 88 35 68　🌐 www.hotel-negresco-nice.com　117间客房　💰 单人间、双人间360欧元～

### 弗洛尔酒店
**Flore**　MAP p.320-A

位于英国人海滨人行道附近，交通便利。这里的藤制家具给游客以南国的感觉。
- 🚌 从岸边的旅游信息服务中心步行2分钟　📍 2, rue Maccarani　☎ 04 92 14 40 20　📠 04 92 14 40 21　🌐 www.hoteldeflore-nice.fr　64间客房　💰 单人间115欧元～，双人间125欧元～

### 弗洛里德酒店
**Floride**　MAP p.320-A外

远离海边，位于城市北侧安静的住宅街上，可以安心入住。
- 🚌 从夏加尔美术馆步行3分钟　📍 52, bd. De Cimiez　☎ 04 93 53 11 02　📠 04 93 81 57 46　🌐 www.hotel-floride.fr　20间客房　💰 单人间46欧元～，双人间62欧元～

### 阿里亚酒店
**Aria**　MAP p.320-A

车站南侧酒店林立。其中，值得推荐的是精巧别致的阿里亚酒店。
- 🚌 从火车站步行4分钟　📍 15, Ave. Auber　☎ 04 93 88 30 69　📠 04 93 88 11 35　🌐 www.hotel-aria.fr　30间客房　💰 单人间94欧元～，双人间104欧元～

# Vence
# 旺斯

位于阿尔卑斯山南端。4世纪左右利古里亚人在此聚集成村，如今是一座美丽的小城镇。

MAP ●剪切图-34，p.9-K

穿过充满情趣的拱门就是旧街区

## ACCESS
**公共汽车**：从尼斯（Nice）出发在旺斯（Vence）车站下车，约需50分钟，每日发车20班以上。
**自驾车**：从尼斯出发走A8、D36国道约20公里，从马赛（Marseille）出发走A8、D36国道约200公里。

## INFORMATION
❶**旅游信息服务中心**：Pl. du Grand Jardin ☎04 93 58 06 38 ℻04 93 58 91 81 ＨＰwww.ville-vence.fr
**开**9:00~18:00（周六10:00~17:00，周日10:00~18:00，7、8月至19:00，11月至次年2月至17:00）**休**9月至次年6月的周日，5/1、11/11
**市内交通**：参观旧街区步行即可。
**市内面积**：旧街区呈椭圆形，长200米、宽100米。参观旧街区约需1小时30分钟。

## 城市概况

从大花园广场（Pl. du Grand Jardin）出发，穿过旁边的佩拉门（Porte du Peyra）就是旧街区。旧大教堂的周围是旧街区的中心地带，公共汽车站及旅游信息服务中心在雅尔丹广场内。旺斯共有人口约1.9万。

## 景点

历来被称赞为像画似的旺斯，于15世纪作为市场之城而建。据说，最初这里只允许得到许可的人，也就是说只有被选中的人才能住在城里。历经600多年的岁月沧桑，如今这里各种景点保存完好。

佩拉广场（Pl. du Peyra）是旺斯的门户，曾经这里是市场。穿过佩拉街（Rue du Peyra），在路尽头向右转，左手边是旺斯中心地带克列蒙梭广场（Pl. Clémenceau）。广场左边用鲜花装饰一新的建筑是邮局和市政厅。广场右手边是**大教堂（Cathédrale）**。虽然这个教堂规模很小，但是里边内容丰富，有夏加尔的镶嵌艺术品，如果事先不知情，游客大多都会错过此景。

市政厅以前是主教的府第，现在在市政厅背后还有主教馆的大门，据推测这扇门大约是15世纪的建筑。这里的旧街区是一般市民生活的场所，所以没有特产专卖店等商店。但是，马尔什街（Rue de Marché）特产专卖店及海鲜店鳞次栉比，其繁荣景象正是繁荣的中世纪的真实写照。

旧街区以北距市里约1公里处，有马蒂斯晚年时亲自设计装潢的**玫瑰园礼拜堂（Chapelle du Rosaire）**。白色的墙壁用陶瓷做成，整面墙壁在太阳的照射下呈现出五颜六色的光泽。整个礼拜堂内简直就是马蒂斯的世界。

形成于15世纪的狭窄的街道

大教堂的夏加尔的镶嵌艺术品

### 玫瑰园礼拜堂
**开**周一、周三、周六14:00~17:30，周二、周四10:00~11:30、14:00~17:30（学校假期周五14:00~17:30）**休**周日、节假日、学校假期外周五、11月中旬至12月中旬 ⓔ3.20欧元
从旅游信息服务中心步行约15分钟

## 🅗 住宿

### 胜利宾馆
**La Victoire**
紧邻佩拉门
4, pl.du Grand Jardin
☎04 93 24 15 54 ℻04 93 32 76 98
ＨＰwww.hotel-victoire.com
15间客房
单人间59欧元~、双人间69欧元~

大教堂的钟楼

# Tourrettes sur Loup

## 卢普

MAP ● 剪切图-34、p.9-K

从格拉斯到旺斯途中的一个小镇。这里盛开着美丽的紫罗兰，是一座童话般的小镇。

矗立在岩石上的卢普

## 城市概况

公共汽车站前是停车场，停车场后边是旧街区。旧街区几乎呈圆形，它周围的四分之三是绝壁。旧街区有两个入口，无论从哪一个入口进，都可以在街区里绕一圈从另一个入口出。除了旧街区的街道外，整个小城还有5条街道，在中心地带有一个广场。全城共有人口约4000。

### 景点

两个进入市区的大门

卢普无论在法国导游指南上还是在其他导游指南上，都没有提及多少。但是，只要经过这里的人都想进去看看。格林童话里的古老的房屋、轻巧的小塔楼、拱形的城门等，在有着1000多年历史的卢普仍保存着。但是，现在这座城市主要还是以手工艺人居多而闻名。

走在大街上，首先映入眼帘的是纺织物及与染色相关的工作室。上乘的布均出自手工艺人之手，但是，这里的手工艺品还没有达到出口到其他地区的规模。另外，这里还有众多镂金及与陶艺相关的商店，因为住在旧街区的人大多是手工艺人。

这里初具城市规模是在9世纪左右，像现在这样四周城墙环绕是11世纪左右的事。外侧的房屋成为城墙的一部分是卢普的一大特征。位于城墙外的停车场边的是**圣格雷戈尔教堂（Église St. Grégoire）**，始建于12世纪左右，具有浓厚的罗马风格的色彩。

原来住在这里的手工艺人是以栽培紫罗兰为生的，所以这里也被称为"紫罗兰之城"。城墙外的田地上从11月至次年3月份简直就是一片紫罗兰花的海洋。

从距海岸14公里的城墙外眺望时，风景独特，可以远望昂蒂布的海峡、意大利一带，如果天气晴朗，能见度好的话，还可以望见科西嘉岛。

手工艺人的工作室本身也是一大景点

## ACCESS

**公共汽车**：从旺斯出发乘坐去往蓬德鲁（Pont du Loup）方向的车在卢普（Tourrettes sur Loup）下车，约需15分钟，每日发车6班。

**自驾车**：从尼斯（Nice）出发走A8、D36国道到达旺斯（Vence），从旺斯出发走D2210国道到格拉斯（Grasse）约26公里。从格拉斯到卢普走D2210国道，约20公里。

## INFORMATION

🅘 **旅游信息服务中心**：2, Place de la Libération ☎ 04 93 24 18 93 📠 04 93 59 24 40 🖥 www.tourrettessurloup.com 🕙 10:00~13:00、14:00~18:30（9月至次年6月10:00~17:30）🚫 9月至次年6月的周日、节假日

**市内交通**：游览步行即可。
**市内面积**：整座城市呈圆形，周长约300米。参观完整座城市约需1小时。

充满童话的小城向来是猫咪的常住之地

### 🏨 住宿

**舍瓦利耶宾馆**

**Résidence des Chevaliers**

🚇 紧邻旅游信息服务中心
📍 521, route de Caire
☎ 04 93 59 31 97 📠 04 93 59 27 97
🖥 oteldeschevaliers06.monsite.wanadoo.fr
🚫 10月至复活节 🛏 12间客房
💶 单人间100欧元~，双人间130欧元~

# Eze

# 埃兹

尼斯与摩纳哥之间的一个小城镇。从岩石上的小城眺望里维埃拉海岸，景色极佳。

MAP ●剪切图-35，p.9-K

## ACCESS

**国铁**：从尼斯（Nice）乘坐去往意大利文蒂米利亚（Ventimiglia）方向的列车在埃兹（Eze Bord de la Mer）车站下车，约需15分钟，每日发车约25班。从火车站出发到埃兹市内乘坐公共汽车，约需20分钟，每日发车约8班。

**公共汽车**：从尼斯公共汽车站到埃兹（Eze Village）车站下车，约需20分钟，每日发车约10班。

**自驾车**：从尼斯出发走D6007国道约13公里。

## INFORMATION

ⓘ 旅游信息服务中心：pl. du Général de Gaulle ☎04 93 41 26 00
📠04 93 41 04 80 www.eze-riviera.com 🕒9:00～17:00（6～8月至19:00）休11月至次年5月的周日、学校休假以外的节假日，12/25

**市内交通**：参观旧街区步行即可。
**市内面积**：旧街区几乎呈正方形状，长宽约150米。参观完旧街区约需1小时。

324

**热带植物园**
🕒9:00～18:00（夏季至22:00，冬季至太阳落山之时；根据季节不同开放时间也会变动）
休11/2～11/21
€ 5欧元
🚶从旅游信息服务中心步行约10分钟

## 🏨 住宿

**谢弗尔·多尔城堡**
Château de la Chèvre d'Or
🚶从城门出发步行约1分钟
📍rue du Barri
☎04 92 10 66 66
📠04 93 41 06 72
🌐www.chevredor.com
🛏30间客房
休11/30～2/13
€ 单人间、双人间380欧元～
※可以在这里用餐

## 城市概况

埃兹是座建于陡峭的岩石上的小城镇。旅游信息服务中心在小城镇的入口处。小城镇的西侧和南侧全是悬崖绝壁，站在悬崖上映入眼帘的是一望无际的大海。从山脚到山顶到处都是餐厅、手工艺品商店。山顶上有热带植物园。整个小城镇人口约3000。

## 景点

从蓝色海岸的尼斯出发途经意大利一带的海岸线，两边都是悬崖绝壁，海岸线周边的村庄、街道都呈各种不规则形状。埃兹就是悬崖绝壁上的一个小城镇。埃兹距离海岸线不足100米，所以村庄最高海拔达429米。虽然被城墙环绕的城市数不胜数，但是只有在埃兹的上空才能看到大海最迷人的面容。

小教堂是埃兹一道独特的风景

要想进入城市，需先穿过小巧的城门，它是14世纪为了防御敌人而建的。埃兹有两座城，两座城都有城馆，但是都很小。镇里的俄扎城堡（Château Eza）从1923年到1953年这段期间是瑞典威廉王子的府第。穿过城门向左有谢弗尔·多尔城堡（Château Chèvre d'Or），现在是高级酒店，也可在这里用餐。

俄扎城前面的**勃朗礼拜堂**（Chapell des Penitents Blancs），规模虽小，但是却有悠久的历史，在历史上具有重要的意义。它是埃兹13世纪最古老的建筑物，是1860年当地居民同意与法国合并的历史见证。

在山顶上的**热带植物园**（Jardin Exotique）里，有仙人掌等南国的植物。从这里眺望里维埃拉海岸，景致美不胜收。从旧街区下来的小道是**尼采之路**（Chemin de Nietzsche）。据说，尼采曾经就在这条路上边散步边构思写成了著名的《查拉图斯特拉如是说》。

一年四季鲜花盛开

远望地中海风景

# Villefranche sur Mer
# 滨海自由城

MAP●剪切图-35, p.9-K

曾是失恋的让·科克托疗养身心的小渔村。港口旁的礼拜堂是科克托寄托灵魂的圣地。

距尼斯仅6公里的安静小渔村

## 城市概况

从站台上下来呈现在眼前的是，旧街区的屋顶及一望无际的大海。从车站前的街道向右走约3分钟左右就是旧街区。整个小镇面向海岸是坡路，但是没有台阶。岸边最繁华的地带有小海港，圣皮埃尔礼拜堂就建在小海港的旁边。整个小镇约有人口6600。

### ACCESS
**国铁**：从尼斯（Nice）乘坐去往意大利文蒂米利亚（Ventimiglia）方向的列车在滨海自由城（Villefranche sur Mer）下车，约需6分钟，每日每次约25班。
**自驾车**：从尼斯出发走D6098国道约10公里。

### INFORMATION
❶旅游信息服务中心：Jardin F. Binon ☎04 93 01 73 68 📠04 93 76 63 65 🌐www.villefranche-sur-mer.com 开9:00~12:00、14:00~18:00，6~9月9:00~18:30，11月中旬至次年2月中旬9:00~12:00、13:00~17:00（周日10:00~16:00） 休9月至次年6月的周日
**市内交通**：参观旧街区步行即可。
**市内面积**：沿海岸线约250米是旧街区的主要大街。参观完整座城市约需1小时30分钟。

## 景点

让人浮想联翩的拱门

风平浪静的大海与干净整齐的村庄，仿佛是里维埃拉所有美景的精华，这样的美景一定与失恋中的科克托一见钟情。科克托壁画中的**圣皮埃尔礼拜堂**（Chapelle St. Pierre），像一座渔具仓库似的建在桑特港（Port de la Santé）旁边。礼拜堂粉色的墙壁上画的大眼睛像是科克托恶作剧发作而作似的。墙壁上中间的图画色调温和，表现了科克托洒脱的绘画风格。另外，包括天花板在内的所有墙壁上的画都用彩笔涂抹出来并流露出一种诗人的情怀。正面画的彼得是位渔夫，科克托将这座礼拜堂送给滨海自由城的渔夫朋友。

从岸边再往上走是居民区，这里平整的土地是当地人辛勤整平的。建筑物一层是拱形门，人可以通过。拱门的正面到处可以沐浴阳光，远远望去给人一种魔幻般的感觉。

圣皮埃尔礼拜堂

偶尔驶来渔港的高级游艇

山中央的圣米歇尔教堂建于18世纪，是巴洛克风格的建筑物。从这里望去，山脚的风景甚是亮丽。无论从哪个角度看，都像一幅画似的。当你身临其境时，可以坐在海边的椅子上欣赏这幅无与伦比的风景画。

### 圣皮埃尔礼拜堂
开春夏季10:00~12:00、15:00~19:00，秋冬季10:00~12:00、14:00~18:00
休周一，11/15~12/15、12/25
€2.50欧元
🚶从旅游信息服务中心步行2分钟

### R 餐饮

**热尔梅娜酒店**
Mère Germaine
🚶从海边圣皮埃尔礼拜堂出发步行约1分钟 🏠quai Courbet ☎04 93 01 71 39 🌐www.meregermaine.com
开12:00~14:15、19:00~22:15 休11月中旬至12/25 €41欧元~

普罗旺斯─阿尔卑斯─蓝岸

325

埃兹／滨海自由城

# Monaco
# 摩纳哥

地处法国南部的美丽小国——摩纳哥,碧海蓝天,空气清新,是旅游者心目中的旅游胜地。

**MAP** ●剪切图-35, p.9-K

国土虽小却高楼林立

## ACCESS

**国铁**：从巴黎里昂车站乘坐TGV超高速列车在摩纳哥蒙特卡洛(Monaco Monte Carlo)车站下车，约需6小时。直达TGV高速列车每日一班。或者也可以从巴黎里昂车站乘坐TGV超高速列车在尼斯(Nice)换乘去往意大利文蒂米利亚(Ventimiglia)方向的列车。从尼斯出发约需20分钟，每日发车30班以上。

**航空**：从巴黎戴高乐机场或奥利机场西航站楼出发到尼斯(Nice Côte d'Azur)机场，约需1小时25分钟，每日有航班约20班。从机场到市内乘坐公共汽车约需45分钟。从尼斯附近郊还可以乘坐直升飞机旅游参观。[Heli Air Monaco ☎92 05 00 50 📠92 05 00 51 🌐www.heliairmonaco.com（需要提前预约)]。

**自驾车**：从尼斯出发走A8国道约20公里。

## INFORMATION

❶**旅游信息服务中心**：2A, bd. des Moulins ☎92 16 61 16 📠92 16 60 66 🌐www.visitmonaco.com
🕘9:00～19:00 （周日11:00～13:00）
❌1/1、5/1、11/19、12/25

**市内交通**：参观可乘坐公共汽车，也可步行。

**市内面积**：从蒙特卡洛火车站出发到蒙特卡洛地区约700米，到摩纳哥旧街区约800米。两地区可乘坐公共汽车，约需10分钟。参观完整座城市约需1天。

**电话**

摩纳哥的电话区号是377，从法国往摩纳哥打电话需在8位数的电话号码前加拨00377。摩纳哥本地通话只需拨8位电话号码即可。可以使用法国的电话卡。

**邮政**

只能使用摩纳哥发行的邮票，所需费用与法国相同。

**货币**

通用货币是欧元，汇率与法国相同。另外，也有摩纳哥政府单独发行的硬币，但是市场上不多见。

## 城市概况

摩纳哥只有一个铁路车站即蒙特卡洛车站。摩纳哥主要景区有两个：一个是车站东边的蒙特卡洛（Monte Carlo）地区，这里赌场、高级餐厅及酒店云集，是摩纳哥的门面；另外一处是夹在港口南侧的旧街区——摩纳哥（Monaco）地区，这里有宫殿、大教堂及平民区。无论从哪个车站走，步行即可到达市区。摩纳哥共有人口约3.2万。

### 摩纳哥大公宫殿
Palais du Princier                    **MAP** p.326-A

13世纪，居住在这里的热那亚人在此修筑了要塞，后来用路易十四赠送的大炮作成了围墙，所以说整座城堡外观朴素，但是内部却是一座文艺复兴风格的华丽宫殿。每年4月至10月可以跟着导游前来参观。宫殿的一部分是历

13世纪的大宫殿

史博物馆(Musée des Souvenirs Napoléoniens)，一年四季对外开放。每日在广场上有卫兵守护。从宫殿前的广场(Pl. du Palais)，可以眺望蒙特卡洛地区。

## 海洋博物馆与水族馆
Musée Océanographique et Aquarium　　MAP p.326-B

海洋博物馆是1910年阿尔伯特一世设立的博物馆。作为海洋学者的阿尔伯特，收集了海洋生物的标本及船的模型等物品展示在此馆中。此外，还有地中海珍奇的鲸

海洋博物馆的镇馆之宝——鲸骨

骨及儒勒·凡尔纳的《海底两万里》中出现的神奇的潜水艇，从中可以看出阿尔伯特对海洋的热爱之情。地下是水族馆，可以观赏稀奇的鱼类。

## 大赌场
Grand Casino　　MAP p.326-B

摩纳哥的赌场为摩纳哥经济的繁荣与发展作出了杰出的贡献。优雅的外观像宫殿似的，建筑物东侧是巴黎歌剧院的设计师加尼叶设计的，内部装饰可以说奢侈至极，地板是高级的大理石做成的，游戏室、天花板及墙壁也是精雕细琢，再也没有比这里装饰得更豪华的建筑了。赌场内除了设有游戏室外，还有夜店、沙龙及剧场等设施。与其说是赌场，还不如说是高级社交场所更确切。入场者必须是21岁以上的成年人，必须出示有效的身份证件。夜间不可以穿日常生活装入场。

### 摩纳哥大公宫殿旅行团
开 10:00～18:00
休 11/1至次年4/1
€ 7欧元
交 从车站乘坐1、2号公交汽车在Place de la Visitation下车

### 海洋博物馆、水族馆
开 9:30～19:00（7、8月至19:30，10月至次年3月10:00～18:00）
休 最高奖颁奖仪式日
€ 13欧元
交 从车站乘坐1、2号公交汽车在摩纳哥威尔（Monaco-Ville）下车

世界名流的社交场——大赌场

### 大赌场
开 14:00～
休 常年营业
€ 10欧元
交 从车站乘坐1、2、6号公交汽车在大赌场下车

## R 餐饮

### 罗格咖啡
Loga Café　　MAP p.326-B外

位于蒙特卡洛地区。白天只提供简单的吃喝，晚间菜有丰富，提供时尚高级的餐饮。

交 从旅游信息服务中心出发步行约3分钟
地 25, bd. des Moulins　电 93 30 87 72
开 8:00～11:30，12:00～15:00，19:00～22:30
HP www.leloga.com 休 周三晚上、周日、8月中旬的两周 € 38欧元～

### 巴黎咖啡
Le Café de Paris　　MAP p.326-B

位于大赌场北侧，是家时尚的高级咖啡厅。可以一个人在露台上享受午后的咖啡时光。

交 从大赌场步行约1分钟
地 pl. du Casino
电 92 16 20 20
开 8:00至深夜　休 常年营业
€ 75欧元～（有英文菜单）

## H 住宿

### 蒙特卡洛大都会酒店
Métropole Monte-Carlo　　MAP p.326-B

豪华的房间布置、高超的厨艺，无与伦比的地中海美食，尽在这里。

交 从大赌场步行约1分钟
地 4, Ave. de la Madone
电 93 15 15 15　传 93 25 24 44
HP www.metropole.com
€ 141间客房 €单人间、双人间280欧元～

### 弗朗斯大酒店
France　　MAP p.326-A

位于高级酒店林立的地区，是一个充满艺术情调的酒店。经济实惠，服务周到。

交 从摩纳哥威尔车站出发步行约5分钟　地 6, rue de la Turbie　电 93 30 24 64 传 92 16 13 34 HP www.monte-carlo.mc/france € 26间客房 €单人间75欧元～、双人间85欧元～

### 米拉马尔大酒店
Miramar　　MAP p.326-A

位于旧港口对面，可以从露台上观看F1赛车比赛，自然条件得天独厚。

交 位于旧港口前 地 1, Ave. du President J.F.Kennedy 电 93 30 86 48 传 93 30 26 33 HP www.miramar.monaco-hotel.com € 11间客房 €单人间125欧元～、双人间145欧元～（有比赛时费用有变动，需要提前确认清楚）

# Menton
## 芒通

MAP ● 剪切图-35、p.9-K

位于蓝色海岸最东边的一座城市。这里全年柠檬花盛开，是座充满阳光与活力的城市。

岸边呈阶梯状的房屋布局

### ACCESS

**国铁**：从巴黎里昂车站乘坐TGV超高速列车在芒通（Menton）车站下车，约需6小时10分钟。直达的TGV超高速列车每日只发车一趟。或者可以从里昂车站乘坐TGV超高速列车到达尼斯（Nice），之后换乘去往文蒂米利亚（Ventimiglia）方向的列车在芒通下车。从尼斯至芒通约需35分钟，每日发车20班以上。

**航空**：从巴黎戴高乐机场或者奥利机场西航站楼出发至尼斯（Nice Cote d'Azur）机场，约需1小时25分钟，每日约有20班的航班。从机场到芒通市里乘坐公共汽车约需1小时15分钟。

**自驾车**：从尼斯出发走A8国道约30公里，从蒙特卡洛（Monte Carlo）出发走D6098、D6007国道约10公里。

### INFORMATION

❶ 旅游信息服务中心 8, Ave. Boyer
☎ 04 92 41 76 76  📠 04 92 41 76 78
🖥 www.tourisme-menton.fr
⏰ 8:30~12:30、14:00~18:30（周日9:30~12:30，6月至9/15 9:00~19:00） 休 除了夏季的节假日

**市内交通**：参观步行即可。
**市内面积**：从芒通火车站到旧街区1公里。参观完市内所有景点约需半天时间。

### 城市概况

金黄色的花将这里的街道装饰得光鲜亮丽。下车后南方的气息扑鼻而来。从车站到海岸步行约需5分钟，到达旧街区步行约需15分钟。虽然也有公共汽车，但是若乘车就会错过这里美好的景观。旧街区最繁华的是共和大街（Rue de la République）和圣米歇尔大街（Rue St. Michel）。从旧街区穿过海岸约2公里就可以到达意大利。全市人口不足3万。

### 科克托美术馆
Musée Jean Cocteau  MAP p.328-B

深爱着蓝色海岸的著名画家科克托，为了向后人展示自己的作品，将自己的美术馆选在旧港步行路的尽头。这是一座可以眺望大海的小城堡，虽然一度成为废墟，但是，经过抢修在晴天时依旧可以看到美术馆上空飘扬的法国国旗。雨天时能见度不高，所以，看上去黑压压的，恰似诗人忧伤的情怀。科克托用海中的石头制作的镶嵌艺术品至今还保存在科克托美术馆的一层展示室内。美术馆内展示的作品是以湛蓝的大海为基调制作而成的彩色粉笔画、大挂毯、陶器品及素描画等。因为美术馆紧

石头砌成的科克托美术馆

邻大海，所以侧耳倾听可以听到海水拍打海岸的声音。虽然20世纪已经成为过去，但是，这些绘画作品却将昔日疯狂的年轻人和牧神描绘得栩栩如生，使到这里参观的游人感觉到自己仿佛置身于那个狂乱的时代似的。

## 科克托美术馆
- 开 10:00〜12:00、14:00〜18:00
- 休 周二、节假日
- 费 3欧元
- 行 从旅游信息服务中心出发步行约8分钟

## 市政厅・结婚礼堂
Hôtel de Ville, Salle de Mariages　　MAP p.328-B

芒通市政厅举行结婚仪式的大厅的壁画，也是科克托的杰作。画的是一对新人互相含情脉脉地注视着对方。乡下新娘子身着盛装，头戴一顶帽子，眼睛呈鱼眼状。象征芒通的太阳照耀着这对新婚夫妇。这座城市里科克托最好的朋友是渔父。大厅外壁及天花板是以神话为题材的作品。

市政厅红色的外壁

## 市政厅・结婚礼堂
- 开 8:30〜12:30、14:00〜17:00（举行仪式时不可参观）
- 休 周六、周日、节假日
- 费 1.50欧元
- 行 从旅游信息服务中心出发步行约10分钟

## 旧街区
Vieille Ville　　MAP p.328-B

芒通的旧街区以金黄色为主要基调，呈阶梯状布局，被认为是蓝色海岸最漂亮的建筑布局。圣米歇尔大街（Rue St. Michel）在星期日是最热闹、最繁华的大街。有的人在大街上边哼着小调边散步，几乎接近意大利的风格。在市场上有讲法语的，也有讲意大利语的。在商店里也可以买到意大利商品。每天都有去往意大利的商人，他们只需走数公里就可以到达那里。

不分季节每天都热闹非凡且比较开放的氛围，也是作为边境城市的芒通给游客的美好回忆吧。

繁华的市场

## R 餐饮

### 戈尔多餐厅
Gordon B　　MAP p.328-B

位于港内拱廊里，是一家小店，主要供应当地当天捕获的鱼类菜肴。

从科克托美术馆出发步行约3分钟　9, quai Gordon Bennett　04 93 57 45 89　开 12:00〜13:30、19:00〜21:00　休 11/15〜11/30、冬季周四、周日晚上　18.50欧元〜

### 麦乐迪餐厅
A Braijade Méridiounale　　MAP p.328-B

位于旧街区，是家大众餐厅，内部装饰朴素，菜肴主要以鱼类为主。

从港口出发步行约2分钟　66, rue Longue　04 93 35 65 65　www.abraijade.fr　12:00〜14:00、19:00〜22:30（7、8月至0:30）常年营业　29欧元〜

### 米拉祖尔餐厅
Mirazur　　MAP p.328-B外

在这里，可以一边欣赏湛蓝色的海上美景，一边品尝被游客称道的地中海美食。服务周到，价格实惠。

从港口出发步行约20分钟　30, Ave. Aristide Briand　04 92 41 86 86　www.mirazur.fr　12:15〜14:30、19:15〜22:30　休 11月一，9月至次年6月的周二、周三至周五的白天　33欧元〜

## H 住宿

### 里瓦酒店
Riva　　MAP p.328-A

位于城市西海岸，高级别墅群的周围。房间内装饰豪华，其中按摩式浴缸很受游客欢迎。

从车站出发步行约8分钟　600, promenade du Soleil　04 92 10 92 10　传 04 93 28 87 87　www.rivahotel.com　40间客房　单间、双人间123欧元〜

### 纳尔雷斯宾馆
Narev's　　MAP p.328-B

位于旧街区的老住宅区。房间内装修一新，舒适惬意。

从市政厅发步行约2分钟　12bis, rue Lorédam Larchey　04 93 35 21 31　传 04 93 35 21 85　www.hotel-narevs.com　35间客房　单间、双人间70欧元〜

### 尚博尔宾馆
Chambord　　MAP p.328-A

虽然位于市中心，但是隔音效果超级棒，房间内整洁安静。出行交通便利，距离海边仅100米左右。

紧邻旅游信息服务中心　6, Ave. Boyer　04 93 35 94 19　传 04 93 41 30 55　www.hotel-chambord.com　40间客房　单间、双人间95欧元〜

# Corse
# 科西嘉岛

因拿破仑的出生地而广为人知。这里的居民讲科西嘉语，以羊肉、野猪肉和鱼类为主要肉食品。

MAP ● 剪切图-42外、54外，p.9-L

山上的小村庄

## ACCESS

**航空**：从巴黎戴高乐机场至阿雅克肖（Ajaccio）机场或巴斯蒂亚（Bastia）机场，约需1小时35分钟，每日约有3班航班。夏季根据情况会增加航班。另外，也可以从里昂（Lyon）、尼斯（Nice）、马赛（Marseille）等地区出发到达科西嘉岛。

**海路**：从土伦（Toulon）出发到达阿雅克肖或巴斯蒂亚乘坐轮渡，约需6小时15分钟。从尼斯出发可以乘坐轮渡到达巴斯蒂亚，约需5小时20分钟。根据季节每日往返次数不同。

## INFORMATION

🛈 旅游信息服务中心

阿雅克肖；3, bd. du Roi Jérôme
☎ 04 95 51 53 03 / 04 95 51 53 01 HP www.ajaccio-tourisme.com HP www.visit-corsica.com 🕗 8:00~12:30、14:00~18:00（周六至17:00），7、8月8:00~20:30（周日9:00~13:00、16:00~19:00），4~6、9、10月8:00~19:00（节假日9:00~12:30、14:30~18:00）休11月至次年3月的周日、节假日

巴斯蒂亚；pl. St. Nicolas ☎ 04 95 54 20 40 F 04 95 54 20 41 HP www.bastia-tourisme.com 🕗 8:30~12:00、13:30~17:30（7、8月8:00~20:00）休10月至次年3月的周日、节假日

**市内交通**：城市间的通行可以乘坐公共汽车或者火车。市内参观步行即可。

**市内面积**：科西嘉岛南北长183公里、东西宽83公里、面积共计8722平方公里。参观完整座岛屿约需5天时间。

## 岛上概况 世界遗产

位于蓝色海岸以南约175公里、意大利半岛以西约80公里处的科西嘉岛，在法语里被叫作La Corse。整个岛屿呈鸡蛋形，是地中海上排名第四的岛屿。科西嘉岛南北有两个省：北边是上科西嘉省，中心城市是巴斯蒂亚；南边是南科西嘉省，中心城市是阿雅克肖。

在历史的长河中，科西嘉岛是各民族聚集、融合的地方。这里有伊比利亚人、利古里亚人、伊特鲁里亚人和腓尼基人等。3至5世纪时，这里曾处于罗马的统治之下，后来东哥特王国与拜占庭王国争夺过此岛的控制权。13世纪开始，这里处于热那亚的统治之下。1755年，岛上发起争取独立的独立运动，热那亚无法抵御独立运动，只好将其割让给法国。但是，科西嘉岛正式成为法国的领土是在1796年。

岛上有4处飞机场。东北是巴斯蒂亚机场，西北是卡尔维机场，南端是菲加里机场，西南是阿雅克肖机场。另外，从马赛、土伦、尼斯到巴斯蒂亚及阿雅克肖，还有海路可以通行。

酒吧是当地人休闲的场所

科西嘉岛除了有最高峰钦托山（Monte Cinto）（2710米）外，还有数座2000米以上的山峰。山岳地带遍布岩石，看起来有些荒凉。山上有村庄，可以看到大森林，也可以看到变幻莫测的大海。东海岸比较平坦，到处都是湖和盐田，西北部的海岸到处是悬崖绝壁，与斯康多拉作为自然保护区被联合国教科文组织列入世界遗产名录。

### 科西嘉岛的气候

科西嘉岛属地中海性气候。西海岸比东海岸降水丰富。在最寒冷的1月份平均最高气温为13.2℃，最炎热的8月份气温为27.7℃。一年四季气候宜人。

清晨港口上的彩虹

## 岛上的主要城市及景点

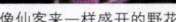
像仙客来一样盛开的野花

### 阿雅克肖
### Ajaccio

阿雅克肖是拿破仑出生的海港城市。岛上有**拿破仑纪念馆**（Station Napoléonien）、**国立波拿巴博物馆**（Musée National de la Bonaparte）等与拿破仑相关的主要景点。

### 巴斯蒂亚
### Bastia

巴斯蒂亚全年游客接踵而至，是科西嘉岛的经济中心。这里主要有**圣玛丽大教堂**（Protocathédrale Ste. Marie）、**圣让-巴蒂斯特教堂**（Église St. Jean-Baptiste）、**热那亚总督府**（Palais des Gourverneurs Genois）及要塞城市**特拉诺瓦**（Terra Nova）等景点。

雨夜的西海岸的港口城市

### 科尔特
### Corte

18世纪独立运动的中心城市，可以参观**科西嘉岛博物馆**（Musée de la Corse）。

### 卡尔维
### Calvi

科西嘉岛上观赏海上风景最佳的港口城市。还可以参观热那亚人建造的要塞。

如果计划旅行一天的话，可以去阿雅克肖或巴斯蒂亚，但是，这样不能充分观赏科西嘉岛的秀丽风光。如果条件允许的话，最好租车、带上地图进行自助游比较好。在没有任何标志的山里，你会惊奇地看到突然冒出来的小村庄，还可以听到教堂里的钟声。另外，你或许还能在马路上碰到大片羊群，无论走到哪里，你都能看到当地人淳朴的生活状态。

**阿雅克肖及巴斯蒂亚以外的旅游信息服务中心**

博尼法乔（Bonifacio）
2, rue Fred Scamaroni
04 95 73 11 88
04 95 73 14 97
www.bonifacio.fr

卡尔维（Calvi）
Port de Plaisance
04 95 65 16 67
04 95 65 14 09
www.balagne-corsica.com

科尔特（Corte）
Citadelle
04 95 46 26 70
04 95 46 34 05
www.corte-tourisme.com

韦基奥港（Porto Vecchio）
rue du Docteur Camille de Rocca Serra
04 95 71 48 99
www.zonza-saintelucie.com

卡尔维的海港

科西嘉的特产——萨拉米香肠

## 科西嘉岛上的体育运动

在科西嘉岛上,除了可以享受海水浴外,还可以体验海上体育运动,如划艇、潜水、垂钓等。另外,除了海上体育运动外,这里还有骑马场、高尔夫球场及网球场等设施供游客自由选择。

岛上有租借自行车的地方,所以,还可以骑自行车去其他稍远的地方游玩。详细情况可以咨询各旅游信息服务中心。

## 科西嘉岛的美食

如果说海味的话,有贻贝、牡蛎及其他当天捕获的新鲜鱼类。野味的话,野猪肉等猎物的肉比较美味。其他还有羊肉、猪肉或者加工成的生火腿等,也不妨尝一尝。用餐完毕后,可以尝尝用羊或者山羊奶做成的奶酪。

岛上种植大量葡萄,因此,这里还是葡萄酒产地。但是,各种葡萄酒产量不大,不是本岛的人可能都不知道。不过,这里的餐厅一般给客人会上当地生产的葡萄酒。

## 科西嘉岛的特产

科西嘉岛主要的特产有蜂蜜、橄榄油、杏仁、杏仁点心、橘子、科西嘉饼干等。另外,岛上陶艺家的作品也深受广大游客的喜爱。

### 科西嘉岛餐饮信息

科西嘉岛农业制品普及振兴会
CREAC (Comité régional pour l'expansion et la promotion agricole de la corse)
19, Ave. Noël Franchini 20700 Ajaccio
☎ 04 95 23 51 81
📠 04 95 29 26 09

## R 餐饮

### 帕斯杰罗餐厅
**Il Passegero**

位于阿雅克肖。菜肴均是用新鲜海产品做成的意大利风味的美食,很受欢迎。

从旅游信息服务中心步行约1分钟 3 bis, bd. Roi Jérôme ☎ 04 95 21 30 52 12:00～14:30、20:00～22:30 冬季的周日、周三夜晚 30欧元～

### 马基餐厅
**L'Orée du Maquis**

位于博尼法乔。可以坐在露台上边赏景边用餐,给游客留下终生难以忘怀的记忆。

距市里约5公里 Trinite ☎ 04 95 70 22 21 19:45～22:00 10月至次年5月、周一晚上 60欧元～

### 巴斯蒂安酒店
**Table de Bastien**

位于卡尔维。这是一家餐饮与住宿一体的酒店。可以一边眺望秀丽的风景,一边品尝美味的菜肴。

从要塞出发步行15分钟 Chemin Notre Dame de la Serra ☎ 04 95 65 10 10 www.hotel-lavilla.com 12:00～13:30、19:30～22:30 1/4至4月中旬 70欧元～

## H 住宿

### 费什宾馆
**Fesch**

位于阿雅克肖旧街区的中心地带。房间内部以科西嘉装饰风格为主要亮点,舒适安静。

从旅游信息服务中心步行约1分钟 7, rue Cardinal Fesch ☎ 04 95 51 62 62 📠 04 95 21 83 36 www.hotel-fesch.com 1/1～1/15 77间客房 单人间85欧元~,双人间95欧元~

### 波斯特·韦基宾馆
**Posta Vecchia**

位于巴斯蒂亚。这是一家由古老的旧馆改建而成的古朴典雅的宾馆。

从圣让-巴蒂斯特出发步行约2分钟 Quai des Martyrs de la Libération ☎ 04 95 32 32 38 📠 04 95 32 14 05 www.hotelpostavecchia.com 12/20~1/10 50间客房 单人间55欧元~,双人间60欧元~

### 巴拉内宾馆
**Le Balanea**

位于卡尔维旧港口的栈桥前。在房间内可以观赏海上风景。宾馆内有家庭房可供游客选择。

从旅游信息服务中心步行约1分钟 6, rue Clemenceau ☎ 04 95 65 94 94 📠 04 95 65 29 71 www.hotel-balanea.com 11月至次年3月 38间客房 单人间、双人间100欧元~

### 卡拉韦勒酒店
**Caravelle**

位于博尼法乔旧街区北侧的海岸边上。房间内宽敞明亮,是游客休息的最佳选择。

从面向旧港口 37, quai Comparetti ☎ 04 95 73 00 03 📠 04 95 73 00 41 www.hotel-cara velle-corse.com 10月末至复活节 28间客房 单人间、双人间97欧元~

### 多尔斯·诺特宾馆
**Dolce Notte**

位于圣弗洛朗。面向海边的房间很受旅客青睐。

位于旧港口北侧的入口处 route du Bastia ☎ 04 95 37 06 65 📠 04 95 37 10 70 www.hotel-dolce-notte.com 10月末至次年3月末 20间客房 单人间、双人间138欧元~

### 海湾宾馆
**Golfe**

位于韦基奥港城市以南。这是一家游览十分便利的小型宾馆。

从旧港口出发步行约3分钟 rue du 9 Septembre ☎ 04 95 70 48 20 📠 04 95 70 92 00 www.golfehotel-corse.com 44间客房 单人间、双人间98欧元~(提供早餐)

大西洋沿岸／南部－比利牛斯／朗格多克／奥弗涅／利穆赞

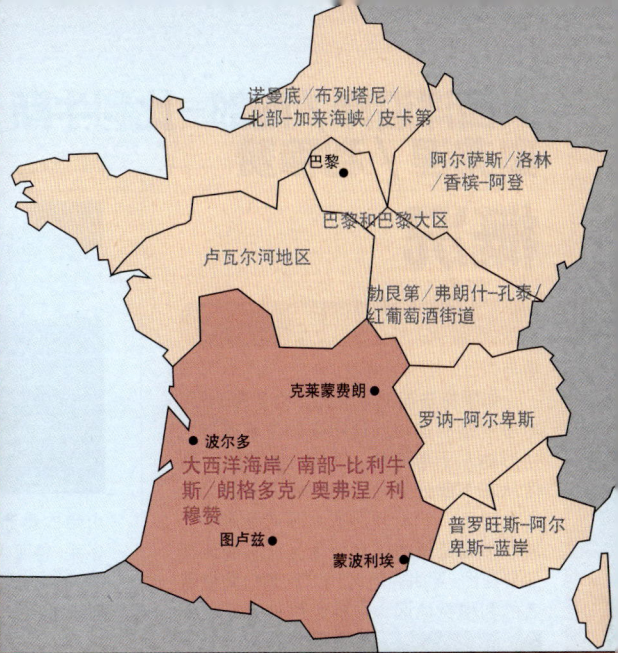

波尔多　340
圣埃米利永　344
普瓦捷　346
拉罗谢尔　348
佩里格　349
蒙蒂尼亚克及拉斯科岩洞　350
利摩日　351
克莱蒙费朗　352
维希　354
勒皮　355
图卢兹　356
科尔德　359
阿尔比　360
卡尔卡松　362
塞特　363
蒙波利埃　364
佩皮尼昂　366
卢尔德　368
比亚里茨　369
巴约讷　370
比利牛斯山／安道尔　372

# 大西洋沿岸／南部-比利牛斯／朗格多克／奥弗涅／利穆赞

# 概况

## 地域概要

● 与西班牙接壤的地域

如果将法国的外形比作六角形的话，本书所指的这块地域所在的位置就是六角形的左下半部分。法国一般将这一地区从左下部分开始按顺时针方向划分为六大地区，它们分别是大西洋沿岸生产波尔多葡萄酒的阿基坦地区及它的北部的普瓦图-夏朗德地区、以利摩日陶瓷著名的利穆赞地区、被称为中央高原及火山带的奥弗涅地区、地中海沿岸的朗格多克-鲁西永地区及横跨西班牙国境海拔3000米的比利牛斯山北侧的南部-比利牛斯地区。

山脉对面就是西班牙

● 六大地区风格各异

六大地区拥有其独特的历史及文化。大西洋沿岸的阿基坦地区曾经作为公国而繁荣昌盛，它远离中央的束缚，至今还保持着自由的气氛并在温暖的气候中酿造出美誉天下的波尔多葡萄酒。普瓦图-夏朗德地区、奥弗涅地区及南部-比利牛斯地区曾经是朝圣路的一部分，至

圣埃米利永的葡萄园

大西洋沿岸比亚里茨的海岸和旧港口

今存留很多罗马样式的教堂，是建筑爱好者必定游览的地区。朗格多克-鲁西永地区、南部-比利牛斯地区及阿基坦地区南部与西班牙接壤，受巴斯克及加泰罗尼亚等异域文化的影响深远。受中世纪基督教异端——清洁派（p.361）的影响，这个地区保留了很多中世纪的城堡。另外，本地域还有如生产肥鹅肝的佩里格、以高级瓷器著名的利摩日、以岩洞壁画闻名的拉斯科、以温泉著名的维希等世界著名的旅游胜地。

## 重要景点

这一地区面积广阔，所以要锁定目的地并制定高效的旅行计划。交通要塞游览方便的地区有**波尔多**（p.340）、**图卢兹**（p.356）、**蒙波利埃**（p.364）、**普瓦捷**（p.346）及**克雷蒙费朗**（p.352）这五大城市。从波尔多出发到**圣埃米利永**（p.344）和**佩里格**（p.349）的这条路线，是美食爱好者的最佳路线。另外，奥弗涅地区及**巴约讷**（p.370）也有人气旺盛的美食。若论葡萄酒的话，朗格多克-鲁西永地区的红葡萄酒最为有名。如果对建筑感兴趣的话，可以去圣地亚哥-德孔波斯特拉的朝圣之路（p.343）参观罗马风格的教堂建筑群。想体验异域文化的话，可以去**卡尔卡松**（p.362）或**科尔德**（p.359）等重要的城市以及**佩皮尼昂**（p.366）、**巴约讷**（p.370）及**安道尔**（p.372）等比利牛斯山一线的地区游览。

## 交通出行建议

● 去往阿基坦地区的中心城市波尔多的话，从巴黎乘坐火车约需3小时，乘飞机约需1小时20分钟。还可以去圣埃米利永、佩里格、利摩日、蒙蒂尼亚克及巴约讷游玩。

● 若去往南部-比利牛斯地区中心城市图卢兹的话，从巴黎乘坐火车约5小时即可到达，乘坐飞机约需1小时20分钟。同时去往卡尔卡松、科尔德、阿尔比及卢尔德等地区也非常便利。

● 从巴黎去往朗格多克-鲁西永地区的中心城市蒙波利埃的话，乘坐火车约需3小时，乘坐飞机约需1小时30分钟。以此为据点还可以去附近的佩皮尼昂等地。也可以从马赛或阿维尼翁等南法城市到达这里。

● 普瓦图-夏朗德地区的中心城市普瓦捷与从巴黎出发去往波尔多的TGV超高速列车在同一线路上，从巴黎乘TGV高速列车到普瓦捷约需1小时30分钟。从这里出发也可以去往拉罗谢尔等地。

● 去往奥弗涅地区的中心城市克莱蒙费朗的话，从巴黎乘坐火车约需3小时20分钟。可以以克莱蒙费朗为据点去往维希。也可以从罗讷-阿尔卑斯大区的里昂出发到达这里。

● 有很多旅游胜地，从比利牛斯山周边乘坐公共交通工具是无法到达的，所以，可以在蒙波利埃或者图卢兹租车前往。

## 经典旅游路线

这一地区范围较广，所以制订长时间的旅行计划较为合适。尽量不要频繁移动，而是要确定几个城市，以几个城市为据点，去可以当日返回的地区游玩较为省事。

● 将波尔多作为据点，可以去普瓦图-夏朗德地区和阿基坦地区的旅游景点旅游，而且去这些地方均可以当日返回。或者以波尔多为据点可以去圣埃米利永、佩里格及利摩日游玩。在巴约讷住宿的话，还可以去比亚里茨，在普瓦捷住宿的话，可以去拉罗谢尔游玩。在这些地方都玩完后，可以乘坐去往巴黎的TGV超高速列车回到巴黎。

● 在图卢兹住四五天，可以去周边的卡尔卡松、阿尔比、科尔德及卢尔德一日游。在蒙波利埃短暂停留两三天的话，可以去佩皮尼昂当日返回。游完后，可以去南法游玩，也可以乘坐TGV超高速列车返回巴黎。

● 可以制订游完本地世界遗产的旅行计划。以波尔多为据点，去圣埃米利永、蒙蒂尼亚克；以图卢兹为据点，可以去往卡尔卡松游玩。还可以自驾车去比利牛斯山一带游玩。

# 风味与特产

● **大西洋沿岸阿基坦地区的风味**

阿基坦地区最有名的要数佩里格的高级食材、肥鹅肝（foie gras）及松露（truffe）等特产。若菜肴的名为佩里格汤（sauce Périgueux）的话，就是用松露及汤做成的美食。一定要尝尝这里的肥鹅肝砂锅（Terrine de foie gras de canard）、焖鸭肉冻（Confit de canard），可谓美味可口；烤鸭胸肉（Magret de canard rôti）也很受游客欢迎。另外，用高级香菇（cépes）及松露做成的煎蛋，也是本地区的一大精品菜肴。除此之外，贻贝（moules）、牡蛎（huître）及鱼类产品也丰富多彩。巴斯克（basquaise）风味的西红柿、青椒均是用橄榄油做成的菜肴。

● **大西洋沿岸普瓦图-夏朗德地区的风味**

普瓦图-夏朗德地区是羊奶奶酪的名产地。特别要尝一下8世纪从阿拉伯传来的普瓦图沙比舒奶酪（Chabichou du Poitou）。本地区美食的最大特色，就是在菜肴上浇上本地的科涅克（cognac）白兰地酒，别有一番风味。

● **利穆赞风味**

利穆赞的特产是野味（gibier）及淡水鱼。这里还是樱桃点心（clafoutis），即用樱桃烤制而成的点心的发祥地。

● **奥弗涅风味**

奥弗涅地区有名的美食有奥弗涅香肠

**海味**      Fruits de Mer

用大西洋里捕捞的牡蛎及贝类做成的海鲜品，是比亚里茨、波尔多及拉罗谢尔的精品菜肴。除了鱼以外的所有海味都汇合在这一道菜里。当地人吃海鲜一般是加点盐，再浇上柠檬吃。同时白葡萄酒也是不可缺少的饮品。

**蘑菇煎蛋**      Omelette aux Cèpes

品尝蘑菇煎蛋时，很多人有种错觉，即似乎在吃炒牛肉似的。为了品尝到蘑菇与鸡蛋本身的味道，一般加些盐比较好。

**法国什锦砂锅**      Cassoulet

这道菜因加入的肉的种类不同，所以口味也会有所不同。但是，唯一不变的就是白色的扁豆，将其与白葡萄酒一起炖口感上乘。它是一种家常菜，现在在餐厅及小酒店都可以吃到。

**巴约讷火腿**      Jambon de Bayonne

巴约讷的火腿与意大利帕尔马生产的生火腿有一拼。一般是当主菜食用的。第一次吃可能会感觉到有些咸，但是，与葡萄酒一起吃的话，就能充分品尝到它的美味了。这道菜在餐厅及一般的酒店均能吃到。

**肥鹅肝三明治**      Sandwich au Foie Gras

在大西洋沿岸，经常能见到加肥鹅肝的三明治。所以，到这里一定要品尝一下这种别具风味的点心。但是，这种肥鹅肝三明治在餐厅是吃不到的，只有在小酒店及咖啡厅才能尝到。

(jambon d'Auvergne)、盐腌猪肉食品（charcuterie）、各种奶酪及矿泉水。奶酪用温和的泉水与奶做成，可以尝尝昂贝尔圆柱形干酪（Fourme d'Ambert），以及用罗马时代传承下来的手艺做成的半硬质康塔尔（Cantal）点心。

● **朗格多克/南部-比利牛斯地区风味**

这个地区最有名的特产要数法国什锦砂锅（Cassoulet）了，即用白色扁豆与肉类煮制而成的美食。以羊肉和牛肉为主的卡尔卡松风味，猪肉各部位与鸟肉做成的卡斯泰尔诺达里（Castelnaudary）风味、用鸟肉与鸭肉做成的图卢兹风味，被称为三大法国什锦砂锅。这三大风味拥有500年之久的历史。另外，朗格多克-鲁西永还有墨鱼、章鱼、牡蛎及贻贝等鱼类菜肴。南部-比利牛斯地区以奶酪著名。朗格多克-鲁西永地区生产的葡萄酒占法国葡萄酒生产的一半。

● **品种多样的甜点**

佩里格盛产核桃，所以这里的核桃果馅饼（Tarte aux noix）最为有名。波尔多的卡娜蕾（Cannelé）、巴斯克的巴斯克饼干（Gâteau basque），也非常有名。图卢兹的用紫罗兰（Violette）制成的点心以及糖果等受到游客的一致好评。朗格多克-鲁西永地区的加泰罗尼亚风味的奶油（Créme catalane），因加入了小麦粉而非常有韧劲儿。

---

### 肥鹅肝罐头  Foie Gras en Conserve

肥鹅肝罐头可以带回国内。每100克10欧元以上，便宜的也有，但是，味道不纯正。好不容易来到法国，还是下定决心买正宗的回去比较好。虽没有餐厅现做的美味可口，但回国后品尝的话，也会想起自己在大西洋沿岸的旅程。

### 巴约讷巧克力  Chocolat Bayonnais

粗鲁的巴约讷人与高雅的巧克力怎么也不搭界，但是，巴约讷却是法国最古老的巧克力制法传承的城市。现在走在巴约讷的大街上，还可以看到众多销售巧克力的商店。巧克力是送给喜爱甜食的朋友的最好礼物了。

### 利摩日陶瓷  Porcelaine de Limoges

游客去往利摩日的目的，大多是奔着利摩日的陶瓷去的。只在美术馆看看也算过瘾，但是，有些人是为了购买才去的。按传统设计的淡粉色的花朵，看起来高贵典雅。

### 领带  Cravate

波尔多有许多关于葡萄酒的产品，如酒杯、酒瓶及葡萄酒。除了有如桌布、围裙及袖口等商品外，还有围巾及领带等商品。上图就是领带和手绢的组合图。

### 卡娜蕾  Cannelé

波尔多具有代表性的点心是呈杯状的点心。这种点心外皮烤制得香脆可口，里面是奶油状黏糊糊的。如果想带回国，最好在出发前的早晨购买。携带时，千万注意不要将杯口压坏，不要将其放入塑料袋内。可以在街上的面包屋或点心屋购买。

# 波尔多葡萄酒之旅

波尔多的葡萄园面积约15万平方公里,是法国最大的葡萄酒产地。这里生产的白葡萄酒、红葡萄酒、玫红葡萄酒是A.O.C(原产地通称)葡萄酒。被称为"葡萄酒女王"的波尔多的魅力,就在于其结实的葡萄酒酒瓶及上乘的口味。如果到波尔多,一定要品尝原汁原味的葡萄酒。

## 赤霞珠
### Cabernet Sauvignon

赤霞珠是梅多克地区及格拉夫地区栽培最多的葡萄品种。这种葡萄含有丰富的单宁酸,具有黑茶藨子的香味。深红色的葡萄造就了葡萄酒美丽的红宝石色。

## Médoc / Haut Médoc
### 梅多克　　上梅多克

梅多克地区是吉伦特河左岸的葡萄酒产地。酿造葡萄酒所用的葡萄品种与波尔多其他地区的相同,是用赤霞珠和美乐(Merlot)混合而成的。上梅多克位于梅多克南部,这里酿造的葡萄酒美誉响遍全球。有名的A.O.C村从北到南依次有圣埃斯特费(St. Estèphe)、波亚克(Pauillac)、圣朱利安(St. Julien)及马尔戈(Margaux)等地。越往南葡萄酒的味道越温和。有名的波尔多五大葡萄酒庄园的四个[拉图尔葡萄酒庄园(Château Latour)、木桐葡萄酒庄园(Château Mouton Rothschild)、拉菲葡萄酒庄园(Château Lafite Rothschild)、马尔戈葡萄酒庄园(Château Margaux)]就在梅多克地区。

产于圣埃斯特费地区的爱诗图红葡萄酒

## 二次发酵

将葡萄酒从玻璃瓶移到发酵器就被称为二次发酵(décantage)。没有发酵好的葡萄酒总会多少有点涩味,但是,如果让它充分与空气接触的话,香味就会慢慢地溢出来。特别是用赤霞珠酿制的葡萄酒因为含有丰富的单宁酸,所以味道绝佳。另外,陈年的葡萄酒有沉淀物时,可以在饮用时"换瓶"(或更换装酒的容器),这样可以除去沉淀物,同时增加酒与空气的接触面,使香味充分散发出来。

# Graves / St. Emilion

**格拉夫　　　　　圣埃米利永**

格拉夫地区位于梅多克地区南部的吉伦特河的左岸。北部主要以酿造红葡萄酒、南部以酿造白葡萄酒而著名。其中，最有名的村是位于波尔多市附近的佩萨克（Pessac），这里有五大葡萄酒庄园之一的上布里翁葡萄酒庄园（Château Haut Brion）。从罗马时代开始就有酿酒历史的圣埃米利永地区，也非常有名。在多尔多涅河与伊勒河交汇的地带生产含美乐（Merlot）丰富的葡萄酒。这一带除了有一流的奥索纳葡萄酒庄园（Chateau Ausone）和舍瓦尔·勃朗葡萄酒庄园（Chateau Cheval Blanc）外，还有最近几年被世界葡萄酒评论家称赞的葡萄酒也产自该地区。另外，圣埃米利永西北地区的波梅莱奥（Pomerol），还生产佩蒂斯（Chateau Petuis）及勒潘（Chateau Le Pin）等高级葡萄酒。

位于圣埃米利永地区生产的红葡萄酒

# Sauternes / Barsac

**索泰尔纳　　　　　巴萨克**

位于格拉夫地区河岸上的索泰尔纳及巴萨克地区，生产顶级的甜葡萄酒。在潮湿的气候里形成的菌类，进入成熟的葡萄里，就像葡萄干似的会产生香甜的味道。这种金黄色的口味浓厚的葡萄酒经常作为开胃酒饮用，同时与肥鹅肝或蓝莓奶酪搭配着喝也非常给劲儿。这种葡萄酒的最高级别是迪凯姆（Chateau d'Yquem）。当然，这些葡萄酒价格也不菲。

索泰尔纳地区的一级甘醇葡萄酒

### 旅游信息

波尔多旅游信息服务中心提供圣埃米利永及梅多克地区的葡萄酒试饮信息，也有这两个地方半日游的旅游团。圣埃米利永地区的半日游时间：夏季周三，冬季周二、周五。梅多克地区半日游时间：夏季周六，冬季周一和周四，13:30开始，每位79欧元，需要提前预约。5月中旬至10月有索泰尔纳及格拉夫地区的一日游。

### 可以参观的几个葡萄酒庄园（均需要提前预约。在旅游旺季不可参观，只有在平日才可以参观）

- ●上布里翁酿酒厂 [Château Haut Brion (Graves)]
  - ☎ 05 56 00 29 30　📠 05 56 98 75 14
  - ✉ visit@haut-brion.com
- ●贝什弗莱酿酒厂 [Château Beychevelle (St. Julien)]
  - ☎ 05 56 73 20 70　📠 05 56 73 20 71
  - ✉ mdv@beychevelle.com
- ●马尔戈酿酒厂 [Château Margaux (Margaux)]
  - ☎ 05 57 88 83 83　📠 05 57 88 31 32
  - 🌐 www.chateau-margaux.com
- ●兰斯科布酿酒厂 [Château Lascombes (Margaux)]
  - ☎ 05 57 88 97 43　📠 05 57 88 33 28
  - ✉ chateaulascombes@chateau-lascombes.fr
- ●拉图尔酿酒厂 [Château Latour (Pauillac)]
  - ☎ 05 56 73 19 80　📠 05 56 73 19 81
  - ✉ s.favreau@chateau-latour.com

大西洋沿岸／南部―比利牛斯／朗格多克／奥弗涅／利穆赞

波尔多葡萄酒之旅

# Bordeaux
# 波尔多

MAP p.8-E

世界遗产

位于加龙河下游。自古以来，以生产葡萄酒而闻名于世。

## ACCESS

**国铁**：从巴黎蒙巴纳斯车站乘坐TGV超高速列车在波尔多圣让（Bordeaux St. Jean）车站下车，约需3小时10分钟，每日发车20班以上。从图卢兹（Toulouse Matabiau）车站出发，需要2小时，每日发车7班。

**航空**：从巴黎戴高乐机场2航站楼出发到达波尔多（Bordeaux Merignac）机场，约需1小时10分钟，每日有5至6班航班。从巴黎奥利机场出发到达波尔多，约需1小时5分钟，每日有8至13班航班。从机场到市内乘坐公共汽车需30至45分钟。

**自驾车**：从巴黎出发走A10~A11国道约584公里。从图卢兹（Toulouse）出发走A62国道约240公里。

## INFORMATION

**旅游信息服务中心**：12, cours du 30 Juillet ☎05 56 00 66 00 ℻05 56 00 66 01 ℻www.bordeaux-tourisme.com ⓘ 9:00~18:30（周日、节假日9:45~16:30，但是每月第一个周日至18:00），5、6、9、10月9:00~19:00（周日、节假日9:30~18:30），7、8月9:00~19:30（周日9:30~18:30） 休 1/1、12/25

※到达波尔多圣让车站有分店

**波尔多葡萄酒信息中心**
Maison du Vin de Bordeaux
位于波尔多市旅游信息服务中心对面（MAP p.341-A）。可以在此咨询关于葡萄酒的任何问题。可以参加波尔多葡萄酒学校（L'Ecole du Vin Bordeaux）的游览活动，有2小时的、半天的或者3天的路线。需要提前预约 ⓘ 1, cours du 30 Juillet ☎05 56 00 22 85 ℻05 56 00 22 99 ℻www.bordeaux.com]。

**市内交通**：游览可以乘坐公共汽车或者电车A、B、C线，也可以步行。

**市内面积**：主要景点在方圆1公里的范围内。参观市内景点约需3天。

## 城市概况

波尔多是阿基坦地区的中心城市，以生产葡萄酒而享誉天下。波尔多拥有悠久的历史，从古代罗马时代开始就以葡萄酒的生产和贸易而繁盛。12至15世纪处于英国的统治之下，18世纪因葡萄酒的贸易而繁荣至极。现在波尔多还有很多当时华丽的建筑物，保存完好。波尔多整齐干净的城市布局受到游客的一致好评，2007年作为"月亮港"（因加龙河呈新月形状蜿蜒流淌而得名）被联合国教科文组织列入世界遗产名录。

波尔多三大教堂（圣安德烈大教堂、圣米歇尔教堂、圣瑟兰教堂）作为圣地亚哥—德孔波斯特拉朝圣之路（参见p.343）的一部分，已经被联合国教科文组织列入世界遗产名录。全市共有人口约23万。

相约大剧院

大剧院上俯瞰波尔多的沉思者

可以步行赏景，也可以乘坐公共汽车或者电车。从火车站到梅花广场可以乘坐电车C线，约10分钟即可到达，步行约需半小时。主街圣卡特林大街商店、餐馆及宾馆云集。

### 梅花广场
### Esplanade des Quinconces
MAP p.341-B

位于加龙河沿岸的梅花广场，占地面积约12万平方米，号称欧洲最大的广场。1895年建造的纪念碑，是法国革命中起主导作用的波尔多政党——吉伦特党建造的。革命完成后，吉伦特党因制定政策失策失去了政权，党员被作为战犯而在此广场受刑。另外，在此地出生的两位思想家蒙田（1533—1592）和孟德斯鸠（1689—1755）的雕像也建在广场上。蒙田曾经当过波尔多市市长，孟德斯鸠对英法宪法的制定有重要的影响。每年6月下旬都要在这个广场上举行盛大的葡萄酒节。

梅花广场的两位思想家

梅花广场的喷泉

## 大剧场
### Grand Théâtre
**MAP p.341-B**

大剧场是位于喜剧广场的新古典样式的剧场，罗马时代这里曾是神庙，路易十四下令拆除，大剧场就在此基础上建造而成。建成于1780年，之后约1世纪后，这座建筑对巴黎歌剧院（p.81）的设计者加尼叶启发很大。特别是两个剧场的门厅简直一模一样。正门有科林斯样式的12根圆柱，柱子上有缪斯女神的雕刻。

## 圣安德烈大教堂
### Cathédrale St. André
**MAP p.341-A**

这是一座哥特式样式的教堂，是波尔多的守护神。原是11世纪罗马样式的教堂，在英国统治时期，波尔多市民感觉这种样式太土了，所以改建成现在的哥特式风格的建筑。外观多为13至15世纪的建筑风格，内部却是14至15世纪的建筑风格。钟楼上高约75米的两座佩伊·贝兰塔（Tour Pey Berland）非常引人注目。登上塔楼可以将整座城市尽收眼底。北侧皇家之门（Porte Royale）上雕刻的《最后的审判》，是评价很高的法国哥特式样式。

18世纪完善城市建设的象征——大剧场

### 梅花广场
🚊 距离电车B、C线梅花站（Quinconces）很近

### 大剧场
开 周三、周六14:00、15:30、17:00 [只对有导游带领的旅游团开放（约需45分钟），可以在售票处提前预约（周二至周六13:00~18:30）] 💶 3欧元 🚊 距离电车B线大剧场（Grand Théâtre）车站很近

### 圣安德烈大教堂
开 7:30~18:00（周六9:00~19:00、周日9:30~18:00、周一14:00~18:00）💶 免费 🚊 距电车A、B线市政厅站很近

### 佩伊·贝兰塔
开 10:00~12:30、14:00~17:30（6月10:00~13:15、14:00~18:00）休 10月至次年5月的周一、1/1、5/1、12/25 💶 5欧元

圣米歇尔教堂的钟楼

## 圣米歇尔教堂
⊠距电车C线圣米歇尔（Saint Michel）车站很近

## 圣瑟兰教堂
⊠距离电车B线甘贝塔（Gambetta）车站步行约5分钟

小巧可爱的圣瑟兰教堂

## 宫殿广场
⊠距离电车A线宫殿广场（Place du Palais）车站很近

## 波尔多葡萄酒博物馆
⏰10:00~18:00（周四至22:00）
休免费
€7欧元
⊠从电车B线沙特龙（Chartrons）车站下车，步行约3分钟即可到达

## 圣米歇尔教堂
### Basilique St. Michel
MAP p.341-B

建成于14世纪，是波尔多最大的教堂。建筑风格为哥特式火焰式风格，直冲云霄的钟楼尖塔高约144米。这座教堂曾在第二次世界大战中遭到破坏，彩绘玻璃被击破了许多块。现在这一带治安不佳，所以，如果想参观的话，最好白天去。

纵向延伸的圣米歇尔教堂内部

## 圣瑟兰教堂
### Basilique St. Seurin
MAP p.341-A

建成于11至13世纪的罗马式建筑，是波尔多最古老的教堂。与圣安德烈与圣米歇尔教堂相比，它没有这两座教堂威严，给人温和的感觉。内部主廊是三个回廊，简单坚固，凸显了罗马式建筑的风格。正面的圣坛画是用石膏雕刻而成的，描述的是圣瑟兰救贫扶困的一生。地下礼拜堂是4世纪波尔多的主教圣瑟兰的坟墓，被当地人当作圣遗物祭拜。

## 宫殿广场
### Pl. du Palais
MAP p.341-B

像神话故事里出现的戴着黑色帽子的建筑物是卡约城门（Porte Cailhau）。在波尔多没有改造之前，这里曾是城门。之后为了纪念查理八世镇压贵族反叛，市民将此城门称为凯旋门。在城市改造过程中，除了这座建筑物外其他的都被拆除改造了。

中世城市的入口处——卡约城门

## 波尔多葡萄酒博物馆
### Musée du Vin et du Négoce
MAP p.341-B外

该博物馆是展示波尔多葡萄酒酿造及流通历史的博物馆。曾经沙特龙地区的葡萄酒贸易非常繁荣。博物馆内有关于葡萄酒交易时的解说，也有酿造葡萄酒时使用的器具，而且这里还举行波尔多葡萄酒试饮的小讲座。

## R 餐饮

### 森斯·西埃尔餐厅
Les Sens Ciel　　MAP p.341-A

该餐厅是一位著名的厨师开的，他在法国顶级饭店学成而归。餐厅的蔬菜来源于当地的农家，因此蔬菜都很新鲜。

- 距甘贝塔广场步行约2分钟
- 59, rue du Palais Gallien　☎05 56 81 43 51　⏰12:00～14:00，19:30～21:30（周五至22:00，周六19:45～22:00）　休周一、周三晚　€23欧元～

### 迪贝恩酒店
Philippe Chez Dubern　　MAP p.341-A

酒店内明亮干净，可以品尝到正宗的海鲜和当地美食。一楼的餐厅也正常营业。

- 从旅游信息服务中心出发步行约3分钟
- 42/44 Allées de Tourny　☎05 56 79 07 70　⏰12:00～15:00，19:30～23:00　休周日、1/1、5/1、12/24夜、12/25　€31欧元～

### 老波尔多餐馆
Le Vieux Bordeaux　　MAP p.341-B

这家餐馆专营法国西部美食。除了供应鱼类食品外，还有肥鹅肝。

- 从圣米歇尔教堂出发步行约3分钟
- 27, rue Buhan　☎05 56 52 94 36　⏰12:00～14:00、20:00～22:00　休周日、周一、8月的三个星期，2月份的两个星期　€30欧元～

## H 住宿

### 诺尔芒迪宾馆
Normandie　　MAP p.341-A

从外侧房间可以俯瞰梅花广场。房间内20世纪30年代的内部装饰别致典雅。

- 从旅游信息服务中心出发步行约1分钟
- 7, cours 30 Juillet　☎05 56 52 16 80　HPwww.hotel-de-normandie-bordeaux.com　100间客房　€单人间90欧元~，双人间170欧元~

### 圣卡特林宾馆
Quality St. Catherine　　MAP p.341-A

位于步行者天堂的繁华街区——圣卡特林大街上。对爱购物的人来说，非常方便。

- 从大剧场出发步行约5分钟
- 27, rue du Parlement Ste. Catherine　☎05 56 81 95 12　F05 56 44 50 51　HPwww.qualityhotelbordeauxcentre.com　82间客房　€单人间、双人间122欧元~

### 贝斯韦斯特巴约讷大酒店
Best Western Bayonne Etche-Ona　　MAP p.341-A

位于大剧场旁，游览十分便利。18世纪的宾馆，但是，房间内部的设施非常现代化。

- 从大剧场出发步行约1分钟
- 15, cours de l'intendance　☎05 56 48 00 88　F05 56 48 41 60　HPwww.bordeaux-hotel.com　61间客房　€单人间140欧元~，双人间150欧元~

---

大西洋沿岸／南部―比利牛斯／朗格多克／奥弗涅／利穆赞

波尔多

## ◎ 为您 导航

### 前往圣地亚哥-德孔波斯特拉的朝圣之路　世界遗产

西班牙西北部的圣地亚哥-德孔波斯特拉有纪念圣雅各布的大教堂。从11世纪开始，这里成为欧洲朝圣者必去的地方。圣地亚哥在西班牙语中的意思是指基督教十二使徒之一的圣雅各布（法语指圣雅克）。朝圣路是当时的国王下令修建的，路两侧建有很多修道院。现在朝圣路两侧留有很多罗马样式的教堂建筑物，作为旅游景点深受游客的欢迎。

法国国内的朝圣之路已于1998年被列为联合国教科文组织世界遗产（参见p.31）。朝圣的象征是扇贝（法语中指圣雅克的贝壳），一路上都有标记。

- 图尔路线：巴黎至奥斯塔巴
- 利摩日路线：韦兹莱至奥斯塔巴
- 勒皮路线：勒皮至奥斯塔巴
- 图卢兹路线：阿尔勒至奥洛龙-圣玛丽

# St. Émilion
# 圣埃米利永

MAP p.8-J

被葡萄园环绕的这座美丽的小城,简直是上天赐给人间的奇迹。

从葡萄园可以看到对面圣埃米利永的钟楼

## ACCESS

**国铁**:从巴黎蒙巴纳斯车站乘坐TGV超高速列车在利布尔讷(Libourne)车站下车,约需3小时,每日发车约6班。从利布尔讷到圣埃米利永可以乘坐318路公共汽车或者出租车,约7公里。从波尔多(Bordeaux)车站出发到圣埃米利永(St. Émilion)车站,约需22分钟,每日发车6班。从圣埃米利永到市里约1.5公里。
**自驾车**:从波尔多出发走N89、D243国道,大约35公里。

## INFORMATION

旅游信息服务中心● pl.des Créneaux☎ 05 57 55 28 28 📠 05 57 55 28 29 🌐 www.saint-emilion-tourisme.com 🕐 9:30~12:30、13:30~18:30、4~6月、9~10月的周五到周日,节假日9:30~18:30,7/1~7/10、8/17~8/31至19:00,7/11~8/16至20:00,12月至次年2月10:00~12:30,14:00~17:00,学校节假日至18:00,1/1、12/25 14:00~17:30 🏖常年营业
**市内交通**:参观步行即可。
**市内面积**:整座城市呈水滴状,市内最长约500米。参观完整座城市约需半天。

## 城市概况

圣埃米利永是波尔多葡萄酒生产商中最闻名的葡萄酒生产地之一(参见p.339),制作葡萄酒的历史可以追溯到罗马时代。城市名来自在此地过隐居生活的圣埃米利永,他帮助盲人女子恢复了视力,其门下有很多弟子。被葡萄田环绕的这座以石头打造的城市,已被列入联合国教科文组织世界遗产名录。从火车站出发穿过布凯雷门,到达旅游信息服务中心所在的市中心步行约需20分钟。从复活节开始到11月中旬,有游葡萄园活动。

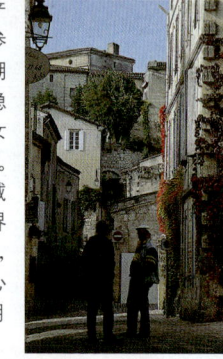

## 岩石建筑教堂广场
### Pl. de l'Église Monolithe
MAP p.344

圣埃米利永坡路较多,所以这里的房屋建筑呈现独特的立体感。例如,这个广场从岩石建筑教堂的岩石上眺望的话,可以看到底下的餐厅桌椅及广场周围的房屋就像演电影似的呈现出完美的构造。从广场下来看岩石建筑教堂的钟楼,就像垂吊在背后似的,这种感觉更能给人舞台装置的效果。

除旅游旺季外整座城市一片寂静

从岩石建筑教堂俯瞰岩石建筑广场

### 访问圣埃米利永的葡萄酒工厂

旅游信息服务中心15:30出发。(4~10月的学校节假日、4~6月的周末、节假日,7~8月的周末出行)有法语及英语导游陪同。信息咨询及申请随团可以去旅游信息服务中心。
🏖10月至次年4月 💰10欧元

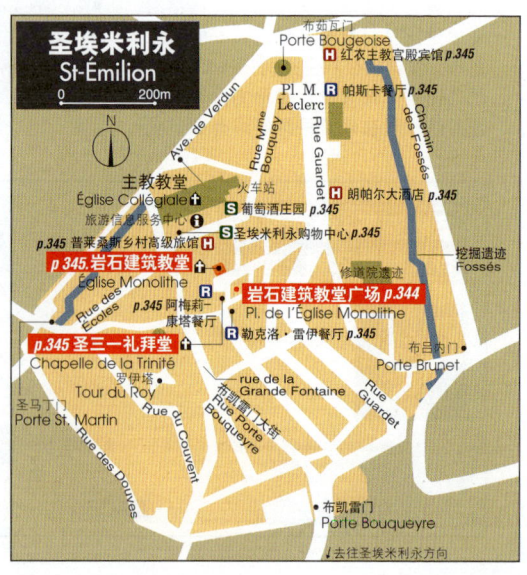

## 岩石建筑教堂/圣三一礼拜堂
### Église Monolithe/Chapelle de la Trinité　　MAP p.344

来到圣埃米利永不容错过以上这两个教堂。在参观葡萄酒庄园及雕刻前，一定要去看看。这里因8世纪的僧侣、圣人埃米利永而为人们所熟知。在法语里，"Monolithe"是"岩石建筑"的意思。正如名字所示那样，在石灰质岩石下是地下教堂，是为了颂扬出生于布列塔尼、在此地隐居的圣埃米利永，由圣埃米利永的弟子们于9至13世纪建造的。从塔楼眺望葡萄田，景致秀丽，无与伦比。

圣三一礼拜堂位于岩石建筑教堂对面的左侧，建成于13世纪，之后经过增建和整修变成现在的样子。建筑物中间下层是埋葬圣埃米利永遗骨的地方，还有8世纪其生活的洞窟。内部设有洗脸盆、睡床等。这些景点都不允许单独参观，需要在旅游信息服务中心申请前往。

用大岩石建造而成的岩石建筑教堂

### 岩石建筑教堂/圣三一礼拜堂
可以跟随旅游团前往，但是，导游只用法语讲解，具体事宜在旅游信息服务中心办理。
■ 10:00至傍晚（11月至次年3月11:00开始营业），参观约需45分钟
■ 常年营业　■ 6.70欧元
■ 从旅游信息服务中心出发步行约2分钟

## S 购物

### 圣埃米利永购物中心
**La Grande Cave de Saint Emilion**　MAP p.344

波尔多最古老的葡萄酒销售店，在这里，你可以买到你需要的葡萄酒。

■ 紧邻旅游信息服务中心
■ 6, pl. Clocher
■ 05 57 24 14 24　■ 05 57 24 04 80
■ 9:00~20:00
■ 常年营业

### 葡萄酒庄园
**Vignobles et Château**　MAP p.344

此庄园经营各种各样的科涅克酒，周一和周六还有葡萄酒教室（11:00~），需要提前预约。

■ 从旅游信息服务中心出发步行约1分钟　■ 4, rue du Clocher
■ 05 57 24 61 01　■ patrick@vignoblesetchateaux.fr
■ 9:00~20:00　■ 常年营业

## R 餐饮

### 勒克洛·雷伊餐厅
**Le Clos du Roy**　MAP p.344

餐厅的厨师毕业于著名的厨师学校，提供各种口味的乡村菜肴。

■ 岩石建筑教堂广场附近
■ 12, rue de la Petite Fontaine
■ 05 57 74 41 55　■ 12:00~13:30、19:30~21:30　■ 周 一、周 二、1/1~1/10　■ 29欧元~

### 帕斯卡餐厅
**Chai Pascal**　MAP p.344

该餐厅严格意义上来说是葡萄酒吧。这里除提供葡萄酒外，还有鸭肉陶罐菜、猪肉汉堡及干火腿等小菜。

■ 从布茹瓦门步行约2分钟
■ 37, rue Guadet　■ 05 57 24 52 45
■ 11:00~23:00
■ 常年营业
■ 22欧元~

### 阿梅莉-康塔餐厅
**Amelia-Canta**　MAP p.344

位于繁华的中心广场附近。曾经是监狱，后改建成为餐厅，夏季可以在露天饮食。

■ 从旅游信息服务中心出发步行约1分钟　■ Pl. l'Eglise Monolithe
■ 05 57 74 48 03　■ 12:00~13:30、19:00~21:30　■ 12月至次年1月
■ 20欧元~

## H 住宿

### 普莱桑斯乡村高级旅馆
**Hostellerie de Plaisance**　MAP p.344

位于市中心岩石建筑教堂旁。曾经是塔楼，经过改造成为宾馆，内部还设有星级餐厅。

■ 从旅游信息服务中心出发步行约1分钟　■ 5, pl. du Clocher　■ 05 57 74 41 11　■ www.hostellerie-plaisance.com　■ 21间客房　■ 12/21~2/10　■ 单人间、双人间395欧元~

### 朗帕尔大酒店
**Au Logis des Remparts**　MAP p.344

外观古老、内部极具现代化的高级酒店。提供早餐，可以在露台上边赏景边用餐。

■ 从岩石建筑教堂广场出发步行约2分　钟　■ 18, rue Guadet　■ 05 57 24 70 43　■ 05 57 74 47 44　■ 12/19~1/31　■ www.logisdesremparts.com　■ 17间客房　■ 单人间、双人间98欧元~

### 红衣主教宫殿宾馆
**Le Palais Cardinal**　MAP p.344

宾馆内还有餐厅，可以在这里品尝经典菜肴。

■ 从旅游信息服务中心出发步行约5分钟　■ pl. du 11 Novembre1918　■ 05 57 24 72 39　■ 05 57 74 47 54　■ www.palais-cardinal.com　■ 12月至次年3月　■ 27间客房　■ 单人间、双人间166欧元~

# Poitiers

# 普瓦捷

MAP p.8-F

以圣母大教堂为首的市中心，遍布着各种罗马建筑风格的建筑物。

罗马风格的圣母大教堂

## ACCESS

**国铁**：从巴黎蒙巴纳斯车站乘坐TGV超高速列车在普瓦捷（Poitiers）车站下车，约需1小时30分钟，每日运行15班以上。从波尔多（Bordeaux）车站乘坐TGV超高速列车，约需1小时40分钟，每日运行15班以上。
**自驾车**：从巴黎出发走A10国道约330公里，从波尔多出发走A10国道约220公里。

## INFORMATION

🛈 旅游信息服务中心 45, pl. Charles de Gaulle ☎05 49 41 21 24 📠05 49 88 65 84 🖳www.ot-poitiers.fr 开 平日10:00～23:00（节假日10:00～18:00，19:00～22:00，冬季至18:00）休 冬季的周日
**市内交通**：游览市内步行即可。
**市内面积**：旧街区的主要景点集中在400米乘600米的范围内，参观所有景点约需一天半。

## 圣母大教堂
开 9:00～19:00（周日12:00～）
交 从旅游信息服务中心出发步行约1分钟
**灯展**
开 6月21日至9月的第二周从22:30开始（9月份从21:30开始），约需15分钟

## 城市概况

普瓦捷是普瓦图－夏朗德大区的首府，是座建在山丘上的城市。由于普瓦捷所处的地理处置，使其成为欧洲古战场之一，在此曾发生过许多重要战役，最重要的莫过于公元732年阻遏阿拉伯人扩张的普瓦捷会战。另外，英法"百年战争"及18世纪都曾将这儿作为战场。15世纪创办了普瓦捷大学，众多的学生使这所城市兴盛了起来。城市里到处是罗马风格的各种建筑。

从火车站到市中心的勒克莱尔广场（Pl. Leclerc）步行约需10分钟。

### 圣母大教堂
Église Notre Dame la Grande　　　　　MAP p.346

圣母大教堂有着松冠一样的房顶，是典型的12世纪罗马风格的教堂。柱子上残留着彩色的痕迹，仿佛是被穿过窗户的光线涂抹了似的。整个建筑虽十分厚重，但丝毫没有压迫感。这是一座百看不厌的教堂。

### 圣伊莱尔大教堂
Église St. Hilaire le Grand　　　　　MAP p.346外

11世纪罗马式风格的教堂。木质屋顶被大火焚毁而改建成现在石质的屋顶时，加了支撑屋顶的圆柱。这座建筑物是建筑爱好者必看的教堂。同时，它还是联合国教科文组织世界遗产——圣地亚哥-德孔波斯特拉朝圣之路的一部分。

旧街区的城市布局

## 圣让洗礼堂
Baptistère St. Jean　　　　　MAP p.346外

建于4世纪左右,是法国现存最古老的基督教建筑物。虽然只是石质的红瓦小型建筑物,但是其内部装修典雅大气,给人一种很威严的感觉。特别值得一看的是,里边墙壁上的壁画作品。

### 圣让洗礼堂
- 10:30~12:30、15:00~18:00(10月至次年3月14:30~16:30)
- 除7、8月份外,周二、1/1、5/1、12/25
- 2欧元
- 从旅游信息服务中心出发步行约8分钟

## R 餐饮

### 阿兰·布坦餐厅
Alain Boutin　　　　　MAP p.346

主打菜品是以新鲜的食材为主做成的菜肴。口感上乘,价格经济实惠。
- 从市政厅出发步行约2分钟
- 65, rue Carnot　05 49 88 25 53
- 12:00~13:30、19:30~21:30
- 周一、周六白天、周日
- 26欧元~

### 吉甘餐厅
Chez Mémé Guiguite　　　MAP p.346

内部装潢以20世纪初叶的风格为主,可以品尝到令人怀念的菜肴。
- 距圣母大教堂很近　16, rue de la Regratterie　05 49 41 30 82
- 12:00~14:30、19:00~23:30
- 周一
- 22.90欧元~

## H 住宿

### 格朗德大酒店
Grand　　　　　MAP p.346

房间内部装饰精致时髦,里边设有酒吧,整个酒店散发着浪漫而温馨的气息。
- 从市政厅出发步行约3分钟
- 28, rue Carnot　05 49 60 90 60
- 05 49 62 81 89　www.grandhotelpoitiers.fr　47间客房
- 单人间71欧元~,双人间88欧元~

## 为您导航

### 圣萨万教堂的36幅经典壁画
世界遗产　　　MAP p.334

小城镇的象征——圣萨万教堂

如果以普瓦捷为据点的话,一定要去圣萨万教堂看看。从普瓦捷到圣萨万当日即可返回。这个小城市里有列入联合国教科文组织世界遗产的圣萨万教堂(Abbatiale de Saint Savin sur Gartempe)。教堂里有36幅经典的壁画杰作。这是一座罗马式建筑风格的建筑物,建筑物里最有名的是天花板上一幅12世纪的壁画。另外,这里还有36幅描述《旧约圣经》的壁画,分别有《巴别塔》、《诺亚方舟》及《创世记》,画作的技法精湛,富有活力。

### ACCESS
- **公共汽车**:从普瓦捷车站乘坐国铁公交车在圣萨万(Saint Savin)下车,约需50分钟。
- **自驾车**:从普瓦捷出发走D951国道约44公里。

### INFORMATION
- 旅游信息服务中心:20, pl. de la Libération　05 49 48 11 00　www.saintsavin.com
- 10:00~12:00、14:00~17:00
- 周日、周一、周三下午,11月1日下午、11月12日

### 圣萨万教堂
- 10:00~12:00、14:00~18:00(2、3、11、12月　至17:00、7、8月10:00~19:00)
- 除7、8月以外的周日上午,1月份,11/11、12/25至12/31
- 6欧元
- 紧邻旅游信息服务中心

12世纪美丽的壁画
©EPCC Abbaye de Saint Savin sur Gartempe et Vallée des Fresques / Rémy Berthon

描述诺亚方舟的壁画

# La Rochelle
# 拉罗谢尔

MAP p.8-E

这里有充满活力的旧街区，像画儿一样美丽的旧港口及广阔的岛屿……

## ACCESS

**国铁**：从巴黎蒙巴纳斯车站乘坐TGV超高速列车在拉罗谢尔（La Rochell）车站下车，约需2小时50分钟，每日运行6班。从普瓦捷（Poitier）乘坐TGV超高速列车或快速列车，约需1小时30分钟，每日运行15班以上。

**自驾车**：从巴黎出发走A10国道在普瓦捷换乘N11到拉罗谢尔，约470公里。

## INFORMATION

🛈 **旅游信息服务中心**：Palais de la Petite Sirène ☎05 46 41 14 68
📠05 46 41 99 85 🌐www.larochelle-tourisme.com ⏰9:00～18:00（6、9月至19:00，7、8月至20:00，周日、节假日9:00～17:30，10月至次年3月9:00～18:00，周日、节假日10:00～13:00）🚫6～9月的节假日，1/1、12/25

**市内交通**：参观旧街区步行即可。
**市内面积**：主要景点在800米左右的正方形范围内。参观约需3小时（不包括雷岛）。

### 圣尼古拉塔/谢纳塔/朗泰尼塔
⏰10:00～13:00，14:15～17:30（4～9月10:00～18:30，7～8月份除朗泰尼塔外至22:00）🚫1/1、5/1、12/25
💶各6欧元，参观3座塔约8欧元（其中均包含轮渡费）
🚶从旅游信息服务中心出发步行3～5分钟

## 🏨 住宿

### 圣让宾馆
**Saint Jean d'Acre**
🚶位于旧港口前 📍4, pl. de la Chaîne
☎05 46 41 73 33 📠05 46 41 10 01
🌐www.hotel-la-rochelle.com
🛏60间客房
💶单人间、双人间88欧元～

*小城的守护神，塔楼*
*停靠在港口的船只*

## 城市概况

从火车站沿西北延伸的戴高乐将军大街（Ave.du Général de Gaulle）步行约600米左右，就可以到达旧港口的船厂。旅游信息服务中心就位于旧港口前面，旧街区位于班杜雷河岸的北侧。想去雷岛的话，需从旧港口的圣让长廊（Promenade St. Jean d'Acre）乘船或者从火车站乘坐公共汽车渡桥即可到达。整座城市共有人口约7.6万。

## 景点

拉罗谢尔之所以被称为是大西洋沿岸最美丽的海港城市，是因为它逃脱了第二次世界大战的空袭，中世纪旧港口完整无缺地保留来。旧港有3座塔，东侧的**圣尼古拉塔**（Tour St. Nicolas）与西侧的**谢纳塔**（Tour de la Chaîne）均建于14世纪，当时一到夜间这两大塔之间就用巨大的锁子锁上来封锁港口。16世纪大作家拉伯雷作品中的巨人就是用这把大锁束缚住的。

谢纳塔里边是朗泰尼塔（Tour de la Lanterne），它曾经是监狱，至今塔里还有犯人在墙壁上乱写乱画的笔迹。这座塔之所以给人以阴森的感觉，与它曾经是监狱也有关。16世纪，这座城市是新教徒的根据地，所以城市经受了天主教军队的无数次攻击。据说，那时新教徒的牧师就是从这座塔被推到海里去的。

观塔完毕后，可以在旧街区溜达一圈。这里有大时钟门（Porte de la Grosse Horloge）、证券交易所（Bourse）、裁判所（Palais de Justice）、市政厅（Hôtel de Ville）等16至18世纪的华丽建筑物，值得一看。

飘在拉罗谢尔湖心上的**雷岛**（Île de Ré），十分美丽，夏天到此洗海水浴的游客络绎不绝。但是，雷岛的美不止这些，还有盐田、牧场、化为废墟的古沙特利耶修道院（Ancienne Abbaye des Châteliers）遗址等一片寂静的秀丽景色，让人不敢打破这宁静的美。所以，旅游淡季来这里，可以独享一种寂静的美。

雷岛岸边的风景

穿过大时钟塔就可进入旧街区

# Périgueux

## 佩里格

MAP p.8-F

这里除了有秀丽的景色外，还有肥鹅肝和蘑菇等美食，被誉为是法国美食重镇。

从伊勒河上远眺圣弗龙大教堂

## 城市概况

佩里格的重要景点都是以时代划分的，这在其他国家是十分罕见的。从火车站出发穿过威尔逊总统大街（Rue Président Wilson），即可到达旅游信息服务中心所在的弗朗舍维尔广场（Pl. Francheville）。街道的右侧是兰庭（La Cité）地区，该地区有无数个罗马时代的建筑遗迹。

广场尽头是中世纪及文艺复兴时期的繁华地带——圣弗龙（St. Front）地区。从兰庭开始按年代顺序参观比较好。全市共有人口约3万。

### ACCESS

**国铁**：从巴黎奥斯特利茨车站乘坐快速列车在佩里格（Périgueux）车站下车，约需4小时20分钟，也可以在利摩日（Limoges Benédictin）换乘到佩里格。每日运行2班以上。从波尔多乘坐去往布里夫（Brive）方向的快速列车，约需1小时15分钟，每日运行10班以上。
**自驾车**：从巴黎出发走A10、A71、A20、A21国道，约500公里。

### INFORMATION

**旅游信息服务中心**：26, pl. Francheville ☎ 05 53 53 10 63 ℻ 05 53 09 02 50 HP www.tourisme-perigueux.fr 営 9:00～12:30、14:00～18:00（6～9月9:00～19:00，7月至次年6月的节假日、6、9月的周日10:00～13:00、14:00～18:00，7、8月的周日、节假日14:00～19:00）体 10月至次年5月的周日、1/1、12/25
**市内交通**：参观旧街区步行即可。
**市内面积**：兰庭地区在方圆300米的四方形范围内，圣弗龙地区在方圆500米的四方形范围内。参观完城市景点约需1天。

## 景点

罗马样式的兰庭教堂

曾经是罗马统治之下的兰庭地区有**圆形竞技场（Jardin des Arènes）**，它如今被改造成公园。在公元3世纪及"百年战争"（1339～1453）时期，它曾经是重要的城市要塞。诺曼底之门（La Porte Normande）是3世纪的入侵者为守卫城市而建立的建筑物。

兰庭地区的**维索恩塔（Tour Vesone）**，是城市里最具有象征意义的建筑。维索恩塔直径约20米、高27米，塔的一部分有破损，据推测是建于1世纪左右的建筑物，但是它完整的部分与破损的部分完全两立，所以这给考古学者出了道难题，也让对此塔感兴趣的人感到有意思。据说，这是圣弗龙为了击退恶魔而念咒，咒语的力量将塔楼分成两半的。所以，这座塔的妖气也许与这些民间传说有关吧。兰庭区出口处有罗马式的典型建筑兰庭教堂（Église la Cité）。

感受着佩里格古朴的风情，悠闲地走在小道上，我们再去圣弗龙地区看看吧。那里有**圣弗龙大教堂（Cathédrale St. Front）**。该大教堂是圣地哥亚-德孔波斯特拉朝圣之路的一部分，它是19世纪流行的拜占庭建筑样式，与巴黎圣心大教堂是同一个建筑师。圣心大教堂与圣弗龙大教堂都是圆形屋顶，但是圣弗龙大教堂有5个圆形的屋顶。从教堂背后的小道上下来渡过伊勒河，在河对岸远眺圣弗龙大教堂，看上去与东方的寺院有几分相似。

被咒语的魔力劈开的维索恩塔

### R 餐饮

**圣弗龙大酒店**
Le Clos Saint Front
交 从大教堂出发步行约5分钟
住 5/7, rue de la Vertu
☎ 05 53 46 78 58 ℻ 05 53 46 78 20
営 12:00～13:45、19:15～21:45
休 周日、周一晚上，除6～9月的周一晚上，2月的两个星期
€ 26欧元～

旧街区的老房子

# Montignac et Grottes de Lascaux
## 蒙蒂尼亚克及拉斯科岩洞

这里有世界有名的旧石器时代的岩洞壁画，这里的城市构造宛如绘画一般给人留下深刻的印象。

**MAP** p.8-F

雾中的蒙蒂尼亚克小镇

## ACCESS

**国铁**：从巴黎奥斯特利茨车站乘坐快速列车在布里夫拉盖亚尔德（Brive la Gaillard）车站下车，约需4小时，每日运行6班以上。乘坐去往佩里格（Périgueux）方向的普通列车在孔达（Condat Le Lardin）车站下车，约需20分钟，每日运行4班以上。从这里出发到达蒙蒂尼亚克约10公里。从波尔多圣让车站乘坐快速列车约需2小时，每日运行10班以上。

## INFORMATION

🛈 旅游信息服务中心 pl. Bertrand de Born ☎05 53 51 82 60 📠 05 53 50 49 72 🌐 www.tourisme-vezere.com 🕑 10:00～12:00、14:00～17:00（4月 至18:00、7、8月9:00～19:00、5、6、9月9:30～12:00、14:00～18:00）🚫 9月至次年6月的周日

**市内交通**：蒙蒂尼亚克市内参观步行即可。
**市内面积**：主要景点位于方圆500米的四方形范围内。从第二拉斯科岩洞到市内约2公里。参观岩洞约需40分钟，参观蒙蒂尼亚克主要景点约需1小时30分钟。

### 第二拉斯科岩洞
🕑 10:00～12:30、14:00～17:30（7、8月9:00～19:00）（只有复活节到11/1日，可以在蒙蒂尼亚克的旅游信息服务中心购买门票）
🚫 11月至复活节的周一、1/4～2/5
💰 8.80欧元（包括导游费）
📍 距蒙蒂尼亚克市区约2公里，可以步行也可以租自行车去

## 🏨 餐饮＆住宿

### 格勒特大酒店
**La Grotte**
📍 位于公共汽车站前
🏠 63, rue du 4 Septembre
☎ 05 53 51 80 48
📠 05 53 51 05 96
🌐 www.hoteldelagrotte.fr
🕑 12:00～14:00、19:00～23:00
🗓 常年营业
💰 提供早餐，每晚66欧元起价（费用因季节不同有变动）

## 城市概况

拉斯科是岩洞的名字，小镇名称是蒙蒂尼亚克。蒙蒂尼亚克是位于韦泽尔河边的小镇，从佩里格和布里夫拉盖亚尔德出发都有到达这里的公共汽车，但是车辆较少。公共汽车站位于市中心，从那里到岩洞游览的话，可以租自行车或乘坐出租车前往。城市人口约3000。

## 景点

1940年，在蒙蒂尼亚克的森林中迷路的4个年轻人，在岩洞里寻找猎犬时，不经意看到了岩洞壁上的壁画。据推测这些壁画是约1.6万年前旧石器时代的岩洞壁画。

拉斯科岩洞中的壁画——黑牛

发现当初，一般人也可以前去参观，于是改变了这里的通风条件，人们呼出的二氧化碳使这里的壁画迅速氧化，遗憾的是颜色不再像发现当初那样鲜艳了。鉴于这种情况，1963年政府研究决定，为了保护人类的伟大遗产，这里除了研究者外不对一般人开放。现在可以参观的是壁画的仿制品及**第二拉斯科岩洞**（ⅡLascauxⅡ）。

参观这里的岩洞需要随团前往，按照申请的先后顺序参观。一般只是法语讲解，夏季旺季时有时会有英语讲解。但是无论用哪种语言，无论有没有讲解，都不应该损坏岩洞里的壁画。

岩洞内分为宽10米、高6米、长30米的主室及主室以外的支洞和暗室等。各壁画上画的马牛羊等均是黑色的轮廓上涂上色彩而成的。令人惊奇的是，这些绘画是巧妙地利用了远近法及墙壁的弯曲程度绘制而成的，充分体现了立体美感。也有与各种动物混在一起的假面人，从这一点可以看出，这些壁画与宗教及咒术息息相关。

蒙蒂尼亚克是一座交通极不方便的小镇，但是，它却被认为是这个地区最漂亮的小镇。在这里可以欣赏如画一样的秀丽风景，也可以独享法国乡下宁静的田园风光。当然了，还可以同时享用佩里格的美食。

利用岩石凹凸的远近画法

# Limoges
## 利摩日

MAP p.8-F

法国印象派画家雷诺阿的出生地，同时它也是以陶艺品等闻名的艺术之城。

## 城市概况

从利摩日火车站出来，穿过戴高乐将军大街（Ave. Général de Gaulle），直走就到达茹尔丹广场（Pl. Jourdan）。旅游信息服务中心就在广场里，广场里边还有旧街区城堡区（Le Château）。旧街区旁边有利摩日国立陶瓷博物馆，里边展示着利摩日的各种陶瓷器。另外，在茹尔丹广场左手边有圣艾蒂安大教堂（Cathédrale St. Etienne），大教堂的这一带是兰庭（La Cité）区。

如果奔着购买餐具等购物目的前去的话，首选位于城堡区与兰庭区之间的路易·勃朗大街（Bd. Louis Blanc）。在旅游信息服务中心可以领取这里制陶工作室及专营店的排名表。

## 景点

号称法国陶瓷制品代表的利摩日陶瓷，产生于18世纪。利摩日最有名的是白瓷。一般利摩日的陶瓷制品上涂有绿色或粉色，然后绘有金色图案，这样的陶瓷制品有很强的视觉效果。其中，涂有浅色的陶瓷品一般被认为是上品。另外，涂有樱花及琉璃色的小鸟图纹的制品也很受顾客的欢迎。利摩日的陶瓷制品的设计多种多样，是因为各制陶窑继承并沿袭了以前的制陶传统。

**国立陶瓷博物馆**（Musée National Adrien Dubouché）不仅收藏了利摩日的一流陶制品，还收藏了世界其他国家的陶制品，这些收藏物按照年代顺序陈列。博物馆建成于19世纪左右，是收藏各类陶瓷品的著名博物馆。

利摩日还有一种特产那就是七宝陶制品。实际上七宝陶制品的历史远比瓷器早，它在法国最早的朝代就开始冶炼了，直到后来才被欧洲其他国家所关注。可以在兰庭区的**市立主教博物馆**（Musée Municipal de l'Evêché）参观这种七宝陶制品。这个博物馆紧邻**圣艾蒂安大教堂**（Cathédrale St. Etienne）。周边有许多七宝陶制品的制陶工作室，可以参观陶艺工人的工作实态。

### ACCESS

**国铁：** 从巴黎奥斯特利茨车站乘坐去往图卢兹（Toulouse）方向的快速列车在利摩日（Limoges Bénédictins）车站下车，约需2小时50分钟，每日运行8班以上。从图卢兹出发到利摩日约需3小时15分钟，每日发车约4班。从波尔多圣让车站乘坐快速列车约需2小时30分钟，每日运行10班以上。

**自驾车：** 从巴黎出发走A10、A71、A20国道，约350公里。

### INFORMATION

**旅游信息服务中心** bd.de Fleurus ☎05 55 34 46 87 ℻05 55 34 19 12 🖥 www.limoges-tourisme.com ⏰9:30~18:00（6月中旬至9月中旬9:00~12:00，14:00~19:00）休9月中旬至6月中旬的周日、节假日

**市内交通：** 参观旧街区步行即可
**市内面积：** 城堡区位于半径约250米的圆形范围内，兰庭区位于半径约150米的圆形范围内。参观完整座城市约需1天。

展示着世界各国的陶瓷制品

各国陶瓷制品的收藏馆——国立陶瓷博物馆

**国立陶瓷博物馆**
🕐10:00~12:25、14:00~17:40 休周二、1/1、5/1、11/1 💰4.50欧元
🚶从旅游信息服务中心步行约15分钟

**市立主教博物馆**
🕐10:00~12:00、14:00~17:00（6~9月至18:00）周二,10月至次年3月的 周 一 上 午、1/1、5/1、11/1、11/11、12/25 💰免费 🚶从旅游信息服务中心步行约5分钟

### 住宿

**让娜宾馆**

Jeanne d'Arc
🚶从旅游信息服务中心步行约2分钟
📍17, Ave. Général de Gaulle
☎05 55 77 67 77 ℻05 55 79 86 75
🖥 hoteljeannedarc-limoges.fr
🛏 50间客房
💰单人间67欧元~，双人间99欧元~

兰庭区的布局

# Clermont Ferrand
# 克莱蒙费朗

MAP p.8-F

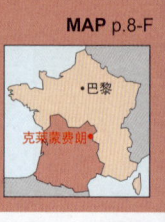

11世纪被称为最优雅的宫廷人奥弗涅人的首都。街上完好地保留着中世纪的玄武岩教堂。

克莱蒙费朗的象征——圣母升天大教堂的尖塔

## ACCESS
**国铁**：从巴黎里昂车站乘坐快速列车在克莱蒙费朗（Clermont Ferrand）车站下车，约需3小时20分钟，每日运行约5班以上。从里昂佩拉什（Lyon Perrache）车站或者里昂帕特迪（Part Dieu）车站乘坐快速列车到克莱蒙费朗，约需2小时40分钟，每日发车6班以上。也可以从中途换乘。

**自驾车**：从巴黎出发走A10～A71国道约425公里，从里昂出发走A72国道约200公里。

## INFORMATION
**旅游信息服务中心**：pl. de la Victoire ☎04 73 98 65 00 [F]04 73 90 04 11 [H]www.clermont-fd.com
[开]9:00～18:00，周六10:00～13:00、14:00～18:00，周日、节假日9:30～12:30、14:00～18:00（5～9月除外）9:00～19:00，周六、周日及节假日10:00～19:00
[休]常年营业
**市内交通**：参观既可以乘坐公共汽车、电车，也可以步行。
**市内面积**：旧街区主要景点主要集中在600米乘600米的范围内。参观完整座城市约需1天半。

## 城市概况

克莱蒙费朗是世界知名轮胎制造商米其林轮胎的生产基地，它也是法国中部商业中心之一。安静祥和的城市共有人口约14万。从车站出发爬上伊丽莎白大街（Ave. Elisabeth），尽头的德利尔广场（Pl.Delille）是克莱蒙费朗旧街区的门户。旧街区的中心地带是港口圣母教堂周边及小兄弟会教堂（Eglise des Minimes）周边。这里曾经是主教生活的地区。此后与主教对抗的贵族在城北建造了贵族城，但是这座城于1633年被统合。主要的景点都集中在旧街区里。

旧街区的石板路

在旅游信息服务中心内并设的罗马战神联盟中心（Espace Art Romain），展示着在法国中央高原（Massif Central））发掘的罗马时代的美术品。另外，还有展示考古学及纺织文化的巴尔古安美术馆（Musée Bargoin）及昂里‧勒科克博物馆（Musée Naturelle Hanri-Lecoq）等景点。

## 港口圣母大教堂
### Basilique Notre Dame du Port
MAP p.352-B

克雷蒙费朗有两座风格迥异的圣母大教堂。两座大教堂看上去黑漆漆的，因为它们都是用附近火山喷发出来的石头建造而成的。

港口圣母大教堂创建于6世纪，但是后来被罗马人破坏了，现在的教堂是12世纪重新建成的。教堂庄严肃穆，是罗马建筑风格的珍品。从古至今信徒纷纷来到这座教堂朝圣的是，安葬在地下礼拜堂的黑色圣母像。与漆黑的外表相比，教堂内部异常明亮，可以反射出彩绘的红色和绿色。罗马式教堂除了可以参观它的内部装饰及雕刻外，大厅的廊柱也十分引人注目。各种大头人及虚构的动物像是传达给信徒的信息。港口圣母大教堂也是圣地亚哥－德孔波斯特拉朝圣之路的一处景点。

罗马样式的港口圣母大教堂

**港口圣母大教堂**
开 8:00～19:00
休 宗教活动时
料 免费
交 从旅游信息服务中心步行约6分钟

柱子上精美的雕刻

用玄武岩建成的黑色大教堂

## 圣母升天大教堂
### Cathédrale Notre Dame de l'Assomption
MAP p.352-A

圣母升天大教堂建于13世纪，虽然比港口圣母大教堂建造得晚，但是它却是典型的哥特式教堂。教堂的尖塔是克莱蒙费朗的象征。教堂内13世纪至15世纪的彩色玻璃干净明亮，这样可以缓和一下教堂庄严肃穆的形象。

**圣母升天大教堂**
开 7:30～12:30、14:00～18:00（周日、节假日9:30～12:00、15:00～19:30）
休 宗教活动时 料 免费 交 从旅游信息服务中心步行约4分钟即可到达

## R 餐饮

### 埃马纽埃尔·奥当餐厅
**Emmanuel Hodencq** MAP p.352-A

餐厅位于圣皮埃尔市场的二层。推荐的菜品是焖制咖喱鱼。

交 从电车加亚尔（Gaillard）车站步行约2分钟 地 pl. Marche St. Pierre
☎ 04 73 31 23 23 开 12:00～14:00、19:30～21:30 休 周一白天、周日、8月中旬的两个星期 料 37€～

### 阿拉比克餐厅
**L'Alambic** MAP p.352-A外

这是家奥弗涅菜肴的专门店。可以在这里品尝猪蹄陶罐菜及奶酪。

交 从旅游信息服务中心步行约6分钟 地 6, rue Ste. Claire ☎ 04 73 36 17 45
开 12:00～14:00、19:00～22:00（周五、周六至23:00）休 周三白天、周日、7月中旬至8月中旬 料 26€～

## S 购物

### 米其林专卖店
**Espace Michelin** MAP p.352-A

这里是知名轮胎生产商米其林轮胎的专卖店。

交 从圣母升天大教堂步行约1分钟 地 2, pl.de la Victoire
☎ 04 73 90 20 50
开 10:00～19:00（周一14:00～）
休 周日、周一、节假日

## H 住宿&餐饮

### 克里亚德中心酒店
**Kyriad Centre** MAP p.352-A外

从三楼以上的房间可以眺望山上的风景。里边有小酒馆。

交 从旅游信息服务中心步行约10分钟 地 25, Ave. Libération ☎ 04 73 93 22 22 F 04 73 34 88 66 HP www.hotel-kyriadprestigeclermont.com 客 80间客房 料 单人间、双人间95欧元～

### 德斯·皮伊酒店
**des Puys** MAP p.352-B

位于旧街区门户旁，离车站也不远。酒店里的小酒馆很受顾客欢迎。

交 从车站步行约8分钟 地 16, pl. Delille ☎ 04 73 91 92 06 F 04 73 91 60 25 HP www.hoteldespuys.fr 客 63间客房 料 单人间79欧元～、双人间114欧元～

### 德科蒂尼城堡酒店
**Château de Codignat** MAP p.352-B外

这是座被绿荫环绕的15世纪的城堡。可以体验优雅的宫廷生活。餐厅也很受游客的青睐。

交 从车站乘坐出租车约半小时 Bart-Létang Lezoux ☎ 04 73 68 43 03 F 04 73 68 93 54 HP www.codignat.com 休 11/1～3/20 客 20间客房 料 单人间、双人间390欧元～

# Vichy

## 维希

MAP p.8-F

欧洲著名的温泉疗养地，每年有成千上万的游客前来享受温泉浴。

在泉水公园休憩的游客

### ACCESS

**国铁**：从巴黎里昂车站乘坐快速列车在维希（Vichy）车站下车，约需3小时30分钟，每日运行6班以上。若从中途换乘的话，一定要注意提前查清是否好换乘。从里昂佩拉什（Lyon Perrache）车站或者里昂帕特迪（Part Dieu）车站乘坐快速列车到维希，约需3小时30分钟，每日发车6班以上。从克莱蒙费朗乘坐去往里昂、巴黎或者富森（St. Germain das Fossés）方向的列车，约需35分钟，每日运行15班以上。

**自驾车**：从巴黎出发走A6、A10、A77、N209国道约360公里，从里昂出发走A6、N7国道约160公里，从克莱蒙费朗出发走A71、D2009、N209国道约55公里。

### INFORMATION

**旅游信息服务中心**：19, rue du Parc ☎04 70 98 71 94 ℻04 70 31 06 00 HP www.vichy-tourisme.com ◷9:30~12:00、14:00~18:00，7、8月9:30~19:00（周日、节假日10:00~12:00，14:30~19:00），4~6月、9月的周日、节假日15:00~18:00 休10月至次年3月的周日、1/1

**市内交通**：参观步行即可。

**市内面积**：泉水公园、购物街及阿列河畔都集中在直径约为400米的圆形范围内。参观完整座城市约需2天时间。

### 住宿

**阿兰特宫殿**
**Aletti Palace**
文 从旅游信息服务中心步行约1分钟
✉ 3, pl. Joseph Aletti
☎ 04 70 30 20 20
℻ 04 70 98 13 82
HP www.hotel-aletti.fr
🛏 133间客房
€ 单人间141欧元~，双人间159欧元~

## 城市概况

从车站出发穿过泉水公园到达巴黎大街（Rue de Paris），这一带高级消费品云集，因此是维希著名的购物街。泉水公园（Parc des Sources）的尽头沿阿列河（Allier）有拿破仑三世公园。泉水公园周边餐厅及宾馆众多。在泉水之城适合悠闲地游玩。全市约有人口2.6万。

## 景点

维希是法国著名的温泉疗养城市，所以，前来旅游的游客大多是奔着温泉浴而来的。但来这里泡温泉的大多是老年人，他们悠闲地在这里散步、赏景。老年人和年轻人一样都很时尚，可以说他们是维希的一道优雅的风景。

自然光照耀的泉水眼内部

温泉设施的中心地带是**泉水公园**（Parc des Sources），在公园的所到之处都有可供饮水的水龙头，游客可以取这些水喝。欧洲人并不是将身体整个泡在温泉中，而是以喝温泉水来达到疗养的功效的。

在公园悠闲散步的时尚老年人

在泉水公园北侧的**泉眼大本营**（Hall des Sources）里，有各种各样可以饮用的温泉，若向大本营的工作人员咨询的话，他们会详细介绍这些温泉具有的各种功效。公园南侧有赌场、音乐会礼堂及歌剧大厅等。

泉水公园以西沿阿列河有拿破仑三世公园、肯尼迪公园等风景秀丽的公园，这里也是供游客散心的地方。漂在阿列河上的数艘赛船，给人一种非常放松的感觉。

阿列河沿岸的亮丽风景

# Le Puy
# 勒皮

**MAP** p.8-F

虽然是个很小的城市，但是却是世界遗产——朝圣之路的一部分，是信徒向往的圣地。

## 城市概况

两块巨石高高耸立在城市中，从巨石上俯瞰，眼前红色的屋顶鳞次栉比，可以算是法国的一大奇景。它是到达西班牙西北的圣地亚哥–德孔波斯特拉朝圣之路的起点之一。全市共有人口约2万。

从火车站可步行到旅游信息服务中心所在的旧街区。主要的旅游景点有3处，分别是旧街区上的大教堂及两块巨石。它们都位于高地上，所以在街上一般是不会迷路的。这里是网眼针织品的产地，在主要景点的特产店几乎都销售网眼针织品。

## 景点

首先可以去被联合国教科文组织列入世界遗产的圣地亚哥–德孔波斯特拉朝圣之路起点之一的**圣母大教堂**（Cathédrale Notre Dame du Puy）去参观一下。它是座建于11至12世纪的建筑物，特别是面向里院的回廊用白色、红色及黑色的镶嵌工艺装饰成半圆形状的拱门，十分别致典雅。

时尚的大教堂里院拱门

大教堂背后有高约16米的高乃依岩石（Rocher Corneille），包括台座共高22.7米。著名的**德弗朗斯圣母像**（Notre Dame de France）就建在岩石上。圣母像是用克里米亚战争中缴获的213门加农大炮铸造而成的。登上岩石可以将整座城市的风景尽收眼底。另外，在西北方向的圣米歇尔（Rocher Saint Michel）山顶上建有**圣米歇尔礼拜堂**（Chapelle Saint Michel d'Aiguilhe）。礼拜堂建于10世纪，近年修缮时还发现了一些圣人的遗物。礼拜堂的墙壁上还留有很多当时的壁画。

两块高耸的巨石

作为朝圣之路的起点，吸引了成千上万的信徒前来朝拜

## ACCESS

**国铁**：从巴黎里昂车站先乘坐去往圣艾蒂安（Saint Etienne Châteaucreux）方向的TGV超高速列车，再换乘快速列车到勒皮（Le Puy）车站下车，约需4小时20分钟，每日运行6班以上。从克莱蒙费朗（Clermont Ferrand）乘坐快速列车约需2小时，每日运行5班以上。

**自驾车**：从巴黎出发走A10、A71、A75国道再转入N102国道，约540公里。

## INFORMATION

🛈 旅游信息服务中心◇2, Pl. du Clauzel ☎04 71 09 38 41 📠04 71 05 22 62 🌐 www.otlepuyenvelay.fr
开 8:30～12:00，13:30～18:15（7、8月8:30～19:00，10/1至复活节周日10:00～12:00）⦿常年营业
市内交通：参观步行即可。
市内面积：主要景点集中在700米的方形范围内。参观完整座城市需2～3小时。

### 圣母大教堂回廊
开 9:00～12:00，14:00～17:00（5/20～9/22至18:30，7、8月9:00～18:30）
休 1/1、5/1、11/1、11/11、12/25
€ 5欧元
🚶 从旅游信息服务中心步行约5分钟

### 德弗朗斯圣母像
开 9:00～18:00（5、6、9月至19:00，7、8月至19:30，10/1～3/15 10:00～17:00）
休 除了11/16～1/31的圣诞节及周日（14:00～）
€ 3欧元
🚶 从旅游信息服务中心步行约7分钟

### 圣米歇尔礼拜堂
开 9:00～12:00，14:00～17:30（5/1～9/9 9:00～18:30，2/1～3/14 14:00～17:00），复活节及诸圣人的纪念日或学校休假期间9:30～17:30，圣诞节休假期间14:00～17:00
休 1/1、12/25
€ 3欧元
🚶 从旅游信息服务中心步行约10分钟

©office de tourisme le puy en velay

维希／勒皮

# Toulouse
# 图卢兹

MAP p.8-J

城市建筑大多由红色砖瓦筑成，因而有"红玫瑰色之城"的称誉，是一座充满朝气与活力的大学城。

## ACCESS

**国铁**：从巴黎蒙巴纳斯车站乘坐TGV超高速列车在图卢兹玛塔比奥（Toulouse Matabiau）车站下车，约需5小时15分钟，每日运行5班以上。从波尔多圣让（Bordeaux St. Jean）车站乘坐TGV超高速列车到图卢兹，约需2小时，每日发车7班以上。

**航空**：从巴黎奥利机场出发到图卢兹(Toulouse Blagnac)机场，约需1小时10分钟，每日约有20班航次。从机场到市内乘坐公共汽车约需20分钟。

## INFORMATION

**旅游信息服务中心** Donjon du Capitole ☎05 61 11 02 30 ℻05 61 23 74 97 ℍℙwww.toulouse-tourisme.com
🕘 9:00~18:00（周六9:00~12:30、14:00~18:00，周日、节假日10:00~12:30、14:00~17:00），6~9月9:00~19:00（周日、节假日10:30~17:15）
常年营业

**市内交通**：参观既可以乘坐地铁A、B线，也可以步行，还可以租自行车参观。

**市内面积**：参观完整座城市约需2天。

## 城市概况

图卢兹是南部—比利牛斯山大区的中心城市，它是协和式客机及空中客车等航空产业的根据地。正因为如此吸引了大批爱好工业的学生。于13世纪创建了大学，所以，它也是一座大学城。市里美术馆众多。图卢兹的历史可以追溯到罗马时代，特别是16世纪，这里以生产蓝色染料及谷物交易而繁盛一时。旧街区里的建筑物多是用从加龙河发掘的黏土烧制而成的砖瓦建造而成的，这些砖瓦呈绚丽的粉红色，因此图卢兹被称为"红玫瑰色之城"。

旧街区位于南运河与加龙河之间。从火车站到市中心的市政广场步行约需20分钟，也可以坐地铁前往。

### 圣塞尔南教堂
**Basilique St. Sernin** MAP p.356-A

圣塞尔南是3世纪在这里传播基督教的圣人，因为拒绝偶像崇拜被施以车刑。11世纪初期，各地为基督教殉教者兴建教堂，圣塞尔南教堂就是那个时候兴建的。当时就计划建一座规模宏大的教堂，于1075年开始动工，经过21年的建设，主圣坛、内部结构及交叉回廊

*市政广场及拥有漂亮外墙面的市政厅*

完工。但是，不巧的是，负责该教堂的建筑家年迈去世，该教堂不得已推迟了建设进程，最后终于于13世纪完工。

圣塞尔南教堂是一座罗马式建筑艺术的杰作，也是欧洲最大的长方形教堂。外观独具特征，特别是教堂的八角形塔别具一格，塔高65米。地下礼拜堂可以看到14世纪气势恢宏的浮雕，回廊也向游客开放。另外，图卢兹城市风格的红砖在夕阳的照耀下格外美丽。该教堂是联合国教科文组织世界遗产圣地亚哥–德孔波斯特拉朝圣之路的一部分。

圣塞尔南教堂的主圣坛

**圣塞尔南教堂**

开 8:30~12:00、14:00~18:00（周日8:30~12:30、14:00~19:30），7~9月 8:30~18:30（周日至19:30），6、10月 8:30~12:30、14:00~18:30（周日至19:30）

€ 地下礼拜堂2欧元（参观地下礼拜堂的时间根据教堂的规定很短）

交 从旅游信息服务中心出发步行约6分钟

## 雅各宾修道院
Ensemble Conventuel des Jacobins　　MAP p.356-A

雅各宾是指多米尼克修道会。1215年正是卡特里派（Cathar）实力最强势的时期，与此相对抗的天主教徒为了布教就在这里创建了修道院。教堂内中央有7根支撑拱门天花板的柱子，各根柱子间夹着的入口处的彩绘玻璃多用红色，里边的彩绘玻璃稍微带绿色。

另外，还可以参观修道院里以几何学模样的庭院为背景的回廊（Cloître）。在回廊上可以看到建于1298年的钟楼。在市中心突然看到一座这样庄严肃穆的建筑物，仿佛让我们步入了中世纪的生活之中。

## 市政广场
Pl. du Capitol　　MAP p.356-A

法国的大都市大多有宽敞的大广场，这里的市政广场是图卢兹的中心广场。广场面积约1公顷，三面均被建筑物环绕。一层是连环拱廊，这里咖啡店及餐厅鳞次栉比。东侧建筑物对面的左侧是市政厅，市政厅右侧是上演歌剧的剧场（Théâtre du Capitol）。市政厅背后的主塔现在是旅游信息服务中心。

## 奥古斯丁美术馆
Les Augustins　　MAP p.356-B

建于14世纪的修道院，最初是基督教的艺术馆，现在是展示石棺、罗马式石柱等宗教艺术品的美术馆。另外，这里还收集着德拉克洛瓦及劳特累克的绘画作品。星期三晚间8点这里一般都有音乐会。

## 阿塞扎馆（班贝格基金会）
Hôtel d'Assézat (Foundation Bamberg)　　MAP p.356-A

此馆建于16世纪左右，曾经是蓝色染料贸易中心，为图卢兹的经济发展作出了巨大贡献。阿塞扎馆是当时豪商的宅邸，这座建筑融合了爱奥尼亚、多里亚、科林斯等建筑样式。特别应该在里院仔细欣赏。馆内现在展示着博纳尔、劳特累克等的作品及文艺复兴时期的绘画作品，向游客开放。

雅各宾修道院的回廊

**雅各宾修道院**

开 9:00~19:00
休 常年营业
€ 3欧元
交 从旅游信息服务中心出发步行约5分钟

**奥古斯丁美术馆**

开 10:00~18:00（周三至21:00）
休 1/1、5/1、12/25
€ 3欧元（第一个周日免费）
交 从地铁B号线埃斯基罗尔（Esquirol）站出发步行约1分钟

**阿塞扎馆（班贝格基金会）**

开 10:00~12:30、13:30~18:00（周四至21:00）
休 周三、1/1、12/25
€ 5欧元
交 从地铁B号线埃斯基罗尔（Esquirol）站出发步行约1分钟

阿塞扎馆的里院

南运河的终点在图卢兹

霓虹灯下的新桥

### 南运河
Canal du Midi  MAP p.356-B

南运河是连接图卢兹加龙河与塞特（p.363）的一条运河。运河于1666年修建，1681年竣工。加龙河的源头在比利牛斯山，它从比利牛斯山发源一直汇入波尔多一侧的大西洋中，这样就实现了连接大西洋与地中海的梦想。

南运河全长240公里，有64个可以止水的闸门，这样可以保证船只正常运行。除此之外，还有126架被称为驴背的圆形拱桥。南运河以精湛高端的土木建筑技术及秀丽的运河风景而著称，于1996年被联合国教科文组织列入世界遗产名录。图卢兹还推出了从卡尔卡松（p.362）出发的运河游览活动，详情可以咨询当地的旅游信息服务中心。

### 新桥
Pont Neuf  MAP p.356-A

被称为新桥的这座桥，与巴黎的新桥一样，是图卢兹最古老的桥。桥身全长约223米，它连接着加龙河的两岸。夜间霓虹灯照耀着岸边的美术学校及圣雅克医院，夜景十分美丽。

##  餐饮

#### 勒邦·维夫餐厅
Le Bon Vivre  MAP p.356-B

位于餐厅云集的威尔逊广场上，是一家庭式的乡土菜肴小店。菜品丰富多样，广受游客好评。

从地铁A线中心（Capitole）站步行约1分钟　15, bis pl. Wilson　05 61 23 07 17　8:00～23:30，周四～周六至0:30　12/24晚、12/25　26欧元起

#### 艺术餐厅
Brasserie Flo Beaux Arts  MAP p.356-A

位于加龙河及新桥边上，是由小酒馆改造而成的餐厅，主要以鱼类菜肴为主。

从地铁A线埃斯基罗尔（Esquiro）站步行约3分钟　1, Pl. Pont-Neuf　05 61 21 12 12　12:00～14:30，19:00～1:00　常年营业　29.50欧元起

## 住宿

#### 美术学校酒店
Beaux-Arts  MAP p.356-B

位于加龙河边安静的广场上。里边还设有小酒馆，在闲暇之余可以在这里小饮两杯。

地铁A线 埃斯基罗尔（Esquiro）站步行约3分钟　1, pl. Pont-Neuf　05 34 45 42 42　05 34 45 42 43　www.hoteldesbeauxarts.com　20间客房　单人间、双人间115欧元~

#### 奥尔良大酒店
Grand Hôtel d'Orléans  MAP p.356-B

宾馆内太阳光线从天窗照射进来，温暖明媚。房间内干净、整齐。

从火车站出发步行约2分钟　72, rue Bayard　05 61 62 98 47　05 61 62 78 24　www.grand-hotel-orleans.fr　56间客房　单人间、双人间67欧元~

#### 卡斯特拉宾馆
Castellane  MAP p.356-B

位于地铁车站旁边，是家中度规模的宾馆。内部有残疾人专用设施，温馨、整洁。

从地铁A、B线让若雷（Jean Jaurès）站步行约2分钟　17, rue Castellane　05 61 62 18 82　05 61 62 58 04　www.castellanehotel.com　53间客房　单人间76欧元~、双人间80欧元~

#### 歌剧院大酒店
Grand Hôtel de l'Opéra  MAP p.356-B

位于高级宾馆云集的市政广场上，是家经济实惠的酒店。地理位置优越，便于游览。

从地铁A线中心（Capitole）站步行约1分钟　1, pl. du Capitol　05 61 21 82 66　05 61 23 41 04　www.grand-hotel-opera.com　20间客房　单人间、双人间190欧元~

#### 宜必思玛塔比奥酒店
Ibis Gare Matabiau  MAP p.356-B

位于车站前运河对面。由于邻近车站，所以对于行李多的游客来说，十分方便。

从火车站步行约1分钟　76, rue Bayard　05 61 62 50 90　05 61 99 21 02　www.ibishotel.com　71间客房　单人间、双人间95欧元~

# Cordes
## 科尔德

MAP p.8-J

建在悬崖顶上的小镇，我们可以称之为"空中的科尔德"。

建于13世纪的古镇

## 城市概况

科尔德建于丘陵顶上，所以从城市的入口处开始就是一个接一个的坡路。如果步行走过时钟（l'Horloge）街、巴尔巴卡内（Barbacane）街及拉蒙七世（Raymond Ⅶ）街，就差不多能游完整座城。虽说是街，但是大多狭窄得只能容一头毛驴经过。

市内有三处可以眺望远景的观景台。在旅游信息服务中心有当地地图，可以带地图前往参观。全市共有人口约1000。

石板街道及哥特式建筑

## 景点

这座古镇原本是13世纪图卢兹伯爵为了驱逐清洁派（参见p.361）建造而成的。进入这里的商品都是免税的，所以，这项政策对于当地人来说是十分有吸引力的。但是，之后这座小镇成为异端者的大本营，小镇因此也经历了数次大考验。后来清洁派被消灭后，科尔德也随之迎来了它的全盛期。

皮革及纺织是科尔德的支柱产业。周边平原栽培着蓝花及藏红花，这些花被制成染料后用来染色。但是，遗憾的是，15世纪时，这里曾发生过两次鼠疫，所以，整座城市随之也渐渐衰落了下去。

20世纪，科尔德的历史价值被广泛认可，雕刻、陶艺、绘画等领域的工人及艺术家都纷纷在此设立自己的工作室。走在村庄里，到处可见建成于13至16世纪的房屋。在市中心还设立了市场。科尔德除了7月份举行年轻音乐家的"空中音乐节"外，4、6、9月份的星期日还有当地的美食节（参加这些节日需要提前预约，详情可以咨询当地的旅游信息服务中心）。在中世纪的舞台上欣赏现代的文化活动，这也许是这座城市的魅力所在吧。

### ACCESS
**国铁**：从图卢兹玛塔比奥（Toulouse Matabiau）车站出发在科尔德（Cordes Vindrac）车站下车，约需55分钟，每日运行约5班，从火车站到市中心乘坐出租车约5公里，需要提前预约（☎05 63 56 14 80）。

**自驾车**：从阿尔比出发走D600国道约26公里。

### INFORMATION
**旅游信息服务中心** Maison Fonpeyrouse ☎05 63 56 00 52 ⨍05 63 56 19 52 HPwww.cordessurciel.fr 开10:30~12:30、14:00~18:00（4~6、9、10月的周日、节假日至17:00），7、8月9:30~13:00、14:00~18:30（周日、节假日10:00~13:00、14:00~19:00），11月至次年3月14:00~17:00（周六10:30~12:30、14:00~17:00），各位圣徒的庆祝日及圣诞节期间为10:30~12:00、14:00~17:00（4~6、9、10月的周一下午、1/1、11/1、12/15

**市内交通**：游览步行即可。
**市内面积**：整座城市呈水滴状，最长部分直径约500米。参观完所有景点约需3小时。

### 住宿&餐饮
**科尔德高级宾馆**
**Hostellerie du Vieux Cordes**
交从市政厅出发步行约2分钟 ⨍21, rue St.Michel ☎05 63 53 79 20 ⨍05 63 56 02 47 HPwww.hostellerie hvc. com 19间客房 休1月~2月中旬 €单人间68欧元~，双人间78欧元~

美丽的田园风景

# Albi
# 阿尔比

MAP p.8-J

世界遗产

整座城市以红色的砖瓦构造为特色，华丽的大教堂见证了中世纪那段沧桑的历史。

从塔恩河对岸遥望阿尔比城

## ACCESS
**国铁**：从图卢兹（Toulouse）乘坐快速列车在阿尔比（Albi Ville）下车，约需1小时，每日发车10班以上。
**自驾车**：从图卢兹出发走A68国道约76公里。

## INFORMATION
❶**旅游信息服务中心**：Pl. Sainte Cécil ☎05 63 49 44 80 ℻05 63 49 48 98 ℹ️www.albi-tourisme.fr
🕘9:00～12:30、14:00～18:00 (5、6、9月至18:30，周日、节假日10:00～12:30、14:30～17:00，7、8月9:00～19:00，周日10:00～12:30、14:30～18:30) 休1/1、5/1、11/1、12/25
**市内交通**：游览步行即可。
**市内面积**：主要景点基本都聚集在一块。旧街区在半径约400米的范围内。参观完城市所有景点约需1天。

### 圣塞西尔大教堂
🕘9:00～12:00、14:30～18:00 (6～9月9:00～18:30)
休常年营业
💰内部游览2欧元（包括全天导游费用及阿尔比通行卡），珍宝馆3欧元（乘坐阿尔比公共汽车可享受打折），套票3欧元
🚶从旅游信息服务中心出发步行约1分钟

### 圣塞西尔大教堂的管风琴音乐会
🕘7月中旬～9月初旬（每周周日16:00～，每周周三17:00～）
💰演奏者不同，票价也不同，具体可询问旅游信息服务中心

### 阿尔比通行卡
可以免费参观圣塞西尔大教堂内部及图卢兹美术馆。约20处旅游景点均可享受打折优惠。费用约6.5欧元，可在旅游信息服务中心购买。

## 城市概况

阿尔比是基督教的异端清洁派的重要据点，而且这座城市也是以描绘巴黎舞女及娼妇而著名的大师——劳特累克的出生地。从火车站到景点云集的旧街区，只需穿过戴高乐大街，约10分钟即到。旅游信息服务中心位于劳特累克美术馆旁。

逛完以上景点后，可以穿过架在塔恩河上的老桥欣赏对岸的风景。这座老桥是用塔恩河里的黏土烧制而成的砖瓦建造的，已有约1050多年的悠久历史，是欧洲最古老的桥之一。从对岸欣赏城市风景别具一格。阿尔比于2010年被联合国教科文组织列入世界遗产名录。

### 圣塞西尔大教堂
Cathédrale Ste. Cécil

MAP p.360

圣塞西尔大教堂始建于1282年，历经约200年的岁月才终于建成。这座教堂是南哥特式教堂，是在镇压了清洁派后为了彰显天主教的权威而建的。也许正因为是为了显示天主教的权威，所以这座教堂极富气势，相当雄伟：长113米、宽35米、高40米。正面与其说是座教堂，倒不如说是座要塞或工场更合适。内部装饰华丽精致，奢侈至极。柱子上的画作《最后的审判》是15世纪末文艺复兴的艺术杰作。

圣塞西尔大教堂的内部

像工场外观似的大教堂

阿尔比 Albi

画在柱子上的《最后的审判》

从劳特累克美术馆的里院俯瞰塔恩河

## 劳特累克美术馆
### Musée Toulouse Lautrec
MAP p.360

以描绘蒙马特尔的草坪小屋及酒馆而著名的画家亨利·德·图卢兹-劳特累克，出生于法国阿尔比的一个贵族家庭，1783年腿部受伤，落下终身残疾。之后，他毅然离开贵族家庭，自由地在巴黎开始了其绘画生涯。被普通生活所迫的画家，以他独特的视角、非凡的技法创作出一幅幅精美的图画，他的绘画对现代美术事业产生了深远的影响。劳特累克每日过着颓废的生活，最后由于酒精中毒入院，去世时年仅36岁。

画家去世后，他的作品赠给了阿尔比市。1992年，政府将原来的贝尔比宫（Palais de la Berbie）改建成现在的美术馆。这里除了藏有画家的214幅绘画外，还有他的海报、素描等，画家全部作品的大约60%被收藏在这里。这里的作品都是根据时代陈列的。该美术馆及后边的法国式庭院已被联合国教科文组织列入世界遗产名录。

### 劳特累克美术馆

| | |
|---|---|
| 11月至次年2月 | 10:00~12:00 / 14:00~17:00 |
| 3、10月 | 10:00~12:00 / 14:00~17:30 |
| 4、5月 | 10:00~12:00 / 14:00~18:00 |
| 6、9月 | 9:00~12:00 / 14:00~18:00 |
| 7、8月 | 9:00~18:00 |

休 10月至次年3月的周二、1/1、5/1、11/1、12/25
5.50欧元（有阿尔比通行卡可以免费参观）
从旅游信息服务中心出发步行约1分钟

---

### R 餐饮

**奥贝热餐厅**
Auberge du Pont Vieux　MAP p.360

位于塔恩河对岸，主要供应塔恩地区的当地菜肴，是一家具有家庭氛围的餐馆。

从旅游信息服务中心出发步行约3分钟　98, rue Porta　05 63 77 61 73　12:00~14:30、19:00~22:30　休周二晚上、周三、周六白天，10月至次年5月　17欧元~

### H 住宿

**希弗雷宾馆**
Chiffre　MAP p.360

位于旧街区外。房间内部装饰豪华，温馨舒适。提供早餐，可以在里院用餐。

从火车站出发步行约7分钟　50, rue Séré de Rivières　05 63 48 58 48　05 63 38 11 15　www.hotelchiffre.com　36间客房　单人间67欧元~，双人间88欧元~

**圣安托万高级宾馆**
Hostellerie Saint Antoine　MAP p.360

于1734年开业的老字号宾馆。房间设施现代，舒适温馨。

从火车站出发步行约5分钟　17, rue Saint Antoine　05 63 54 04 04　05 63 47 10 47　www.hotel-saint-antoine-albi.com　44间客房　单人间100欧元~，双人间125欧元~

---

## 为您导航

### 清洁派

清洁派是12世纪南法基督教的一支，以阿尔比为根据地，所以被叫作阿尔比清洁派，又称卡特里派（Cathar）。该派持善恶二元论的立场，否定一切物质，追求禁欲主义，宣传反教会、反王权主义，因此被打上了异端的烙印。遭受过十字军的镇压，最终于1213年被消灭。信徒们曾在险峻的山上建造了要塞，藏身于此，现在还有已经成为废墟的要塞。从清洁派的控制下解放出来的阿尔比，在此后的14至16世纪发展蓝色染料贸易，经济得到日新月异的发展。

大西洋沿岸／南部－比利牛斯／朗格多克／奥弗涅／利穆赞

阿尔比

# Carcassonne
# 卡尔卡松

由两重城墙环绕而成，是欧洲最大的古城堡。

**MAP** p.8-J

## ACCESS

**国铁**：从图卢兹玛塔比奥（Toulouse Matabiau）乘坐TGV超高速列车在卡尔卡松（Carcassonne）下车，约需45分钟，每日发车约4班以上。快速列车每日发车10班以上。

**自驾车**：从图卢兹出发走A61国道约95公里，从蒙波利埃（Montpellier）走A9、A61国道约150公里，从佩皮尼昂（Perpignan）走A9、A61国道约200公里。

## INFORMATION

🛈 旅游信息服务中心：28, rue de Verdun ☎04 68 10 24 30 ℻04 68 10 24 38 🅗🅟www.carcassonne-tourisme.com
🕘9:00～18:00（9、10月的周日、节假日至13:00，11月至次年3月的周日、节假日至12:00，7、8月9:00～19:00）

**市内交通**：游览步行即可。

**市内面积**：兰亭外侧城墙全长约1672米。圣路易地区面积大约是兰亭地区的2.5倍。参观完城市所有景点约需1天。

### 兰亭
🕘9:00～17:00（7、8月至19:00，4～6、9月至18:00）
🚫常年营业

### 伯爵之城
🕘9:30～17:00（4～9月10:00～18:00），在闭馆前30～45分钟停止入场
🚫1/1、5/1、11/1、11/11、12/25
💶8.50欧元
🚶从兰亭旅游信息服务中心步行约需2分钟

来自欧洲各地的游客

## 城市概况

卡尔卡松是欧洲最大的古城堡城市。在法语里，有这么一句话，即"不到那不勒斯不死心"，现在人们将这句话改为"不到卡尔卡松心不死"。可见，卡尔卡松的魅力了。卡尔卡松的历史可以追溯到公元前6世纪的古罗马时代，之后的卡尔卡松作为西班牙的贸易要塞于17世纪前后占有十分重要的地位。现在城墙成为两重，最老的那一层是6世纪西哥特人建造的，而新建的一层是13世纪的法国国王下令建造的。这座城墙曾经被化为废墟，19世纪由法国著名建筑家重新翻修复原成现在的样子。卡尔卡松分为兰亭地区和圣路易地区两部分。圣路易地区的民众逃离了清洁派与十字军之间的战役，在奥德河对岸的兰亭地区建了新城。每年6月中旬至8月中旬，这里会举行卡尔卡松纪念日，每逢到这个时节，整个城市有100多场戏剧及音乐会等活动，热闹非凡。

坚固的城堡与郁郁葱葱的葡萄园

### 兰亭地区
La Cité

世界遗产

**MAP** p.362-B

兰亭地区的入口处，是过了护城河老桥后的纳波内斯门（Porte Narbonnaise）。登上山坡，正面有**伯爵之城**（**Château Comtal**）。这座城在古罗马时代是建在土台上的，现在城的外壁已经成为内侧城墙的一部分。可以从城墙上悠闲散步到剧场，那里有导游陪同的旅游团。

剧场附近的圣纳泽尔教堂（Basilique St. Nazaire）入口处的建筑物，是罗马风格的交叉长廊，内部构造是

哥特式样式。在兰亭城墙内散步，最重要的是感受其沧桑的历史。不过，从远处眺望整个城市的风景，也十分别致。该地区已被联合国教科文组织列入世界遗产名录。

在大教堂祈祷的信徒

## 圣路易地区
La Bastide Saint Louis　　　MAP p.362-A

圣路易地区是13世纪经路易九世整顿过的地区。那个时代很少有城市将街道设计成像棋盘形状的。这里主要的景点有从13世纪末到14世纪初建造的圣米歇尔教堂（Cathédrale St. Michel）、圣文森特教堂（Église St. Vincent）及有18世纪尼普顿喷泉（Fontaine de Neptune）的卡诺广场（Pl. Carnot）。

### R 餐饮

#### 卡尔卡餐厅
Auberge Dame Carcas　　　MAP p.362-B

位于兰亭地区某个中世纪时期的普通庭院里。主要供应当地的传统美食。

从纳波内斯门步行约1分钟　3, pl. Château　04 68 71 23 23　04 68 72 46 01　12:00~14:00、19:00~22:00（7、8月11:30~15:00、18:00~23:00）　12/23~12/26　15欧元~

#### 罗歇伯爵餐厅
Comte Roger　　　MAP p.362-B

位于兰亭地区，是家在当地评价很高的餐厅。最大的特点就是，夏季可以在露台上边用餐边赏景。

从纳波内斯门步行约1分钟　14, rue Saint Louis　04 68 11 93 40　04 68 11 93 41　12:00~14:00、19:00~22:00　周日、周一、3/1~3/10　35欧元~

### H 住宿 & 餐饮

#### 三环酒店
Trois Couronnes　　　MAP p.362-B

从酒店的房间内可以看到整个城市的全景，还有可以用餐的餐厅，非常便利。

从旅游信息服务中心步行约2分钟　3, rue des Trois Couronnes　04 68 25 36 10　04 68 25 92 92　www.hotel-destroiscouronnes.com　60间客房　单人间、双人间110欧元~

## Sète
## 塞特
MAP p.8-J

路易十四时期建造的位于朗格多克的港口城市。房屋倒影在美丽的运河里，这是著名诗人保罗·瓦雷里笔下的风景原型。

从蒙波利埃出发，沿大海边赏景边向南走去，用不了多久就可以到达美丽的海港——塞特。这里浅色的房屋倒影在海里简直就像一幅画。旧港的运河上每年8月末都会举行叫作吉特（Joutes）的淘汰赛，这一项比赛每年都会吸引世界各地的成千上万的游客前来观看。

塞特还有一处值得骄傲的地方，就是这里是著名诗人保罗·瓦雷里的出生地，他在此度过了少年时代。瓦雷里在他的抒情诗《海滨墓园》里，以自己独特的视角抒发了对这片土地的热爱之情。至今塞特的明信片还主要以大海为主题，并在下方印上瓦雷里的照片。

塞特冬季的诗歌是以歌颂收获的喜悦为主题的。这里的主要特产是牡蛎，餐厅自不用说，就连沿运河的流动摊位也供应刚收获的牡蛎。被称为"20世纪法国知性美"的诗人瓦雷里，或许也以自己故乡的牡蛎而自豪吧。

### ACCESS
国铁：从巴黎里昂车站乘坐TGV超高速列车在塞特（Sète）车站下车，约需4小时25分钟，每日运行5班以上。从卡尔卡松出发乘坐快速列车，约需1小时15分钟，每日运行8班以上。从蒙波利埃乘坐快速列车，约需20分钟，每日运行10班以上。
自驾车：从蒙波利埃出发约需36分钟。

### INFORMATION
旅游信息服务中心：60, grand rue M. Rousta　04 67 74 71 71　04 67 46 17 54　www.ot-sete.fr　9:30~18:00（7、8月 至19:30，11月至次年1月的周六9:30~12:30，14:00~17:30,11月至次年1月的周日、节假日9:00~13:00，2、3月的周六、周日、节假日9:30~12:30、14:00~17:30）　常年营业
市内交通：参观旧街区步行即可。
市内面积：运河约长1.5公里。街道约宽600米。参观完整座城市约需半天。

塞特的旧港口运河

# Montpellier
# 蒙波利埃

早期为东方香料的重要市场，12世纪创办了欧洲第一所医学院，是一座历史悠久的城市。

MAP p.8-J

## ACCESS

**国铁**：从巴黎里昂车站乘坐TGV超高速列车在蒙波利埃圣罗克（Montpellier St.Roch）车站下车，约需3小时16分钟，每日运行约12班。从马赛（Marseille）乘坐去往纳博讷（Narbonne）方向的快速列车，约需1小时30分钟，每日运行6班以上。

**航空**：从巴黎戴高乐机场2航站楼或者奥利机场到蒙波利埃（Montpellier Méditerranée）机场，约需1小时15分钟，每日约有8班航班。从机场到市内乘坐机场大巴约需15分钟。

**自驾车**：从普罗旺斯的尼姆（Nimes）出发走A9国道55公里，从图卢兹（Toulouse）出发走A61、A9国道约240公里。

## INFORMATION

❶ 旅游信息服务中心：30, Allée Jean de Lattre de Tassigny
☎ 04 67 60 60 60 📠 04 67 60 60 61 🌐 www.ot-montpellier.fr
🕘 9:00~18:30，周四10:00~，周六10:00~18:00，周日、节假日10:00~17:00，7~9月的周六，周日9:30~18:00）
休 1/1、12/25
**市内交通**：虽然有公共汽车及两条电车线，但是徒步行即可，也可以租借自行车参观。
**市内面积**：旧街区位于半径约200米的圆形范围内。参观完整座城市约需1天。

### 佩鲁公园
🚶 从旅游信息服务中心出发步行约10分钟

长约880米的圣克拉纳水道桥

蒙波利埃圣罗克车站前整齐洁净的城市布局

## 城市概况

蒙波利埃是朗格多克-鲁西永地区的中心城市。这里有创建于13世纪的大学，特别是医学是欧洲历史最悠久的学科。从火车站出到旅游信息服务中心所在的喜剧广场，需先穿过马格洛讷街（Rue Maguelone）。主要景点集中在旧街区内及周边地区。全市共有人口约25万。

### 佩鲁公园
Promenade de Peyrou      MAP p.364-A

中世纪时期得到快速发展的蒙波利埃，经历了胡格诺战争后，城市到16世纪时曾一度荒废。法国境内的战争都结束后，17世纪，首相黎塞留将首都设在蒙波利埃，这样该市再度迎来了全盛期。蒙波利埃步入了城市再开发的轨道，当时这是个相当新的观念。

首先说一下旧街区外的佩鲁公园（Promenade de Peyrou）。它是3位著名的建筑家设计的。长方形的公园最里侧有一个池塘，池塘里有六角形屋子的倒影，实在是美上加美。实际上这个和谐的建筑物是个蓄水池，蓄水池的水管一直延伸到水源供给处的圣克拉纳水道桥，它是仿造罗马的水道桥而造的，高约22米、长约880米。虽然不能在水道桥上散步，但是从山底眺望这一带的风景，美不胜收。即使在风

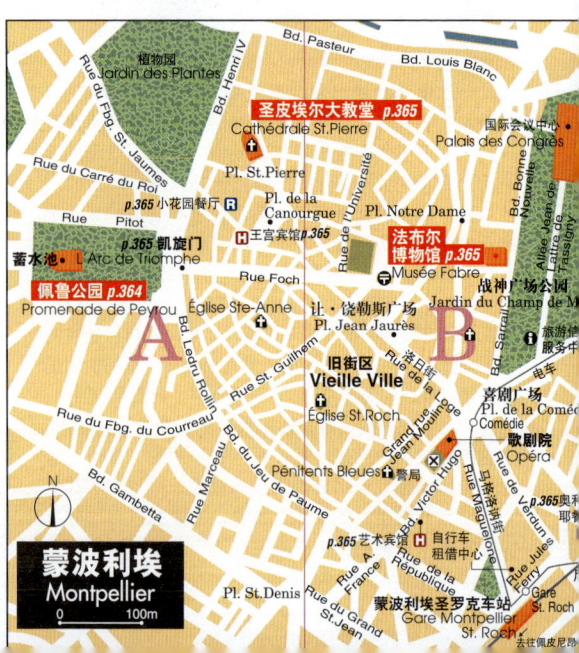

景优美的公园数不胜数的法国，佩鲁公园的独创性美也是无与伦比的，这也从另一个侧面说明了蒙波利埃的多样性。

## 圣皮埃尔大教堂
Cathédrale St. Pierre　　　　　　　MAP p.364-A

主教座堂的威容

秀丽的蓄水池是蒙波利埃的象征

圣皮埃尔大教堂原是创建于14世纪本笃会的礼拜堂，它是蒙波利埃唯一一座免于胡格诺战争摧毁的教堂，16世纪称为圣皮埃尔大教堂。此建筑为哥特式建筑，坚固如城堡。它的雄伟气势足可压倒一切，现在教堂的一部分成为蒙波利埃大学医学部的学生宿舍。

**圣皮埃尔大教堂**
从旅游信息服务中心出发步行约10分钟

**法布尔博物馆**
10:30~18:00（周三13:00~21:00、周六11:00~18:00）
休 周一、1/1、5/1、11/11、12/25
6欧元（企划展通票8欧元，常设展的第一个周日免费）
从旅游信息服务中心出发步行约1分钟

**凯旋门**
从旅游信息服务中心出发步行约9分钟

## 法布尔博物馆
Musée Fabre　　　　　　　　　　　MAP p.364-B

法布尔博物馆内，有一幅由3位蒙波利埃市民捐赠的绘画作品。17世纪的展览里展示的绘画，不仅有法国的，还有英国、意大利、西班牙及佛兰德的作品。这里藏有德拉克洛瓦、库尔贝等人的作品，再加上古典作品及现代作品，收藏内容十分丰富。

## 凯旋门
L'Arc de Triomphe　　　　　　　　MAP p.364-A

这个小凯旋门是17世纪城市再开发时的产物，门上有路易十四的浮雕，它是蒙波利埃的一道特别的风景。

小巧可爱的凯旋门

## R 餐饮

### 森斯花园餐厅
Jardin des Sens　　　　MAP p.364-B外

供应法国厨师极具创造性的美食，可以边饮葡萄酒边享受这里的美味菜肴。

从旅游信息服务中心出发步行约5分钟 11, Ave. St. Lazare
04 99 58 38 38 12:00~14:30、20:00~22:00 休 周三白天、周日、周一、1/1~20 80欧元~

### 奥利维耶餐厅
L'Olivier　　　　　　　MAP p.364-B

既可以品尝新鲜的地中海美食，又可以品尝正宗的当地传统美食。

从火车站出发步行约2分钟 12, rue Aristide Ollivier 04 99 62 93 14 12:00~14:45、19:30~22:00 休 周一、周二、8月、年初 30欧元~

### 小花园餐厅
Le Petit Jardin　　　　MAP p.364-A

在这里，以经济实惠的价格就能品尝到正宗的鸭汤，夏天还可以在开放式的露天餐厅用餐。

从凯旋门出发步行约2分钟 20, rue Jean Jacques Rousseau 04 67 60 78 78 12:00~14:00、19:00~22:30 1月、10/15~5/15的周一 30欧元~

## H 住宿

### 王宫宾馆
Palais　　　　　　　　 MAP p.364-A

位于旧街区，是家收拾得干净整齐的普通宾馆，住在这里温馨舒适。

从佩鲁公园出发步行约3分钟 3, rue Palais 04 67 60 47 38 04 67 60 40 23 www.hoteldupalais-montpellier.fr 26间客房 单人间68欧元~、双人间90欧元~

### 艺术宾馆
Hôtel des Arts　　　　 MAP p.364-B

位于旧街区入口处，距离车站也很近。房间布置干净舒适，价格经济实惠。

从火车站出发步行约2分钟 6, bd. Victor Hugo 04 67 58 69 20 04 67 58 85 82 www.hotel-des-arts.fr 20间客房 单人间50欧元~、双人间69欧元~

# Perpignan
# 佩皮尼昂

MAP p.8-J

17世纪之前一直为西班牙的城市，现在属于加泰罗尼亚文化圈内的一座城市。

马略卡王宫的里院布局

## ACCESS
**国铁**：从巴黎里昂车站乘坐直达TGV超高速列车在佩皮尼昂（Perpignan）车站下车，约需5小时20分钟，每日运行约5班。从蒙波利埃（Montpellier）乘坐TGV超高速列车，约需1小时35分钟，每日运行6班以上。
**自驾车**：从蒙波利埃出发走A9国道约150公里。

## INFORMATION
**旅游信息服务中心**：Palais des Congres, pl. Armand Lanoux
☎04 68 66 30 30  ℻04 68 66 30 26
HP www.perpignantourisme.com
开 9:00～18:00，周日、节假日至13:00（6月10日～9月中旬至19:00，周日、节假日10:00～16:00）休 1/1、5/1、11/1、12/25
**市内交通**：参观旧街区步行即可。
**市内面积**：旧街区位于半径约500米的范围内。参观完整座城市约需1天。

## 城市概况

从车站背后直走穿过戴高乐将军大街（Ave. Général de Gaulle），步行约5分钟就到达加泰罗尼亚广场（Pl. de Catalogne）及旧街区。沿着右手边的运河直行就到达市中心的卡斯特安门。如果条件允许，最好将下榻地安排在运河边上。主要景点均集中在旧街区。治安不太好，特别是在运河东侧及南侧游玩时，一定要多加注意。这里9月份举行的国际新闻摄影节非常有名。

### 旧街区
Vieille Ville
MAP p.366-B

佩皮尼昂是10世纪阿拉贡王遗赠的，13世纪时成为马略卡王国的首都。旧街区至今还保留着市区曾经的沧桑面容。

被称为旧街区门户的**卡斯特安门（Le Castillet）**是14世纪城墙的一部分，之后曾作为监狱。红色的砖瓦塔及钟楼圆形的屋顶与东方建筑物的外观有得一拼。现在内部是民族传统艺术博物馆，向游客开放。

建成于1540年的证券交易所（Loge de Mer），是一座火焰式哥特式的建筑，令人惊讶的是现在建筑物的一层是汉堡店。圣让大教堂（Cathédrale St. Jean）始建于1324年，经过约200年的岁月建成，红色的砖瓦及拱形装饰与南法哥特式教堂非常相符。

霓虹灯下的卡斯特安门

**卡斯特安门**
开 10:30～18:30（10月至次年4月11:00～17:30）
休 周一、部分节假日
€ 4欧元（每月第一个周日免费）
交 从车站出发步行约15分钟

南法哥特式风格的大教堂

## 为您导航

### 体验加泰罗尼亚文化之旅

加泰罗尼亚曾经处于希腊及罗马的统治之下，5世纪后被西哥特人统治。8世纪，国土的一部分被伊斯兰教徒征服。在这之前，它的历史与西班牙一部分地区的历史是相通的。之后，这里被法国查理一世占领，于是加泰罗尼亚呈现出一半属于西班牙文化、一半属于法国文化的二元文化结构。

现在虽然佩皮尼昂属于法国领土，但是，生活在这里的人平时不讲法语，而是与西班牙加泰罗尼亚地区和比利牛斯的独立国安道尔的人一样讲加泰罗尼亚语。因此，这里马路的名字多用法语和加泰罗尼亚语标记。

生活在这里的人，住的是高屋顶的大理石房屋，吃的食物也不是法国风味的，而是大部分与西班牙菜肴相近。加泰罗尼亚人的容貌也与西班牙人相近，走在大街上最引人注目的是黑发美女。

你可以在街上试着问一个加泰罗尼亚人是哪国人。如果你问："您是法国人吗？"他会很自然地回答你："不，我是加泰罗尼亚人。"

加泰罗尼亚语演唱的《流逝》

路标上面是法语，下面是加泰罗尼亚语

## 马略卡王宫
**Palais des Rois de Majorque**　　　　MAP p.366-A

在两个复杂的星形城堡里的是，马略卡国王加乌玛一世的王宫——马略卡王宫。王宫始建于1276年，中央有个两层的礼拜堂，特别是第二层的圣克鲁瓦礼拜堂（Chapelle Ste. Croix）入口处的红白相间的横格子大理石最引人注目。整座建筑物的屋顶很高，装饰华丽得像宫殿似的。如果天气晴朗的话，可以在屋顶的阳台上眺望市内风景，从这里可以看到以旧街区为背景的比利牛斯山的全景。

**马略卡王宫**
- 开 9:00~17:00（6至9月10:00~18:00）
- 休 1/1、5/1、11/1、12/25
- 4欧元
- 从车站出发步行约20分钟

## R 餐饮

### 加林尼特餐厅
**La Galinette**　　MAP p.366-A外

这是家星级餐厅，可以满足消费者的胃口。在这里，可以品尝地中海海鲜及当地葡萄酒。

- 从卡斯特安门出发步行约3分钟
- 23, rue Jean-Payra　☎ 04 68 35 00 90　开 12:00~13:45、19:45~22:00
- 休 周日、周人、7/15~8/15
- 55欧元~

### 卡萨·桑萨饭店
**Casa Sansa**　　MAP p.366-A

饭店开业于1846年，是家老字号店。顾客可以在轻松愉快的氛围中享受美味的加泰罗尼亚美食。

- 从卡斯特安门出发步行约1分钟
- 2, rue Fabriques Nadal
- ☎ 04 68 34 21 84　F 04 68 35 19 65
- 开 12:00~14:30、19:00~22:30
- 休 常年营业
- 22欧元~

## H 住宿

### 洛热宾馆
**de la Loge**　　MAP p.366-B

用16世纪的传统工艺装潢的，都是木制家具。环境好、交通发达，是旅游住宿的首选。

- 从卡斯特安门出发步行约2分钟
- 1, rue des Fabriques Nabot
- ☎ 04 68 34 41 02　HP www.hoteldelaloge.fr　22间客房
- 单人间47欧元~，双人间70欧元~

### 迪弗洛酒店
**Villa Duflot**　　MAP p.366-A外

位于郊区的一家疗养型的酒店。酒店内有游泳池及庭院，住在这里十分惬意。

- 距离火车站约3.6公里（坐车约需5分钟）
- Rond Point Albert Donnezan
- ☎ 04 68 56 67 67　F 04 68 56 54 05
- HP www.villa-duflot.com
- 24间客房
- 单人间150欧元~，双人间175欧元~

### 佩皮尼昂基里德中心宾馆
**Kyriad Perpignan Centre**　　MAP p.366-B

位于悬铃木公园里，因刚刚装修好，所以内部整齐干净，是旅行者的最佳选择。

- 从卡斯特安门出发步行约2分钟
- 8, bd. Wilson　☎ 04 68 59 25 94
- F 04 68 61 57 70　HP www.kyriad-perpignan-centre.fr　49间客房
- 单人间、双人间99欧元~

# Lourdes

# 卢尔德

MAP p.8-J

基督教徒的圣地，成千上万的朝圣者前来朝圣，整座城市几乎每天都沉浸在节日的喧闹之中。

## ACCESS

**国铁**：从巴黎蒙巴纳斯车站乘坐TGV超高速列车在卢尔德 (Lourdes) 车站下车，约需6小时，每日发车3班。从图卢兹 (Toulouse) 到卢尔德约需2小时，每日发车5班以上。从波尔多 (Bordeaux) 到卢尔德约需2小时30分钟，每日发车4班。
**航空**：从巴黎奥利机场到卢尔德机场 (Lourdes Tarbes)，约需1小时20分钟，一日2至3班。从机场到市内乘坐公交车约需15分钟。
**自驾车**：从图卢兹出发走A64、N21国道大约170公里。

## INFORMATION

🅘 **旅游信息服务中心**：pl. Peyramale
☎ 05 62 42 77 40 📠 05 62 94 60 95
🅗🅟 www.lourdes-infotourisme.com
🕘 9:00~12:00，14:00~18:00，
11/2~3/1至17:30，4/6~6/28，
8/30~10/4 9:00~12:30，
13:30~18:30（周日10:00~12:30，节假日至18:00），6/29~8/29 9:00~19:00（周日、节假日10:00~18:00）
✕ 10月至次年4月的周日、节假日
**市内交通**：市内游览步行即可。
**市内面积**：从车站到圣地入口步行约10分钟。参观完整座城市约需1天。

## 城市概况

从火车站出来后向右手边走，穿过马拉萨将军大道 (Bd. Général．Baron Maransin)，向右步行约500米即可到达旅游信息服务中心。沿着将军大道下立体十字路口往格罗特大道 (Bd. de la Grotte) 步行，即可到达圣地。全市共有人口约1.5万。

## 景点

1858年，14岁的牧羊女贝尔娜黛特来到波河岸的洞穴附近拾柴，圣母玛利亚突然出现在她的面前，此后圣母玛利亚曾18次出现在同一个地方。有一天，圣母告诉贝尔娜黛特从地下挖泉水，当她挖开洞穴附近的地面时，泉水喷涌而出。渐渐地这里的泉水可以治病的传说在法国乃至全世界传播开来。于是教会将此地认定为圣地。之后，贝尔娜黛特进入勃艮第修道院并于1879年去世，年仅35岁。作为圣地，每年来自全世界的朝圣者达400万人。

圣地有两层像大鹏展翅的教堂，第二层叫作上教堂 (Basilique Supérieure)，教堂的天花板上刻着圣母对贝尔娜黛特的教导。实际上，这个教堂可以分为3个小教堂，可容纳约2万人。泉水在教堂里边的**马萨比勒洞窟 (Grotte de Massabielle)** 里。可以直接进去取水，也可以在两边的水道里取水。

卢尔德是全球约6亿基督教信徒的圣地，所以，来这里不要抱着玩耍的态度，而是要以庄重而严肃的心境前去朝拜。

朝圣地的二层教堂

贝尔娜黛特的雕像

贝尔娜黛特掘出的泉水

## 🅗 住宿

### 弗朗斯圣母宾馆
Notre Dame de France
🚶 从圣地入口处出发步行约2分钟
📍 8, Ave. Peyramale
☎ 05 62 94 91 45
📠 05 62 94 57 21
🅗🅟 www.hotelnd-france.fr
🛏 80间客房
💶 单人间80欧元~，双人间90欧元~

# Biarritz
# 比亚里茨

**MAP** p.8-I

位于大西洋沿岸,具有19世纪的高雅情调,是著名的海岸疗养胜地。

## 城市概况

从比亚里茨火车站到市中心约3公里,乘坐出租车约5分钟。旧港口架在两个海岸之间,北边大海岸是最时髦的大海滩(Grand Plage),南侧是巴斯克旅游胜地的中心地——巴斯克海滨(Plage de la Côte des Basques)。有最佳度假胜地氛围的是北侧的赌场一带,马扎格拉街(Rue Mazagran)是这一带最繁华的地段。全市共有人口约3万。

## 景点

自从19世纪上流社会的人流行在海岸边度假开始,曾经是大西洋岸边的一个普通的捕鲸基地的比亚里茨,也摇身一变成了著名的度假胜地。自从拿破仑三世的皇后在此建了自己的别墅后,法国的各大贵族都争先恐后地前来游览,就连英国女王都曾到这里度假。欧洲的社交场所似乎从陆地原封不动地移到海岸边。但是,从21世纪到现在,这里不仅有高层次的人来度假,更多的是爱好海上冲浪的年轻人及退休的老年人前来度假。总之,这里成了人们最理想的度假胜地。

从广场上的咖啡店俯瞰海岸

佩舍尔海港(Port des Pêcheurs)南端的岬角上有一座天桥,可通往**圣母礁(Roche de la Vierge)**,这里矗立着一座圣母雕像。从这里往下看,可看到海岸绵延至西班牙。圣母礁旁边的**海洋博物馆(Musée de la Mer)**里展示着海洋生物标本。还可以去圣欧赫涅教堂(Eglise Ste.Eugenie)看看,

教堂浮雕——捕鲸情景

从那里眺望,渔港上的景色尽收眼底。教堂右侧入口处有捕鲸浮雕,如今还记得法国曾有过捕鲸文化的人已很少了。大海滩入口处具有装饰派艺术的建筑物是**赌场(Casino)**。赌场尽头是拿破仑三世皇后的别墅,现在是法国最豪华最高级的王宫宾馆,同时这里还设有餐厅,游客即使不入住也可以在这里用餐,感受皇家氛围。

### ACCESS

**国铁**:从巴黎蒙巴纳斯站乘TGV超高速列车到比亚里茨(Biarritz)下车,约需5小时10分钟,每日发车5班。从波尔多圣让(Bordeaux St. Jean)车站乘TGV超高速列车,约需1小时50分钟,每日发车5班以上。从巴约讷(Bayonne)出发,约需10分钟,每日发车10班以上。
**航空**:从巴黎奥利机场到比亚茨机场(Biarritz Anglet Bayonne),约需1小时15分钟,每日有4至6班航班。从机场到市内乘出租车约需10分钟。
**自驾游**:从波尔多出发走A63、N10国道约200公里。

### INFORMATION

**旅游信息服务中心**:1, square d'Ixelles ☎05 59 22 37 10
www.biarritz.fr 9:00~18:00(周六、周日至17:00) 常年营业
**市内交通**:市内游览步行即可。
**市内面积**:从王宫宾馆到圣母礁约1公里,主要景点在此周围。参观最少需要2小时,去海岸及饭店最少也得安排1天的时间。

欧洲各地冲浪爱好者的胜地

**赌场**
游戏室:20:00~3:00,周五、周六及节假日、7、8月20:30~4:00,周六18:00~4:00
自动赌博机:10:00~3:00,周五、周六及节假日前夕、7、8月至4:00
从旅游信息服务中心出发步行约2分钟

### 住宿

**王宫宾馆**
**Hôtel du Palais**
从大海滩及赌场出发步行约4分钟 1, Ave. de l'Impératrice ☎05 59 41 64 00 05 59 41 67 99 www.hotel-du-palais.com 134间客房 单人间375欧元~,双人间460欧元~

# Bayonne
# 巴约讷

巴斯克文化之城。

MAP p.8-I

旧街区

大巴约讷繁华的

## ACCESS

**国铁**：从巴黎蒙巴纳斯站乘TGV超高速列车到巴约讷（Bayonne），约需5小时，每日发车约6班。从波尔多圣让（Bordeaux St. Jean）车站乘TGV超高速列车，约需1小时35分钟，每日发车约5班。
**航空**：从巴黎戴高乐机场2航站楼或奥利机场到巴约讷机场（Biarritz Anglet Bayonne），约1小时15分钟，每日有4~6班航班。从机场到市内乘公共汽车约需20分钟。
**自驾车**：从波尔多出发走N10国道约170公里，从比亚里茨出发走N10、D910国道约7公里。

## INFORMATION

**旅游信息服务中心**：pl. des Basques ☎05 59 46 01 46 ℻05 59 59 37 55 ＨＰwww.bayonne-tourisme.com 開9:00~18:30（周三，周六10:00~18:00，7~8月的周一~周六至19:00，周日10:00~13:00）休9月至次年6月的周日、节假日
**市内交通**：市内游览步行即可。中心街道有红色的循环巴士可以免费乘坐（除了周日及部分节假日外）。
**市内面积**：主要景点集中在方圆500米范围内。参观完所有景点约需1天。

### 圣玛丽大教堂

開10:00~11:45，15:00~17:45（周日、节假日15:30~18:00）
休举行宗教活动时 € 免费
交从旅游信息服务中心步行约7分钟

### 修道院回廊

開9:00~12:30，14:00~17:00（5月中旬~9月中旬的下午至18:00）
休1/1、5/1、11/1、12/25 € 免费
交从旅游信息服务中心步行约7分钟

## 城市概况

整座城市被两条河分为三大区域。圣埃斯普雷（St. Esprit）地区有沃邦（参见p.31）建造的城堡，城堡下是火车站。阿杜尔河对面的小巴约讷是巴约讷的文化中心，有名的巴约讷火腿公司就在这里。尼夫河对面的大巴约讷是巴约讷的美食中心，这里高级餐厅林立，小丘上是作为圣地亚哥–德孔波斯特拉朝圣之路（参见p.343）一部分的圣玛丽大教堂。

### 大巴约讷
### Grand Bayonne
MAP p.370-A

巴约讷从1154年开始的3个世纪里，一直是英国的领地，但是，由于这里离英国较远，所以，英国对这里的统治也相对较弱，这造就了巴约讷自由的文化氛围，经济也得到了大力发展。建成于那个时期的**圣玛丽大教堂（Cathédrale Ste.Marie）**的两个尖塔直冲云霄，是哥特式的典型建筑物。在大教堂完工前，巴约讷成为法国的领土，最典型的体现就是大教堂内墙壁上的壁画是波旁王朝的徽章及百合花。教堂里寂静的**回廊**也值得一转。

走在大巴约讷的街道上，一定会看到大街上众多的

哥特式建筑风格的杰作——圣玛丽大教堂

## 为您导航

### 火热的巴斯克文化

西班牙有50万巴斯克人,法国有20万巴斯克人。巴斯克人讲着与拉丁语系完全不同的语言,有自己特有的文化,也有其他欧洲国家没有的球技、舞蹈及服装,所以,是一个非常特别的民族。

但是,遗憾的是,当今的年轻人都不会说巴斯克语。从保护自己独特文化的立场出发,在小巴约讷的圣安德烈教堂(Église St. André)里,有的教会用巴斯克语做弥撒。许多人虽然不会讲巴斯克语,但是世世代代都住在巴斯克地区。巴斯克人性格豪爽、高傲且易于接近,这也是他们最大的特征吧。

在巴约讷,每年7月至8月全国上下都要庆祝巴斯克节。人们身穿白色服装系红色的包头庆祝节日(Fêtes de Bayonne),而且8月第一个星期的星期三到星期日这5天都有斗牛比赛、民族舞蹈、球技比赛及民间工艺品展示活动。

贝雷帽是巴斯克民族的传统装束,当今只有60岁以上的老年人才爱戴

巧克力店,这是因为巴约讷是18世纪法国继承西班牙巧克力制作技法后,最初在法国制作巧克力的地方。可以参观巧克力老字号工厂安德里厄[(Andrieu),收费]。

### 小巴约讷
Petit Bayonne　　　　　　　　　MAP p.370-A

阿杜尔河畔有一排排木结构房屋。渡过河就是小巴约讷。在这里可以悠闲地散步。**博纳美术馆(Musée Bonnat)** 里陈列着除了出生于当地的画家博纳的美术作品外,还有其他人的美术作品,如鲁本斯、格列柯、戈雅、德加等人的作品,可与法国的其他美术馆媲美。**巴斯克博物馆(Musée Basque)** 里收藏着巴斯克地区的民族服饰、家具及美术作品。

### 博纳美术馆
开10:00~12:30、14:00~18:00(5~10月10:00~18:30,7、8月10:00~18:30,7、8月的周三至21:30)休7、8月的周二、节假日 €单独馆5.5欧元,两个馆套票9欧元(7、8月的第一个周日、周三下午6点半后免费) 交从旅游信息服务中心出发步行约6分钟

### 巴斯克博物馆
开10:00~18:30(7、8月的周三至21:30)休7、8月的周一及节假日 €5.50 自次年6月的第一个周日、7~8月的周三免费)交从旅游信息服务中心出发步行约5分钟

## R 餐饮

### 舍瓦尔·勃朗饭店
Auberge du Cheval Blanc　　MAP p.370-B

该店是巴约讷首屈一指的名店,建于18世纪。用巴斯克地区的食材做的美食受到顾客的好评。

交从博纳美术馆出发步行约1分钟 地68, rue Bourgneuf ☎05 59 59 01 33 开12:00~13:30,20:00~21:30 休周日晚、周一,2/15~3/11、6/30~7/9、7/28~8/2、11/3~11/12 €45欧元~

### 格朗热大饭店
La Grange　　　　　　　　MAP p.370-A

这是一家田园饭店。在主菜前还能品尝巴约讷特制香肠及辛辣火腿。

交从巴斯克博物馆出发步行约1分钟 地28, quai Galuperie ☎05 59 46 17 84 开12:00~14:00、19:45~22:00 休周日 €20欧元~

### 巴约讷斯饭店
Bayonnais　　　　　　　　MAP p.370-B

位于小巴约讷尼夫河边,以巴约讷装饰布置,供应的也是巴斯克特有的美食。

交从旅游信息服务中心出发步行约5分钟 地38, quai Corsaires ☎05 59 25 61 19 开12:00~14:00、19:00~22:00 休周日,7、8月的周一,6月上旬的2周,7月末的1周,年初的3周 €30欧元~

## H 住宿

### 贝斯韦斯特大酒店
Best Western Grand Hôtel　　MAP p.370-A

位于大巴约讷旧街区的中心,游览便利,有专门接送客人的巴士。

交从旅游信息服务中心出发步行约2分钟 地21, rue Thiers ☎05 59 59 62 00 F05 59 59 62 01 www.legrandhotel bayonne.com 54间客房 €单人间107欧元~,双人间117欧元~

### 卢斯托宾馆
Loustau　　　　　　　　　MAP p.370-B

位于巴约讷车站附近,无论是购物还是游览都非常便利。房间内部装饰华丽,舒适温馨。

交紧邻共和广场 地1, pl de la République ☎05 59 55 08 08 F05 59 55 69 36 www.hotel-loustau.com 45间客房 €单人间92欧元~,双人间99欧元~

## H 餐饮&住宿

### 巴约讷梅屈尔中心酒店
Mercure Bayonne Centre　　MAP p.370-A

位于尼夫河岸的一家十分温馨的酒店。从市中心步行即可到达,也可以乘坐汽车。

交从圣玛丽大教堂出发步行约5分钟 地Ave. Jean Rostand ☎05 59 52 84 44 F05 59 52 84 20 www.mercure.com 109间客房 €单人间103欧元~,双人间113欧元~

## Les Pyrénées
# 比利牛斯山脉
MAP p.8-J 世界遗产

边境上的一串佛珠。

走在N116国道上可以看到丘陵上的城堡

比利牛斯山是法国与西班牙的国境，有其独特的文化。这里平坦的草原上牛羊成群，在断崖处可以看到罗马式的修道院，丘陵上有包围在古老的城墙里的村庄。远望这一带，即使在夏天也可以看到白茫茫的一片雪景。坐在车上，透过车窗可以看到不断变化的景色，无论从哪个角度看都漂亮至极。这里易守难攻，但是，自然条件恶劣，所以我们不禁对生活在这里的人们感到由衷的敬畏。从西班牙及圣地亚哥 德孔波斯特拉朝圣之路一带来的朝圣者，若穿越不了这座险峻的山峰也就到达不了目的地。

如果将法国南部比作是地中海沿岸的宝石箱的话，那么比利牛斯山脉就是用一颗颗光彩夺目的宝石串成的一串佛珠。

### 比利牛斯山之旅
● 路线一：从佩皮尼昂出发走N116国道去往安道尔方向，这条路线的主要景点是各城堡及修道院。
● 路线二：从波城出发去往西班牙的N134国道，这里曾经是罗马时代的街道，过了多少个世纪它仍然是圣地亚哥 德孔波斯特拉朝圣之路的朝圣者的必经之地。
● 路线三：从卢尔德出发走D920国道，路经雄伟的大峡谷。

牛羊成群的大草原

## Andorra
# 安道尔
MAP p.8-J

山间的免税店。

走在比利牛斯山谷里，突然会发现一个规模宏大的购物中心出现在面前，这就是被称为"自由王国"的安道尔。共有人口约7.2万，面积约464平方公里。公元9世纪建立的安道尔，曾经处于法国及西班牙的共同统治下，1993年作为独立国家制定了自己的宪法。

安道尔平坦的土地极少，气候寒冷，一年中几乎有8个月被大雪覆盖。但是，安道尔结合自身情况开发了一条致富之路，那就是实行免税政策，即顾客 从安道尔购买的所有物品都不收关税，这样的政策吸引了无数购物狂的眼球，另一方面也刺激了安道尔当地经济的发展。临近安道尔，你就会看到各大免税店鳞次栉比。这里的免税品不止有高级品牌，就连一般的家庭用品、电器用品均免税，每天都有来自法国及西班牙的成千上万的顾客前来购物。

现在没有去往安道尔的公共交通工具。从法国或西班牙可以自驾车前往。
（从佩皮尼昂出发走N116国道约170公里，从图卢兹出发走A66、N20国道约185公里。）

繁华的街道背后是常年积雪的雪山

## 旅行信息 [中国篇]

出发日程安排　374
酒店预订　376
旅行必备品　378
旅行费用　380
旅行所带服装及物品　381
信息收集　382
机场指南　384
　北京首都国际机场　384
　上海浦东机场　386
　广州白云国际机场　388

### 旅行所需物品一览表

◎=必须自带的物品　○=最好带着的物品　△=带着的话比较方便

| 乘机所需物品 | | 国外驾驶证 ○ | | 托运物品 | | 洗涤用品 △<br>内衣等衣物最好自己手洗 | |
|---|---|---|---|---|---|---|---|
| 护照<br>注意查验是否过期 | ◎ | 地图/导游册 ○ | | 衣物<br>就餐时可能会穿夹克 | ○ | 拖鞋<br>宾馆房间都备有拖鞋，使用方便 | |
| 飞机票<br>保管好返程票 | ◎ | 词典/会话书<br>最好是英汉双语教材 | | 头发护理用品/洗面组合装<br>带自己平时用习惯的 | ○ | 闹钟<br>不习惯用宾馆的闹钟的人自带 | |
| 现金（当地使用的货币、人民币）<br>最好分散保管 | ◎ | 笔及记事本<br>当地也可以买到 | | 针线包<br>扣子掉了可以补 | | 转换器/变压器 ○<br>带电器制品备好转换器 | |
| 信用卡<br>购物时比现金方便 | | 药品/化妆品/生理用品<br>最好带好常备药品 | | 指甲刀/挖耳勺<br>长期旅行必需品 | | 食品袋<br>很多情况下用不到，多备为好 | |
| 旅行支票 ◎<br>在使用欧元的国家以欧元支付 | | 计算机<br>欧元和人民币兑换时比较便利 | | 防紫外线用品<br>帽子、太阳镜、防晒霜 | | 折叠袋<br>购物及回国时可派上大用场 | |
| 海外旅行伤害保险 ○<br>加入此保险的人务必带好 | | 数码照相机/电池<br>带小型的比较好 | | 防干燥用品<br>漱口药、糖果、润肤霜 | | 便携式面巾纸<br>当地不常用 | |
| 国际银联卡<br>从ATM机上一天24小时均可提现 | | 护照的复印件及照片<br>以备护照丢失时使用 | | 雨具<br>可折叠雨伞 | | 一次性热可贴<br>冬季防寒用品 | |
| 通行证用照片 △<br>很多巴黎地铁站里可以照快照 | | 手机 △<br>可以在旅游目的地打电话或上网 | | 睡衣 △<br>宾馆不提供睡衣 | | | |

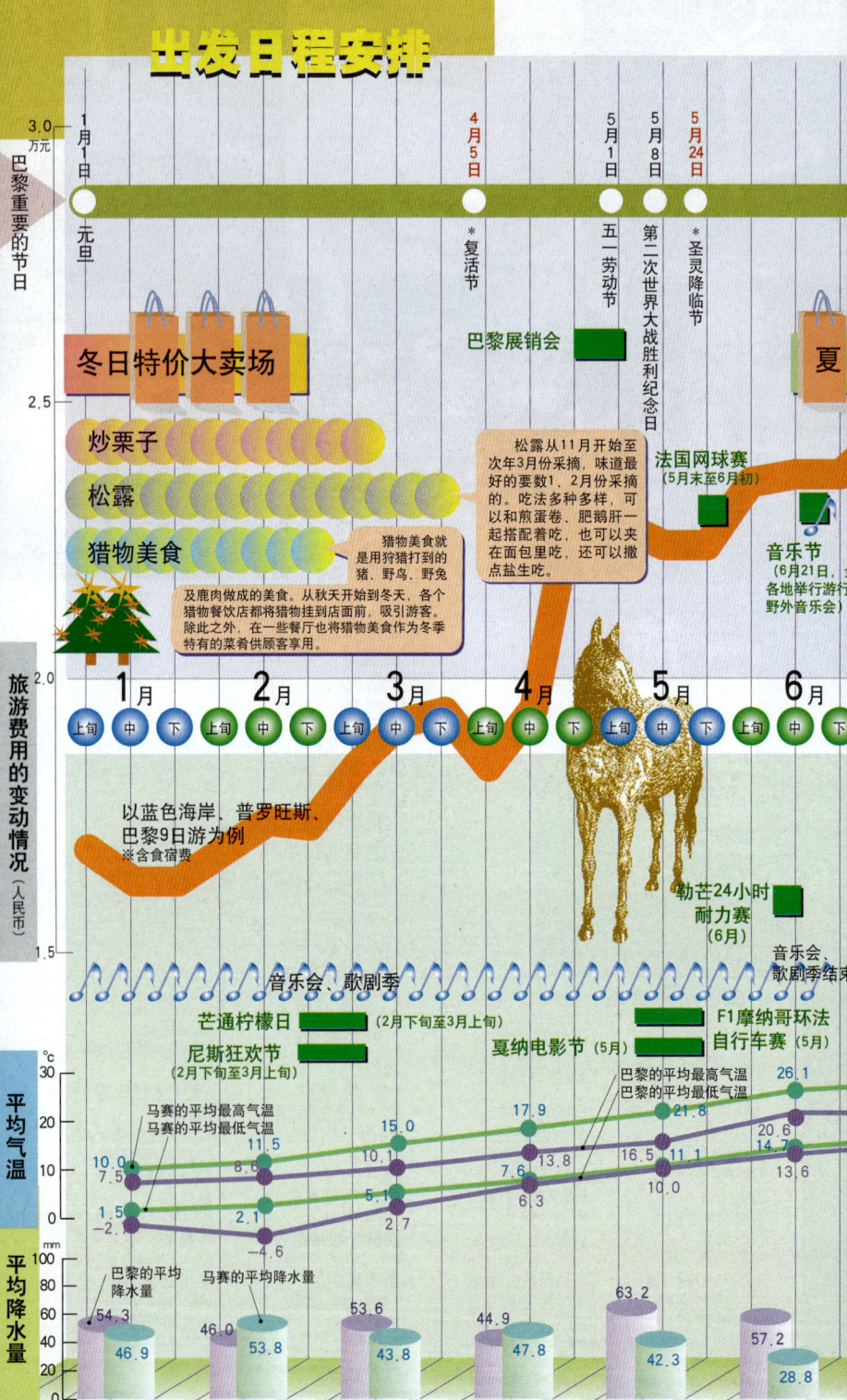

最高约3万元　　　　　　　带*标记的不是固定性的节日
（以2015年为例）

| 7月14日 | 8月15日 | | | 11月1日 | 11月11日 | 12月25日 |
|---|---|---|---|---|---|---|
| 国庆日 | 圣母升天节 | | | 诸圣瞻礼节 | 第一次世界大战停战纪念日 | 圣诞节 |

特价大卖场

国有文化遗产开放日
9月的第三个星期的星期六、星期日（平时不对外开放的省厅、宅邸，在这一天都对外开放）

炒栗子

松露

白夜艺术节
10月的第一个星期六在野外可鉴赏当代美术作品及音乐会

猎物美食

巴黎国庆节
7月14日

白天在香榭丽舍大街上举行阅兵式，晚上放烟花。法国各地都有盛大的庆祝仪式。

圣诞节的彩灯装饰

**旅行信息〔中国篇〕**

| 7月 | 8月 | 9月 | 10月 | 11月 | 12月 |
|---|---|---|---|---|---|
| 上旬 中 下旬 | 上旬 中 下旬 | 上旬 中 下旬 | 上旬 中 下旬 | 上旬 中 下旬 | 上旬 中 下旬 |

375

**出发日程安排**

布列塔尼地区忏悔节

博若莱新酒上市
11月的第三个星期四

最低约1.5万元

环法自行车赛结束（巴黎凯旋门）

环法自行车赛开始

法国最受大众欢迎的体育项目之一就是自行车比赛。以法国为主赛场。

巴黎的音乐会、歌剧吸引大批音乐爱好者前来欣赏，最好提前购票。

巴黎最高级别的赛马
7月14日（会场在隆尚赛马场）

音乐会、歌剧演出开幕

阿维尼翁戏剧节

各地收获葡萄的季节

| | | | | | | |
|---|---|---|---|---|---|---|
| 28.9 | 28.3 | 25.1 | | 19.8 | | |
| 21.7 | 21.9 | 19.1 | | 14.0 | 14.7 | 10.9 |
| 17.1 | 17.0 | 14.7 | 14.7 | 10.4 | 10.0 | 8.2 |
| 15.2 | 14.9 | 11.5 | 6.7 | 6.0 | 2.7 | 3.6 |
| | | | | | | -3.3 |

| 53.7 | 51.5 | 53.6 | 58.2 | 77.7 | 56.2 | 55.5 |
| 13.8 | 27.2 | 46.8 | | | 59.3 | 55.7 |

# 酒店预订

## 酒店的等级

★ 一星级（单人间50~80欧元，标间60~90欧元）
客房内有冷水和热水可以洗脸，但是一般情况下，房间内没有独立的卫生间和浴室。

★★ 二星级（单人间80~120欧元，标间90~200欧元）
每间客房内都配备电视机，有些房间内还有浴室，四层以上客房有客梯可以直达。

★★★ 三星级（单人间120~200欧元，标间150~280欧元）
客房内设备齐全，服务周到。几乎所有的客房内都有单独的浴室，同时还备有吹风机。

★★★★ 四星级（单人间200~600欧元，标间250~650欧元）
四星级酒店设备齐全，提供能满足客人需求的住宿条件。

★★★★★ 五星级（单人间450欧元以上，标间650欧元以上）
五星级酒店除了具备四星级的各种舒适的住宿条件外，客房内还可以上网。另外，酒店内还为游客提供可以享用晚餐的就餐条件。
五星级是对酒店的软硬件设施经过严格的评估评定的最高等级的酒店。
※以上酒店标价都是大致的估价，具体价格以当地实体店的价格为准。

## 网上轻松预订酒店

● Agoda（雅高达）
http://www.agoda.com.cn
号称有全球10多万个酒店可预订，是比较专业的订房网，有多种语言页面可供选择。

● 去哪儿
http://www.qunar.com
不仅有机票预订服务，还有海外酒店预订业务。

● 携程旅行网
http://www.ctrip.com
提供关于旅行的全方位服务，其中就有国际酒店的预订。

● 酷讯旅游
http://www.kuxun.cn
提供国际酒店信息，不妨上网去看看。

## 如何选择酒店

旅游时最重要的一环就是住宿问题。每个旅游者都想选择一家既经济实惠又舒适温馨的酒店。如果既想游览又想购物的话，最好选择地理条件优越、房间内设备齐全且服务周到的酒店。在法国，这种酒店一般都是具有欧洲情调的老字号。

当然了，如果是预算比较拮据的学生，还是最好选择经济型的酒店，这种酒店的档次在法国也是多种多样。所以单就选择住宿也是一件很有意思的事儿。到法国后找也可以，但是有时候很难找到合乎自己心意的，特别是在欧洲的节假日寻找称心如意的酒店就是件很难的事儿。为了养精蓄锐开始在法国的旅行，最好在国内就预订好到达法国后第一天住宿的酒店。

根据法国政府旅游局评定的酒店的等级（五星级至一星级），选择适合自己的酒店也是一个很好的方法。毕竟等级是根据酒店设备、规模等硬件方面（酒店内房间数、房间面积大小、有无浴室、有无电话、有无电梯）和软件方面（服务员服务质量及服务人员应对问题的能力）两方面评定的，且每个酒店的等级每五年评定一次。旅游者确实可以通过星级判断客房内的设施及房价，但也不能断然说星级低的酒店就一定不好。比如，法国的很多酒店虽然房间狭小且没有浴室等设施，但是服务员服务周到，待客热情。所以，说到底星级仅作参考而已。

## 住宿设施的种类

在法国，除了一般的酒店之外，还有各种住宿设施，特别是乡下也有很多颇具个性的住宿设施。

● 家庭客房（Chambre d'Hôte）：所谓的家庭客房，就是指租住一般家庭的房间住宿的意思。入住家庭客房，不但有家的感觉，还可以亲自体验法国人的生活（具体可以参见p.413）。

● 公寓（Résidence）：公寓提供日常生活的各种日用品，一般是那种分套出租的公寓，这种住宿设施适于长期暂住在法国的游客。

● 乡下公寓（Gîte Rural）：顾名思义，它是公寓的乡下版。租赁费用以周为单位计算，提供的生活用品也很完备。

● 城堡酒店（Château-Hôtel）：这种酒店是由贵族的城堡及中世纪的修道院改造而来的，房间内部全部仿照贵族家庭装饰，是很优雅的住宿设施（具体可以参见p.413）。

● 青年旅舍（Auberge de Jeuness）：在法国，这样的旅舍需要有国际青年协会的会员证才能入住，否则不可以入住。

从酒店的窗户也许可以眺望到这样的风景

# 预订方法

## ■ 在国内预订

### 1. 通过旅行社来预订酒店

现在，有些旅行社，尤其是有出境游业务的大旅行社推出了一种有别于团体游和自助游的第三种选择，即"机+酒"服务——就是为不想跟团随大众而行的自由旅行者提供机票和酒店预订服务，这样既省去了自己预订机票和酒店的麻烦，还能享受团体价的优惠。只要多参考几家旅行社，根据自己的行程安排和预算还是能"淘"到既经济又不错的方案。不过，提醒一点，这些酒店一般只限于和旅行社有合作关系的。

### 2. 直接预订

现在网络普及，更可以上网冲浪。根据自己的喜好、预算、行程安排，选择自己中意的酒店，然后直接打电话或者网上预约。

### 3. 选择和自己信用卡有联系的酒店

在选择入住的酒店时，也可以考虑选择和自己的信用卡有联系的酒店。因为信用卡有时也有针对旅游的优惠服务。例如，免费预约酒店或住宿费打折等优惠措施。所以，在选择预约的酒店之前，也可先看一下自己的信用卡是否有相应的优惠服务。

## ■ 在当地寻找

出外旅行住宿地的选择，需要考虑到以下几个因素：价格、交通、设施、治安等。法国当地，有多种可供选择的住宿类型。

首先，最便宜的莫过于青年旅舍了。这种以床位计价的住宿地，尽管价格上很有优势，但缺点是必须和陌生人同住、共享浴室，安全性相对而言比较差。

其次是家庭旅馆，就是由家庭经营的旅馆。它们大多都布置得很温馨舒适，也是旅行者住宿的选择之一。当然，家庭旅馆也有等级之分，越好的价格自然越贵。订房前，最好先上网看看相关评价，或者现场查看再决定是否投宿。

再次就是酒店。一般酒店根据星级来区分，星数越多，也就越豪华，价格也越贵。那种全球连锁的商务酒店，就是实惠而又安全旅行的好选择。如果要享受当地知名星级酒店的奢华，可以选择星等高的，体验一番也是别样的旅行经历。

还有一个住宿选择，就是时下比较流行的沙发冲浪。其最大的特色就是免费，不过，选择还是要慎重。只有选择口碑好、志同道合的旅游者同行，才能享受到交流和分享的乐趣。

**轻松查询国际订房信息**

● 国际青年旅舍联盟官方网站
http://www.hihostel.com

● 国际酒店网
http://www.hotels.com

● 国际订房中心网
http://www.hotelclub.com

● 国际沙发客网站
http://www.couchsurfing.org

# 旅行必备品

### 申请护照必备资料
①居民身份证原件、复印件
②本人户口簿、户口簿首页、本人资料页、变更页
③填写完整的申请表原件
④申换护照需附上原护照
⑤近期2寸淡蓝色背景彩色证件照1张

### 费用与天数
200元工本费，5个工作日（北京）

### 办理地点
至本人户口所在地公安局的出入境管理处

### 申请签证必备资料
①护照及护照复印件
②2寸免冠近期照片4张（白背景，每张照片背面用铅笔写上名字）
③完整填写的个人签证申请表1份
④本人身份证复印件1份
⑤本人金额至少5万元以上的存款证明原件（如户主是配偶姓名，要提供结婚证原件）
⑥户口本的整本复印件（不可缺页）1份
⑦在职人员须提供在职证明原件1份（使用单位A4正规彩色抬头纸），单位营业执照副本1份，银行存折或银行出示的工资对账单（必须是最近3个月的）
⑧学生需提供在校证明，必须提供成绩单

### 费用
①签证申请费（不包括签证服务费，需用人民币支付，此笔费用是不可返还的）
②60欧元，根据当日官方汇率以人民币现金结算

### 签证服务费
包括签证申请过程中的预约、材料审核、申请表格录入等各项服务，计人民币248元。

## 护照

护照是证明国籍和身份的证件，由国家发行，国际通用。通俗一点说，护照在国外就相当于国内的身份证，所以去国外旅行，护照是第一必备品。我国护照分为普通护照、外交护照和公务护照三种。公民出境旅游，办理普通护照即可。普通护照有效期为：护照持有人未满16周岁的5年，16周岁以上的10年。

### ■ 第一次申办护照

准备材料→填写申请表→提交申请→凭证领取。

在申请前，备齐左栏列出的"申请护照必备资料"，即可至本人户口所在地公安局的出入境管理处办理护照。在申请完毕时，会收到一张标有日期的取证回执单，一定要好好保管，领取护照时会要求出示。一般自收到申请材料之日起15日内就可以签发护照了。如果有合理紧急事由请求加急办理，公安机关出入境管理机构也会受理的。

### ■ 领取护照时的注意事项

办理护照时，本人必须亲自前往；领取护照时，可以本人带身份证去取（此时务必携带申办时收到的取证回执单），也可以采取付费邮寄的方式获取护照。

### ■ 换发或补发护照

护照有效期即将届满的、护照签证页即将使用完毕的、护照损毁不能使用的、护照遗失或者被盗的、有正当理由需要换发或者补发护照的其他情形，护照持有人可以按照规定申请换发或者补发护照，其程序和第一次申办护照一样。

## 签证

签证是由目的地国家的驻外使馆签发的允许进入该国的出入境许可证明。法国规定，所有进入法国领土或在法国停留的外籍人，均需持有效法国入境和居住签证。法国签证根据不同的访问目的分多种类别。一般去法国旅游，办理有效期为30日的短期签证即可。目前，法国驻华总领事馆委托TLScontact负责受理赴法签证申请材料，签发或拒签的决定权完全属于使馆领事部。因私普通护照持有者须通过TLScontact办理签证申请。申请者也可以到法国驻华总领事馆提交资料，但需要提前预约。为了不耽误旅程，最好提前1个月提交签证申请。

### ■ 申请程序

**1. 在线注册**

登录TLScontact网站（https://cn.tlscontact.com/cn2fr）在线申请。要如实完整地填写申请表。熟记注册时使用的e-mail。必须在Pastel系统个人主页中上传个人彩色照片（照片必须与护照是同等规格的）。

**2. 准备所需材料**
根据系统提示得到一份签证申请所需要的材料清单,并按此要求准备。

**3. 在线预约**
在线选择合适的递交签证申请时间,并打印预约通知单。

**4. 递交材料**
将预约通知单、签证申请所需材料及护照递交给TLScontact签证受理中心。

**5. 交纳相关费用**
在签证受理中心,以现金或刷卡的方式支付签证费及签证服务费。

**6. 等待签证办理**
由中心详细审查签证材料并面试,后转至领事馆等待签证办理。

**7. 查询申请进程**
可以随时登录TLScontact网站,进入个人页面查询签证申请进程。

**8. 领取签证**

### ■ 领取签证时的注意事项

TLScontact以短信形式通知申请者前来领取签证。领取签证时,需携带身份证原件、复印件及申请表校对单。如由他人代领,需要提供申请者的身份证复印件、申请表校对单和委托书,以及代领人的身份证原件和复印件。

### ■ 签证申办地点

**北京TLScontact**
地址:北京市朝阳区东直门外大街26号奥加饭店(中服商务酒店)3层
电话:010-6413 1878(全国服务电话)
办公时间:8:30~12:00,13:15~16:30(周一至周五)
注意:致电时,需先告知护照号或者TLScontact申请号

**成都TLScontact**
地址:成都市锦江区大业路6号财富中心C楼10层
电话:028-6676 6560

**广州TLScontact**
地址:广州市越秀区环市东路326号亚洲国际大酒店1303室
电话:020-6113 2867

**沈阳TLScontact**
地址:沈阳市和平区十一纬路82号皇城商务酒店1508室
电话:024-8861 9591

**武汉TLScontact**
地址:武汉市江汉区建设大道566号新世界国贸大厦二座808室
电话:027-5151 9878

### 法国驻华使领馆

**1. 法国驻华使馆领事处**
地址:北京市朝阳区东直门外大街26号(100027)
奥加饭店(中服商务酒店)3层
签证申请中心接待时间:8:30~17:00

**2. 法国驻上海总领事馆**
地址:上海市广东路689号(200001)
海通证券大厦2层
电话:021-33303600
接待时间:周一至周五9:00~12:00(得到预约的申请者)

**3. 法国驻广州总领事馆**
地址:广州市环市东路339号(510098)
广东国际大酒店主楼810室
电话:020-28292000(签证处)
邮箱:visas@consulfrance-canton.org
递交签证材料时间:周一至周四10:00~12:00,14:30~16:30
周五10:00~12:00,14:30~16:00

**4. 法国驻武汉总领事馆**
地址:湖北省武汉市建设大道568号(430022)
武汉国际贸易商业中心1701-1708室
递交申请时间:周一至周五10:00~11:30

**5. 法国驻成都总领事馆**
地址:成都市总府路2号时代广场30楼(610016)
电话:028-66666060
签证处接待时间:周一至周五8:30~12:30

# 海外旅行伤害保险

为了防备在旅行途中出现意外,启程前请一定要购买海外旅行伤害保险。不要抱侥幸心理,认为自己肯定不会出意外。从另一个角度讲,一旦出现意外,在海外就医会花费大量金钱。如果有了相应的保险,就会有保险公司负担旅行过程中出现的事故、受伤、生病、失窃等意外事件的花费或损失。购买海外旅行伤害保险的具体手续,需要保险的种类及注意事项,请咨询相关人士及专业保险公司。

# 旅行费用

信步而行至市场，同当地的喧哗融为一体

## 几个主要的信用卡公司

- **维萨（VISA）卡**

  只要客户的卡片有Visa标识，就可以在全球范围内享受其服务，特别是国内的客户，持有Visa卡在国外刷卡消费都比较方便。

  http://www.visa-asia.com

- **中国银联卡**

  中国银联是中国的银行卡联合组织，其受理网络已延伸至境外100多个国家和地区，24小时提供服务。使用银联卡境外消费方便实惠、退税省事。

  http://cn.unionpay.com

- **万事达卡**

  万事达卡国际组织（MasterCard International）是全球第二大信用卡国际组织。

  http://www.mastercard.com/cn

- **其他信用卡**

  其他银行如中国工商银行、中国银行、中国农业银行、中国交通银行、中国招商银行等也都推出了不少特色国际信用卡，可根据自己的需要选择就近的银行办理。相关资料可咨询当地银行。

## 现金

要结合逗留天数、消费金额、旅行类型来准备旅行的费用。需要注意的是，要考虑到可能发生的意外，多预备一些费用。旅行途中，携带一定数量的现金是很有必要的，但也不要随身携带大量现金，一来是为了自身安全，二来是带少的话即便丢失或被盗也不会觉得心疼。

在旅行途中，还要根据自己的实际情况按照下面的方法使用金钱。第一，如果是居住在高级酒店中的短期旅行，那么最好使用现金、信用卡。第二，如果是在没有ATM的地方逗留，或在便宜旅馆中居住较长时间，则最好多利用旅行支票。

## 信用卡

当信用卡出现丢失、被盗、超额、消磁等情况时，如果只持有一张卡的话，则会非常尴尬。若持有两张或两张以上的卡，即使其中一张卡在补办过程中也不会对旅行造成影响。另外，持有多张卡时，最好选择不同发卡机构和不同品牌的信用卡，这样一来服务的内容也会扩大，而且信用卡附带的海外旅行伤害保险的补偿事项也会叠加（不含意外死亡、意外致残、携带财物损毁）。所以，比起购买保险，还是信用卡比较划算。为了以防被盗，最好事先记下信用卡发生意外时的紧急联络方式，并且把联络方式和卡装在不同的地方。

## 旅行支票

旅行支票（T/C）就是给旅行者使用的一种支票，可以在银行内购买。其优势是安全，即便被盗或丢失也可以重新领取；而且旅行支票也可以用来兑换，并在一流酒店、商场中进行消费。法国有不少地方是可以使用旅行支票的。不过，在具体使用时有几条需要遵守的规定：在购入旅行支票时，要在所有支票的"持有人签名"一栏中签上自己的名字；使用旅行支票时，要当着对方的面在"countersign"一栏中用和"持有人签名"一栏中同样的笔迹签名。只有两处签名一致且本人亲自签名的情况下，旅行支票才能生效。另外，一般在使用支票时也会要求出示护照。如果还有不明白的地方，最好在购买时先咨询清楚。注意，为了防止被盗、丢失，最好事先记下支票的号码、金额和使用场所等信息。

## 国际借记卡

如果拥有一张国际借记卡，并在银行账户中存入足够的钱的话，也可以在法国当地的ATM中取现使用，这样一来就不用携带大量现金，而且也省去了兑换的麻烦。不过，取现要收取手续费，费用直接从账户中划走，汇率也是依照当地当日的外汇率换算（具体各个银行都不一样，可以事先咨询一下）。另外，如果卡中金额不足的话，还可以让国内的家人往账户内存款，而且国际借记卡消费时能刷卡，所以使用还是很方便的。

# 旅行 所带服装及物品

## 天气与着装

法国西临大西洋，属海洋性气候，夏季很凉爽；南近地中海，为地中海气候，冬天很暖和；中部与东部则属于半大陆性气候，夏热冬凉；中央高原的气候介于上述三种气候区之间，属于过渡性气候。由此法国不同的地区、不同的时节，气候呈现明显的差异性。这样分明的气候特点也使得法国一年四季都适合旅行。如果喜欢春天，可以春季去旅行，此时只需携带春装就行。喜欢阳光沙滩，可在6~9月去南部游玩。不过，因为法国夏季较短，早晚温差大，注意随身带保暖衣物。喜欢冬季，可在9月下旬到次年3月下旬去冰雪覆盖的山脉地区进行高山滑雪运动，此时就需要携带抗冻保暖的衣物了。

### ■ 根据具体情况增减衣物

海外旅行时穿着的服装，要根据当地气候状况来准备，并根据具体地区的气候变化来增减衣物。（注意，尽量不要穿很华丽的衣服。）

### ■ 进入高级餐厅与观看戏剧等时的着装

虽说不一定非要穿着昂贵的服装，但是尽量还是不要穿运动服、短裤、运动鞋去高级餐厅就餐或者剧场观看戏剧。

男性除了进入超高级的餐厅或者去听音乐会之外，都可以不打领带。最好穿皮鞋，但如果实在没有的话，比较自然的旅游鞋、休闲鞋也没有问题。

女性可以穿着衬衫、夹克，连衣裙也不错。但是，要注意不要露出过多的肌肤，颜色也不要太显眼。鞋子尽量带跟，因为是游客，稍微不那么正式也没有关系。夏天的话，则可以穿凉鞋。

### ■ 注意妥善保管好随身物品

把你认为在当地用得着又方便携带的衣服带上。当然，行李包里也要留些存放当地特色衣物和纪念品的地方。

比起服装更需要留意的是，随身携带的财物。腰包就好比是告诉周围的人自己带着贵重物品，所以，尽量不要背腰包。在乘坐公交时，尽量把包放在胸前。

## 旅行所带物品

详见p.373"旅行所需物品一览表"。

## 出境中国携带液态物品须知

（1）乘坐从中国境内机场始发的国际、地区航班的旅客，其随身携带的液态物品每件容积不得超过100毫升（ml）。盛放液态物品的容器，应置于最大容积不超过1升（L）的、可重新封口的透明塑料袋中。每名旅客每次仅允许携带一个透明塑料袋，超出部分应交运。婴儿随行的旅客携带液态乳制品，糖尿病或其他疾病患者携带必需的液态药品（凭医生处方或证明），经安全检查确认无疑后，可适量携带。

（2）若先在国内转机，需遵守国内航班对液体物品的规定。国内航班规定，旅客一律禁止随身携带液态物品，但可携带少量旅行自用的化妆品，每种化妆品限带一件，其容器容积不得超过100毫升（ml），并应置于独立袋内，接受开瓶检查。

## 入境法国须知

（1）法国属于申根国之一，有申根国的有效签证即可进入。在法国出境时，其他外币不得多于入境时的数目；而欧元超过1500元时，则需向海关申报。入境法国时，带入的够用1年时间的日用品可以免税，欧盟国家制造的部分商品也可以免税带入。

（2）其他可携带物品有香烟200支、葡萄酒2升、250克烟草等。

（3）随身携带的液体每瓶不能超过100毫升，肉类、蔬菜等属于安检违禁物的最好也不要携带。

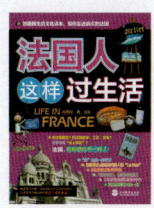

# 信息收集

**法国旅游发展署**
HP cn.franceguide.com

**法国驻华大使馆**
✉ 北京市朝阳区三里屯东三街3号 100600
☎ 010-85328080
HP www.ambafrance-cn.org

**中国驻法大使馆**
HP www.amb-chine.fr
✉ 11, avenue George V, 75008 PARIS
☎ 01 47 23 34 45

**北京法国文化中心**
HP www.ccfpekin.org
✉ 北京市朝阳区工体西路18号光彩国际公寓
☎ 010- 65532627

图片截取自北京法国文化中心网站

为了在有限的时间里，特别是在有限的自由活动时间里玩得更加开心，出发前多收集一些信息非常必要。现在，很多国家的旅游局在自己的网址上登载了丰富的内容。待在家中用电脑就可以轻松收集大量对自己有用的信息。

此外，在出发前读一些和法国有关的书籍，欣赏一些当地的音乐、电影等，都可以加深对旅游目的地的认识，增加旅行的乐趣。

## 通过相关机构搜集法国旅行信息

### ■ 法国旅游发展署（Atout France）

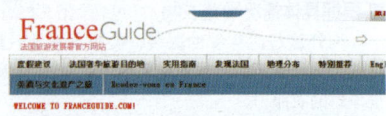

法国旅游发展署官方网站，以宣传和推广法国文化、旅游、美食、生活等为宗旨。在这里，你可以了解到详细的法国旅游资讯。

图片截取自法国旅游发展署官方网站（中文）

### ■ 法国驻华大使馆

法国驻华大使馆网站是法国驻华使馆及总领事馆唯一的官方门户网站，提供法国介绍，包括大事记、法语学习资料、法中关系以及新闻等。

### ■ 中国驻法大使馆

如果在法国碰到突发意外事件，可以寻求领事保护，这个信息资料一定要收集。

### ■ 法国文化中心

除了驻各国的使馆外，法国目前还在90多个国家建立了150多个文化中心。这些机构旨在传播法国文化、推广法语教学和促进文化交流。在中国北京、上海等地都设有法国文化中心。如果搜集关于法国旅行资料的话，不妨去这些地方看看，专设的图书馆里有不少法语版或者中文版的图书、杂志等。

## 善用网络获取法国旅行相关信息

通过网络可以方便地查询机票及酒店的预约情况。现在网络预订变得越来越方便了。很多旅行社都设有自己的网站，一些个人创建了旅游相关网页，这些都是丰富的参考信息，不妨充分利用。另外，从法国当地的网络获取的信息资料对出行更有参考价值，这些网站或全面或侧重某一个方面集中介绍法国的历史、文化、旅游、住宿、饮食等相关内容，信息丰富、实用。出行前，如能充分有效地活用这些网络资源，相信对规划、制定法国之行大有裨益。

### 实用网站一览表

● 法国高速铁路网
http://www.tgv.com

● 巴黎国际机场网站
http://www.aeroportsdeparis.fr

● 巴黎市政府网站
http://www.paris.fr

● 罗浮宫网站
http://www.louvre.fr

图片截取自巴黎旅游信息网（有多种语言可选，含中文）
http://www.parisinfo.com

图片截取自罗浮宫网站

● 新浪旅游
http://travel.sina.com

● 搜狐旅游
http://travel.sohu.com

## 利用其他途径获得有用信息

可通过阅读相关的旅游类书刊来进一步了解法国。现在市面上有不少关于法国旅游的期刊、图书、光碟，如果要去法国旅游，可以事先做些"行前功课"——读读这些书刊，多多少少会对旅行有所帮助。

法国特有的活动，可以与当地人一起疯狂

# 北京首都国际机场

**机场指南**

## 机场概况

　　北京首都国际机场，简称首都机场，1958年开始启用，是目前中国最重要、规模最大、设备最齐全、运输生产最繁忙的大型国际航空港，是中国民航最重要的航空枢纽。首都机场位于北京东北郊顺义区天竺镇，距市中心25.35公里，通航近200余个国内外城市，每周有5000多个定期航班，是北京乃至全国的重要空中门户和对外交往的窗口。

北京首都国际机场位置示意图

## 航站楼

　　北京首都国际机场共有3个航站楼。1号航站楼规模较小，约有10个登机口。2号航站楼的规模比1号航站楼大得多，可同时停靠20架飞机，并同时承担国内和国际航班的服务。1、2号航站楼之间有乘客连接通道，同时也可乘坐摆渡车互通。3号航站楼于2007年建设完工，规模比2号航站楼更为庞大，目前是国内面积最大的单体建筑。与2号航站楼一样，它也同时承担着国内和国际航班的服务。

### 停车场信息

　　首都机场1号停车场，位于首都机场1号航站楼正南侧，共有车位约600个，其中含小车位、中巴车位、大车位、无障碍车位，主要停放机场巴士、社会临时车辆及过夜车辆。

　　3号停车楼位于首都机场3号航站楼南侧，一层为商业区、派出所、办公区等；二层设有机场快轨车站，并设有前往3号航站楼的通道。3号停车楼目前开放地下一层作为旅客车辆停放区域，共有车位约3300个，其中含小车位、中巴车位和无障碍车位。

### 主要航空公司

中国国际航空公司（CA）T3
www.airchina.com　95583

中国东方航空公司（MU）T2
www.ceair.com　95530

中国南方航空公司（CZ）T2
www.csair.com　95539

国泰航空公司（CX）T3
www.cathaypacific.com
4008-886-628

法国航空公司（AF）T2
www.airfrance.com.cn
4008-808-808

Airport Guide

# 机场交通

## 机场快轨（东直门—机场）

全长28.1公里，沿途设4个站，到达首都国际机场T3航站楼大约只需20分钟，十分便捷。另外，机场快轨与地铁2号线的东直门站和10号线的三元桥站均有换乘站。

## 出租车

北京出租车的费用按跳表计算，起步价13元；超过3公里后，每公里加2.3元。夜间行驶(23:00至次日5:00)计价器会自动加价20%。正规出租车上均有发票打印机，下车前记得索取发票，上面有出租车公司的电话，若不慎在车上遗失物品还可打电话询问。

## 机场大巴

北京市内巴士有10多条线路，可就近选择停靠站搭乘，票价从15~30元不等。北京周边城市的人士，可选择往返于机场与天津、廊坊、保定、唐山、秦皇岛、塘沽等城市之间的省际巴士，票价依距离远近而定。北京市区至机场的巴士线路详见下表。

### 市区至机场的大巴线路

| 线路名称 | 主要途经点 | 运营时间（市内→机场） |
|---|---|---|
| 方庄线 | 方庄(方庄体育公园东门南侧)→大北窑(南航明珠商务酒店)→T2→T1→T3 | 5:00~21:00 |
| 西单线 | 西单(民航营业大厦)→车公庄站(车公庄地铁站B出口)→雍和宫站(雍和宫地铁站B出口)→T2→T1→T3 | 5:00~21:00 |
| 北京站线 | 北京站(北京站东街)→国际饭店→东直门(桥东50米路南报亭)→亮马大厦(西门)→T2→T1→T3 | 5:00~21:00 |
| 公主坟线 | 公主坟→友谊宾馆→北太平庄→安贞桥→西坝河→T2→T1→T3 | 4:30~22:00 (21:00后不经停安贞桥、西坝河) |
| 中关村线 | 中关村(四号桥)→北航(北门)→惠新西街(惠新西街桥下，安徽大厦东侧)→T2→T1→T3 | 5:00~22:00 |
| 上地、奥运村线 | 上地智选假日酒店→亚奥国际酒店→中科院地理所→大屯→北苑路大屯东→T2→T1→T3 | 5:20~20:00 |
| 西客站线 | 西客站南广场→广安门(白广路北口东侧路南50米)→磁器口(路口西侧路南100米)→朝阳公园桥→T2→T1→T3 | 6:00至次日1:00（旺季） |
| 回龙观线 | 回龙观(龙泽)→回龙观西大街(龙华园)→回龙观东大街(矩阵小区)→天通西苑一区(北门)→白坊→未来科技城→T1→T3 | 5:30~20:30 |
| 通州线 | 通州区太阳花酒店→翠屏北里(西门)→北苑站(地铁站东侧)→北关站(北关桥南300米路东，皇木厂公交车站)→T3→T2→T1 | 5:30~21:00 |
| 北京南站线 | 北京南站北出口公交枢纽站台(A道)→T2→T1→T3 | 7:00~19:30 |
| 亦庄线 | 兴基伯尔曼饭店→北环西路→T2→T1→T3 | 8:00（全天仅一班） |
| 四惠线 | 四惠交通枢纽→青年路(大悦城)→管庄(常营)→T2→T1→T3 | 从7:30到18:30，每半个小时运营一趟 |
| 王府井大街线 | 金宝街(丽晶酒店)→金鱼胡同(和平宾馆)→王府井大街(天伦王朝酒店)→王府井北口(华侨大厦)→美术馆(民航信息大厦西门)→T2→T1→T3 | 7:00和9:00，全天仅两班 |
| 望京线 | 中国民航管理干部学院→望京西园四区A门→望京花园西区→华彩商业中心→T2→T1→T3 | 从6:00到19:30，每半个小时运营一趟 |
| 世纪坛线 | 世纪坛→西客站北广场→甘家口→二里沟→动物园(交通枢纽)→西直门外(金茂大厦)→T2→T1→T3 | 7:00~18:00 |
| 石景山线 | 石景山(万商花园酒店)→万达嘉华酒店→鲁谷(远洋山水)→T2→T1→T3 | 5:30~20:00 |

## 机场常用电话

机场服务热线：010-96158
机场大巴：010-64594375/76

### 医疗急救站

T1航站楼：010-64540999

T2航站楼：010-64591919
T3航站楼：010-64530120

### 失物招领

T1航站楼：010-64598333
T2航站楼：010-64598333
T3航站楼：010-64530030

# 上海浦东机场

机场指南

## 机场概况

上海浦东机场与北京首都国际机场、香港国际机场并称为中国三大国际航空港。机场位于浦东新区的江镇、施湾、祝桥滨海地带，距市中心约30公里。目前，浦东机场中外通航公司已达100家，通航国内外213个客货运通航点，是中国重要的对外交往的窗口之一。

浦东机场位置示意图

## 航站楼

上海浦东机场共有两座航站楼，两座航站楼之间有通道可互通，也有免费机场摆渡大巴，非常方便。

### 主要航空公司

中国国际航空公司（CA）
www.airchina.com
95583

中国南方航空公司（CZ）
www.csair.com
95539

法国航空公司（AF）
www.airfrance.com.cn
4008-808-808

中国东方航空公司（MU）
www.ceair.com
95530

国泰航空公司（CX）
www.cathaypacific.com
4008-886-628

德国汉莎航空公司（LH）
www.lufthansa.com
021-53524999

## 机场交通

### 地铁

可以选择乘坐地铁2号线（绿色）到达或者离开浦东国际机场，不过，需要在广兰路站进行换乘。注意，2号线地铁在机场与广兰路站之间的运营时间为6:00~22:00，每8.5分钟发一趟，乘坐很方便。

### 磁悬浮（龙阳路地铁站—机场）

车票单程每人50元，往返每人80元（普通票）。运行时间为6:45~21:40。每日9:02~18:47，发车时间为15分钟一趟；7:02~8:42和19:02~21:42，发车时间为20分钟一趟。

Airport Guide

## 地面公交

也可以利用地面公交到达或者离开浦东国际机场。目前，浦东国际机场共有大巴专线6条，外加浦东机场环1线和浦东守航夜宵线，乘坐也是很方便的。具体线路可参见下表。

| 线路 | 始发站及首末班时间 | 主要停靠站 | 终点站及首末班时间 | 票价 |
|---|---|---|---|---|
| 1线 | T1（7:00～23:00）<br>T2（7:05～23:05） | 虹桥机场T2、虹桥火车站 | 虹桥枢纽东交通中心<br>（6:00～23:00） | 30元 |
| 2线 | T1（6:30～23:00）<br>T2（6:35～23:05） | | 城市航站楼(静安寺)<br>（5:30～21:30） | 22元 |
| 4线 | T1（7:00～23:00）<br>T2（7:05～23:05） | 德平路浦东大道、五角场（下行：邯郸路、国宾路；上行：东方商厦)、运光新村 | 虹口足球场（花园路）<br>（5:30～21:30） | 16～22元 |
| 5线 | T1（6:30～23:00）<br>T2（6:35～23:05） | 龙阳路地铁站、世纪大道浦东南路（下行封闭）、延安东路浙江路（下行：人民广场；上行：洪长兴门口） | 上海火车站<br>（5:10～21:30） | 2～22元 |
| 7线 | T1（7:30～23:00）<br>T2（7:35～23:05） | 川沙路华夏东路、上南路华夏西路 | 上海南站<br>（6:30～21:30） | 8～20元 |
| 8线 | T1（7:00～19:30）<br>T2（7:05～19:35） | 当局楼、海天三路启航路、交通队、海关仓库、航油站、东方航空、河滨西路卡口、机场保税区、金闻路闻居路、祝潘公路川南奉公路、千汇路南祝公路、南祝公路周祝公路、南祝公路祝成路、南祝公路卫亭路、盐仓、人民公路城东路、南汇汽车站 | 南汇汽车站<br>（6:20～18:40） | 2～10元 |
| 环1线 | T1（8:00～19:15）<br>T2（8:05～19:20） | 当局楼、公安分局、指挥部（非高峰站）、海关仓库、航空公司、施湾 | 航城园<br>（7:10～18:45） | 2～3元 |
| 守航夜宵线 | T1，到达层6号门处（23:00后至当日航班结束后45分钟）<br>T2，五洲北路机场巴士电梯下口处（23:05后至当日航班结束后45分钟） | 浦东机场T1与T2、龙阳路芳甸路、世纪大道地铁站、延安东路浙江中路、延安中路华山路、延安西路虹许路、虹桥机场T1 | 虹桥机场T1 | 16～30元 |

旅行信息 [中国篇]

387

机场指南

## 出租车

| 公里数 | 日间(5:00～23:00) | 夜间(23:00至次日5:00) |
|---|---|---|
| 0～3公里 | 14元（含1元燃油费） | 18元 |
| 3～10公里 | 2.4元/公里 | 3.1元/公里 |
| 10公里以上 | 3.6元/公里 | 4.7元/公里 |

## 机场常用电话

航班问询服务热线：021-96990　　　　　机场投诉：021-68347575
行李寄存　T1：021-68346324　　　　　失物招领　T1：021-68346324
　　　　　T2：021-68340076　　　　　　　　　　T2：021-68340417

# 广州白云国际机场

机场指南

## 机场概况

广州白云机场始建于20世纪30年代，现位于白云区人和镇与花都区新华街道交界处，距广州市中心约28公里，是我国著名的航空枢纽机场之一。白云机场目前与30多家航空公司建立了业务往来，已开通国内、国际航线110多条，通航国内外100多个城市，在我国民用机场布局中占有举足轻重的地位。

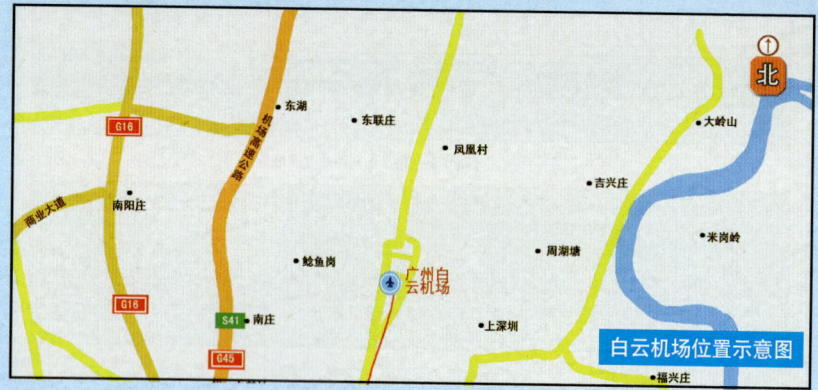

白云机场位置示意图

## 航站楼

广州白云国际机场航站楼包括地上3层及地下1层。其中，1层为到达层、接机大厅和商业层，2层为到达夹层，3层为出发及候机大厅，地下1层则通往地铁、停车场和机场酒店。

## 机场交通

### 机场大巴

机场大巴有两种：空港快线与机场快线。1~4号线及金沙洲线为空港快线，5~10号大巴为机场快线。同时，机场还有前往周边城市的城际大巴，乘坐很方便。

### 地铁

乘坐地铁3号线的北延伸段（体育西路至机场南站），可往来于机场与市区之间。机场地铁位于航站楼地下1层。

### 出租车

机场在到达厅外的A、B区到达通道内，均设有出租车乘车点。具体说来，A到达区乘车点设在机场A5号门外，B到达区乘车点设在机场B6号门外。如选择乘坐出租车，可到相应的到达区出租车乘车点排队候车。从市区前往机场，距离相对比较远，所以出租车费用也不低。

## 机场常用电话

客服呼叫中心：020-36066999
航站楼警务室：020-86137273
航站楼医务室：020-36066926
机场火警：020-36063119

行李寄存：020-36066859
机场行李查询：
020-36066763（国内）
020-86130102（国际）

# 旅行信息
## [法国篇]

航空入境指南　390
回国指南　392
机场指南　394
法国国内交通　398
法国的通用货币・通信　406
美食大搜索　408
购物的乐趣　410
酒店轻松住　412
突发事件的应对措施　414
旅行会话　416

# 航空入境指南

下飞机后，在机场过了入境检查和海关检查后，即可直接去往酒店。

高效率运转中的戴高乐机场

## 机场常见法语

|  |  |
|---|---|
| 抵达 | Arrivée |
| 出发 | Départ |
| 卫星式机场大楼 | Satellite |
| 航站楼 | Aérogare |
| 护照 | Passeport |
| 入境检查 | Contrôle des Passeports |
| 换乘 | Correspondance |
| 登机口 | Porte d'Embarquement |
| 行李托运 | Livraison Bagages |
| 行李 | Bagage |
| 行李牌 | Ticket de Bagages |
| 海关 | Douane |
| 摆渡车 | Navette |
| 货币兑换处 | Change |
| 卫生间 | Toilette |
| 出口 | Sortie |
| 出租车 | Taxi |

## 抵达法国后的程序

### ■ 从中国直达法国

中国国航、南方航空和法国航空都有航班直飞法国巴黎。其中，中国航空从北京首都国际机场直飞巴黎戴高乐机场的航班，所需时间最短，大概11小时；直飞法兰克福的航班，大概10小时多点，可以说去法国非常方便。当然，也可选择中转赴法国，这就看自己的需要了。

### ■ 中转换乘　Correspondances

到达巴黎或者法兰克福后，如想换乘去往法国其他城市，需按照机场的换乘（Correspondances）指示在前台办理换乘手续，然后到换乘机的登机口等候登机。换乘时间至少在两小时以上。万一来不及，请与机场内工作人员联系。在国内出发时托运的行李，在最终目的地领取。

机场内的换乘标志

到了戴高乐机场，如果要换乘从巴黎另一大机场——奥利机场出发的航班，在抵达地需要办理入境手续。在这两个机场间有摆渡车和出租车，但是，行李必须由自己搬运。所以，必须充分掌握好所需时间，以免延误航班。不提倡一日内换乘航班。

### ■ 入境检查　Contrôle des Passeports

飞机抵达机场后，马上去入境检查柜台前接受检查。通常情况下分为"欧盟国家"和"其他国家"两大检查处，所以需在"其他国家"检查处排队等候检查。轮到自己接受检查时，若听到"您好"时，主动出示护照；有些情况下，检查人员会问及你的入境目的及在法停留日期等，有时还会要求出示回国机票，所以最好用英语或法语准备好这些问题的答案，以免产生不必要的麻烦。除此之外，若是经过其他的申根国家而入境法国，因为在换乘时已经经过入境检查，所以在巴黎机场就不需要接受入境检查了。

### ■ 领取行李　Livraison Bagages

接受完入境检查后，到传输带旁等行李。要根据自己所搭乘的航班名及在出发地的转台前等待行李。因为一样的行李箱太多，所以一定要仔细核实是否是自己的行李，以免错拿。如果拿错了别人的行李，就会产生运送费等一些

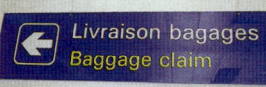

机场内提取行李的标志

如果遇到飞机晚点的情况，最好一下飞机就和预订的酒店联系，因为酒店的预订有效期是在当日的20:00之前，如果不及时沟通，预订会自动取消。如果对自己的法语不自信的话，可以拜托机场工作人员和酒店方面进行沟通。

到达机场

不必要的费用。如果自己的行李没出来，马上与机场工作人员联系，因为行李有时会放到与自己搭乘的飞机不同的其他飞机上，所以有时航空公司的工作人员会在2至3日内将其送到你指定的住处。也就是说，为防止万一，最好将自己必备的贵重物品随身携带。

### ■ 出海关　Douane

提取完行李直接过海关检查。如果所带的物品在免税范围（参见右栏）之内的话，出示绿色的无申报物品卡；如果携带不在免税范围内的物品，需出示红色的海关申报卡。如果有申报的物品，需向海关出示海关申报品名、金额等事项。有时海关会加强监管力度，如果该申报的物品不申报，有时会罚款或者没收物品。如购买新型笔记本电脑等贵重物品，在海关处会要求出示购买时的发票，所以一定不要忘记随身携带。

### ■ 所带货币的申报

如入境法国，随身携带1万欧元以上（欧元、人民币或者其他通用现金、旅行支票等）时，必须向海关申报。这是取缔非法买卖重要的一环。所以，为了不给自己带来不必要的麻烦，如果携带超过标准的货币等，一定不要忘记及时申报。

### ■ 外币兑换

如果在国内不能兑换欧元，在过海关后去往市里之前，最好首先兑换够交通费和其他费用。在机场内的银行及自动取款机备有欧元，可在那里兑换（关于外币兑换请参见p.406）。

过了海关可兑换外币

### 入境法国时的物品免税范围

入境法国携带的物品，若是来自欧盟成员国之外的国家，根据物品种类，有以下免税限额（超额部分需要申报关税）。

● 携带商品价格总额每人最多430欧元（未满15岁，总额最多不得超过150欧元。入境时不是通过航空、海运携带的，其商品免税总额为300欧元）。另外，同一种商品的金额不能两人均分。

● 烟草
　卷烟200支、细卷雪茄100支、雪茄50支、烟丝最多不超过250克（只限17岁以上的人）。

● 酒精饮料
　22度以上的白酒1升、22度以下的白酒2升、葡萄酒4升、啤酒不超过16升（只限17岁以上的人）。

● 宠物
　种类不同，数量限制不同（需要有兽医开具的健康诊断书。详情可咨询相关部门）。

● 医药品
　在法国旅行期间的必要的量即可。

### 申根协定

持申根签证或申根国有效证件的人员，不需检查，可自由出入其他申根国家的协定。在最初抵达的申根国家入境时，需要接受海关检查；回国时，在最后一个申根国家出境时还需要接受海关检查。截止到2015年6月，申根成员国共有26个，分别是冰岛、意大利、爱沙尼亚、奥地利、荷兰、希腊、瑞典、西班牙、斯洛伐克、斯洛文尼亚、捷克、丹麦、德国、挪威、匈牙利、芬兰、法国、比利时、波兰、葡萄牙、马耳他、拉脱维亚、立陶宛、卢森堡、瑞士、列支敦士登。

# 回国指南

### 实用法语

我是8月20号乘坐565航班的李山。
Le vol cinq cent soixante cinq du vingt août, au nom de Li Shan.

我想取消预订,可以吗?
Puis-je annuler ma réservation ?

我想改签明天的航班。
Je voudrais changer mon vol pour demain.

### 回国途中常用法语

| | |
|---|---|
| 出发时间 | heure de départ |
| 航班 | vol |
| 飞机票 | billet d'avion |
| 登机手续 | enregistrement |
| 登机牌 | Carte d'Accès à Bord |
| 随身行李 | bagage à main |
| 退税柜台 | comptoir de détaxe |

## 抵达中国前的程序

### ■ 再次确认航班

一般飞机起飞前72小时内,最好确认一下你即将搭乘的航班的相关信息,可直接致电航空公司或机场进行确认。

### ■ 办理退税手续与登机手续

在旅行中购买的商品,如果是退税商品的话,到机场后直接去退税柜台办理相关手续即可(详见p.411)。接着对照一下机场内的信息指示牌,确认自己搭乘的航班是否开始办理登机手续(通常在飞机起飞前两小时开始办理);如果开始办理,就到自己所乘航班的航空公司柜台前去办理。各个办理柜台都有相应的航班名及座位等级,站到与自己搭乘航班对应的柜台前准备办理。轮到自己时,将要托运的行李物品放到传输带上并出示护照和飞机票。向工作人员表明自己希望的座位后,工作人员递给你登机牌及行李牌。

带着旅程的回忆与法国说再见

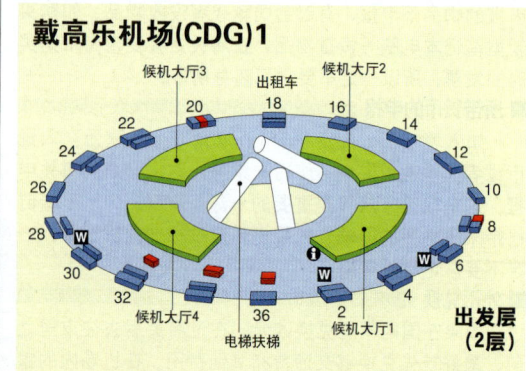

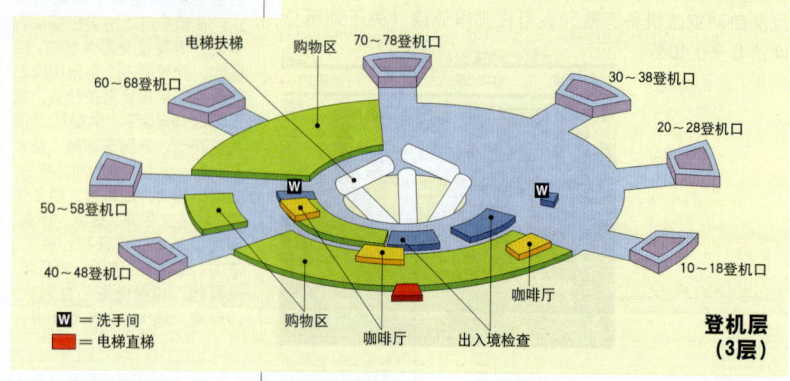

在法国,交通运输部门员工的罢工及企业工会会员的游行非常频繁,经常会遇到这样的情况:想去往机场,但电车停止运营,道路异常拥挤,给出行带来很大不便。所以,在出发的前一天,最好和酒店的工作人员了解一下回国当日的交通运输情况,以免延误航班。

## ■ 出境检查→登机

在出境检查柜台前,向工作人员出示护照和飞机票。确认登机牌上的座位号和登机时间后,走进候机大厅等待候机。如果时间充裕的话,可以去机场免税店逛逛。

戴高乐机场去往出境检查柜台的电梯

## ■ 机内填写申报表

快抵达国内时,需要提前在机内填好"中华人民共和国海关进境旅客行李物品申报单"(乘客均需填写)。如果携带物品有退税范围以外的,需在申报单背面填写好物品名称、数量和价格。

## ■ 入境检查→行李领取

抵达国内,直接去入境检查柜台前接受检查。出示护照,工作人员会在护照上加盖入境公章。检查完后,按照自己所搭乘航班名去转台处等候自己的行李物品;如果行李有丢失或损坏,向机场工作人员出示自己的行李牌说明情况。

## ■ 接受检疫→出海关

如果带有鲜花、豆类、干果等,需要去检疫处接受检疫。检疫合格后,去海关办理通关手续。如果携带物品在退税范围内,到绿色柜台前接受检查;如果携带物品不在退税范围内,需要到红色柜台前接受检查,出示"中华人民共和国海关进境旅客行李物品申报单",海关算出需交税额后到纳税窗口交税即可。

## 将免税物品邮寄回家

假如购买的物品比较多,致使回国行李增多时,可以选择通过邮寄方式将退税物品运送到家。除了当地邮局外,还可以选择一些规模大、信誉好的国际快递公司(具体联系方式可参见p.407)。办理邮寄手续时,须按照快递公司的相关规定填写物品邮寄单。另外,一定要保管好相关凭证,以备回国取货时用。

# 机场指南

## 戴高乐机场(CDG)

位于巴黎西北约23公里处，是欧洲首屈一指的国际机场之一。此机场共有2个航站楼，1号航站楼用CDG1表示，2号航站楼用CDG2表示。

从戴高乐机场1号航站楼眺望到的景象

### 戴高乐机场内线（CDGVAL）

CDGVAL是连接戴高乐机场内各航站楼、RER车站、TGV车站、机场停车场和地下的轨道交通。这5个地方在8分钟之内基本可以到达，全程自动化操作，24小时运营，每4分钟发一趟车。在一个大机场内有如此快捷的交通工具，真是非常方便。以前穿梭于这5个地方的交通工具是被称作"Navettel"的摆渡车。自从引进CDGVAL后，运行时间缩短了一倍。

### 戴高乐机场的TGV车站

连接巴黎及地方城市的超高速列车TGV（详情请参见p.400）也通往戴高乐机场。在法国，若想去巴黎以外的城市旅游的话，可以从机场直接乘坐TGV前往，非常便利。从2号航站楼的2C～2F出发，步行即可到达TGV车站。从戴高乐机场1号航站楼与2号航站楼的2A和2B出发，乘坐CDGVAL的话，也能到达TGV车站。

## 戴高乐机场1号航站楼（CDG1）

从中国北京、上海、广州出发直飞巴黎的航班，一般都在这个航站楼降落。每层楼都呈圆圈状，所以想在各层楼直接活动的话，可以利用电梯（扶梯或者直梯）。

### 机场内线CDGVAL（Niveau 0）

位于一层。这层有商店、邮局、药店、诊所、餐厅及CDGVAL车站等设施。有时根据航班安排，在这层候机的情况也时有发生。

### 出发层（Niveau 1）DÉPARTS

位于2层。这层楼里有退税柜台及候机大厅。办理完所有手续后，乘电梯去往3层。

### 登机层（Niveau 2）EMBARQUEMENT

位于3层。这层楼里有出入境检查柜台、中转手续办理柜台。抵达时，如果办理完入境检查手续，可以乘电梯去往4层。回国时，如果办理完出境检查手续，可乘坐电梯去往登机口附近等待登机。

### 抵达层（Niveau 3）ARRIVÉES

位于4层。抵达后，在转台前领取自己的行李物品，然后经过海关检查之后就可以出去了。

## 戴高乐机场2号航站楼（CDG2）

法国航空的国内航班、国际航班及有些中国航班会在此航站楼起降。现在此航站楼有7个大厅，依次称为2A～2G。抵达与登机口、出入境检查柜台、海关检查、抵达与出境大厅（2A～2D），在同一层。各大厅之间距离很近，即使是第一次到这里的旅客也不会迷路。来往于各大厅之间的话，可以乘坐CDGVAL；如果要到紧邻的大厅，步行即可。

**提示:** 在法国,戴高乐机场通常被称作鲁瓦西[Roissy(这是该机场所在地名称)],因为有人经常会把戴高乐机场与巴黎凯旋门前的戴高乐广场(也称为星形广场)相混淆,所以,搭乘出租车前往机场时,最好告诉司机是去往鲁瓦西比较保险。

## 从戴高乐机场如何到市内

### ■ 乘坐法航机场大巴(Cars Air France)

● 经由马约尔站(Porte Maillot)前往市内凯旋门方向

乘车地点:CDG1第34号出口、CDG2C第2号出口、CDG2B第1号出口、CDG2E和2F的回廊第3号出口处。乘车时间6:00~23:00,每隔20~30分钟发一趟车,所需时间为40分钟左右。票价15欧元。

● 经由里昂站(Gare de Lyon)前往蒙巴纳斯站(Gare Montparnasse)方向

乘车地点:CDG1第34号出口、CDG2B第1号出口、CDG2C第2号出口、CDG2E和2F的回廊第3号出口处。乘车时间6:00~22:00,每隔30分钟发一趟车,所需时间为50分钟左右。票价16.5欧元。

### ■ 搭乘RER B线

可以在CDG1和CDG2,乘坐连接巴黎市内与郊外的RER B线(有关RER相关介绍参见p.70)。从各航站楼出发到RER车站,若从CDG2A~2F出发,可按照"去往巴黎方向列车"的指示步行前往;若从CDG1出发,可乘坐穿梭于机场内的CDGVAL前往。快铁B线直达巴黎市内的北站、夏特勒站及圣米歇尔站,车票与巴黎市内车票是通用的,不需要更换车票就可换乘地铁,非常方便。不过,这条线路的治安不是很好,可尽量避开早晨和晚间搭乘。乘车时间5:00~24:00,每隔10~15分钟发一趟车,所需时间为30分钟左右(到达夏特勒站)。票价约8.7欧元。

### 位于CDG1的主要航空公司

- 全日本航空公司(NH)
- 德国汉莎航空公司(LH)
- 斯堪的纳维亚航空公司(SK)
- 马来西亚航空公司(MH)
- 新加坡航空公司(SQ)
- 中国国际航空公司(CA)
- 英国航空公司(BA)

### CDG2G大厅

CDG2号航站楼的7个大厅中,最新的2G距其他6个大厅稍微远一些。主要是申根圈内的航班多在此起飞和降落。可以在2C、2D、2E、2F,乘坐免费的摆渡车N2到达。摆渡车大约每6分钟发车一趟,需15分钟左右。

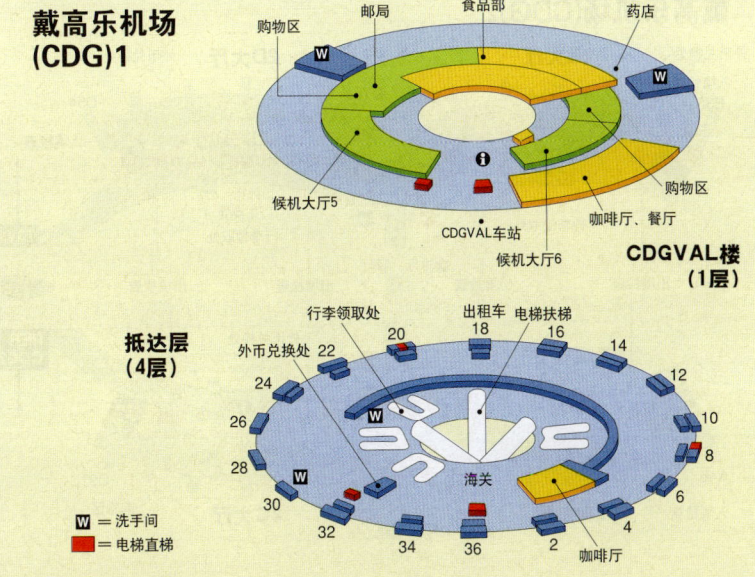

 法国交通运输机构的罢工时有发生，机场也不例外。有时外币兑换处、出租车公司、信息咨询处、中巴车、出租车也不能正常运行。特别是在罢工多发的季节，即暑假后的9月、10月份。所以，在出发之前，一定要通过新闻或网络等途径提前了解法国当地的情况。

### 位于CDG2的主要航空公司

- 俄罗斯国际航空公司（SU）：2E、2F、2G
- 美国航空公司（AA）：2A
- 意大利航空公司（AZ）：2D、2E、2F、2G
- 法国航空公司（AF）：2A、2B、2C、2D、2E、2F、2G
- 香港国泰航空公司（CX）：2A
- KLM荷兰航空公司（KL）：2C、2E、2F、2G
- 大韩航空公司（KE）：2E
- 日本航空公司（JL）：2D、2E、2F
- 芬兰航空公司（AY）：2A、2D、2F
- 英国航空公司（BA）：2A

### ■ 鲁瓦西巴士（Roissybus）

巴黎交通运输公司（RATP）运营的巴士，是连接戴高乐机场和巴黎歌剧院的重要交通工具。乘车地点：CDG1第32号出口、CDG2C和2A的第9号出口、CDG2B与2D的第11号出口、CDG2E和2F的回廊第5号出口处。乘车时间5:30～23:00，每隔15或20分钟发一趟车，所需时间为45～60分钟。票价9.4欧元。

### ■ 出租车

行李多时，还是搭乘出租车比较方便。在巴黎市内或近郊，只要告诉司机目的地，一般都会准确无误地送到。乘车地点：CDG1第20号出口、CDG2C和2A的第6号出口、CDG2B与2D的第7号出口、CDG2E和2F的回廊第1号出口。车费一般50欧元左右，乘车时间段不同，费用也会不同。另外，行李需要额外加钱。从机场到巴黎市内所需时间为45分钟左右。

## 奥利机场（Orly）

奥利机场位于巴黎以南约15公里处。有西、南两个航站楼，欧洲各国、中东、美国的国际航班大都在南航站楼起飞或降落。从降落口到达南航站楼需步行。在2楼办理完入境检查后，再从中央楼梯下一楼去领取行李。

### ■ 从奥利机场至市内

从奥利机场至市内，可以乘坐经由蒙巴纳斯站去往荣军院（Invalides）或者凯旋门方向的法航机场大巴即可，交通还是相对比较方便的。可在奥利机场南航站楼L出口、

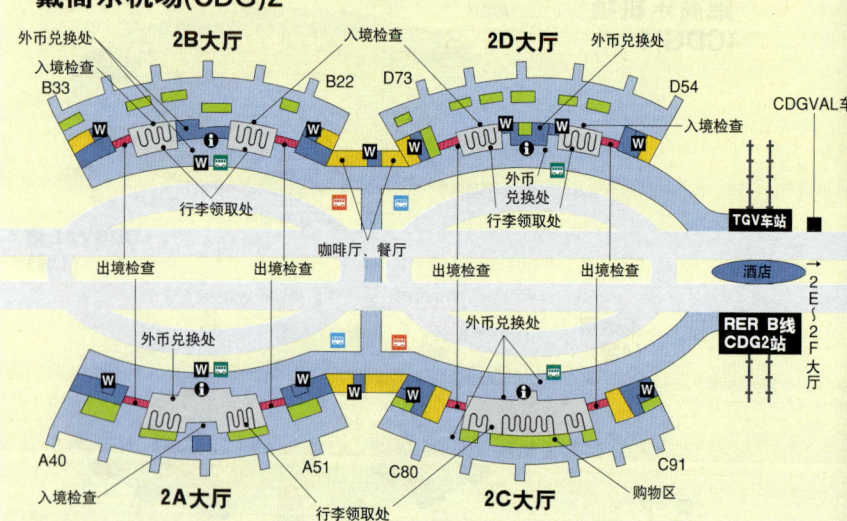

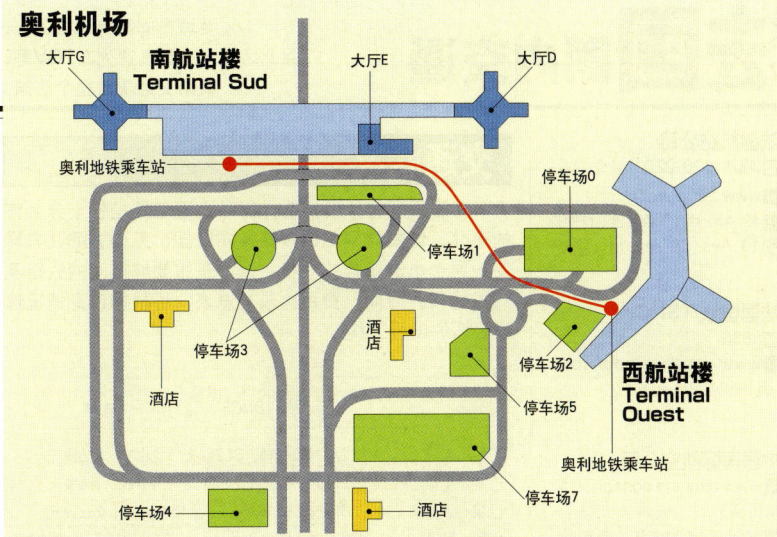

## 奥利机场

西航楼H出口处乘车。乘车时间6:00~23:40，每隔20分钟发一趟车，所需时间为30分钟左右。票价11.5欧元。

可选择的其他大众交通工具有：奥利公交（地铁去往Denfert Rochereau方向，约25分钟的行程，票价6.6欧元）；公交285路（地铁去往Villejuif-Louis Aragon方向，约15分钟的行程，票价1.5欧元）；奥利地铁Orly VAL（RER B线经由安东尼车站去往巴黎方向，约半小时车程，票价10.25欧元）；机场摆渡车转乘RER C线（经由Pont de Langes去往巴黎方向，约35分钟车程，票价RER 3.8欧元+公交2.5欧元）。

乘坐出租车去往巴黎市内约需30分钟，车费约40欧元。

### 航站楼间的交通

在奥利机场南航站楼和西航站楼之间来往的话，可以乘坐机场内的奥利地铁（Orly VAL）。乘车地点：奥利机场南航站楼K出口和奥利机场西航站楼的W出口。乘车时间：6:00~22:30（星期日7:00~23:00）。每隔4~8分钟运行一趟，所需时间约为2分钟。

### 戴高乐机场和奥利机场间的交通

● RER B线转奥利地铁

运行时间：6:00~23:00，5~8分钟运行一趟。票价：RER 8.7欧元+奥利地铁7.9欧元。

● 法航机场大巴

乘车地点：CDG1第34号出口、CDG2B和2C的第2号出口、CDG2E和2F的回廊第3号出口。运行时间：5:55~21:00。30分钟左右运行一趟，行程约需50分钟。票价18欧元。

● 出租车

运行时间、乘车地点根据道路情况而定。费用大约50欧元。

公交站
🟥 …法航机场大巴去往凯旋门方向
🟧 …法航机场大巴前往蒙巴纳斯
🟦 …鲁瓦西巴士（Roissy bus）
W …卫生间

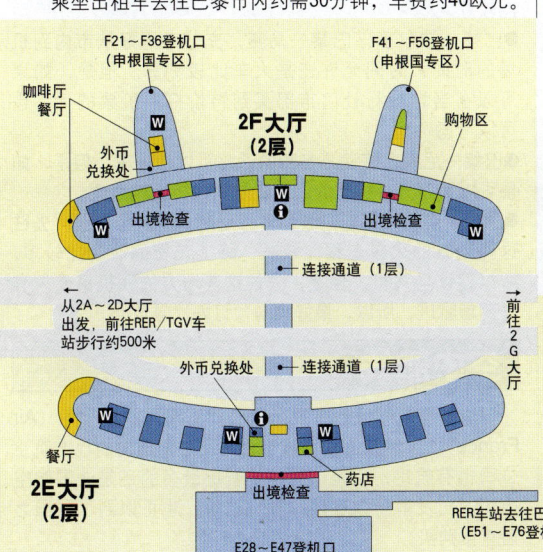

# 法国 国内交通

主要城市间都有飞机通行，除此之外还有超高速列车TGV等，铁路交通覆盖整个法国。

**法国航空公司**
☎ 3654（6:30~22:00，常年营业）
🌐 www.airfrance.fr
✉ 49, Ave. de l'Opêra, 2区（巴黎）
✉ 10, Ave. de Verdun（尼斯）

**法国国铁（SNCF）**
☎ 3635
🌐 www.voyages-sncf.com/
（英语和法语）

**中国国际航空公司**
🌐 www.airchina.com.cn（中文页面）
🌐 www.air-china.fr（法文页面）

## 交通状况

在法国国内，出行选择哪种交通工具是件十分头疼的事儿。像蜘蛛网似的铁路遍布全国，无论去哪儿只需要一两个小时航程的飞机。以下是主要城市间的铁路及飞机的飞行时间、费用比较一览表，可根据自身情况选择合适的出行工具。

|  | 火车（SNCF） | 飞机 |
| --- | --- | --- |
| 巴黎→南特 | 2小时15分钟，54.7欧元 | 1小时，276欧元 |
| 巴黎→里昂 | 2小时，64.3欧元 | 1小时，266欧元 |
| 巴黎→波尔多 | 3小时，82.3欧元 | 1小时，262欧元 |
| 巴黎→马赛 | 3小时，81欧元 | 1小时15分钟，334欧元 |
| 巴黎→阿讷西 | 3小时40分钟，71.5欧元 | 1小时20分钟，315欧元 |
| 巴黎→尼斯 | 5小时30分钟，77欧元 | 1小时20分钟，240欧元 |
| 巴黎→南特 | 9~11小时，106.2欧元 | 1小时30分钟，494欧元 |
| 巴黎→波尔多 | 8~10小时，69欧元 | 1小时，371欧元 |
| 巴黎→斯特拉斯堡 | 9~12小时，97.2欧元 | 1小时，367欧元 |

※以上数据均为2010年10月下旬至2011年5月的。火车价格以成人单人单程二等车的普通票价为基准，飞机以成人单人单程直达经济舱票价为基准。根据时间、折扣、有无追加费用、经由地的不同，有时会有变动。

### ■ 参考路线

● 巴黎→南特、巴黎→里昂，最好乘坐既便宜又快的火车比较好。

● 巴黎→波尔多、巴黎→马赛，充分考虑好从市内到机场的时间，时间允许还是火车比较划算。但是，如果可以在当地旅行社门市部买到特价打折机票的话，也可以考虑飞机。

● 巴黎→尼斯，旅途不辛苦的话，可以坐火车。但是，如果可以买到打折机票的话，还是坐飞机比较舒适。

● 尼斯→南特、尼斯→波尔多、尼斯→斯特拉斯堡，去往这些地方的火车车程比较长，路上花费的时间比较多，所以建议坐飞机。但是，去往这些地方的飞机每天只有一两趟航班，所以，最好提前预订好比较放心。

## 空中航线

法国国内航线的主要运营公司是法国航空公司（Air France）。虽然其他欧洲航空公司及法国国内的地方航空公司也有航班，但是，航线、航班最多的还是法国航空公司。出发前可以在国内预订航班，也可以到了法国之后直接购买。

运营国内线的奥利机场

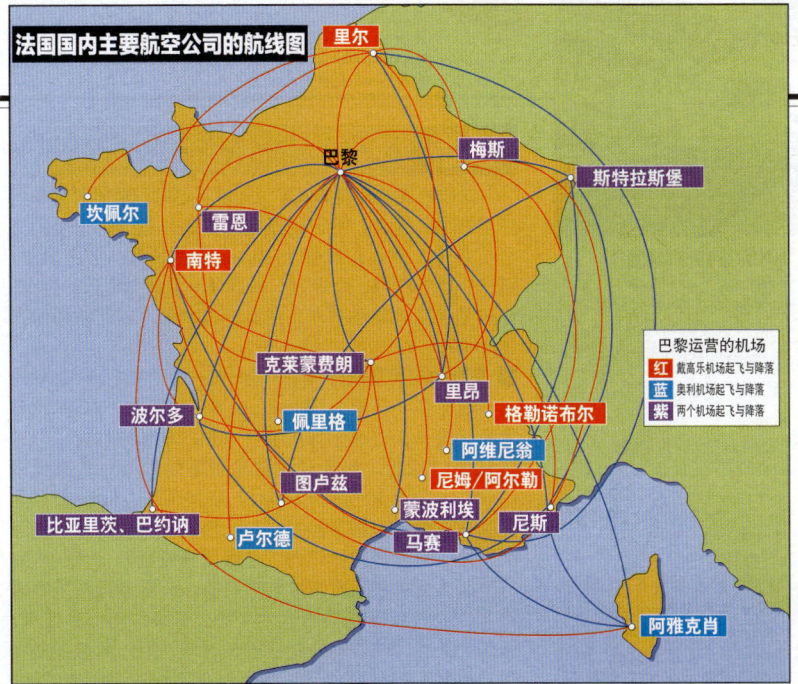

### ■ 机票的预订

从国内出发前就可以预订机票。可以通过一些大的旅行社或者信誉度高的网站预订好回国的机票。一般国内直飞法国的航班，目前只有从北京国际首都机场、上海浦东国际机场、广州新白云国际机场出发的。也可以提前预订从法国往返国内的电子客票或特价机票。如果抵达法国后购买的话，可以去航空公司的机票代售处、机场柜台或者旅行社代售处购买。特别是旅行社代售处因为其代理多个航空公司的机票，所以，在那里旅客可根据自己的需要找到自己所需搭乘的航班，非常方便。在巴黎有很多旅行社代售处的工作人员会讲中文，所以不需要担心。

### ■ 办理登机手续

从法国出发时，需要提前搞清楚自己的航班是从戴高乐机场出发的还是从奥利机场出发的，还要确认好是从哪个航站楼登机的（关于巴黎机场的详细介绍请参见pp.394～397）。如果是从戴高乐机场出发转乘奥利机场的航班，一定要掌握好时间，往来这两个机场间大约需要2小时，所以要保证有充裕的时间换乘。国内线一般在飞机出发前1小时开始办理登机手续，具体的办理顺序与国际线的基本相同（请参见p.392）。

### ■ 从机场到市内

法国大部分的机场都在远离市中心的郊外。如果是去往市中心的话，乘坐摆渡车非常方便。小型机场里的出租车比较少，所以有时特别难打到车。在机场里也有提供租车的机构，但是，并不是每个人都能租到自己中意的车，所以，还是提前预订比较有保证。

### 法国航空公司的折扣制度

法国航空公司的国内线遵循相关规定而进行打折。但是，在出发前42～1天（根据日期的不同打折额度也不同）之内，没有预订的话不能打折。只有周末的往返票、未满12岁与成人同行的儿童、不满25岁或超过60岁的旅客、情侣、未满27岁的学生等，才可以打折。如果满足以上条件，就可以预订，在购买机票时出示预订单据即可。

超高速列车TGV

> **提示！** 在法国，一般不预订高速列车（TGV）车票。上车后直接将车票钱支付给工作人员也可以。但是，严格地说，这是不合法的，有时这种情况会罚款的。如果想坐的高速列车没有座位，可以在售票窗口取一张站票（Place selon disponibilité），一般都是免费领取。持此站票，如果有空座或者列车的折叠椅可以优先坐。

## 铁路

法国的国铁简称SNCF。火车不但运行准时而且车内环境舒适、整洁，可以说是在法国旅行最值得信赖的交通工具了。铁路以巴黎为中心呈放射状通向各个城市，从一个地方到另一个地方，所以乍一看感觉很远，但是，如果是经由巴黎的列车，还是比较快的。铁路路线网详见pp.402～403。

### ■ 车票的购买及预订

在标有"车票"（Billet）或者"售票口"（Guichet）的车站窗口，告诉工作人员终点站、单程或往返、一等座还是二等座，就会买到自己所需的车票。高速列车（TGV）、长距离列车（Téoz）、夜间列车（Lunéa）、国际列车等的座位需要预订。与此相对，去往近郊的普通列车是不需要提前预订的。一张票身兼数职，可以当同行所有人的单程乘车票或者预订券。只要参照票下方的序号，买完后确认目的地、人数、等级、座位号即可。但是，买票时往往需要花费很长时间，所以尽量在出发前几天就买好所需的票。如果对自己的法语自信的话，可以在自动售票机上自行购买(只有持有IC信用卡的旅客，可以用此服务)。

### ■ 乘车

需要在指示板上确认自己所乘列车的站台号。因为长距离列车的目的地不同，所以很有必要再对照车厢上的列车号确认自己是否在正确的站台上候车。车票最好在站台附近的黄色打孔机上打孔。将正面朝上放入打孔机背面就会出现候车站台号。如果疏忽不打孔就可能被罚款，所以一定要注意这一点。如果提前预订了的话，坐到指定的座位上。注意，每个车厢里既有指定座位也有自由座位，不

### SNCF的折扣制度

● **Prems**
出发前90~14天之内，是预订时间。这段时间TGV车票22欧元起价；长途列车Teoz以20欧元起价，非常便宜。但是，一旦购买，不可变更也不可退票。

● **Loisir**
预订得越早，车票越便宜。从出发前90天开始预订。车票的变更、退票在发车前一天是免费的；但是，当日出发前需支付10欧元的手续费；出发后车票无效。

● **打折卡**
根据年龄及各种条件有4种，都是一年有效期。买票时出示卡即可打折，比Loisir还便宜。发车前一天车票的变更、退票是免费的，当日发车前收取3欧元的手续费，还算便宜。

● **Carte 12~25**
12~25岁人群，打折25%~60%，折后价49欧元。

● **Carte Senior**
60岁以上人群，打折25%~50%，折后价56欧元。

● **Carte Enfant+**
适于有不满12岁孩子的家庭，打折25%~50%，折后价70欧元。

● **Carte Escapades**
26~59岁人群，打折25%~40%，折后价80欧元。

## 看懂法国火车票

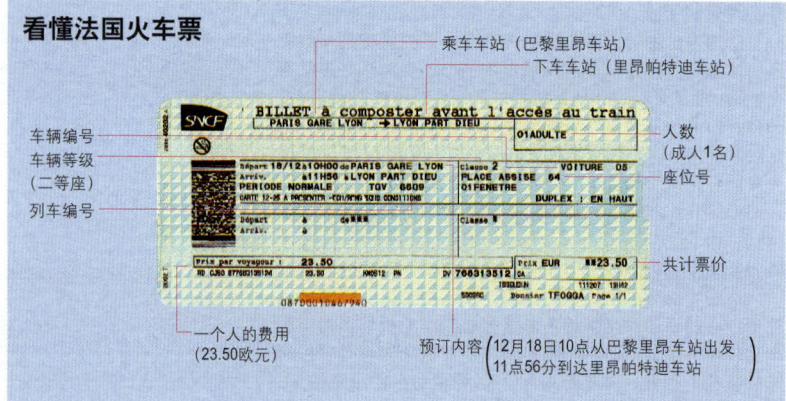

- 乘车车站（巴黎里昂车站）
- 下车车站（里昂帕特迪车站）
- 车辆编号
- 车辆等级（二等座）
- 列车编号
- 人数（成人1名）
- 座位号
- 共计票价
- 一个人的费用（23.50欧元）
- 预订内容（12月18日10点从巴黎里昂车站出发，11点56分到达里昂帕特迪车站）

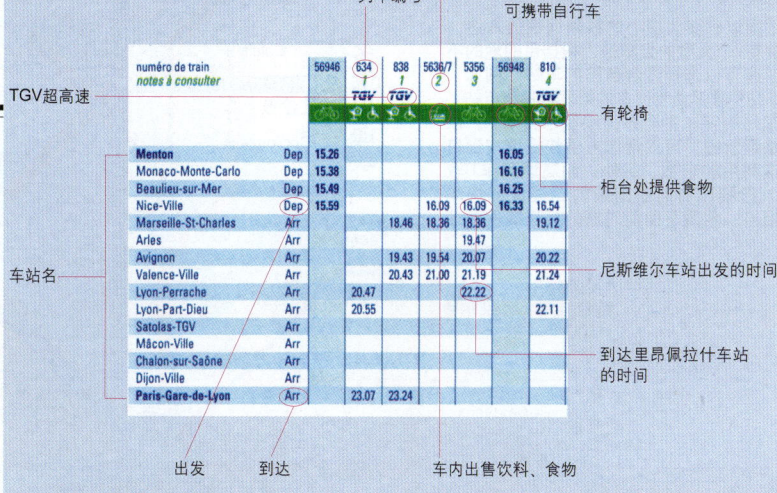

## 如何看列车时刻表 (在车站咨询处、卖票窗口均可免费领取)

根据座位号确认自己是否坐到了合适的区域。如果没有预订，请自觉坐到自由席上。因为没有广播也没有铃声，所以，最好在发车前提前坐到座位上比较保险。乘车过程中，列车员会来检票，所以将车票放到好拿的地方，以便查验。长距离列车里也卖面包等易消化的食品，但是，车内的大都比外边贵，所以最好在上车前就买好自带。另外，法国铁路无论在车站还是车厢内都禁止吸烟，这一点一定要注意（详情参见p.12）。

### 巴黎的车站

- 圣拉扎尔（Gare St. Lazare）车站：前往鲁昂、卡昂、巴约等巴黎西北方向
- 北站（Gare du Nord）：前往兰斯、里尔等巴黎以北地区及乘坐欧洲之星去往伦敦、比利时方向
- 东站（Gare de l'Est）：前往南锡、斯特拉斯堡等巴黎以东地区以及荷兰和德国方向
- 里昂车站（Gare de Lyon）：前往里昂、第戎、格勒诺布尔、普罗旺斯地区、蓝色海岸等巴黎东南方向及意大利、瑞士方向
- 奥斯特利茨车站（Gare d'Austerlitz）：前往奥尔良、利摩日等法国以南地区
- 蒙巴纳斯车站（Gare Montparnasse）：前往图尔、南特、波尔多、比利牛斯方向及法国西部及西南部
- 贝西车站（Gare de Bercy）：前往欧塞尔、第戎等巴黎东南方向（里昂车站以外的另一栋车站楼，除了运营货物列车还运营客车）

### 网上预订

法国火车票也可以在网上预订。预订越早，票价越便宜（详情参见p.400栏外）。旅程定下来后对自己法语比较自信的话，可以试一下网上预订。在售票窗口，只需出示预订号刷信用卡即可。或者是将收到的电子邮件票打印出来直接使用即可。

www.voyages-sncf.com

### 法国交通一卡通

法国国铁（SNCF）无限制乘车一卡通。从开始使用起在1个月内可使用3～9天。费用分为成人票、青年票（12～25岁）、老年人票（60岁以上）、儿童票（4～11岁）、团组票（2人以上的小组），还有一、二等座位之分。

法国交通一卡通（成年人、二等座）

| | |
|---|---|
| 3天 | 约€176 |
| 4天 | 约€203 |
| 5天 | 约€229 |
| 6天 | 约€253 |
| 7天 | 约€276 |
| 8天 | 约€300 |
| 9天 | 约€322 |

※以上数据为2010年10月至2011年5月的。

# 旅行信息 [法国篇]

## 地图标注

**比利时** / **卢森堡** / **德国** / **瑞士** / **意大利** / **地中海** / **科西嘉岛**

### 巴黎车站
- 北站 Nord
- 东站 Est
- 圣拉扎尔站 St.Lazare
- 贝西车站 Bercy
- 里昂车站 Lyon
- 蒙巴纳斯车站 Montparnasse
- 奥斯特利茨车站 Austerlits
- 戴高乐机场 Aéroport Charles de Gaulle
- 塞纳河

### 科西嘉岛
- 巴斯蒂亚 Bastia
- 卡尔维 Calvi
- Ponte Leccia
- 阿雅克肖 Ajaccio

### 以巴黎东站为始发站
Givet, Sedan, Charleville Mézières, 兰斯 Reims, 梅斯 Metz, 南锡 Nancy, Thionville, Lauterbourg, 斯特拉斯堡 Strasbourg, Kehl, Épernay, 科尔马 Colmar, Mulhouse, Basel, Culmont, Belfort, 去往斯图加特、慕尼黑方向, 去往苏黎世方向

### 以巴黎里昂车站为起始站
贝桑松 Besançon, Pontarlier, 第戎 Dijon, Vallorbe, Montbard, Dole, 博讷 Beaune, 日内瓦 Genève, 马孔 Mâcon, Chalon sur Saone, 超高速列车TGV MâconTGV, Bourg en Bresse, 阿讷西 Annecy, Aix les Bains, Evian les Bains, St Gervais les Bains, Martigny, Le Châtelard Frontière, 沙莫尼 Chamonix-Mont Blanc, Vallorcine, Albertville, Chambéry, Bourg St. Maurice, 里昂 Lyon, Modane, Valence, St. Étienne, 格勒诺布尔 Grenoble, Briançon, 奥朗日 Orange, Aspres sur Buëch, Breil S.Roya, Limone, 阿维翁 Avignon, 卡瓦永 Cavaillon, Ventimiglia, 芒通 Menton, 阿维翁超高速列车 AvignonTGV, 普罗旺斯地区艾克斯 Aix en Provence, 摩纳哥 Monaco Monte Carlo, 尼斯 Nice, 尼姆 Nimes, 普罗旺斯地区超高速列车 Aix en ProvenceTGV, 夏纳 Cannes, 昂蒂布 Antibes, 塔拉斯孔 Tarascon, Miramas, 马赛 Marseille, 土伦 Toulon, 去往都灵、米兰方向, 去往热那亚方向, 去往科西嘉岛方向

## 往返于各主要城市间所需时间表

| | | | | | | | | | | |
|---|---|---|---|---|---|---|---|---|---|---|
| | | | | | | | | 2:20 | | 斯特拉斯堡 东 |
| | | | | | | | 3:35 (贝桑松) | 1:40 | 第戎 | 里昂 |
| | | | | | | 1:35 | 4:40 | 1:55 | 里昂 | |
| | | | | | 3:00 | 4:40 | 8:50 (里昂) | 3:40 | 克莱蒙费朗 | |
| | | | | 5:05 (圣日耳曼-德福塞) | 1:45 | 3:15 | 7:20 (里昂) | 3:00 | 马赛 | |
| | | | 3:25 | 5:50 | 4:00 | 5:40 | 9:30 (里昂) | 5:15 | 图卢兹 | 蒙帕纳斯 |
| | | 2:00 | 5:35 | 6:50 (圣日耳曼-德福塞) | 5:55 (巴黎) | 6:10 (巴黎) | 8:00 (巴黎) | 3:00 | 波尔多 | 蒙帕纳斯 |
| | 3:55 | 6:35 | 6:45 (巴黎) | 5:40 (穆兰) | 4:30 | 5:00 (巴黎) | 7:15 (巴黎) | 2:00 | 南特 | 蒙帕纳斯 |
| | 1:15 | 5:55 (南特) | 8:00 (巴黎) | 6:10 (巴黎) | 6:55 (巴黎) | 4:10 | 4:45 (巴黎) | 7:00 (巴黎) | 2:00 | 雷恩 | 蒙帕纳斯 |
| 3:25 | 3:55 (勒芒) | 5:05 (巴黎) | 9:05 (巴黎) | 5:40 (巴黎) | 6:30 (巴黎) | 4:30 (巴黎) | 4:15 (巴黎) | 6:50 (巴黎) | 1:50 | 卡昂 | 圣拉扎尔 |
| 3:45 (巴黎) | 4:05 (巴黎) | 4:00 (巴黎) | 5:05 (巴黎) | 7:20 (巴黎) | 4:45 (巴黎) | 5:15 (巴黎) | 3:00 | 3:20 (巴黎) | 5:40 (巴黎) | 1:00 | 里尔 北 |
| 卡昂 | 雷恩 | 南特 | 波尔多 | 图卢兹 | 马赛 | 克莱蒙费朗 | 里昂 | 第戎 | 斯特拉斯堡 | 巴黎 | |
| 圣拉扎尔 | 蒙帕纳斯 | 蒙帕纳斯 | 蒙帕纳斯 | 蒙帕纳斯 | 里昂 | 里昂 | 里昂 | 里昂 | 东 | | |

始发站和终点站均为巴黎的车站

※凡有括号标志的均为换乘车站，只有数字标志的为直行列车，所需时间为最短的时间（以5分钟为一个单位）。

在法国的一些城市,在一定时间里可以使用一张车票乘坐好几次车。但是,在上车时,最好先将车票给司机看看是否能在有限的时间里到达目的地。

## 巴士

### ■ 国际长途汽车

连接欧洲28个国家近500多个城市的长途汽车,仅在法国国内就有近90个起始站,所以,在法国国内进行长途旅游,乘坐十分方便。但是,这种国际长途汽车是不允许只在国内旅游的游客乘坐的。

### ■ 法国国内长途汽车

法国国内虽然铁路四通八达,但是,对于那些想去郊外或者不通铁路的地区旅行观光的旅行者来说,国内长途汽车是最佳选择。提醒广大游客注意的是,有些长途汽车每天只发车一两趟,有些长途车在周末是不运行的,所以在出发前一定要提前和旅游信息服务中心确认好长途汽车的运行时刻。

长途汽车运行时刻表一般在火车站周边,最好是刚下车就确认好自己将要乘坐汽车的运行时间,以免延误旅程。车站终点站一般有指示牌和售票厅。在圣诞节和复活节前后运营繁忙时节,为了提高效率一般取消预订。

乘车时,告诉司机自己的目的地。在车上买票即可。一般付款后得到的是卡或者车票,如果是卡的话,在车内的打孔机上自行打孔,通常是全席自由座。很多车内没有售票员(即使有也只会讲法语),所以最好提前将自己的目的地告诉司机,在到达目的地时请司机提醒你一下。另外,在没有车站牌的汽车站,去时的路和返回的乘车地点也不同,这些情况在出发前一定要掌握好。

### ■ 市内巴士

与巴黎一样,地方上的市内巴士也很发达。在旅游信息服务中心或者车站拿到的公交路线图,对旅游者以后的旅程十分有利。在车站或者标有TABAC标志的烟酒商店,可以买到车票。如果频繁乘坐巴士的话,买联票比较划算。巴黎公交车路线图请参见p.73。

### ■ 旅游巴士

在旅游旺季,有往返于市内和郊外景区的旅游巴士。乘坐旅游巴士可以在很短的时间内高效率游览市内,在车上可以看到步行不容易看到的风景,所以,乘坐旅游巴士是很好的选择。但是,根据季节等的不同,巴士的时刻表也不同,最好提前在旅游信息服务中心确认好。

---

**巴黎的市内巴士**

### 巴士实用法语

| | |
|---|---|
| 巴士 | Autobus/Autocar |
| 巴士终点站 | Gare Routière |
| 联票 | Carnet |
| 巴士站 | Arrêt (d'Autobus) |
| 司机 | Chauffeur |

### 巴士代替国铁(SNCF)

法国国铁的地方线根据季节、时间及客流量的大小,有时会由巴士代替国铁运行。时刻表及通知栏一定要注意,看它是标有"Autocar"还是"Car"。由于这些巴士与铁路乘车程序一样,所以可以用欧洲火车通票或法国交通一卡通(p.401)。

### 出租车

法国的出租车费用不算太贵,所以,离市内很远的地方可以打车前往。如果确定了自己返程的时间,还可以和司机联系好在规定的时间前来接送。但是,如果是超大件的物品,需要支付一定的行李费。另外,由于是按时计费,所以也可以乘车观赏市内风景,费用由双方商量而定。

### 看懂法国国内长途汽车车票

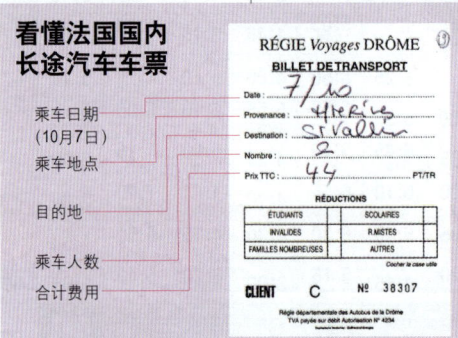

- 乘车日期 (10月7日)
- 乘车地点
- 目的地
- 乘车人数
- 合计费用

**提示！** 法国高速公路每隔20公里就有一个服务区。像国内的服务区一样都设有卫生间、咖啡厅、商店和加油站,疲劳时,可以在这里休息片刻。

# 租车

在国外租车的话,需要出示国外驾驶证、护照、信用卡等证件。有些租车公司还限定驾驶年限和年龄。即使不是旅游旺季,也不一定能租到自己希望的车,所以最迟在3天前就预订比较有谱。这里的自动变速车比较少,所以一定要提前预订。一般租车费用里含有汽车损害保险。租车公司一般可以用英语沟通。最好在出发前就预订好自己所需的车辆,而且在国内预订费用还便宜,可以说是两全其美的事。

## ■ 道路地图

想在国外体验一次高效率高水平的兜风,最重要的是提前熟悉道路。米其林公司的地方地图(可以在当地书店购买)是必需品。通过租车公司的城市周边地图,可以了解城市更详细的情况。

路上有很多地方都标有城市名,如果按照这些标志走的话,是不会迷路的。但是,万一迷路了,想出去的话可以沿着"TOUTES DIRECTIONS"标示前行,这样就会找到自己的目的地。

## ■ 行车中的注意事项

在法国车辆是右侧通行。在市内街道上行驶最高时速不得超过50公里,一般道路不得超过90公里,高速路不得超过130公里(雨天不得超过110公里)。法国规定,单车道的左转弯处,右侧车辆优先行驶。如果一时不习惯,错过的话就需要多转好几圈。另外,法国一些古城里,多是石板路的坡道,一般上坡的车辆优先行驶;通过窄道路时,公交车和邮递车优先行驶,小轿车后行。汽车和公交车专用车道也需要留意一下。

## ■ 停车

路上写有"PAYANT"的地方是收费停车场,所以需要购买泊车票。使用方法基本与国内相同。下车时,即使不是贵重物品,也务必将行李放到隐蔽的地方比较安全。

## ■ 加油

加油站大部分都是自助服务。使用方法基本与国内相同。选择租车公司指定燃油[高级燃油(super)、一般油(sans plomb)、粗柴油(gazole)],打开油箱盖将喷管插入油箱内,在加油结束前只需等待即可。油费在加油站支付。与国内相比,法国的加油站比较少,所以尽量提前加够足够的油。

## 租车费用

租车费用根据所租车的车种、运行距离、天数而定。租的时间越长,租车费用越便宜。费用一般提前支付,还需支付保证金。保证金在确保车辆没有划伤等情况时,会通过信用卡返还给顾客的。如果租完车就丢下车不管,还需支付额外费用;如果用完车里的所有油而空车归还的话,会将油价算得很高很高。关于租车费用的详细名目可以咨询各个租车公司。

## 法国的道路标示

法国道路标示是按照国际规格制定的。如果还是不放心的话,可以通过网络提前了解下法国的道路标示。

自助式加油器

## 偶遇故障

如果还可以行驶的话,可以将车开到离自己最近的租车公司。如果是在行车道上,可以拨打紧急联系电话,寻求援助。但是,如果在乡下遇到这种情况就不好办了,所以一旦发现车有异常,应立即提前修理。

# 法国的通用货币·通信

为享受一个愉快而舒适的法国之旅，最好在出发前了解一些实用信息。

## 通用货币

法国的通用货币是欧盟通用的欧元（货币的种类、汇率详见p.10），货币的设计在欧盟成员国间基本是共通的，但是，有8种硬币的背面印有发行国的象征。当然了，只要是欧元，在所有的成员国都可以使用。对于旅行者来说，若法语听说数字有困难，可以通过笔头写数字交流。

### 法国人书写数字的习惯

法国人书写数字有特殊的习惯，如果不熟悉的话很难看懂。既听不懂款项也看不懂数字的话，比较头疼。所以，一定要记住法语数字的特征。

1 2 3 4 5
6 7 8 9 10

### 法国日期的书写方法

法国日期的书写方法不但与中国不同，而且与同处于一个英语圈的其他国家也大相径庭。旅行过程中，预订酒店时、购买铁路车票时，因为确认日期的机会很少，所以一定要多加注意。例如，2015年7月8日，在法国一般都写成"8/7/15"。

## 外币兑换

可以在银行、邮局、酒店和外币兑换处兑换外币。兑换处一般都在显眼的地方标有"EXCHANGE"标记。

■自动兑换机

自动兑换机是可以自动将各国纸币兑换成欧元的机器，可以一天24小时服务。

❶按下下面的"中文"标示键。
❷当出现请插入纸币提示时，在插入口插入纸币。
❸当显示器上出现当日的外币换算总额时，按下"OK"键。
❹当出钞口的挡板打开时，欧元就出来了。

■自动存取款一体机

在银行、火车站、机场等的自动取款机上，可以办理用国际银联提取现金、信用卡提取现金等业务。法国的自动取款机也是24小时工作，所以非常方便。可使用卡的类型在自动取款机上有标示。

### 错误信息提示
OPERATION ANNULEE
（取消业务办理）

OPERATION EST INTERROMPUE
（业务办理中断）

CODE SECRET EST FAUX
（密码不正确）

EN SERVISE（业务办理中）

HORS SERVICE（故障处理中）

(1) 插入卡。
(2) 输入密码，按照显示器上的操作说明操作。
(3) 选择所需金额，按下显示器上的确认键。
(4) 提取现金和客户凭条。
(5) 退卡。

典型的自动取款机
(ATM机) 外观

法国除了发行有名的玛丽安（法国的象征，年轻女性的胸像）的各种邮票之外，还发行很多不同的漂亮邮票，在邮寄窗口寄送物品时，对工作人员说"麻烦给我贴纪念邮票（Timbres de collection, S.V.P.）"时，他们一定会让你挑选合适的邮票的。

## 电话

想从巴黎给国内打国际长途时，可以利用宾馆里的电话、公用电话或者手机。从国内往巴黎打电话的具体事项详见p.11。

### ■ 直拨

从法国直拨电话到国内时应遵循以下步骤：接通外线（宾馆时）+中国国际区号（0086）+中国地区区号+对方电话号。从国内直拨到法国则是：0033（法国国际电话区号）+法国地区区号+对方电话号。

### ■ 用信用卡打电话

用信用卡打电话时，需要信用卡号和密码，通过信用卡自动扣费。根据接线员的操作说明操作即可。

### ■ 通过网络电话可以拨打国际长途

用诸如skype等网络软件也可以拨打国际长途，而且这个费用很低，不过，有时因为信号问题，通话质量可不敢恭维。

## 邮寄·国际物流

### ■ 邮寄

法国邮局以黄绿相间的图案为标志。

● 明信片、信封均为绿色

明信片和信的受理程序一样。只受理不超过2千克的物件。超过100克可以选择航空邮寄（快递），还可以选择价位相对低的普通邮寄。快寄需4~10天，普通寄送需9~18天。

● 邮政包裹

邮政包裹的受理是规定重量的，这点可咨询法国当地邮局。如果想把在法国买到的特产邮寄到家的话，将其作为另寄物品寄送，这样就可以不需要付关税了。可以选择邮局的专用箱，非常便利。切记，外包装上要写清详细情况，以方便回国时在海关申报。

### ■ 国际物流

国际知名的物流托运公司如TNT快递、中外运敦豪（DHL）、联邦快递（FedEx）都有国际快递业务，在巴黎也有网点，如果选择往国内寄送大行李的话，不妨考虑一下。当然，有时也有需要另外寄送的货物，如果想收发货物可以与巴黎营业所的工作人员联系。

黄色图案的邮电局

最新电话卡专用的公共电话机

### 电话卡

在邮局及商店可以买到电话卡。也有买预付费电话卡的地方。但是，在巴黎打国际电话一般语言提示是法语，所以对于旅行者来说不适用。

### 国际长途电话卡

有些国际长途电话卡也可以用来在公用电话或酒店内的电话上打国际长途，具体的操作方法和国内使用IP电话卡打长途的一样。先拨电话卡上的号码，再根据语音提示操作即可。这些卡在出发前可以在国内的机场买得到。

### 法国国内的电话号码

法国的电话没有市内市外等区号的限制，在哪里都是10位数的电话号码。

### 全天营业的邮局

MAP● 剪切图-12、p.57-G
中央邮局（Bureau de Poste Central）
✉ 48-52, rue de Louvre, 1区
☎ 01 42 33 71 60

# 美食大搜索

法国被誉为世界美食家的国度。
品尝美食
一定不容错过。

最幸福的一刻应该在一流的餐厅度过

## 营业时间

● **餐厅和小酒店**

一般是12:00~14:30、19:30~22:30。周日、节假日或者周一有些店休息。高级店一般在冬季和夏季有两周或一个月的假期。

● **啤酒店**

有和餐厅一样的店,也有和咖啡厅一样的店,共两种店。

● **咖啡厅**

一般7:00开业,关店时间19:00至深夜的都有。周日、节假日有些咖啡厅是不营业的。

## 茶餐厅(Salon de thé)

一般是提供红茶和点心、饼干或者三明治和点心等食品的店。与咖啡店相比,价位比较高,但是有种很高雅的感觉。可以在这里享用早餐、午餐和晚餐,大多在19:00左右就打烊了。

## 外带店

在店前的橱窗里有三明治及果馅饼。一般可以在店里享用,店里还有矿泉水、啤酒和果汁等饮品。营业时间一般是从中午开始一直到20:00左右。还有些店一直营业到深夜。最近,专卖中华美食及越南美食的专卖店也越来越多,如果怀念酱油的美味,可以到这些店里解解馋。

## 葡萄酒

法国的饭桌上葡萄酒是不可或缺的。在一些高级酒店里,有专门的人员会根据客人点的饭菜搭配合适的葡萄酒。但是,最好说清楚自己想要红葡萄酒还是白葡萄酒,想要什么价位的、什么口味的葡萄酒。另外,无论是高级餐厅还是一般餐厅(Vin de Table),在餐桌上都有葡萄酒,这些葡萄酒大都价格实惠,口感上乘,不妨一试。

## 餐厅种类

就餐时,餐厅的选定不能只考虑饥饿的程度,而是要全面考虑一天的时间及体力方面的需求,这样作出的决定才是最合理的。下面介绍几种餐厅供你选择。

● **餐厅(Restaurant)**

一般餐厅的上菜程序依次是开胃菜、主菜和甜点,但是在一些中级以下的餐厅有些程序可以省略。在餐厅里可以慢慢享用美味的菜肴,作为餐厅方面也会考虑到顾客的需求提供相应的服务,所以这样的餐厅不适合急着用餐的人。

● **小餐馆(Bistrot)**

饭菜、服务都与餐厅相差悬殊,以大众口味为主,主要以提供传统美食及当地风味的美食为特色。

● **啤酒店(Brasserie)**

氛围与餐厅差不多,大多是可以用餐的咖啡店,可以只点一个菜。价格便宜,经济实惠,而且很多店营业到很晚才关门。

● **咖啡厅(Café)**

从早到晚可以只要茶或者啤酒,也可以点三明治或者点心。在轻松愉悦的气氛中,可以享用经济实惠、美味可口的菜肴。

● **自助餐厅(Cafétéria)**

在柜台前自由选择自己喜欢的食品放到盘子中,吃完饭后一起结算。虽然在市中心很少见到这样的自助餐厅,但是,在大型的超市及百货商店,这样的自助餐厅还是挺多的。

● **各国美食店**

法国人对各国的美食有很大的兴趣,所以在法国有意大利、希腊等具有欧洲风味的餐厅,也有包括中国在内的亚洲、非洲、中东等国家风味的餐厅。特别是中国美食店、越南美食店和以烤羊肉为主的阿拉伯美食店,在法国大街小巷俯拾皆是。

## 预订方法和时间

一流的餐厅需要提前预订。一般在前一两周内预订就可以,但是,那些广受好评的店一般需要提前2至3个月预订。在国内预订,可以拜托旅行社预订,也可以自己

 用完餐后喝的酒，一般都是酒精度数比较高的。在酒兴正浓时稍微喝点就会醉。所以，千万要注意，不可以一口气喝干，而应该在舌尖上抿抿慢慢品尝，这样不容易醉。

通过国际长途或发送传真预订。到达法国后，可以直接通过电话预订。晚餐比午餐容易预订。预订时，需要向对方提供自己的名字、就餐时间、座位数及吸烟区还是无烟区等信息。如果想取消预订，最好提前与餐厅联系。若是预订中级或高级餐厅的话，需要提前一天或当天午餐前就预订妥当，因为这些餐厅人气都比较旺。

## 就餐礼仪

所谓的礼仪，就是注意不妨碍他人，不让他人产生不好的感觉。特别是欧美人对声音非常敏感，这一点希望注意。例如，杯子和餐具的碰撞声、喝汤声、吸鼻涕声、大声说话声、电话铃响声、打嗝声等都是大忌。另外，像脱鞋、用舌头舔刀具、将面包掰成小块吃、端起碟子吃等，在高级餐厅这些行为都是非常失礼的。将餐巾铺到膝盖上，嘴角或者杯子上有饭菜等要轻轻擦掉。高级餐厅一般是一个碟子上放一个刀具，面包有专门放面包的餐具（不可以放到饭菜上）。当需要服务员帮忙时，不可以大声喊，举手示意即可。高级餐厅有专门的服务员，最好记住是哪个服务员为自己提供服务。另外，法国所有的餐厅均是无烟餐厅（详见p.12），但是，有的高级餐厅也设有吸烟区，实在忍不住的人，可以问一下服务员去吸烟区解决。

## 费用支付方式和小费

费用一般在餐桌上就可以支付。当叫服务员结账时(addition, s'il vous plaît)，他们一般会拿发票过来。法国的服务费一般是计算在总额里的，对于没有支付小费(service compris)习惯的中国人来说，如何计算小费的金额是件很头疼的事。小费是客人为表达对服务员的感谢之意而给的钱，这些钱一般成为服务员的零花钱。如果对服务员的服务满意的话，付给小费是一种礼仪；当然了，如果对于服务不满意的话，也没有必要支付小费了。支付的小费也就是喝咖啡剩下的那点小钱而已。中级和高级餐厅的小费，是当前消费金额的5%～10%；一流的高级餐厅一般是10%～15%。在一流的高级餐厅，一般小费付纸币而不是付硬币。首先结账，结完账在离开时将小费放到桌子上。用信用卡支付也一样，先用卡支付，完后再留下现金作为小费。

### 菜单常见法语

|  |  |
|---|---|
| 开胃菜 | Entrée/Hors d'œuvre |
| 汤 | Soupe |
| 法式馅饼 | Paté |
| 食用蜗牛 | Escargot |
| 肥鹅肝 | Foie Gras |
| 牡蛎 | Huitre |
| 鱼 | Poisson |
| 酒 | Saumon |
| 金枪鱼 | Thon |
| 贻贝 | Moule |
| 甲壳类 | Crustacés |
| 海螯虾 | Langoustine |
| 螯虾 | Homard |
| 肉 | Viande |
| 鸡肉 | Volailles |
| 牛肉 | Bœuf |
| 羔羊肉 | Agneau |
| 野禽 | Gibier |
| 羊肉 | Mouton |
| 小牛 | Veau |
| 鸭肉 | Canard |
| 猪肉 | Porc |
| 蔬菜 | Légume |
| 芦笋 | Asperge |
| 西葫芦 | Courgette |
| 土豆 | Pomme de Terre |
| 奶酪 | Fromage |
| 点心 | Dessert |
| 冰激凌 | Glace |
| 卷心菜 | Sorbet |
| 水果馅饼 | Tarte |

# 购物的乐趣

在眼花缭乱的物品前，不知所措，也是购物的一大乐趣。

## 营业时间

一般的商店营业时间为周一至周六的10:00～19:00。周一上午营业的商店比较多。特别是街上卖食品的商店一般在19:30～20:00营业，而白天一般在13:00～15:00休息。

百货商店一般的营业时间为9:00～19:00，每周有一天21:00左右关店。

超市一般的营业时间为9:00～20:00。

早市一般是7:00～12:00。

## 商店种类

从知名品牌店到一般生活用品的杂货店，法国应有尽有，在这里购物总会充满乐趣。若将商店划分一下的话，有以下几种。

### 知名品牌店

巴黎是世界上数一数二名牌店的集散地，即使在地方城市也有世界知名品牌的老字号店铺。高级商店鳞次栉比，店员总会耐心地提供一对一的服务。

### 专卖店

专卖店是专卖服装、装饰品、包、鞋子及食品的店，也是法国社会的一个缩影。这些专卖店很受旅行者的欢迎，店里的店员业务素质极高，经验丰富。

### 百货商店

百货商店里经营的商品种类繁多，从高级用品到一般用品样样俱全。这里也有销售高级食用材料的超市。

### 超市

无论是食品、日用品还是衣物都通过自助服务购买。

### 早市

早市主要是蔬菜、水果及鱼类等生鲜食品的买卖市场。近年来，专门买卖有机蔬菜和天然食品的早市也繁荣起来。

### 跳蚤市场

一般周末上午有跳蚤市场。在跳蚤市场上，可以淘到古董、古籍、日用品或一些意想不到的宝贝。

当地最受欢迎的跳蚤市场

## 大减价季节

法国一年有两回全国性的大甩卖。春夏用品的甩卖季一般是6月下旬至7月末，秋冬用品的甩卖季一般是1月至2月。在大减价季节甩卖的物品，一般按平常价格的20%~50%甩卖。在店外贴有"减价（SOLDES）"标示的，即为有减价活动的店。这个季节减价的商品不仅有服饰还有餐具及各种小挂饰。

## 购物礼仪

进入商店时与出店时，打招呼是种基本的礼仪。一般在商店里，一个营业员招待一组客人。所以，当客人多店员忙不过来时，后来的顾客只能等待，有时难免会有被冷落的感觉。在等待营业员的时间段里，不可以随意触动店里的货物，一边看店里的货物一边等待售货员。当轮到自己时，将自己所需物品告诉店员。当然，如果对于店员拿给自己的物品不中意的话，可以果断拒绝。如果只是单纯地想看看店内的物品的话，请向店员明确说明自己只是想看看而已。

超市是最能反映法国人生活状态的宝库。这里有调理用品、桌布、手套、鞋垫、装饰品、陶罐菜及香草类等物件，这些物品对去过法国的人来说，是非常值得怀念的。

## 退税手续

法国商品的价格里都含有附加税（TVA）。若一日之内，在同一家商店消费金额超过175欧元，且以个人消费为目的，就可以退一定比例的税。在结账时，说明要办理退税手续（Détaxe, s'il vous plait）即可。

一般退税的办理有以下两种方式：

● **通过常规手续办理**

在商店购物时，在店内免费领取一份退税申请单（Bordereau de vente en détaxe）。回国时，在机场的退税柜台（Détaxe Douane）出示退税申请单、未使用的商品、购买收据、护照及机票等相关资料后现场办理。一般退税额的领取有两种选择：一是选择将退税额汇入信用卡里或银行支票内，二是选择直接领取现金。若选择用信用卡或支票的方式领取退税额，需将申请表放入专用信封后寄出；若选择现金领取，可在退税柜台直接提出申请（有时需要手续费）。另外，如果没来得及在法国当地的退税柜台办理退税，可以回国后再办理退税手续，不过，比较麻烦一些。

● **通过自助式退税机办理**

自助式退税机（PABLO）都有明显的标志，巴黎、尼斯、里昂、马赛的机场内都有这样的机器。这种为出境游客节省办理退税手续时间而专门设立的机器，操作起来也不难。退税机分成1号机（蓝色）和2号机（红色）。使用时，首先在蓝色机器上进行操作。具体步骤如下：先选取语言，然后将标有PABLO的退税单放在机器的扫码处进行扫描，待有效信息被读取后，表明登录系统成功，接着会提示继续在红色机器上操作后面的程序。在办理完所有登机手续，也通过了出国检查后，方可在红色机器上完成后续操作。最后，在自助退税机上会有两个选择：是领取现金还是将税金退到信用卡里，权看自己方便。

**早市购物**

早晨在早市可以买到新鲜的蔬菜水果。蔬菜及水果一般以千克为单位卖，不过，也可以以500克或1个为单位出售。

明确告诉卖货的人自己想要的东西，一般这样说："请给我1千克这个。"如果想买2千克以上的东西，只需更换数字就可以了。

# 酒店轻松住

入住舒适安静的宾馆，可以改变对城市的印象。

客房服务的早餐

### 住宿税

法国的酒店除了收取住宿费外，还收取住宿税。有的酒店的住宿税包括在住宿费内，这种情况下会写明已交住宿税（Taxe de séjour comprise）。税额为一人一宿0.20欧元至1.50欧元不等。酒店等级的不同，税额也不同。

### 酒店爆满的季节

法国全国的旅游旺季一般在5~10月份。特别是复活节的假期和夏天的7、8月份，游客特别多。海边的城市一般夏天比较受欢迎，滑雪场冬季人气旺。另外，在葡萄收获的秋天和各地举办展销会期间，各家酒店都人满为患。

### 住宿费的打折

旅游旺季以外有很多酒店都有住宿打折活动。打折率为20%~50%不等。除此之外，还有网上预订打折、住宿时间越长折扣越多等折扣活动。如果没有这些活动时，也可以和店主商量房价。

### 小费

无论入住什么档次的酒店，都需要给铺床的服务人员支付小费，一般是一张床一晚上1~2欧元。通常在早晨出门时将小费放在枕头上即可；如放在床头柜上的话，有些服务员有时会觉得不好意思而不拿。各种场合的小费请参见p.12。

### 水龙头的标记

如果有两个水龙头的话，一般C表示热水（Chaud），F表示凉水（Froid）。地方的小宾馆不一定随时都有热水，所以一定要趁早洗澡为好。

### 女式坐浴盆

有很多酒店都设有女式坐浴盆，它是专门为女性清洗用的，一般用热水冲洗后使用。

## 酒店的预订

到达法国找酒店的话，在机场、火车站、街上的旅游信息服务中心预订比较好。虽然需要手续费，但是既节省时间又可找到自己希望的住处。如果想自己看完房间再预订的话，可以在地图上酒店集中的地区寻找。法国政府旅游局规定的酒店的星级可以作为选择酒店的参考（详见p.376）。在酒店外标有该酒店的星级（Chambre disponible），在酒店的门上有有无房间（Complet）等信息。先询问房价后接着看房。如果感觉不错的话，可以预订；如果不合自己的心意的话，可以果断拒绝。关于出发前酒店的预订详见p.376。

## 入住

一般14:00~15:00办理入住手续。如果是提前预订过的话，可以在到达酒店后直接在前台领取房卡并将自己的姓名、护照号在前台登记一下。高级酒店一般有接待员帮忙提行李。看了房间后如果觉得和预订时的条件不一样或者有不称心的地方，想更换房间的话，一定要提前向前台申请。在中下档次的酒店，一般是将大件行李寄存在前台，自己带房间钥匙上门；感觉房间称心如意的话，再从前台提取自己的行李并办理相应的入住手续。如果在没有开始办理入住之前就到达酒店的话，可以先将行李寄存在前台；等到办理入住开始时，再将行李放入自己房间即可。

## 酒店房间的设备

● 浴室。一般的酒店都是卫生间和洗澡间在同一屋，一定要注意不要将水洒到浴缸外。高级酒店一般都备有洗漱用品如肥皂及毛巾，但是，值得注意的是，一般不备牙刷，一定要记得自带牙刷。

在异国他乡迷路,连自己入住的酒店名都不知道的游客并不罕见。所以,在游玩时,一定要带上自己入住的酒店卡,因为卡上一般都有酒店的名称和地址。

- 保险箱。在酒店常会发生物品丢失事件,所以一定要将贵重物品、现金和护照等放入保险箱内;如果房间内没有保险箱,可以将贵重物品存在前台的保险箱内。
- 网络。现在在客房内可以上网的酒店越来越多,有的是有线的,有的是无线的。如果是带笔记本电脑,最好在预订酒店时就确认好。虽然有些酒店内的电脑客人也可以使用,但是一般的电脑均是法语系统的。
- 电话与传真。房间内的电话可以打内线和外线。如果想发送传真的话,可以拜托前台发一下。通话费用比一般公用电话的费用要高。
- 大厅。一般有茶几、沙发,可以在这里接待客人。有些高级酒店里还有酒吧。
- 前台。入住、退房及领取房卡等均在前台办理。另外,关于酒店的一些注意事项及概况也均可在这里咨询。
- 门房。在这里可以咨询旅游信息、餐厅信息以及预订门票等。如果完成了拜托的事,需要支付一定的费用。
- 早餐。一般早餐是以面包、咖啡、饮料、黄油为主的欧式早餐。通常住宿费并不包括早餐费。所以,如果想在酒店吃早餐的话,最好提前和前台沟通好。

### 房间的钥匙
酒店的房间门一般有用卡开的与用钥匙转两圈才可以开的两种。但是,无论哪种,在出门时锁门是常识,千万不要将钥匙插在门上外出。

### 香烟
法国的酒店从2008年开始全部禁止在房间里吸烟。爱抽烟的人,请千万注意不要偷偷摸摸地在客房吸烟,若被发现罚款68欧元以上。

### 大门上锁
法国三星级以下的酒店的大门,一般晚上就锁了。如果想进出的话,可以借钥匙或者请服务人员输入出入密码进出。若回来晚的话,可以按门铃请求服务人员开门。

### 客房内的盗窃
在酒店内的餐厅、大厅或前台容易发生盗窃案件。另外,人不在房间时也会发生偷盗事件。所以,一定要保管好自己的贵重物品,睡觉时关好门窗。

## 退房

一般的退房时间为11:00~12:00。如果不清楚的话,提前确认比较好。到退房时间,请将房间钥匙交回前台,算清住宿费及客房服务费。若是早晨出发的话,最好在前一天晚上就将所有的费用算清楚。若在出发前还想逛逛街或者买点特产的话,可以将行李寄存在前台。

## 地方的住宿设施

在法国旅行除了住高级酒店外,投宿地方的一般酒店也是一件很有趣的事。比如说,可以入住法国人的家里,如果投宿的人家提供早餐的话,可以和其他游客一起围在一张桌子上吃饭,别有一番情趣。另外,还有由贵族的城堡和中世纪的修道院改建而来的城堡酒店(Château-hôtel),也很受游客的欢迎(详细参见p.182)。这些酒店的氛围比较严肃,房间的装饰品也比较复古,如果有时间可以在庭院里散步,充分体验当时住在这里的人的感觉。但是,地方上的这些具有个性的酒店很多时候停止营业,在出发前一定要预订好,以免扫兴。

只有巴黎才有的豪华造型

# 突发事件的应对措施

为给自己的旅行留下美好的记忆，尽量避免发生纠纷。

## 紧急联络电话
- 警署　☎17
- 急救车　☎15
- 火警　☎18

## 补办护照需要提供的材料
1. 填写"中国护照/旅行证/海员证申请表"1份
2. 原护照复印件
3. 写一遗失护照声明书
4. 法国居留证原件及1份复印件
5. 近期正面免冠小2寸彩色护照照片2张
6. 补发护照收费85欧元

### 中国驻法国大使馆
**地址**：巴黎第八区乔治五世大街11号，邮编75008
　（11,avenue George V - 75008 Paris）
**领事部地址**：巴黎第八区华盛顿街20号，邮编75008
　（20,rue Washington,75008 Paris）
**护照业务电话**：0033-01 53 75 88 31
**领事保护求助电话**：0033-153758840／0033-615742537
**网址**：http://www.amb-chine.fr

### 中国驻法总领馆
**中国驻斯特拉斯堡总领馆**
**地址**：斯特拉斯堡博坦街35号，邮编67000
　（35, rue Bautain - 67000 Strasbourg）
**电话**：0033-03 88 45 32 32
**网址**：http://www.consulatchine-strasbourg.org

**中国驻马赛总领馆**
**地址**：马赛卡玛诺尔大道20号，邮编13008
　（20 Boulevard Carmagnole 13008 Marseille France）
**领事保护电话**：0033-04 91 32 02 67
**网址**：http://marseille.china-consulate.org

**中国驻里昂总领馆**
**地址**：里昂市第六区路易·勃朗街26号
　（26, rue Louis Blanc, 69006 Lyon）
**领事保护电话**：0033-04 37 24 83 07
**网址**：http://lyon.china-consulate.org

**中国驻圣但尼总领馆**
**地址**：法国留尼汪圣但尼市戴高乐将军大街50号
**总领馆领区**：法国海外留尼汪大区，分为1省4个专区，24个市。4个专区是圣但尼、圣保罗、圣皮埃尔、圣伯努瓦
**电话**：00262-(262)98 92 98
**网址**：http://reunionsdn.chinese-consulate.org

## 治安

在法国，游客常会成为被小偷偷盗的对象。一般游客总会带很多现金。特别应该注意调包盗窃、强取、偷盗、欺诈等。贵重物品放在保险箱内或者分开保管，目光不要远离自己的行李。不要穿高级服装、佩戴昂贵饰品等，也不要收取不认识人的东西，尽量不要和不认识的人说话。不要将贵重物品放在车内。总之，提高警惕十分重要。

## 遗失

### ■ 护照遗失

**第一步：找警察报案**
到警局报案说明情况，并索取遗失证明文件。如果是在酒店、美术馆、机场或车站内丢失的话，可以先去找保安。法国的警察一般一天24小时都值班，通过电话不能开具遗失证明文件，所以一定要到离自己最近的警察局亲自前去办理。

**第二步：至中国驻法国使领馆申请补发**
凭法国警局出具的遗失证明文件及办理护照所需的相关文件，到就近的中国驻法使领馆申请补发新护照。如果旅行前准备了护照复印本，此时就能派上用场了。记得在紧急联络通讯簿里记下中国驻法国使领馆的地址、电话，以方便联系。

### ■ 信用卡遗失
信用卡遗失时，可以直接和发卡银行联系办理冻结手续。但前提是，要记得信用卡的卡号和有效期限等信息。

### ■ 旅行支票遗失
如果旅行支票遗失，可以马上联系发行公司或者看在当地是否有代理处申请补发。一般大的旅行支票发行公司在很多大城市都会设立分支机构，所以在办理旅行支票时一定要事先咨询好。提醒一点，在购入时一定不要把支票和存根放在一起保管。

### ■ 机票遗失
（1）在警局开具遗失证明文件。
（2）在航空公司的办事处开具代换机票券（需要支付手续费）。出发日程紧急的状况下，尽量提前联系航空公司的办事处。办理时，需要知道出发日期、航班名及发行机票的代理店的名称。但是，买到打折机票的概率比较小。另外，如果电子机票的打印本丢失的话也可以办理，因为购票时信息已存入航空公司的电脑里了。

在法国的一些景点周围，有很多餐厅及咖啡馆是面向游客的。但是，这种面向外国人的餐厅或咖啡馆通常价格比较贵，所以，尽量去当地人经常去的普通店比较好。

## ■ 其他随身携带物品的遗失

随身携带的物品遗失了，一定要去警局开具遗失证明文件。如果是加入了海外旅行伤害保险的话（详情参见p.379），记得申请保险金。申请时，需要确认好补偿范围。但是，现金丢失的话不在保险的范围之内的。

# 事故

在法国遇到交通事故或者自己乘坐的车肇事，第一件事就是报警（☎17）；如果有伤者，还需要打急救电话（☎15）。如果同乘一辆车的人遇到事故的话，需要在保险公司的交通事故确认书（Constat Amiable d'Accident Automobile）上签上自己和同乘人的姓名，将复印件寄往保险公司。但是，如果对自己的法语没有信心的话，可以请保险公司的人员帮助自己填写。用随和的语气说的话，对方更容易承认自己的错误，所以一定要注意说话的语气。

谨慎驾驶

# 生病

### 1. 接受治疗

如果在旅途中突然发烧或者肚子疼的话，请酒店工作人员为自己介绍合适的医生。如果病情严重的话，需要呼叫急救车（☎15）。如果对自己的法语没有信心的话，最好请办理海外旅行伤害保险的公司（p.379）的人员帮助自己解决。如果在保险公司指定的医院接受治疗的话，是不需要自己缴纳费用的。如果是自费的话，自己得承担全额的费用。在法国，除了常备药品以外的医药品，都是按照医生的处方自己到药店自行购买的。但是，感冒药和头痛药没有处方也可以购买。法国的药劲比较大，如果不习惯的话，最好从国内出发时就自己带好。

### 2. 申请保险费

如果治疗费和药费是自己支付，且购买了海外旅行伤害保险的话，可以回国后申请保险费用。所以，最好保管好诊断书、发票等必要的文件和票据。

## 法国的交通情况

法国车辆的行驶速度为市内不得超过每小时50公里，一般道路不得超过90公里（雨天路滑，时速不得超过80公里），2车道的时速为110公里，高速道路的时速为130公里（雨天时110公里）。近年来，法国加强了交通管制力度，这一点必须注意。当然也加强了饮酒驾驶的监管力度，一旦检测血液中酒精含量超过0.5克/升，就成为罚款的对象。前座后座的人都必须系好安全带。体重未满25千克的儿童，使用儿童安全带是每个家长的义务。

## 法国的医疗

法国的医疗水平在世界上是赫赫有名的。但是，如果不加入法国的社会保险的话，一次的诊断费及治疗费为400~800元，住院的话一晚上就需要3200~5000元。所以，为了保险起见，最好在出发前就购买海外旅行伤害保险（参见p.379）比较放心。一般法国药店以绿色的十字为标志。营业时间为8:00～20:00。周日和周一一般休息，因为实行倒班制度，所以需要确认好各大药店的营业时间。

# 旅行会话

## 法语+英语

自助游在很多情况下需要自己很好地表达自己的意志,不要不好意思清楚地说出自己的意愿。一般本国人会理解外国人,他们会认真倾听的。遇到困难时,语言也会成为很好的武器。

## 基础用语 ●一定要牢记的实用词组和会话

| 中文 | 法语 / 英语 |
|---|---|
| 早上好! | Bonjour! / Good morning! |
| 下午好! | Bonjour! / Hello! |
| 晚上好! | Bonsoir! / Good evening! |
| 再见! | Au revoir! / Goodbye! |
| 是 | Oui / Yes |
| 不 | Non / No |
| 谢谢! | Merci! / Thank you! |
| 不客气。 | Je vous en prie. / You're welcome. |
| 对不起! | Excusez-moi! / Excuse me! |
| 抱歉! | Pardon! / I'm sorry! |
| 我(我们) | je (nous) / I (we) |
| 你(你们) | vous (vous) / you (you) |
| 他(他们) | il (ils) / he (they) |
| 她(她们) | elle (elles) / she (they) |
| 男士(男士们) | homme (hommes) / man (men) |
| 女士(女士们) | femme (femmes) / woman (women) |
| 多少钱? | C'est combien? / How much is it? |
| 拜托 | S'il vous plaît / Please |
| 我是中国人。 | Je suis chinois (e). / I am Chinese. |
| 我叫…… | Je m'appelle.... / My name is~ |
| 帮一下忙! | Au secours! / Help! |
| 不明白。 | Je ne comprends pas. / I can't understand. / I don't understand. |
| 可以…… | Voudriez-vous.... / Would you~ |

## 基础单词

| 数字 | 法语 | 英语 |
|---|---|---|
| 0 | zéro | zero |
| 1 | un | one |
| 2 | deux | two |
| 3 | trois | three |
| 4 | quatre | four |
| 5 | cinq | five |
| 6 | six | six |
| 7 | sept | seven |
| 8 | huit | eight |
| 9 | neuf | nine |
| 10 | dix | ten |
| 11 | onze | eleven |
| 12 | douze | twelve |
| 13 | treize | thirteen |
| 14 | quatorze | fourteen |
| 15 | quinze | fifteen |
| 16 | seize | sixteen |
| 17 | dix-sept | seventeen |
| 18 | dix-huit | eighteen |
| 19 | dix-neuf | nineteen |
| 20 | vingt | twenty |

| 中文 | 法语 / 英语 |
|---|---|
| 今天 | aujourd'hui / today |
| 明天 | demain / tomorrow |
| 昨天 | hier / yesterday |
| 早晨 | matin / morning |
| 中午 | midi / noon |
| 晚上 | soir / evening |
| 深夜 | nuit / night |
| 上午 | matin / morning |
| 下午 | après-midi / afternoon |
| 周 | semaine / week |
| 月 | mois / month |
| 日 | jour / day |
| 1小时 | une heure / 1 hour |
| 100 | cent / a (one) hundred |
| 1000 | mille / a (one) thousand |
| 1万 | dix mille / ten thousand |
| 家庭 | famille / family |
| 右边 | droite / right |
| 左边 | gauche / left |
| 上 | dessus / up |
| 下 | dessous / down |
| 大 | grand / big (large) |
| 小 | petit / small |
| 长 | long / long |
| 短 | court / short |
| 多 | beaucoup / many (much) a lot |
| 少 | peu / few |

## 旅行基础单词

| | | |
|---|---|---|
| 好的 | bon | good |
| 坏的 | mauvais | bad |
| 高的、昂贵的 | cher | expensive |
| 低的、便宜的 | bon marché | inexpensive |
| 热的 | chaud | hot |
| 寒冷的 | froid | cold |
| 去 | aller | go |
| 买 | acheter | buy |
| 吃 | manger | eat |
| 看 | regarder | see, look, watch |
| 步行 | marcher | walk |
| 乘坐 | monter | ride |
| 下来 | descendre | get off |

| | | |
|---|---|---|
| 推 | pousser | push |
| 拉 | tirer | pull |
| 停止营业（闭馆） | fermé | closed |
| 正常营业（开馆） | ouvert | open |
| 出口 | sortie | exit |
| 入口 | entrée | entrance |
| 禁止站立 | accés interdit au public | no admittance / no entry |
| 空座（空房间） | libre | vacancies |
| 没有空座 | complet | no vacancies |
| 对号入座 | réservé | reserved (seat) |

| | | |
|---|---|---|
| 单程 | aller simple | one way |
| 往返 | aller-retour | return |
| 故障 | en panne | out of order |
| 卫生间 | toilettes | washroom (bathroom, toilet) |
| 使用中 | occupé | occupied |
| 空的 | libre | vacant |
| 一日游 | visite guidée d'une journée | one day sightseeing tour |
| 预约 | réservation | reservation / booking |
| 付款 | payer | pay |
| 关闭闪光灯 | flash interdit | no flash photography |

旅行信息 [法国篇] 旅行会话

# 学一点儿法语

有这么一种说法，即"法国人总装作不会英语"。实际上，法国人能说一口流利英语的人也不多。但是，旅行者所到之处也大致能听懂他们的英语。在两星级以上的酒店里一定有会说英语的服务员（他们并不是常年在酒店里工作），四星级以上的酒店常年都有懂英语的服务员，高级餐厅的服务员可以用英语给客人介绍菜肴。在美术馆的售票窗口及面向外国人的一些旅游景点，一般的工作人员基本都能用简单的英语交流。

但是，法国人的发音特别独特，一般很难听懂他们在说什么。

想更进一步挑战会话的人，可以看看相关学法语的书籍。一般市面上都会有相应的语言学习书，找一本适合自己的，跟着学一些旅行中常用到的单词、会话，能应付基本的沟通就足以。比如，旅游教育出版社出版的"乐游全球丛书·旅行会话系列"中的《欧洲5国语》就比较实用。书里用汉语标注了一些常用法语的读音，尽管不是很准确，但是毫无法语基础的旅行者速成学习几句，一定能在旅行途中派上用场，或遇紧急突发事情时好用法语向别人求助！这本书详细列举了各种场合的会话，所有的例子都有英语、法语、德语、意大利语、西班牙语5种语言的表达。其中，除了英语外，其他都用汉字标注读音。带上这本书旅行，如给你打了强心剂一样，走遍欧洲国家没问题。

# 基础会话

## 〈飞机内〉

### 灯（耳机）坏了。
**Ma lumière (mes écouteurs) ne marche (nt) pas.**
My light (earphones) isn't (aren't) working.

### 可以借块毛毯（扑克、杂志等）吗？
**Puis-je avoir une couverture (des cartes à jouer, des magazines, etc)?**
Please lend me a blanket.

### 可以将座位放平吗？
**Puis-je abaisser le dossier de mon siège?**
May I put my seat back?

### 想要点什么喝的呢？
**Voulez-vous boire quelque chose?**
Would you like anything to drink?

### 麻烦给我来杯咖啡吧。
**Du café, SVP.**
Yes, please. Coffee, please.

### 鱼与牛肉（鸡排）您需要哪一样呢？
**Que préférez-vous:du poisson ou du bœuf (du poulet)?**
Which would you like, fish or beef (chicken)?

## 〈在机场〉

### 旅行的目的是什么呢？
**Quel est le but de votre visite?**
What is the purpose of your trip?

### →旅游（商务需要）
**→Tourisme. (Affaires.)**
→Sightseeing. (Business.)

### 不好意思，我的旅行箱找不着了。
**Je ne trouve pas mes bagages.**
My luggage might be missing. / I can't find my luggage.

### 麻烦您，我想兑换一下外币。
**Je voudrais changer de l'argent, SVP.**
I would like to change some money.

### 我想再确认一下航班。
**Je voudrais reconfirmer mon vol.**
May I reconfirm (my flight)?

### 请问出租车站（公交车站、旅游信息服务中心）在哪儿?
**Pourriez-vous m'indiquer la station de taxis (d'autobus) (l'office de tourisme), SVP?**
Could you tell me where the taxi stand (bus depot) (tourist information) is?

### →从A出口出就可以看到。
**Prenez la Sortie A et c'est là.**
Go out of exit A and you'll see it.

## 〈在出租车上〉

### 请带我到ABC宾馆（这个地方）。
**Voudriez-vous me conduire à l'hôtel ABC (cette adresse), SVP.**
Please take me to the ABC hotel (this address).

## 〈在宾馆〉

### 我是之前预约过的李山，麻烦帮我办理一下入住手续。
**J'ai une réservation au nom de Li Shan. Je voudrais faire le check-in, SVP.**
I have a reservation for Li Shan. Can I check in?

### 有我的信息吗？
**Est-ce qu'il y a des messages pour moi?**
Do you have any messages for me?

### 我想租借一下保险箱。
**Pourriez-vous mettre ceci dans le coffre, SVP?**
Could you put this in the safety deposit box for me?

### 可以帮我把保险箱打开吗？
**Pourriez-vous m'ouvrir le coffre, SVP?**
Could you open the safety box?

### 麻烦您，我想干洗衣服。
**Je voudrais faire nettoyer des vêtements.**
I would like to use your laundry service.

我是123室的李山，请帮我点一杯咖啡、一份汤和一份吐司可以吗？

C'est Monsieur Li Shan, chambre 123. Pourriez-vous m'apporter du café, de la soupe et des toasts, SVP.

This is Mr.Li Shan speaking in room 123. Please bring me coffee, soup and toast.

请帮我拿一下123室的钥匙。

La clé de la chambre 123, SVP.

Can I have the key to room 123?

请帮我叫辆出租车。

Appelez-moi un taxi, SVP.

Will you call a taxi? / Please call a taxi for me.

我想预订一个3月4日晚上8点的双人餐。

Voudriez-vous me faire une réservation à dîner, pour deux personnes, à 8 heures le 4 mars, SVP?

I would like you to make a reservation for me for dinner for two people at 8 p.m. on March 4th.

不好意思，我把钥匙落在房间了。

J'ai laissé ma clé dans la chambre.

I have left my key in my room.

请来领取您的行李（请帮我叫一下服务员）。

Voudriez-vous descendre mes bagages, SVP? (Appelez-moi un chasseur, SVP)

Please take down my luggage. (Please ask the bell man to take down my luggage.)

不好意思，电视看不成。

La télévision ne marche pas.

The TV doesn't work.

可以使用旅游支票吗？

Acceptez-vous les chèques de voyage?

Do you accept (take) traveller's checks?

麻烦您，我要退房。

Je voudrais régler ma note, SVP.

I would like to check out, please.

〈在街头〉

麻烦您告诉我在哪里下比较合适？

Voudriez-vous m'indiquer quand je dois descendre, SVP?

Could you tell me when I'll reach my destination?

我想报名参加这个旅行团，还有名额吗？

J'aimerais participer à cette excursion. Y a-t-il des places?

I would like to take part in this tour. Is there any space?

含早餐吗？

Est-ce que le déjeuner est inclus?

Is lunch included?

有没有中文（英语）的导游团？

Avez-vous des visites guidées en chinois (anglais)?

Do you have a tour with a Chinese (English) explanation?

我想将信（包裹）寄到中国。

Je voudrais envoyer une lettre (un colis) en Chine, par la poste.

I would like to mail this letter (parcel) to China.

可以帮我拍张照片吗？

Pourriez-vous prendre une photo, SVP?

Can you take a picture?

〈在车上〉

不好意思，请问这辆车是开往哪里的？

Est-ce que cet autobus (ce train) va à ~?

Is this bus (train) going to ~?

麻烦您给我两张巴黎至沙特尔的往返票（单程票）。

Deux aller-retours (aller simple) de Paris à Chartre, s'il vous plaît.

Two round trip (one-way) tickets from Paris to Chartre, please.

在哪里换乘公交车或电车呢？

Où doit-on changer de train (d'autobus)?

Where should we change trains (busses)?

## 〈在购物中心〉

**您需要什么帮助吗?**

Que désirez-vous?
May I help you?

**我只看看。**

Je regarde seulement, merci.
No, thanks. Just looking.

**能再便宜点吗?**

Pourriez-vous baisser un peu votre prix, SVP?
Can you give me a discount?

**可以试穿吗?**

Puis-je l'essayer?
Can I try this on?

**感觉有点紧(宽松、长、短、花哨、朴素)。**

C'est un peu trop petit. (large, long, court, terne, voyant)
It's a little small. (big, long, short, plain, gaudy)

**请帮我包一下。**

Je voudrais ceci, SVP.
This one please. (I would like to get this.)

**这里可以用信用卡吗?**

Puis-je utiliser cette carte de crédit?
Can I use this credit card?

**这里可以退还税金吗?**

Puis-je obtenir la détaxe?
Can I get tax refund?

**可以帮我送到宾馆吗?**

Pouvez-vous le livrer à mon hôtel?
Can you deliver it to my hotel?

## 〈在餐厅〉

**我想预订一个3月14日晚上8点的双人餐。**

Je voudrais faire une réservation à dîner pour deux personnes, à 8 heures le 14 mars.
I would like to make a reservation for dinner for two people at 8 p.m. on March 14th.

**请问有什么推荐的吗?**

Que recommandez-vous?
Which dish do you recommend?

**给我来一份和旁边那位一样的菜。**

J'aimerais la même chose que les personnes là-bas, SVP?
I would like the same dish as those people over there.

**请选择与这道菜搭配的葡萄酒。**

Pouvez-vous choisir un vin qui va bien avec ce plat?
Please select a good wine for this meal.

**不好意思,这个好像不是我点的。**

Ce n'est pas ce que j'ai commandé.
This is not what I ordered.

**非常好吃。**

C'est très bon.
It was very delicious.

**麻烦您,结账。**

L'addition, SVP.
Check, please.

## 〈遭遇麻烦事〉

**不好意思,浴室的水溢出来了。**

Ma salle de bains est inondée.
My bathroom has flooded.

**钱包丢在出租车里了。**

J'ai oublié mon portefeuille dans le taxi.
I have left my purse (wallet) in the taxi.

**请帮我挂失一下。**

Voudriez-vous faire opposition à ma carte de crédit, SVP?
Please cancel my credit card.

**请给我办理一张新卡。**

Voudriez-vous me délivrer une autre carte, SVP?
Please issue a new card.

误了去往北京的航班。

**J'ai raté mon avion pour Beijing.**
I have missed the flight to Beijing.

可以搭乘其他去往北京的航班吗?

**Puis-je prendre un autre vol pour Beijing?**
Can I take another Beijing flight?

我已经买了旅行伤害保险。

**J'ai une assurance-voyage.**
I have a travel insurance.

快叫一下救护车。

**Appelez une ambulance, SVP.**
Please call an ambulance.

这个坏了,可以换一件吗?

**Ça ne marche pas. Voudriez-vous le remplacer, SVP?**
This one doesn't work. Please change it.

我的包被盗了。

**On m'a volé mon sac.**
My bag has been stolen.

请问有没有懂汉语的人?

**Y a-t-il quelqu'un qui parle chinois?**
Is there anybody here who can speak Chinese?

# 警告用语

　　国外旅行应尽量避免卷入是非之中。为了避免不必要的麻烦,最好掌握一些警告用语。以下所列警告语除了中文外,还有与之对应的法文与英文,供大家参考。

举起手来!

**Haut les mains! / Les mains en l'air!**
Hands up!

退后!

**Eloignez-vous! / Reculez! / Ecartez-vous!**
Get back!

安静!

**Taisez-vous! / La ferme! / Ta gueule!**
Shut up! / Be quiet!

趴下!

**Couchez-vous par terre (à terre)!**
Hit the floor! / Get on the floor!

面向墙壁站好!

**Face au mur! / Mettez-vous face au mur!**
Get against wall. / Face the wall!

站住!

**Arrêtez! / Arrêtez-vous! / Halte là!**
Stop!

按照我说的办!

**Faites ce que je vous dis! / Faites comme je dis!**
Do what I say! / Do what I tell you!

救命!

**Au secours! / A l'aide!**
Help!

按照您说的做。

**Je ferai comme vous dites.**
I will do what you want. / I'll do anything (you say).

请住手!

**Non, arrêtez, SVP!**
Please stop.

别开枪!

**Non, ne tirez pas!**
Don't shoot.

滚出去!

**Allez vous en!**
Get out.

禁止触摸!

**Ne me touchez pas!**
Don't touch. / Hands off!

没兴趣。

**Non, ça ne m'intéresse pas.**
I am not interested.

# 购物用语

难得在国外购物，能买到自己称心如意的物品比什么都好。如果语言不通的话，有时会买到自己不称心的东西，所以一定要学会本页的这些实用用语，即使是用手比画也得买适合自己的东西。

## 衬衫
女士贴身衬衫
chemeise
shirt

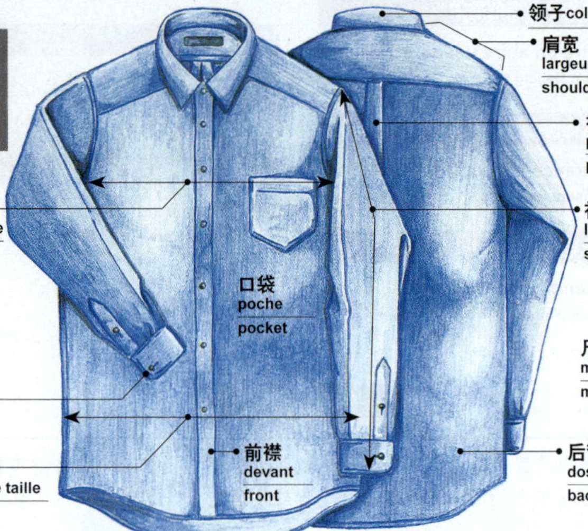

- 领子 col
- 肩宽 collar / largeur d'épaule / shoulder length
- 褶 pli dos / pleat
- 袖长 longueur de manche / sleeve length
- 胸围 tour de poitrine / chest / bust
- 口袋 poche / pocket
- 尺寸 mesures / measurement
- 袖口 poignet / cuff
- 前襟 devant / front
- 后背 dos / back
- 腰围 tour de taille / waist

| | | |
|---|---|---|
| 面料 | matière | material |
| 丝绸 | soie | silk |
| 棉布 | coton | cotton |
| 毛 | laine | wool |
| 麻 | lin | linen |
| 人造纤维 | fibre synthétique | synthetics |
| 扣子 | bouton | button |
| 袖扣扣子 | bouton de manchette | cuff links |
| 接缝 | coutures | seam |
| （毛衣等的）编织 | tricot | knitwear |
| 套头毛衣 | pull-over | pull over |
| 开襟毛衣 | cardigan / gilet | cardigan sweater |
| 刺绣（手工或缝纫机） | broderie à la main / à la machine | embroidering (by hand, by machine) |

● 有点小（长、素淡、花哨）
C'est un peu trop étroit (long, terne, voyant).
It's a little small (long, plain, gaudy).

● 给我拿一个大号的，可以吗？
Puis-je voir une plus grand taille?
Could you show me the next larger size?

● 同样款式的还有其他颜色的吗？
En avez-vous dans une autre couleur?
Do you have the same thing in a different color?

## 颜色名称

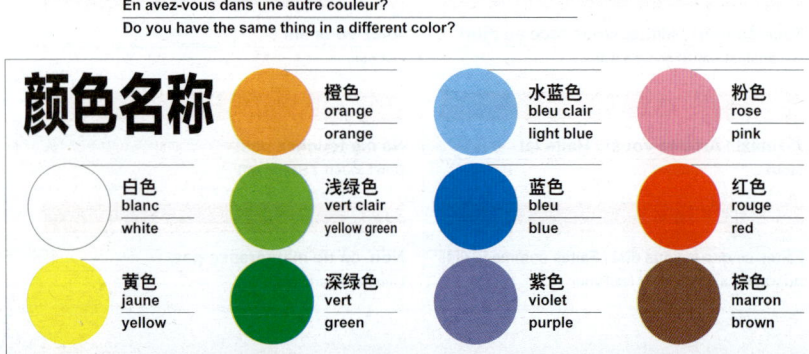

- 橙色 orange / orange
- 水蓝色 bleu clair / light blue
- 粉色 rose / pink
- 白色 blanc / white
- 浅绿色 vert clair / yellow green
- 蓝色 bleu / blue
- 红色 rouge / red
- 黄色 jaune / yellow
- 深绿色 vert / green
- 紫色 violet / purple
- 棕色 marron / brown

## 鞋（靴） chaussures shoes

- 漆皮 / souliers vernis / patent-leather（男士）/ enameled shoes 皮革（男士）
- 绒面革 / daim / suede
- 皮革 / cuir / leather

- 上等装饰品（金制品） / mors en métal / chain
- 鞋跟 / talon / heel
- 上等皮革 / claque / instep
- 鞋底 / semelle / sole
- 脚尖 / bout / tip
- 缝合处 / piqûres / stitching
- 宽度 / largeur / width

## 包 sac bag

- 提手 / anse / handle
- 高度 / hauteur / height
- 盖 / rabat / cover
- 金属扣 / fermoir / clasp
- 拼条 / soufflet / depth
- 宽度 / largeur / width
- 间隔 / séparation / divider
- 皮带 / bandoulière / strap
- 拉链 / fermeture à glissière / fastener / zipper
- 口袋 / poche / pocket
- 防滑钉 / clou décoratif / stud
- 钱包 / portefeuille / wallet
- 零钱袋 / porte-monnaie / coin purse

| 皮革 cuir leather | 山羊皮 peau en chèvre goatskin | 压花皮革 cuir gaufré florentine leather | 人造皮革 cuir artificiel artificial leather |
| 小牛皮 box-calf calf leather | 蛇皮 peau en serpent snakeskin | 鸵鸟皮 autruche ostrich leather | 小羊皮 peau en chevreau kidskin |
| 鳄鱼皮 crocodile crocodile | 猪皮 peau en porc pigskin | | |

## 表示色调的词语

 米色 beige beige

 黑色 noir black

 灰色 gris grey

- 鲜艳的 / éclatant / vivid
- 明快的 / clair / bright
- 浅色的 / peu foncé / pale
- 深色的 / foncé / deep
- 深暗色的 / sombre / dark
- 颜色淡 / peu foncé / light
- 浅灰色 / grisâtre / grayish
- 色彩沉闷的 / mat / dull

● 请给我一件颜色更鲜亮一点的。
Pourriez-vous m'en montrer d'une couleur peu foncée?
Could you show me something a little paler?

● 请给我一件颜色在这两者之间的。
Pourriez-vous m'en montrer d'un ton entre ceci et cela?
Could you show me something in between these two shades?

旅行信息［法国篇］ 旅行会话

# 问路

在不认识的街区里迷路了，不去问路的话，只能享受一个人旅行的快乐，反之却是一个和当地人交流的最好的机会。让我们记住一些问路必要的句子，尽快找到目的地吧。

在第一个拐角处右转的第三栋建筑物。
Prenez la première rue à droite, c'est le troisiéme bâtiment.
Turn right at the first corner. It's the third building from the corner.

两条街的距离。
la deuxième rue
2 blocks away

一直向前走，你就会看到了。
Allez tout droit, et c'est là.
Go straight and you'll see it soon.

- ● 禁止入内。
  défense d'entrer.
  no admittance / no entry.
- ● 左侧通行。
  tenez la gauche.
  keep (to the) left.
- ● 靠左站立。
  restez à gauche.
  stand on the left.
- ● 旅游胜地
  lieu touristique
  sightseeing spot / tourist attraction

- ● 旅游信息服务中心
  bureau de tourisme
  tourist information
- ● 美术馆
  musée d'art
  art museum
- ● 遗迹
  ruines
  remains / ruins
- ● 古城堡
  château
  castle

- ● 禁止泊车。
  stationnement interdit.
  no parking.
- ● 请慢行。
  ralentir
  slow (down)
- ● 禁止左右转弯。
  interdiction de tourner gauche (droite).
  no left (right) turn.

- ● 你能告诉我它在地图上的位置吗？
  Pourriez-vous m'indiquer sur le plan?
  Could you show me the location on the map?
- ● 我迷路了。
  Je me suis perdu.
  I'm lost.

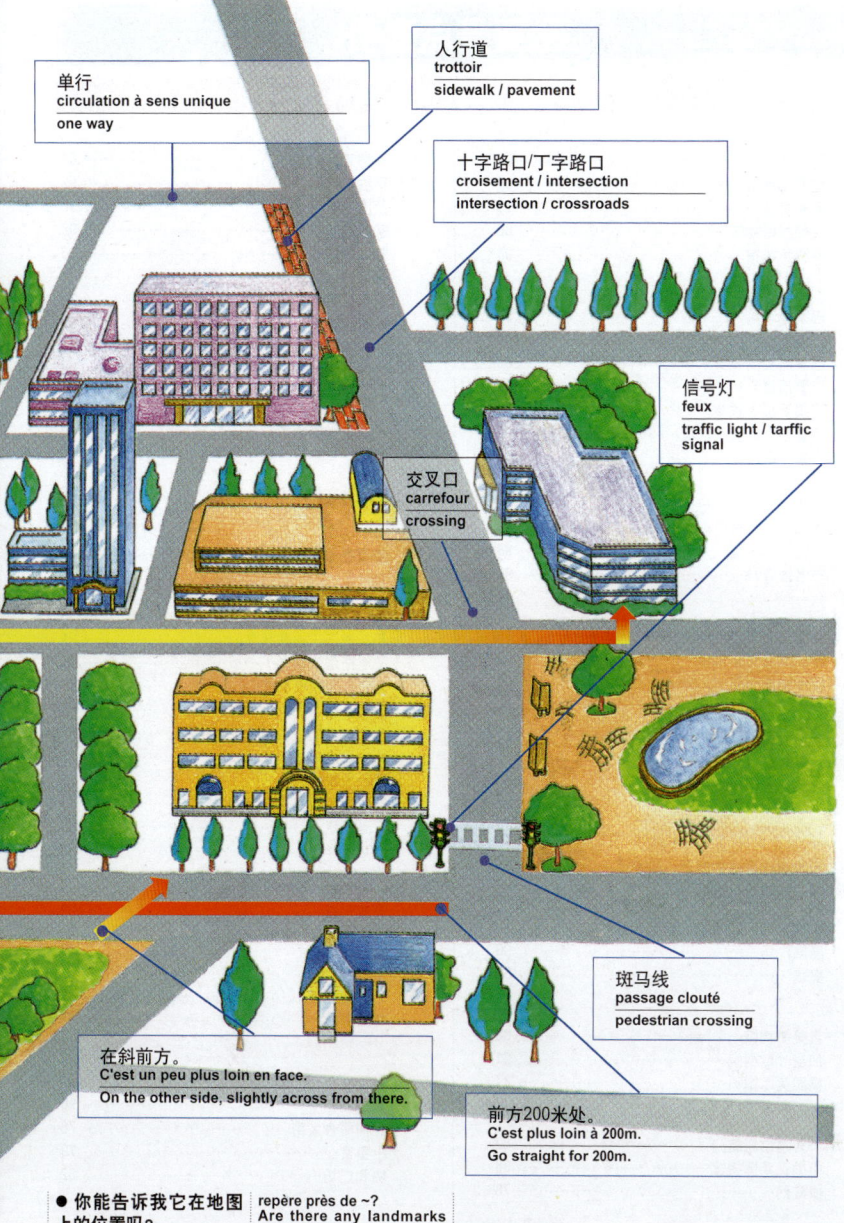

- 你能告诉我它在地图上的位置吗?
  Où sommes-nous? Indiquez-moi sur ce plan, svp.
  Where am I now? Please show me on this map?
- ……的旁边有标志性的东西吗?
  Est-ce qu'il y a un point de repère près de ~?
  Are there any landmarks near ~?
- 从这步行大约需要15分钟。
  C'est à un quart d'heure à pied.
  It takes about 15 minutes on foot.
- 步行范围内
  on peut y aller à pied.
  walking distance
- 高速路或机动车专用道
  autoroute / voie express
  highway / motorway
- 东、西、南、北
  est, ouest, sud, nord
  east, west, south, north

# 主要景点索引

## 巴黎

### A
- 阿拉伯文化中心 …… 91
- 埃菲尔铁塔 …… 93
- 爱丽舍宫 …… 79
- 安德烈博物馆 …… 80
- 奥赛美术馆 …… 94

### B
- 巴黎地下墓穴 …… 98
- 巴黎古监狱 …… 85
- 巴黎国立高等美术学院 …… 89
- 巴黎清真寺 …… 91
- 巴黎圣母大教堂 …… 85
- 巴黎市立近代美术馆 …… 95
- 巴黎市政厅 …… 86
- 巴士底广场 …… 87
- 贝西 …… 99
- 毕加索美术馆 …… 88
- 布德尔美术馆 …… 98
- 布洛涅森林 …… 97

### D
- 大皇宫 …… 79
- 德拉克洛瓦美术馆 …… 92
- 杜伊勒里公园 …… 96

### E
- 恩典谷教堂 …… 92

### F
- 孚日广场 …… 87

### G
- 布朗利码头博物馆 …… 95
- 国立自然历史博物馆 …… 91

### H
- 画家广场 …… 96
- 皇宫 …… 83

### J
- 吉美博物馆 …… 80
- 加尼叶歌剧院 …… 81
- 橘园美术馆 …… 84

### K
- 卡鲁塞尔凯旋门 …… 82
- 卡纳瓦莱博物馆 …… 88
- 凯旋门 …… 78

### L
- 拉德芳斯 …… 99
- 拉维莱特 …… 99
- 拉雪兹神父公墓 …… 88
- 雷阿勒商业中心 …… 86
- 黎塞留国家图书馆 …… 84
- 罗浮宫 …… 83
- 卢森堡公园与宫殿 …… 90

### M
- 马德莱娜教堂 …… 81
- 马约尔博物馆 …… 92
- 蒙巴纳斯公墓 …… 98
- 蒙巴纳斯塔 …… 98
- 蒙马特尔公墓 …… 96
- 蒙马特尔美术馆 …… 96
- 蒙索公园 …… 79
- 莫里哀喷泉 …… 84
- 莫罗美术馆 …… 84
- 莫奈美术馆 …… 95

### O
- 欧洲摄影博物馆 …… 88

### P
- 蓬皮杜文化艺术中心 …… 87

### R
- 荣军院 …… 94

### S
- 撒丁美术馆 …… 98
- 圣艾蒂安·迪蒙教堂 …… 91
- 圣厄斯塔什教堂 …… 86
- 圣日耳曼德佩教堂 …… 89
- 圣礼拜堂 …… 85
- 圣罗克教堂 …… 82
- 圣热曼洛塞华教堂 …… 83
- 圣心大教堂 …… 96
- 圣叙尔皮斯教堂 …… 89
- 圣雅克塔 …… 86
- 索邦大学 …… 90

### T
- 天鹅小径 …… 93
- 天文台喷泉 …… 90

### W
- 旺多姆广场 …… 81
- 樊尚森林 …… 97

### X
- 夏乐宫 …… 93
- 先贤祠 …… 90
- 香榭丽舍大街 …… 78
- 小皇宫 …… 79
- 协和广场 …… 82

### Y
- 艺术桥商业长廊 …… 87
- 雨果纪念馆 …… 88

### Z
- 中世纪博物馆 …… 92

# 其他城市

## A

阿尔曼阿鲁海滨（耶尔）……………… 313
阿利扬斯广场（南锡）………………… 234
阿讷西湖（阿讷西）…………………… 270
阿塞勒馆（图卢兹）…………………… 357
阿宰勒里多城堡（卢瓦尔河周边）…… 170
埃克里兹海滨（迪纳尔）……………… 211
艾伯塔广场（普罗旺斯地区艾克斯）… 300
艾克斯旧街区博物馆（普罗旺斯地区艾克斯）300
安德烈·马尔罗美术馆（勒阿弗尔）… 195
安农锡安德美术馆（圣特罗佩）……… 313
安特林登美术馆（科尔马）…………… 229
昂布瓦斯城堡（卢瓦尔河周边）……… 168
昂热城堡（昂热）……………………… 178
奥尔良美术馆（奥尔良）……………… 173
奥古斯丁美术馆（图卢兹）…………… 357
奥古斯特神殿（维埃纳）……………… 269
奥林匹斯博物馆（里尔）……………… 219

## B

巴黎迪斯尼乐园（巴黎大区）………… 153
巴卢塞利美术馆（滨海圣玛丽）……… 297
巴士底要塞（格勒诺布尔）…………… 275
巴托尔迪美术馆（科尔马尔）………… 229
保罗-克洛斯岛（黄金岛）…………… 313
保罗克罗鲁岛（黄金岛）……………… 313
贝壳小亭（朗布依埃）………………… 148
毕加索美术馆（昂蒂布）……………… 317
勃朗礼拜堂（埃兹）…………………… 324
布列塔尼博物馆（雷恩）……………… 205
布列塔尼公爵城堡（南特）…………… 180
布卢瓦城堡（卢瓦尔河周边）………… 167

## C

唱诗班学校长廊（图尔）……………… 176
城墙（普罗万）………………………… 156
城墙（圣马洛）………………………… 210

## D

大巴约讷（巴约讷）…………………… 370
大赌场（摩纳哥）……………………… 327
大公宫（第戎）………………………… 243
大教堂（旺斯）………………………… 322
大剧场（波尔多）……………………… 341
大马厩（尚蒂伊）……………………… 155
大时钟（鲁昂）………………………… 191
大特里亚农宫（凡尔赛）……………… 147
德弗朗斯圣母像（勒皮）……………… 355
第二拉斯科岩洞（蒙蒂尼亚克）……… 350
第戎美术馆（第戎）…………………… 243
电影节宫（戛纳）……………………… 315
都德风车小屋（南法）………………… 310
赌场（比亚里茨）……………………… 369
多菲内博物馆（格勒诺布尔）………… 275
多明我会教堂（科尔马尔）…………… 229
多姆斯悬岩（阿维尼翁）……………… 288

## F

法布尔博物馆（蒙波利埃）…………… 365
凡·高纪念馆（欧韦）………………… 157
凡尔赛宫（凡尔赛）…………………… 144

纺织博物馆（里昂）…………………… 266
腓力四世城（阿维尼翁新城）………… 304
丰特奈修道院（第戎）………………… 245
枫丹白露宫（枫丹白露）……………… 150
弗拉戈纳尔美术馆（格拉斯）………… 318
富尔维耶尔教堂（里昂）……………… 264

## G

港口圣母大教堂（克莱蒙费朗）……… 353
格拉内美术馆（普罗旺斯地区艾克斯）299
格兰治仓库（普罗万）………………… 156
格勒诺布尔美术馆（格勒诺布尔）…… 275
格洛特馆（奥尔良）…………………… 173
公共广场（阿尔勒）…………………… 294
公爵宫（讷韦尔）……………………… 252
宫殿广场（波尔多）…………………… 342
贡比涅宫（贡比涅）…………………… 216
古代阿尔勒美术馆（阿尔勒）………… 294
古代剧场（阿尔勒）…………………… 293
古代剧场（奥朗日）…………………… 289
古代剧场（维埃纳）…………………… 269
古代遗迹（普罗旺斯地区圣雷米）…… 309
挂毯美术馆（普罗旺斯地区艾克斯）… 299
国际香水博物馆（格拉斯）…………… 318
国立波拿巴博物馆（科西嘉岛）……… 331
国立考古博物馆（圣日耳曼莱昂）…… 158
国立牧羊场（朗布依埃）……………… 148
国立陶瓷博物馆（利摩日）…………… 351

## H

海鲜品市场（土伦）…………………… 312
海洋博物馆（比亚里茨）……………… 369
海洋博物馆（勒兰群岛）……………… 310
海洋博物馆与水族馆（摩纳哥）……… 327

## J

吉维尼印象派美术馆（吉维尼）……… 189
加代涅博物馆（里昂）………………… 266
加尔德圣母大教堂（马赛）…………… 302
加尔桥（南法）………………………… 308
加内旅馆（巴比松）…………………… 151
教皇宫（阿维尼翁）…………………… 286
教堂（滨海圣玛丽）…………………… 296
杰拉德男爵美术馆（巴约）…………… 203
旧船坞（翁弗勒尔）…………………… 197
旧慈善院（马赛）……………………… 303
旧港区（马赛）………………………… 301
旧街区（阿讷西）……………………… 271
旧街区（贝桑松）……………………… 256
旧街区（马孔）………………………… 254
旧街区（芒通）………………………… 329
旧街区（尼斯）………………………… 319
旧街区（佩皮尼昂）…………………… 366
旧圣阿内大教堂（阿普特）…………… 307
旧圣文森特大教堂（马孔）…………… 254

## K

卡昂和平纪念馆（卡昂）……………… 201
卡里耶尔广场（南锡）………………… 234
卡斯特尔博物馆（戛纳）……………… 315
凯尔马奥巨石群（卡纳克）…………… 212

凯旋门（蒙波利埃）……………… 365
恺撒塔（普罗万）………………… 156
坎佩尔美术馆（坎佩尔）………… 214
考古学公园（里昂）……………… 266
科克托美术馆（芒通）…………… 328
科西嘉岛博物馆（科西嘉岛）…… 331
克莱尔月形散步道（迪纳尔）…… 211
克里斯汀·迪奥博物馆及其庭园（格朗维尔）204
克鲁瓦塞特大街（戛纳）………… 315

## L

拉库尔博物馆（斯特拉斯堡）…… 233
拉图克赛马场（多维尔）………… 199
拉维莱讷奶酪厂（埃特勒塔）…… 193
拉赞恩（奇迹）（圣米歇尔山）…… 208
莱斯博城堡（普罗旺斯地区莱斯博）… 307
兰亭地区（卡尔卡松）…………… 362
朗布依埃城堡（朗布依埃）……… 148
朗泰尼塔（拉罗谢尔）…………… 348
劳特累克美术馆（阿尔比）……… 361
勒卡尔捷（坎佩尔）……………… 215
勒尚毕布尔（雷恩）……………… 205
雷岛（拉罗谢尔）………………… 348
雷恩美术馆（雷恩）……………… 205
里昂歌剧院（里昂）……………… 266
里昂旧街区（里昂）……………… 265
里昂美术馆（里昂）……………… 266
里尔美术馆（里尔）……………… 219
里尔现代美术馆（里尔）………… 219
里歇尔·阿纳克莱昂现代博物馆（格朗维尔）204
历史博物馆（圣马洛）…………… 210
疗养院（博讷）…………………… 250
卢瓦尔河畔肖蒙城堡（卢瓦尔河周边）168
鲁昂美术馆（鲁昂）……………… 192
鲁汶岛（黄金岛）………………… 313
罗昂宫（斯特拉斯堡）…………… 231
罗兰美术馆（欧坦）……………… 253
罗马剧场（欧坦）………………… 253
罗马时代拱门（卡瓦永）………… 305
洛林历史博物馆（南锡）………… 234
洛什城堡（卢瓦尔河周边）……… 169

## M

马蒂斯美术馆（尼斯）…………… 320
马尔迈松城堡（吕埃-马尔迈松）… 160
马略卡王宫（佩皮尼昂）………… 367
马萨比勒洞窟（卢尔德）………… 368
马塞纳美术馆（尼斯）…………… 319
玛丽·安托瓦内特行宫（凡尔赛）… 147
玫瑰圣母礼拜堂（旺）…………… 322
梅海长廊（南特）………………… 181
梅花广场（波尔多）……………… 340
梅奈克巨石群（卡纳克）………… 212
梅斯蓬皮杜文化艺术中心（梅斯）233
蒙特贝洛美术馆（多维尔／滨海特鲁维尔）199
蒙特韦尔峰（沙莫尼）…………… 273
米迪峰（沙莫尼）………………… 272
米格公园（拉西约塔）…………… 312
米勒纪念馆（巴比松）…………… 151
摩纳哥大公宫殿（摩纳哥）……… 326
莫里斯·德尼美术馆（圣日耳曼昂莱）159
莫奈故居和庭园（吉维尼）……… 188

## N

拿破仑纪念馆（科西嘉岛）……… 331
男子修道院（卡昂）……………… 200
南特美术馆（南特）……………… 181
南锡美术馆（南锡）……………… 234
南锡派美术馆（南锡）…………… 234
南运河（图卢兹）………………… 358
尼采之路（埃兹）………………… 324
尼斯现当代美术馆（尼斯）……… 320
女子修道院（卡昂）……………… 201

## O

欧仁·布丹美术馆（翁弗勒尔）…… 197

## P

佩鲁公园（蒙波利埃）…………… 364
佩鲁日旧街区博物馆（佩鲁日）… 268
皮卡第美术馆（亚眠）…………… 217
皮奈尔桥(瑟米尔-昂诺克西奥)… 248
葡萄酒博物馆（博讷）…………… 251
普朗西散步道（多维尔）………… 199

## Q

泉水公园（尼姆）………………… 291
泉水公园（维希）………………… 354
泉眼大本营（维希）……………… 354

## R

让·吕尔萨美术馆（昂热）………… 179
热带植物园（埃兹）……………… 324
热那亚总督府（科西嘉岛）……… 331
茹伊门（普罗万）………………… 156
儒勒·凡尔纳故居（亚眠）………… 217

## S

塞尚工作室（普罗旺斯地区艾克斯）… 299
桑斯博物馆（桑斯）……………… 246
山岳博物馆（沙莫尼）…………… 273
尚博尔城堡（卢瓦尔河周边）…… 166
尚蒂伊城堡（尚蒂伊）…………… 154
舍农索城堡（卢瓦尔河周边）…… 169
舍尔理想宫（欧里乜沃）………… 276
舍韦尼城堡（卢瓦尔河周边）…… 167
省立布列塔尼博物馆（坎佩尔）… 215
圣埃蒂安大教堂（布尔日）……… 174
圣埃蒂安大教堂（利摩日）……… 351
圣埃蒂安大教堂（梅斯）………… 233
圣埃蒂安大教堂（欧塞尔）……… 247
圣埃蒂安大教堂（桑斯）………… 246
圣埃蒂安教堂（卡昂）…………… 200
圣安德烈巴斯教堂（维埃纳）…… 269
圣安德烈大教堂（波尔多）……… 341
圣安德烈塞要（阿维尼翁新城）… 304
圣保罗修道院（普罗旺斯地区圣雷米）308
圣贝内泽桥（阿维尼翁）………… 287
圣贝尼涅大教堂（第戎）………… 244
圣弗龙大教堂（佩里格）………… 349
圣格雷戈尔教堂（卢普）………… 323
圣加蒂安大教堂（图尔）………… 176
圣凯瑟琳教堂（翁弗勒尔）……… 197
圣克兰特大教堂（坎佩尔）……… 214
圣拉扎尔大教堂（欧坦）………… 253
圣雷米博物馆（兰斯）…………… 227

圣雷米大教堂（兰斯） …………… 227
圣路易地区（卡尔卡松） ………… 363
圣马德莱娜教堂（韦兹莱） ……… 249
圣马克长廊（鲁昂） ……………… 192
圣马克教堂（鲁昂） ……………… 192
圣马洛博物馆（圣马洛） ………… 210
圣玛尔特教堂（塔拉斯孔） ……… 310
圣玛丽·马德莱娜教堂（佩鲁日）… 268
圣玛丽大教堂（科西嘉岛） ……… 331
圣玛丽礼拜堂（讷韦尔） ………… 252
圣玛丽-马耶尔大教堂（土伦）…… 312
圣米歇尔大教堂（波尔多） ……… 342
圣米歇尔教堂（第戎） …………… 244
圣米歇尔礼拜堂（勒皮） ………… 355
圣米歇尔修道院（圣米歇尔山） … 207
圣莫里斯大教堂（维埃纳） ……… 269
圣莫里斯教堂（桑斯） …………… 246
圣母阿松普雄大教堂（拉西约塔）… 312
圣母大教堂（阿维尼翁） ………… 287
圣母大教堂（巴约） ……………… 203
圣母大教堂（博讷） ……………… 251
圣母大教堂（第戎） ……………… 243
圣母大教堂（格勒诺布尔） ……… 274
圣母大教堂（兰斯） ……………… 227
圣母大教堂（鲁昂） ……………… 191
圣母大教堂（勒皮） ……………… 355
圣母大教堂（瑟米尔-昂诺克西奥）… 248
圣母大教堂（沙特尔） …………… 149
圣母大教堂（斯特拉斯堡） ……… 231
圣母大教堂（亚眠） ……………… 217
圣母礁（比亚里茨） ……………… 369
圣母升天大教堂（克莱蒙费朗） … 353
圣母院大教堂（普瓦捷） ………… 346
圣尼古拉塔（拉罗谢尔） ………… 348
圣女贞德大教堂（鲁昂） ………… 191
圣女贞德故居（奥尔良） ………… 173
圣欧赫涅教堂（比亚里茨） ……… 369
圣欧小丘（奥朗日） ……………… 289
圣皮埃尔大教堂（蒙波利埃） …… 365
圣皮埃尔和圣保罗大教堂（南特）… 181
圣皮埃尔礼拜堂（滨海自由城） … 325
圣让-巴蒂斯特教堂（科西嘉岛） … 331
圣让大教堂（贝桑松） …………… 257
圣让大教堂（里昂） ……………… 266
圣让门（普罗旺斯） ……………… 156
圣让洗礼堂（普瓦捷） …………… 347
圣日耳曼修道院（欧塞尔） ……… 247
圣萨万教堂（普瓦捷） …………… 347
圣塞尔万大教堂（阿尔比） ……… 360
圣赛尔南教堂（图卢兹） ………… 356
圣瑟兰教堂（波尔多） …………… 342
圣十字大教堂（奥尔良） ………… 172
圣索弗尔大教堂（普罗旺斯地区艾克斯）… 298
圣特罗菲姆教堂（阿尔勒） ……… 293
圣特罗佩教堂（圣特罗佩） ……… 313
圣维克多大教堂（马赛） ………… 302
圣西尔和圣朱丽叶大教堂（讷韦尔）… 252
圣伊莱尔大教堂（普瓦捷） ……… 346
圣约瑟夫教堂（勒阿弗尔） ……… 195
手工业行会博物馆（图尔） ……… 177
十字宫（兰斯） …………………… 227

时钟广场（阿维尼翁） …………… 288
时钟塔（欧塞尔） ………………… 247
市立主教博物馆（利摩日） ……… 351
市政广场（图卢兹） ……………… 357
市政厅（贡比涅） ………………… 216
市政厅·结婚礼堂（芒通） ……… 329
四方形神殿（尼姆） ……………… 290
索米尔城堡（卢瓦尔河周边） …… 171

**T**

塔博尔公园（雷恩） ……………… 205
塔尔塔兰之家（塔拉斯孔） ……… 309
塔拉斯孔城堡（塔拉斯孔） ……… 310
特拉诺瓦（科西嘉岛） …………… 331
坦斯尼斯拉罗广场（南锡） ……… 234
特里尼泰教堂（卡昂） …………… 201
庭园（凡尔赛） …………………… 146
图尔美术馆（图尔） ……………… 177

**W**

瓦洛瑞斯城堡（瓦洛瑞斯） ……… 316
瓦讷美术馆（瓦讷） ……………… 212
王妃制酪场（朗布依埃） ………… 148
威廉研究中心（巴约） …………… 203
维孔特城堡（维孔特） …………… 152
维du古圣母大教堂（卡瓦永） …… 305
维索恩塔（佩里格） ……………… 349
沃邦城堡（贝桑松） ……………… 257

**X**

希农要塞（卢瓦尔河周边） ……… 171
夏加尔美术馆（尼斯） …………… 321
小巴约讷（巴约讷） ……………… 371
小法兰西（斯特拉斯堡） ………… 230
小皇宫美术馆（阿维尼翁） ……… 287
小特里亚农宫（凡尔赛） ………… 147
小威尼斯（科尔马） ……………… 229
谢纳塔（拉罗谢尔） ……………… 348
新桥（图卢兹） …………………… 358
修道院附属教堂（圣米歇尔山） … 208
叙凯地区（戛纳） ………………… 314
巡逻路（滨海圣玛丽） …………… 297

**Y**

雅各宾修道院（图卢兹） ………… 357
雅克·科尔宫（布尔日） ………… 175
雅尼斯神庙（欧坦） ……………… 253
亚伯拉罕之家（桑斯） …………… 246
亚森·罗宾之家（埃特勒塔） …… 193
岩石建筑教堂广场（圣埃米利永）… 344
岩石建筑教堂/圣三一礼拜堂（圣埃米利永） 345
耶尔城堡（耶尔） ………………… 313
伊夫城堡（马赛） ………………… 302
英国人海滨人行道（尼斯） ……… 319
犹太教堂（卡瓦永） ……………… 305
于塞城堡（卢瓦尔河周边） ……… 170
圆形竞技场（阿尔勒） …………… 292
圆形竞技场（尼姆） ……………… 290
圆形竞技场（佩里格） …………… 349

**Z**

祝福之谷查尔特勒修道院遗迹（阿维尼翁新城）305
装饰美术馆（里昂） ……………… 266

## 乐游全球丛书 翻译委员会

### 丛书翻译统筹
潘寿君

### 翻译审订（以音序排名）
陈燕生　程长善　侯越　潘寿君　王怡
谢立群　张文颖　张志军　周洁

### 翻译成员（以音序排名）
陈晨　迟晓春　董娜娜　宫静　郭攀霞　郭文雅　韩佳梅
黄叶清　黄奕纬　凌艳　刘东婧　刘芳　柳慕云　罗芳芳
满新茹　潘丽　裴玺　任二青　王丽珠　吴媛媛　徐超
徐琳　徐珊珊　阎婷婷　杨欢　张静超　张楠　张亚林
张永　张玉　赵丽　钟萍萍　周微　宗文玉

## Staff

**Writers & Editors**
田中裕子 Yuko TANAKA
TOMOKO FREDERIX
彩子 GRAUGNARD
柴田香葉美 Kayomi SHIBATA
加藤伸一 Shinichi KATO
㈲テクスタイド TXTIDE
田浦裕朗 Hiroaki TAURA
能井聡子 Satoko NOI
武藤貴志 Takashi BUTO
成田志麻 Shima NARITA

**Photographers**
松本康一 Kouichi MATSUMOTO
TOMOKO FREDERIX

**Designers**
辰神将史 Masashi TATSUKAMI
オムデザイン OMU
道信勝彦 Katsuhiko MICHINOBU
岡本倫幸 Tomoyuki OKAMOTO

**Illustrator**
根津修一 Shuuichi NEZU

**Cover Designer**
鳥居満智栄 Machie TORII

**Map Production**
㈱千秋社 Sensyu-sya
望月信吾 Shingo MOCHIZUKI

**Map Design/Graphic Map**
㈱チューブグラフィックス TUBE
木村博之 Hiroyuki KIMURA
萩原佐知子 Sachiko HAGIWARA

**Desktop Publishing**
㈱千秋社 Sensyu-sya
大槻一恵 Kazue OTSUKI

**Photograph Cooperation**
フランス政府観光局
Maison de la France
Sauster/CDT77 (p.152)
G.Fessy/CDT77 (p.152)
ARISCAUD-IOUR (p.161)
J.Pierre Schwartz (p.174)
A.Berteraux (p.190)
Pixell photo B.Farcy (p.194、220)
C.Ollivier (p.198)
ZVARDON (p.230、232)
Office de Tourisme de Strasbourg (p.33、230)
Alain DOIRE（ブルゴーニュ地方）

**Editorial Cooperation**
林　弥太郎 Yataro HAYASHI
MICHAEL NENDICK
川崎英子 Hideko KAWASAKI
㈲ハイフォン HYFONG
高砂雄吾 Yugo TAKASAGO

**Special Thanks to**
フランス政府観光局 Maison de la France
ブルゴーニュ地方観光局
　Comité Régional du Tourisme de Bourgogne
マコン観光案内所 Office de Tourisme de Mâcon
Silvia WILHELM